# Occupational Health Psychology
## Work, Stress, and Health

# 职业健康心理学
## 工作、压力和健康

[美] 欧文·山姆·舍恩菲尔德
Irvin Sam Schonfeld, PhD, MPH
[美] 张黛西
Chu-Hsiang Chang, PhD
◎著

王大伟　胡艺馨 等
◎译

华东师范大学出版社
·上海·

图书在版编目(CIP)数据

职业健康心理学:工作、压力与健康/(美)舍恩菲尔德等著;王大伟等译.—上海:华东师范大学出版社,2021
 ISBN 978-7-5760-1144-9

Ⅰ.①职… Ⅱ.①舍…②王… Ⅲ.①职业-应用心理学 Ⅳ.①C913.2

中国版本图书馆 CIP 数据核字(2021)第 217597 号

本书得到国家社会科学基金"十四五"规划 2021 年度教育学一般项目
"基于决策过程理论的中学生道德遮蔽的发展、影响因素及干预
模式研究"(BEA210108)和山东省人文社会科学课题(2017—SKZC-20)的资助


# 职业健康心理学:工作、压力与健康

著　者　[美]欧文·山姆·舍恩菲尔德　[美]张黛西
译　者　王大伟　胡艺馨等
责任编辑　彭呈军
责任校对　董水林　时东明
装帧设计　卢晓红

出版发行　华东师范大学出版社
社　　址　上海市中山北路 3663 号　邮编 200062
网　　址　www.ecnupress.com.cn
电　　话　021-60821666　行政传真 021-62572105
客服电话　021-62865537　门市(邮购)电话 021-62869887
地　　址　上海市中山北路 3663 号华东师范大学校内先锋路口
网　　店　http://hdsdcbs.tmall.com

印　刷　者　上海昌鑫龙印务有限公司
开　　本　787×1092　16 开
印　　张　27.75
字　　数　509 千字
版　　次　2022 年 8 月第 1 版
印　　次　2022 年 8 月第 1 次
书　　号　ISBN 978-7-5760-1144-9
定　　价　86.00 元

出 版 人　王　焰

(如发现本版图书有印订质量问题,请寄回本社客服中心调换或电话 021-62865537 联系)

为了纪念我的父母,鲁思(Ruth)和乔治·舍恩菲尔德(George Schonfeld)。
——欧文·山姆·舍恩菲尔德(Irvin Sam Schonfeld)

The original English language work:

**Occupational Health Psychology, First Edition**

isbn: 9780826199676

by Irvin Sam Schonfeld PhD, MPH, Chu-Hsiang Chang PhD

has been published by:

**Springer Publishing Company**

New York, NY, USA

Copyright © 2017. All rights reserved.

上海市版权局著作权合同登记　图字：09-2018-1223号

# 序

随着工作在人们生活中比重的增加,职业已经越来越影响人们的心理健康。尽管职业万千,但职场中许多员工都会对诸如"职业倦怠""失业""职业病"等感同身受,这正是职业健康心理学研究所关注的,即工作条件对员工身心健康的影响,可以说,职业健康心理学与我们每个人都休戚相关。

职业健康心理学从最初提出到发展不过三十余年,但却迅速引起了学术界、企业界和政府部门的广泛关注。在中国,职业健康心理学起步较晚,但学者们对其进行研究却势在必行。《中国国民心理健康发展报告(2017—2018)》指出,教师、医护人员、银行业和 IT 行业职工的心理健康状况普遍不佳。更不容乐观的是,2020 年新冠疫情突袭至今,任何职业群体都无一幸免地背负多重压力艰难前行,疫情期间员工心理健康指标异常的峰值恰好对应疫情防控最严峻和大面积复工复产的时间。有研究结果显示,疫情期间医护人员有更为严重的抑郁、焦虑、失眠和困扰症状,检出率分别为 50.4%、44.6%、34.0% 和 71.5%。因此,职业健康心理学应该引起国内研究者与部门的重视,为大众所知晓与了解,从而逐渐完善中国职业健康心理学的本土化理论发展,推动中国职业健康心理学的实践进程。

当我初次看到本书译稿时,不禁眼前一亮。本书通过质朴无华的语言描绘了职业健康心理学的发展历史。阅读后你会发现,职业健康心理学在我们身边存在已久,在系列工业革命、管理挑战与实验研究中显现,直至发展成为一门有魅力的学科。本书详尽叙述了职业健康心理学领域常用的研究方法,为从事该领域研究的学者提供了具体可行的工具;条分缕析职业健康心理学所涉及的研究主题,通过详实的、新近的研究与传统经典理论让读者近距离地领略职业健康心理学的具体研究内容;更重要的是,本书还提出了可操作的干预模式,从而为职业健康心理学的实践应用提供了可行方法。可谓通古今贯中西、罗经典列前沿,尽显学术与实践价值。虽然国内有过为数不多的职业健康心理学领域的编著或译著,但时间相对比较久远,本书恰逢其时,将为国内职业健康心理学的研究与实践注入新鲜活力。

该书由十一章构成,可以分为四大部分。第一部分对职业健康心理学的历史及研究方法进行了概述,如同一位见证岁月的老者对孩童的成长历程的娓娓道来,向那些在职业健康心理学领域的研究者和求学者,一一细数职业健康心理学兴起、发展的历程。第二部分则如一幅徐徐展开的雄阔画卷,尽管职业健康心理学自兴起至今不过三十余年的时间,却已经有了诸多丰富、且成体系的研究主题,另一方面,更因为这些研究主题(如长时工作、组织公平、失业、工作场所暴力和心理攻击、领导风格、职业安全等）是千千万万劳动者在工作中可能经历和感同身受的，实际上就是民众关切的一种别样呈现。第三部分是职业健康心理学的应用，这一章节为科研成果向干预实践的转化提供了依据。当我看到本书稿之时，刚刚过去第 20 个《中华人民共和国职业病防治法》宣传周，正如宣传周的主题所讲，"一切为了劳动者健康"，职业健康心理学的干预措施正是为了改善员工健康很重要的一个方面——职业健康，即通过设计干预措施向劳动者提供更加有利于身心健康的工作场所条件，最终实现提升其身心健康水平和幸福感的目的。第四部分则为职业健康心理学的发展擘画了蓝图，向刚刚涉足该领域或深耕的学者指明了未来研究方向、提供了广阔的思路。

我认为《职业健康心理学》这本书的翻译和出版并不是偶然。王大伟教授作为亚洲组织与员工促进（EAP）协会常务理事，已经从事多年职业健康心理学和 EAP（Employee Assistance Program，EAP）的相关研究与实践工作。在学术研究方面，其团队围绕书中所涉及的员工安全行为、工作不安全感、工作幸福感、员工身心健康、领导健康与行为等职业健康心理学主题发表了相关 SSCI/CSSCI 论文 40 余篇，还有 9 篇论文发表在 SSCI 一区期刊，先后主持国家自然科学基金面上项目、国家社会科学基金一般项目等国家级、省部级课题 10 余项。在职业健康心理的实践方面，王大伟教授及其团队围绕职业健康研究的相关成果，先后服务近百家企事业单位和政府部门，与学校建立了广泛的合作关系，服务和支撑经济发展与社会治理，真正做到了"知行合一"，将理论研究运用到实践，以检验理论研究成果的效能。本书出版得到了国家社会科学基金"十四五"规划 2021 年度教育学一般项目"基于决策理论的中学生道德遮蔽的发展、影响因素及干预模式研究"的支持。

行文至此，感慨万千，在职业健康心理学这条道路上有那么多仁人志士坚守与行进，助力中国职业健康心理学的发展！我欣慰于王大伟教授数十年如一日的坚持及其在此领域取得的丰硕成果。我相信本译著的出版将有助于职业健康心理学研究者、实践者和未来有志于职业健康心理学研究的本硕博学生，更系统、深入地了解和掌握职业健康心理学的知识和技能，更好地开展职业健康心理学相关的科学研究与实践工作。开卷有益，相信本书能够使你有所收获！

时勘

温州大学温州模式发展研究院　院长
亚洲组织与员工促进（EAP）协会　主席
中国科学院大学社会与组织行为研究中心　主任
2022 年 5 月 23 日　于北京

# 译者序

进入现代社会以来，随着全球经济和组织形态不断变革，工作对人们生活质量的影响日益加深。工作不仅耗费了人们大量的时间和精力，还会在无形之中渗透进个人的家庭生活，工作压力、职业疾病、工作伤害等问题已然成为影响工作者的风险因素。在这一背景下，职业健康心理学（Occupational Health Psychology，OHP）应运而生。OHP致力于创设安全健康的职业环境和提升工作者的职业幸福感，OHP的出现有助于解决长期困扰政府和企事业单位的职业疾病与工作安全问题，而且有助于促进员工和组织共同健康成长。

本书的两位作者皆在OHP领域极负盛名。欧文·山姆·舍恩菲尔德教授执教于纽约城市大学城市学院，长期从事OHP与精神障碍流行病学的教学研究工作。作为OHP领域多个期刊的主编和审稿人，他在OHP领域作出了卓越的贡献。本书的另一位作者张黛西（Chu-Hsiang Chang）教授执教于密歇根州立大学心理学系，她的专业方向是职业健康与安全、领导力和动机。她担任《组织行为学》《应用心理学杂志》等期刊的副主编。相信大家在阅读这本书后，能深刻领略到两位作者的学术魅力。

作为一名心理学从业者，尤其是OHP领域的研究者，能够翻译这本专著于我而言是极大的荣幸。在这里，我很想将翻译这本书的一些体悟分享给阅读本书的读者。

翻译过程中，我为作者广博的学识和深入的见解赞叹不已，本书结构严谨、内容详实，在整体结构安排和语言论述方面都颇具特色。在整体结构方面，本书具有较强的系统性，涵盖了OHP的重要主题，为我们展现了OHP的宏伟版图。作者先从整体角度论述了OHP的发展历史及系统研究方法，为接下来各章节的具体论述做了很好的铺垫。而后各章内容层层展开，作者结合全球各个国家的研究情况详细地介绍了工作压力、工作场所暴力、工作—家庭平衡等一系列主题，为读者勾勒出了OHP的全貌。在最后两章中，作者专门探讨了针对这些问题的干预方法及对未来的展望，对具体发展方向做了深刻的解读。虽然OHP发展至今只有30余年的时间，但这一领域的学术研究和实践应用发展得非常迅速，产出了大量成果，系统性强的著书方式无疑可以帮助我们更好地理解OHP的发展脉络。

语言风格平实易懂是本书的另一特色，这让读者阅读顺畅、倍感亲切。翻译之时，我便被这种语言风格所吸引，作者的表达朴实无华、娓娓道来，为我们展开了一幅OHP的盛美画卷。读者不难发现，作者将大量文献引用与表格数据融入文中，这不但不会让读者感到枯燥或难以理解,反而极大地增益了相关论点。作者始终将读者视为学习过程的主动参与者,阅读过程中,你会逐渐发觉 OHP 是一门极具魅力的学科,她吸引着不同种族、不同国家的科学工作者前赴后继地进行各种大规模的调研和探索。当翻译完毕逐章回顾之时,我还感知到了一种大无畏的服务精神——长久以来先行者们致力于探索和提高工作人员的健康和幸福感,这本身就是一件值得遐思和赞叹的事。

直到开始提笔为这本书写序,我才意识到在过去的几年时间里,每一年都发生了一些很棒的事情,在这个过程中,我的生命体验被不断拓展与深化。我和我的团队在 OHP 领域的研究不断积累,在员工工作压力、员工工作—家庭平衡、员工不安全感以及员工安全行为等方面的研究吸引着我不断靠近 OHP 领域的核心,研究越深入,我越能体会到 OHP 领域的无穷魅力。与此同时,我也带领团队与企事业单位合作开展了众多相关的实践性工作,我开始以更开放的视角和心态去审视这个领域,并致力于将我对 OHP 的研究体悟以一种更客观的方式融入实践工作中。此外,从我自身的体验来讲,研究 OHP 对我大有裨益。我的工作强度并不低,除了日常的学术研究和授课外,我还有许多其他工作和项目需要完成,因此我只能不断地调整工作与家庭生活的平衡与时间分配,我采用了许多科学的方法改善我的外在行为方式与情感应对模式,而这个过程更多是无意识的。

本书的另一位主译者是胡艺馨教授,她是一名治学严谨的心理学工作者,主攻心理咨询与治疗领域,她扎实的专业功底为这本译著的完成发挥了重要作用。此外,参与本书翻译工作的还有我的学生们:毛文勖、聂昕晓、代乐娇参与了第一章的翻译与校对;毛文勖、孙真真、王丽、牛兆香参与了第二章的翻译与校对;李慧妍、毛文勖、王丽、孙玲超、孙真真参与了第三章的翻译与校对;武晓、毛文勖、王丽、周孟孟参与了第四章的翻译与校对;吕晓然、毛文勖、聂昕晓参与了第五章的翻译与校对;田宽正、毛文勖、王丽、孙真真参与了第六章的翻译与校对;田宽正、毛文勖、王丽、孙真真参与了第七章的翻译与校对;毛文勖、孙玲超参与了第八章的翻译与校对;吕晓然、孙玲超、毛文勖参与了第九章的翻译与校对;武晓、毛文勖、王丽、孙真真参与了第十章的翻译与校对;王丽、毛文勖、孙真真、牛兆香参与了第十一章的翻译与校对。此外,还有李晓雯、赵超越、周生琦、韩冬、孔祥伟、朱文月、孙海潮、肖奕琳、宗肇飙、陈娅璘、梁艺芯等同学,他们在初稿翻译中付出的努力为后期工作奠定了基础。在全文的校对过程中,孙崇瑜、位双菊、时尚轲、张隽、徐云霞、崔恬、王一如、孙艺天也作出了一定的贡献。本译著凝结了我们整个团队的智慧与心血,我为他们感到骄傲。

如果您是一名对 OHP 感兴趣的学生,希望这本书能让您对该领域有更为全面的了解;如果您是一位已经在该领域开始工作和研究的学者,希望这本书可以为您在研究和实践工作中提供一些不同的视角和参考。希望阅读本书的读者都能喜欢这一著作,也祝福大家在 OHP 研究与应用道路上走得更远。

对译著"信、达、雅"的追求是译者的心愿,但限于水平,在专业术语的翻译及作者意图和写作风格的把握上肯定还有较多不妥之处,欢迎读者批评指正。

在译稿即将付梓之际,特别要感谢华东师范大学出版社对出版本书的大力支持,感谢为本书付出辛勤劳作的所有人,感谢家人对我一如既往的爱与支持。

王大伟　谨识
2022年夏于泉城济南

# 作者简介

**欧文·山姆·舍恩菲尔德(Irvin Sam Schonfeld)博士**,公共卫生学硕士,是纽约市立大学(CUNY)城市学院的心理学教授,纽约市立大学研究生中心的教育心理学和心理学教授。他获得了布鲁克林学院的理学学士学位,新社会研究学院的文学硕士学位,纽约市立大学研究生中心的博士学位以及哥伦比亚大学的博士后。他是许多期刊的编委员会成员和审稿人。他的文章发表在《职业健康心理学》《临床心理学》《普通精神病学》《发展心理学》《英国发展心理学》《异常儿童心理学》《临床心理学评论》《心理医学》《国际压力管理》《组织研究方法》《斯堪的纳维亚工作、环境与健康》《社会精神病学和流行精神病病学》《人格与个体差异》《儿科》和《科学教学研究》等期刊和其他杂志。他还是《职业健康心理学会简讯》的创刊编辑。

舍恩菲尔德教授所教授的课程有职业健康心理学、实验心理学和精神障碍流行病学。他的业余爱好是远足和背包旅行,并因攀登新罕布什尔州的 48 个最高峰获得了阿巴拉契亚山脉俱乐部(AMC)的嘉奖。作为一名业余摄影师,他有两张照片被 AMC 评选为获奖作品。

**张黛西(Chu-Hsiang Chang)博士**是密歇根州立大学心理学系的副教授。她获得了阿克伦大学工业与组织心理学博士学位。她的研究兴趣集中于职业健康与安全、领导和动机。具体来说,她研究与职业压力、工作场所暴力以及员工激励和组织领导(尤其在员工健康与幸福方面)交叉领域相关的问题。她的文章发表在《管理评论会刊》《管理学会刊》《应用心理学杂志》《组织行为学》《组织行为与人类决策过程》《心理学公报》以及《工作与压力》等期刊上。她曾担任《应用心理学:国际评论》和《组织行为学》期刊的副主编,目前正担任《应用心理学杂志》期刊的副主编。

# 来自欧文·山姆·舍恩菲尔德的致谢

关于我写这本书的原因,要追溯到几年前,斯普林格的编辑南希·赫尔(Nancy S. Hale)造访了我在城市学院的办公室,邀请我写一本关于职业健康心理学的书。这是一切开始的起点。

我与职业健康心理学有着很深的渊源。我之所以愿意写这本书,是因为早在"职业健康心理学"(OHP)这个专业名词出现之前,我就已经在这个领域进行探索研究了。我选择这个方向的原因有很多,其中很显而易见的一个原因就是我的工作经历。我的第一份工作是在一所很危险的市立学校做数学老师,尽管当时我还从未想过有一天我会开展工作压力研究,但那份工作却让我观察并体会到了工作压力对人们的慢性破坏作用。在那里,教师的工作压力主要源自学生对老师的不尊重、学生之间的暴力甚至学生对老师的暴力行为。

后来,我离开了一线教学岗位,选择继续攻读发展心理学博士。我对认知发展兴趣浓厚,并基于儿童的数量认知进行了相关研究。在获得博士学位后,我没能获得想要的学术职位,而是在学区的特殊计划办公室做了一名评估员,并主要负责评估受赠款支持地区的教育计划以及编写赠款申请表以帮助新的地区我不想透露地区名称和有关人员的姓名。当时我需要每天向办公室主任汇报工作,他是一名工作非常高效的拨款员,很受领导器重。不太好的一点是,他总是喜欢大喊大叫,朝下属发脾气。我曾见到他大声批评自己的秘书,结果那位秘书直接站在办公室里就崩溃得哭了。还有另外一名学区数学项目的女管理员(我曾亲自试图保护她免受责骂),每当预料到办公室主任要斥责她时她就会身体颤栗,说话结巴,紧接着就开始哭。此外,办公室主任对我也很不屑,因为我当时只是一名新入职的博士,工作能力不及他的十分之一。实际上,我对如何写申请一头雾水,而他的大喊大叫并不能帮我掌握这些能力。当时我和朋友分享了我对学区的新工作与我上大学时的工作的比较心得。在大学里,我在南布鲁克林的一家生产女士拖鞋的工厂做兼职模具操作员。尽管工厂车间很热,脏乱不堪而且很危险,但我仍然觉得在工厂工作比在特殊计划办公室工作好多了。总之,以上数学老师的工作和在学区的工作,让我对工作压力有了更深的感触和了解。

在学年中,我向办公室主任表达了我的愤懑。但我的抗议无济于事。随着学年结束,我的工作也结束了。当时我的部门主管可能是对特殊计划办公室的糟糕状况感到内疚,他给了我一个去他所在部门教授数学的机会。我拒绝了,并准备找其他工作。

接下来，再次影响我的是另一份工作经历。这段经历让我明白，对工作的热爱可抵岁月漫长。我在纽约州精神病学研究所的儿童和青少年精神病学系申请了一个职位，那里也是哥伦比亚大学的精神病学系。从那时起，我的工作重心开始转移到了纽约州，而这个选择的好处也随着时间流逝显现了出来。我最初是一名数据分析师，紧接着就拥有了共同撰写论文的机会。这份新工作给了我一个莫里哀的乔丹先生式的发现，乔丹先生震惊于他已经学会了使用散文体语言而不自知，我也震惊于自己其实早已开始了精神障碍的流行病学研究。我非常喜欢这份工作，我也非常喜欢和我的同事们，尤其是与我所工作部门的负责人大卫·谢弗（David Shaffer）共事。

再后来，令我印象深刻的是一段让我有些难受的工作经历，这段经历直接促使我在第三章中的其中一节专门讨论了失业对个体的影响。在我工作一年半以后，纽约州的预算收支情况变得不容乐观。1983年，马里奥·库莫（Mario Cuomo）当选为纽约州州长。他大幅削减纽约州的预算，许多工薪阶层失业了，我所在的预算部门和研究助理部门的所有员工也都被解雇了。这件事让我和我的妻子倍感困扰，因为当时她才怀孕四个月。而非常讽刺的地方在于，我的妻子曾在一个工会工作，她与工会同事一起支持库莫赢得了民主党的初选和大选。

尽管裁员造成了很大的影响，但大卫·谢弗用赠款贴补了我几个月，并敦促我申请到哥伦比亚公共卫生学院（现为哥伦比亚的约瑟夫·迈尔曼公共卫生学院）做流行病学博士后。在大卫的推荐下，我获得了博士后奖学金，这让我得以继续养活家人。对我产生影响的第四段经历是我在"精神病流行病学培训项目"中的工作，尽管我出于私人情感继续竭尽全力为大卫提供帮助，但我的研究兴趣业已从儿童认知、儿童和青少年精神病学转到流行病学。流行病学项目的导师布鲁斯·多伦文德（Bruce Dohrenwend）和布鲁斯·林克（Bruce Link）主要研究生活压力的影响。流行病学和生物统计学的研究生课程以及该项目饶有趣味的周会让我完全沉浸于新知识的海洋中。我在"精神病学流行病学培训项目"中度过的2年时光和我的工作经历形成了一种紧密的纽带，促使我想要表达一些有关工作、压力和健康的重要想法。鉴于此，当我到城市学院工作时，我便马上开始着手研究教师的工作压力问题。

在南希·赫尔造访我在城市学院的办公室时，我正准备写这本书，但还没做好写这一整本书的准备。在商量后，我们一致同意寻找一位合著者来让这次涵盖整个职业健康心理学领域的工作更好地展开。我的最初合著者在项目中期因为某些原因退出了。在南佛罗里达大学的同事保罗·史派克（Paul Spector）的帮助下，我很幸运地邀请到了张黛西（Chu Hsiang Chang）参与写作。感谢黛西在第六、八、九、十章以及第七章中专门针对农业和建筑员工的部分所做的工作。因为我主编了这些章节，所以如果在本书中的任何地方发现任何错误，都是我的责任。

除了受过教育的公众读者，本书的主要读者还将有本科生、研究生和教职员工。为了帮助那些将在课程学习中使用这本书的个人，我编写了简短的《教师手册》以提供一些专门针对该课程的示例性论文问题。授课教师可以通过以下电子邮件获取《教师手册》：textbook@springerpub.com。

尽管我热爱职业健康心理学，并且说服了黛西参加这项工作，但我仍无法确保本书涵盖了职业健康心理学的所有领域。出于一些实际原因，这本书无法涉及更多领域，对此我要向读者道歉。但我仍希望这本书能够引起读者对职业健康心理学的兴趣，并激发他们去阅读更多这个领域的期刊，比如《职业健康心理学》、《工作与压力》和《职业健康科学》。也许大家在阅读后会想要从事职业健康心理学相关的工作。

我想感谢许多为本书的编写提供了帮助的人。首先是斯普林格出版公司的优秀员工们，是他们帮助我顺利出版了这本书。其次是我的合著者张黛西，她将作为工作压力研究人员所拥有的大量专业知识融入进了这本书的写作中。此外，一些学生志愿者也为我提供了有关各个章节的深度见解。这些学生包括彼得·吕林-琼斯（Peter Luehring-Jones）、梅兰妮·克莱纳（Melanie Kleiner）、族赫尔·丽萨（Zuhair Reza）、伊丽莎白·斯皮兹（Elizabeth Spitz）、盖尔·斯威格勒（Gail Swingler）、米娅·迪安妮（Mia DiIanni）和塔雅（Tanya Sidawi-Ostojic）。维奥莱塔·孔特雷拉斯（Violeta Contreras）阅读了每一章并给出了宝贵的建议。

我的两个老朋友理查德·韦纳（Richard Weiner）和米尔顿·斯佩特（Milton Spett）一直在维护并支持着我，为我发声。我在纽约城市学院的同事马克·陶西格（Mark Tausig）和我进行了有关章节内容的讨论。我的朋友贝蒂·格罗纳（Betty Groner）给了我宝贵的出版建议。

许多同事为我的学术生活增添了浓墨重彩的一笔。他们是来自城市学院心理学系的罗伯特·梅拉拉（Robert Melara）、布雷特·西尔弗斯坦（Brett Silverstein）、乔恩·霍维茨（Jon Horvitz）、格伦·米尔斯坦（Glen Milstein）、蒂姆·埃尔莫（Tim Ellmore）、薇薇安·塔特（Vivien Tartter）、直美·内姆佐夫（Naomi Nemtzow）和拉特纳·西卡（Ratna Sircar）；城市学院教育学院的埃德温·法瑞尔（Edwin Farrell）、胡普·哈特曼（Hope Hartman）、安德鲁·拉特纳（Andrew Ratner）和西格蒙德·托比亚斯（Sigmund Tobias）；石溪大学生态与进化系的罗斯·内姆（Ross Nehm）；纽约市立大学研究生中心教育心理学系"量化方法"项目的大卫·林德斯科普夫（David Rindskopf）、杰·内奎琳（Jay Verkuilen）和霍华德·埃弗森（Howard Everson）；弗朗什-孔泰大学心理学系的埃里克·洛朗（Eric Laurent）。

我在纳沙泰尔大学的同事和朋友伦佐·比安奇（Renzo Bianchi）在本书写作过程中为我提供了帮助。在编写本书时，我们进行了一系列研究项目的合作，并且我们还经常与埃里克·洛朗合作。我们在这些研究项目上的共同努力，以及我们撰写论文时的团队合作经历，对我而言都是一种享受和放松，将我从著书的辛劳（图书馆资料收集、写作、编辑、事实核查）中解放出来。

我的另一个朋友和同事，罗斯福大学的乔瑟夫·马佐拉(Joseph Mazzola)，和我在定性研究方面有着富有成效的合作，我们还一起写过一篇定性研究的文章。我与乔瑟夫的研究合作也让我在著书之余感到别样的愉快和放松。

我的家人一直支持着我。包括我的姐姐罗伊斯·舍恩菲尔德·卡特西(Royce Schonfeld Katsir)和她的丈夫兹维·卡特西(Zvi Katsir)，我的嫂子马里恩·沃伦克林·克罗宁(Marion Worenklein Cronen)和她的丈夫亚瑟·克罗宁(Arthur Cronen)，我的儿子丹尼尔·舍恩菲尔德(Daniel Schonfeld)和他的妻子斯泰西·舒梅斯特·舍恩菲尔德(Stacey Schumeister Schonfeld)，还有我的女儿艾米莉·舍恩菲尔德(Emily Schonfeld)和她的丈夫埃里克·格林鲍姆(Eric Greenbaum)。特别是艾米莉，她与我讨论了科学知识，而丹尼尔为我做了计算机故障排除。我的妻子皮埃尔·诺夫·舍恩菲尔德(Pearl Knopf Schonfeld)则鼓励我完成了这本书，并在生活中为我作了很大牺牲。在写作过程中，她容忍了餐桌上堆满了各种纸质资料和书籍，还有很多时候，我把本可以用来看电影或去餐厅的时间都用于在电脑旁工作了。有时我因为写作进展缓慢感到沮丧而发泄委屈时，她都会在我身旁认真倾听并给予我安慰。

此时此刻，文字显得多么苍白，言简意绵，我对家人的感谢和爱远远超过了我在这里所表达的一切。

欧文·山姆·舍恩菲尔德(Irvin Sam Schonfeld)  
布鲁克林，纽约

# 来自张黛西的致谢

本书的出版之路漫长而曲折。首先，我要感谢欧文邀请我加入这个项目。而恰巧在收到这个邀请之后，我开始面临平衡工作与生活的挑战。很不幸我并没有如预期那样做得很好，这并不是因为它的标准有多高，而是相比以往，我遇到了更多的困难。这本书展现了我在永远珍爱的职业健康心理学领域所取得的成就，更重要的是，它也承载着欧文在各章编写期间给予我的无限包容与支持。

我想感谢艾雅·杰维汉（Aiya Jweihan）和迈克·莫里森（Mike Morrison）所做的文献检索与主要文章整理工作，你们的努力大大减少了我的工作量，非常感谢你们为这个项目提供的帮助。

我要感谢我的导师们，是他们引领我走上了职业健康心理学的研究之路，尽管我确实是因跟着某个家伙跑遍全国各地而开启了这个领域的大门。保罗·斯佩克特（Paul Spector）和汤姆·伯纳德（Tom Bernard）在我成为一名职业健康心理学研究人员的成长路上也发挥了重要作用。他们俩的专业素养和慷慨指导激励着我一直前进。我很感谢他们为我提的建议，也很重视他们给我的反馈。

我也要感谢我的家人。在过去五年里，我的母亲萨布丽娜（Sabrina）一直向我展现着她的坚韧与顽强，她在各个方面都是我的榜样。我已故的父亲，温，一直教导我要做一个独立思考的人，每当我需要战胜困难时，脑海中都会回荡起他的谆谆教导，我将永远怀念他。我也很感谢我的妹妹玛姬（Maggie）无条件地支持我，并帮助我冷静分析问题。是你们给我的爱与鼓励伴随我克服困难，坚定地走下去。

同样重要的是，我要感谢我的丈夫拉斯·约翰逊（Russ Johnson）在人生路上给予我的支持。顺便提一下，他就是那个领着我跑遍全国各地的人——所以我的选择一定是对的！人生如此，夫复何求？我很幸运能找到一个在我人生各个方面都能真正陪伴我的人。从专业角度讲，我可以和拉斯尽情地交流彼此的想法和观点。就生活而言，我们都热爱音乐、美食和猫咪。说到这，这是我第一次（可能也是唯一一次）用这种方式和我的小猫们对话。奥斯卡、沙特纳、浓咖啡、星冰乐和凯迪：谢谢你们给我们家庭带来的乐趣和喜悦，以及你们与我们慷慨分享的蜥蜴、蛇和其他小动物。最后，我要感谢拉斯，你一直鼓励我去勇敢地成为自己想成为的人,哪怕不赞成我的某些决定却也一直支持着我,在我最困难的时候给予我幽默滑稽的宽慰,谢谢你一直都在。

张黛西(Chu-Hsiang Chang)

# 目录

## 第一章　职业健康心理学简史　　1

先驱　　3
    恩格斯和马克思　　4
    埃米尔·杜尔凯姆　　5
    马克斯·韦伯和"铁笼"　　6
    泰勒和福特　　8
    弗雷德里克·温斯洛·泰勒　　8
    亨利·福特　　9
第一次世界大战和大战期间　　11
    对士兵的影响　　11
战争年代　　14
    人际关系　　15
    失业　　16
从第二次世界大战到20世纪70年代　　17
    第二次世界大战　　17
    社会研究所　　19
    塔维斯托克和人际关系　　19
    英国矿业的变化　　20
    汉斯·塞里　　21
        压力性生活事件　　22
    瑞典的压力研究　　23
    社会学、社会心理学和工业心理学的发展　　23

　　　　理查德·拉扎勒斯 25
　　　　工作压力研究中方法的严谨性 25
　　　　职业安全卫生管理局和美国国家职业安全卫生研究所 26
　　　　个人—环境匹配 28
　　　　倦怠 28
　　　　决策自由度与工作要求 29
　　20世纪80年代至今 29
　　　　两项开创性研究 30
　　　　职业健康心理学 30
　　　　《工作与压力》 31
　　　　APA-NIOSH系列会议 32
　　　　OHP博士项目 32
　　　　诺丁汉大学 32
　　　　《职业健康心理学杂志》 33
　　　　国际职业健康委员会 33
　　　　欧洲职业健康心理学学会 33
　　　　职业健康心理学会 34
　　总结 35

## 第二章　职业健康心理学研究方法　　45

研究设计 49
　　实验 49
　　准实验 50
　　实验与准实验的内部效度 51
　　横断研究 51
　　病例对照研究 52
　　纵向研究 53
　　队列研究 54

元分析 55
　　　　两阶段元分析 55
　　　　一阶段元分析 58
　　　　对元分析的最终述评 59
　　OHP 的其他研究设计 59
　　　　日记研究 60
　　　　自然实验 60
　　　　间断时间序列 61
　　　　定性研究方法 62
测量 63
　　信度 63
　　　　内部一致性信度 64
　　　　复本信度与重测信度 65
　　　　评分者信度：连续测量 65
　　　　评分者信度：分类测量 66
　　　　信度总结 67
　　效度 67
　　　　内容效度 68
　　　　效标关联效度 68
　　　　结构效度 68
研究伦理 70
总结 71

## 第三章　社会心理工作条件对心理健康的影响　79

OHP 研究中的心理健康评估 82
　　心理困扰和抑郁 82
　　倦怠 83
失业对心理健康的影响 84
　　研究失业的两种途径 85

失业问题的相关研究　　　　　　　　　　　　　　　　86
　　　失业与自杀　　　　　　　　　　　　　　　　　　　　88
要求—控制（—支持）模型　　　　　　　　　　　　　　　　90
　　　社会支持成为模型的一部分　　　　　　　　　　　　　91
　　　DCS因素的测量　　　　　　　　　　　　　　　　　　92
　　　方法论问题　　　　　　　　　　　　　　　　　　　　93
　　　要求—控制（—支持）模型与抑郁和困扰关系的相关证据　93
　　　DCS因素和过度酒精使用　　　　　　　　　　　　　　94
　　　工作场所支持　　　　　　　　　　　　　　　　　　　94
　　　DCS因素的影响　　　　　　　　　　　　　　　　　100
工作要求—资源（JD-R）模型和资源保存模型　　　　　　　100
　　　JD-R模型的相关证据　　　　　　　　　　　　　　　102
　　　　　JD-R模型和匹配　　　　　　　　　　　　　　　102
　　　　　JD-R模型的总结　　　　　　　　　　　　　　　104
付出—回报失衡模型　　　　　　　　　　　　　　　　　　104
其他社会心理因素　　　　　　　　　　　　　　　　　　　107
　　　组织公平　　　　　　　　　　　　　　　　　　　　107
　　　工作不安全感　　　　　　　　　　　　　　　　　　108
　　　长时间工作　　　　　　　　　　　　　　　　　　　110
　　　夜班和轮班工作　　　　　　　　　　　　　　　　　110
　　　压力性职业事件和与工作相关的社会压力源　　　　　111
　　　应对　　　　　　　　　　　　　　　　　　　　　　112
其他研究的思考　　　　　　　　　　　　　　　　　　　　113
　　　反向因果　　　　　　　　　　　　　　　　　　　　114
　　　控制社会经济地位　　　　　　　　　　　　　　　　115
　　　非工作压力源　　　　　　　　　　　　　　　　　　116
　　　多波数据收集时间段　　　　　　　　　　　　　　　116
　　　关于研究人群的决策　　　　　　　　　　　　　　　117
　　　依赖自我报告的测量　　　　　　　　　　　　　　　118
总结　　　　　　　　　　　　　　　　　　　　　　　　　119

## 第四章　流行病学、医学疾病和 OHP　　　135

心血管疾病　　　137
  一个未解之谜　　　138
  社会心理工作条件能够通过健康行为影响 CVD　　　138
    吸烟　　　138
    肥胖和体重增加　　　144
    业余时间的体育活动　　　145
    总结　　　145
  社会心理工作条件与 CVD 的生物学联系　　　145
    工作场所压力源和人类生物学　　　146
    皮质醇和肾上腺素　　　147
    应变稳态和应变稳态负荷　　　147
    HPA 轴的失调和其他有害影响　　　148
    总结　　　148
    抑郁症和 CVD　　　149
    倦怠和 CVD　　　149
  "工作压力"和需求—控制变量与 CVD 的相关研究　　　150
    采用替代策略将 DC 因素和 CVD 相连接的研究　　　151
    包含员工自我报告的 DC 因素的研究　　　151
    关注女性的 DC 因素　　　154
    两阶段元分析　　　155
    DC 模型和 ERI 模型的比较　　　155
    DC 因素的"大规模研究"　　　158
    有关 DC 因素和 ERI 因素的研究总结　　　159
  失业与 CVD 死亡率的关系　　　159
  工作不安全感和 CVD　　　162
  长时间工作和 CVD　　　163
  欺凌　　　164

| | |
|---|---|
| 工作时间安排和CVD | 164 |
| 社会经济地位与健康 | 165 |
| 社会心理工作场所因素和CVD的关系研究总结 | 165 |
| 肌肉骨骼问题 | 166 |
| 社会心理工作条件与肌肉骨骼问题 | 166 |
| 社会心理工作条件影响肌肉骨骼问题的证据 | 167 |
| 两项元分析和一项系统性综述 | 167 |
| 总结 | 171 |
| 其他与健康有关的结果变量 | 171 |

## 第五章　工作场所暴力与心理攻击　　185

| | |
|---|---|
| 工作场所暴力和心理攻击的程度 | 188 |
| 工作场所中凶杀的发生率 | 188 |
| 工作场所暴力(不包含凶杀)的发生率 | 188 |
| 工作场所中心理攻击的发生率 | 190 |
| 工作场所暴力和心理攻击的高普遍性 | 191 |
| 工作场所暴力的风险因素和员工间的心理攻击 | 191 |
| 导致员工间心理攻击的风险因素 | 192 |
| 关注三个职业群体 | 194 |
| 护理人员 | 194 |
| 医院氛围 | 195 |
| 实施攻击行为的少数病人和攻击的背景 | 196 |
| 护理人员研究结果总结 | 196 |
| 教师 | 197 |
| 定性研究的重要性 | 197 |
| 关于攻击的官方数据 | 198 |
| 来自教师自身的数据 | 198 |
| 教师的研究结果总结 | 199 |
| 公交车司机 | 199 |

在工作场所中遭受暴力的后果　　199
　　　　关于遭受工作场所暴力的后果的横断研究　　200
　　　　关于遭受工作场所暴力的后果的病例对照研究　　201
　　　　关于遭受工作场所暴力的后果的纵向研究　　202
　　　　　　长期的纵向研究　　202
　　　　　　短期的纵向研究　　202
　　　　遭受暴力的后果总结　　204
　　工作场所心理攻击的后果　　204
　　　　关于遭受工作场所心理攻击后果的纵向研究　　205
　　　　关于抑郁和困扰的长时滞后纵向研究　　205
　　　　关于抑郁和困扰的短时滞后纵向研究　　206
　　　　双向效应　　206
　　　　除了困扰和抑郁以外的其他后果　　207
　　　　应对　　208
　总结　　208

## 第六章　组织氛围和领导　　217

组织氛围：简史　　219
　　分析层次　　219
　　组织氛围的维度　　222
安全氛围　　223
　　安全氛围的前因变量　　223
　　安全氛围的与安全相关的结果变量　　224
　　安全氛围的其他影响　　226
虐待氛围　　226
社会心理安全氛围　　227
与职业健康心理学有关的其他氛围　　228
组织领导：简史　　229
当代领导理论与职业健康　　230

| | |
|---|---|
| 变革型领导 | 230 |
| 领导—成员交换 | 232 |
| 不当督导 | 234 |
| 总结 | 234 |

## 第七章  特定职业的 OHP 研究 — 245

| | |
|---|---|
| 教师 | 247 |
| 　心理障碍、自杀和躯体疾病 | 249 |
| 　职业内研究 | 249 |
| 　总结 | 250 |
| 护理人员 | 251 |
| 　心理障碍与自杀 | 251 |
| 　职业内研究 | 252 |
| 　总结 | 254 |
| 作战士兵 | 254 |
| 　创伤后应激障碍 | 255 |
| 　心理障碍与脑损伤 | 257 |
| 　领导 | 258 |
| 　性骚扰 | 258 |
| 　自杀 | 258 |
| 　总结 | 259 |
| 　后记 | 260 |
| 现场急救人员 | 260 |
| 　警务人员 | 260 |
| 　　总结 | 264 |
| 　消防员 | 264 |
| 　　总结 | 266 |
| 911 事件 | 267 |
| 　911 事件现场急救人员：警务人员 | 267 |

911事件现场急救人员：消防员　　268
　　911事件现场急救人员的子女　　269
　　　　总结　　269
建筑工人　　270
　　职业压力与安全　　271
　　建筑工人特有的职业健康问题　　272
　　总结　　273
农业工人　　274
　　职业压力　　275
　　职业安全　　276
　　农业工人特有的职业健康问题　　277
　　总结　　278

## 第八章　职业安全　　291

物理工作环境中的风险因素　　294
职业健康心理学和职业安全　　296
　　安全绩效、工作场所事故和伤害的个体前因变量　　298
　　　　人口学因素　　298
　　　　人格特质　　299
　　　　能力因素　　301
　　　　动机相关差异　　302
　　安全绩效、工作场所事故和伤害的情境性前因变量　　303
　　　　工作特征　　303
　　　　轮班工作　　304
　　关注职业安全的个体与情境性前因变量的价值　　304
总结　　305

## 第九章　工作—家庭平衡　　313

消极的工作—家庭交互：工作家庭冲突（WFC）　　316
　　WFC 的情境性前因变量　　317
　　WFC 的气质性前因变量　　320
　　WFC 的结果变量　　320
　　经验取样和纵向研究　　322
　　跨国研究　　324
积极的工作—家庭交互：工作家庭增益（WFE）　　325
　　WFE 的情境性前因变量　　326
　　WFE 的气质性前因变量　　327
　　WFE 的结果变量　　329
　　经验取样和纵向研究　　330
工作—家庭平衡　　331
更广泛情境中的工作—家庭交互　　333
总结　　334

## 第十章　职业健康心理学的干预　　343

OHP 干预的综合模型　　345
　　改善工作—生活平衡的初级干预措施　　346
　　改善工作—生活平衡的二级干预措施　　348
　　改善工作—生活平衡的三级干预措施　　350
　　改善身体健康和安全的初级干预措施　　351
　　改善身体健康和安全的二级干预措施　　352
　　改善身体健康和安全的三级干预措施　　353
　　改善心理健康和幸福感的初级干预措施　　354

改善心理健康和幸福感的二级和三级干预措施　　355
总结　　357

## 第十一章　职业健康心理学的未来研究取向　　363

逐章概述：职业健康心理学的未来研究取向　　365
　　心理健康　　366
　　　　金钱　　367
　　　　个性和社会性因素　　367
　　　　工作重塑　　368
　　身体健康　　369
　　　　CVD 的中介路径　　370
　　　　中风　　371
　　　　非代表性群体　　371
　　　　即将退休的员工　　371
　　工作场所中的攻击　　372
　　　　通过互联网进行的工作相关的虐待　　372
　　组织氛围与领导　　373
　　　　特定行业的研究　　373
　　　　领导　　374
　　特定职业的研究　　374
　　　　作战士兵　　374
　　　　警务人员和消防人员　　376
　　　　狱警　　376
　　　　个体经营者　　377
　　　　与员工合作来开发研究思路　　378
　　安全　　378
　　　　员工授权和安全　　378
　　工作—家庭平衡　　379
　　　　需要照顾的其他各种类型的家庭　　379

　　　　　个体经营者　　　　　　　　　　　　　　379
　　　　　医生　　　　　　　　　　　　　　　　　380
　　工作场所的干预措施　　　　　　　　　　　　380
　　　　　从失败的干预中汲取经验　　　　　　　381
　　全职工健康™　　　　　　　　　　　　　　　382
结语　　　　　　　　　　　　　　　　　　　　　383

# 索引　　　　　　　　　　　　　　　　　　　394

# 第一章

## 职业健康心理学简史

**第一章的关键概念和研究结果**
先驱
  恩格斯和马克思
  埃米尔·杜尔凯姆
  马克斯·韦伯和"铁笼"
  泰勒和福特
  弗雷德里克·温斯洛·泰勒
  亨利·福特
第一次世界大战和大战期间
  对士兵的影响
战争年代
  人际关系
  失业
从第二次世界大战到20世纪70年代
  第二次世界大战
  社会研究所
  塔维斯托克和人际关系
  英国矿业的变化
  汉斯·塞里
    压力性生活事件
  瑞典的压力研究
  社会学、社会心理学和工业心理学的发展
  理查德·拉扎勒斯
  工作压力研究中方法的严谨性
  职业安全卫生管理局和美国国家职业安全卫生研究所
  个人—环境匹配
  倦怠
  决策自由度与工作要求
20世纪80年代至今
  两项开创性研究
  职业健康心理学

  《工作与压力》
  APA-NIOSH 系列会议
  OHP 博士项目
  诺丁汉大学
  《职业健康心理学杂志》
  国际职业健康委员会
  欧洲职业健康心理学学会
  职业健康心理学学会
总结

当被问及"一个普通人应该能做好的事是什么"时(Erikson,1963,p. 264 - 265),西格蒙德·弗洛伊德(Sigmund Freud)简单地回应道那就是"爱和工作"。这本书讲的不是弗洛伊德所说的情欲之爱,相反,这本书是关于工作中的社会心理感受,以及它们如何影响身心健康。大量研究表明:从事心理上没有回报的工作所产生的影响可以蔓延到工作时间之外,并影响到个人的生活状况和健康(Gardell,1976)。

美国疾病控制与预防中心(Centers for Disease Control and Prevention,CDC,n. d.)认为,职业健康心理学(Occupational Health Psychology,OHP)涉及"运用心理学来提高工作生活质量,保护和促进员工的安全、健康和幸福"。OHP是心理学的一个分支学科,旨在增强我们对社会心理工作条件对工作人员健康和幸福感的作用的认识。这有助于我们设计干预措施,以改善工作条件,提高经济效益(LaMontagne, Keegel, Louie, Ostry, & Landsbergis, 2007)。例如,OHP研究者曾探究过一个组织在多大程度上给予员工工作自主性。之所以说OHP是交叉学科,是因为它结合了工业/组织心理学、健康心理学、职业医学和流行病学等多个学科的优势。

OHP致力于了解工作特征与工作人员身心健康的关系。具体来说,在心理健康方面,OHP研究关注的是工作场所特征影响抑郁、倦怠、自杀和心理困扰的程度。在身体健康方面,研究人员还考察了工作特征对血压、心脏病、肌肉骨骼疾病以及事故伤害的影响。但OHP的研究范围不仅限于此,它还包括工作条件对家庭生活的影响。

OHP的研究所关注的是压力对员工工作造成的影响。研究人员试图找出能够完全或部分地阻止工作压力源的出现或减轻压力源影响的应对措施。一些应对反应是行为方面的(例如,教师采取直接行动,主动与失礼学生的家长接触),另一些是认知方面的(例如,在心里把自己和比"自己还糟"的同事比较)。另外,OHP关心员工的心理特征(例如,先前存在的心理困扰)如何导致工作压力源的产生。

本章的下一部分将探讨OHP的先驱们及相关机构的历史。早在OHP作为心理学子领域出现之前,OHP相关主题(如员工自主性和支持等,甚至战争对士兵的影响)就已经出现了,本书后期也会对这些相关主题的起源进行介绍。这项历史性调查始于19世纪,而这一章所介绍的时间跨度从20世纪一直写到21世纪。此外,它还回顾了一些具有里程碑意义的研究以及OHP相关组织的发展。

## 先驱

本书的一些读者可能记得1981年上映的电影《火之战车》(*Chariots of Fire*),这部电影讲述了英国短跑运动员哈罗德·亚伯拉罕(Harold Abrahams)和埃里克·里德尔(Eric Liddell)为备战1924年奥运会所做的紧张准备。电影的标题源于伟大的英国诗人和视觉艺术家威廉·布莱克(William Blake, 1808/1966)所写的一首诗,并摘自以下诗节:

> 带给我燃烧的黄金之弓;
> 带给我欲望之箭:
> 带给我长矛:啊,拨开云雾!
> 带给我火之战车!

这首短诗以它的第一句闻名,"是否那亘古时光的足迹"。这首诗设想耶稣来到英国,在这个"绿色宜人的土地上"创造了一个天堂。然而,耶稣遭遇了新兴工业革命带来的身体和精神的损伤。在此之前的一节写道:

> 那神圣的容颜,
> 是否曾在我们前方照耀阴云密布的山岗?
> 耶路撒冷的建筑,
> 是否曾建造在撒旦的黑暗中?

布莱克的诗反映出工业革命不但破坏了自然景观,而且损害了居民的精神生活。这首诗告诫我们,快速的工业化会对人类自身、人际关系,以及工作状态造成损害。卡尔·波兰尼(Karl Polanyi, 2001/1944)指出,"所有观点和政党的作家,不管是保守派还是自由派,资本主义者还是社会主义者,都无一例外地将工业革命下的社会环境视为人类堕落的真正深渊"(p.41)。

## 恩格斯和马克思

1845年,弗里德里希·恩格斯(Friedrich Engels)出版了《英国工人阶级状况》一书。值得注意的是,他是一位普鲁士纺织品制造商的儿子,但他对工人阶级非常同情。1842年,他的父母把他送到曼彻斯特,让他在父亲的一家工厂工作,希望能促使他放弃已经产生的亲工人阶级思想。然而,他在英国的逗留进一步激发了他对工人阶级的兴趣,并指引他为完成该书而开展研究。

恩格斯描写了制造业的规模化和集中化是如何使小商人和手工业者失业,并催生了一个庞大的工业无产阶级。他特别提到了工业化中心城市的高发病率和高死亡率。他写道:

一个生活在已经被描绘得很糟糕条件下的阶级,缺乏最必要的生活手段,不能保证健康,不能长寿,这是不言而喻的。我们再次审视这一现状,特别是工人的健康。大城市人口的集中化产生了不利影响;伦敦的空气永远不会像乡下的空气一样那么纯净,含氧量那么丰富;二百五十万人口,二十五万失业人员,生活在三至四公里的狭小区域,消耗大量的氧气,这一状况本身很难被改变,因为城市建设的方法影响通风。

19世纪,工业化对工人身体健康的影响越来越受到关注。在这一世纪,人们越来越关注工业资本主义与工人心理健康之间的联系。作为对工业革命的回应,卡尔·马克思(Karl Marx, 1967/1844)提出了异化的多种概念,这一概念具有重要的心理学意义。从某种意义上说,异化是指随着工业资本主义的兴起,工人缺乏指导自己生活的能力。异化反映了个体对其创造性劳动失去了有意识的控制这一现象。另一方面,异化是指工人因劳动商品化而与其他工人的疏离。工人在巨大的工业飞轮中成为仅仅是可互换的、可销售的部件。此外,异化还指工人远离他们创造的一切以换取工资。在工业革命期间,生产线将工作简化为高度重复、单调的任务,这使得工人们几乎没有内在的满足感,与制造商生产的最终产品也几乎无关。马克思写道,随着工作场所对工作投入的要求越来越高,工人周围的异化世界越来越强大,"他和他的内心世界也变得越来越空洞"。

## 埃米尔·杜尔凯姆

法国思想家和社会学家埃米尔·杜尔凯姆(Émile Durkheim)以一种新的方式研究了经济周期,这种方式在心理健康方面具有独特的意义。杜尔凯姆在《社会分工》(1984/1893)一书中提出,随着工业化的进程,市场不是局限于当地,而是扩大到整个国家甚至走向国际。消费者非常分散,生产者自己"不能再判断(市场)的极限",生产缺乏"检查或监管",因此,这就导致了对需求量的或高或低的错误计算(p. 305)。这样的后果就是产生了"周期性扰乱经济功能的危机"(p. 305)。这种经济缺乏监管就是杜尔凯姆所说的"社会失范"的一个例子。

在后来的一本书中,杜尔凯姆(1951/1912)将社会失范与自杀风险联系起来。他使用来自欧洲各国官方记录的资料,发现自杀人数的增加发生在经济周期的上升和下降阶段。在经济周期的下降期,自杀率上升;在经济周期的上升期,自杀率也会上升。他认为:

> 如果工业或金融危机导致自杀率上升,这不是因为它们造成了贫困,因为经济繁荣会导致相同的结果;而是因为它们就是危机,即它们对集体秩序产生了干扰。每一次平

衡被打破,即使它让人更舒适更有活力,却也推动了自杀的发生。(p. 246)

埃米尔·杜尔凯姆。(摄影师未知。版权过期。)

他指出,贫穷本身与自杀风险上升无关。相反,与自杀风险增加有关的是经济周期的上升和下降。尽管杜尔凯姆对经济周期的研究存在方法上的缺陷,但是他的研究对 OHP 来说至关重要,因为他的工作将宏观经济因素与微观的个体心理结果紧密联系在一起。

## 马克斯·韦伯和"铁笼"

德国社会学家马克斯·韦伯(Max Weber, 1904 - 1905/1992)提出了西方现代资本主义发展理论。他将资本主义的发展看作是在欧洲宗教改革中出现的新教信仰——尤其是加尔文教派——发展的全盛时期。① 在诸如清教徒主义一类的加尔文主义宗教眼中,工作被视为是具有宗教意义的禁欲主义的"天职"。随着这种工作的禁欲伦理越来越被认可,它将在很大程度上失去其宗教意义。韦伯写道,这种伦理:

> 开始主宰了世俗道德,并且在维护现代经济秩序的和谐建构中发挥了作用。这一秩序目前受到机器生产的技术、经济条件约束,而这些条件决定了所有生存于这一体制下的个体的生活……也许这将一直决定[他们的生活],直到最后一吨的化石燃料燃尽。(Weber, 1904 - 1905/1992, p. 181)

---

① 这个理论在某些方面是错误的。例如,比利时(一个以天主教为主的国家)比苏格兰(一个以加尔文主义为主的国家)的工业化的速度更快。但是,这个理论的对错不是这里要讨论的问题。问题的关键是韦伯的思想激发了人们关于工作和经济如何影响人们生活的思考。

韦伯认为，高度理性化的世俗道德支配着人们的日常生活，并把个人禁锢在了"铁笼"中。

马克斯·韦伯的照片，约1894年。（摄影师未知。图源公共领域，维基共享资源。）

在他死后出版的一本书（1921/1947）中，韦伯描述了社会和经济组织理论。他提出了一个促进社会学理论的观点，这一观点将与心理学理论的发展产生共鸣。韦伯的这一观点是"纯粹类型"或"理想类型"。理想类型是一个抽象概念，它不完全对应于任何可观察到的社会现象。例如，理想类型可以是一个完全理性的行动过程（比方说，一次竞选活动）。社会理论包含了理想类型之间相互联系的网络。因为科学理论关注的是普遍而不是特殊，所以理想类型是社会理论框架内的一种工具，它有助于理论家发展社会和经济生活的概念。韦伯的理想类型大体上可以被认为与心理学中某一概念一致，这在第二章中有所描述。

韦伯死于1920年，去世时还很年轻，他是西班牙流感爆发的受害者。这场流感席卷了因一战而疲惫不堪的世界。他的妻子在1922年出版了他的文集,其中一篇专门详细分析了现代经济生活的一个主要特征,即官僚主义现象。韦伯(1922/1958)注意到了劳动分工,阶级划分和官僚主义的规则有限性。他进一步指出,官僚机构的运作没有感情:

> 它的特殊性质受到资本主义的欢迎,它发展得越完美,官僚主义就越"失去人性",它就越能彻底消除官场上的爱、恨,以及所有纯粹个人的、非理性的和情绪化的因素……(p. 216)

韦伯对经济生活的思考——其规范化、官僚化和常规化——对后来关于工作对工人自身影响的研究产生了深远影响(Tausig & Fenwick, 2011)。

## 泰勒和福特

尽管杜尔凯姆(1951/1912)认识到了劳动分工存在不利的一面(例如,疏远、不平等),但他认为,劳动分工也为社会提供了价值(例如,个人的能力与其角色的一致性,公民之间较大的相互依赖性)。弗雷德里克·温斯洛·泰勒(Frederick Winslow Taylor)和亨利·福特(Henry Ford)在将劳动分工应用于工厂制度的制订中发挥了重要作用。

## 弗雷德里克·温斯洛·泰勒

弗雷德里克·温斯洛·泰勒(1911),在其《科学管理》著作中,重新提出了劳动分工的概念。泰勒将一名在棒球场打棒球的美国工人和一名在板球场上打板球的英国工人的状态与他们(泰勒主要关注男性)第二天返回工作的状态进行了比较。泰勒指出,在赛场上,这位工人"竭尽全力为他的球队赢得胜利"。但在工作上,"这个人处心积虑地少做些事情"。他给这种在工作中缺乏参与的态度贴上"磨洋工"的标签。泰勒提出一个工人"磨洋工"是因为他认为增加他的工作产出将使其他工人被解雇。泰勒还抱怨工人过分依赖于妨碍达到最优生产水平的"低效率的拇指规则"。泰勒所说的拇指规则指的是伴随工人成长的不确切的传统知识(例如,工人使用他的拇指估计一英寸,而不是使用尺子)。泰勒的目标是通过发展技术来提高生产效率,通过使用科学的管理来消除磨洋工和拇指规则等现象。

泰勒认为:

> 在科学管理下,工人的"主动性"(即他们的努力工作、他们的良好意愿和聪明才智)

是绝对一致的,而且在很大程度上超过旧制度下可能达到的程度;除了男性工人的这一进步之外,管理者也承担过去从未想过的新的负担、新的职责和责任。例如,管理者负责将工人以前拥有的所有传统知识聚集在一起,然后再将这些知识分类、列表,并将这些知识归纳为规则、法则和公式,这些知识对工人的日常工作非常有帮助。(p.27)

休斯(Hughes,1989)指出,虽然有不少采用泰勒方法实现产量增加的例子,但是"还有大量的失败案例"(p.195)。例如,伯利恒钢铁公司对科学管理的应用就导致了员工的强烈反对。休斯指出,许多工人,特别是那些业务熟练的工人,发现泰勒主义涉及为了获得更高的工资而丧失自主权,这是一种不利的交易。亨利·福特及其同事的工作可以被看作是泰勒制的延续。

### 亨利·福特

在泰勒出版著作的时候,美国制造业正在变得越来越机械化。与泰勒主义的原则相一致的是,这些公司的工人被越来越多地安排去做高度分散和重复性的工作。亨利·福特及其工程师是工业生产领域的革新者(Hughes,1989)。他们还提出了独立于泰勒的工业管理理念(Sorensen,1956)。尽管如此,福特汽车公司的流水线生产方式仍是科学管理的典范。在福特汽车公司担任过多个角色(工程师、总经理)的查尔斯·E·索伦森(Charles E. Sorensen)写道:"就在那时,我突然想到,如果我们从工厂的一端开始移动底盘,再加上车轴和车轮,装配将更容易、更简单、更快……"(p.115)

福特主张将劳动分配到分散的重复任务中,这让人想起与亚当·斯密(Adam Smith,1976/1776)有关的一个想法。斯密描述了一个"小工厂",里面有 10 名工人生产别针。工人们的生产效率很高,因为每一个工人都被分配到了一个分散但高度重复性的任务,而不是每个工人生产整个别针。这些任务构成了一个协调的整体。① 然而,斯密所描述的是一种未工业化的生产模式,并且仅限于小规模经济体(Heilbroner,1986)。而福特和泰勒以及马克思关心的是大型工业经济体。

福特的流水线彻底改变了生产。他给工人提供更高的工资,并让他们每天只工作 8 小时。但是,福特制也不是没有缺陷的。福特制(或泰勒制)的原则导致"工人越来越去人性化"

---

① 斯密还预见到,连续地、日复一日地从事简单的重复性工作,会对广大劳动阶级("劳动者")的心理功能产生有害影响。("一般来说,劳动者会变得愚蠢和无知。他头脑的迟钝,不仅使他不能理解或参与任何理性的谈话,而且不能产生任何慷慨、高尚或温柔的情感。"[p.303,Vol.2])斯密接着断言,在每一个文明社会中,"劳动者"(即广大的人民)的精神状态都是迟钝的,除非政府努力阻止它(p.303,Vol.2)。

(Wallace,2003)。福特的里弗鲁日工厂就像一个"微型极权主义国家"(Wallace,2003)。福特的助理之一哈里·贝内特(Harry Bennett)管理着福特的服务部门,他是"福特的盖世太保"。贝内特雇佣了一小群有前科的人、前职业拳击手,以及普通"线人"来监视工人。在福特工厂,引起怀疑的工人便会遭到殴打。服务部门工人攻击工会组织者。美国汽车工人联合会的主席瓦尔特·路德(Walter Reuther)是受殴打并严重受伤的人之一(Nolan,1997;Wallace,2003)。流水线工作的快节奏使得工人几乎没有休息或上厕所的时间(Linder & Nygaard,1998),这对工人非常不利。福特的里弗鲁日工厂的事故发生率很高,但是福特通过创立一种输送系统来掩盖事故发生率,该系统将事故受害者送往福特自己的医院(Cruden,1932)。克鲁登(Cruden)报道了福特流水线上的工人普遍存在着紧张情绪。

福特流水线,高地公园,密歇根州,1913年。
(摄影师未知,版权过期。维基共享资源。)

极权主义的领导者对福特和泰勒十分欣赏。列宁(Lenin)是科学社会主义的拥护者,他着迷于科学管理(Hughes,1989)。列宁、托洛茨基(Trotsky)和斯大林(Stalin)对福特和泰勒的方法也表示钦佩。在1924年的一次讲话中,斯大林(1940)表达了他对美国首创的泰勒制管理方法的高度重视:

美国效率是一种不屈不挠的力量,它既不知道也不承认障碍;它以其坚韧不拔的毅力,扫除了一切障碍;即使是一个小任务,一旦任务开始,它就持续到完成为止;而如果没有这种效率,认真完成建设性工作是难以想象的。(p. 85)

新诞生的苏联从美国引进了泰勒制专家,以帮助在俄罗斯运用这些方法(Hughes, 1989)。福特汽车公司在下诺夫哥罗德建造了一个工厂。福特在纳粹德国也有崇拜者(Wallace, 2003)。1937年,纳粹政府授予福特德国之鹰的大十字勋章,这是可以授予非德国人的最高荣誉,以表彰其"人道主义理想"(Baldwin, 2001;Wallace, 2003)。

泰勒制和福特制与提高工作效率的独裁方法有关(Linder & Nygaard, 1998;Wallace, 2003)。由于这种对效率的独裁关注,这些举措也与政治独裁联系在一起。

## 第一次世界大战和大战期间

人们普遍认为战争会对包括工人在内的平民的健康产生不利影响。然而,温特(Winter, 1977)使用人寿保险的历史数据发现了相反的情况,至少对于一个没有被入侵的国家来说:"考虑到平民预期寿命增加这一审慎证据,战争条件特别有利于非战斗劳动人口,这是显而易见的"(p. 502)。第一次世界大战爆发后,英国政府被要求检查军需工厂工人的工作条件。军工工人健康委员会(Health of Munition Workers Committee, 1915)建议工人们在星期天休息。委员会写道:

> 连续工作是……一个重大的错误,不仅在社会和宗教方面,而且在经济上也是如此,因为它不划算,产量也没有增加。而产量没有增加的部分原因,是人们对单调的工作感到厌烦和疲惫。(p. 864)

除了休息时间外,军需工厂还建立了工厂食堂,以确保军工工人获得营养餐(军工工人健康委员会)。截至1917年,军需工厂已经建立了700多个这样的食堂(Winter, 1977)。

### 对士兵的影响

战争可能对服兵役的个体造成可怕的影响。英国优秀战争诗人之一,西格里夫·萨松(Siegfried Sassoon, 1918)写道:

> 他们离开战壕,越过顶端,

> 时间在他们的手腕上滴答而空，
> 希望，贼眉鼠眼，紧握拳头，
> 在泥里挣扎。啊，耶稣，让它停止！
> [通过西格里夫·萨松遗嘱许可，节选自《攻击》一诗]

萨松曾在炮火中救出了一名受伤的士兵，后来在兴登堡战线上"单枪匹马攻占了德国的一条战壕"，现在他成为了这场战争的反对者(Hochschild, 2011)。

弗洛伊德(1956/1919)认为，所谓的战争神经症的出现涉及一种内在冲突，这种冲突很大程度上是无意识的，它发生在士兵的"和平自我"和之前作为平民时的新的、好战的自我之间，后者产生于他的军事训练和战场经验。士兵的旧和平自我"通过逃进创伤性神经症"来保护自己免于致命伤害(p. 209)。弗洛伊德(错误地)认为(a)战争神经症在职业军队中基本上不存在，(b)并且在战争结束后，那些患有战争神经症的人病情会有所改善。弗洛伊德反对惩罚患有战争神经症的士兵，宣称绝大多数伤员都不是装病的人。他特别批评德国医生"服务于他们不熟悉的目标"，即医治心理受伤的士兵(通常是使用电击)，并将他们送回前线。英国的里弗斯(Rivers, 1918)提出了这样的观点：战争对士兵心理健康的影响可能是由于他们对可怕的战争经历的压抑。虽然弗洛伊德对里弗斯思想的影响是显而易见的，但是他所说的压抑并不一定是弗洛伊德所说的无意识机制。里弗斯描述了一种自愿的尝试，"从头脑中消除战争中痛苦的记忆或由于[士兵]的战争经验而产生的痛苦的情感状态"(p. 173)，他提到的情感状态包括羞耻感，即当士兵认为他被别人视为懦夫时会体验到的情感。

尽管在压抑对士兵战争神经症的作用这一点上麦克库迪(Mac Curdy)与里弗斯达成了一致，但麦克库迪(1918)描述了临床医生在试图发现堑壕战士兵心理健康问题根源时所面临的紧张局势。一方面，麦克库迪认为，平民生活中的个体在早前"患有精神病的倾向"可能预示着战后的崩溃。另一方面，他写道："那些有精神崩溃史或在过去的生活中有精神病反应倾向的个体……尽管如此，他们还是很好地适应了训练和战斗"(p. 130)。麦克库迪指出，堑壕战的经历常常给士兵带来极大的疲劳，而疲劳常常是战争神经症的前兆。麦克库迪虽然没有提到脑损伤，但是他报告了炮弹造成的震荡产生的可怕的作用：在战壕里的士兵中引起焦虑反应。士兵们如果没有被杀死，他们通常被埋在地下，必须由其他士兵挖出来。

这些战争神经症应该从更广泛的角度来看待。亚当·霍奇施尔德(Adam Hochschild, 2011)记录了英国最高统帅部将大量兵力投入索姆河战役这一决定，这体现出令人难以置信的愚蠢和冷酷。1916年7月1日，在进攻的第一个小时内，有19,000名英国人死亡，第一天共有57,000人死亡或受伤。道格拉斯·黑格(Douglas Haig)将军"固执强硬地下达一个又一个命令，要求对索姆河进行更多进攻，这场令人震惊的战役预计持续四个半月"(p. 208)。黑格以一种反常的逻辑将德国的伤亡与英国的损失联系起来。当他认为英国在战争中损失太低时，他就陷入愤怒。最后，英国 50 万人伤亡，法国 20 万人伤亡。该司令部也未能实现其领土扩充目标。

英国作家 C·S·刘易斯（C. S. Lewis, 1955）在第一次世界大战期间服役于法国，他指出：

> 但是其余的，战争——恐惧，寒冷，烈性炸药（H. E.[①]）的气味，血肉模糊的男人仍然像半截的甲虫一样蠕动着，或坐或站的尸体，寸草不生的土地，那穿了一天一夜直到好像长在你的脚上的靴子——所有这一切在记忆中都微弱或模糊地显现出来。这与我其他的经历大相径庭，并且经常让我感觉这些经历是发生在别人身上的。（p. 185）

在他早年的自传中（刚刚引用的段落就摘自于此），刘易斯对战争骇人听闻的一面的描写很少，相比之下，他更多的是阅读 G. K. 切斯特顿（G. K. Chesterton）的文章，当时刘易斯正处于堑壕热的康复期。这段文字，就是他所写的关于战争的全部内容，不过是一种感叹而已。也许考虑到他所遭受的身体和情感上的痛苦，刘易斯在很大程度上屏蔽了他对战争的记忆。刘易斯和两个朋友是友军误伤的受害者。在 1918 年的阿拉斯战役中，一枚瞄准德国人的英国炮弹落在了这三个人身上，杀死了他的两名朋友，一名是刘易斯尊敬的高素质军士，一名是刘易斯相信将会成为终身朋友的高级军官和知识分子；刘易斯则多处为炮弹碎片所伤。刘易斯还遭受了其他损失（Wilson, 1990）：他亲爱的朋友帕迪·穆尔（Paddy Moore）在行动中失踪，被认定死亡。尽管在战争中幸存下来，但是刘易斯饱受头痛和噩梦的折磨（Jacobs, 2005）。

大量幸存战斗人员成为了精神病患者。"有如此多的官兵罹患炮弹休克症，以至于到战争结束时，英国人已经建立了 19 所专门用于治疗他们的军事医院"（Hochschild, 2011, p. 242）。在另一个例子中，英国军事当局有时会指责患有炮弹休克症的士兵胆小，并处死他们（Hochschild）。"炮弹休克"这个词包含各种情况，包括暴露于爆炸的弹药下的震荡效应和在各种战争情境下产生的情绪障碍，并成为后来常用的术语（英国陆军部，2004/1922）。1916 年，英国精神病医生弗雷德里克·莫特（Frederick W. Mott, 1916a, 1916b）描述了他的尸体解剖研究，两名士兵暴露于炸药爆炸情境后不久便死亡了。莫特（Mott, 1916b）选取了两个案例之一，观察到"他的身体或头部没有任何伤口，也没有内脏损伤"（p. 442）。他发现大脑白质和基底神经节有出血的情况。他推测，爆炸波[②]本身才是死亡的原因。在现代，相当于炮弹

---

[①] H. E. 是烈性炸药的缩写。
[②] 关于爆炸波影响的最新研究见第十一章。

受伤的澳大利亚士兵，法国，1917年。[摄影师詹姆斯·弗朗西斯[弗兰克]·赫利（James Francis [Frank] Hurley）和乔治·休伯特威尔金斯（George Hubert Wilkins）。官方的澳大利亚战争照片，由澳大利亚战争记录部门制作，该部门由英国政府于1917年建立。国家媒体博物馆。版权过期. 知识共享。]

休克的是创伤后应激障碍和/或创伤性脑损伤。

早期对炮弹休克的研究很重要，因为现在有了关于战争造成的心理和神经创伤的科学讨论。这项早期工作为第二次世界大战期间的研究奠定了基础。最终，涉及许多职业的OHP相关研究将包括对暴露于战争的探讨。

## 战争年代

大战期间出现了两个重大事件的发展，这将影响后来OHP的出现。第一个重大事项是人们开始为了解组织中的人际关系而付出努力。英国注意到了军工厂在第一次世界大战期间的休息时间制度。拥有休息时间会提高美国工人的生产力，这一观点在战后扎根，它本质上是泰勒主义的主张。具有讽刺意味的是，这种泰勒主义思想引发了思维的转变，即更倾向于理解组织过程的人性一面。

第二个重大事件是经济大萧条，这造成了大规模失业，推动了旨在了解失业对心理影响的研究。

## 人际关系

埃尔顿·梅奥(Elton Mayo，1924)是一位在美国工作的澳大利亚研究员，他仔细研究了费城的一家纺织厂。这家工厂的纺纱部一直遭受着每年超过200%的人员流失率之苦。梅奥观察到，纺纱部门工作的重复性使工人产生"悲观或其他异常的想法"(p. 280)。梅奥的解决方案是设置一系列休息时间。考虑到梅奥在费城的工作，他参与霍桑研究也是顺理成章的事情。

从1924年开始，研究者在芝加哥附近的伊利诺伊州西塞罗的西部电气公司的霍桑工厂进行了大量研究。霍桑研究曾一度享有很高的声望，以至于一位评论家(Hart，1943)评论道，霍桑研究在社会科学领域的地位相当于伽利略(Galileo)和孟德尔(Mendel)的发现。从1924年到1927年，著名的霍桑研究的照明实验一直是在工人(通常是妇女)组装继电器的厂房进行的。这些研究与"霍桑效应"相关联，这一效应表明，工作条件或观察者注意力的许多不同变化都可以导致工人生产力的提高。但是，根据对收集到的档案数据的分析，这种效应更多是虚构的，而不是真实的(Levitt & List，2011)。

另一个霍桑研究始于1927年，并持续到1932年。在这项研究中，梅奥(Mayo，1933)投入了大量精力。1927年到1932年间的研究比之前的照明实验获得了更多证据。研究包括5名妇女，此前她们和许多其他工人一起在一个很大的区域工作，为电话公司组装继电器。这5名女性被选中在一个独立的继电器组装测试室工作(Mayo，1933)。在包含23个"实验期"的序列中(这些时期并没有真正达到随机分配到处理和控制条件的实验标准)，对5名工人(其中2名工人中途退出并被替换)的工作条件进行了一系列改变，并在每个时期都测量了工人的产量。这些变化包括在整个工作日强制规定休息时间，并改变了休息时间的长度和数量。另一个贯穿大部分研究的变化是，工人的工资与小团体的产量挂钩；以前，他们的工资与他们所属的较大团体的产量挂钩。

梅奥评论说，工人产量的增加伴随着许多(但不是全部)车间条件的变化：

埃尔顿·梅奥(摄影师未知。在昆士兰大学公报上刊登的未注明日期的照片，经昆士兰大学图书馆和弗莱尔图书馆许可。)

工人个人和团体必须重新适应一个新的工业环境,在这个环境中,工人的自我决定和社会幸福感位居第一,而工作是次要的。实验条件的变化——休息时间、食物和适当工作间隙的谈话——可能一开始主要是为了使他们相信大体的变化,并帮助他们重新适应。(p. 73)

梅奥提出的观点是改善包括社会心理工作环境(例如,"自我决定",与同事谈话的机会)在内的工作条件对工人的幸福感和生产力都有益,尽管这种看法更像是一种夸张的说法(Bell,1947;Parsons,1974)。罗斯利斯伯格和迪克森(Roethlisberger & Dickson,1939),以及其他霍桑实验研究人员,总结道:"实验带来的工作条件变化所产生的影响……被证明是社会意义的载体,而不仅仅是物理环境的改变。"(p. 140)

梅奥、罗斯利斯伯格和迪克森的团队工作为管理领域中人际关系运动的发展作出了贡献。该运动揭示出"在组织架构图的形式之下不是混乱,而是一个强大的非正式组织,这个非正式组织由个人和团体的活动、情绪、互动、规范,以及个人的和职业的联系构成,这些联系是在很长一段时间内形成的"(Anteby & Khurana, n. d.)。梅奥和罗斯利斯伯格都是哈佛商学院(Harvard Business School,HBS)的教授。在那里曾经居于主流的泰勒制管理原则后来让位给了不那么机械的原则,该原则强调人际关系是组织成功的重要组成部分。贝尔(Bell,1947)持有不同的观点,他提出霍桑及其类似的研究为工厂的处境"火上浇油",以及组织架构本质上继续剥夺使工作场所人性化的工人自主权。

## 失业

玛丽·雅霍达(Marie Jahoda)是第一批在男性主导的社会科学领域中取得杰出成就的女性之一。1933年,雅霍达、保罗·F·拉扎斯菲尔德(Paul F. Lazarsfeld)和汉斯·蔡塞尔(Hans Zeisel,1971/1933)出版了一本开创性的书,这本书描述了他们对奥地利一个小社区居民的研究。在整个20世纪20年代,这个社区有很高的失业率。研究团队发现随着时间的推移,失业的社区成员对日常活动的参与程度越来越低,变得越来越冷漠。雅霍达等人除了收集大量的定性数据,他们还收集了定量数据,这些定量数据揭示了人们越来越多的冷漠。例如,从1929年到1931年(最后一年收集数据),居民从图书馆借阅书的平均数量下降了。该地区执政党的成员人数也有所下降。对居民进行生活历史事件访谈,其结果也凸显了居民生活的无目的性。因此,雅霍达及其同事证明了失业和经济大萧条造成的心理成本。

玛丽·雅霍达。(摄影师未知。经奥地利格拉兹大学社会学史档案馆批准。)

# 从第二次世界大战到 20 世纪 70 年代

下一节将介绍开展开创性研究和机构建设的时期。有些研究是在战时开展的,研究者们关心战争对士兵的影响。战后,调查人员证实严谨的科学方法可以用于研究社会心理工作条件因素对工人健康的影响。这个阶段是 OHP 相关机构建设的时期,也是压力逐渐成为文章和书籍主题的时期。

## 第二次世界大战

在第二次世界大战期间,精神病学家、心理学家和社会学家关注军队中所谓的精神病患者。塞缪尔·A·斯托佛(Samuel A. Stouffer)及其同事(1949)发表了有关美国军人的标志性研究,即《美国士兵》,该研究以战争期间的研究为基础,并涉及大量军事人员样本。虽然焦虑问题和精神病患者只是其研究的一部分,但《美国士兵》的研究是革命性的,它应用社会科学方法来了解士兵的心理。斯托佛和他的同事率先开发了工具,以确定人们经历的焦虑和身心症状的水平。他们预期将会开发出可用于未来研究的筛选工具(Dohrenwend & Dohrenwend, 1982),特别是用于识别可能的精神病个案的研究上。

斯托佛等人(Stouffer等,1949)发现,在服役的头几个月,士兵精神崩溃的比例高于任何其他服役时期。更重要的是,他们发现暴露于战斗的强度与士兵出现焦虑和身心症状的风险升高有直接联系。甚至在1945年4月欧洲战区的士兵们也出现了高水平的焦虑症状,尽管当时"盟军迅速前进,胜利在望的感觉弥漫在空气中"(p. 442)。例如,年龄在20岁到24岁之间、受过高中教育的士兵中,有44%的人出现了严重的焦虑症状。斯托佛等人(Stouffer等,1949)发现,经过了一段时间的住院治疗后,在将要重返中部太平洋地区战斗的退伍军人中,焦虑水平升高的比率极高(71%至86%,这取决于年龄和受教育程度)。

这并不是说承受高水平战斗压力的美军是"弱兵"。斯皮格尔(Spiegel, 1944)是一位精神病学家,他观察了美国军队在突尼斯战役中的表现,并写道:"不仅士兵和军官能在极度焦虑的状态下英勇战斗,经历极度焦虑的普通士兵也完成了相当数量的常规战斗任务"(p. 383)。高昂的士气与军队素养和连排领导素质有关。这种有能力的领导:

> 确保他的士兵在这种情况下获得最好的食物;如果有可能,晚上给他们送毯子;竭尽全力为他们提供充足的水和弹药;确保提拔是公平的;确保出色成就和勇气得到应有的认可;把邮件、新闻和信息快速传递给士兵。(Spiegel, 1944, p. 384)

1943年,英国伊普斯维奇,美国空军第八航空队,第356战斗团队的成员。
从左数第二位的飞行员是乔治·舍恩菲尔德(George Schonfeld),他是本书第一作者的父亲。
(摄影师未知。所有权归欧文·山姆·舍恩菲尔德[Irvin Sam Schonfeld]。)

罗伊·拉夫·斯万克(Roy Laver Swank, 1949)是第一批利用士兵组成的大样本来调查当时被称为"战斗耗竭"现象的临床医生之一。他调查了在欧洲战区服役的部队。在第一次世界大战中,最常用的术语是"炮弹休克"。斯万克在伤员中观察到很多疲劳症状。他还观察到受影响的士兵"丧失自信,变得烦躁不安与焦虑,后来出现了其他症状,即[精神运动]迟滞、固执、精神缺陷和冷漠"(p.475)。斯万克发现,在伤亡率最高的部队服役的士兵的战斗耗竭现象出现得更早,且最为严重。与麦克库迪(MacCurdy, 1918)的观点相反,斯万克还发现,长时间暴露在战斗环境中的士兵在战斗前的稳定性与战斗耗竭无关。

斯托弗及其同事(1949)和斯万克(1949)对暴露于战斗产生的影响进行的研究优于第一次世界大战期间进行的研究。在第二次大战期间进行的研究并没有归咎于精神病因。对于病因的寻找确定了战斗暴露的长度和强度以及单位伤亡率。斯皮格尔(Spiegel, 1944)的研究表明,经历高水平焦虑的士兵可能在战场上表现得更好。

## 社会研究所

OHP是典型的跨学科研究,因此需要强有力的机构支持。从密歇根大学的校史中可以窥见来自机构支持的增多。1930年,来自密歇根州八个不同部门的社会科学家组织了密歇根社会科学研究委员会(Frantilla, 1998;社会研究所,未标注出版日期),其目标之一是推动跨部门合作。

第二次世界大战结束后不久,一所机构的发展影响了社会科学的进程。著名的利克特量表的创始人伦西斯·利克特(Rensis Likert)在密歇根州创立了社会研究所(Institute for Social Research, ISR)(Frantilla, 1998)。利克特于1946年首先成立了调查研究中心。然后,在1948年,团体动力学研究中心从麻省理工学院迁往密歇根州。1949年,两个研究中心成为了ISR联盟组织内的分支(Cannell & Kahn, 1984)。随着时间的推移,其他研究中心也建立了起来,并得到了ISR的支持。ISR工作人员进行的研究得到了财政拨款和合同的支持,而不是大学预算的支持。ISR发展成为社会科学研究的殿堂。虽然最初以社会心理学为中心,但是ISR的研究跨越了学科界限,除了流行病学、精神病学和统计学等领域之外,还包括政治学、社会学和经济学(Cannell & Kahn, 1984)。ISR研究人员还对工作、幸福感和健康三者之间的相互关系进行了研究(例如,Caplan, Cobb, & French, 1975; House, 1980; Quinn & Staines, 1979)。

## 塔维斯托克和人际关系

塔维斯托克诊所是精神分析学导向的精神病中心,于1920年在伦敦成立。二战期间,诊

美国密歇根大学社会研究所建筑工程的最新照片。
(摄影师未知。照片由密歇根大学社会研究所提供。)

所负责人进入陆军精神病学理事会,利用他们的技术帮助陷入困境的士兵,并解决英国军队的士气问题。特里斯特和默里(Trist & Murray, 1990)强调了塔维斯托克诊所团队所取得的与军事相关的成就中呈现出来的新兴交叉学科性质:"为了完成这些大规模任务,学科范围从精神病学和临床心理学延伸到社会心理学、社会学和人类学。"1946 年,塔维斯托克诊所的领导者组建了塔维斯托克人际关系研究所。该研究所最初是诊所的一个分支,于 1947 年独立出来。该研究所推动了精神分析和社会心理学在人际关系方面的研究。1947 年,研究所成员和团体动力学研究中心成员创办了一本名为《人际关系》的新期刊,旨在促进"心理学与社会科学的整合,以及理论联系实践"(Trist & Murray, 1990;也见《人际关系》,2012)。

## 英国矿业的变化

1951 年,埃里克·特里斯特(Eric Trist)和肯尼斯·班福思(Kenneth Bamforth)在《人际关系》上发表了一篇非常具有影响力的文章,论述了英国煤矿业变化对矿工的影响。特里斯特是塔维斯托克研究所的创始人之一,而班福思(前煤矿员工)也是该研究所的一员。他们发现,工作组织的变化导致了矿工自主性减少:

从表面上看,钻孔机、皮带制造机和皮带破碎机像是效仿前机械化时代的配对结构。但是,手工采煤的员工具有工艺地位,他们在自己的[采煤]工作面工作时具有工匠式的

独立性,他们满足于看完整个采煤工作,因此前者的工作被限制在非常窄的工作范围内。(p. 36)

特里斯特和班福思指出,"分工任务"导致矿工失去了与其他轮班或生产小组成员之间的"归属感"。这项研究否定了人们早就认识到的与工作相关的自主性对员工幸福感的重要性。

## 汉斯·塞里

1956年,内分泌学家汉斯·塞里(Hans Selye)出版了一本有影响力的书《生活的压力》。虽然书中没有写到工作压力,但是他的著作影响了未来对一般生活压力的研究和OHP研究。自20世纪30年代以来,他的研究建立在诸如沃尔特·B·坎农(Walter B. Cannon)等科学家的基础上。在这个节点上,在讲述塞里之前,回顾一下坎农(Cannon, 1914)的发现是很有帮助的。

在一系列动物实验中,坎农发现在应对情绪唤醒挑战时,交感肾上腺髓质(sympathetic adrenal-medullary, SAM)系统得到了激活。由动物生活中的自然事件(p. 357)引起的感觉冲动被传导至位于肾脏之上的肾上腺。肾上腺髓质是肾上腺的中心部分(肾上腺皮质包围着肾上腺髓质),它进一步又将肾上腺素激素(肾上腺素)释放到血液中。肾上腺素促进糖原分解,将存储在肝脏和肌肉组织中的糖原转化成葡萄糖,为帮助动物对抗或逃离捕食者的关键肌肉(如心脏)的活动作更好的准备。其他对战斗或逃跑不重要的肌肉(如消化道肌肉)的活动则减少。坎农(annon, 1929)后来引入了内稳态的思想,其中包括自我调节,维持温度、蛋白质、葡萄糖、脂肪和氧气等的稳定水平,尽管存在"不断干扰的条件"。内稳态变化的趋势是"自动满足"。

在坎农研究的基础上,塞里(Selye, 1956)也以动物为研究对象,检测了有机体对可能扰乱内稳态的外来生物或化学试剂的反应,以及有机体对这些外来生物或化学试剂作出的恢复内稳态的反应。塞里指出,生物体对许多不同干扰的反应是相似的。他还指出,受不同疾病影响的人常常患有许多共同的症状。塞里使用"压力"一词来描述一种综合征,它包括"生物系统内的所有非特异性诱导的变化",这些变化是对一种具有侵略性的外界因素(压力源[p. 54])的反应,并且某些压力对机体有益。他把各种非特异性应激反应总称为"一般适应综合征"(general adaptation syndrome, GAS)。综合征分为三个阶段:"(1)警觉阶段","(2)抵抗阶段"和"(3)衰竭阶段"。一般适应综合征反应涉及了垂体、肾上腺髓质和皮质以及中枢神经系统和自主神经系统的快速驱动和协调。

塞里关注的是随着环境的客观特征而呈现的压力过程:"不需要对刺激进行任何主观评估,对环境刺激的生理反应也有可能发生"(Hurrell, Nelson, & Simmons, 1998, p. 369)。与这一观点相一致,塞里指出"二战期间,在英国一些遭受严重空袭的城市中,居民患了'空袭溃疡'的流行病"(p. 179)。

塞里[①]在他的著作修订本中(1976)和其他地方(1985)修改了他以前的想法。在他的修订本中,感觉输入由大脑皮层、边缘系统和网状结构介导,最终到达下丘脑。一旦接收信号,下丘脑就会产生促肾上腺皮质激素释放因子(corticotrophic hormone releasing factor, CRF)。CRF通过血液循环到达脑垂体,使脑垂体释放促肾上腺皮质激素(adrenocorticotrophic hormone, ACTH)进入循环系统。在对ACTH的反应中,肾上腺皮质释放糖皮质激素,如皮质醇和皮质酮,它们会刺激糖原分解,为肌肉提供能量,以应对警觉阶段中的需求(糖皮质激素在后期抵抗阶段不那么重要)。ACTH也会引起肾上腺素和去甲肾上腺素的分泌,也就是肾上腺素中的儿茶酚胺肾上腺素和去甲肾上腺素;自主神经系统的神经末梢也是合成儿茶酚胺的场所。肾上腺素从糖原(如前所述)和甘油三酯储存中触发葡萄糖的形成;肾上腺素也通过增加脉搏频率和血压来改善对肌肉的血液循环。本书中概述的是下丘脑—垂体—肾上腺(hypothalamic-pituitary-adrenal, HPA)轴在压力过程中的作用。

**压力性生活事件**

塞里的工作引发了一系列的研究。他在1956年出版的著作中指出,压力源以非特异性的方式影响人体健康,并引起各种疾病。20世纪60年代,研究人员开始研究生活事件(life events, LEs)和疾病之间的联系(Rahe, Meyer, Smith, Kjaer, & Holmes, 1964)。LE是指引起不同程度社会再适应的事件(例如,结婚、离婚、亲人离世)。有些LE是有益的,有些对个人既无益也无害,还有一些是有压力的。在霍姆斯和雷赫(Holmes & Rahe, 1967)发布其社会再适应评定量表(Social Readjustment Rating Scale, SRRS)后的几年中,关于压力性生活事件(stressful life events, SLEs)对健康的影响,尤其是对心理健康影响的研究得到了快速发展。有关SLE对健康影响的研究主要涉及一般生活,尽管在诸如SRRS之类的LE调查问卷中将包括被解雇等SLE。从一般生活压力的研究兴趣到更具体地致力于工作压力的研究兴趣之间也有一个天然的桥梁(Karasek, 1979)。

---

① 塞里的研究也有其不足之处。塞里对压力的研究得到了烟草业的广泛支持(Petticrew & Lee, 2011)。佩蒂克鲁(Petticrew)和李(Lee)发现塞里提出了以下观点:(a)吸烟作为一种减压方式来说是有益的;(b)反吸烟运动会对市民造成压力。他们还观察到,"塞里的专家证据淡化了吸烟有害影响的现有证据,分散了人们对其危害的注意力。文献显示,在表达反对烟草控制的观点时,他并没有声明收到的烟草资助,这掩盖了他缺乏科学独立性的事实"(p. 414)。

### 瑞典的压力研究

在塞里的研究之后,瑞典的调查人员研究了工作安排对 SAM 反应的影响。瑞典已经成为了压力研究的中心,雷纳特·列维(Lennart Levi)于 1959 年创立了压力研究实验室,并于 1980 年成立了国家社会心理因素与健康研究所(National Institute for Psychosocial Factors and Health)(Theorell, 1997)。列维(Levi, 1972)发现,从计时工资到计件工资的短暂变化伴随着产量的增加以及肾上腺素和去甲肾上腺素的增加。相反,当改回计时工资时,随之而来的就是产量及肾上腺素和去甲肾上腺素的下降。弗兰肯海瑟等(Frankenhaeuser, 1979; Frankenhaeuser & Gardell, 1976)发现,与从事控制性工作的员工相比,在锯木厂从事枯燥、机械节奏工作的员工的肾上腺素和去甲肾上腺素分泌水平较高,同时伴有较高水平的身心症状。

### 社会学、社会心理学和工业心理学的发展

许多社会科学家产生了对工作、压力和幸福感研究的兴趣,包括伊利·奇诺伊(Ely Chinoy)、一个主要由 ISR 研究人员组成的团队和亚瑟·科恩豪泽(Arthur Kornhauser)。1955 年,社会学家伊利·奇诺伊根据他对蓝领员工的研究出版了一本书。在对美国一家汽车制造厂的 62 名员工进行了深入的访谈后,他描绘了这样一幅画面:蓝领员工的单调的工作以及他们在工作之外寻找满足感。奇诺伊强调了人们经历异化的两种不同的方式:第一种,员工晋升的机会很少;第二种,工作的高度机械化需要员工"放弃对自己行为的控制"(p. 85)。控制(或控制的缺失)是工作的一个重要特征,这一观点在罗伯特·卡拉塞克(Robert Karasek)的研究中又重新出现。卡拉塞克的研究将在本章后面以及第三章和第四章中进行介绍。其中有些人有不切实际的幻想,如开办农场。然而,梦想只是梦想而已。这些梦想暗含的独立性和自主性所需要的资本和训练比这些大多出生在工人阶级家庭的人们实际拥有的还要多。奇诺伊预料到了约翰尼斯·西格里斯特(Johannes Siegrist)后来提出的一个问题的答案。本书将在第三章中讨论为什么员工经常从事没有回报的工作。奇诺伊强调,离职的代价和找到更加令人满意的工作是员工们面临的主要障碍。

1964 年,一群社会心理学家(其中 3 名是 ISR 的研究人员)出版了一本书,书中介绍了关于组织压力的创新研究。在这本书出版的那个年代,精神动力心理学方兴未艾,心理学家倾向于从心理上,以及个体与他或她的父母关系中寻找精神病理的原因。然而,卡恩(Kahn)、沃尔夫(Wolfe)、奎因(Quinn)、斯内克(Snoek)和罗森塔尔(Rosenthal)则关心组织角色关系与人

格维度如何影响工作相关压力、工作满意度以及工作中的无价值感等问题。他们也是最早一批研究与工作相关的应对方式的研究人员之一。该团队组织了两项研究，其中一项是对美国员工的全国代表性样本的调查，另外一项研究是对美国"六个工业地点"的53名管理者的密集调查。这项研究的一个创新之处在于，他们访谈了每个焦点人物的"角色集"，即不同角色个体的集合，例如下属、上级和同一级别的个体，他们自己的角色会直接影响到焦点人物的角色。为改变焦点人物的表现，研究者对其施加了压力，然后通过访谈评估这些压力；这些压力成为衡量角色冲突的根源。角色模糊是根据对焦点人物的访谈中收集到的数据进行评估的。作者发现角色冲突和角色模糊与工作压力有关。研究方法的一个创新在于研究人员独立评估角色冲突与压力；在对工作条件的心理影响进行研究时，研究者面临的一个方法学问题是如何在不影响对另一个变量评估的情况下对自变量（例如，社会心理工作压力源）和因变量（例如困扰）进行评估。虽然这项研究的结果远非令人大开眼界（例如，角色冲突和神经质焦虑"共同"影响压力），但是这项研究为心理学评估工作和个体变量对健康结果的交互影响提供了助力。

亚瑟·科恩豪泽是一位开始涉足工业心理学的心理学家。他与那些"主要关注提高工业效率问题"的同行的不同之处在于，他对劳动人民的困境很感兴趣（Zickar，2003，p. 366）。1965年，他出版了一本书，书中描述了一项具有里程碑意义的研究，该研究将定性和定量的方法相结合，对底特律13家汽车制造厂的407名男性员工进行了研究，并与248名在底特律以外从事制造业和非制造业工作的男性进行了比较。基于访谈数据，他发现一个员工工作所必需的技能和责任与他的心理健康呈负相关。换句话说，从事高度重复性和半技术性的工作使员工处于最严重的心理健康风险中，而那些在工作中需要更多技能和责任的员工往往心理更健康。他的研究的一个创新之处在于心理健康测量工具的开发和验证。另一个创新之处是他对有心理健康风险的员工自己选择最低层次的工作这一可能性的关注。科恩豪泽引用证据指出，选择并不能解释他的发现。他还将心理健康与工作满意度联系起来。为了厘清员工格特质及工作的影响，他主张在未来研究中使用纵向方法研究员工的心理健康。他的研究也检验了不利的工作环境所产生的负面情绪在工作之外的生活中产生的溢出效应，开创了这一研究的先河。

科恩豪泽、奇诺伊和由卡恩领导的团队所做的研究激发了研究者对工作影响员工健康的兴趣。当代的OHP研究在很大程度上归功于这些研究者们（Quick，1999；Sauter & Hurrell，1999）。从他们的研究中衍生了很多OHP相关主题，其中包括对员工自主性的关注、高度重复性工作的影响、与工作相关的冲突、选择问题以及纵向研究的必要性。

### 理查德·拉扎勒斯

理查德·拉扎勒斯(Richard Lazarus)是一名心理学家,虽然其思想大多应用于心理压力方面的研究,但是他1966年出版的那本书在OHP领域很有影响力。在拉扎勒斯的模型中,个人受到一些前因特征的影响,包括动机、信念和过去学习经历。当面对新的"刺激形态"时,个体会对威胁程度或预期伤害程度进行评估;拉扎勒斯称这种最初的评估为"初评价"。一个环境是否被认为是有威胁的取决于认知,如个体判断某种情境有可能阻止个人实现目标。个体的人格特质和生活史会对这种评价产生影响。威胁评价介于刺激结构和个体对刺激的反应之间。拉扎勒斯认为威胁与焦虑不同,后者是威胁的几种潜在的情感后果之一。具有拉扎勒斯类型导向的OHP研究人员一直关注被评价为具有威胁性的工作环境特征。

在面对威胁时,个体通常会做出应对行为。应对是指"处理威胁的策略"(Lazarus,1966,p.151),它包括直接采取行动来改变威胁的情境或利用心理防御机制,例如否认威胁或用更"乐观"的色彩描绘威胁的画面。除了初评价之外,拉扎勒斯还提出了次评价的概念,这是另一轮评价,是指个人对他或她应对行为的后果的评估。拉扎勒斯、贝尔和纽曼(Lazarus,Beehr & Newman,1978;Newman & Beehr,1979)在促进工作相关的应对策略的研究方面特别有影响力。

这种评价理念也不乏批评之声。多伦温德和施罗特(Dohrenwend & Shrout,1985)发现,由拉扎勒斯及其同事(1985)开发的一种依赖于被试评估的压力源测量方法会与心理症状混淆。多伦温德和施罗特认为,测量没有被评估和反应污染的纯环境事件对理解压力过程很重要。他们建议研究人员也要评估事件的背景,其中包括易感性因素和资源,包括目前的社会状况和个人地位,这些可能会改变事件对幸福感的影响。

以公共卫生为导向的OHP研究人员一直致力于描述影响员工健康的社会心理工作环境(Kasl,1987)的客观特征。通过干预手段,环境的客观特征会发生变化。反之,对事件的评价是个人化的,并将更多的研究重点放在员工身上。

### 工作压力研究中方法的严谨性

越来越多令人信服的证据表明,研究人员可以采用严格的方法来检测和工作有关的社会心理状况与身体健康之间的联系。梅尔·弗里德曼(Meyer Friedman)、雷·罗森曼(Ray Rosenman)和威尼斯·卡罗尔(Vernice Carroll)在1958年发表的研究也许是第一个这样做的。他们检测了两组男性会计师血清胆固醇的波动和血液凝固时间随压力变化的情况。一组美国税务会计师的工作主要是完成报税,他们在4月1日至15日(申报的最后期限)期间承受着巨大的工作压力。另一组被试专门从事企业融资,在1月份(公司报告的最后期限)和4月1日至15日期间有严重的压力。弗里德曼等人(Friedman,1958)发现,控制饮食、体重和运动之后,具有极端职业压力的时期与血液凝固时间加快和血清胆固醇升高有关,而这两者都是心脏病的风险因素。

几年后,两名ISR研究人员斯坦尼斯·卡斯尔和悉尼·科布(Stanislav Kasl & Sydney Cobb, 1970)发表了一篇有关失业影响血压的高影响力论文。卡斯尔和科布的研究对象是经历过工厂倒闭的员工,与之相对比的是工作持续且职业类似的控制组员工。研究者发现,失业与血压升高有关,再就业与血压降低有关。

1973年,悉尼·科布和罗伯特·罗斯(Robert Rose)所在的ISR团队发表了一篇文章,将工作条件与所有男性样本的健康结果联系起来。科布和罗斯发现,与美国空军士兵相比,看起来压力很大的空中交通管制员患高血压和消化性溃疡的几率更高。与在低人流量的塔台上工作的男性相比,在高人流量的塔台上工作的男性患有高血压和溃疡的风险明显较高。

因此,弗里德曼等人(1958),卡斯尔和科布(1970),科布和罗斯(1973)所做的研究向后来的研究人员证明,可以通过严谨的研究来对工作场所的社会心理特征进行操纵,并将其与健康状况联系起来。贝尔和纽曼(1978)观察到工业和组织(industrial and organizational, I-O)心理学曾经抵制有关工作和健康的研究,而后来又敦促I-O和其他心理学家对工作、压力和健康进行严谨的研究。

### 职业安全卫生管理局和美国国家职业安全卫生研究所

美国国会通过并由尼克松总统签署了公法91-596,即"职业安全卫生法"(1970年职业安全卫生法),这是在立法上促进OHP出现的历史上一个重大的里程碑。该法律旨在确保美国员工安全、卫生的工作条件。由该法案创建的职业安全卫生管理局(Occupational Safety and Health Administration, OSHA)和劳工部(Department of Labor, DOL)负责在美国工作场所制定和执行卫生和安全标准。OSHA曾是卫生、教育和福利部门的一部分,但现在已成为卫生与公众服务部门的一部分。

公法91-596还授权创建美国国家职业安全卫生研究所(National Institute for Occupational Safety and Health, NIOSH),该机构最终成为疾病控制与预防中心(Centers for Disease Control and Prevention, CDC)的一个部门。法律授权NIOSH进行如下研究:

(1)开展[NIOSH负责人]所确定的对于制定新的或改进原有职业安全与健康标准

的发展所必要的研究和实验方案;(2)在考虑了这些研究和实验方案的结果之后,为新的或改进的职业安全卫生标准提出建议。

NIOSH 不编写卫生和安全条例。NIOSH 的研究结果为 OSHA 和 DOL 的监管过程提供依据。NIOSH 还可以向外部研究人员(如大学教授)提供资助。

位于西弗吉尼亚州摩根敦的 NIOSH 机构。
(摄影师未知。由 NIOSH/CDC 提供。公共领域。)

法律还授权 NIOSH 进行与 OHP 有关的研究。法律授权进行工作压力的研究以及暴露于物理危害的研究:"卫生与公众服务部部长应在行业范围内组织实施和发表研究,以使人们了解长期或低水平暴露于工业材料、工业流程所带来的影响,以及潜在的压力对老年人患病或功能能力丧失的影响。"该法律授权 NIOSH 支持有关心理因素的研究,它们可以用来提高员工的安全,减少事故,以及行为和工作习惯的改变(Cohen & Margolis, 1973)。

J·唐纳德·米勒(J. Donald Millar)是一名医生,他因在 CDC 根除非洲天花病毒的成就而家喻户晓,1981 年成为 NIOSH 的主任(Fox, 2015)。20 世纪 80 年代,美国社会保障局(Social Security Administration)发现因工作相关心理障碍而提出残疾索赔的人数有所增加(Sauter & Hurrell, 2016)。在 NIOSH 领导下,该组织根据频率、严重程度和可预防性列出了 10 种典型的与工作有关的疾病和残疾的清单,其中就包括心理障碍(Millar, 1984)。米勒在支持与工作相关的心理障碍研究和制定国家预防战略方面发挥了领导作用(Sauter & Hurrell, 1999)。NIOSH 继续向 OHP 研究人员提供资助。NIOSH 的内部研究还包括一系列 OHP 相关研究(Caruso, 2009; Hitchcock, 2008; Murphy, 2002; Nigam, 2007; Streit, Nigam, & Sauter, 2011; Wallin, Considine, & Nigam, 2009)。

## 个人—环境匹配

在新成立的 NIOSH 支持的首批研究中,其中一项就是关于探究社会心理工作条件与身心健康关系的,这表明 NIOSH 致力于心理因素研究(Caplan, Cobb, French, Harrison, & Pinneau, 1975;也见 Caplan, 1987)。这项 ISR 研究涉及 23 个美国职业群体的男性员工。研究的一个关键点是由达尔文理论推动的,即人与他或她的环境之间匹配的重要性。作者提出,"员工的特点"(如,需要和能力)与他或她的工作环境要求之间的"拟合优度"很可能会影响个人的身心健康(p. 15)。

卡普兰、科布、弗兰奇和哈里森等人(Caplan, Cobb, French, & Harrison 等,1975)关注的是一种方法学缺陷,这也是后来 OHP 研究者关注的问题。具体来说,这个潜在问题是自我报告压力源测量的数据可能会被"污染",因为这些量表涉及了不止一个构念。例如,一个自我报告压力源量表有可能评估压力源、人格维度,以及诸如焦虑、抑郁和工作满意度等因素,这会潜在地夸大压力源量表与其他变量的相关性。卡普兰等人采用明确描述个人两极片段等测量方法来解决污染问题(例如,"在汤姆[Tom]的工作中,他从事许多不同的任务,这些任务都处于不同的完成阶段……吉姆[Jim]的工作要求他在一个时间段只进行一个工作"[p. 243]),然后让员工指出他目前的工作在这个连续体中处于什么位置,以及如果他要寻找一个新的职位,他想找什么样的工作。虽然类似的片段在 OHP 研究中还没有被广泛使用,但 ISR 团队对混淆问题特别关注,并呼吁研究者在开发社会心理工作特征对压力(通常通过心理症状来实现操作化)影响研究所需的测量方法时要小心谨慎。

个人—环境(P E)匹配压力源的一个例子是,工作需要的复杂程度与员工偏好的复杂程度之间的差异。正如 P-E 理论所提出的那样,P-E 匹配工作复杂性与抑郁症之间的关系是曲线的,过高和过低的复杂程度都与抑郁症状水平升高相关。一段时间以来,P-E 匹配是主流的研究方向,但自从 20 世纪 80 年代末以来,由于难以确定 P-E 差异的数学表达式和 P-E 差异与压力关系的统计模型,研究者对它的兴趣已经减弱(Ganster & Schaubroeck, 1991)。

## 倦怠

赫伯特·弗罗伊登伯格(Herbert Freudenberger, 1974)是最先提出倦怠概念的人。弗罗伊登伯格自己也承认,在免费诊所工作时,他体验到了倦怠。他明确了倦怠的一些体征,包括枯竭和疲劳感、头痛、胃肠道问题和失眠。此外，他还明确指出一些行为迹象，这些迹象包括最轻微的压力也会使个人感到负担过重；另一种迹象是怀疑的态度，认为其他人——客户和同事——是在利用自己。弗罗伊登伯格认为，在免费诊所、危机干预中心以及专门致力于帮助人们的其他领域工作的最专注和忠诚的专业人士都面临着倦怠的风险。专业人士对一个急需帮助的客户的照顾，有耗尽专业人员储备的风险。克里斯蒂娜·马斯拉奇（Maslach & Jackson, 1981；Maslach, Jackson, & Leiter, 1996）设计了一种测量倦怠的工具，这促进了对倦怠的研究。随着时间的推移，倦怠的概念已经超出了助人行业的专业人员，而是包括了几乎所有工作者，甚至包括工作以外的角色（Bianchi, Truchot, Laurent, Brisson, & Schonfeld, 2014）。

## 决策自由度与工作要求

加德尔（Gardell, 1971）在一项对瑞典纸浆和造纸厂员工和工程师的研究中探究了心理健康和异化。他将异化操作定义为"将工作贬低为要求满足的来源"的程度（p.148）。加德尔提出，无论是资本主义国家还是社会主义国家，工作中的异化问题都是相似的，异化产生于"工业生产体系，其根源应主要在工作场所的权力和领导的威权体制中"寻找（p.148）。加德尔发现，员工对工作的控制和影响程度与心理健康和自尊正相关，与异化负相关。

1979年，罗伯特·卡拉塞克发表了一篇文章，这篇文章对OHP领域的影响很大。他使用两个大数据集展示了一种模型的可行性，在这个模型中，低水平决策自由度（即，对在工作日进行的工作任务的控制）和高水平工作要求的组合对员工的心理健康会产生不利影响，这种不利的心理健康影响通常被称为"心理压力"。该模型的工作要求的组成部分主要是心理工作负荷，而不是体力要求。模型是交互式的，强调低自由度和高工作负荷的组合对心理健康特别有害。

虽然特里斯特和班福思（Trist & Bamforth, 1951）与加德尔（Gardell, 1971）先前的研究强调了与工作相关的低水平自主性对工作场所士气和心理健康的影响，但卡拉塞克的模型激发了大量的研究，包括决策自由度和工作负荷对心理症状和心理障碍的独立影响与交互作用的研究。卡拉塞克模型已经扩展到检验这两个因素对身体健康的影响（例如，Karasek, Baker, Marxer, Ahlbom, & Theorell, 1981），该模型还被扩展，纳入了另一个重要的变量，即同事支持（Johnson, Hall, & Theorell, 1989）。该模型一直是OHP研究的源泉。

# 20世纪80年代至今

本章的其余内容关注的是组织建设。这一时期出现了许多重要的组织，这些组织成为了

OHP 研究者和实践者聚集的中心,为他们沟通 OHP 想法提供了一个平台。这一时期的大部分研究进展将在后面的章节中阐述;但是,由于其中两项研究颇具开创性,因此在本章中也会对其进行介绍。本章还研究了"职业健康心理学"一词的由来。用一个有效的术语来囊括在这一领域的研究人员和实践者的工作,这非常有助于沟通交流。

## 两项开创性研究

弗里德曼等人(1958),卡斯尔和科布(1970),科布和罗斯(1973)进行的研究证明,社会心理工作场所特征对身体健康的影响可以被严谨地研究。类似地,后来的两项研究也表明,社会心理工作场所特征对心理健康的影响也可以被严谨地研究。

凯瑟琳·帕克斯(Katherine Parkes, 1982)在一种"自然发生的工作情况"下对英国女实习护理人员进行研究,她们被随机分配到不同的轮岗工作中(见第二章的自然实验部分)。一个轮班组从外科病房开始轮班,到内科病房结束;另一组则以相反的顺序轮班。在内科病房工作的护理人员有"更大的情感要求",并与明显更高水平的抑郁症状和更低的工作满意度相关。

在第二项研究中,迈克尔·弗里斯(Michael Frese, 1985)对德国男性员工进行了追踪调查,测量中采用工作压力源(例如,分歧、冲突)的主观评分,以及三个或以上从事相同工作(但不一定要一起工作)的员工评分的组均值。在控制基线期身心症状(例如,头痛、胃痛)后,基线工作压力源显著预测 16 个月后的身心症状。而身心症状导致假定压力源的这种反向因果关系,在最常见的横向研究中很难被排除(见第二章)。在一个反向因果假设的检验中,在控制时间 1 的工作压力源后,时间 1 的症状无法预测时间 2 的工作压力源。①

## 职业健康心理学

虽然库珀(Cooper)和马歇尔(Marshall)并没有使用"职业健康心理学"这一术语,但是在 1976 年,他们呼吁研究工作压力的心理学家与其他社会科学家和医疗专业人士进行合作,以推动这一本质上是跨学科领域的研究。"职业健康心理学"一词的首次提出是在 1985 年和

---

① 这项研究的一个局限是,由专家独立、客观评价的时间 1 的压力源未能预测时间 2 的心身症状,尽管这样的发现并不妨碍主要结果,因为是由两种不同的观察者(工程师、心理学学生)进行了时间 1 和时间 2 的客观评分。由于工作压力源的客观测量不精确,客观测量与压力之间的相关性代表了一种"真实相关的下限"(p. 325)。这种不精确性反映了这样一个事实:在相对较短的时间内(最多一个半小时),评分者必须观察每个不同的职位,这使得他们并不能完全地捕捉到每个员工在他的工作中所遇到的工作压力源。

1986年的出版物中。1985年,在罗伯特·费尔德曼(Robert Feldman)和小乔治·埃弗利(George Everly Jr.)合编的一本关于工作场所健康促进的书中,罗伯特·费尔德曼在其中一章强调了在健康促进方面进行跨学科的团队合作的需要:"工业卫生员、职业医师、职业健康心理学家和职业健康教育工作者都对减少和消除受伤和患病有重要作用"(p.286)。费尔德曼还表示,职业健康促进和职业健康心理学在提高员工对危险的感知和改变员工的危险行为方面共同发挥作用。

1986年,在一套关于临床实践的年度系列丛书中,小乔治·埃弗利在一篇名为《职业健康心理学导论》的文章中,向读者更全面地介绍了职业健康心理学。埃弗利将OHP视为现有健康心理学领域的分支。对于埃弗利来说,OHP涉及应用心理学理论和知识来预防、诊断和治疗由工作场所条件引起的"身体疾病和功能障碍"。他谨慎地指出,工作场所健康促进需要与组织的资产负债表相适配,并进一步描述了一种系统的工作场所健康促进方法,这涉及组织的健康专业人员和管理层之间的更广泛的协作。埃弗利还表示,对于组织健康心理学家来说,培训包括咨询或临床心理学、"工业心理学"、生物医学导论和公共卫生。

这个术语再一次出现是在1990年。《美国心理学家》(American Psychologist)是美国心理学会(American Psychological Association,APA)每个成员都认可的一本期刊,雷蒙德(Raymond)、伍德(Wood)和帕特里克(Patrick)在这本期刊上发表了一篇文章。他们认为心理学家有义务确保健康的工作环境。雷蒙德等人(Raymond等,1990)要求在OHP领域进行博士水平的跨学科培训。与费尔德曼和埃弗利不同,雷蒙德等人关注的是能够使心理学家处理由工作相关压力引起的障碍的培训。

## 《工作与压力》

期刊是科学交流的重要工具。1987年,诺丁汉大学的汤姆·考克斯(Tom Cox)和菲利普·杜威(Phillip Dewe)创立了第一本专门讨论OHP相关话题的期刊(Cox,2011)。在成立之初,考克斯将期刊命名为《工作与压力》(Work & Stress),之所以没有使用"职业健康心理学"一词,是因为当时该术语尚未广泛使用。该杂志的名称很能说明问题,"人们对工作相关压力的兴趣正在增加,第一卷的内容反映了那些年的研究兴趣主要在这一特定主题上"(Cox,Taris,& Tisserand,2009,p.17)。在20世纪90年代,随着OHP领域的扩大,该期刊开始将研究重点扩展到工作压力之外(Cox等,2009),并发表了关于社会心理工作条件与肌肉骨骼症状的关系,学习机会与决策权的关系,影响事故风险的组织因素等方面的文章。

## APA-NIOSH 系列会议

由于 NIOSH 支持在工作相关疾病中加入心理障碍,所以在 20 世纪 80 年代后期,NIOSH 的一些科学家与 APA 就这一点达成了共识。1986 年,NIOSH 主办的研讨会将预防工作相关的心理障碍提上了议程(Quik, Murphy, & Hurrell, 1992)。1989 年,NIOSH 的成员(Steven Sauter, Joseph J. Hurrell, Jr. 等人)和 APA 成员(Gwendolyn Keita, Heather Roberts Fox 等人)开始合作,其中包括对下一年在华盛顿特区举行的 APA/NIOSH 工作与幸福感会议进行筹划。时任 NIOSH 主管的唐纳德·米拉尔(Donald Millar)批准提供资金,帮助承担会议的费用(Sauter & Hurrell, 2016)。这次国际会议包括"压力和工作设计,职业压力和心理障碍监测以及提高职业心理健康"的跨学科专家小组(Quick 等,1992)。工业/组织心理学家、实验心理学家和发展心理学家、医生、护理人员、社会工作者、人力资源从业者、经济学家和劳工领袖也出席了会议。一开始,这些会议每两到三年举行一次,但到了 2006 年,这个会议变成了两年举行一次。这些会议为 OHP 专业人士提供了一个适宜的环境,以便他们相互认识并了解彼此的工作。

## OHP 博士项目

为了 OHP 的持续发展,需要一批新的研究人员和从业人员进入该领域。APA 和 NIOSH 以新的方式合作;他们开始提供种子资金,以协助建立 OHP 的博士后项目。然而不久之后,两个组织的领导人很快就认识到,将更多专业人员引入该领域的最佳途径是支持 OHP 博士培训(Hammer & Schonfeld, 2007)。在写这本书的时候,美国有 11 个 OHP 研究生项目。

## 诺丁汉大学

1988 年,通过对两个研究团队的合并,汤姆·考克斯在诺丁汉大学帮助创建了组织健康与发展中心(Centre for Organizational Health and Development, COHD)(Leka, 2016;个人交流,2016 年 4 月)。该中心后来经历了合并和更名,又以原来的名字重新出现,在有关工作场所社会心理风险管理的研究、实践和政策方面发挥了重要作用(Leka, 2016)。1996 年,考克斯在诺丁汉大学开发了 OHP 硕士项目的课程。这是同类中第一个硕士学位课程。该项目的成立与雷蒙德等人(Raymond 等,1990)的呼吁是一致的,即对心理学家进行科学方面的培训,以确保健康的工作环境。如今,诺丁汉大学提供职业健康心理学与管理学博士学位。

## 《职业健康心理学杂志》

该组织努力制定预防与工作相关的心理障碍的策略(NIOSH,1988),在这样的背景下,两名 NIOSH 研究人员史提芬·绍特(Steven Sauter)和小约瑟夫·J.赫雷尔(Joseph J. Hurrell,Jr.),与 NIOSH 的同事一起筹划了一个新的致力于工作、压力和健康的杂志。经过几年的努力探索和发展,绍特和赫雷尔邀请了阿灵顿的德克萨斯大学的詹姆斯·坎贝尔(James Campbell)先生担任第一主编。三人与 APA 出版物办公室的加里·范登博斯(Gary VandenBos)合作,共同创办了《职业健康心理学杂志》(Journal of Occupational Health Psychology,JOHP)(Hurrell & Sauter,个人交流,2013 年 5 月,2016 年 9 月;Quick,2010)。NIOSH 基金帮助承担了该杂志的启动成本。APA 在 1996 年出版了第一卷。像《工作与压力》杂志一样,JOHP 已经有了国际性地位,有来自许多不同国家的投稿者。

## 国际职业健康委员会

国际职业健康委员会(International Commission on Occupational Health,ICOH)是一个成立于1906年的重要国际组织,其目标之一是确保工作场所更加安全、健康。1993 年,该组织开始关注 OHP。ICOH 成立了一个初步的工作委员会,专门用于了解工作组织和社会心理因素(S. Leka,个人交流,2014 年 4 月 1 日)。1996 年,该组织正式成立了其 35 个科学委员会的第 35 个,即工业组织和社会心理因素科学委员会(Work Organisation and Psychosocial Factors,WOPS)。国际职业健康委员会—工业组织和社会心理因素科学委员会(ICOH-WOPS)旨在交流、积累和传播"与工作中的社会心理因素和员工健康相关的信息,并促进该领域的研究和实践"(Kawakami,2009,p.9)。自 1998 年在哥本哈根举行首届会议以来,ICOH-WOPS 已经组织了以工作场所社会心理因素为主题的三年一度的系列会议。

## 欧洲职业健康心理学学会

1997 年,诺丁汉大学的代表和丹麦医院的两个职业医学部门的代表,斯基沃·西格胡斯(Skive Syghus)和海宁·西格胡斯(Herning Syghus),完成了召开委员会会议所需的准备工作,该委员会会议的目的是为建立一个致力于 OHP 研究、实践和教学的国际机构奠定基础(European Academy of Occupational Health Psychology,1999;Houdmont,2009)。该国际机构,即欧洲职业健康心理学学会,正式成立于 1999 年。一年之内,EA-OHP 将总部设在诺丁汉大学的工作、健康与组织研究所,并由汤姆·考克斯领导。

该组织通过在每个领域创建工作组,帮助促进 OHP 的研究、教学和实践(Houdmont,2009)。2000 年,该学会成为《工作与压力》杂志的所在地。EA-OHP 组织了两年一次的系列会议。2004 年,保罗·弗拉克斯曼(Paul Flaxman)、乔安娜·普赖斯(Joanna Pryce)和费米达·穆尼尔(Fehmidah Munir)出版了该学会的第一份内部通讯,其目的是报告研究和实践,并使读者了解最新的组织新闻。该组织还创建了一个互联网论坛,以帮助成员彼此联系,以共享信息和提供研究、实践建议。2009 年,EA-OHP 创办了系列丛书——《当代职业健康心理学:研究与实践的全球视角》,该丛书致力于综述和实证研究。

**职业健康心理学会**

如前所述,从 1990 年开始,APA 和 NIOSH 组织了一系列专门讨论工作和幸福感的国际会议。在参加 APA/NIOSH 会议的人中提出的一种观点是,确定"发展该领域的方法"很重要(Hammer & Schonfeld, 2007)。2001 年至 2004 年期间举办了一系列针对这一观点的专题讨论会。与会人员讨论并计划在美国建立一个致力于推进 OHP 的组织。2004 年,在华盛顿的美国心理学会办公室,职业健康心理学会(Society for Occupational Health Psychology, SOHP)成立,并选出第一批工作人员(Hammer & Schonfeld, 2007)。波特兰州立大学的莱斯利·哈默(Leslie Hammer)被任命为 SOHP 的第一任主席。

SOHP 向会员提供有关研究、实践和教学的资源。2006 年,该学会与 APA 和 NIOSH 一起组织了有关工作、压力和健康的两年一度的系列会议。2008 年,SOHP 开始与 EA-OHP 协调,这两个组织安排了一系列会议,每隔一年举行一次。2006 年,JOHP 与该学会开展合作,尽管文章仍然出 APA 出版。该学会与 APA 一起设立了一个电子讨论小组,以帮助成员之间互相沟通。2007 年,在欧文·舍恩菲尔德(Irvin Schonfeld)担任主编时,SOHP 创办了一份内部通讯。该通讯有多种用途,包括向成员传达与组织有关的新闻,发表大众感兴趣的与 OHP 相关的文章(例如,创新的统计应用、经济衰退的影响),展示 OHP 研究生课程,并发表关于 OHP 历史的文章。2017 年,SOHP 迈出更大的一步,在罗伯特·辛克莱(Robert Sinclair)主编的带领下,开始出版一本新的杂志,即《职业健康科学》(Occupational Health Science)。

值得一提的是,我们再次对 EA-OHP 和 SOHP 进行审视,这一强调凸显了关于 OHP 很重要的一点,即 OHP 研究的跨学科性质。虽然大多数组织的成员来自心理学专业,但是两个组织都欢迎心理学以外的学科成员,因为这些成员像他们的心理学家的兄弟一样,也对 OHP 研究作出了贡献。例如,EA-OHP 的主席曾是一名医生。

2006年在迈阿密举行的 APA/NIOSH/SOHP 工作、压力和健康会议的参与者。从左至右分别是彼得·陈(Peter Chen)、罗伯特·辛克莱(Robert Sinclair)和莱斯利·哈默(Leslie Hammer)[摄影师欧文·山姆·舍恩菲尔德(Irvin Sam Schonfeld)。]

## 总结

OHP 关注工作场所社会心理特征与工作人员身心健康的关系。在本章中,读者可以按照从该领域的先驱者到维系领域发展的组织的出现顺序来追踪 OHP 的发展。这一章以一首著名的诗开始,这首诗反映了英国工业革命对身体和精神的影响。恩格斯(1969/1845)关于工业化对工人的身体影响的著作也得到了强调。马克思(1967/1844)利用异化的多层次概念来形容工业资本主义对工人的心理影响。杜尔凯姆(1951/1912)将经济周期的上升和下降与自杀风险联系起来。韦伯(1993/1904—1905)指出了过去曾经被认为是天职的工作是如何转变,并成为许多人的"铁笼"。20 世纪初,关注效率的泰勒制和福特制兴起。泰勒制和福特制与提高工作效率的独裁方法联系在一起(Cruden, 1932; Hughes, 1989; Linder & Nygaard, 1998; Nolan, 1997; Wallace, 2003),尽管泰勒的研究帮助促进了将休息时间作为提高生产力的一种手段的使用。在霍桑研究的背景下,与泰勒制相关的研究被对工作场所的社会心理因素的关注所取代(Mayo, 1933; Roethlisberger & Dickson, 1939)。由玛丽·雅霍达领导的奥地利研究小组考察了失业的心理困境。本章还研究了两次世界大战中战斗对士兵的心理影响(例如,Stouffer 等, 1949; Swank, 1949)。

在第二次世界大战以后,研究和机构方面都取得了一些有助于 OHP 发展的成就。由特里斯特和班福思(Trist & Bamforth, 1951)、奇诺伊(Chinoy, 1955)、卡恩等人(Kahn 等, 1964)和科恩豪泽(Kornhauser, 1965)进行的研究丰富了工作和心理健康的研究。塞里(Selye,1956)为压力的生物学研究提供了助力,他的研究涉及下丘脑、肾上腺和自主神经系统对环境压力源的反应。研究者们对员工自主性和工作负荷的兴趣有所增加(Karasek, 1979)。调查人员表明,可以采用严谨的方法来研究社会心理工作场所条件对身体(如,Cobb & Rose, 1973; Friedman 等, 1958; Kasl & Cobb, 1970)和心理功能(如,Frese, 1985; Parkes, 1982)的影响。1985 年至 1990 年期间,"职业健康心理学"这一术语开始在出版物中出现(Everly, 1986; Feldman, 1985; Raymond 等, 1990)。

二战后,一些组织发展帮助维持了 OHP 领域的研究,包括密歇根大学的 ISR。塔维斯托克人际关系研究所成立于 1946 年。麻省理工学院的塔维斯托克研究人员和同事们于 1947 年创办了《人际关系》杂志。

在美国,公法 91-596 于 1970 年通过,并授权创建 OSHA 和 NIOSH。NIOSH 将继续支持 OHP 相关的研究。APA 和 NIOSH 从 1990 年开始组织了一系列国际会议。这一系列会议是使 OHP 研究人员和从业者相互了解的一个重要部分。APA 和 NIOSH 开始为 OHP 博士项目提供种子资金。从 1996 年开始,诺丁汉大学率先在欧洲开展 OHP 研究生培训。《工作与压力》杂志于 1987 年创办,《职业健康心理学杂志》于 1996 年创办。ICOH-WOPS 于 1996 年成立,EA-OHP 于 1999 年成立,SOHP 于 2004 年成立。

像其他科学分支一样,OHP 也建立在该学科成立之前的科学研究的基础之上。虽然该领域是心理学中的既定专业,但也具有跨学科的性质。它既有专门的代表性期刊,又有组织的支持。

## 参考文献

Anteby, M., & Khurana, R. (n. d.). *A new vision* (Historical collections). Boston, MA: Harvard Business School, Baker Library. Retrieved from www.library.hbs.edu/hc/hawthorne/anewvision.html#e

Baldwin, N. (2001). *Henry Ford and the Jews: The mass production of hate*. New York, NY: Public Affairs.

Beehr, T. A., & Newman, J. E. (1978). Job stress, employee health, and organizational effectiveness: A facet analysis, model, and literature review. *Personnel Psychology*, 31, 665-699. doi: 10.1111/j.1744-6570.1978.tb02118.x

Bell, D. (1947, January). The study of man: Adjusting men to machines. *Commentary*, 3, 79-88.

Bianchi, R., Truchot, D., Laurent, E., Brisson, R., & Schonfeld, I. (2014). Is burnout solely job-related? A critical comment. *Scandinavian Journal of Psychology*, 55, 357-361. doi: 10.1111/

sjop. 12119

Blake, W. (1966). And did these feet in ancient time. In J. Bronowski (Ed.), *William Blake: A selection of poems and letters*. Hammondsworth, England: Penguin. (Original work published 1808)

Cannell, C. F., & Kahn, R. L. (1984). Some factors in the origins and development of the Institute for Social Research, the University of Michigan. *American Psychologist*, *39*, 1256 – 1266. doi: 10.1037/0003 – 066X. 39. 11. 1256

Cannon, W. B. (1914). The emergency function of the adrenal medulla in pain and the major emotions. *American Journal of Physiology*, *33*, 356 – 372.

Cannon, W. B. (1929). Organization for physiological homeostasis. *Physiological Review*, *9*, 399 – 431.

Caplan, R. D. (1987). Person-environment fit theory and organizations: Commensurate dimensions, time perspectives, and mechanisms. *Journal of Vocational Behavior*, *31*, 248 – 267. doi: 10.1016/0001 – 8791(87)90042 – X

Caplan, R. D., Cobb, S., & French, J. R. P., Jr. (1975). Relationships of cessation of smoking with job stress, personality, and social support. *Journal of Applied Psychology*, *60*, 211 – 219. doi: 10.1037/h0076471

Caplan, R. D., Cobb, S., French, J. R. P., Jr., Harrison, R. V., & Pinneau, S. R., Jr. (1975). *Job demands and worker health: Main effects and occupational differences* (U. S. Department of Health, Education, and Welfare, Publication No. [NIOSH] 75 – 160). Washington, DC: U. S. Government Printing Office. [Also published by the Institute for Social Research, University of Michigan, Ann Arbor, 1980.]

Caruso, C. C. (2009). NIOSH OHP activities. *Newsletter of the Society for Occupational Health Psychology*, *5*, 16 – 17.

Centers for Disease Control and Prevention. (n. d.). *Occupational health psychology (OHP)*. Retrieved from www.cdc.gov/niosh/topics/ohp

Chinoy, E. (1955). *Automobile workers and the American dream*. Boston, MA: Beacon.

Cobb, S., & Rose, R. M. (1973). Hypertension, peptic ulcer, and diabetes in air traffic controllers. *Journal of the American Medical Association*, *224*, 489 – 492. doi: 10.1001/jama. 224. 4. 489

Cohen, A., & Margolis, B. (1973). Initial psychological research related to the Occupational Safety and Health Act of 1970. *American Psychologist*, *28*, 600 – 606. doi: 10.1037/h0034997

Cooper, C. L., & Marshall, J. (1976). Occupational sources of stress: A review of the literature relating to coronary heart disease and mental ill health. *Journal of Occupational Psychology*, *49*, 11 – 28. doi: 10.1111/j. 2044 – 8325. 1976. tb00325. x

Cox, T. (2011). *Professor Thomas Cox CBE*. Retrieved from https://proftcox.com/occupational-health-psychology

Cox, T., Taris, T., & Tisserand, M. (2009). Across the pond: The journal *Work and Stress*. *Newsletter of the Society for Occupational Health Psychology*, *6*, 17 – 18.

Cruden, R. L. (1932, March 16). The great Ford myth. *The New Republic*, pp. 6 – 9.

Dohrenwend, B. P., & Dohrenwend, B. S. (1982). Perspectives on the past and future of psychiatric epidemiology. *American Journal of Public Health*, *72*(11), 1273 – 1277.

Dohrenwend, B. P., & Shrout, P. E. (1985). 'Hassles' in the conceptualization and measurement of life stress variables. *American Psychologist*, 40, 780–785. doi: 10.1037/0003-066X.40.7.780

Durkheim, É. (1951). *Suicide: A study in sociology* (J. A. Spaulding & G. Simpson, Trans.). Glencoe, IL: Free Press. (Original work published 1912)

Durkheim, É. (1984). *The division of labor in society* (W. D. Halls, Trans.). New York, NY: Free Press. (Original work published 1893)

Engels, F. (1969). *The condition of the working class in England*. Moscow, Russia: Panther Edition. Retrieved from www.marxists.org/archive/marx/works/1845/condition-working-class/index.htm (Original work published 1845)

Erikson, E. H. (1963). *Childhood and society*. New York, NY: W. W. Norton.

European Academy of Occupational Health Psychology. (1998). *Enabling document*. Retrieved from www.ea.ohp.org

Everly, G. S., Jr. (1986). An introduction to occupational health psychology. In P. A. Keller & L. G. Ritt (Eds.), *Innovations in clinical practice: A source book* (Vol. 5, pp. 331–338). Sarasota, FL: Professional Resource Exchange.

Feldman, R. H. L. (1985). Promoting occupational safety and health. In G. S. Everly, Jr. & R. H. L. Feldman (Eds.), *Occupational health promotion: Health behavior in the workplace* (pp. 188–207). New York, NY: Wiley.

Fox, M. (2015, September 3). Dr. J. Donald Millar, 81, dies; Led C. D. C. mission that helped eradicate smallpox. *The New York Times*, p. B14.

Frankenhaeuser, M. (1979). Psychoneuroendocrine approaches to the study of emotion as related to stress and coping. In H. E. House, Jr. (Ed.), *Nebraska Symposium on Motivation* (Vol. 26, pp. 123–161). Lincoln: University of Nebraska-Lincoln.

Frankenhaeuser, M., & Gardell, B. (1976). Underload and overload in working life: Outline of a multidisciplinary approach. *Journal of Human Stress*, 2, 35–46. doi: 10.1080/0097840X.1976.9936068

Frantilla, A. (1998). *Social science in the public interest: The fiftieth year history of the Institute for Social Research*. Bentley Historical Library Bulletin, 45. Ann Arbor: University of Michigan.

Frese, M. (1985). Stress at work and psychosomatic complaints: A causal interpretation. *Journal of Applied Psychology*, 70, 314–328. doi: 10.1037/0021-9010.70.2.314

Freud, S. (1956). Introduction to psycho-analysis and the war neuroses. In J. Strachey (Ed. & Trans.), *The standard edition of the complete psychological works of Sigmund Freud* (Vol. XVII, pp. 207–215). London, England: The Hogarth Press. (Original work published 1919)

Freudenberger, H. J. (1974). Staff burn-out. *Journal of Social Issues*, 30, 159–165. doi: 10.1111/j.1540-4560.1974.tb00706.x

Friedman, M., Rosenman, R. H., & Carroll, V. (1958). Changes in the serum cholesterol and blood clotting time in men subjected to cyclic variation of occupational stress. *Circulation*, 17, 852–861. doi: 10.1161/01.CIR.17.5.852

Ganster, D. C., & Schaubroeck, J. (1991). Work stress and employee health. *Journal of Management*, 17, 235–271. doi: 10.1177/014920639101700202

Gardell, B. (1971). Alienation and mental health in the modern industrial environment. In L. Levi (Ed.), *Society, stress and disease* (Vol. 1, pp. 148–180). Oxford, England: Oxford University Press.

Gardell, B. (1976). Technology, alienation and mental health: Summary of a social psychological research programme on technology and the worker. *Acta Sociologica*, *19*(1), 83–94.

Great Britain, War Office. (2004). *Report of the War Office Committee of Enquiry into "shell-shock."* London, England: Imperial War Museum. (Original work published 1922)

Hammer, L., & Schonfeld, I. S. (2007). Historical perspective: The historical development of the Society for Occupational Health Psychology. *Newsletter of the Society for Occupational Health Psychology*, *1*, 2.

Hart, C. W. M. (1943). The Hawthorne experiments. *The Canadian Journal of Economics and Political Science*, *9*(2), 150–163.

Health of Munition Workers Committee. (1915). *British Medical Journal*, *2*(2867), 863–864.

Heilbroner, R. L. (1986). *The essential Adam Smith*. New York, NY: W. W. Norton.

Hitchcock, E. (2008). NIOSH OHP activities. *Newsletter of the Society for Occupational Health Psychology*, *3*, 10.

Hochschild, A. (2011). *To end all wars: A story of loyalty and rebellion, 1914–1918*. Boston, MA: Houghton Mifflin Harcourt.

Holmes, T. H., & Rahe, R. H. (1967). The social readjustment rating scale. *Journal of Psychosomatic Research*, *11*, 213–218. doi: 10.1016/0022-3999(67)90010-4

Houdmont, J. (2009). Across the pond: A history of the European Academy of Occupational Health Psychology. *Newsletter of the Society for Occupational Health Psychology*, *7*, 4–5.

House, J. S. (1980). *Occupational stress and the mental and physical health of factory workers*. Ann Arbor, MI: Survey Research Center, Institute for Social Research, University of Michigan.

Hughes, T. P. (1989). *American genesis: A century of invention and technological enthusiasm, 1870–1970*. New York, NY: Viking.

Human Relations. (2012). *About the journal*. Retrieved from www.tavinstitute.org/humanrelations/about_journal/aims.html

Hurrell, J. J., Jr., Nelson, D. L., & Simmons, B. L. (1998). Measuring job stressors and strains: Where we have been, where we are, and where we need to go. *Journal of Occupational Health Psychology*, *3*, 368–389. doi: 10.1037/1076-8998.3.4.368

Institute for Social Research. (n.d.). *Our history*. Retrieved from http://home.isr.umich.edu/about/history

Jacobs, A. (2005). *The Narnian: The life and imagination of C. S. Lewis*. San Francisco, CA: HarperCollins.

Jahoda, M., Lazarsfeld, P. F., & Zeisel, H. (1971). *Marienthal: The sociography of an unemployed community*. Chicago, IL: Aldine. (Original work published 1933)

Johnson, J. V., Hall, E. M., & Theorell, T. (1989). Combined effects of job strain and social isolation on cardiovascular disease morbidity and mortality in a random sample of the Swedish male working population. *Scandinavian Journal of Work, Environment & Health*, *15*, 271–279. doi: 10.5271/sjweh.1852

Kahn, R. L., Wolfe, D. M., Quinn, R. P., Snoek, J., & Rosenthal, R. A. (1964). *Organizational stress: Studies in role conflict and ambiguity*. Oxford, England: Wiley.

Karasek, R. A. (1979). Job demands, job decision latitude, and mental strain: Implications for job redesign. *Administrative Science Quarterly*, *24*(2), 285–307.

Karasek, R. A., Baker, D., Marxer, F., Ahlbom, A., & Theorell, T. (1981). Job decision latitude, job demands, and cardiovascular disease: A prospective study of Swedish men. *American Journal of Public Health*, 71(7), 694–705.

Kasl, S. V. (1987). Methodologies in stress and health: Past difficulties, present dilemmas, future directions. In S. V. Kasl & C. L. Cooper (Eds.), *Stress and health: Issues in research methodology* (pp. 307–318). Chichester, England: Wiley.

Kasl, S. V., & Cobb, S. (1970). Blood pressure changes in men undergoing job loss: A preliminary report. *Psychosomatic Medicine*, 32(1), 19–38.

Kawakami, N. (2009). The ICOH Scientific Committee of Work Organization and Psychosocial Factors. *ICOH Newsletter*, 7(2), 9.

Kornhauser, A. (1965). *Mental health of the industrial worker: A Detroit study*. New York, NY: Wiley.

LaMontagne, A., Keegel, T., Louie, A., Ostry, A., & Landsbergis, P. (2007). A systematic review of the job-stress intervention evaluation literature, 1990–2005. *International Journal of Occupational and Environmental Health*, 13(3), 268–280.

Lazarus, R. S. (1966). *Psychological stress and the coping process*. New York, NY: McGraw-Hill.

Lazarus, R. S., DeLongis, A., Folkman, S., & Gruen, R. (1985). Stress and adaptational outcomes: The problem of confounded measures. *American Psychologist*, 40, 770–779. doi: 10.1037/0003-066X.40.7.770

Leka, S. (2016). OHP at the Centre for Organizational Health & Development (COHD), University of Nottingham, U. K. *Newsletter of the Society for Occupational Health Psychology*, 15, 8.

Levi, L. (1972). Stress and distress in response to psychosocial stimuli: Laboratory and real life studies on sympathoadrenomedullary and related reactions. *Acta Medica Scandinavica*, 528 (Suppl.), 1–166.

Levitt, S. D., & List, J. A. (2011). Was there really a Hawthorne effect at the Hawthorne plant? An analysis of the original illumination experiments. *American Economic Journal: Applied Economics*, 3, 224–238. doi: 10.1257/app.3.1.224

Lewis, C. S. (1955). *Surprised by joy: The shape of my early life*. London, England: Geoffrey Bles.

Linder, M., & Nygaard, I. (1998). *Void where prohibited: Rest breaks and the right to urinate on company time*. Ithaca, NY: Cornell University Press.

MacCurdy, J. T. (1918). *War neuroses*. Cambridge, MA: Cambridge University Press.

Marx, K. (1967). Economic and philosophical manuscripts. In L. D. Easton & K. H. Guddat (Eds. & Trans.), *Writings of the young Marx on philosophy and society* (pp. 283–337). Garden City, NY: Anchor Books. (Original work published 1844)

Maslach, C., & Jackson, S. E. (1981). The measurement of experienced burnout. *Journal of Occupational Behavior*, 2(2), 99–113.

Maslach, C., Jackson, S. E., & Leiter, M. P. (1996). *Maslach Burnout Inventory manual* (3rd ed.). Palo Alto, CA: Consulting Psychologists Press.

Mayo, E. (1924). Recovery and industrial fatigue. *Journal of Personnel Research*, 3, 273–281.

Mayo, E. (1933). *The human problems of an industrial civilization*. Cambridge, MA: Harvard.

Millar, J. (1984). The NIOSH-suggested list of the ten leading work-related diseases and injuries.

*Journal of Occupational Medicine*, 26(5), 340-341.

Mott, F. W. (1916a). The effects of high explosives upon the central nervous system. Lecture 1. *The Lancet*, 4824, 331-338.

Mott, F. W. (1916b). The effects of high explosives on the central nervous system. Lecture 2. *The Lancet*, 4826, 441-449.

Murphy, L. R. (2002). Job stress research at NIOSH: 1972-2002. In P. L. Perrewé & D. C. Ganster (Eds.), *Research in occupational stress and well-being, Vol. 2, Historical and current perspectives on stress and health* (pp. 1-55). Amsterdam, The Netherlands: Elsevier Science.

National Institute for Occupational Safety and Health. (1988). A proposed national strategy for prevention of psychological disorders. In *Proposed national strategies for the prevention of leading work-related diseases and injuries (Part 2)* (NTIS No. PB-89-130348). Cincinnati, OH: Author.

Newman, J. E., & Beehr, T. A. (1979). Personal and organizational strategies for handling job stress: A review of research and opinion. *Personnel Psychology*, 32, 1-43. doi: 10.1111/j.1744-6570.1979.tb00467.x

Nigam, J. A. S. (2007). NIOSH OHP activities. *Newsletter of the Society for Occupational Health Psychology*, 1, 5-6.

Nolan, J. (1997, August 7). The battle of the overpass. *The Detroit News*. Retrieved from http://apps.detnews.com/apps/history/index.php?id=172

Occupational Safety and Health Act of 1970, as amended through January 1, 2004. Retrieved from www.osha.gov/pls/oshaweb/owasrch.search_form?p_doc_type=OSHACT&p_toc_level=0

Parkes, K. R. (1982). Occupational stress among student nurses: A natural experiment. *Journal of Applied Psychology*, 67, 784-796. doi: 10.1037/0021-9010.67.6.784

Parsons, H. M. (1974). What happened at Hawthorne? *Science*, 183(4128), 922-932. doi: 10.1126/science.183.4128.922

Petticrew, M. P., & Lee, K. (2011). The "Father of Stress" meets "Big Tobacco": Hans Selye and the tobacco industry. *American Journal of Public Health*, 101, 411-418. doi: 10.2105/AJPH.2009.177634

Polanyi, K. (2001). *The great transformation. The political and economic origins of our time.* Boston, MA: Beacon. (Original work published 1944)

Quick, J. C. (1999). Occupational health psychology: Historical roots and future directions. *Health Psychology*, 18, 82-88. doi: 10.1037/0278-6133.18.1.82

Quick, J. C. (2010). The founding of the *Journal of Occupational Health Psychology. Newsletter of the Society for Occupational Health Psychology*, 9(13), 15-16.

Quick, J. C., Murphy, L. R., & Hurrell, Jr., J. J. (1992). *Stress & well-being at work: Assessments and interventions for occupational mental health.* Washington, DC: American Psychological Association.

Quinn, R. P., & Staines, G. L. (1979). *The 1977 Quality of Employment Survey: Descriptive statistics with comparison data from the 1960-70 and the 1972-73 surveys.* Ann Arbor: Institute for Social Research, University of Michigan.

Rahe, R. H., Meyer, M., Smith, M., Kjaer, G., & Holmes, T. H. (1964). Social stress and illness onset. *Journal of Psychosomatic Research*, 8, 35-44. doi: 10.1016/0022-3999(64)90020-0

Raymond, J. S., Wood, D. W., & Patrick, W. K. (1990). Psychology doctoral training in work and health. *American Psychologist*, *45*, 1159 – 1161. doi: 10. 1037/0003 – 066X. 45. 10. 1159

Rivers, W. H. R. (1918, February. 2). The repression of war experience. *The Lancet*, *194*, 72 – 77.

Roethlisberger, F. J., & Dickson, W. J. (1939). *Management and the worker*. Cambridge, MA: Harvard. Sassoon, S. (1918). Attack. Retrieved from www. bartleby. com/136/5. html

Sauter, S. L., & Hurrell, J. J., Jr. (1999). Occupational health psychology: Origins, context, and direction. *Professional Psychology: Research and Practice*, *30*, 117 – 122. doi: 10. 1037/0735 – 7028. 30. 2. 117

Sauter, S. L., & Hurrell, J. J., Jr. (2016). Tribute to J. Donald Millar: 1934 – 2015. *Newsletter of the Society for Occupational Health Psychology*, *15*, 2.

Selye, H. (1956). *The stress of life*. New York, NY: McGraw-Hill.

Selye, H. (1976). *The stress of life* (Rev. ed. ). New York, NY: McGraw-Hill.

Selye, H. (1985). The nature of stress. *Basal Facts*, 7(1), 3 – 11.

Smith, A. (1976). *An inquiry into the nature and causes of the wealth of nations*. Chicago, IL: University of Chicago Press. (Original work published 1776)

Sorensen, C. E. (1956). *My forty years with Ford*. New York, NY: Collier Books.

Spiegel, H. X. (1944). Psychiatric observations in the Tunisian campaign. *American Journal of Orthopsychiatry*, 14(3), 381 – 385. doi: 10. 1111/j. 1939 – 0025. 1944. tb04892. x

Stalin, J. (1940). Foundations of Leninism. *Leninism*. London, England: George Allen & Unwin. (Original work published 1924)

Stouffer, S. A., Lumsdaine, A. A., Lumsdaine, M. H., Williams, R. M., Jr., Smith, M. B., Janis, I. L., ... Cottrell, L. S., Jr. (1949). *The American soldier: Combat and its aftermath* (Vol. 2). Princeton, NJ: Princeton University Press.

Streit, J. M. K., Nigam, J. A. S., & Sauter, S. L. (2011). The NIOSH Work Organization and Stress-Related Disorders (WSD) Program. *Newsletter of the Society for Occupational Health Psychology*, *9*, 14 – 15.

Swank, R. L. (1949). Combat exhaustion: A descriptive and statistical analysis of causes, symptoms and signs. *Journal of Nervous and Mental Disease*, *109*, 475 – 508. doi: 10. 1097/00005053 – 194910960 – 00001

Tausig, M., & Fenwick, R. (2011). *Work and mental health in social context*. New York, NY: Springer. doi: 10. 1007/978 – 1 – 4614 – 0625 – 9

Taylor, F. W. (1911). *Principles of scientific management*. New York, NY: Harper & Brothers.

Theorell, T. (1997). Future work life — special issue, in honor of Lennart Levi: Introduction. *Scandinavian Journal of Work, Environment & Health*, *23*(Suppl. 4), 5 – 6.

Trist, E. L., & Bamforth, K. W. (1951). Some social and psychological consequences of the longwall method of coal getting. *Human Relations*, *4*, 3 – 38. doi: 10. 1177/001872675100400101

Trist, E. L., & Murray, H. (1990). *The social engagement of social science: A Tavistock anthology*. Philadel-phia: University of Pennsylvania Press. Retrieved from http: // moderntimesworkplace. com/archives/archives. html

Wallace, M. (2003). *The American axis: Henry Ford, Charles Lindbergh, and the rise of the Third Reich*. New York, NY: St. Martin's Press.

Wallin, J., Considine, K., & Nigam, J. A. S. (2009). Solutions for engaging businesses and their employees in research studies. *Newsletter of the Society for Occupational Health Psychology*, 7,

16–17.

Weber, M. (1947). *The theory of social and economic organization* (A. M. Henderson & T. Parsons, Trans.). New York, NY: Free Press. (Original work published 1921)

Weber, M. (1958). *From Max Weber: Essays in sociology* (H. H. Gerth & C. W. Mills, Trans.). New York, NY: Oxford University Press. (Original work published 1922)

Weber, M. (1993). *The Protestant ethic and the spirit of capitalism* (T. Parsons, Trans.). London, England: Routledge. (Original work published 1904–1905)

Wilson, A. N. (1990). *C. S. Lewis: A biography*. New York, NY: Fawcett Columbine.

Winter, J. M. (1977). The impact of the First World War on civilian health in Britain. *Economic History Review*, 30, 487–503. doi: 10.1111/j.1468-0289.1977.tb00278.x

Zickar, M. J. (2003). Remembering Arthur Kornhauser: Industrial psychology's advocate for worker well-being. *Journal of Applied Psychology*, 88, 363–369. doi: 10.1037/0021-9010.88.2.363

# 第二章

# 职业健康心理学研究方法

第二章的关键概念和研究结果　　　　　　　　　　　　　　　　　　　　　39
研究设计
　　实验
　　准实验
　　实验与准实验的内部效度
　　横断研究
　　病例对照研究
　　纵向研究
　　队列研究
　　元分析
　　　　两阶段元分析
　　　　一阶段元分析
　　　　对元分析的最终述评
　　OHP 的其他研究设计
　　　　日记研究
　　　　自然实验
　　　　间断时间序列
　　　　定性研究方法
测量
　　信度
　　　　内部一致性信度
　　　　复本信度与重测信度
　　　　评分者信度：连续测量
　　　　评分者信度：分类测量
　　　　信度总结
　　效度
　　　　内容效度
　　　　效标关联效度
　　　　结构效度
研究伦理
总结

职业健康心理学研究者的一个重要目标是：致力于创造和组织与工作相关的社会心理因素和员工健康两者关系的知识。在此过程中，OHP 的研究者要阐释理论，提出假设，并且设计方案来验证假设。这一过程与其他心理学分支的研究过程如出一辙。对假设的检验可以产生新的知识，此类知识的产生又促进了职业健康干预措施的发展。

OHP 研究者的任务之一是要阐释科学理论。一个科学的理论首先在逻辑上要连贯、不矛盾。理论可以被认为是用来描述并解释不同思想体系或思想构念之间的关系。思想体系或思想构念是抽象概念的更高级的组织形式。在本章末，我们将对此进行更为详尽的探讨。智力就是心理学其他分支中的经典概念。而在 OHP 中，也存在像决策自由度和心理困扰等重要的构念。OHP 的科学理论应该能够描述和解释 OHP 所关注的构念之间的关系。例如，有些 OHP 理论解释了工作中的决策自由度、心理工作要求和心理困扰等构念之间的关系。单一的理论不可能解释 OHP 研究主题中所有的关系；然而，它应该能够解释其中的某些构念之间的相互关系。

卡尔·波普(Karl Popper, 1963)认为一个科学的理论必须能够产生假设——一种可证伪的推测。换言之，假设是一种可以被证伪的陈述，当科学家根据观察结果对预先假设进行评估时，假设可能和观察结果一致也可能不一致。波普指出精神分析理论并不是一个科学的理论，因为它并没有产生可证伪的陈述，即假设①。卡拉塞克(Karasek, 1979)阐述了一个产生可证伪陈述的理论。他的理论观点是，作为描述工作角色的维度，决策自由度和心理工作要求这两个构念会增加员工的心理困扰(另一种构念)。决策自由度是指一个员工决定如何实现与工作相关的要求时所拥有的自主性。心理工作负荷则指工作的各个方面，如工作任务的复杂性。卡拉塞克理论的一个假设是，与其他员工相比，那些从事低决策自由度、高要求工作的员工，往往会经历更高程度的心理困扰。第三章和第四章将详细讨论决策自由度和心理工作负荷的相关研究。

波普的观点未必代表科学研究的全部，假设也不一定只从理论中寻找，也可以从不断积累的观察经验中得出，即归纳(Ng, 1991)。换句话说，归纳有助于积累观察经验，进而产生假设和提出理论。杜尔凯姆(Durkheim)对自杀做过相关的归纳研究，他的研究不是通过理论推论得出假设，而是基于一些"社会事实"和累积观察经验提出假设，这一研究将自杀风险和经

---

① 波普对弗洛伊德心理学的批判是有启发性的。如果一个弗洛伊德追随者遇到一个试图伤害孩子的人，他会用来自恋母情结某个方面的压抑来解释这个人的行为。如果一个弗洛伊德追随者知道一个人为了救一个孩子而牺牲了自己的生命，他就会用升华来解释这个人的自我牺牲行为。波普认为，人类的所有行为都是对一系列先验观念的验证。没有人的行为脱离精神分析的理论框架。弗洛伊德追随者没有做到"勇于"用精神分析的观点来预测未来个体之间的行为差异。换句话说，弗洛伊德没有提出可检验的假设。

济周期联系起来。在当代的研究中,我们可以看到一些研究假设的产生与波普的观点并不相同。例如,斯佩克特和周(Spector & Zhou, 2014)采用归纳的方法研究了工作场所的反生产工作行为(员工对同事的伤害和工作场所的破坏)中的性别差异。有时一个对问题采取归纳方法的研究者需要和一个支持波普观点的期刊审稿人打交道,他就会采取一种变通的方法"创设一种理论得出假设",让审稿人相信这个假设就好像事先形成的一样(P. Spector,个人交流,2014 年 3 月)。

苏瑟(Susser, 1979)写道:"对一个假设最有说服力的假设,就是试图反证"(p. 54)。在通过假设检验来反证之前,必须区分概念性假设和操作性假设(Kleinbaum, Kupper, & Morgenstern, 1982)。概念性假设反映了如下观点,决策自由度和心理工作要求的抽象概念(构念)影响了另一种构念,即心理困扰。开展实证研究之前,需要提出操作性假设。而要做到这一点,即找到概念性假设的真实世界中的类比,就必须首先将构念可操作化,也就是使构念能够在真实情景中得到度量。操作定义是有瑕疵的,但它们足以反映出构念所代表的内容,以便于研究者开展研究。决策自由度可以利用专门编写的、高度凝练的自评问卷测量,这些问卷要求员工自评他们执行常规任务时,他们有多大的决策自由,最后用所有参与员工作答均分表示决策自由度。或者,可以让多位专家独立地对员工的决策自由度进行评分,然后用多位专家评定的均分来表示决策自由度。研究者只有在决定了如何对构念进行操作化之后,才能设计研究、收集数据和检验操作性假设。

即使有研究表明从事高要求、低决策自由度工作的员工经历更高程度的困扰,读者也可能对上述假设提出不同的观点,即工作要求和决策自由度在心理困扰的形成过程中没有发挥任何作用。卡拉塞克假设(高要求和低决策自由度的工作产生心理困扰)可能有一个对立的假设,这个假设可以更好地解释工作和心理困扰之间的关系。

研究人员观察到,高要求、低决策自由度的工作往往是低报酬的。或许高工作需求、低决策自由度的工作并不是造成心理困扰的原因。反而,可能是工作相关的收入在困扰的发展中起了决定性的作用。与高决策自由度的员工相比,低决策自由度的员工更可能从事低收入的工作。这些与工作有关的经济和社会地位方面的劣势,可能是心理困扰的驱动因素。OHP 的研究人员关注了竞争假设,并将其作为评估备择假设的一种方法(Platt, 1964)。

如果由理论产生的假设被证明与观察结果一致,那么该理论就会在研究界获得声望。相反,如果一个由理论产生的假设与观察结果不一致,那么该理论就会失去声望。理论本身,既不能被证明也不能被否定,它们无法被直接检验也无法被证伪。而假设就是检验理论的试金石,随着假设的发展,其背后的理论或赢或输。

# 研究设计

目前存在着各种各样的研究设计。每项研究的具体情况限制了OHP研究员对研究设计的选择。这些设计包括实验、准实验、横断研究、各种纵向研究设计等。这一节中将探讨OHP研究中经常使用的一些研究设计。在介绍研究设计时会伴随尽可能少的统计说明,尽管仍会有一些这方面的内容,但是要知道本节是专门讨论研究设计的,而不是统计相关内容。除了描述每个研究设计之外,本节还提供了一个在实践中实施的研究设计案例。

## 实验

同生物医学学科一样,在心理科学中,实验也是用来评估因果关系的工具。在生物医学研究中,用来检验一种疾病或障碍处理效果的实验称为"随机对照实验"或"临床实验"。一个理想的实验至少需要具备两个关键特征①。一个特征是比较两种或两种以上的相互竞争的处理或干预措施的效果。通常,实验组由研究被试(也称为"研究对象")组成,他们被分配到特殊处理或控制条件下。而在OHP研究中,特殊处理可以被用于管理组织内的一个或多个单位,是一种新型潜在的改善健康的方法。这种处理之所以"特殊",是因为它可能是一种新的干预或现有处理的修订版本。控制条件的设置,可以是让被试处于无处理条件,也可以让被试处于等候干预的对照组,或者是在已有的处理条件下。OHP工作者可以比较多个竞争性处理条件的疗效,这些条件反映了目标工作组织运作的标准方式的不同修正,以及等同于组织运作的标准方式的处理。

实验的第二个特征是将实验单元分配给不同的竞争处理组。"实验单元"一词通常是指研究的被试,但也可以指工作单位等个体集群,而实验单元必须随机分配给不同的竞争处理组。随机分配意味着在一个被试群(所有被试的总体,例如,一个组织中的员工)中的每个被试被分配到任何竞争处理组的概率是相同的。相比其他分配被试的方法,随机分配的优势在于,平均而言,各竞争处理组的被试,在大多数背景特征是相似的。这些背景特征包括实验开始时就测量的因素和无法测量的因素。有许多背景特征是无法测量的。随机分配确保了在平均情况下,不同竞争处理组在背景特征(已测量的和未测量的)上是相似的。因此,不同组被试会在一个方面有所不同,即接受两种或两种以上竞争处理中的一种。他们在大多数其他特征上不会有区别。因此,竞争处理的影响不太可能与其他因素对被试的影响相混淆。

将大量的被试分配给各实验处理组时,随机化效果最好。例如,给每个处理组分配200

---

① 这些特征不一定是物理科学(如化学或物理)实验的特征。这里描述的实验也适用于生物医学和心理学研究。

个被试比每组分配10个被试更好。实验中需要考虑名为"平均数的标准误"的统计量。标准误是抽样分布的标准偏差。在不过分技术化的情况下，平均值的标准误反映了，如果研究人员从感兴趣的人群（例如，制造业员工）中重复抽取相同大小的随机样本，将这些样本置于特定的处理下，处理方法会造成多大的差异，并把这些样本处理效果的平均值绘制出来。与从大样本中提取的平均值（标准误往往很小）相比，从小样本中获取的平均值变化的程度要大得多（标准误将很大）。换句话说，随着样本量的增加，平均值的标准误会减小，因此，从大样本中获得的均值比小样本中获得的均值更可靠、更稳定。一般来说，使用大样本进行实验是首选做法，因为此时对处理效应的估计更稳定。

弗拉克斯曼和邦德斯（Flaxman & Bonds, 2010）对压力管理培训的研究就是OHP相关实验的一个例子。他们将伦敦政府的工作人员随机分为两组，压力管理培训组和等待干预对照组。等待干预对照组通常在第一组干预完成后再接受实验干预，这个研究也是如此。当第一组已经完成干预，而等待干预对照组尚未开始接受干预时，对两组被试的因变量水平进行比较。弗拉克斯曼和邦德斯的研究中有一个因变量是心理困扰，他们通过一个自我报告的心理症状量表的平均分来确定心理困扰的操作化水平。弗拉克斯曼和邦德斯发现，在为期6个月的实地研究结束后，实验组的成员的困扰明显少于等待干预对照组的成员（后者尚未开始接受干预）的困扰。弗拉克斯曼和邦德斯发现，对于在研究开始时就经历了最大程度的心理困扰的任一组员工来说，实验组的员工的状态改善达到了"临床显著效果"。

如前所述，"实验单位"一词不仅适用于个人，也可指个体集群。在弗拉克斯曼和邦德斯的实验中，员工个体作为实验单位被随机分到实验组和对照组。但有时将员工个体随机分配到不同的干预条件是不实际的。于是，OHP的研究人员对更大的实验单位进行随机分组。例如，组织单位可以被随机分配到不同干预条件。在一项涉及16所洛杉矶学校的研究中，西格尔、普雷利普、伊拉斯金和金（Siegel, Prelip, Erausquin, & Kim, 2010）将每所学校随机分配到实验干预或对照条件。八所实验组学校的员工接受了健康促进干预（例如，鼓励健康饮食和步行），八所对照组学校得到了津贴，但没有接受干预。与对照组学校的员工相比，干预组学校的员工在实验开始2年后体重有显著下降。

## 准实验

准实验类似于实验；两种实验都用来比较不同干预对因变量的影响。然而，准实验与实验有一个很重要的不同之处。在实验中，研究单位被随机分配到不同的干预组。与此不同，在准实验中，完整的或既存的分组可以直接接受不同的干预，或一个组接受干预，一个组为无干预的控制条件（比如，一种减压干预，如上瑜伽课，在一个行政办公室被引入，而在同一城市其他地方的行政办公室则没有实施)。准实验中不存在将被试随机分配到不同干预组的情况。

被试没有被随机分配到竞争干预组中,这使得准实验受到了限制。在一个准实验研究中,研究者不能假定不同处理组的被试在大多数背景特征上是相似的。针对这一局限性,进行准实验的研究人员通常在被试接受治疗之前,对其进行多方面背景因素的评估。研究人员进行了统计检验,以确定不同组被试在所有被测量的背景因素上是否存在差异。如果研究人员发现两组在某一背景因素上存在差异,而这一因素又能潜在地解释假定的干预效果,那么研究人员就可以进行统计调整从而使两组尽可能相同。然而,准实验的一个根本问题是,一个或多个未测量的背景因素可能解释结果变量之间的潜在差异,而这些差异表面上看起来是由于干预造成的。控制未测量的背景特征对干预结果影响的最好方法是进行随机分配实验。然而,有时将员工随机分配到不同的组会遇到一些障碍(例如,管理者的抵制),这使得准实验成为研究人员最可行的选择。

例如,邦德和邦斯(Bond & Bunce, 2001)开展的工作重组对英国政府雇员影响的研究,就是一个与 OHP 相关的准实验。干预措施包括员工驱动的行动研究,即员工合作研究与工作相关的问题,然后制定和实施研究知情的组织变革。这些变革的目的是增加员工对工作过程的控制感,从而减少与压力相关的问题。为了减少跨单位污染的可能(即实验组成员向控制组员工透露干预的要素,这可能导致控制组发生变化),邦德和邦斯招募了位于另一栋建筑的一个工作团队,他们构成了研究的等候干预控制组。研究人员选择了一些与实验组员工年龄、性别和教育程度相似的员工组成对照组。邦德和邦斯发现,与对照组员工相比,实验组员工有更高的心理健康水平和更低的缺勤率。

**实验与准实验的内部效度**

在讨论他们研究的局限性时,邦德和邦斯(Bond & Bunce, 2001)写道:"我们不可避免地使用准实验设计,因此,内部效度必然面临各种威胁(p. 300)。"与量表效度不同(后面讨论的主题),内部效度指的是研究设计允许研究者得出因果关系结论的程度。准实验内部效度面临的一个主要威胁是,除了干预外,还有一些未测量的因素可能会对因变量产生影响。一个真实验的绝妙之处在于,它将被试随机分配到竞争处理组,能够消除竞争组成员之间潜在的背景差异。一般来说,与准实验相比,真实验具有更高的内部效度。

**横断研究**

横断研究是 OHP 中最常用的研究设计,甚至可能也是整个心理学领域中最常用的研究设计。在一项横断研究中,研究者在一个时间点获取样本的测量值。横断研究不足以回答有关因果关系的问题。如果横断研究发现有两个因素是相关的,这一发现并不能保证是一个因素预测了另一个因素。由于这两个因素是在同一时间点进行评估的,而确定因果关系的前提是原因必须先于结果(原因的时间优先性)发生,因此,横断研究很少能确定一个因素相对另一个因素的时间优先性。

舍恩菲尔德(Schonfeld, 1990)采用横断研究,研究了教师的应对方式。他发现有两种应对方式与较低的困扰程度有关。一种应对方式,即积极比较,包括将自己与另一位教师进行有利的比较等心理策略。另一种应对方式,即直接行动,涉及到一些行为策略,如做出明显的努力来改变一个失败的学生。研究发现每一种应对方式的程度越高,困扰的程度就越高。但是由于应对方式和困扰是在同一时间点测量的,所以不清楚哪一个先发生。有可能是困扰影响了应对方式,也有可能是一个或多个未测量的第三个因素影响了困扰和应对方式。因此,困扰与应对方式之间的横断关系可能存在以下三种情况:(a)应对方式影响困扰,(b)困扰影响应对方式,(c)(存在)第三种因素影响困扰和应对方式。尽管横断研究通常不能帮助我们得出因果关系的结论,但这样的研究依旧是有帮助的,它使研究人员了解哪些因素是相关的。在横断研究中发现的相关关系,可以为研究人员提供线索,以便使用其他研究设计进行下一步研究。

## 病例对照研究

病例对照研究通常是旨在识别与障碍相关的因素。病例对照研究至少涉及两组个体。其中一组成员或病例,有一种有待研究的障碍。另一组的成员,即控制组的成员,没有障碍。然而,这种研究设计被称为"病例比较研究"(case-comparison study)才更恰当(MacMahon & Pugh, 1970)。这里使用的"控制组"并不是一个恰当的术语,因为它不是我们所理解的实验中的控制组。

通过访谈、问卷调查、体检和记录检查来确定小组成员的背景和历史信息,以确定是否有一个或多个因素在病例或对照组的背景因素中更为常见。如果研究人员打算识别特定障碍的特异性影响因素,他或她应该纳入第三组有其他障碍的被试,而不是研究人员所关注的障碍。一些因素,如社会经济地位低下,与许多障碍有关。如果研究人员计划识别精神分裂症等障碍特有的风险因素,那么除了没有障碍的对照组外,还应加入另一个有不同心理障碍的对照组。

林克,多伦温德和斯科多尔(Link, Dohrenwend, & Skodol, 1986)开展了一项病例对照研究以确定精神分裂症特有的风险因素。该研究共分为三组:一组为精神分裂症患者组成的病例组;两组为对照组,其中一组为抑郁症患者,另一组为无精神病史的社区居民。林克等人发现,与抑郁和健康对照组的被试相比,精神分裂症的被试更有可能在第一份工作中(这很可能早于他们的第一次精神分裂症发作)就暴露于有害的工作条件中。有害的工作条件不仅指频繁处于噪声环境中,还包括不良的空气质量、高温、寒冷、潮湿或高危。精神分裂症组和抑郁组的被试在他们最初工作的平均职业声望或教育水平上没有差异。

由于病例对照研究是回溯性的,所以患有障碍的个体可能会试图找出他们当前状况的"意义"(Tennant, Bebbington, & Hurry, 1981)。在这种"意义之后的努力"中,这些病例可能会夸大其中一些经历,简化其中一些经历,甚至可能无法回忆一些其他的经历,并在调查人员试图识别所研究障碍的风险因素时,对他们产生误导。林克等人(Link等,1986)克服了这个困难。研究人员将被试的第一份全职工作,与独立客观的描述工作相关条件的数据联系起来。这些客观数据来源于美国劳工部定期出版的《职业头衔词典》(Dictionary of Occupational Titles, DOT)(现已被在线数据库取代)。为了创办DOT,分析师们对美国成千上万个工作岗位的大量特征进行了评估。林克等人(Link等,1986)使用DOT评价来描述被试的工作,当然,这些评价是独立于病例对照研究的被试获得的。因此,有害的工作条件的确定独立于研究被试的个性。

## 纵向研究

纵向研究的定义特征是,在两个或多个时间点从同一样本中获得数据(有时称为"专门小组研究")。在开展实验的过程中,研究人员有意将员工分配到更好或更坏的工作条件中是不符合伦理的,而纵向研究通过在不同的时间点评估现有的工作条件和健康,这在检验某些工作条件与未来健康有关这一假设方面是很有价值的。进行纵向研究时,在每个数据收集点评估健康问题和与健康问题相关的假定风险因素往往是很有帮助的。例如,如果一名OHP研究人员正在研究抑郁症的风险因素(例如,沉重的心理负荷),那么在每波数据收集时评估抑郁症程度及其风险因素往往是有帮助的。

一些纵向研究并没有遵循这种模式。伯克和格林格拉斯(Burke & Greenglass, 1995)对加拿大教师进行了为期一年的纵向研究,他们使用多元线性回归(multiple linear regression, MLR)的方法,用一年前评估的工作压力源(时间1)预测了一年后的倦怠(时间2)。研究者通过多元线性回归发现一年前(时间1)的工作负荷预测了一年后(时间2)的倦怠。尽管作者发现时间1的工作负荷预测了时间2的情绪枯竭(倦怠的核心成分),但这种分析在某种程度上是存在问题的,但也有启示意义。这项研究的设计没有考虑到时间1和时间2之间情绪枯竭的稳定性。通过对时间1情绪枯竭进行统计控制,研究者校正了一段时间内情绪枯竭的稳定性,然后做时间2情绪枯竭对时间1情绪枯竭、时间1工作压力源的回归,这将有助于确定情绪枯竭,作为工作压力源的函数,从基线增加或减少多少(Kelloway & Francis, 2013)。但是,伯克和格林格拉斯并没有对时间1的情绪枯竭进行统计控制,这就使得这项研究存在一定的问题。该分析类似于横断分析,不清楚哪个因素最先发生。卡斯尔(Kasl, 1983)称这样的研究为"虚假的"纵向研究。

一个更有效的回归分析是检验时间1工作负荷对时间2情绪枯竭的影响,同时对时间1的情绪枯竭进行统计控制(研究对象是在研究期间一直从事同一工作的员工)。通过这种方式,OHP研究者就可以了解到,在控制了时间1的工作负荷和枯竭的混淆因素以及时间1的情绪枯竭与1年后的情绪枯竭的关系后,工作负荷是否预测了未来的情绪枯竭,同样重要的是进行另一项分析,即控制时间1工作负荷后,用时间1的情绪枯竭预测时间2的工作负荷。这种分析评估了反向因果假设,即情绪枯竭会导致更高的工作负荷(例如,筋疲力尽的教师陷入一种几乎很少休息的工作模式)。

基维马奇、伊洛瓦伊尼奥、瓦赫特拉和费列(Kivimäki, Elovainio, Vahtera, & Ferrie, 2003)对10家医院工作人员进行了两年纵向研究,该研究在方法学上比伯克和格林格拉斯进行的纵向研究更可靠。基维马奇等人在对时间1的健康指标进行统计控制后,评估了时间1组织公平(例如,工作场所程序的公平)与时间2健康指标(例如,病假证明)之间的关系。结果表明组织公平仍然能预测时间2的健康指标。换言之,控制了时间1的健康问题后,时间1较低水平的组织公平与时间2健康问题的增加有关。研究人员还发现,时间1的健康指标与时间2的组织公平没有关系,这表明影响的方向是从组织公平到健康,而不是反向的。基维马奇等人的研究能够建立一个风险因素相对于健康结果的时间优先性。而时间优先性是一个重要的证据,虽然不是唯一需要的证据,但它支持了低水平的组织公平导致员工不良健康状况这一假设。

在关于时间1工作条件对时间2健康结果影响的研究中,除了控制时间1健康结果外,纵向研究还涉及其他变量控制问题。其中一个问题是时间问题。时间1和时间2之间应该隔多长时间?测量周期之间应该有10年的间隔吗?或许不应该,因为:(a)一个人在同一职位上的工作性质会随着时间的推移而改变;(b)人们经常在足够长的追踪期内换工作。那么延迟6个月怎么样?这也要看情况。在一项纵向研究中,数据收集的时间取决于所研究工作的性质以及调查人员关于风险因素对健康结果影响的初步了解情况(Kasl, 1983)。

### 队列研究

流行病学研究中采用了一种特殊的纵向研究,即"前瞻性队列研究",通常简称为"前瞻性研究"。队列是一组可识别的人。他们可能是出生在某个特定时间、某个特定地点的人。比如在库珀和马尔莫（Kuper & Marmot，2003）的一项研究中，他们选择的队列是 1985 年在伦敦 20 个部门工作的 35 至 55 岁的英国公务员。遵循固定队列的研究，这很大程度上也反映了在 OHP 研究中看到的队列类型，"在追踪研究开始后，不允许再有其他研究对象进入研究"（Kleinbaum 等，1982，p. 56）。

在一项前瞻性队列研究中，研究者首先评估被试是否存在风险因素或暴露变量。例如，库珀和马麦特在他们的研究中，先确定了他们的样本中有哪些人从事了低决策自由度和高要求的工作，因为这种组合被假定为不利于冠状动脉健康。前瞻性研究的一个关键特点是，那些在初次筛查中就被发现有目标心理障碍的被试被排除在纵向追踪之外。该研究策略旨在确保在任何被试出现目标心理障碍之前就暴露于风险因素之中（病因的时间优先性）。研究人员检验了以下假设：在追踪期间出现目标心理障碍的新发病例，是否更可能发生在暴露于假定风险因素的初始健康被试身上而不是没有暴露于假定风险因素的初始健康被试身上。在大约 11 年的时间里，库珀和马麦特发现从事低决策自由度—高要求工作的公务员，比没有从事低决策自由度—高要求工作的公务员更容易患上心脏病。库珀和马麦特还对暴露组和未暴露组在年龄、工资等级等混淆变量上的差异进行了统计控制①。

## 元分析

接下来的两部分内容描述了元分析的不同方法，这些方法在研究界引起了相当大的关注。元分析是通过组合大量数据源来获得结果的方法。两阶段元分析比一阶段的元分析出现的要早。在阅读较早的研究报告时，两阶段的元分析通常被简称为"元分析"。

### 两阶段元分析

元分析将不同研究中的不同样本组合在一起，为概括化提供了基础，比 OHP 研究者从涉及特定样本的结果中得出的结论更为广泛。与在任何单一研究中检验效应的统计检验力相比，元分析的统计检验力更强。你可能通过阅读本章已经了解了一些研究设计，但元分析的

---

① "回顾性队列研究"是另一种类型的队列研究，尽管在 OHP 文献中比较少见。为了开展这样的研究，我们需要识别可以重新组合的档案数据，以便构建一个回顾性队列。回顾性队列研究的结构与前瞻性队列研究的结构相似，但在回顾性研究中，所有事件都已经发生。最初健康的工人是在某个时间点被确认的。有些人暴露在风险因素下，有些人则没有。随着时间的推移，使用现有记录跟踪所有工人，以确定目标健康事件的发生。在一项经典的回顾性队列研究（Case，Hosker，Mcdonald，& Pearson，1954）中，使用文献记录跟踪化学染料工业和控制部门的工人，发现染色工人患膀胱癌的风险极高。

工作方式不同于上述遇到的研究设计。两阶段元分析即传统的元分析，他们的研究的"被试"是个体参与，也叫个体研究。与大多数OHP研究一样，元分析也是从提出假设开始。典型的情况是，元分析会尝试找出可以阐明目标假设的每项研究（例如，与控制干预或等待控制组相比，某种干预会改善员工的健康）。为了确定期刊文章、书籍章节、博士论文和硕士论文中与之相关的研究，元分析工作者要搜索PsycINFO和PubMed等数据库。他们还要审查已确定报告的参考文献列表（方框2.1）

---

**方框2.1　数据库**

职业健康（OH）心理学家在确定元分析的研究，以及定位与他们正在发起的干预或与他们正在计划的新研究相关的先前研究时，会使用许多数据库。其一个数据库是PsycINFO。PsycINFO是由美国心理学会提供的资源，它涵盖了全世界心理学领域的文献以及相关学科（如，精神病学、教育学、社会学）的大部分文献。大多数大学图书馆和许多公共图书馆都有访问PsycINFO的途径。

要了解更多相关内容，读者可以访问以下网站：www.apa.org/pubs/databases/psycinfo/index.aspx。

PubMed是另一个心理学家为元分析和其他目的提供咨询的数据库。PubMed涵盖了全世界生命科学领域的文献。PubMed由美国国立卫生研究院国家医学图书馆（United States National Library of Medicine of the National Institutes of Health）提供支持，任何人都可以通过计算机和互联网直接访问。

网址是：www.ncbi.nlm.nih.gov/pubmed。

MEDLINE是一个与PubMed基本相似的数据库，它可以在网上的大学和公共图书馆找到。

EMBASE是一个生物医学数据库，可以补充PubMed和MEDLINE。EMBASE涵盖了许多会议的记录。

还应该注意的是，有时同一出版物在两个或多个数据库中建立了索引。例如，《斯堪的纳维亚工作、环境与健康杂志》（Scandinavian Journal of Work, Environment & Health）在PsycINFO、PubMed、MEDLINE和EMBASE中都有索引。然而，在进行与OHP相关的文献搜索时，搜索多个数据库以获得最佳覆盖范围是非常有用的。如果一份期刊包含在多个数据库中，那么即使在一个数据库中有所遗漏，也会在另一个数据库中包含。通过搜索多个数据库，可以减少错失相关论文的可能。

---

元分析工作者在基于互联网的"电子讨论小组"上发布通知，要求"讨论小组"的参与者提供他们开展过的或知道的相关研究，包括未发表的但与感兴趣主题相关的研究。一些研究没有被发表，是因为研究人员不鼓励没有结果的研究被发表。但在元分析中，重要的是对研究报告进行广泛的搜索，即使是那些没有发现结果或发现了未预料的阴性结果的研究。未预期

的结果可能是实验组的健康状况竟然比对照组健康状况差，这些研究仍应被考虑用于元分析。博士论文或硕士论文之所以被检索，这是因为，与有积极发现的作者相比，有消极发现的博士学位论文和硕士学位论文作者发布研究结果的动机更低（方框 2.2）。

---

**方框 2.2　电子讨论小组**

　　OH 心理学家们通过面对面的会议、电子邮件和电话进行交流。在 OHP 中流行的另一种通信方法是"电子讨论小组"。美国心理学会（APA）和欧洲职业健康心理学学会（EA-OHP）分别主办了一个与职业健康心理学相关的"电子讨论小组"。

　　该讨论小组提供一个讨论论坛，成员可以使用它们进行广播，请求信息并接收答复。会议通知和论文请求也在"电子讨论小组"上广播。任何人都可以加入"讨论小组"。

　　加入 APA 的 OHP"电子讨论小组"，访问这个网站：http://lists.apa.org/cgi-bin/wa.exe? A0 = OHPLIST。

　　加入 APA 其他"电子讨论小组"，请发送邮件到以下电子邮箱地址：listserv@lists.apa.org。

　　加入 EA-OHP"电子讨论小组"，请访问 www.jiscmail.ac.uk/cgi-bin/webadmin? A0 = EA-OHP。

---

　　元分析研究人员制定相关标准以判断每项研究的质量。分析员使用这些标准来决定在元分析中应该包括哪些研究。仅仅基于研究的质量而不是研究结果来采纳或排除研究。对于那些用于评估干预效果的元分析，分析员可能会决定研究中只包括随机实验，排除准实验和缺少对照组的干预研究。在社会心理工作因素（如，决策自由度）对后期健康结果影响的元分析中，分析员可能只选择（a）纵向研究，且控制了时间 1 测量的健康结果，和（b）前瞻性队列研究。分析员经常排除横断研究，或对方法上较弱的研究进行单独的元分析。

　　元分析研究者从每项研究的结果部分提取重要的结果。一种结果数据是实验组的平均值高于或低于对照组的平均值的标准差异。这个统计指标被称为"Cohen's $d$"。它是一种对效应量的度量，即实验组与对照组相比有多好（或多差），或者暴露于风险因素的一组员工与未暴露于风险因素的另一组员工相比有多差。当在连续量表上测量因变量时，使用统计指标 Cohen's $d$。预测因子与健康结果之间的皮尔逊相关系数 $r$ 也可以作为元分析的统计指标。其他可以用于元分析的统计指标有优势比（OR）和调整后的 OR。当因变量是二元的疾病结果（被试被诊断为目标障碍或没有被诊断为目标障碍）时，使用后一种统计数据。对其他因素进行了统计控制后,调整后的 OR 反映了风险因素对疾病结果的影响①。通过将纳入元分析的每项研究的结果转换为 Cohen's d 或 OR,元分析研究者已经开展了一些研究,这些研究可能已经用各种不同的测量方法评估了风险因素和因变量,并通过创建一个共同的度量标准(Cohen's d 或 OR)使这些测量方法具有可比性。虽然效应量可以分为大、中、小,但是应注意的是,较小的效应量并不一定反映较小或不重要的影响(Rosnow & Rosenthal, 1989),特别是当效应量涉及健康或死亡率时(见第四章)。

一旦元分析研究人员从高质量研究报告的结果部分提取了相关统计数据,他们就会对相关效应量进行平均,而不管它们是否具有统计学意义。研究缺乏统计显著性反映了样本量约束下的效应量。在许多高质量的研究中,将效应量进行平均是非常重要的。分析员可能会将每个 Cohen's d 平均到一个因变量上,如心理困扰。例如,对于每一个随机实验,其中(a)一个实验干预与一个对照条件相对应,并且(b)对困扰的连续测量作为因变量,提取 Cohen's d,并且取所有 d 的平均值(Cohen, 1992)。在所有其他条件相同的情况下,大样本研究的结果比小样本研究的结果更可靠。基于较大样本的研究结果比基于较小样本的研究结果权重更大②。在一项元分析中,理查森和罗斯坦(Richardson & Rothstein, 2008)将 55 个随机实验—控制研究的结果分别转换为 Cohen's d,与对照组相比,与工作相关的压力管理项目在心理健康方面的平均效应量略高于一半标准差。与其他干预措施的效应量相比,认知行为干预措施的效应量更大、更有益。斯坦斯菲尔德和坎蒂(Stansfeld & Candy, 2006)在一项元分析中,对五项纵向研究中的调整后的 OR 进行了平均,发现低工作场所社会支持,与日后患抑郁或严重心理困扰的风险增加 30% 有关。

### 一阶段元分析

上述的元分析方法是一个两阶段的元分析方法。在第一阶段元分析中,从任何一项研究中获得个体数据,通常是由原始研究团队在个体研究的水平上进行分析。研究结果可以在期刊文章、学位论文等的结果部分找到。元分析研究人员从满足预先设定的质量标准的研究结果部分中提取相关的结果。然后,元分析研究人员将相关的结果转换为 d 或 OR,这进一步又成为两阶段元分析中第二阶段的输入值,即原始研究报告结果的平均值。

---

① 如果没有过度的技术性,OR 值为 1.50 意味着暴露在某个因素下的个体患有障碍的风险比未暴露于该因素的个体高出约 50%;OR 值为 2.00 意味着暴露在某个因素下的个体患障碍的风险是未暴露于该因素的个体的两倍(或高出 100%)。OR 值为 0.50 意味着暴露在某个因素下的人患障碍的风险是未暴露于该因素的一半;我们有一个保护因素,而不是一个风险因素。调整后的 OR 为 1.50 意味着在对其他预测因素进行统计控制后,暴露组患障碍的风险大约高出 50%。
② 权重方案的不同取决于元分析是使用固定效应模型还是随机效应模型(Borenstein, Hedges, & Rothstein, 2007)。

另一种不同的元分析，即一阶段的元分析方法，已经开始得到越来越多的学者的认可。在一阶段元分析中，研究人员从所有有贡献的研究中获得原始数据，并在每个个体被试水平上分析数据，而不是从研究层面进行分析数据(Stewart 等，2012)。一阶段元分析的研究需要和原始研究团队进行合作，而在两阶段元分析的研究中，所需的数据通常在现有的结果部分中即可找到，通常不需要原始研究人员的合作。

与支持两阶段元分析的研究一样，支持一阶段元分析的研究可以使用不同的方式测量关键变量。在两阶段的元分析中，研究结果被转换成一个共同的度量标准，如 Cohen's $d$ 或调整 OR。相比之下，在一阶段的元分析中，因为数据是在"个别被试"的水平上合并，因此必须将不同类型的研究进行协调。工作场所自主性，是 OHP 研究中一个重要的工作场所社会心理因素，如果在准备用于一阶段元分析的原始研究中，工作场所自主性的测量方法不同，研究人员可能会以一种半持续的方式在各研究中对个体进行操作定义。例如，在自主性量表上，元分析研究人员可能将得分高于研究样本均值的个体定义为自主性高，而得分低于样本均值的个体则被定义为自主性低，然后对每个有贡献的研究重复这种算法，即使这些研究使用不同的量表及运用不同的语言。弗兰森等人(Fransson 等，2012)的一阶段元分析涉及来自六个不同纵向研究的 56,000 多个体，他们分析发现，在有体育活动的员工中，那些从事高工作负荷—低决策自由度工作个体，与其他处在更有利的工作条件下的员工相比，在 2 到 9 年后变得缺乏体育活动的可能性要高出 20%。

一阶段和两阶段的元分析往往产生相似的结果。然而，一阶段元分析在评估交互作用时提供了更大的统计检验力(Stewart 等，2012)。

**对元分析的最终述评**

元分析并非没有缺点。生物医学治疗研究的两阶元分析的质量研究表明，在有类似病灶的元分析之后开展的大型($n > 1,000$)、控制良好的临床试验的结果并不总是一致的(LeLorier, Grégoire, Benhaddad, Lapierre, & Derderian, 1997)。大型、控制良好的临床试验是生物医学研究中临床干预的黄金标准。由于一阶段元分析采用了强求一致的程序，需要根据样本和所采用的测量工具，在不同的中点切割不同的尺度，因而会造成信息损失。

**OHP 的其他研究设计**

接下来的章节将探讨其他已经引起相当关注的研究设计。其中包括日记研究、自然实验和间断时间序列。另一种是一系列的定性研究方法。

**日记研究**

顾名思义,日记研究通常涉及在一段时间内(如 1 或 2 周)每天收集员工样本的数据。一些日记研究(例如,Marco, Neale, Schwartz, Shiffman, & Stone, 1999)是在电子设备的帮助下,在一天或一天以上或更多天的特定时间进行的。日记还可以包括纸笔问卷(Green, Rafaeli, Bolger, Shrout, & Reis, 2006)、电话采访(Almeida, Wethington, & Kessler, 2002)和专门设计的网站(Schonfeld & Feinman, 2012)等。日记法的优势在于,它可以帮助研究人员检查被试的精神状态和工作场所发生的事件,就像这些事件实时发生一样,从而减轻记忆衰退的影响。如果被试在部分但不是全部的数据收集期间提供数据,这种情况对于 MLR 分析来说是一个问题,但现在可以使用统计方法来帮助最小化被试流失的影响(Raudenbush & Bryk, 2001; Schonfeld & Rindskopf, 2007)。

生态瞬时评估(EMA)是一种特殊的日记研究,它能够对一天或一个工作日内具有代表性的时刻进行实时取样。被试现场完成评估,并报告瞬时状态。在 EMA 的使用过程中,研究被试随身携带电子设备,研究者通常在随机产生的时间点向他们发送信号,要求被试报告他们的经历(如,情感状态、压力源)[①]。对个体的描述是否准确,取决于是否取得了瞬时状态的有代表性的样本,在很大程度上,被试的代表性抽样被视为从一个样本到整个人群的有效推断的关键(Stone & Shiffman, 2002, p.237)。

研究设计的其中一项创新是,协调了 EMA 和更标准的纵向研究设计,并且在纵向设计中,多波数据收集的阶段以月为单位进行划分。在一项为期 2 年的分六波进行的探究影响教师的压力源纵向研究中,麦金太尔等(McIntyre 等,2016)评估了让教师在秋季、冬季和春季的一天或连续 2 天或 3 天内完成基于 iPod 的日记的可行性。结果发现教师们每天最多写七次日记,并且每次都是在一节课结束后写的。麦金太尔等人发现这样的设计具有很好的遵从性、很高的项目完成度和用户友好性。研究结果最终表明,这种研究设计可能有助于密切关注员工在工作期间的压力过程,并描述一个长期的压力过程图。此外,这种密切的观察会提供线索,以发现在减轻教师压力(或其他类型的工作压力)以及提高学生成绩方面可以做出的改善。

**自然实验**

第一章介绍了自然实验的概念,描述了帕克斯(Parkes, 1982)对两组实习护理人员的研究,作为培训的一部分,他们在内科和外科病房中按不同的顺序随机轮岗。在自然实验中模拟真实的实验,被试被随机分配到处理和控制条件。在自然实验中,"自然"或研究者控制范围之外的社会条件以一种隐蔽的随机方式,将个体分配到不同的处理组。如果没有这种隐蔽

---

[①] 在接下来描述教师的研究中,出于实际原因,涉及到的被试不能在在校期间的随机时间点完成电子日记。

的随机方式,研究人员将无法得出因果推论,研究将简化为观察研究(DiNardo,2008)。有时,研究也会被误认为是自然实验(例如,Kompier, Aust, van den Berg, & Siegrist, 2000)。例如,他们缺少一个对照组,或者,当他们有一个对照组时,他们又缺少隐蔽的随机方式。

赫斯特、纽曼和赫尔利(Hearst, Newman, & Hulley, 1986)描述了一个自然实验,在越南战争期间,美国军方曾使用抽签来确定哪些人有资格入伍。与那些因为"抽签"而没有资格入伍的男性相比,在战后10年里,在控制战时死亡后,那些有资格入伍的男性更有可能死于自杀和交通事故。因为只有大约四分之一的符合征兵条件的人在军队服役,只有9%的免除兵役的人服兵役。赫斯特等人使用这些数字来校准与服兵役有关的实际风险。研究人员补充了一项病例对照研究,该项研究还将服兵役与随后的自杀和交通事故风险联系起来。

**间断时间序列**

一个时间序列涉及在一段时间内的多次观察。观察结果可以是来自(a)同一个体或单位(如组织单位)或(b)不同但相似的个体(如来自同一群体的不同个体)。使时间序列成为间断时间序列的原因是,在观测序列中的某个时间点上,实施了实验处理或发生了环境事件。研究人员评估事件发生后获得的观察结果与事件发生前获得的观察结果是否存在不同(Cook & Campbell, 1979)。

许多时间序列研究的时间长度延伸到足够长,包括一个以上的环境事件。例如,在一项个体水平的间断时间序列研究中,艾登(Eden, 1982)在5个观察期内对39名实习护理人员进行了为期10个月的追踪研究,其中3个低压力期与2个高压力期交替出现。他发现在高压力时期,焦虑水平、血压和脉搏率上升,在低压力时期这些指标下降。尽管这项研究没有进行控制,但压力源很可能与上述结果有因果关系。鉴于高压力期被夹在低压力期之间,历史和成熟效应(最可能的混淆因素)的影响不太可能解释测量结果的变化。

间断时间序列设计通常使用总体水平、基于人群的数据。例如,诺尔斯特伦和格朗克维斯特(Norström & Grönqvist, 2015)收集了30个国家的失业率和自杀率数据,他们发现,除斯堪的纳维亚国家外,在52年内男性自杀率随着一国失业率的上升或下降而上升或下降[①]。总的来说,失业在那些对失业者保护较少的国家产生的影响更大。诺尔斯特伦和格朗克维斯特这样的间断时间序列研究的一个弱点是,通过使用总体水平的数据,人们通常无法辨别某个自杀受害者本人是否失业了(见第三章题为"研究失业的两种途径"的章节)。另一方面,一个国家或地区的失业率可以作为总体经济状况的代表。其他总体水平的间断时间序列研究表明,经济衰退与国家或地区的自杀率上升有关(Oyesanya, Lopez-Morinigo, & Dutta, 2015)。

---

① 只有东欧国家的女性的自杀率随失业率的上升或下降而上升或下降。

**定性研究方法**

定性研究不是一个一元的概念,它包括多种方法。一些定性的 OHP 研究人员采访了一些员工,询问他们是否在工作中有过压力的体验,以及他们是如何管理或应对压力源的(例如,Dewe, 1989; O'Driscoll & Cooper, 1994)。有时,员工会填写问卷,这些问卷包含了与工作相关的一些开放式问题,员工可以自由地对这些问题进行回答(例如,Schonfeld & Santiago, 1994)。还有的研究者使用焦点小组,即小组访谈的方法来研究员工的压力情况(例如,Kidd, Scharf, & Veazie, 1996)。一些研究人员把自己安置在可以直接观察员工的地方(Kainan, 1994)。其他研究者还采用参与式观察(Palmer, 1983)的方法:研究者获得他或她想要研究的工作,并从内部了解该工作。

格拉泽和斯特劳斯(Glaser & Strauss, 1967)提出了一种自下而上的方法,这种方法给定性研究的研究人员提供了一种新思路。格拉泽和斯特劳斯认为,研究人员应该让理论上有趣的范畴和假设从定性数据中浮现出来;重要的是,在处理定性数据时,不要对数据应该揭示什么有先入之见。内容分析是一种有助于组织和理解定性数据的实证方法。"内容分析"这一分析方法,有自己的程序,有助于研究人员洞察文本和符号现象(例如,文字,言语和图像),包括这些现象的显性和隐性(共享和非共享)的含义(Krippendorff, 2004)。

尽管定性方法有局限性,包括无法检验假设(Schonfeld & Farrell, 2010),但它们仍有许多优势。例如,定性研究有助于假设的生成,有助于识别尚未发现的压力源和应对策略,还有助于理解难以解释的定量研究结果(Schonfeld & Mazzola, 2013)。关于后者,布兴和格拉泽(Büssing & Glaser, 1999)利用定性数据来帮助理解一项涉及护理人员的准实验研究中出现的一个自相矛盾的结果。与传统病房的对照组护理人员相比,在创新病房工作的实验组护理人员,其工作压力源(如,时间压力)减少,因为虽然他们被赋予了更大的责任,但是他们的病人更少。然而结果发现,实验组护理人员的情绪枯竭程度更高。定性数据显示,传统病房中的护理人员与病人的简单接触更多,与之相比,实验组护理人员远离难相处的病人的机会更少,因而互动压力较大。

一些 OHP 研究人员在单个研究中收集定量和定性数据,并将其整合到一组数据分析中①。此策略的优势在于,研究人员可以获得关于压力过程的更完整的描述(Mazzola, Schonfeld, & Spector, 2011)。艾尔费林等人(Elfering 等, 2005)使用定性方法确定了咨询机构员工的偶发性的工作和非工作压力源。在一周的时间里,每天都对这些偶发性的压力源进

---

① 这与布兴和格拉泽(Büssing & Glaser, 1999)的方法不同,他们在同一研究中也使用了定量和定性方法。布兴和格拉泽使用定性数据来阐明在研究的定量部分获得的一个意料之外的发现,而不是在同一分析中结合定量和定性数据。

行评估。用标准的、定量的量表评估工作控制和长期发生的压力源。通过整理发现，与长期发生的压力源相比，偶发性压力源更具特异性，因此更适合于定性评估。艾尔费林等人（Elfering 等，2005）发现，与其他员工相比，高工作控制、低强度的长期压力的员工在经历了偶发性工作压力源后，体验到的情境幸福感水平更高。

## 测量

在前一节中，概述了 OHP 研究中所采用的研究设计类型。研究设计不能抽象地实施。除非研究人员可以有效地测量他们想要研究的因素和条件，否则研究就无法取得进展。OHP 研究人员测量诸如决策自由度、同事支持、抑郁症状等因素。在使用一种特定的方法测量一个因素之前，OHP 的研究人员需要像其他心理学分支的研究人员一样，拿出证据来证明候选测量工具的合理性。研究人员可以"货比三家"寻找可替代工具。本章简要介绍了 OHP 研究的测量的信度和效度。

## 信度

任何被测量的变量都应该被可靠地测量。信度反映了研究人员测量给定变量的一致性。假设一个人去看医生，医生可能要测量这个人的体重。假设这个人站在秤上，她测得他的体重为 150 磅（68 公斤）。5 分钟后，这个人再次站在秤上，她再次测量他的体重，她现在说他重 125 磅（57 公斤）。然后又隔了 5 分钟，她又称了他一次体重，但现在他重 165 磅（75 公斤）。这个秤是不可靠的。它每一次的测量值都不同于上一个。当然，如果两次测量之间的时间隔了一年，那么秤可能会呈现一个本质上不同的重量，这个体重计可能是可靠的，因为随着时间的推移，人们的体重会减少或增加。然而，由于医生办公室测量的时间很近，体重变化的最好解释是体重计不可靠。一个可靠的秤每次这个人站在它上面的时候都应该呈现相同重量。

在经典测量理论中，信度的核心是"真实分数"。真实分数是一个不可测量的潜在分数，用来描述被评估的人或条件的特征。人们认为它在短时间内是不变的。假设一个员工样本被要求填写一个包含五道题目的工作满意度量表。一个员工在量表上的得分是否正好与他在该时间点的真实得分完全一致[①]？不。他的真实分数很可能对观察到的量表得分有贡献，但其他一些因素也可能对观察到的量表得分有贡献：比如，如果一个同事给他讲了一个笑

---

[①] 观察分数背后的真实分数与所观察到的分数有很大关系，尽管仅仅凭借信度并不能确定一个量表分数到底代表什么。效度一节描述了量表的开发者如何帮助研究者，确定量表是用来测量真正所要测量的内容。

话;如果他在完成量表前的这天早上发生了争吵;随机误差。

假设一位心理学家将工作满意度量表分发给 100 名员工,此外,还分发了另一种形式的量表(涵盖同一领域的不同项目)。现在给每个员工算出两个量表的平均分。这是员工的真实得分吗?不,这不是,但这是一种接近。假设心理学家在一周的工作日中每天分发 10 种不同形式的工作满意度量表,上午一种,下午一种,接下来给每个员工计算出 10 个工作满意度量表得分的平均值。这是否表示了员工的工作满意度的真实分数?答案仍然是否定的,但这一平均数在理论上更接近了真实分数。

"可靠性系数"(其符号为 $r_{1t}$)虽然看起来像一个相关系数,但更类似于决定系数 $r^2$。信度系数是对真实分数的方差占量表总方差比例的估计。0.80 的信度估计值意味着 80% 的量表得分变异被估计为真实得分变异;其余 20% 的变异反映了测量误差或随机误差。OHP 研究人员很少使用信度系数小于 0.70 的量表。随着信度系数接近 1.00(此时 100% 的量表方差为真实得分变异),越来越多的量表方差反映了真实变异。因为真分数的变异被认为反映了人们对量表项目的真实反应,所以从一次量表评定到下一次量表评定(至少在短时间内),以及个人从一个量表项目到下一个量表项目的反应,应具有更大的一致性。研究人员使用各种方法来估计量表的信度。

**内部一致性信度**

在 OHP 研究中最常用的可靠性系数是 α 系数,也被称为"Cronbach's α"。α 系数的大小取决于项目之间的相关性。如果你打开一期《工作与压力》或《职业健康心理学杂志》,你可能会发现每篇文章都会报告量表的系数 alpha(有时呈现为希腊字母 α)。

根据经典测量理论(Nunnally & Bernstein, 1994),一个人对量表项目的反应至少取决于两个部分,即个人的真实分数和随机误差(见 Viswanathan[2005]关于系统误差等其他测验分数部分的讨论)。真实的分数是相加的,当单个项目的分数相加得到总分时,就是对真分数求和。另一方面,项目水平的随机误差是随机的。由于它们是随机的,所以项目的误差部分与真实分数不相关,各项目的误差之间也不相关。因为这些误差本质上是随机误差,所以它们不会以相同的方式在项目之间重复。随机误差不是累加的,它们是对许多题项求和后的平均值。

测量误差随机性的一个结果是,有一种直接的方法可以提高量表的信度。假设一个研究者想要提高一个包含三个题项的量表的信度,这个量表是用来测量工作满意度的。即使原始量表中的项目间相关性是中等的,比如说在 0.20 或 0.30 左右,研究者可以通过增加来自同一维度的项目来提高该量表的信度,也就是说,从反映工作满意度的项目领域来看,这些增加的项目彼此之间和原始项目之间具有相似的中等相关。项目的真实分数部分可以相加,但与项目相关的测量误差不能相加。

**复本信度与重测信度**

其他类型的信度包括重测信度和复本信度(Anastasi & Urbina, 1997)。复本信度是通过在短时间内实施两种或两种以上的相同测验或量表而建立的,这些测验和量表可能反映了相似的内容,但包含不同的项目。这些工具应该是高度相关的。复本信度在心理教育测验的研究中比在 OHP 中更有可能被观察到。相比之下,在 OHP 研究中,更多地采用了重测信度,即将在同一量表两次不同测验中的得分求取相关。例如,舍恩菲尔德(Schonfeld, 1996)进行了一项测量研究,旨在评估教师工作环境压力量表的一致性,并进行了为期两周的重测信度研究。

**评分者信度: 连续测量**

评分者信度指两个或多个独立的评分者对一个行为样本进行评分。对行为衡量的信心取决于独立评分高度相关的程度。从 OHP 以外的领域借用的评分者信度的例子可以清楚地说明这一点。两位英语教授正在独立阅读 100 名大学生的论文并进行相关评分。有了坚实的评分标准和一些先前的实践,两位教授对 100 篇论文的评分之间有很高的相关性。

研究者可以使用皮尔逊相关系数来评估这两组评分的信度。假设(虽然可能性很小)由于宽大偏差,B 教授给每个学生的论文评分恰好比 A 教授给论文的评分高出 10 分。皮尔逊相关系数将是完美的,$r=1.00$,因为 A 教授和 B 教授给出的相应分数处于完全相同的相对位置。这一结果是意料之中的,因为皮尔逊系数反映了两组测量值之间的线性相关程度。然而,如果有人特别关注两个评分者之间的一致性,即评分者的评分在多大程度上是相同的(Bartko, 1991),那么使用另一个统计数据——组内相关系数(ICC)——将是有帮助的[①]。论文评分这一例子中的 ICC 小于 1.00,因为教授之间的评分不是彼此的完全重复。当然,ICC 的应用并不局限于教授对学生论文的评分。ICC 可以应用于独立观察员对工作任务的复杂性或员工被允许拥有的自主权的程度的评估。

无论是使用皮尔逊相关系数还是 ICC 进行涉及评分的研究,都需要对某些其他统计数据加以重视和公布。关于应用皮尔逊相关系数(假设正态性)来评估评分者信度的研究,研究者需要在出版物中报告每个评分者的评分的平均值和标准差(SD)。均值可以反映评分者评分的系统性差异(偏差)。SD 的差异告诉我们,评分者是否具有不平等的鉴别力。ICC 的一个优势是,在告诉我们相对应的评分的匹配程度时,该系数受到平均数和 SD 中评分者相关差异

---

① 组内相关性是一系列统计数据(Shrout & Fleiss, 1979),但是为了使本节相对容易理解,我们提供了上述示例。

的影响,尽管读者可能看不到这些内容(D. Rindskopf,个人交流,2014 年 3 月 14 日)。

评分者信度已经被运用在 OHP 研究中。墨菲(Murphy,1991)研究了工作特征与心血管疾病的关系。墨菲使用了对美国 2,400 多个职位的独立研究的结果。在这项研究中,职业分析师通过对在职者的观察,以及对在职者和主管的访谈,进而对职位分析问卷中指定的 194 项与工作有关的活动进行了评分。结果发现,分析师的评分者信度是令人满意的。然后,分析师的评分就成了创建职衔多重评级指标的基石。

### 评分者信度:分类测量

OHP 研究中使用的一些测量方法是分类的。分类测量的例子包括诊断精神障碍等。分类测量包括对员工关于工作条件报告的内容分析(例如,员工最近与主管互动的书面描述是否反映了主管的支持)。kappa($\kappa$)系数提供了一种有效方法来评估分类测量程序的信度(Cohen,1960)。

例如,假设两位临床医生独立诊断了 100 名员工当前是否患有重度抑郁症。为了证明这一点,临床医生做了一些非正规的事情。临床医生认为基准率(普通人群中重度抑郁症的正常比率)为 10%(实际上更低),然后他们随机抽取 10% 的样本进行抑郁症诊断。这个例子是具有启发性的,因为在早期,研究人员使用一致性百分比作为分类测量的信度的衡量标准。表 2.1 展示了研究的结果。

**表 2.1 两名临床医生随机抽取 10% 的员工样本进行重度抑郁症的诊断**

|  |  | 临床医生 2 |  |  |
| --- | --- | --- | --- | --- |
|  |  | 不抑郁 | 抑郁 | 行边缘频数 |
| 临床医生 1 | 不抑郁 | 81 | 9 | 90 |
|  | 抑郁 | 9 | 1 | 10 |
|  | 列边缘频数 | 90 | 10 |  |

随机抽取 10% 的样本进行诊断,两名临床医生的平均一致性为 82%。平均来说,他们同意员工有 81% 的概率(0.90×0.90)不抑郁,同意员工有 1% 的概率(0.10×0.10)抑郁。82% 的一致性似乎令人印象深刻;然而,考虑到该疾病的低基础发病率,这种一致在很大程度上是偶然的结果,$\kappa$ 值对基础比率的偶然一致性进行了控制(Cohen,1960),表 2.1 中的 $\kappa$ 值为 0.00。$\kappa$ 的范围从 0(一致性纯属偶然)到 1(完全一致),在完全一致的情况下,如表 2.2 所示[①],$\kappa$ 大于 0.40 是可接受的,超过 0.60 时,$\kappa$ 被认为是较好的。

---

① 当一个评分者表明一种分类,而另一个评分者表示相反的观点时,$\kappa$ 的趋势可以小于 0。

| 表 2.2　两位临床医生对员工样本的抑郁症诊断完全一致 | | | | |
|---|---|---|---|---|
| | | 临床医生 2 | | |
| | | 不抑郁 | 抑郁 | 行边缘频数 |
| 临床医生 1 | 不抑郁 | 90 | 0 | 90 |
| | 抑郁 | 0 | 10 | 10 |
| | 列边缘频数 | 90 | 10 | |

为开展在线日记研究,舍恩菲尔德和费曼(Schonfeld & Feimman,2012)对 74 名教师进行了初步访谈,旨在识别教师普遍遇到的工作压力源。两位读者独立阅读访谈记录,对文本进行内容分析,并将教师的描述按压力源类别(如学生对学生的暴力事件)进行分类。κ 的中位数为 0.82(全距:0.61 到 1.00)。74 位教师识别的压力源作为核心压力源,这些压力源将包含在一个更大规模的在线日记研究中。

**信度总结**

假设有一项虚构的研究,研究人员在纽约市的一个公寓里测量了 25 个人的身高。研究人员预计身高和体重之间的相关性是中等的,大约 0.60。假设在另一个地点对重量进行了可靠的评估,如果测量高度的信度发生变化,会发生什么?假设研究人员住在一条高架地铁线附近,每分钟都有地铁经过他的窗户。地铁路过导致他测量每个人的身高时,手都会颤抖。这种颤抖会带来一些随机误差、测量误差,从而影响到他记录的每个人的体重旁边的身高。有些人的身高会略低于他们应有的高度,而另一些人则会略高于他们应有的高度。如果特快列车呼啸而过,使他的手抖得更厉害,让身高的变化幅度更大,会发生什么?他记录的高度会包含更多的测量误差。最后,假设他的手摇晃得太厉害,他得到的高度可能是随机数。身高和体重之间的相关性如何?随着更多的随机误差被加入记录的身高中,身高和体重之间的相关性减弱(或者用统计学术语来说是"衰减")。当身高变量为完全随机时,即高度变化的 100% 代表测量误差时,身高和体重的相关性接近于 0。参见科恩、科恩、韦斯特和艾肯(Cohen,Cohen,West,& Aiken,2003)有关低信度对相关性影响的更正式的描述。上述例子向读者强调,所有 OHP 研究(实际上,所有心理学研究)的基础都是被调查变量的测量特征的信度。

**效度**

广义而言,效度是指创建一个量表来衡量它的开发者和使用者声称要衡量的内容。我们怎么知道一个声称测量工作环境压力的量表实际上衡量的是工作环境压力呢？我们怎么知道衡量心理困扰的量表实际上衡量的是心理困扰的？为了确定量表测量的是量表开发者声称可以测量的，需要建立三种相互关联的量表效度：内容效度、效标关联效度和结构效度。

### 内容效度

在探究 OHP 研究中使用的量表之前，先看看心理教育领域的量表会对我们有帮助，因为(a)这是大量心理测量理论工作的开始，(b)该领域的一个例子提供了一种直观的方法来介绍内容效度。在心理教育测量领域，学科领域的专家通过仔细检查项目来建立测验的内容效度，以确保它们是可理解的，并与课程指南和其他与受教育程度有关的文件相对应。例如，学科领域专家对四年级的算数测试进行了检验，以确定项目是否与代表性学区的课程指南所建议的四年级应该教授的认知技能和知识相对应。

OHP 中的内容效度大致遵循上述描述的路径。在开发一个评估教师暴露于工作场所压力源的量表时，资深教师同时也是教师面临压力源领域的专家，可以检查这些项目，判断它们是否代表了教师通常面对的压力源。在开发抑郁症状量表时，精神病医生和临床心理学家等专家检查这些项目，判断它们是否反映了用于临床诊断抑郁的症状。

### 效标关联效度

效标是测验或量表以外的指标，它是测验或量表旨在预测的东西。效标关联效度反映了测验或量表预测外部效标的准确程度。为了说明这一点，我们可以再次参考教育领域相关研究。考虑一下美国大学入学考试(如，ACT)等针对高中高年级学生的测试的效标关联效度。大学入学考试的效标关联效度将取决于考试成绩对大学成绩的预测程度。同样，一个 OHP 从业者也会期望工作满意度量表的分数，能够预测出员工当时的离职意向或未来的实际辞职情况。"效度系数"是量表得分和量表预期预测的行为之间的相关性，效度系数越高，量表预测的准确性越高。

有两种效标关联效度，两者都适用于探究量表与效标的时间关系。同时效度适用于表示量表与同时收集的效标之间的相关性，例如，工作满意度量表得分与当前离职意向之间的相关性。人们会期望这种相关是正向的。预测效度适用于量表与未来某个时间测量的效标之间的相关性，例如，在未来 2 年内的辞职情况。

### 结构效度

当 OHP 研究者进行研究时，他们可能对决策自由度对心理困扰的影响等关系感兴趣。但当调查人员进行研究时，他们实际上所做的是评估一个特定的包含 5 个题目的决策自由度量表上的分数与一个特定的包含 20 个题项的抑郁量表上的分数之间的关系。

OHP 的研究人员也希望在一个抽象的层次上得出超出特定观察对象的结论。他们想得出一个抽象概念"决策自由度"和一个抽象概念"心理困扰"之间的关系的结论。正如在本章开头所提到的,决策自由度和心理困扰等抽象概念都是构念。构念,而不是可观察对象,是科学理论的组成部分(Nunnally & Bernstein, 1994)。结构效度是指建立某一特定的可观察对象,如某一症状量表上的分数,是心理困扰这一构念的合理反映。与其他心理学分支的研究一样,OHP 研究中使用的量表的结构效度非常重要(Hurrell, Nelson, & Simmons, 1998)。

科学理论产生假设。在科学理论的基础上,OHP 研究者提出了一些假设,可以预测构念之间的相互关系。这些构念必须通过可观察的测量来操作化。概念性假设产生了操作性假设(Kleinbaum 等,1982),这些假设不完全反映所构念的行为方式(Cronbach & Meehl, 1955)。在某种程度上,可观察对象的行为方式与相关的操作假设一致,OHP 调查人员就有证据表明他们的测量的结构效度。

到目前为止,关于结构效度的讨论是抽象的,就像构念本身一样。让我们把讨论落到实处吧。舍恩菲尔德(Schonfeld, 2001)开发了一种测量教师工作环境压力的量表,即情景压力源量表(Episodic Stressor Scale, ESS)。教师指出他们遇到偶发性压力源(例如,学生之间的打斗)的频率,ESS 应该反映出教师工作环境的压力。他检验的一个假设是,ESS 将与第二种工作场所的压力测量指标——持续压力源量表(Ongoing Stressor Scale, OSS)相关,该量表评估长期发生的压力源(例如,学生的低学习动机),因为这两个量表可能测量的是同一构念。这个假设反映了坎贝尔和菲斯克(Campbell & Fiske, 1959)关于聚合效度的观点,聚合效度是构念检验过程的一个成分。聚合效度要求同一构念的两个测量工具彼此之间实质上相互关联。事实上,ESS 和 OSS 确实具有很大的相关性($r = .65$)。

心理学中的每一个构念都不能与其他构念相关联,构念关系是有边界的。一个心理学理论通常规定,该理论的核心构念与另一构念无关或弱相关。这一观点来源于坎贝尔和菲斯克(Campbell & Fiske, 1959)的区别效度概念,这是构念检验过程的另一个成分。舍恩菲尔德(Schonfeld, 2001)假设,(a)第一年入职的教师第一个秋季学期中施测的 ESS 与(b)在女性进入教师行业之前的夏季、就业前测量的抑郁症状之间的相关性将远弱于第一学期 ESS 与第一学期 OSS 的相关性。这个假设被证实了。秋季 ESS 与就业前症状相关性较弱($r = -.01$)。

我们还预期,与秋季 ESS 和就业前症状的相关性相比,秋季学期的 ESS 与当时的抑郁症状和春季学期(4 个月后测量)症状的相关性更强,因为秋季学期的 ESS 分数所代表的构念(混乱工作条件的程度)会导致抑郁症状。这些预测也得到了证实(见表 2.3)。秋季学期的 ESS 分数与就业前抑郁症状无关,因为这两个构念在很大程度上应该是相互独立的,除非存在错误的测量,例如,秋季 ESS 与先前的症状/困扰产生了混淆。

表 2.3　相关矩阵

| | | 1 | 2 | 3 |
|---|---|---|---|---|
| 1 | 秋季学期情景压力源量表 | | | |
| 2 | 入职前的抑郁症状 | -.01 | | |
| 3 | 秋季学期抑郁症状 | .44* | .47* | |
| 4 | 春季学期抑郁症状 | .31* | .46* | .55* |

\* $p<0.001$
资料来源：摘自舍恩菲尔德(Schonfeld, 2001)

舍恩菲尔德(Schonfeld)开发了 ESS，并在其中加入了一些中性的自我报告项目，以应对早期进行的工作压力研究。在这项研究的背景下，中性措辞是指要求教师用非情绪性的语言来说明他或她遇到诸如学生打斗之类事件的频率。在早期的研究中，在职者经常被问到他们对学生打斗这样的工作事件有多大的压力或困扰(Kyriacou & Pratt, 1985)。他们询问员工对工作环境的不安程度(在日常对话中这样做是可以的)，并开发一种测量工具，它能同时测量至少两种构念：假定的原因，即工作压力源，和假定的影响，即压力源假定会引起的困扰。这种量表可能的一个结果是，它有可能夸大工作压力源量表与常用的因变量(如对心理困扰的测量)之间的相关性。相比之下，措辞中性的自我报告项目则尽量减少情绪化的语言，并专注于每个工作事件发生的频率(Frese & Zapf, 1988; Kasl, 1987; Schonfeld, 1996)。

## 研究伦理

与所有专业人员一样，OHP 调查员必须遵守伦理标准。美国心理学会(APA)、英国心理学会、美国国立卫生研究院和其他著名组织都颁布了伦理标准(APA, 2010；英国心理学会伦理委员会, 2009；美国国立卫生研究院, 2011)。本文强调了美国心理学会提出的一些主要的伦理要求，其他类似组织的标准与美国心理学会的伦理标准通常是一致的。

APA 的伦理标准遵循了 APA 提出的一套普遍原则。伦理原则的一个例子是有益原则和非有害原则。这一原则要求研究者不伤害并保障研究被试的"福利和权利"，另一个原则是尊重个人的权利和尊严。该原则认为，个人有"隐私权、保密权和自决权"。

从这些原则中派生出了更具体的行为标准。例如，所有提出的实证研究都需要得到研究者所在机构的批准。APA 要求研究人员向其所在机构的机构审查委员会(Institutional Review Board, IRB)提供准确的信息，IRB 有权批准这项研究的启动。在向 IRB 提出的正式申请中，研究者在描述研究程序的同时，也要描述研究的风险和益处，以及研究者为尽量减少对被试的风险或伤害而采取的措施。例如,调查员描述他或她将如何保护被试的隐私。

对于以人类为被试的实证研究,调查者必须获得每个被试的知情同意。知情同意书通常以信函的形式写给被试(一份由被试签名并交给调查者,另一份副本由被试保存)。调查者使用被试可以清楚理解的语言,向其解释研究的目的、研究的风险和益处,以及调查者为尽量减少研究所带来的风险而做的工作(例如,如何保护被试的隐私)。知情同意书(在一些研究项目中可以口头传达)说明参与研究是自愿的,个人可以随时停止参与而不会受处罚。

在某些情况下,不需要知情同意。当研究者使用一份 IRB 已经批准并判定不会造成伤害的匿名问卷时,有时可以放弃知情同意。在进行基于档案数据的研究时,也不需要知情同意。

一旦一项研究工作结束,并且一组调查人员决定撰写一篇关于其研究结果的论文,其应该符合 APA 制定的关于出版信用问题的伦理标准。APA 标准明确规定了谁应该成为第一作者、谁应该成为第二作者等,这完全取决于个人对论文的科学和专业贡献的程度。这些标准明确规定,拥有高级地位(例如,担任院系主任)并不意味着个人有权获得作者位次。作者的位次取决于个体对项目的贡献。

## 总结

本章概述了 OHP 研究中使用的主要设计。研究通常是由研究者旨在检验的理论产生的假设所指导。然而,有时研究是由过去的经验积累来指导的。许多研究都是由两者的结合所推动的。应该记住的是,在 OHP 研究中发现的设计通常用于心理学的其他分支和医学中。本章强调了在评估工作场所干预效果的研究中,将研究被试随机分配到实验和控制条件的价值。可以根据是否将被试随机分配到实验组和对照组来区分真实验和准实验。

在实验中,研究人员故意将被试暴露于与健康相关的风险因素中,这样做不符合伦理。然而,研究人员可以进行纵向研究,在纵向研究中,他们可以对测量的混淆因素进行统计控制,如因变量的基线水平,该变量预计会受到工作相关的暴露因素的影响。日记研究是一种特殊的纵向研究,它的持续时间通常很短,但能实时或接近实时地捕捉工作中的事件。研究人员进行的另一种特殊的纵向研究,称为前瞻性研究,这类研究仅限于在时间 1 基线期时没有障碍的被试,这种障碍被假定为由于与工作相关的暴露而出现。自然实验类似真实验,它不是自然的,而是社会中的偶然事件。一项间断时间序列研究也可以利用世界上发生的事件,只要有足够数量的评估,无论是在个人层面还是在总体层面,在相关事件发生之前还是之后都可以加以利用。

其他类型的研究设计包括横断研究和病例对照研究。在横断研究中,变量是在单一时间点进行评估的。病例对照研究涉及有或无障碍的个体。研究人员获取被试的生活史数据,以了解这些病例和对照组被试是否随着时间的推移而受到不同的暴露。这两种设计都有助于评估暴露与健康问题是否相关,但通常不能得出因果关系的结论。一阶段和两阶段的元分析在被试或研究水平汇集数据。元分析提供了在多个研究中获得广泛的总结性结果的基础。定性方法有助于我们在高度描述性的层面上理解个人的工作生活。虽然定性方法不是检验假设的有效工具,但在发现和假设生成的背景下,定性方法可以帮助研究者。

测量是 OHP 研究的重要组成部分。我们无法研究我们不能充分测量的东西,OHP 的研究人员希望对他们调查的变量采用可靠、有效的测量方法。调查人员需要证据证明他们正在可靠地测量每一个与他们的研究相关的因素。换句话说,研究人员希望有证据表明,如果今天和明天进行测量,某个因素(如,决策自由度)将基本保持不变。当然,调查人员需要证据证明他们使用的工具是有效的。换言之,研究人员希望有证据表明,他们用来测量某个因素(如,抑郁)的工具确实是在评估这个因素。

研究必须合乎伦理。研究不应该有害。参加研究的人应该自愿参加;他们必须给出知情同意才能参与研究。不能胁迫被试参加研究。被试可以在任何时候以任何理由退出研究。发表论文时,研究人员必须公平分配作者位次。

## 参考文献

Almeida, D. M., Wethington, E., & Kessler, R. C. (2002). The daily inventory of stressful events: An interview-based approach for measuring daily stressors. *Assessment*, 9, 41 – 55. doi: 10.1177/10731911102009001006

American Psychological Association. (2010). *Ethical principles of psychologists and code of conduct*. Retrieved from www.apa.org/ethics/code/index.aspx

Anastasi, A., & Urbina, S. (1997). *Psychological testing* (7th ed.). Upper Saddle River, NJ: Prentice Hall. Bartko, J. J. (1991). Measurement and reliability: Statistical thinking considerations. *Schizophrenia Bulletin*, 17(3), 483 – 489.

Bond, F. W., & Bunce, D. (2001). Job control mediates change in a work reorganization intervention for stress reduction. *Journal of Occupational Health Psychology*, 6, 290 – 302. doi: 10.1037/1076 - 8998.6.4.290

Borenstein, M., Hedges, L., & Rothstein, H. (2007). *Meta-analysis: Fixed effect vs. random effects*. Retrieved from www.meta-analysis.com/downloads/Meta%20Analysis%20Fixed%20vs%20Random%20effects.pdf

Burke, R. J., & Greenglass, E. (1995). A longitudinal study of psychological burnout. *Human Relations*, 48, 187 – 202. doi: 10.1177/001872679504800205

Büssing, A., & Glaser, J. (1999). Work stressors in nursing in the course of redesign: Implications for burnout and interactional stress. *European Journal of Work and Organizational Psychology*, 8,

401 - 426. doi: 10. 1080/135943299398249

Campbell, D. T., & Fiske, E. W. (1959). Convergent and discriminant validation by the multitrait-multimethod matrix. *Psychological Bulletin*, 56, 81 - 105. doi: 10. 1037/h0046016

Case, R. A., Hosker, M. E., Mcdonald, D. B., & Pearson, J. T. (1954). Tumours of the urinary bladder in workmen engaged in the manufacture and use of certain dyestuff intermediates in the British chemical industry. Part I. The role of aniline, benzidine, alpha-naphthylamine, and beta-naphthylamine. *British Journal of Industrial Medicine*, 11(2),75 - 104.

Cohen, J. (1960). A coefficient of agreement for nominal scales. *Educational and Psychological Measurement*, 20,37 - 46. doi: 10. 1177/001316446002000104

Cohen, J. (1992). A power primer. *Psychological Bulletin*, 112, 155 - 159. doi: 10. 1037/0033 - 2909. 112. 1. 155

Cohen, J., Cohen, P., West, W. G., & Aiken, L. S. (2003). *Applied multiple regression/correlation analysis for the behavior sciences* (3rd ed.). Hillsdale, NJ: Erlbaum.

Cook, T. D., & Campbell, D. T. (1979). *Quasi-experimentation: Design and analysis issues in field settings*. Boston, MA: Houghton Mifflin.

Cronbach, L., & Meehl, P. (1955). Construct validity in psychological tests. *Psychological Bulletin*, 56, 81 - 105. doi: 10. 1037/h0040957

Dewe, P. J. (1989). Examining the nature of work stress: Individual evaluations of stressful experiences and coping. *Human Relations*, 42, 993 - 1013. doi: 10. 1177/001872678904201103

DiNardo, J. (2008). Natural experiments and quasi-natural experiments. In S. N. Durlaur & L. E. Blume (Eds.), *The new Palgrave dictionary of economics* (2nd ed.). New York, NY: Palgrave Macmillan. doi: 10. 1057/9780230226203. 1162

Eden, D. (1982). Critical job events, acute stress, and strain: A multiple interrupted time series. *Organizational Behavior & Human Performance*, 30, 312 - 329. doi: 10. 1016/0030 - 5073(82) 90223 - 9

Elfering, A., Grebner, S., Semmer, N. K., Kaiser-Freiburghaus, D., Lauper-Del Ponte, S., & Witschi, I. (2005). Chronic job stressors and job control: Effects on event-related coping success and well-being. *Journal of Occupational and Organizational Psychology*, 78, 237 - 252. doi: 10. 1348/096317905X40088

Ethics Committee of the British Psychological Society. (2009). *Code of ethics and conduct*. Retrieved from www. bps. org. uk/sites/default/files/documents/code_of_ethics_and_conduct. pdf

Flaxman, P. E., & Bond, F. W. (2010). Worksite stress management training: Moderated effects and clinical significance. *Journal of Occupational Health Psychology*, 15, 347 - 358. doi: 10. 1037/a0020522

Fransson, E., Heikkilä, K., Nyberg, S., Zins, M., Westerlund, H., Westerholm, P., & Kivimäki, M. (2012). Job strain as a risk factor for leisure-time physical inactivity: An individual-participant meta-analysis of up to 170,000 men and women: The IPD-Work Consortium. *American Journal of Epidemiology*, 176, 1078 - 1089. doi: 10. 1093/aje/kws336

Frese, M., & Zapf, D. (1988). Methodological issues in the study of work stress: Objective vs subjective measurement of work stress and the question of longitudinal studies. In C. L. Cooper & R. Payne (Eds.), *Causes, coping and consequences of stress at work* (pp. 375 - 411). Oxford, England: Wiley.

Glaser, B., & Strauss, A. (1967). *The discovery of grounded theory: Strategies for qualitative research*. Chicago, IL: Aldine.

Green, A. S., Rafaeli, E., Bolger, N., Shrout, P. E., & Reis, H. T. (2006). Paper or plastic? Data equivalence in paper and electronic diaries. *Psychological Methods*, 11, 87–105. doi: 10.1037/1082-989X.11.1.87

Hearst, N., Newman, T. B., & Hulley, S. B. (1986). Delayed effects of the military draft on mortality: A randomized natural experiment. *New England Journal of Medicine*, 314, 620–624. doi: 10.1056/NEJM198603063141005

Hurrell, J. J., Jr., Nelson, D. L., & Simmons, B. L. (1998). Measuring job stressors and strains: Where we have been, where we are, and where we need to go. *Journal of Occupational Health Psychology*, 3, 368–389. doi: 10.1037/1076-8998.3.4.368

Kainan, A. (1994). Staffroom grumblings as expressed teachers' vocation. *Teaching and Teachers Education*, 10, 281–290. doi: 10.1016/0742-051X(95)97310-I

Karasek, R. A. (1979). Job demands, job decision latitude, and mental strain: Implications for job redesign. *Administrative Science Quarterly*, 24(2), 285–308.

Kasl, S. V. (1983) Pursuing the link between stressful life experiences and disease: A time for reappraisal. In C. L. Cooper (Ed.), *Stress research* (pp. 79–102). Chichester, England: UK: Wiley.

Kasl, S. V. (1987). Methodologies in stress and health: Past difficulties, present dilemmas, future directions. In S. V. Kasl & C. L. Cooper (Eds.), *Stress and health: Issues in research methodology* (pp. 307–318). Chichester, England: UK: Wiley.

Kelloway, E. K., & Francis, L. (2013). Longitudinal research and data analysis. In R. R. Sinclair, M. Wang, & L. E. Tetrick (Eds.), *Research methods in occupational health psychology: Measurement, design, and data analysis* (pp. 374–394). New York, NY: Routledge.

Kidd, P., Scharf, T., & Veazie, M. (1996) Linking stress and injury in the farming environment: A secondary analysis. *Health Education Quarterly*, 23, 224–237. doi: 10.1177/109019819602300207

Kivimäki, M., Elovainio, M., Vahtera, J., & Ferrie, J. E. (2003). Organisational justice and health of employees: Prospective cohort study. *Occupational and Environmental Medicine*, 60(1), 27–34.

Kleinbaum, D. G., Kupper, L. L., & Morgenstern, H. (1982). *Epidemiologic research: Principles and quantitative methods*. Belmont, CA: Lifetime Learning.

Kompier, M. J., Aust, B., van den Berg, A., & Siegrist, J. (2000). Stress prevention in bus drivers: Evaluation of 13 natural experiments. *Journal of Occupational Health Psychology*, 5, 11–31. doi: 10.1037/1076-8998.5.1.11

Krippendorff, K. (2004). *Content analysis: An introduction to its methodology* (2nd ed.). Thousand Oaks Hills, CA: Sage.

Kuper, H., & Marmot, M. (2003). Job strain, job demands, decision latitude, and risk of coronary heart disease within the Whitehall II study. *Journal of Epidemiology and Community Health*, 57(2), 147–153.

Kyriacou, C., & Pratt, J. (1985). Teacher stress and psychoneurotic symptoms. *British Journal of Educational Psychology*, 55, 61–64. doi: 10.1111/j.2044-8279.1985.tb02607.x

LeLorier, J., Grégoire, G., Benhaddad, A., Lapierre, J., & Derderian, F. (1997). Discrepancies between meta-analyses and subsequent large randomized, controlled trials. *New England Journal of*

Medicine, 337(8), 536-542.

Link, B. G., Dohrenwend, B. P., & Skodol, A. E. (1986). Socio-economic status and schizophrenia: Noisome occupational characteristics as a risk factor. *American Sociological Review*, 51, 242-258. doi: 10.2307/2095519

MacMahon, B., & Pugh, T. R. (1970). *Epidemiology: Principles and methods*. Boston, MA: Little, Brown.

Marco, C. A., Neale, J. M., Schwartz, J. E., Shiffman, S., & Stone, A. A. (1999). Coping with daily events and short-term mood changes: An unexpected failure to observe effects of coping. *Journal of Consulting and Clinical Psychology*, 67, 755-764. doi: 10.1037/0022-006X.67.5.755

Mazzola, J. J., Schonfeld, I. S., & Spector, P. E. (2011). What qualitative research has taught us about occupational stress. *Stress and Health*, 27, 93-110. doi: 10.1002/smi.1386

McIntyre, T. M., McIntyre, S. E., Barr, C. D., Woodward, P. S., Francis, D. J., Durand, A. C., & Kamarck, T. W. (2016). Longitudinal study of the feasibility of using ecological momentary assessment to study teacher stress: Objective and self-reported measures. *Journal of Occupational Health Psychology*, 21, 403-414. doi: 10.1037/a0039966

Murphy, L. R. (1991). Job dimensions associated with severe disability due to cardiovascular disease. *Journal of Clinical Epidemiology*, 44(2), 151-166.

National Institutes of Health. (2011). *NIH research ethics*. Retrieved from http://researchethics.od.nih.gov/CourseIndex.aspx

Ng, S. (1991). Does epidemiology need a new philosophy? A case study of logical inquiry in the acquired immunodeficiency syndrome epidemic. *American Journal of Epidemiology*, 133(11), 1073-1077.

Norström, T., & Grönqvist, H. (2015). The Great Recession, unemployment and suicide. *Journal of Epidemiology and Community Health*, 69, 110-116. doi: 10.1136/jech-2014-204602

Nunnally, J. C., & Bernstein, I. H. (1994). *Psychometric theory*. New York, NY: McGraw-Hill.

O'Driscoll, M. P., & Cooper, C. L. (1994). Coping with work-related stress: A critique of existing measures and proposal for an alternative methodology. *Journal of Occupational and Organizational Psychology*, 67, 343-354. doi: 10.1111/j.2044-8325.1994.tb00572.x

Oyesanya, M., Lopez-Morinigo, J., & Dutta, R. (2015). Systematic review of suicide in economic recession. *World Journal of Psychiatry*, 5, 243-254. doi: 10.5498/wjp.v5.i2.243

Palmer, C. E. (1983). A note about paramedics' strategies for dealing with death and dying. *Journal of Occupational Psychology*, 56, 83-86. doi: 10.1111/j.2044-8325.1983.tb00114.x

Parkes, K. R. (1982). Occupational stress among student nurses: A natural experiment. *Journal of Applied Psychology*, 67, 784-796. doi: 10.1037/0021-9010.67.6.784

Platt, J. R. (1964). Strong inference: Certain systematic methods of scientific thinking may produce much more rapid progress than others. *Science*, 146(3642), 347-353.

Popper, K. (1963). *Conjectures and refutations: The growth of scientific knowledge*. New York, NY: Basic Books.

Raudenbush, S. W., & Bryk, A. S. (2001). *Hierarchical linear models: Applications and data analysis methods* (2nd ed.). Newbury Park, CA: Sage.

Richardson, K. M., & Rothstein, H. R. (2008). Effects of occupational stress management intervention programs: A meta-analysis. *Journal of Occupational Health Psychology*, 13, 69-93. doi: 10.1037/1076-8998.13.1.69

Rosnow, R. L., & Rosenthal, R. (1989). Statistical procedures and the justification of knowledge in psychological science. *American Psychologist*, 44, 1276 – 1284. doi: 10. 1037/0003 – 066X. 44. 10. 1276

Schonfeld, I. S. (1990). Coping with job-related stress: The case of teachers. *Journal of Occupational Psychology*, 63, 141 – 149. doi: 10. 1111/j. 2044 – 8325. 1990. tb00516. x

Schonfeld, I. S. (1996). Relation of negative affectivity to self-reports of job stressors and psychological outcomes. *Journal of Occupational Health Psychology*, 1, 397 – 412. doi: 10. 1037/1076 – 8998. 1. 4. 397

Schonfeld, I. S. (2001). Stress in 1st-year women teachers: The context of social support and coping. *Genetic, Social, and General Psychology Monographs*, 127(2), 133 – 168.

Schonfeld, I. S., & Farrell, E. (2010). Qualitative methods can enrich quantitative research on occupational stress: An example from one occupational group. In D. C. Ganster & P. L. Perrewé (Eds.), *Research in Occupational Stress and Well Being Series: New developments in theoretical and conceptual approaches to job stress* (Vol. 8, pp. 137 – 197). Bingley, England: Emerald.

Schonfeld, I. S., & Feinman, S. J. (2012). Difficulties of alternatively certified teachers. *Education and Urban Society*, 44, 215 – 246. doi: 10. 1177/0013124510392570.

Schonfeld, I. S., & Mazzola, J. J. (2013). Strengths and limitations of qualitative approaches to research in occupational health psychology. In R. R. Sinclair, M. Wang, & L. E. Tetrick (Eds.), *Research methods in occupational health psychology: State of the art in measurement, design, and data analysis* (pp. 268 – 289). New York, NY: Routledge.

Schonfeld, I. S., & Rindskopf, D. (2007). Hierarchical linear modeling in organizational research: Longitudinal data outside the context of growth modeling. *Organizational Research Methods*, 18, 417 – 429. doi: 10. 1177/1094428107300229

Schonfeld, I. S., & Santiago, E. A. (1994). Working conditions and psychological distress in first-year women teachers: Qualitative findings. In L. C. Blackman (Ed.), *What works? Synthesizing effective biomedical and psychosocial strategies for healthy families in the 21st century* (pp. 114 – 121). Indianapolis: University of Indiana Press.

Shrout, P. E., & Fleiss, J. L. (1979). Intraclass correlations: Uses in assessing rater reliability. *Psychological Bulletin*, 86, 420 – 428. doi: 10. 1037/0033 – 2909. 86. 2. 420

Siegel, J. M., Prelip, M. L., Erausquin, J. T., & Kim, S. A. (2010). A worksite obesity intervention: Results from a group-randomized trial. *American Journal of Public Health*, 100, 327 – 333. doi: 10. 2105/AJPH. 2008. 154153

Spector, P. E., & Zhou, Z. E. (2014). The moderating role of gender in relationships of stressors and personality with counterproductive work behavior. *Journal of Business and Psychology*, 29, 669 – 681. doi: 10. 1007/s10869 – 013 – 9307 – 8

Stansfeld, S., & Candy, B. (2006). Psychosocial work environment and mental health: A meta-analytic review. *Scandinavian Journal of Work, Environment & Health*, 32(Special Issue 6), 443 – 462.

Stewart, G., Altman, D., Askie, L., Duley, L., Simmonds, M., & Stewart, L. (2012). Statistical analysis of individual participant data meta-analyses: A comparison of methods and recommendations for practice. *PLOS ONE*, 7(10), e46042. doi: 10. 1371/journal. pone. 0046042

Stone, A. A., & Shiffman, S. (2002). Capturing momentary, self-report data: A proposal for reporting guidelines. *Annals of Behavioral Medicine*, 24, 236 – 243. doi: 10. 1207/S15324796ABM2403_09

Susser, M. (1979). *Causal thinking in the health sciences*. New York, NY: Oxford University Press.

Tennant, C., Bebbington, P., & Hurry, J. (1981). The role of life events in depressive illness: Is there a substantial causal relation? *Psychological Medicine*, 11, 379 - 389. doi: 10. 1017/S0033291700052193

Viswanathan, M. (2005). *Measurement error and research design*. Thousand Oaks, CA: Sage.

# 第三章

## 社会心理工作条件对心理健康的影响

**第三章的关键概念和研究结果**
OHP 研究中的心理健康评估
 心理困扰和抑郁
 倦怠
失业对心理健康的影响
 研究失业的两种途径
 失业问题的相关研究
 失业与自杀
要求—控制(—支持)模型
 社会支持成为模型的一部分
 DCS 因素的测量
 方法论问题
 要求—控制(—支持)模型与抑郁和困扰关系的相关证据
 DCS 因素和过度酒精使用
 工作场所支持
 DCS 因素的影响
工作要求—资源(JD-R)模型和资源保存模型
 JD-R 模型的相关证据
  JD-R 模型和匹配
  JD-R 模型的总结
付出—回报失衡模型
其他社会心理因素
 组织公平
 工作不安全感
 长时间工作
 夜班和轮班工作
 压力性职业事件和与工作相关的社会压力源
 应对
其他研究的思考
 反向因果
 控制社会经济地位

非工作压力源
多波数据收集时间段
关于研究人群的决策
依赖自我报告的测量

总结

许多类型的工作场所危害可能危及员工健康。例如,物理危害(极热和极冷的温度或噪音过大等)会对员工的健康产生不利影响。化学危害(如苯、杀虫剂)也会损害员工的生理健康。然而,本书的中心目标是研究另外一种不同类型的工作场所危害的影响,即社会心理危害。本章考察社会心理工作环境对工作人员心理健康的影响。虽然人们普遍认识到抑郁症等心理健康问题的原因是多方面的(例如,基因、工作之外发生的压力性生活事件),但是社会心理工作条件也是这"多种原因"的一部分。尽管本章中一些研究的内容涉及自杀、过度酒精使用、身心症状(头痛、背痛、胃痛等)与倦怠,但是本章主要限于对抑郁症和抑郁症的加剧的介绍。有时,研究人员把这些心理健康的结果称为"心理压力"。

抑郁。(摄影:克图·贾廷[Kerttu Jaatinen]。经许可转载。)

研究心理健康的重要原因有两个。首先,最重要的原因是,很多痛苦与心理健康问题(例如,抑郁症)有关。抑郁会增加自杀的风险(Miret, Ayuso-Mateos, Sanchez-Moreno, & Vieta, 2013;Rihmer, 2001)。对全球疾病负担的研究表明,抑郁是生理健康状况不良、残疾和各种原因引起的过早死亡的一个预测因素(Baxter, Charlson, Somerville, & Whiteford, 2011;Bruce, Leaf, Rozal, & Florio, 1994)。虽然前瞻性的证据还不明确(Nicholson, Kuper, & Hemingway, 2006),但是已有研究将抑郁症与心血管疾病风险的增加联系在一起(例如,Pratt 等,1996)。世界卫生组织(World Health Organization,WHO)将抑郁症视为"世界上负担最大的疾病",因为它影响到中年人的总体的残疾(Gotlib & Hammen, 2009, p. 1)。研究心理健康的第二个原因是员工的心理健康影响了企业和其他组织的平稳和安全运行。有抑郁等心理问题的员工有更高的缺勤率,工作时的绩效也会降低("出勤主义")。这会给雇主带来经济负担,也会危及安全(Ford, Cerasoli, Higgins, & Decesare, 2011;Goetzel,

Ozminkowski, Sederer, & Mark, 2002; Kessler 等, 2006; Laitinen-Krispijn, & Bijl, 2000; McTernan, Dollard, & LaMontagne, 2013)。其他研究表明,抑郁与工作相关的人际关系任务、时间管理以及及时处理工作负荷等方面的工作绩效降低有关(D. A. Adler 等, 2006)。如果能识别增加抑郁风险的工作场所因素,那么我们就可以针对这些因素制定计划,以创设更健康的工作场所。

在探讨社会心理工作条件对心理健康的影响时,本章主要限于高质量的纵向研究,其中有许多研究是基于群体的,并控制了员工在第一波数据收集时(基线期)的心理功能。除了一些例外情况,本章在很大程度上排除了横断研究,因为它们无法确定假定原因(例如,社会心理工作环境中的一个因素)和结果(例如,抑郁症)的时间顺序。此外,还排除了四种类型的纵向研究。首先,测量周期之间有长时滞后(例如>20年)的纵向研究被排除在外,因为这些研究并不能让我们对基线社会心理特征对结果变量的影响得出合理的结论(例如,Michélsen & Bildt, 2003)。其次,心理健康相关的工作条件与心理健康评估同时获得的纵向研究,由于在测量上的局限也被排除在外(例如,Parkes, Mendham, & von Rabenau, 1994; Schonfeld, 1996)。尽管使用纵向设计,但是这些研究很难得到确切的因果关系。第三,没有在时间点1控制心理健康的纵向研究被排除在外(例如,Olstad, Sexton, & Søgaard, 2001),当评估时间点1的工作压力源对时间点2的心理健康结果的影响时,研究人员应该控制时间点1的心理健康(见第二章的解释)。最后,除了少数例外,通过时间点1和时间点2之间工作条件的变化来预测时间点1到时间点2的心理健康的变化的纵向研究(例如,Barnett & Brennan, 1997)被排除在外,这些变化—变化的研究是有问题的,因为它们阻碍我们确定哪些变化具有时间优先性。

## OHP 研究中的心理健康评估

职业健康心理学(occupational health psychology,OHP)对心理健康的相关研究大多集中于社会心理工作条件与三种结果变量之间的关系:一是心理困扰,二是抑郁,三是倦怠。

### 心理困扰和抑郁

在本章所描述的许多研究中,心理健康通常是用众所周知的、可靠的、有效的症状量表来衡量的,而很少通过临床访谈去诊断心理障碍的存在(例如,Plaisier 等, 2007)。最主流的症状量表有一般健康问卷(General Health Questionnaire,GHQ; Goldberg, 1972),流行病学研究中心抑郁量表(Center for Epidemiologic Studies Depression Scale, CES-D; Radloff, 1977),

症状自评量表(Symptom Checklist-90, SCL-90[-R]; Derogatis, 1977, 1983), 贝克抑郁量表(Beck Depression Inventory, BDI; Beck, Ward, Mendelson, Mock, & Erbaugh, 1961)以及抑郁自评量表(Self-Rating Depression Scale; Zung, 1965, 通常也称 Zung 量表)。在这些量表中得到高分并不等同于被诊断为心理障碍。然而,相当多的研究表明,分数超过预先设定的阈值表明个人符合心理障碍标准的风险很高(Goldberg, Oldehinkel, & Ormel, 1998; Schonfeld, 1990)。当然,在上述量表中获得高分,但没有达到心理障碍的诊断标准也是有可能的。这样的人并非没有痛苦。通常,如果症状量表是高分数,但没有达到诊断标准,这说明一个人正在经历着许多非特异性的心理困扰或意志消沉(Dohrenwend, Shrout, Egri, & Mendelsohn, 1980)。

GHQ 是一种筛查工具,它可以反映出"包括焦虑和抑郁、社交障碍和信心丧失等症状在内的精神困扰"(Aalto, Elovainio, Kivimäki, Uutela, & Pirkola, 2012, p. 164)。GHQ 的题目涉及失眠、注意力不集中、心情愉快(反向计分)等症状。与本节中提到的其他症状量表不同, SCL-90(Derogatis, 1977, 1983)包括由 90 个题目的不同组合构成的分量表,每个分量表针对一组特定的精神症状(如抑郁、恐怖性焦虑)。SCL-90 中,抑郁题目包括"感到孤独"和"感到自己没有价值"等症状。SCL-90 还包括一个总体严重度指数(global severity index, GSI),它是一种综合了症状数量和症状严重程度的指标。CES-D 量表的题目反映的是抑郁症状(Radloff, 1977),具体涉及感到沮丧、注意力难以集中,以及对未来充满希望(反向计分)。BDI 量表的题目反映了行为、情感和躯体症状(Beck 等, 1961)。Zung 量表的题目包括"情绪低落和忧郁"和体验不到性快感(Zung, 1965)。

本章所描述的研究很少能确定心理障碍(如抑郁症)的存在。一项研究(Ylipaavalniemi 等, 2005)依据的是员工报告的医生确诊的"临床抑郁症"。还有一些研究(Bromet, Dew, Parkinson, & Schulberg, 1988; Plaisier 等, 2007; Muntaner, Tien, Eaton, & Garrison, 1991)是分别在两个时间点使用诊断性访谈技术。因此,很少有纵向研究可以确定可诊断的心理障碍的存在,而且这个领域的大部分研究主要依靠症状量表,这都不足为奇。这些章节的相关研究往往有大量的被试。在多个时间点组织由临床医师开展的诊断访谈既不切实际,也非常昂贵。在普莱瑟等人(Plaisier 等, 2007)和缪坦尔等人(Mutaner 等, 1991)的研究中,诊断性访谈费用在一定程度上受到控制,因为这些访谈是高度结构化的,由非专业访谈者(而不是收费更高的医生)开展,并且通过算法生成诊断结果。

**倦怠**

大量的研究探讨了工作压力源对职业倦怠的影响,赫伯特·J·弗罗伊登伯格(Herbert

J. Freudenberger，1974）基于对在一家为吸毒者服务的免费诊所工作的志愿者（包括他本人）的质性观察，首次提出了倦怠这一概念。这个概念很快扩展应用到包括教师、护理人员和社会工作者在内的其他助人行业中。弗罗伊登伯格认为，倦怠是一种综合征，其核心症状是疲劳和倦怠，并且倦怠的伴随症状包括沮丧和易怒。他指出"倦怠的人看起来和表现得都很忧郁"（p. 161）。目前已经开发出大量用于测量倦怠的量表。一是马斯拉奇职业倦怠量表（Maslach Burnout Inventory，MBI；Maslach & Jackson，1986），它包括三个维度：情绪枯竭、去人格化（以一种玩世不恭的态度对待本应该帮助的客户）以及对工作缺乏个人成就感。然而，施若姆（Shirom，1989）给出的证据表明，疲惫是职业倦怠的核心，它体现为"身体疲劳、情绪枯竭和认知疲劳"（p. 33），而其他成分反映的是应对努力（去人格化）或自尊问题（缺乏个人成就感）。后来编制的 MBI—通用量表（MBI-General Survey，MBI-GS；Schaufeli，Leiter，Maslach，& Jackson，1996）是由原来的 MBI 修订而来，也包含三个维度，现在被命名为"枯竭"（例如，对工作情感的耗尽；下班的时候感觉疲惫）、"愤世嫉俗"（例如，变得对工作不那么热心）以及"职业效能感"（相信自己能胜任自己的工作）。

尽管 MBI 最初应用于助人行业，但是 MBI-GS 几乎适用于任何职业。另一种测量倦怠的工具——奥尔登堡倦怠量表（Oldenburg Burnout Inventory，OLBI）包括两个维度：枯竭（例如，工作后感到疲乏和疲惫）和工作脱离（例如，以贬损的方式谈论工作）。它也几乎适用于所有的职业（Demerouti，Bakker，Nachreiner & Schaufeli，2001）。施若姆-梅拉姆德倦怠量表（Shirom & Melamed，2006）适用于所有职业，反映了"身体、情绪和认知枯竭"（p. 194）。其他测量职业倦怠的工具也适用于所有职业以及工作之外的压力情境（Kristensen，Borritz，Villadsen，& Christensen，2005；Malach-Pines，2005）。

尽管弗罗伊登伯格（1974）指出，筋疲力竭的心理健康志愿工作者会出现抑郁，但是他认为职业倦怠是一种独立的综合征。其他研究人员（Bianchi，Schonfeld，& Laurent，2014；Meier，1984；Schonfeld & Bianchi，2016a）提出了这样一种观点，即通过倦怠量表测量的倦怠与抑郁症状存在重叠，而临床倦怠反映的是一种由极其恶劣的工作条件引起的抑郁障碍。相反，弗罗内和蒂德韦尔（Frone & Tidwell，2015）指出，倦怠和工作相关的疲劳之间存在较大重叠。

## 失业对心理健康的影响

西格蒙德·弗洛伊德（Sigmund Freud）在他的众多著作中很少讨论工作的作用。然而，在他一本书的一个脚注中，他写道："没有其他任何一种生活方式能像强调工作那样把个人牢牢地依附于现实；因为他的工作至少在现实生活中、在人类社会中给了他一个安全的地方"（Freud，1962/1930，p. 27）。失去工作就意味着失去了停泊的地方。在第一章所描述的马林塔尔(Marienthal)研究中,描绘了生活在一个承受大萧条重压的社区里的失业者的动乱场景(Jahoda, Lazarsfeld, & Zeisel, 1971/1933)。在马林塔尔研究发表多年后,雅霍达(Jahoda, 1981)受罗伯特·默顿(Robert Merton)和西格蒙德·弗洛伊德的启发,建立了工作的潜在功能理论——像收入和声望等显性益处都更容易被观察到。工作的隐性好处包括为白天开展的活动建立一个时间结构,与核心家庭以外的人分享经历和相互交流,以及提供与他人实现共同目标而工作的机会。其他隐性的好处包括帮助定义个人身份,并确保个体保持活跃的状态。而失业使个体丧失了这些显性和隐性的好处。由此得出的一个推论是,失业会对个人产生不良的心理作用。沃尔(Warr, 1987, 1994)提出一个观点,即工作提供了大量心理裨益,就好像维生素有利于生理健康一样。工作的好处包括控制和使用技能、获得收入、保证身体安全和与他人接触的机会等。他认为这些因素对心理健康很重要[①]。因为失业在很大程度上剥夺了个人的这些利益(尽管沃尔允许存在例外),所以失业对心理健康具有不利的影响。

本书的第一作者一生中遭受了两次失业。第一次失业是当他还是一个走读的大学生时,他与父母住在纽约市的住宅区里。在他大学一年级结束时,他获得了一份工作——一个女式拖鞋工厂的工具和模具生产操作员。每个工作日,他都会乘公共汽车和地铁前往位于布鲁克林海滨的工业大楼上层的工厂上班。那是一个夏天,在炎热的、充满灰尘的和潮湿的空气中,他感觉车间好像有120度。他需要用机器从一卷卷分配给他的布料、皮革和橡胶上剪出鞋底形的轮廓,如果这时他出错,就可能会把自己的手压伤。当他被叫到工厂老板的办公室,并被告知因为生意萧条而被解雇时,他很惊讶。尽管这份工作危险、重复,且薪水很少,但是他仍然为失去它感到沮丧。在后来的生活中,他获得了一个新的博士学位,在纽约州精神病研究院担任研究助理,这个研究院本质上是哥伦比亚大学的精神病学系。这是他梦寐以求的工作。他是一个研究小组的成员,该团队正在进行一项令人兴奋的研究,这项研究是关于青少年精神障碍起源的。新当选的州长上任后,大幅削减了州预算。每个拥有"研究助理"头衔的工作人员都失业了。最后,令人特别痛苦的是,那时他的妻子已经怀孕四个月了,这是他们第一个孩子。

## 研究失业的两种途径

对下岗和失业的研究一般有两种途径:一个是群体水平,另一个是个体水平。在群体水平上,失业率发挥着作用。群体水平研究的一个例子是,研究美国不同州的失业率与每个州

---

[①] 沃尔还提出了这样一种观点,即当超过某一阈值时,因素的增加不会促进心理健康,且超过某一临界点,这种增加(就像大剂量维生素对生理健康的影响)反而会对心理健康产生不利影响。

的精神病医院的入院率(或自杀率)之间的相关性。这类群体水平的相关性被称为"生态相关性"。这种群体研究结果的一个局限是,它们没有显示出个体水平上发生了什么(Robinson, 1950)。仅根据失业率和精神病入院率之间的群体水平相关性,人们不知道失业的人是否比有工作的人更有可能被送往精神病医院①。考虑到群体水平的相关性,可能是有工作的个体而不是失业的个体,进入医院的比率更高。为了查明个体发生了什么,调查人员需要关注在个体水平上收集的数据。

研究失业对个体的心理影响是具有挑战性的②。使有关失业影响的研究变得更加复杂的是,健康状况不佳的员工,包括心理健康状况不良的员工,都有失业的风险(Dooley, Fielding, & Levi, 1996)。各国为失业人员提供的安全网(例如,政府的失业津贴、保健项目)的广度各不相同,这进一步使得对失业影响的研究更加复杂(Dooley 等,1996)。另一个困难是区分员工无法控制的失业和员工自身导致的失业。设计纵向研究也是有困难的：(a)对于关键的健康结果的基线测量进行适当控制,(b)对数据收集的基线时间点进行策略规划,使得它不仅早于失业,同时也早于员工对失业的预期(参见 Kessler, House, & Turner, 1987)。预期可以单独发挥作用。当然,这样的研究需要没有经历或并未预期失业的员工作为比较。许多研究都没有解决以上这些挑战。

### 失业问题的相关研究

有关失业的研究已经多于其他任何与工作相关的社会心理条件的研究。不仅心理学家对失业研究感兴趣,流行病学家、社会学家和经济学家也在关注失业的心理影响。因此,已有大量关于失业对心理健康的影响的文献。横断研究显示,"没有过错"而失去工作(例如,工厂倒闭)的员工比稳定就业的员工有更高水平的心理症状(例如,Kessler 等,1987)。纵向研究表明,因为工厂倒闭和裁员而导致的非自愿失业与心理症状水平的升高相关(例如,Brand, Levy, and Gallo, 2008),这一模式贯穿在研究中(Paul & Moser, 2009)。其他的研究表明,企业倒闭会导致个人的酒精使用增加,并且这种使用已趋于不健康的水平(Deb, Gallo, Ayyagari, Fletcher, & Sindelar, 2011)。

有两个两阶段元分析可以帮助我们梳理一些文献。麦基-瑞恩、宋、旺贝格和基尼奇(Mckee-Ryan, Song, Wanberg, & Kinicki, 2005)开展的元分析包括 52 个横断研究,累计涉

---

① 群体水平的相关性表明了个人水平(即在群体成员的水平上)关系的本质,这种观点就被称为"生态谬误"(Selvin, 1958)。
② 这里尚未研究的一个方向是就业不足的影响(在想要或需要全职工作时从事兼职工作),这是一个有光明前景的研究领域。

乔治·西格尔(George Segal)雕刻的失业者排队领取救济的雕像，位于华盛顿特区富兰克林·德拉诺·罗斯福纪念馆。

及22,000多人,以及15个纵向研究,累计涉及1,900多人。横断研究结果表明,在校正测量误差后,失业对心理健康的影响是中等的,Cohen's $d = 0.57$。[①] 换言之,平均而言,与受雇人员相比,失业者在心理症状量表(例如,GHQ、CES-D)上得分的标准差略高于标准差的一半。同时,我们应铭记如下事实：横断研究结果与心理问题导致失业的可能性相一致,反之亦然。暂且假设失业的"真实"效应量是0.57。让我们再考虑麦基-瑞恩等人基于纵向研究得出的有关再就业的影响的结果。这些研究结果表明,平均而言,校正测量误差后,Cohen's $d = -0.89$。这两个研究结果表明,一个经历失业之后保持待业一段时间,然后又重新就业的员工,总的来说,比在同一时期一直稳定地待在一个岗位上的员工状态更好(表现出更大的心理成长)。总之,这些研究结果令人困惑,因为他们错误地指出,工作、失业以及重新获得工作在某种程度上都是"治疗性的"(Paul & Moser, 2009)。

由保罗(Paul)和莫瑟(Moser)开展的更全面的元分析说明了为什么前面的解释是错误的。首先,他们指出用工具(如,GHQ)重复测量个体,往往会使得他们随着时间推移表现出微小的进步(重复测量效应)。其次,他们强调了对仍然留职的员工们与由于工厂倒闭和其他大规模裁员而失去工作的员工们进行比较的相关研究,因为这样的研究反映了独立于员工性格而发生的自然实验,因此能够更好地证明关于失业影响的因果结论。整合86项纵向研究结果(n>50,000; K. Paul,个人交流,2014年2月19日)表明,失去工作的人的心理健康水平,平均来说,和一个稳定就业的人的心理健康水平差半个标准差,这是一种中等影响。在收

---

[①] 第二章讨论了 Cohen's $d$。

入更加平等和失业保护率更高的国家,失业的影响更弱;在不平等程度更大和失业保护较少的国家,失业的影响更大。此外,保罗和莫瑟利用纵向的数据发现,较差的心理健康对未来失业风险的影响显著,尽管这一效应量较小,而再就业会对心理健康产生有益的影响。然而,在控制测量误差和重复测量效应后,他们没有发现失业后再就业会带来心理成长这一假设的证据。他们还发现,失业对少数民族的心理健康产生了较大不利影响的趋势相对较弱;然而,针对这一问题的研究太少,无法得出确切的结论。总体而言,在面临失业时,男性蓝领员工的心理健康是最容易受到不利影响的。

## 失业与自杀

上述发现的一个推论是,如果失业会对心理健康产生不良影响,而抑郁症等心理健康问题会导致自杀(Berman, 2009),那么我们可以预测失业者的自杀率更高。一小部分纵向研究证实了失业和自杀之间的联系;然而,这些研究的结构使得研究者几乎不可能用它来评估中间变量(如心理障碍或心理困扰),尽管有人会说,自杀本身就反映了相当程度的绝望。

将失业与自杀联系起来的研究难以进行,因为这需要大样本来达到统计目的。为了说明这一点,参照世界卫生组织(2013)的数据,2008年瑞典男性的自杀率为每100,000人中有18.7人自杀。一项针对100,000名瑞典男性的研究显示,自杀的样本数过少,很难从统计上清晰地说明风险因素与自杀这一可怕结果之间的关系。假设自杀率在一段时间内保持稳定,研究人员将需要对1,000,000名男性进行为期1年或对100,000名男性进行为期10年以上的追踪,以收集大约187例自杀案例作为样本进行详细研究。接下来描述的这项研究规模很大,而且是在研究人员能够查阅自杀前的记录的一些国家中进行的;而其他国家(如美国)的隐私法规使这种研究在这些国家难以进行。

在一项大型的(n≈80,000)丹麦研究中,摩滕森、阿杰伯、埃里克森、秦和韦斯特加德·尼尔森(Mortensen, Agerbo, Erikson, Qin, & Westergaard-Nielsen, 2000)[1]发现,在控制了收入、精神科住院史、家庭结构等因素后,失业能预测男性和女性的自杀,尽管在男性中效应量较大。考虑到所使用记录的局限性,研究人员无法对另外两个风险因素进行控制,一是没有导致住院的心理障碍,二是以往的自杀意图。在另一项规模更大的(n≈421,000)丹麦研究[2]中,秦、阿杰伯和摩滕森(Qin, Agerbo, & Mortensen, 2003)在控制收入、精神病住院史、

---

[1] 摩滕森(Mortensen)等人进行了一项被称为"嵌套病例对照设计"的研究,尽管这项研究有"病例对照"的标签,但与第二章中描述的回顾性队列研究是类似的。
[2] 这一研究也包含嵌套病例对照设计。

以及有自杀意图与精神病住院记录的家族史（一级亲属，即母亲、父亲、妹妹、兄弟、儿子、女儿）后，发现失业可以预测自杀。并且，失业和低收入对男性的影响大于女性。

梅基和马蒂凯宁（Mäki & Martikainen，2012）在超过 16 年的时间里对芬兰不断变化的宏观经济条件进行研究（n＞1,000,000）时发现，与社会选择的解释相一致的是，在全国低失业率时期，工作不稳定的男性和女性员工（他们在同年内经历了就业和失业）的年自杀风险高于高失业率时期。在高失业率时期，较少受损的个体可能就会加入不稳定就业的行列。与社会因果关系的解释相一致，与稳定就业的人相比，长期失业的男性在这两个时期的自杀风险都很高。长期失业的女性每年的自杀风险是不一致的，这也许是由于自杀人数较少。

虽然在一项大规模（n＞770,000）瑞典研究中发现了负性结果（Lundin, Lundberg, Allebeck, & Hemmingsson, 2012），但是一项更大规模（n＞330 万）的瑞典研究（Garcy & Vågerö, 2012）发现，在控制混淆因素（如，收入、先前自我伤害、酒精相关的住院史）后，在随后的 6 年中，失业持续时间会预测男性自杀，而不能预测女性自杀。加西（Garcy）和沃格罗（Vågerö）通过记录每个瑞典人（不包括那些在大规模裁员初期失业的个体）在大规模裁员时期的失业经历，排除了一种基于选择的解释。在第三个瑞典研究（n＞37,000 男性）中，根据一项可以追溯到童年的记录，伦丁、伦德伯格、哈尔斯坦、奥图森和海明森（Lundin, Lundberg, Hallsten, Ottosson, & Hemmingsson, 2010）发现，在控制儿童期的社会环境后，如吸烟、精神科住院史等等，在经济衰退期间发生的长时间的失业（＞89 天）能够预测经济衰退后的头 4 年里自杀的发生，而不能预测下一个 4 年里自杀的发生。尽管与短期失业相比，长期失业与更高的自杀风险相关，但是米尔纳、佩奇和拉蒙塔涅（Milner, Page, & LaMontagne, 2013）发现，有证据表明长期失业对自杀风险的影响在失业初期最大，随着时间的推移，风险逐渐减弱。

经济衰退本身与自杀行为有关，尤其是对男性而言（Haw, Hawton, Gunnell, & Platt, 2015）。虽然从经济衰退到自杀有很多发生途径，但是其中有两个需要重视。首先，经济衰退导致失业，它为抑郁（Paul & Moser, 2009）和酗酒（Dee, 2001）这些增加自杀风险的因素铺平了道路。其次，经济压力为包括自杀在内的冲动行为的发生创造了条件。在印度进行的一项病例对照的心理解剖研究（n＞560，2/3 为男性）发现，突然破产与自杀身亡有关（Gururaj, Isaac, Subbakrishna, & Ranjani, 2004）。英国的一项针对一连串的验尸记录的研究（Coope 等，2015）显示，经济衰退相关问题与没有心理障碍或自残记录的人的自杀有关。鉴于经济衰退和失业对健康的影响，政策制定者有义务（a）制定措施以应对经济动荡，（b）为失业人员提供不同类型工作的培训项目，以及（c）加固经济衰退中受害者的安全网，包括提供失业保险项目和心理服务。

## 要求—控制(—支持)模型

罗伯特·卡拉塞克(Robert Karasek，1979)提出，我们可以更好地理解工作条件对心理健康的影响，如果我们能考虑工作角色的两个维度：一是要求的广泛性，也就是员工的工作负荷；二是员工在决定如何满足这些要求时所拥有的决策自由度。卡拉塞克在他的原文中研究的工作要求是心理上的，而不是体力上的要求(如，举起重物)。心理要求的例子包括任务的复杂性、速度等等。卡拉塞克(Karasek，1985)认为，决策自由度包括两个部分，一是决策权，是指对有意义的、与工作相关的决策的控制，二是技能裁量权，是指员工可锻炼的各种与工作相关的技能以及对新技能的学习。然而，一些研究者(例如，Mausner-Dorsch & Eaton，2000)发现，在对心理健康的影响方面，决策权比技能裁量权更重要。

根据卡拉塞克(Karasek，1979)的模型，工作负荷要求"将个体置于一种积极或充满活力的'压力'状态"，这种状态有可能成为一种心理上不愉快的状态(p.287)。与工作相关的决策自由度可以"调节"这种能量的"释放或转化"，使之成为"行动能源"(p.287)。用卡拉塞克的专业术语来说，当一个员工经历了高水平的工作要求，但没有决策自由度时，他或她就会体验到"工作压力"。卡拉塞克将这样的工作称为"高压力"的工作。换句话说，该模型提出，在高压工作中，高水平的心理要求(心理工作负荷)引起的生理唤醒会"转化为有害的、未使用的残余压力"，因为决策自由度的缺乏是对个体所处工作条件的"个人最优反应的约束"(p.33; Karasek & Theorell，1990)。卡拉塞克的观点与抑郁症的生物学观点一致。社会心理压力源产生的影响通过中枢及自主神经系统发挥作用。压力源可以通过海马回和杏仁核进行解释，当压力源长期存在时(如在高压力工作中)，其会在下丘脑—垂体—肾上腺轴，或应激轴等稳态(即适应性)系统中造成失衡(Hintsa等，出版中；McEwen，2004)。过量的应变稳态负荷也会引起心血管疾病(应变稳态负荷在第四章有更详细的讨论)，尽管在抑郁症中也出现了应变稳态负荷的生物标志物(McEwen，2004)。

研究者认为决策自由度会和与工作相关的要求产生交互作用，以缓冲这些要求对心理健康的影响。压力是通过评估心理困扰、抑郁症状、工作满意度降低和身心症状的量表来测量的。卡拉塞克指出，在分析中通常评估的传统的乘法式交互作用(如，那些用多元线性回归进行的分析)可能无法反映他所考虑的交互作用，因为他还认为"消极工作"对员工有害。消极工作是低自由度与低要求或低工作负荷的结合，根据该模型，这会导致工作满意度降低和习得性无助。

卡拉塞克所说的"积极工作"指的是那些面临高水平的要求但在满足要求方面又有很大的决策自由的人所拥有的工作(见表3.1)。因为积极工作可以帮助员工取得一个又一个成就,所以这样的工作能使个体满意。从事积极工作的人被预期经历低水平的压力和高水平的工作满意度。低工作负荷和高自由度的结合形成"低压力的工作"。

工作要求和控制是否会对心理健康产生额外的影响,或者说控制是否会缓冲要求的影响,这不仅仅是个学术问题。如果有缓冲作用,那么给员工高水平的控制将会减少组织对员工的要求增加所产生的影响。然而,如果要求和控制的影响是叠加的,那么要求的不断增加可能会对心理健康产生独立于控制之外的不利影响(Häusser, Mojzisch, Niesel, & Schulz-Hardt, 2010)。本章的这一部分既关注每个因素的单独影响,也关注它们可能存在的交互作用,更倾向于强调以下事实:在工作与心理健康之间有两个重要因素单独或共同起着作用。

**表 3.1　卡拉塞克的工作压力模型**

| | | 工作要求 | |
|---|---|---|---|
| | | 低 | 高 |
| 决策自由度或控制 | 低 | 消极的工作 | 高压力的工作 |
| | 高 | 低压力的工作 | 积极的工作 |

## 社会支持成为模型的一部分

卡拉塞克及其同事(1981)扩展了要求—控制(DC)模型,将其应用于心血管疾病(cardiovascular disease, CVD,见第四章)的发展,这进一步又为探索与心血管疾病和心理健康均相关的其他社会心理风险因素创造了条件。约翰逊、霍尔和托雷尔(Johnson, Hall, & Theorell, 1989)在他们关于 CVD 的研究中,通过对社会隔离或它的对立面(即同事的社会支持)的引入来扩展 DC 模型,从而产生了"孤立工作压力"或要求—控制—支持(Demand-Control-Support, DCS)模型。扩展后的模型将影响未来的研究。

社会支持与关于社会心理工作场所因素和心理健康关系的研究非常契合,这是因为同事和主管的支持也是社会心理工作场所因素。但是,工作支持与心理健康关系的研究进展缓慢。对社会支持的研究兴趣可以追溯到埃米尔·杜尔凯姆(Émile Durkheim)。杜尔凯姆(1951/1912)除了对自杀和经济周期进行了研究之外,他还发现,以婚姻和孩子为存在形式的社会联系具有"保护性",它通过将个人融入一个更大的社会单元来保护个体免于自杀。杜尔凯姆认为,在配偶和孩子中,一定的情感强度会来回反射,这是一种维持生命的纽带。杜尔凯姆的研究促进了有关社会联系影响的研究的发展。如果家庭关系具有保护作用,那么其他类型的社会关系会起什么作用呢？研究已经表明,一般社会关系(Berkman & Syme,1979)和社会支持与健康和长寿有关(House,Landis,& Umberson,1988)。到20世纪80年代中期,关于社会支持(主要来自家庭和朋友)与心理困扰的关系的研究明显增加(Cohen & Wills,1985)。社会支持对心理健康产生积极影响,其解释包括至少两个理论观点：一是支持性社会关系,或明确、或默许地鼓励人们做出适应性行为；二是从进化的角度来看,支持性社会关系可能对构成压力反应基础的神经内分泌轴产生有益影响。当然,社会关系不局限于家人和朋友。因为工作是个人生活的重要组成部分,所以与同事和经理的关系在工作场所的压力过程中可能很重要。约翰逊等人(Johnson等,1989)把社会联结纳入到DC模型,这是一个重要的里程碑。元分析的研究强调,同事和主管支持是可以被区分的,并对倦怠具有独立影响(Luchman & González-Morales,2013)。

## DCS因素的测量

流行病学和认知评估这两种不同的框架构成了测量工作场所要求等社会心理因素的不同方法(Kain & Jex,2010)。认知评价方法体现在卡拉塞克(Karasek,1985,2006)汇编的工作内容问卷(Job Content Questionnaire,JCQ)中,后来该问卷被广泛用于OHP研究。员工对每个题目做出回应,每个题目对员工的社会心理工作环境的一些因素进行评估。美国劳工部的就业质量调查(Quality of Employment Surveys,Quinn & Staines,1979)是JCQ量表许多核心题目的来源。JCQ包括测量心理工作负荷、决策自由度、同事支持、主管支持和其他因素的量表。在JCQ中,决策自由度量表包括两个分量表,即决策权和技能裁量权量表。员工在JCQ或类似测量工具上的得分反映了其社会心理工作条件[①]。认知评估项目的一个局限性是,员工的心理功能可能会使其反应偏向于一个方向(工作提供了比实际上更多的控制)或另一个方向(例如,工作允许较少的控制)。

流行病学框架倾向于将客观的、与工作相关的暴露与健康结果联系起来(Kristensen,1995)。例如,可以使用具有相同职称的一组研究对象的JCQ工作负荷量表的平均得分来评估高工作负荷和低工作负荷,从而计算出可能会影响任一个体量表得分的特质倾向。另一种方法是将从与研究被试职务相同的非研究被试那里获得的平均值作为研究被试的量表得分。第三种方法是使用基于观察和访谈的专家评级,被评分的员工有相同的工作职称,但都是被

---

① 德琼格、范维切尔、岛津、萧费利和多尔曼(de Jonge,van Vegchel,Shimazu,Schaufeli,& Dormann,2010)对DC模型的理论进行改进,他们提出一种观点,即高水平的技能裁量权应该被概念化为一种需求,而不是决策自由度的组成部分。他们认为,DC模型的测试应该单独使用决策权子量表来测量决策自由度。他们还提出,工作负荷应被视为三个不同维度,即精神、情感和身体需求。

独立研究的,然后根据专家的评分来描述研究被试的工作。其他的流行病学方法包括使用"客观"测量指标,例如在空中交通管制员中使用交通模式的密度,或在重复性工作或文书工作中使用"周期时间"(Kristensen)。客观测量的一个局限是,它们不能准确地描述每个特定员工的周围环境,也不能最小化职业内变异。在一项对教师的研究中,舍恩菲尔德(Schonfeld,2001)发现,工作压力存在相当大的职业内变异。

## 方法论问题

本章所述的许多关于社会心理工作因素对心理健康影响的研究,尽管在某些方面(例如,它们是前瞻性的)具有优越性,但偏向于虚无假设,这表明研究低估了这些工作因素的真正影响。在许多研究中,虽然工作控制在测量工具(如,JCQ)中被看做连续变量,但是根据一个员工得分是高于还是低于某个特定的临界值,它们也被视作二分变量(也有例外,比如布罗米特等人[Bromet等,1988]的研究)。一旦将连续变量进行二分,信息就会发生丢失,从而减少了对效应量的估计。

例如,假设员工 A 在工作控制量表上的得分刚好高于用来将员工归类为具有高控制的临界值。然后,假设员工 B 的分数比工作控制量表的临界值高出好多单位。尽管员工 A 和 B 拥有的控制量是不同的,但他们仍被认为具有同样高的控制水平。最后假设员工 C 的得分刚好低于临界值,并且仅仅低于员工 A 的分数几分,C 被归类为低控制。因此,虽然员工 A 和 C 在工作控制方面更相似,但是员工 A 和员工 B 一样,都被认为具有很高的控制。当维度测量被一分为二时,就会出现这种问题。在一些研究中,尽管使用如 GHQ 量表这样的连续量表测量因变量,但是数据进行了二分处理。同样,信息会丢失,对效应量的估计也就减少了。

## 要求—控制(—支持)模型与抑郁和困扰关系的相关证据

决策自由度、心理工作负荷和支持对心理健康影响的证据来自许多纵向研究。这些研究是在几个不同的国家进行的,包括比利时(Clays 等,2007),加拿大(Marchand, Demers, & Durand, 2005, Shields, 2006; Wang, 2004),丹麦(Rugulies, Bültmann, Aust, & Burr, 2006),芬兰(Kivimäki, Elovainio, Vahtera, & Ferrie, 2003; Virtanen 等, 2007),法国(Niedhammer, Goldberg, Leclerc, Bugel, & David, 1998; Niedhammer, Malard, & Chastang, 2015; Paterniti, Niedhammer, Lang, & Consoli, 2002),日本(Kawakami, Haratani, & Araki, 2002; Mino, Shigemi, Tsuda, Yasuda, & Bebbington, 1999),荷兰(Bültmann, Kant, Van den Brandt, & Kasl, 2002; Plaisier 等, 2007; de Jonge 等, 2010; de

Lange, Taris, Kompier, Houtman, & Bongers, 2004)，瑞典（Fandiño-Losada, Forsell, & Lundberg, 2013），英国（Stansfeld, Fuhrer, Shipley & Marmot, 1999）以及美国（Bromet 等，1988）。表 3.2 中总结了大量评估 DCS 因素的影响的研究。许多研究至少是部分支持的，但也有阴性结果（例如，Fandiño-Losada 等，2013）。总的来说，纵向的证据更支持叠加模型，而不是控制可以缓冲要求产生的影响的模型。表中未显示的其他证据表明，长期暴露于高要求和低控制的环境中，增加了以前从未患过抑郁症的员工患重度抑郁的风险（Stansfeld, Shipley, Head, & Fuhrer, 2012；Wang, Schmitz, Dewa, & Stansfeld, 2009）。一项包含最高科学质量研究的叙述性综述和两阶段元分析（Theorell 等，2015）显示，有"中度有力的证据"表明工作压力和低决策自由度对抑郁症状有显著影响。

## DCS 因素和过度酒精使用

表 3.2 中的研究将 DCS 变量与抑郁、焦虑以及心理困扰的发展联系起来。虽然没有大量的纵向研究将 DCS 变量与过度酒精使用的发生联系在一起，但是为了使情况更全面，应该指出的是，有一些关于过度酒精使用的纵向研究。过度酒精使用会对个体造成灾难性的影响，因为它对一般功能、依赖性、事故风险、共病性精神障碍和肝脏疾病都有影响。尽管遗传和人格因素会导致酒精问题的发生，但一个普遍却不被一致支持的假设是，酒精提供了一种应对因暴露于环境压力源而产生的压力和紧张的方法（Cooper, Russell, & Frone, 1990）。因此，DCS 因素与过度酒精使用可能有关系。北美的三项纵向研究（Bromet 等，1988；Crum, Muntaner, Eaton, & Anthony, 1995；Marchand & Blanc, 2011），瑞典的两项研究（Hemmingsson & Lundberg, 1998；Romelsjö 等，1992），英国的一项研究（Head, Stansfeld, & Siegrist, 2004）以及欧洲的一项大规模一阶段元分析（Heikkilä 等，2012）与此相关，见表 3.3。这些证据比较混杂，尤其是当考虑到元分析的规模。因此，我们无法得出明确的结论。

## 工作场所支持

贯穿 DCS 部分的是关于工作场所支持的影响的研究结果。总而言之，有证据表明，更高水平的支持与较低的心理困扰和抑郁风险相关（对酒精使用的研究很粗略）。证据来自于前面提到的在比利时（关于孤立工作压力；Clays 等，2007）、加拿大（Wang, 2004）、丹麦（Rugulies 等，2006）、芬兰（Kivimäki 等，2003）、法国（Niedhammer 等，1998，Paterniti 等，2002）、荷兰（Bültmann 等，2002；de Lange 等，2004，Plaisier 等，2007）以及英国（Stansfeld 等，1999）进行的研究。基维马奇等人（Kivimäki 等，2003）对来自芬兰同一医院员工的样本

第三章 社会心理工作条件对心理健康的影响

表 3.2 关于 DCS 工作场所因素与抑郁、焦虑、心理困扰之间关系的纵向研究

| 研究团队 | 国家 | 样本 | 时滞 | 控制变量 | 主要发现 | 评论 |
|---|---|---|---|---|---|---|
| 布罗米特等人 (Bromet 等, 1988) | 美国 | 325 名在电厂工作的♂ | 1 年 | 基线期的障碍 | ΨWL（而非 DL）→ 情感障碍和 SCL-90；预期外的交互（ΨWL×DL） | 使用了 SCL-90 的 GSI 评分。结果令人惊讶，与从事"积极工作"的员工相比，较低 DL 和更高 ΨWL 的员工症状更少。低 DL 和更高 ΨWL 被视为连续变量。 |
| 贝尔特曼等人 (Bültmann 等, 2002) | 荷兰 | >8,800 人 (26%♀) | 1 年 | 年龄，教育，婚姻状况，GHQ | ♂：高 ΨWL & 高情绪要求，低主管和同事支持，& 与同事冲突多 → GHQ↑；高 ΨWL & 高情绪要求 → GHQ↑，但是 DL 不 sig.；♀：高 ΨWL & 高情绪要求 → GHQ↑，但是 DL 不 sig. | GHQ 被二分处理；ΨWL，要求，DL 被三分处理；支持被二分处理。 |
| 克雷兹等人 (Clays 等, 2007) | 比利时 | >2,800 名不同行业工作者 (69%♂) | 6 年半 | 基线期的 CES-D | 高 ΨWL，低 DL，& 低支持的组合 → ♂ CES-D 分数↑的发生率。ΨWL，DL，& 低支持不能 → ♂ CES-D 分数。 | 长期追踪可能会减弱效应。CES-D 用二分法处理。在分析中排除在基线时高于 CES-D 临界值的个体。 |
| 德琼格等人 (de Jonge 等, 2010) | 荷兰 | 260 名疗养院员工 (90%♀) | 2 年 | Sociodemo.，基线期的 DV | ΨWL×控制的经典交互作用 → Ψ 躯体症状，& 工作满意度；情感要求×控制的经典交互作用 → 症状，工作满意度，& 因病缺勤。 | 预测变量和 DV 被视为连续变量。 |
| 德兰格等人 (de Lange 等, 2004) | 荷兰 | 668 名员工 (69%♂) SMASH 研究 | 4 年收集四波数据 | 前一次数据集的年龄，性别，以及 DV | ΨWL 受影响 → CES-D & EE(MBI)↑；控制 → 工作满意度↑；主管支持 → EE↓；工作满意度 → 主管支持↑；EE → 主管支持↓；EE → ΨWL↑ | 额颞变量和 DV 被视为连续变量，控制测量误差后，采用另结构方程建模，结果也发现了 sig.，但较弱的反向因果效应。 |
| 范迪诺·洛萨达等人 (Fandino-Losada 等, 2013) | 瑞典 | 4,427 名员工 (55%♀) PART 研究 | 3 年 | Sociodemo.，时间 1 的抑郁症状 | 前瞻性研究：排除在时间 1 dx 结果为抑郁的员工，缺乏工作支持 → ♂ 抑郁，ΨWL，SkD，DA 预测 ♂ 抑郁；DA → ♀ 抑郁；ΨWL，低 SkD → ♀ 抑郁。 | 基于标准化问卷 dx 结果可能为抑郁。在♂ 中发现高 ΨWL 和低 SkD → 意料之外的是抑郁风险较低。在♀ 中时间 2 的病例数很少 (n=31；占♀ 的 1.5%)。 |

| 研究 | 国家 | 样本 | 时长 | 控制变量 | 结果 | 备注 |
|---|---|---|---|---|---|---|
| 川崎等人 (Kawakami 等, 2002) | 日本 | 460名♂蓝领员工 | 4年4次 | Sociodemo., 体检结果, Zung 量表 | 低控制 & 有问题的人际关系→Zung量表评分↑，高ΨWL不sig.。 | 工作与员工技能不相容→Zung分数↑。Zung量表被二分处理。 |
| 基维马奇等人 (Kivimäki 等, 2003) | 芬兰 | 来自十家医院的>5,600名员工（主要是♀） | 2年 | Sociodemo., 健康行为 | 高ΨWL和低DA→GHQ分数↑，关系公平→低GHQ分数。 | 连续的IV被三分处理，GHQ被二分处理。 |
| 马钱德等人 (Marchand 等, 2005) | 加拿大 | >6,000名国家样本的员工（46%♀）NHPS 研究 | 6年4次 | Sociodemo.。 | 低DA→严重困扰（6项量表），ΨWL和支持都不sig.。 | 连续DV被二分处理，对第一阶段的严重困扰进行生存分析。IV信度较低（例如，ΨWL, 支持），被二分处理。 |
| 米诺等人 (Mino 等, 1999) | 日本 | 310名机械员工（53%♂） | 2年 | Sociodemo., 排除基线期GHQ得分升高者 | ΨWL→GHQ↑。 | 用单个项目测定工作负荷的变化。 |
| 尼德海默等人 (Niedhammer 等, 1998) | 法国 | 国家天然气公司的>11,500名员工（27%♀）；GAZEL研究 | 1年 | 由于MH问题而非CES-D造成的缺勤 | 高ΨWL, 低DL & 低工作相关的支持→CES-D↑ | 没有控制基线期的抑郁，CES-D被二分处理。 |
| 尼德海默等人 (Niedhammer 等, 2015) | 法国 | 4,717名国家样本的员工（≈50%♂） | 4年 | Sociodemo., 非工作支持和逆境, 童年逆境 | ΨWL→GAD而非MDD, 情感要求→GAD, 控制GAD或MDD。 | 前瞻性研究。少数几个探讨GAD dx的研究之一。 |
| 帕太尔尼蒂等人 (Paterniti 等, 2002) | 法国 | >8,000名员工（75%♂）GAZEL研究 | 3年 | 职业等级, 敌意, A型行为 | DL, ΨWL→↑的CES-D↑, ΨWL↓的CES-D↓, 工作支持→CES-D↓。 | 在第二年测量IV。在回归分析中DV为时间1到时间2的CES-D评分的变化。将基线CES-D作为IV，时间2的CES-D作为DV更好。 |
| 普莱塞等人 (Plaisier 等, 2007) | 荷兰 | >2,600名员工（42%♂）NEMESIS研究 | 2年 | Sociodemo., 身体健康 | 前瞻性研究，排除了基线时有障碍的员工。ΨWL而非DL→抑郁和焦虑障碍↑；对工作安全没有影响，工作 & 非工作支持的结合→抑郁障碍↓。 | 发病率研究。使用诊断工具CIDI(Robins等人，1988)来检测疾病。ΨWL, DL和支持都是连续量表（I. Plaisier, 个人交流, 2014年11月11日）。 |

| 作者(年份) | 国家 | 样本 | 时长 | 控制变量 | 结果 | 备注 |
|---|---|---|---|---|---|---|
| 鲁古利斯等人 (Rugulies等, 2006) | 丹麦 | >4,100名员工 (1/2♀) DWECS研究 | 5年 | Sociodomo，健康行为，工作变更 | 低主管支持 & 低影响(类似于控制)→♀WL↑，对♂WL没有影响。 | 长期追踪可能会减弱效应(尽管对工作变更进行了统计控制)。控制并发酒精滥用，这是一种共病性障碍，可能会削弱IV的作用。DV被二分处理。预测变量被二分处理和/或基于单个项目。 |
| 希尔兹(Shields, 2006) | 加拿大 | >12,000名员工(≈50%♂) NHPS研究 | 2年 | 年龄，社会经济地位，个人压力，掌控感 | 压力→♂抑郁↑，低同事支持→♀抑郁↑。 | 发病率研究。抑郁症dx采用CIDI模块。 |
| 斯坦斯菲尔德等人(Stansfeld等, 1999) | 英国 | >7,900多名公务员(2/3♂) Whitehall II | 5年 | Sociodomo，NA，敌意，基线GHQ或排除基线GHQ得分升高的公务员 | ΨWL→GHQ↑，低DA→GHQ↑，低同事支持→GHQ↑，来自主管的较少的信息→GHQ↑，SkD↛GHQ。 | 保留控制基线GHQ或排除基线GHQ的那些结果。 |
| 弗塔嫩等人(Virtanen等, 2007) | 芬兰 | >3,300多名成年工作者(50%♀) | 3年 | 精神病史 | 高ΨWL & 高ΨWLX低控制→抗抑郁meds.处方反映的情感障碍。 | 用抗抑郁药物处方来评估抑郁，许多抑郁症患者不服用meds，而患有焦虑障碍的人有时会服用抗抑郁meds。 |
| 王(Wang, 2004) | 加拿大 | 与马钱德等人(Marchand等, 2005)采用相同样本 | 6年4次 | 身体健康；童年创伤；压力性生活事件 | 低SkD，高ΨWL，低支持→近期抑郁症的发作。 | 确诊抑郁症的员工首次发病的生存模型。IV(例如，ΨWL，支持)信度较低，并且被二分处理。控制同期身体健康与抑郁发作，可能减弱IV-DV的关系。 |

♂，男性；♀，女性；ΨWL，心理工作负荷/心理要求；基线DV，因变量的基线值；CES-D，流行病学研究中心抑郁量表；DA，决策权；DL，决策自由度；dx，诊断；EE，情绪耗竭；GAD，广泛性焦虑障碍；IV，主要自变量；MDD，重度抑郁障碍；meds.，药物；MH，心理健康；NA，消极情感；sig.，显著的；SkD，技能裁量权；Sociodemo，社会人口学变量。

表 3.3 关于 DCS 工作场所因素与酒精使用问题之间关系的纵向研究

| 研究团队 | 国家 | 样本 | 时滞 | 控制变量 | 主要发现 | 评论 |
|---|---|---|---|---|---|---|
| 布罗米特等人（Bromet 等,1988） | 美国 | 325 名♂电厂员工 | 1 年 | 基线障碍 | DL 而不是 ΨWL→自我报告的酒精使用问题↑，控制基线期的酒精使用问题 | 酒精使用问题作为二分变量，IV 作为连续变量。 |
| 克鲁姆等人（Crum 等,1995） | 美国 | 500 人（45%♂） | 1 年 | Sociodemo.，初始酒精使用年龄 | 低 DL & 高心理或生理 ΨWL 的组合→♂的 DMS-III 过度酒精使用或依赖 | 使用二分法估算 IV 值（高压力 = 1 vs. 0）排除基线期有酒精相关诊断结果的个体。 |
| 黑德等人（Head 等,2004） | 英国 | >7,300 名公务员（2/3♂）Whitehall II | 5 年 | Sociodemo.，健康行为，工作之外的支持，生活事件 | DCS 因素与酒精依赖的发作无关 | 连续 IV 三分处理。连续 DV 被二分处理。 |
| 海基勒等人（Heikkilä 等,2012） | 比利时，芬兰，英国 | >48,000（≈50%♂） | 平均 4 年 | Sociodemo.，基线期酒精使用状况 | 压力→过度酒精使用 | 一阶段 IV 分析（请参见第四章）。研究的 x 部分也没有发现压力与酒精使用之间的关系 |
| 海明森与伦德伯格（Hemmingsson & Lundberg,1998） | 瑞典 | >42,000♂ | 8 年 | 排除过往有酒精使用问题的♂，控制儿童期因素（如，控制儿童期的 SES） | 低控制和低工作支持→酒精使用相关的 dx↑消极工作（低控制 + 低要求）→酒精使用相关的 dx↑ | 服兵役 5 年后根据人口普查数据估算 IV，并进行四分处理。使用军事记录（瑞典儿乎普遍使用的征兵记录）将有过住院酒精使用问题的男性排除在外。参照国立医院记录收集酒精使用致住院的♂，那些有酒精使用问题但未导致住院的♂也没有被遗漏。 |

| 马钱德和布朗(Marchand & Blanc, 2011) | 加拿大 | 表 3.2 中描述的 NPHS 样本 >6,000 名员工 | 8 年 5 次 | Sociodemo. | 低 SkU, 但不是 DA & ΨWL→酒精滥用↑<br>同事支持→酒精滥用↓<br>低 SkU, 低 DA→滥用反复发作↑<br>同事支持→滥用反复发作↓ | 结果是同时获得的, 而不是滞后获得的。<br>DV 被二分处理。<br>IV 被视为连续变量。 |
|---|---|---|---|---|---|---|
| 罗莫舍等人(Romelsjö 等, 1992) | 瑞典 | >1,300 ♂ | 6 年 | Socivodemo. | 低控制 & ΨWL→过度酒精使用<br>导致的住院史↑ | 根据医院记录; 未导致住院的酒精使用问题被遗漏。<br>对 IV 进行二分处理。 |

♂, 男性; ♀, 女性; ΨWL, 心理工作负荷或心理要求; DV, 因变量; DA, 决策权; DL, 决策自由度; dx, 诊断; IV, 主要自变量; SkU, 技能裁量权; Sociodemo., 社会人口学变量。

数据进行的另一项分析(Ylipaavalniemi 等，2005)发现，作为一种表征员工在工作环境中受支持程度的构念，团队氛围与未来两年内医生诊断的抑郁症的低发病率有关。相比之下，前面提到的来自美国研究的证据(Bromet 等，1988)更为混杂。第五章涉及工作场所欺凌的研究，不同于工作场所的非支持性因素，它更多反映的是一种充满虐待的人际环境，研究强调了欺凌对心理困扰的影响。

### DCS 因素的影响

有时，研究也会发现无效的结果。例如，对伦敦百货店员工进行的一项小规模纵向研究(n=61)发现，工作负荷和支持(没有评估控制)对 GHQ 没有影响(Steptoe 等，1998)。此外，并不是每一个大型的研究都表明，高要求和低控制会对心理健康产生不利影响。然而，从大样本研究中获得的纵向证据一致表明，每个因素都会导致心理困扰或心理障碍，尽管研究之间不存在完全一致，当然，我们也不应该期望从研究中获得完全一致。然而，表明要求和控制存在交互作用的证据几乎没有。换言之，即便有证据表明，与预期的每个因素的叠加效应相比，从事高要求和低控制工作的员工表现出更多的心理困扰(或更高的心理障碍发生率)，这一证据也并不令人信服。

还有其他证据表明 DCS 因素的重要性。豪塞尔等人(Häusser 等，2010)综述了 1998 年至 2008 年间发表的 DC 和 DCS 相关的横向和纵向研究。虽然许多研究结果都偏向零结果(例如，对连续测量的自变量和因变量进行二分处理)，但是作者发现来自 19 个纵向研究的证据一致认为高要求和低控制水平对抑郁症状、心理困扰和情绪枯竭会产生不利影响。这项综述研究的一个局限在于：在因果推论方面，较强的纵向研究中包含了较弱的变化—变化研究(例如，Bourbonnais, Comeau, & Vezina, 1999; Gelsema 等，2006)。如前所述，纵向的变化—变化研究不能确定 DCS 因素相对于假定结果(情绪枯竭等)的时间优先性。豪塞尔等人(Häusser 等，2010)没有发现系统性的性别差异。在 11 项纵向研究中，有 5 项测量了所有三个因素，且表明 DCS 模型与心理困扰的关系和预期一致(情绪枯竭的结果稍弱)。尽管豪塞尔等人在大约 40% 的研究中(高于 I 型错误率)发现了 DC 缓冲型的交互作用，但是调查结果主要基于横断研究，而纵向研究的相关报告很少。

## 工作要求—资源(JD-R)模型和资源保存模型

工作要求—资源(JD-R)模型是比 DC 或 DCS 模型更广义的一个理论模型，被认为是这些模型的总和。工作要求在 JD-R 和 DCS 模型中都很常见，它可以是组织上的(如，辱虐型组织领导）,生理上的（如,暴露于噪音）,或心理上的（如,员工不得不应付很多难缠的客户）。德梅鲁迪等人(Demerouti 等,2001)认为,持续努力以满足工作要求要付出"生理和心理上的代价",如枯竭。工作资源涉及"工作的生理、心理、社会或组织方面,可以达成如下目的：(a)有助于实现工作目标；(b)减少工作要求和相关的生理和心理成本；(c)促进个人成长和发展"(Demerouti 等, 2001, p. 501)。组织资源包括工作控制、参与决策和任务多样化。与工作相关的社会资源包括支持型的主管和同事。生理资源包括可以帮助举起重物的设备等。

按照 DCS 模型,控制和支持是包含在更广泛的资源概念下的元素。控制本身可以代表几种不同的资源。卡因和杰克斯(Kain & Jex, 2010)指出,控制是以几种不同的方式表现出来的,并且认为员工"可能对他们工作的某些方面有很大的控制,而对其他方面的控制却很小"(p. 250)。此外,支持也有很多种类（有形的,信息性的等）。JD-R 模型也考虑了工作环境外的社会资源,包括支持型的朋友和家庭成员(Demerouti 等, 2001)。

资源在 JD-R 模型中的作用建立在另一个理论的基础上。资源的重要性是霍布福尔(Hobfoll, 1989; Halbesleben, Neveu, Paustian-Underdahl, & Westman, 2014)的资源保存(conservation of resources, COR)理论的核心。资源为更低的压力水平、积极的情感状态和更多的工作投入创造了条件。工作投入为员工赢得了积极的反馈,从而扩充了员工的资源库(Bakker & Demerouti, 2014)。根据 COR 理论(Hobfoll & Shirom, 2001),人们的动机是"获取、保留和保护"他们的资源,这些资源包括重要的物体（如家庭、汽车）、重要的关系（如工作、与支持型他人的联系）和某些个人特征（例如,自尊）。资源是指个人重视的东西[①]。COR 理论中也存在一种与认知心理学一致的非对称性。在所有条件相同的情况下,资源损失对个人心理造成的伤害程度高于资源获得对个人的有利程度（参见 Tversky & Kahneman, 1974)。

对 JD-R 模型同样重要的,是一些从 COR 理论引申而来的推论(Hobfoll & Shirom, 2001)：(a)人们投入一些资源来保护现有资源并获得其它资源；(b)存储更多的资源以防止资源枯竭；(c)剥夺资源的一连串压力事件（例如,失业,随之而来的收入损失,自尊降低,婚姻关系紧张）会让人特别有压力。根据 JD-R 模型可知,长期工作压力源是对包括个人的能源性资源在内的资源的持续消耗。长期的资源消耗会导致倦怠或抑郁。

COR 理论的另外两个方面也与 JD-R 模型相关。首先,COR 理论强调资源的工具价值和

---

[①] 哈尔贝斯勒本等人(Halbesleben 等, 2014)完善了资源的概念,并将其定义为：任何被认为有助于实现目标的资源,而不管是否实际上促进了目标的实现。他们还提出,资源的价值取决于它可用的情境。这些想法已经被加入 JD-R 模型中。

象征价值。其次,资源贫乏的人对压力源更易感。萧费利和塔里斯(Schaufeli & Taris, 2014)确定了一些个人资源,它们可以抵御工作压力源的影响。这些资源包括内在工作动机、效能信念和乐观。

## JD-R 模型的相关证据

德梅鲁迪等人(Demerouti 等, 2001)发现,在德国员工的样本(n>370,1/2 是女性)中,工作要求(如时间压力)同时与 OLBI 倦怠维度(枯竭)相关,资源(例如,绩效反馈、工作控制)则与另一种倦怠维度(脱离)的低水平相关。两组研究结果都符合 JD-R 模型的预期。博伊德等人(Boyd 等, 2011)在一个约 300 名澳大利亚学者的纵向研究(48%为男性)中评估了 JD-R 模型。研究人员发现,在控制基线期的 GHQ 后,资源(自主性和程序公平)而不是要求(工作压力和工作负荷)能够预测 3 年后的 GHQ 评分。

在该模型的另一个纵向测试中,哈卡宁、萧费利和阿霍拉(Hakanen, Schaufeli, & Ahola, 2008)在间隔 3 年的两个时间点调查了超过 2,550 名芬兰牙医(74%为女性)。哈卡宁等人发现,在控制时间 1 倦怠的情况下,时间 1 的工作要求(例如,遭受痛苦)与时间 2 的倦怠(MBI 情绪枯竭和去人格化)直接相关,并且时间 1 的资源(例如,与其他人员的联系)与时间 2 的倦怠呈负相关。要求对工作投入和资源产生了负面影响。在一项对荷兰电信公司工作的 201 名管理和行政人员的研究中(11%为女性),萧费利、巴克和范莱恩(Schaufeli, Bakker, & Van Rhenen, 2009)发现,在过去的一年中,工作要求的增加和资源的减少都与倦怠(MBI-GS)的增加相关。这一发现的一个局限是,我们尚不清楚要求和资源的变化是否先于倦怠的变化,而这正是因果关系模型所要求的。

### JD-R 模型和匹配

科恩和威尔斯(Cohen & Wills, 1985)在他们社会支持研究的综述中概述了匹配假说的起源。他们引用了压力的主要文献,并写道:"当工具性支持和社会交际功能所提供的资源与压力事件引起的特殊要求紧密相关时,它们就被认为是有效的"(p. 314)。例如,在经济困难时,工具性(有形的)支持最有帮助。弗里斯(Frese, 1999)将此想法扩展到工作场所。他提供了这样一个例子,一个与主管发生冲突的员工可能会从情感支持中获益,因为这能让员工知道他(她)仍然是一个值得尊敬的人。弗里斯进一步拓展了这一观点,并呼吁人们关注三重匹配的重要性。根据三重匹配模型,最有可能减少社会压力源(如,与主管的冲突)对社会焦虑影响的支持类型是情感支持。换句话说,最有效的支持类型应该能够将压力源和心理结果匹配在一起。

匹配的思想是JD-R理论的扩展。德琼格和多尔曼(de Jonge & Dormann, 2006)提出,资源在以下两种情况中对减少压力是最有效的:(a)当资源领域(例如,公司为客户服务中心的员工提供罗杰斯的积极倾听的培训)与充满压力的工作要求(例如,遇到一个愤怒的顾客)相匹配时;(b)压力将压力源领域和资源领域(如减少员工的心理困扰)相匹配时,这种影响最为明显。研究人员将JD-R模型的这种扩展称为"三重匹配原则"(triple match principle, TMP)。在前面的例子中,情感要求冲突和员工接受的培训及结果之间是相匹配的。匹配的领域可以是身体上的,例如,涉及举起重物的工作要求,和涉及叉车以及防止背部疼痛的资源。这种匹配也可能是认知上的,确保高度复杂的供应链顺利运行的工作要求,涉及复杂软件应用的资源,以及缺乏参与带来的压力。德琼格和多尔曼假设,当存在三重匹配时,资源和压力之间更可能存在缓冲型的交互作用。

他们在两个不同的样本中检验他们的理论,其中一个样本包括280多名员工(80%以上为女性),另一个包括260多名员工(90%以上为女性)。所有的被试都在荷兰的养老院工作,并被追踪2年以上。在第一个样本中,作者检测了时间1的生理压力源(如举起重物)和时间1的生理资源(例如,来自同事的工具性支持)之间的交互作用与时间2的情绪枯竭(MBI)有关,但没有发现情绪压力源与情感资源之间的交互作用。因此,这是一个双重匹配,而不是三重匹配。然而在第二项研究中,研究者发现了与理论相一致的显著的交互作用。情感资源(例如,来自主管和同事的情感支持)缓冲了情绪压力源(例如,一个居民的死亡)对情绪枯竭的影响。虽然上述研究存在不一致的结果,但在这样一个高度明确的理论中,这是意料之中的。一些研究结果与TMP一致,这突出了它在鼓励相关研究上的效用。克里索普洛斯、多拉德、怀恩菲尔德和多曼(Chrisopoulos, Dollard, Winefield, & Dorman, 2010)在TMP情境下检验了JD-R模型。在一项对179名澳大利亚警务人员(90%为男性)的研究中,调查人员发现了一些交互作用,其中只有一部分是符合匹配原则的。尽管如此,这些发现仍然强调了理解资源对倦怠和身体症状的贡献的重要性。

克里索普洛斯等人(Chrisopoulos等, 2010)的一些发现与沃尔(Warr, 1987)的维他命模型相一致。克里索普洛斯等人发现,当要求较低而资源较多时,员工会体验到高水平的压力。例如,当认知资源较高而认知要求较低时,员工会体验到职业效能感的显著下降(MBI-GS)。沃尔指出,正如过少的维生素对一个人的生理健康有害一样,过量的维生素也是有害的。沃尔的模型适用于工作环境特征,如工作要求,以及在JD-R模型中所说的资源。在上面的例子中,员工有高水平的资源,但很少有机会使用这些资源。然而,有些研究的结果与沃尔的模型不一致。例如,有较多情感资源和较低情感要求的员工往往很少有身体上的症状。

**JD-R 模型的总结**

　　JD-R 模型扩展了 DC 模型和 DCS 模型。证据一致表明,尽管各研究结果存在不一致性,但要求和资源会影响倦怠症状的发展。然而,其他观点可能需要被整合到该模型中。该模型还没有被广泛地应用于对其它类型的心理健康结果的解释中(例如,抑郁症状;GHQ 评分;临床抑郁)。波萨科夫、勒平和勒平(Podsakoff, LePine, & LePine, 2007)指出,不是所有的工作压力源都会带来压力。波萨科夫等人指出,有些工作压力源可以被划分到阻碍中去,它们会产生不良影响,而另一些则被归类为挑战,其影响可能是积极的。萧费利和塔里斯(Schaufeli & Taris, 2014)指出,工作要求和资源之间的区别并不明确。这些作者认为"资源的缺乏可以解释为一种工作要求"(p. 56),而挑战性压力源可以被重新定义为资源。卢克曼和冈萨雷斯·莫拉莱斯(Luchman & González-Morales, 2013)在两阶段的元分析中发现,与 JD-R 模型相比,DCS 模型解释倦怠更为合适(更有用)。该研究的局限是,对元分析有贡献的大多数研究都是横断研究。上述对 JD-R 模型的质疑是可以解决的,并且 JD-R 模型以及要求—资源匹配为今后的研究提供了坚实的基础。

# 付出—回报失衡模型

　　约翰尼斯·西格里斯特(Johannes Siegrist)和罗伯特·卡拉塞克(Robert Karasek)有两个共同点:两人都获得了社会学博士学位;都建立了足以影响 OHP 研究的与社会心理工作条件的影响相关的模型。西格里斯特(Siegrist, 1996)提出的付出—回报失衡(effort-reward imbalance, ERI)模型不同于卡拉塞克的 DC 模型。ERI 模型认为交换是社会生活的基础,而工作反映了被社会认可的交换。与工作相关的付出是指因(a)工作要求和(b)工作动机而产生的努力。因此,工作付出的来源既有外在的,又有内在的。从工作中获得的回报包括金钱和就业机会,以及一些无形的报酬(例如,认可和自尊)。西格里斯特的模型与在社会学中发挥重要作用的观点有关,包括乔治·霍曼斯(George Homans)、阿尔文·古尔德纳(Alvin Gouldner)和乔治·赫伯特·米德(George Herbert Mead)的思想。霍曼斯(Homans, 1958)提出,几乎所有的社会行为都涉及交换。古尔德纳(Gouldner, 1960)有力地指出,互惠就像乱伦禁忌一样,是人类社会中几乎普遍存在的规范。言下之意,违反这种规范会破坏稳定。米德(Mead, 1934)认为自我是在社会情境中实现的。米德认为自我尊重和自我认同都取决于群体(包括经济群体)的成员身份。

　　基于他的前辈们在社会学的成就,西格里斯特(Siegrist, 1996)提出了这样一种观点:"关键社会角色(如,工作角色)的连续性"的中断会威胁到个体的自我调节功能、掌控能力和自尊,并因此导致心理困扰。反映这种中断的工作条件的例子包括裁员、工作不安全感、晋升途径受阻的工作以及需要大量付出但回报甚微的工作。ERI模型认为,工作是"基于社会互惠规范的契约的一部分,在这种互惠规范中,回报是以金钱、尊重和职业机会(包括工作安全感)的形式提供的"(Siegrist等,2004, p.1484)。这些契约会造成员工不对称和不平衡的损失。西格里斯特(Siegrist, 1996)质疑为什么从事这类工作的员工仍然在他们的岗位上工作,从而使他们自己长期处于付出和回报之间的失衡状态。他接着指出,从事低收入和几乎没有实际利益的工作的员工在放弃这些工作时往往面临过高的成本,因为他们很少有机会获得更高报酬的工作。按照西格里斯特的说法,这样的员工"很难掌控自己的地位",并且面临着对健康产生不利影响的风险(也见 Sinclair, Probst, Hammer, & Schaffer, 2013)。

西格里斯特(Siegrist, 1996;也见,Hobfoll, 2001)对一个已经在某些领域占主流的观点提出质疑,该观点认为当某一特定事件被视为威胁时,认知评价是必要的。他引用了神经生物学的证据,认为"情感信息的处理有绕过新皮层—边缘结构的快速而直接的途径,因此不受意识的控制"(p.31)。在西格里斯特的模型中,工作中付出与回报之间的不平衡,会对情绪产生负面的影响,尤其是当它长期反复发生时,并且这种影响不需要经过有意识的评价。

西格里斯特及其同事(2004)在一定程度上修改了模型,在模型已经考虑了付出领域的心理要求的基础上,根据所研究工作的性质,增加了体力要求。对ERI模型的另外一个补充是工作相关投入或内在付出(区别于由工作要求引发的外在付出)的动机结构。与工作相关的投入越多(过度投入),付出就越有可能超出工作回报的比例。与没有过度投入的员工相比,过度投入的员工在付出与回报不平衡时,使自己患病的风险更大(Siegrist等,2004)。对教师的定性研究表明,最敬业的教育工作者,即过度投入的教师,最有可能产生倦怠(Farber, 1991)。

虽然对ERI模型的纵向研究比卡拉塞克模型的纵向研究少,但是现存的来自比利时(Godin, Kittel, Coppieters, & Siegrist, 2005)、芬兰(Kivimäki等,2007)和英国(Head等,2004; Kuper, Singh-Manoux, Siegrist, & Marmot, 2002; Stansfeld等,1999)的纵向研究证据在很大程度上与ERI模型保持一致(见表3.4)。

库珀等人(Kuper等,2002)指出了在同一研究中比较DCS和ERI模型的相对有效性的一个主要障碍。调查人员拼凑了现有项目,并根据ERI模型创建一个量表以反映所做的付出。ERI量表的付出成分与DCS的要求量表重叠($r=0.84$)。库珀等人(Kuper等,2002)还发现决策自由度和ERI付出($r=0.59$)以及回报成分($r=0.50$)之间存在中等相关。虽然很难比较西格里斯特和卡拉塞克的模型(以及 JD-R 模型),但显然这两个模型都为研究社会心理工作条件对心理健康的影响提供了有效的方法。

表 3.4 基于 ERI 模型与心理困扰的关系的纵向研究

| 研究团队 | 国家 | 样本 | 时滞 | 控制变量 | 主要发现 | 评论 |
|---|---|---|---|---|---|---|
| 戈丁等人（Godin 等，2005） | 比利时 | <2,000 人 (1/2♂) SOMSTRESS 研究 | 1 年 | Sociodemo., 全球经济威胁、工作不满意感、工作场所不稳定 | ♂中，时间 1 没有 ERI 但时间 2 有 ERI→时间 2 抑郁、焦虑、躯体化、& 疲劳↑。♀中，时间 1 和时间 2 都有 ERI→时间 2 的抑郁、焦虑、躯体化和疲劳↑。 | 对 SCL-90 进行二分处理，排除高于 T1 临界值的员工，部分效应同时出现。 |
| 黑德等人（Head 等，2004） | 英国 | >7,300 名公职人员 (2/3♂) Whitehall II | 5 年 | 年龄、职级、健康行为、消极情感、基线 DV | ERI→酒精使用相关的问题↑。 | 酒精使用问题被二分处理，ERI 被三分处理。 |
| 基维马奇等人（Kivimäki 等，2007） | 芬兰 | >4,800 名医护人员（医院员工研究）以及>18,000 名市政雇员（10 个城镇研究），多数为♀ | 2—4 年 | Sociodemo., 职级 | ERI→10 个城镇研究的 GHQ 和抑郁症诊断↑，ERI→医院员工研究的抑郁症诊断↑。 | ERI 包含一个题目，鉴于单一题目的量表的局限，其结果令人惊讶。用于两项研究的 GHQ 进行二分处理。在两项研究中使用自我报告医生诊断出的抑郁症和 GHQ。在基线时排除有障碍或边缘障碍的个体。 |
| 库珀等人（Kuper 等，2002） | 英国 | >6,800 名公职人员 (2/3♂) Whitehall II | 11 年 | Sociodemo., 冠状动脉风险因素 | ERI→MH↓。 | 连续的 MH、DV（SF-36）进行二分处理，ERI 进行三分处理（但与黑德等人使用的测量工具[2004]不同），没有控制基线 DV。 |
| 尼德海默等人（Niedhammer 等，2015） | 法国 | 国家样本的 4,717 名员工（≈50%♂） | 4 年 | 见表格 3.2 | 低回报 → GAD & MDD。 | 前瞻性研究，少数 GAD 研究中的一项。诊断出障碍。 |
| 斯坦斯菲尔德等人（Stansfeld 等，1999） | 英国 | >7,300 名公职人员 (2/3♂) Whitehall II | 5 年 | 时间 1 的 GHQ、职级、年龄 | ERI→GHQ 分数↑，缺乏社会功能，一般心理健康状况较差。 | 连续的 DV 进行二分处理。MRI 进行三分处理。排除基线期的个案。 |

♂，男性；♀，女性；DV，因变量；ERI，付出—回报失衡；GAD，广泛性焦虑障碍；IV，主要自变量；MDD，重度抑郁障碍；MH，心理健康；Sociodemo.，社会人口学变量。

## 其他社会心理因素

本节涉及一些社会心理工作条件。这些条件包括组织公平、工作不安全感、长时间工作、轮班工作、工作相关的压力事件以及与工作有关的社会压力源。这里简要地提出一个潜在的保护因素,即应对。

### 组织公平

在介绍 ERI 模型之后,我们再来讨论组织公平是比较合适的[①]。员工的报酬不成比例地低于他或她的工作价值,这种不平衡现象是公平或公正的问题。基维马奇等人(kivimäki 等,2007)强调了 ERI 模型和组织公平之间的关系:付出—回报的失衡表明"交换不公平"。基维马奇等人(Kivimäki 等,2007)发现 ERI 和组织公平之间存在中等相关。然而,组织不公平不同于 ERI,前者涉及"不受尊重、有偏见地对待",而不考虑合同规定的义务,也不依赖于合同规定的付出—回报交换的平衡(Kivimäki 等,2007,p. 664)。

组织公平至少有两个维度:程序公平和关系公平。程序公平指的是组织中决策的公平性,包括接纳受组织决策影响的雇员的意见,努力减少偏见,更普遍地说,就是人道地对待在本组织工作的员工。在前面提到的澳大利亚学者的研究(Boyd 等,2011)中,程序公平是影响其 GHQ 评分的资源要素的两个组成成分之一(自主性是另一组成成分)。关系公平包括员工受到上级"礼貌和周到的对待",这一因素与主管支持有一定的重叠(Kivimäki 等,2003)。

组织公平的部分研究来自芬兰。基维马奇等人(kivimäki 等,2003)发现,在医务人员中,控制基线干扰因素后,程序公平(而不是关系公平)能预测 GHQ 病例(得分高于界定心理障碍高风险的临界值)。程序公平对 GHQ 评分升高的影响是由睡眠障碍部分介导的(Elovainio, Kivimäki, Vahtera, Keltikangas-Järvinen, & Virtanen, 2003)。程序不公平与"长期消极情绪状态"有关(p. 288),这种状态的主要表现之一就是睡眠障碍。关系公平对医务人员的影响稍有不同。在控制高工作负荷和低控制感后,低水平的关系公平(而非程序公平)预测了医生诊断的抑郁症的新近病例(Ylipaavalniemi 等,2005)。基维马奇等人(Kivimäki 等,2007)使用来自芬兰 10 个城镇与先前提到的医务人员研究的数据集发现,基线

---

[①] 我们注意到,组织公平的一个组成成分,即程序公平,也可以被视为 JD-R 模型中的一种资源(Boyd 等,2011)。

ERI与程序公平、关系公平的综合测量可以预测GHQ病例和医生诊断的抑郁症的发病率。埃洛瓦伊尼奥等人(Elovainio等，2013)使用相同的组合样本发现，独立评估的程序和互动(类似于关系)公平预测了由于医生评估的焦虑症而因病缺勤的新近病例。然而，研究中也存在中等但有统计学意义的反向因果关系的证据。

Whitehall II 研究①是一项大型的、正在进行的研究，研究对象是在伦敦中心工作的非工业英国公务员。该研究的目的是调查工作压力、社会经济地位(SES)和心血管疾病(CVD)之间的关系。调查人员对研究进行了扩展，纳入了心理结果。费列等人(Ferrie等，2006)使用Whitehall II 的数据发现，在控制干扰因素后，低水平的关系公平(程序公平未进行评估)与基线后5到8年的GHQ病例发生率相关。费列等人还发现了阶段1(基线)和阶段2(3至4年的滞后)之间的关系公平的恶化与阶段3(基线后5至8年)的病例有关。因此，芬兰和英国研究的结果表明，工作场所公平影响员工心理健康。但是，也存在与此相矛盾的结果。朗、布莱斯、朗和阿德勒(Lang, Bliese, Lang, & Adler, 2011)通过三个美国军人的样本，发现了反向因果过程的纵向证据，即抑郁症状能够预测随后感知到的低水平的组织公平，而不是相反的路径。

## 工作不安全感

工作不安全感是经济衰退、全球竞争，以及努力使工作场所更高效运转的结果。费列等人(Ferrie等，2001)对工作不安全感的影响进行了或许是最好的对照研究，他们利用了Whitehall II 启动时未涉及的事件，这一举措提高了工作场所效率，实际上也形成了一项自然实验。Whitehall II 的一个优点是，研究人员可以在统计上控制结果变量的基线水平，也就是说，在引入组织重组可能性之前就已经收集了有关因变量的数据。简要地说，一个新项目的引入会影响公务员样本中的一些(但不是全部)成员。新项目导致公务员样本中成员的工作不安全感增加。费列等人(Ferrie等，2001)在研究1中评估了失业预期的影响，他还评估了与实现目标的其他方法(例如私有化)相比，现有机构执行职能时所产生的效应。研究团队发现，与保障工作安全感的男性公务员相比，预期不安全感的男性患GHQ的风险更大。对女性的研究没有发现相同结果。在另一项研究中，研究团队审查了一整个部门被出售给私营部门的影响(这些被试被排除在第一项研究之外)。费列等人(Ferrie等，2001)在男性和女性公

---

① 早期的"Whitehall 研究"表明，SES与男性的死亡风险呈负相关。最初的研究特别重要，因为公务员制度虽然高度阶级化，但其本质不包括英国社会中最富有或最贫穷的成员(Ferrie, 2004)。后来进行的Whitehall II 研究是为了解释为何社会经济地位低的个体会面临更大的风险，特别是在心血管死亡率方面。与早期的Whitehall 研究不同，Whitehall II 包括了女性。

务员中都没有发现对 GHQ 病例的显著影响。一项研究(Ferrie, Shipley, Stansfeld, & Marmot, 2002)对这些公务员进行了追踪和后期数据收集,发现在男性和女性中,工作不安全感与更高的 GHQ 总分和抑郁(基于 GHQ 子量表评分)分数相关。这两篇文章有两个不同之处。第一,与早期发表的用二分法测量心理健康的文章的分析方式(Ferrie 等,2001)不同,后来文章的分析(Ferrie 等,2002)采用连续的测量(提供更强的统计检验力)。第二,在后来发表的文章中,暴露于工作不安全感的时间更长。

在加拿大的一项研究中,马钱德等人(Marchand 等,2005)使用全国人口健康调查(National Population Health Survey, NPHS)的数据发现,工作不安全感能够预测 6 年后严重的心理困扰。王(Wang, 2004)使用相同的样本发现,在 6 年的追踪中,工作不安全感能够预测在基线水平上无相关症状的员工出现重度抑郁。在荷兰的一项研究中,贝尔特曼等人(Bültmann 等,2002)使用来自马斯特里奇(Maastrich)的队列研究中的数据发现,在男性(而非女性)中,基线水平的工作不安全感可以预测 1 年后新发生的 GHQ 病例。在丹麦进行的为期 5 年的工作环境队列研究(Danish Work Environment Cohort Study, DWECS)中,鲁古利斯等人(Rugulies 等,2006)对同一时间的酒精使用和业余时间的体育活动以及基线水平的抑郁症状进行控制后发现,男性(而非女性)的工作不安全感预测了未来非常高的抑郁症状的发生率。丹麦另一项研究发现,过去的失业和当前工作不安全感的结合预测了在随后 3 年半的追踪调查中使用抗抑郁药物的几率(Rugulies, Thielen, Nygarrd, & Diderichsen, 2010)。在一项具有全国代表性的法国员工样本的前瞻性研究中,尼德海默等人(Niedhammer 等,2015)发现基线水平的不安全感可以预测 4 年后的重度抑郁障碍(major depressive disorder, MDD)和广泛性焦虑障碍(generalized anxiety disorder, GAD)。在一项为期 2 年的荷兰心理健康调查和发病率研究(Netherlands Mental Health Survey and Incidence Study, NEMESIS)中,普莱瑟等人(Plaisier 等,2007)发现,工作不安全感与荷兰女性抑郁和焦虑障碍的发生率相关,而与男性无关。

研究发现,工作不安全感与酒精使用相关。使用在经济大衰退之前和期间招募的具有全国代表性的美国员工样本,弗罗内(Frone, 2015)发现,经济衰退与工作时间酒精使用的减少相关(大概是为了保护员工的工作),而与下班后酒精使用的增加有关。与自我治疗模型相一致,他还发现,经济大衰退主要是使得中年和老年员工过度酒精使用行为增加,而对年轻员工的影响不大。按照这种模型,随着工作场所人手不够、工作增多、房屋贬值和退休金的缩水,老年员工更可能经历与经济衰退相关的痛苦,并借助酒精这一合法药物来减轻痛苦。

来自加拿大、丹麦、芬兰、法国、荷兰、英国和美国的研究表明,工作不安全感是造成心理困扰、抑郁症和酒精使用的一个风险因素,虽然不同性别的结果不完全一致。弗罗内(Frone,

2015)对酒精的研究结果适用于男性和女性。不完全一致的主题一次又一次地出现,但是不应使强调工作不安全感对心理健康影响的结果的总体研究方向迷失。

## 长时间工作

2015年6月,一名22岁的男子跳楼身亡,当时他是高盛(Goldman Sachs)投行旧金山办事处的一位工作满一年的分析师,每周工作100个小时。自杀前,他打电话告诉父母,"我已经两天没有睡觉了,明天早上有一个客户会议,我还必须完成一个报告,副总裁很恼火,我正独自在办公室工作"(Cohan,2015)。

日本人对长时间工作有较多经验,他们用一个词来形容"过劳死"—karoshi—(Nishiyama & Johnson,1997)。当然,长时间工作也会产生其他后果,包括没时间陪伴孩子、配偶、父母和朋友,也缺乏娱乐消遣或读书消遣的时间。除了极少数例外,很少有研究拥有长时间工作的心理后果的前瞻性数据。希尔兹(Shields,1999)使用NPHS数据发现,在控制许多干扰因素的基础上,长时间工作的女性在2年后患有新发重度抑郁症的风险增加了一倍,虽然她没有在男性中获得相同的结果,因为抑郁症在男性中是不太常见的。然而,尼德海默等人(Niedhammer等,2015)在对法国员工的前瞻性研究中发现,基线水平的长时间工作未能预测4年后的MDD和GAD。新西兰的一项研究在控制了包括童年逆境和越轨同伴在内的大量协变量后,发现长时间工作与男性和女性的酒精使用问题有关(Gibb, Fergusson, & Horwood,2012)。目前还需要进行更多的研究。

## 夜班和轮班工作

研究表明,抑郁症患者的昼夜节律不同于健康对照组(Scott, Monk, & Brink, 1997),因此,人们怀疑某些轮班工作对心理健康有负面影响。夜间工作或轮班工作会破坏员工的昼夜节律,这可能引发抑郁的植物神经系统症状(如,睡眠模式、食欲与精力水平的紊乱)。夜班会破坏社会关系,进而将导致心理困扰。在许多职业中,员工都有夜班或轮班工作。其中一个职业就是护理。它也许是有关轮班工作的影响的研究中最常见的职业。博勒和蒂利(Bohle & Tilley, 1989)对轮班工作的影响进行了一项对照研究,这是最好的对照研究之一,他们在15个月的时间内追踪调查了60名澳大利亚实习护理人员(都是女性),按照"常规的医院排班"分成两组,护理人员无法控制排班。前6个月,两组都在白天和下午之间轮班(两班倒)。但在接下来的研究中,一组继续进行两班倒,第二组增加一个夜班(三班倒)。尽管两组在基线和6个月时非常相似,但15个月后,相较两班倒组,三班倒组GHQ评分更高。博勒和蒂利还发现主管支持与低症状水平相关，人格因素中的神经质①不能解释 15 个月后的结果。

亚丁伊朗等人（Adeniran 等，1996）重复并拓展了先前关于夜间轮班工作的英国实习护理人员（n = 43）的研究（Healy, Minors, & Waterhouse, 1993），在同样 3 个月时间内，对额外的 53 名被试进行了追踪调查。但这两项研究都不包括只上白班的实习护理人员组成的对照组。相比之下，博勒和蒂利研究的两组澳大利亚护理人员的 GHQ 评分从基线至 6 个月处于增加状态；只有在 6 个月后，两班倒群组的 GHQ 评分降低，而转变成包括夜班在内的三班倒群组的症状继续增加。

亚丁伊朗等人的记录表明，3 个月的夜班后，植物神经系统症状和认知障碍（注意力不集中和对事物的兴趣减少）、易怒以及身心症状会增加。尽管没有对照组，亚丁伊朗等人还是发现两个个体因素，即轮班前的抑郁症状和对批评的敏感性，与轮班后症状的增加相关，但是很难独立于夜间工作的影响来衡量轮班前因素的影响。在一项有关澳大利亚的实习护理人员（>60% 为女性）的小型研究（n = 37）中，研究者对被试的抑郁和身心症状模式进行了追踪，发现随着时间的推移，从基线到 6 个月再到 12 个月，被试逐渐适应了轮班工作（West, Ahern, Byrnes, & Kwanten, 2007）。

护理人员轮班的研究结果很难推广到其他职业。因此，夜间或轮班工作对心理健康影响的实质有待进一步明确。

**压力性职业事件和与工作相关的社会压力源**

尼德海默等人（Niedhammer 等，1998）在 GAZEL 研究中评价了重要职业事件对法国员工的影响。职业事件包括"工作内容或组织的重大变化"。他们发现独立于 DCS 变量，发生于第一年和第二年之间职业事件（如工作调动）的数量与抑郁症状水平升高的风险增加有关，尽管研究者是在同一波收集的数据中评估抑郁症状和事件的。

多尔曼和扎普夫（Dormann & Zapf, 2002）对 300 多名德国员工进行了为期 5 年的多波纵向研究，调查了工作场所的社会压力源的影响。工作场所的社会压力源指"社会敌意，与同事和主管的冲突，不公平的行为以及消极的团队氛围"（p.35）。多尔曼和扎普夫对未测量的第三个因素采用创新性的控制方法，结果发现社会压力源通过引发恼怒情绪间接影响抑郁症状。因恼怒或抑郁症状增加社会压力源的反向因果效应被排除。

---

① 神经质是人格的一个基本维度，每个个体在这一维度上都存在差异。它反映了体验消极感觉（如焦虑，担忧和喜怒无常）的稳定倾向。

## 应对

人们普遍认为,应对行为在工作场所中是有益的。例如,政治技能被认为是一种应对资源,它指理解同事和管理者,并利用这种理解来达到自己和组织的目标的能力(Ferris 等,2005)。横断研究发现政治技能缓冲了诸如过度工作负荷和角色冲突等工作压力源对焦虑(Perrewé 等,2005)、倦怠(Meurs, Gallagher & Perrewé, 2010)等压力情绪的影响。关于应对的文献非常广泛,作为潜在保护因素的一种,它值得用比本书更大的篇幅来描述。

应对是指个人为防止或减少受到威胁、伤害或损失,或减轻相关的困扰而做出的努力(Carver & Connor-Smith, 2010;Skinner, Edge, Altman, & Sherwood, 2003)。然而,应对努力必须独立于其是否有效进行评估。应对努力被视为涉及自愿的、人与环境之间的互动,它可以从一种情形变换到另一种情形(Lazarus & Folkman, 1987),尽管应对可以分为自愿的或非自愿的(Skinner 等,2003),以及稳定的或倾向性的(Carver & Connor-Smith, 2010)。应对努力被分为问题中心或情绪中心的(Lazarus & Folkman, 1984)。研究人员也采用其它方式对应对努力进行分类,包括趋近或回避型应对(Holahan 等,2007;Moos & Holahan, 2003)。

社会科学中的一种观点是,个体与工作相关的应对努力的有效性是有限的。阿尔弗雷德·阿德勒(Alfred Adler, 1994/1898)因与西格蒙德·弗洛伊德决裂并创立自己的精神分析学派而闻名,他认为消除职业病是社会立法的目标之一,并认为个人的努力是不够的。著名社会学家 C·怀特·米尔斯(C. Wright Mills, 1959)认为失业等职业问题植根于庞大的社会和经济结构中,解决这些问题仅依靠个人应对是不够的。要理解这一推理的思路,可以考虑一下杰弗里(Jeffery, 1989)提出的一种观点的变体,这种观点适用于工作以外的环境。杰弗里(Jeffery, 1989)写道:"涉水卫生问题在逻辑上可以被定义为一种个体行为问题"(p. 1198)。或许人们会被诱导做出与个人健康相关的应对行为,包括他们自己识别和净化被污染的水,以使其成为可饮用水——当然,成千上万的尝试中发生一个错误就可能会导致一种致命的疾病,如霍乱。相比之下,保护个人健康的一种更有效的办法是,采取有组织的、基于人群的综合卫生措施。对于保护个人健康的目标,虽然在某种程度上可以通过个人的应对努力来实现,但往往可以通过有组织的公共卫生措施来更有效地实现。

珀林和斯库勒(Pearlin & Schooler, 1978)对工作场所中的应对的有效性表示怀疑。他们假设,在个人拥有相当大的控制权的亲密人际环境中,如婚姻和抚养子女,个人的应对努力可能更有效。他们推断,应对不太可能在工作角色中有效地发挥作用,因为通常无人情味的工作场所是成功应对的障碍。在一项对 2,000 多名芝加哥居民的横断研究中,珀林和斯库勒发现,应对努力在个体作为配偶和父母的角色背景下是有效的,但在工作角色中很大程度上是无效的。

在职业背景下,应对有效性的研究一直存在较多问题。虽然已经存在许多方法薄弱的横断研究(例如,Pearlin & Schooler,1978),但是冈萨雷斯·莫拉莱斯、罗德里格斯和佩罗(González-Morales, Rodríguez, & Peiró, 2010)指出,"应对工作压力源的研究很少是纵向的,且它们的结果都不一致"(p.32)。在对500多名芝加哥居民(三分之二是男性)进行的一项为期4年的研究中,蒙纳汉和梅尔维斯(Menaghan & Merves,1984)发现,大多数的应对努力对减少与工作相关的问题(如工作超负荷和回报不足)要么是无效的(如选择性忽略或限制期望),要么是使问题恶化(如直接行动应对)。对西班牙近450名教师(三分之二是女性)进行的6至9个月的一项纵向研究中,冈萨雷斯·莫拉莱斯等人(González-Morales 等,2010)发现应对(直接行动和寻求支持)对倦怠的影响不大。在对纽约市180名第一年工作的女教师进行的为期1年的纵向研究中,舍恩菲尔德(Schonfeld 等,2001)发现应对(如直接行动和积极比较)对抑郁症状和自尊等压力没有影响。舍恩菲尔德等人(Schonfeld 等,2011)在对380多名荷兰女护理人员进行的为期1年的纵向研究中发现,在控制ERI后,应对(如问题解决和回避型应对)不能使人们免于因病缺勤,因病缺勤是"生理和精神损伤"的综合表现。

岛津和萧费利(Shimazu & Schaufeli,2007)对418名男性日本装配线员工持续追踪了1年的时间,这一研究是最有趣的研究之一。研究人员认为,基于COR理论(Hobfoll,1989),以问题为中心的应对可能在短期内是有帮助的,但随着时间的推移,可能并没有帮助,因为它需要付出努力,并会消耗资源,导致疲劳。岛津和萧费利认为,将以问题为中心的应对与分散注意力相结合,这是一种以情绪为中心的应对方式,它将促进恢复,且从长远来看,还会增强以问题为中心的应对方式的有效性。他们发现,这一组合可以预测压力水平的降低。

应对仍然是一个重要的研究领域。然而,还需进行更多的纵向研究以更好地评估职业情境下应对策略的有效性。按照岛津和萧费利(Shimazu & Shaufeli,2007)的思路进行研究可能有所帮助,但研究人员也应该考虑到更广泛的社会、组织和经济结构对个体应对努力的限制。

## 其他研究的思考

根据本章所回顾的研究,我们可以得出一个合理结论:社会心理工作条件(如决策自由度、心理工作负荷和工作不安全感)对心理健康有影响。然而,读者应该警惕的是研究问题仍然存在。尽管本章并不包括所有的研究问题,但这里仍需要强调六个问题。第一是检验反向因果假设的重要性。第二是对社会经济地位(socioeconomic status, SES)的控制问题。第三是对工作领域以外的压力源的控制的相关问题。第四是关于纵向研究中多波数据收集的时间点问题。第五是决定对哪些工作人群进行研究。第六涉及到 OHP 对自我报告测量的依赖。这些问题也和社会心理工作因素与心血管及肌肉骨骼疾病的关系的研究有关。这将在第四章中讨论。

## 反向因果

第一个问题涉及一个尚未充分探讨的疑问,即员工的心理健康或人格是否影响工作场所的社会心理特征(de Lange, Taris, Kompier, Houtman, & Bongers, 2003；Dormann & Zapf, 2002；Elovainio 等, 2013；Hurrell, Nelson, & Simmons, 1998；Lang 等, 2011；Schonfeld, 2001)。如果能够收集更多的证据说明工作场所特征对心理健康和人格的影响以及相反的影响,那么我们将对工作场所的动态变化有一个更全面的了解(Zapf, Dormann, & Frese, 1996)。员工的心理健康影响工作场所特征的测量至少有三种方式。第一,员工的心理健康或多或少会对工作因素产生直接影响。例如,抑郁的人往往易怒,他们可能会赶走那些支持者或与同事产生冲突,并在工作中引发其他问题。冲突和支持通常是自变量而不是因变量。第二,一个心理苦恼的员工可能会对工作场所特征有更消极的感知,从而使自陈量表产生偏差。第三,患严重心理疾病的员工可能被降职到声望较低、资源匮乏的工作中。

虽然关于一般压力的研究文献表明,压力性生活事件在抑郁症的发病中起一定作用,但是也有证据说明了压力事件的个体易感性。肯德勒、卡尔科夫斯基和普雷斯科特(Kendler, Karkowski, & Prescott, 1999)发现,"有些人有一种稳定的倾向,即容易使自己陷入压力性生活事件中"(p. 838)。朗等人(Lang 等, 2011)在研究组织公平和抑郁症状之间的关系时,对标准和反向的因果关系进行了检验,并指出"纵向分析的结果需要修正以前的因果关系假设"(p. 613)。

德兰格等人(de Lange 等, 2004)在 SMASH 研究[①]中发现了从压力到 DCS 变量的反向因果关系;但这种效应低于 DCS 变量对压力的影响。普莱瑟等人(Plaisier 等, 2007)在他们为期 2 年的纵向研究中,将追踪样本限制在基线时没有心理障碍的个体,以控制反向因果过程,并检验工作负荷等工作场所因素与追踪期间心理障碍发生率之间的关系。我们也有兴趣了解,在控制基线工作负荷后,基线期的心理障碍或高水平的心理困扰是否影响追踪期间的工作负荷。保罗和莫瑟(Paul & Moser, 2009)发现,尽管失业对心理健康的影响更大,但心理健康状况不佳仍与失业的风险增加相关。舍恩菲尔德(Schonfeld, 2001)排除了如下反向因果关系的假设:教师先前存在的困扰会导致与工作相关的压力源的产生。反向因果关系的厘清

---

① SMASH 代表肌肉骨骼疾病、旷工、压力和健康的研究。

有助于更细致地描述心理健康、工作压力源与资源因素的关系。

**控制社会经济地位**

第二个问题是在评估社会心理工作条件与心理健康之间的关系时,是否要控制 SES,特别是将大量在职者分配到 SES 职位的研究中。SES 是个体所处的、会影响心理健康的社会环境(如,邻里素质、住房质量、街头犯罪的暴露程度)的一个重要决定因素(Tausig & Fenwick, 2011)①。同时,SES 较低的工作通常会让员工有更少的控制和更低的工作安全感等等,这凸显了 SES 和工作条件的混淆。在一项对 500 名芬兰被试进行的始于童年时期并持续 35 年的研究中,哈卡宁、巴克和约基萨里(Hakanen, Bakker, & Jokisaari, 2011)发现,社会阶层出身与 35 年后倦怠的关系很大程度上受到这期间的工作条件的中介作用。换言之,SES 出身和倦怠之间的联系受工作中社会心理工作条件的介导,而个人的社会阶层出身是由与阶级相关的阻碍和支持(如资源贫乏和资源丰富的学校)导致的。

在一些关于不良健康状况的风险因素的研究中,SES 经常被视为控制变量(North, Syme, Feeney, Shipley & Marmot, 1996)。虽然 SES 和社会心理工作条件(如决策权)存在共变关系,但是由一些 Whitehall II 研究者提供的证据表明,SES 和社会心理工作条件对健康的影响可以消除(Kuper 等, 2002)。调查者可能希望在回归方程中将 SES 作为控制变量,并通过这一方程来评估工作条件对员工心理(或身体)健康的影响。然而,由于 SES 和工作条件相混淆,将 SES 作为控制变量的结果是,代表工作条件变量的回归系数将低估该工作条件的真正影响(North 等, 1996; Rugulies 等, 2006)。关于是否控制 SES 这一问题的答案并不总是明确的,但有三点需要强调:(a)SES(和 SES 不平等)对心理健康的影响独立于工作场所的社会心理风险因素(Marmot & Wilkinson, 2001),所以应该加以控制;(b)社会心理工作条件对某种心理健康结果影响的"真实"效应量介于 SES 被纳入回归方程和被忽略时的效应量之间(North 等, 1996);(c)在忽略 SES 的回归方程中可以发现真实的效应量(Rugulies 等, 2006)。

第三种观点认为,员工所处工作条件完全中介了 SES 对心理健康的影响。另一种方法是评估发生在工作中和工作外的压力源。非工作压力源(如,房屋质量,曾是犯罪受害者)与工作压力源的广泛结合会更充分(虽然并不能完全)地囊括 SES 的影响。这将我们引向第三个问题。

---

① 第四章阐述了 SES 与身体健康的关系。

## 非工作压力源

压力源并不局限于职业领域(如,租金意外提高,亲人的重大疾病)。在许多生活角色(如,配偶)中,个体都暴露于压力源之下。因此,控制工作外的压力源有助于分析工作压力源对心理健康状况的影响(Schonfeld, 2001)。因为非工作压力源是个更近端的因素,所以它们可能会体现出 SES 对心理健康的影响,这种方式有别于社会心理工作条件对其的影响。

此外,在研究社会心理工作条件对心理健康的影响时,控制非工作压力源有两个方法学上的优势。第一点是通过对非工作压力源的控制,调查者可以更精确地估计工作场所压力源对心理结果的影响(Schonfeld & Bianchi, 2016b)。

但如果非工作压力源与心理健康结果相关,而与工作场所压力源不相关会怎样?不管研究者是否对非工作压力源进行控制,工作场所压力源的效应量大小都保持不变吗?答案为"是的"。既然这样,为什么还要控制非工作压力源呢?这种情况下,控制非工作压力源的第二个优势就显现出来了。即使工作的和非工作的压力源不相关,但如果非工作压力源能够对工作压力源解释范围之外的心理结果的额外变异进行解释,那么预测方程的误差变异就会更小。最终结果是,用于检验回归系数显著性的标准误会更小,从而为检验工作场所压力源的效应提供更多检验力(D. Rindskopf,个人交流,2015 年 11 月)。

## 多波数据收集时间段

第四个问题涉及到时间安排。虽然本章的大部分研究都是纵向的,但有一项两波纵向研究没有包括在内,因为第 1 波测量和第 2 波测量间隔了 24 年。即使在职人员仍在原来的岗位上工作,其基线期的工作条件与 24 年后也可能截然不同,被试也可能更换(或多次更换)工作。虽然 24 年的时滞是个极端的例子,但在滞后时间较短的研究中,员工仍会受到工作条件变化的影响,甚至可能换工作。例如,费列等人(Ferrie 等,2002)使用 Whitehall II 的数据,控制了基线期的公务员职级(代替 SES),然而随着时间的推移,样本中有些个体的职位升到了更高的职级。那么职级的影响是什么?在哪个时间点,职级产生了影响?在后一波数据收集的社会心理工作条件发生变化的情况下,前一波测量的社会心理工作条件又如何预测心理症状呢?

卡斯尔(Kasl, 1983)对所谓"纵向研究应该为压力与疾病研究中的因果推断问题提供广泛的解决方案"的观点呈批判性态度(p.89)。本章大多数纵向研究都采用老员工作为样本。研究老员工可能涉及的问题是,有压力的工作环境对员工健康最重要的影响可能在研究开始之前就已经发生了。还有一个问题涉及多波数据收集时间段的安排。影响慢性病发展的因素可能需要很长一段时间才能发挥作用,但社会心理工作条件的作用是不同的。在 SMASH 研究中,德兰格等人(de Lange 等,2004)在检验早期测量的 DCS 变量对后来测得压力的影响(以及反向因果效应)时,评估了 1 年、2 年和 3 年时间滞后的适用性。研究团队发现,1 年的时滞最适合评估 DCS 因素对抑郁症状和情绪枯竭的影响。在涉及许多不同职业群体的研究中,为了合理估计社会心理压力源对心理健康结果的因果影响的时间范围而选择的数据收集时间段不可能为其中的少数群体进行调整,尽管德兰格等人的样本包含不同类型的员工。

刚从大学毕业成为教师的女性,以及被分配到不善经营的、秩序混乱的学校里的女性,几乎都立即出现了抑郁症状的高峰(Schonfeld,2000)。在舍恩菲尔德的研究中,多波数据收集的时间阶段是基于他与许多教师熟识而掌握的经验来确定的。一项为期 5 年,甚至 2 年或 1 年的研究,在数据收集的时间阶段之间,不会在症状发生时出现发病高峰,从而损害该研究在工作条件对症状的影响中作出合理准确估计的能力(参见 de Lange 等,2004)。舍恩菲尔德(Schonfeld,2001)决定在学年开始前收集抑郁症状的数据,在秋季和春季学期再次收集数据。否则,他就无法记录在最混乱的学校里的教师们立即出现的症状的高峰。研究者必须仔细计划数据收集的时间阶段,以便研究者把识别感兴趣的效应的机会最大化(Frese & Zapf,1988),这对涉及单个职业的纵向研究来说,要比涉及许多不同职业的研究更容易做到,因为研究人员对该职业有更深入的了解。

另一个与时间安排相关的问题是,研究人员需要知道哪些人换了工作,继而导致了长期暴露。在对长期暴露于恶劣工作条件的影响进行研究(Ford 等,2014)时,即使研究对象是那些一直在同一工作岗位上或组织中的个体,也需要了解这种暴露的长期性。德兰格等人(de Lange 等,2004)将收集的样本限制于那些在稳定且不受重组影响的组织中工作的员工。有些时候,仅仅对在两次数据收集过程中一直在相同工作岗位工作的员工进行分析是不够的。当舍恩菲尔德(Schonfeld,2001)用春季学期评估的抑郁症状对秋季学期教师的工作条件进行回归分析时,他排除了那些仍然担任教师但换了学校的被试,并将分析限制在仍然留在同一个学校的教师之中,因为被调到其他学校的教师的社会心理工作条件可能会发生变化。

在纵向研究中,研究人员需要谨慎决定多波数据收集的时间。来自以往研究与在职者判断的初步证据应该对决定数据收集的时间安排有所帮助。

## 关于研究人群的决策

第五个问题是关于研究的工作人群的决策。包含大量职业种类的研究更适合于描述性研究,而不是分析性研究(Kristensen,1995)。克里斯滕森(Kristensen)写道:"在阐明可能的因果关系的分析性研究中,重要的是暴露环境的差异"(p.21)。为了评估社会心理工作条件的影响,即所谓的暴露变量,调查人员可以选择职业群体的成员,以便对在暴力和工作不安全感等方面的暴露进行对比。这些职业群体甚至可以有相同的职称(如,在混乱的和管理良好的学校中的教师),只要它们拥有不同的工作条件(它的影响将作为研究的主题)。通过限制正在研究的职业群体的数量,调查人员可以更好地规划数据收集的时间,以有针对性地检测目标工作条件对心理健康的影响。

## 依赖自我报告的测量

第六个问题是心理健康结果和社会心理工作场所因素经常通过自我报告来衡量这一事实。卡斯尔(Kasl,1983)批判了早期的自我报告的压力源量表,因为他们常常将压力源及其导致的后果放在同一题目中(如,"你对'工作中的某些情况'有多不安?")。把这些题目放在自我报告的压力源量表中,可能会夸大此量表和困扰的测量结果之间的相关性。卡斯尔(Kasl,1987)提出,自我报告的压力源量表中的题目应该使用中立的措辞,题目应尽量不提及那些公认会受到假定的压力源所影响的困扰。斯佩克特(Spector,1992)提供的证据表明,自我报告量表能有效评估工作环境。这个量表中的每一个题目都应该清楚明确,并能够确定某种情况的发生及其频率如何,而无须指出完成量表的员工在发生这一情况时有多不安。舍恩菲尔德(Schonfeld,1996)和舍恩菲尔德、李和夏(Schonfeld, Rhee, & Xia,1995)的研究表明,包含中性措辞的自我报告的压力源量表可以尽量减少与先前存在的抑郁症状的混淆。

坎贝尔和菲斯克(Campbell & Fiske,1959)在他们关于效度的经典论文中为以下观点援引了证据:如果以相同的方法(如,纸笔自我报告)评估两个构念,那么它们之间的相关可能会增加。由此得出一个推论:如果用共同的方法来测量,工作压力源和心理健康之间的相关性很可能会增加。弗塔嫩等人(Virtanen等,2007)指出,一些纵向研究使用"主观评估"的方式来评估工作压力源和心理健康。换句话说,研究者一定程度上是使用自我报告评估工作压力源与心理健康这两种变量之间的关系。弗塔嫩及其同事克服了这一潜在的来源偏差,方式如下:(a)通过自我报告,对工作场所要求和控制进行评估;(b)通过芬兰的国家处方登记获取研究对象的抗抑郁药物处方记录,从而对心理健康进行独立评估。

在一项既包括压力的自我报告,又包括压力的外部评估的研究中,塞默、扎普夫和格雷夫(Semmer,Zapf, & Greif,1996)认为,"分析表明,自我报告可能比我们通常认为的更好"(p.304)。斯佩克特(Spector,1987,1992,2006)对共同方法的观点提出了挑战,并提供实证依据证明,共同的方法不一定会增加不同构念的测量之间的相关性,尤其是在自我报告数据中(如压力源和紧张量表)。卡拉塞克(Karasek,1979)指出,在他的瑞典样本数据中既包含与工作相关的自由裁量权的专家评分,又包含自我报告评分,而且它们的相关性较高($r=0.69$)。在哈克曼和劳勒(Hackman & Lawler,1971)对美国通信公司员工的研究中,员工和研究人员对员工自主性的评分之间的相关为0.91。多伦温德(Dohrenwend,2006)发现士兵对战场事件的回忆非常准确。莱伊诺和哈尼宁(Leino & Hänninen,1995)表明,员工对"社会心理工作因素的感知不是一成不变的,会受客观工作条件变化的影响"(p. 139)。

"客观"的测量并不是没有缺陷。弗里斯和扎普夫(Frese & Zapf,1988)和塞默等人(Semmer 等,1996)表明,工作条件的客观测量(如专家观察员评分)有不足之处,包括观测时间有限,评分是基于工作条件的非代表性抽样进行的,观察员无意中引起被观察员工的变化,观察者偏见,以及评分者没有充足的信息来解释影响个别员工的条件。客观的测量有时被用来描述一些恰巧有相同职称的员工的工作条件(替代),来最大限度地减少压力源的职称内变异。舍恩菲尔德(Schonfeld,1992)和舍恩菲尔德等人(Schonfeld 等,1995)的研究发现,官方的、客观的学校暴力测量存在严重缺陷,因为暴力事件发生率被低估了,这使得这些测量方法几乎无法用于研究教师压力。弗塔嫩等人利用官方的处方史作为心理健康问题的表征时,低估了这个问题的严重性,因为(a)许多患抑郁或焦虑的患者进行的是心理治疗而不是药物治疗,或者(b)根本不治疗。总之,我们可以合理地认为:在研究中测量的质量比使用的测量类型更重要。

## 总结

很多研究已经调查了社会心理工作条件对心理健康的影响。探究失业这一因素对心理健康影响的研究多于对其他任何社会心理因素的研究。这些研究有一个共识:失业对心理健康有不良影响,甚至可能导致自杀。另一个最常见的研究领域是DC(S)变量与心理健康的关系。研究表明,高工作要求和/或低工作控制对心理健康有负面影响。高要求和低控制中任意一个或两者组合,都是导致心理健康状况不良的风险因素。有证据表明来自同事或主管支持的减少也是一个风险因素。JD-R模型表明,要求和资源对倦怠有影响,然而,基于JD-R进行的研究比DC(S)模型少得多。研究结果倾向于支持ERI模型;然而,针对ERI进行的研究比DC(S)模型要少。

虽然没有深入的证据来证明,但其他的社会心理因素也可能会影响心理健康。这些因素包括组织不公平、长时间工作、轮班工作和与工作有关的压力事件。此外,工作不安全感对心理健康不良影响的研究很有前景。

在研究社会心理工作条件对心理健康的影响时,OHP研究人员面临许多挑战,其中一个是估计多波数据收集的适当时间阶段，以便评估工作条件对健康的因果影响。研究者必须确定出在两次测量之间有工作变动的员工，因为时间1工作条件对时间2结果的影响对仍然留职的员工与更换工作的员工来说是不同的。如果我们能更好地了解一个员工的心理健康如何影响社会心理工作条件，那也会很有趣。因为自我报告的测量也有可能继续在社会心理工作条件影响的研究中发挥作用（参见 Sauter & Murphy, 1995），所以确保自我报告测量的高质量和尽量减少混淆很重要。研究人员面对的挑战是如何确定 SES 在理解工作条件和心理健康关系中的作用。显然，SES 和工作条件是相关的。最后，在工作压力源的影响的相关研究中，统计上控制非工作领域中产生的压力源会帮助研究人员更精确地估计工作场所压力源的影响。

## 参考文献

Aalto, A., Elovainio, M., Kivimäki, M., Uutela, A., & Pirkola, S. (2012). The Beck Depression Inventory and General Health Questionnaire as measures of depression in the general population: A validation study using the Composite International Diagnostic Interview as the gold standard. *Psychiatry Research*, 197, 163–171. doi: 10.1016/j.psychres.2011.09.008

Adeniran, R., Healy, D., Sharp, H., Williams, J. M., Minors, D., & Waterhouse, J. (1996). Interpersonal sensitivity predicts depressive symptom response to the circadian rhythm disruption of nightwork. *Psychological Medicine*, 26(6), 1211–1221.

Adler, A. (1994). Health manual for the tailoring trade. In E. Hoffman (Ed.), *The drive for self: Alfred Adler and the founding of individual psychology* (pp. 1–14). Reading, MA: Addison-Wesley. (Original work published 1898)

Adler, D. A., Mclaughlin, T. J., Rogers, W. H., Chang, H., Lapitsky, L., & Lerner, D. (2006). Job performance deficits due to depression. *American Journal of Psychiatry*, 163, 1569–1576. doi: 10.1176/appi.ajp.163.9.1569

Bakker, A. B., & Demerouti, E. (2014). Job demands-resources theory. In P. Y. Chen & C. L. Cooper (Eds.), *Work and wellbeing: A complete reference guide* (Vol. 3, pp. 37–64). Chichester, England: Wiley.

Barnett, R. C., & Brennan, R. T. (1997). Change in job conditions, change in psychological distress, and gender: A longitudinal study of dual-earner couples. *Journal of Organizational Behavior*, 18, 253–274. doi: 10.1002/(SICI)1099-1379(199705)18: 3<253: AID-JOB800>3.0.CO; 2-7

Baxter, A., Charlson, F., Somerville, A., & Whiteford, H. (2011). Mental disorders as risk factors: Assessing the evidence for the Global Burden of Disease Study. *BMC Medicine*, 9, 134. doi: 10.1186/1741-7015-9-134

Beck, A. T., Ward, C. H., Mendelson, M., Mock, J., & Erbaugh, J. (1961). An inventory for measuring depression. *Archives of General Psychiatry*, 4, 561–571. doi: 10.1001/archpsyc.1961.01710120031004

Berkman, L. F., & Syme, S. (1979). Social networks, host resistance, and mortality: A nine-year follow-up study of Alameda County residents. *American Journal of Epidemiology*, 109 (2), 186–204.

Berman, A. L. (2009). Depression and suicide. In I. H. Gotlib & C. L. Hammen (Eds.), *Handbook of depression* (2nd ed., pp. 510–530). New York, NY: Guilford Press.

Bianchi, R., Schonfeld, I. S., & Laurent, E. (2014). Is burnout a depressive disorder? A re-examination with special focus on atypical depression. *International Journal of Stress Management*, 21, 307–324. doi: 10.1037/a0037906

Bohle, P., & Tilley, A. J. (1989). The impact of night work on psychological well-being. *Ergonomics*, 32, 1089–1099. doi: 10.1080/00140138908966876

Bourbonnais, R., Comeau, M., & Vezina, M. (1999). Job strain and evolution of mental health among nurses. *Journal of Occupational Health Psychology*, 4, 95–107. doi: 10.1037/1076–8998.4.2.95

Boyd, C. M., Bakker, A. B., Pignata, S., Winefield, A. H., Gillespie, N., & Stough, C. (2011). A longitudinal test of the job demands-resources model among Australian university academics. *Applied Psychology: An International Review*, 60, 112–140. doi: 10.1111/j.1464–0597.2010.00429.x

Brand, J. E., Levy, B. R., & Gallo, W. T. (2008). Effects of layoffs and plant closings on subsequent depression among older workers. *Research on Aging*, 30, 701–721. doi: 10.1177/0164027508322574

Bromet, E. J., Dew, M. A., Parkinson, M. S., & Schulberg, H. C. (1988). Predictive effects of occupational and marital stress on the mental health of a male work force. *Journal of Organizational Behavior*, 9, 1–13. doi: 10.1002/job.4030090102

Bruce, M., Leaf, P. J., Rozal, G. M., & Florio, L. (1994). Psychiatric status and 9-year mortality data in the New Haven Epidemiologic Catchment Area Study. *American Journal of Psychiatry*, 151 (5), 716–721.

Bültmann, U., Kant, I., Van den Brandt, P., & Kasl, S. (2002). Psychosocial work characteristics as risk factors for the onset of fatigue and psychological distress: prospective results from the Maastricht Cohort Study. *Psychological Medicine*, 32(2), 333–345.

Campbell, D. T., & Fiske, D. W. (1959). Convergent and discriminant validation by the multitrait-multimethod matrix. *Psychological Bulletin*, 56, 81–105. doi: 10.1037/h0046016

Carver, C. S., & Connor-Smith, J. (2010). Personality and coping. *Annual Review of Psychology*, 61, 679–704. doi: 10.1146/annurev.psych.093008.100352

Chrisopoulos, S., Dollard, M. F., Winefield, A. H., & Dormann, C. (2010). Increasing the probability of finding an interaction in work stress research: A two-wave longitudinal test of the triple-match principle. *Journal of Occupational and Organizational Psychology*, 83, 17–37. doi: 10.1348/096317909X474173

Clays, E., De Bacquer, D., Leynen, F., Kornitzer, M., Kittel, F., & De Backer, G. (2007). Job stress and depression symptoms in middle-aged workers: Prospective results from the Belstress study. *Scandinavian Journal of Work, Environment & Health*, 33(4), 252–259.

Cohan, W. D. (2015, October 3). Deaths draw attention to Wall Street's grueling pace. *New York Times*.

Cohen, S., & Wills, T. A. (1985). Stress, social support, and the buffering hypothesis. *Psychological Bulletin*, 98, 310–357. doi: 10.1037/0033–2909.98.2.310

Coope, C., Donovan, J., Wilson, C., Barnes, M., Metcalfe, C., Hollingworth, W., ... Gunnell,

D. (2015). Characteristics of people dying by suicide after job loss, financial difficulties and other economic stressors during a period of recession (2010 – 2011): A review of coroners' records. *Journal of Affective Disorders*, *183*, 98 – 105. doi: 10. 1016/j. jad. 2015. 04. 045

Cooper, M., Russell, M., & Frone, M. R. (1990). Work stress and alcohol effects: A test of stress-induced drinking. *Journal of Health and Social Behavior*, *31*, 260 – 276. doi: 10. 2307/2136891

Crum, R. M., Muntaner. C., Eaton, W. W., & Anthony, J. C. (1995). Occupational stress and the risk of alcohol abuse and dependence. *Alcoholism, Clinical and Experimental Research*, *19*, 647 – 655. doi: 10. 1111/j. 1530 – 0277. 1995. tb01562. x

de Jonge, J., & Dormann, C. (2006). Stressors, resources, and strain at work: A longitudinal test of the triple-match principle. *Journal of Applied Psychology*, *91*, 1359 – 1374. doi: 10. 1037/0021 – 9010. 91. 5. 1359

de Jonge, J., van Vegchel, N., Shimazu, A., Schaufeli, W., & Dormann, C. (2010). A longitudinal test of the demand-control model using specific job demands and specific job control. *International Journal of Behavioral Medicine*, *17*, 125 – 133. doi: 10. 1007/s12529 – 010 – 9081 – 1

de Lange, A. H., Taris, T. W., Kompier, M. J., Houtman, I. D., & Bongers, P. M. (2003). 'The very best of the millennium': Longitudinal research and the demand-control-(support) model. *Journal of Occupational Health Psychology*, *8*, 282 – 305. doi: 10. 1037/1076 – 8998. 8. 4. 282

de Lange, A. H., Taris, T. W., Kompier, M. J., Houtman, I. D., & Bongers, P. M. (2004). The relationships between work characteristics and mental health: Examining normal, reversed and reciprocal relationships in a 4-wave study. *Work & Stress*, *18*, 149 – 166. doi: 10. 1080/02678370412331270860

Deb, P., Gallo, W. T., Ayyagari, P., Fletcher, J. M., & Sindelar, J. L. (2011). The effect of job loss on overweight and drinking. *Journal of Health Economics*, *30*, 317 – 327. doi: 10. 1016/j. jhealeco. 2010. 12. 009

Dee, T. (2001). Alcohol abuse and economic conditions: Evidence from repeated cross-sections of individual-level data. *Health Economics*, *10*(3), 257 – 270.

Demerouti, E., Bakker, A. B., Nachreiner, F., & Schaufeli, W. B. (2001). The job demands-resources model of burnout. *Journal of Applied Psychology*, *86*, 499 – 512. doi: 10. 1037/0021 – 9010. 86. 3. 499

Derogatis, L. R. (1977). *The SCL-R-90 Manual I: Scoring, Administration and Procedures for the SCL-90*. Baltimore, MD: Clinical Psychometric Research.

Derogatis, L. R. (1983). *SCL-90-R: Administration, scoring and procedures manual-II*. Baltimore, MD: Clinical Psychometric Research.

Dohrenwend, B. P., Shrout, P. E., Egri, G., & Mendelsohn, F. S. (1980). Nonspecific psychological distress and other dimensions of psychopathology. *Archives of General Psychiatry*, *37*, 1229 – 1236. doi: 10. 1001/archpsyc. 1980. 01780240027003

Dohrenwend, B. P., Turner, J. B., Turse, N. A., Adams, B. G., Koenen, K. C., & Marshall, R. (2006). The psychological risks of Vietnam for U. S. veterans: A revisit with new data and methods. *Science*, *313*, 979 – 982. doi: 10. 1126/science. 1128944

Dooley, D., Fielding, J., & Levi, L. (1996). Health and unemployment. *Annual Review of Public Health*, *17*, 449 – 465.

Dormann, C., & Zapf, D. (2002). Social stressors at work, irritation, and depressive symptoms:

Accounting for unmeasured third variables in a multi-wave study. *Journal of Occupational and Organizational Psychology*, 75, 33–58. doi: 10. 1348/096317902167630

Durkheim, É. (1951/1912). *Suicide: A study in sociology* (J. A. Spaulding & G. Simpson, Transl. ). Glencoe, IL: Free Press.

Elovainio, M. , Kivimäki, M. , Vahtera, J. , Keltikangas-Järvinen, L. , & Virtanen, M. (2003). Sleeping problems and health behaviors as mediators between organizational justice and health. *Health Psychology*, 22, 287–293. doi: 10. 1037/0278–6133. 22. 3. 287

Elovainio, M. , Linna, A. , Virtanen, M. , Oksanen, T. , Kivimäki, M. , Pentti, J. , & Vahtera, J. (2013). Perceived organizational justice as a predictor of long-term sickness absence due to diagnosed mental disorders: results from the prospective longitudinal Finnish Public Sector Study. *Social Science & Medicine* (1982), 91,39–47. doi: 10. 1016/j. socscimed. 2013. 05. 008

Fandiño-Losada, A. , Forsell, Y. , & Lundberg, I. (2013). Demands, skill discretion, decision authority and social climate at work as determinants of major depression in a 3-year follow-up study. *International Archives of Occupational and Environmental Health*, 86, 591–605. doi: 10. 1007/s00420–012–0791–3

Farber, B. A. (1991). *Crisis in education: Stress and burnout in the American teacher*. San Francisco, CA: Jossey-Bass.

Ferrie, J. E. (2004). *Work stress and health: The Whitehall II study*. London, England: Council of Civil Service Unions/Cabinet Office.

Ferrie, J. E. , Head, J. , Shipley, M. J. , Vahtera, J. , Marmot, M. G. , & Kivimäki, M. (2006). Injustice at work and incidence of psychiatric morbidity: The Whitehall II study. *Occupational and Environmental Medicine*, 63, 443–450. doi: 10. 1136/oem. 2005. 022269

Ferrie, J. E. , Shipley, M. , Marmot, M. , Martikainen, P. , Stansfeld, S. , & Smith, G. (2001). Job insecurity in white-collar workers: Toward an explanation of associations with health. *Journal of Occupational Health Psychology*, 6, 26–42. doi: 10. 1037/1076–8998. 6. 1. 26

Ferrie, J. E. , Shipley, M. J. , Stansfeld, S. A. , & Marmot, M. G. (2002). Effects of chronic job insecurity and change in job security on self-reported health, minor psychiatric morbidity, physiological measures, and health related behaviours in British civil servants: The Whitehall II study. *Journal of Epidemiology and Community Health*, 56, 450–454. doi: 10. 1136/jech. 56. 6. 450

Ferris, G. R. , Treadway, D. C. , Kolodinsky, R. W. , Hochwarter, W. A. , Kacmar, C. J. , Douglas, C. , & Frink, D. D. (2005). Development and validation of the political skill inventory. *Journal of Management*, 31,126–152. doi: 10. 1177/0149206304271386

Ford, M. T. , Cerasoli, C. P. , Higgins, J. A. , & Decesare, A. L. (2011). Relationships between psychologi cal, physical, and behavioural health and work performance: A review and meta-analysis. *Work & Stress*, 25, 185–204. doi: 10. 1080/02678373. 2011. 609035

Ford, M. T. , Matthews, R. A. , Wooldridge, J. D. , Mishra, V. , Kakar, U. M. , & Strahan, S. R. (2014). How do occupational stressor-strain effects vary with time? A review and meta-analysis of the relevance of time lags in longitudinal studies. *Work & Stress*, 28, 9–30. doi: 10. 1080/02678373. 2013. 877096

Frese, M. (1999). Social support as a moderator of the relationship between work stressors and psychological dysfunctioning: A longitudinal study with objective measures. *Journal of Occupational Health Psychology*, 4, 179–192. doi: 10. 1037/1076–8998. 4. 3. 179

Frese, M., & Zapf, D. (1988). Methodological issues in the study of work stress: Objective vs. subjective measurement of work stress and the question of longitudinal studies. In C. L. Cooper & R. Payne (Eds.), *Causes, coping, and consequences of stress at work* (pp. 375 – 411). Chichester, England: Wiley.

Freud, S. (1962). *Civilization and its discontents* (J. Strachey, Trans.). New York, NY: W. W. Norton. (Original work published 1930)

Freudenberger, H. J. (1974). Staff burnout. *Journal of Social Issues*, 30(1), 159 – 165.

Frone, M. R. (2015). The Great Recession and employee alcohol use: A U. S. population study. *Psychology of Addictive Behaviors*. doi: 10.1037/adb0000143

Frone, M. R., & Tidwell, M.-C. O. (2015). The meaning and measurement of work fatigue: Development and evaluation of the three-dimensional Work Fatigue Inventory (3D-WFI). *Journal of Occupational Health Psychology*, 20(3), 273 – 288. doi: 10.1037/a0038700

Garcy, A., & Vågerö, D. (2012). The length of unemployment predicts mortality, differently in men and women, and by cause of death: A six year mortality follow-up of the Swedish 1992 – 1996 recession. *Social Science & Medicine*, 74 (1982), 1911 – 1920. doi: 10.1016/j.socscimed.2012.01.034

Gelsema, T. I., Van Der Doef, M., Maes, S., Janssen, M., Akerboom, S., & Verhoeven, C. (2006). A longitudinal study of job stress in the nursing profession: Causes and consequences. *Journal of Nursing Management*, 14, 289 – 299. doi: 10.1111/j.1365 – 2934.2006.00635.x

Gibb, S. J., Fergusson, D. M., & Horwood, L. J. (2012). Working hours and alcohol problems in early adulthood. *Addiction*, 107, 81 – 88. doi: 10.1111/j.1360 – 0443.2011.03543.x

Godin, I., Kittel, F., Coppieters, Y., & Siegrist, J. (2005). A prospective study of cumulative job stress in relation to mental health. *BMC Public Health*, 5, 67 – 76.

Goetzel, R., Ozminkowski, R., Sederer, L., & Mark, T. (2002). The business case for quality mental health services: Why employers should care about the mental health and well-being of their employees. *Journal of Occupational and Environmental Medicine*, 44(4), 320 – 330.

Goldberg, D. P. (1972). *The detection of psychiatric illness by questionnaire: A technique for the identification and assessment of non-psychotic psychiatric illness*. London, England: Oxford University Press.

Goldberg, D. P., Oldehinkel, T. T., & Ormel, J. J. (1998). Why GHQ threshold varies from one place to another. *Psychological Medicine*, 28, 915 – 921. doi: 10.1017/S0033291798006874

González-Morales, M., Rodríguez, I., & Peiró, J. M. (2010). A longitudinal study of coping and gender in a female-dominated occupation: Predicting teachers' burnout. *Journal of Occupational Health Psychology*, 15(1), 29 – 44. doi: 10.1037/a0018232

Gotlib, I. H., & Hammen, C. L. (2009). *Handbook of depression* (2nd ed.). New York, NY: Guilford Press.

Gouldner, A. W. (1960). The norm of reciprocity: A preliminary statement. *American Sociological Review*, 25(2), 161 – 178.

Gururaj, G., Isaac, M., Subbakrishna, D., & Ranjani, R. (2004). Risk factors for completed suicides: A case-control study from Bangalore, India. *Injury Control and Safety Promotion*, 11(3), 183 – 191.

Hackman, J., & Lawler, E. E. (1971). Employee reactions to job characteristics. *Journal of Applied*

*Psychology*, 55(3), 259-286. doi: 10.1037/h0031152

Hakanen, J. J., Bakker, A. B., & Jokisaari, M. (2011). A 35-year follow-up study on burnout among Finnish employees. *Journal of Occupational Health Psychology*, 16, 345-360. doi: 10.1037/a0022903

Hakanen, J. J., Schaufeli, W. B., & Ahola, K. (2008). The Job Demands-Resources model: A three-year cross-lagged study of burnout, depression, commitment, and work engagement. *Work & Stress*, 22, 224-241. doi: 10.1080/02678370802379432

Halbesleben, J. B., Neveu, J., Paustian-Underdahl, S. C., & Westman, M. (2014). Getting to the "COR": Understanding the role of resources in conservation of resources theory. *Journal of Management*, 40, 1334-1364. doi: 10.1177/0149206314527130

Häusser, J. A., Mojzisch, A., Niesel, M., & Schulz-Hardt, S. (2010). Ten years on: A review of recent research on the job demand-control (-support) model and psychological well-being. *Work & Stress*, 24, 1-35. doi: 10.1080/02678371003683747

Haw, C., Hawton, K., Gunnell, D., & Platt, S. (2015). Economic recession and suicidal behaviour: Possible mechanisms and ameliorating factors. *International Journal of Social Psychiatry*. 61, 73-81 doi: 10.1177/0020764014536545

Head, J., Stansfeld, S., & Siegrist, J. (2004). The psychosocial work environment and alcohol dependence: A prospective study. *Occupational and Environmental Medicine*, 61, 219-224. doi: 10.1136/oem. 2002. 005256

Healy, D., Minors, D. S., & Waterhouse, J. (1993). Shiftwork, helplessness and depression. *Journal of Affective Disorders*, 29, 17-25. doi: 10.1016/0165-0327(93)90114-Y

Heikkilä, K., Nyberg, S. T., Fransson, E. I., Alfredsson, L., De Bacquer, D., Bjorner, J. B., ... Kivimäki, M. (2012). Job strain and alcohol intake: A collaborative meta-analysis of individual-participant data from 140,000 men and women. *PLOS ONE*, 7. doi: 10.1371/journal. pone. 0040101

Hemmingsson, T., & Lundberg, I. (1998). Work control, work demands, and work social support in relation to alcoholism among young men. *Alcoholism, Clinical and Experimental Research*, 22, 921-927. doi: 10.1097/00000374-199806000-00024

Hintsa, T., Elovainio, M., Jokela, M., Ahola, K., Virtanen, M., & Pirkola, S. (2016). Is there an independent association between burnout and increased allostatic load? Testing the contribution of psychological distress and depression. *Journal of Health Psychology*, 21, 1576-1586. doi: 10.1177/1359105314559619

Hobfoll, S. E. (1989). Conservation of resources: A new attempt at conceptualizing stress. *American Psychologist*, 44, 513-524. doi: 10.1037/0003-066X. 44. 3. 513

Hobfoll, S. E. (2001). The influence of culture, community, and the nested-self in the stress process: Advancing Conservation of Resources Theory. *Applied Psychology: An International Review*, 50, 337-421. doi: 10.1111/1464-0597. 00062

Hobfoll, S. E., & Shirom, A. (2001). Conservation of resources theory: Applications to stress and management in the workplace. In R. T. Golembiewski (Ed.), *Handbook of organizational behavior* (2nd ed., pp. 57-80). New York, NY: Marcel Dekker.

Holahan, C. J., Moos, R. H., Moerkbak, M. L., Cronkite, R. C., Holahan, C. K., & Kenney, B. A. (2007). Spousal similarity in coping and depressive symptoms over 10 years. *Journal of Family*

*Psychology, 21*, 551–559. doi: 10.1037/0893–3200.21.4.551

Homans, G. C. (1958). Social behavior as exchange. *American Journal of Sociology, 63*, 597–606. doi: 10.1086/222355

House, J., Landis, K., & Umberson, D. (1988). Social relationships and health. *Science, 241*, 540–545. doi: 10.1126/science.3399889

Hurrell, J. J., Jr., Nelson, D. L., & Simmons, B. L. (1998). Measuring job stressors and strains: Where we have been, where we are, and where we need to go. *Journal of Occupational Health Psychology, 3*, 368–389. doi: 10.1037/1076–8998.3.4.368

Jahoda, M. (1981). Work, employment, and unemployment: Values, theories, and approaches in social research. *American Psychologist, 36*, 184–191. doi: 10.1037/0003–066X.36.2.184

Jahoda, M., Lazarsfeld, P. F., & Zeisel, H. (1971). *Marienthal: The sociography of an unemployed community*. Chicago, IL: Aldine. (Original work published 1933)

Jeffery, R. W. (1989). Risk behaviors and health: Contrasting individual and population perspectives. *American Psychologist, 44*, 1194–1202. doi: 10.1037/0003–066X.44.9.1194

Johnson, J. V., Hall, E. M., & Theorell, T. (1989). Combined effects of job strain and social isolation on cardiovascular disease morbidity and mortality in a random sample of the Swedish male working population. *Scandinavian Journal of Work, Environment & Health, 15*, 271–279. doi: 10.5271/sjweh.1852

Kain, J., & Jex, S. (2010). Karasek's (1979) job demands-control model: A summary of current issues and recommendations for future research. In P. L. Perrewé & D. C. Ganster (Eds.), *New developments in theoretical and conceptual approaches to job stress* (pp. 237–268). Bingley, England: Emerald Group Publishing. doi: 10.1108/S1479–3555(2010)0000008009

Karasek, R. A. (1979). Job demands, job decision latitude, and mental strain: Implications for job redesign. *Administrative Science Quarterly, 24*(2), 285–308.

Karasek, R. A. (1985). *Job Content Questionnaire and user's guide*. Los Angeles: Department of Industrial and Systems Engineering, University of Southern California.

Karasek, R. A. (2006). *JCQ version 2.0*. The JCQ Center. Retrieved from www.jcqcenter.org

Karasek, R., Baker, D., Marxer, F., Ahlbom, A., & Theorell, T. (1981). Job decision latitude, job demands, and cardiovascular disease: A prospective study of Swedish men. *American Journal of Public Health, 71*(7), 694–705.

Karasek, R., & Theorell, T. (1990). *Healthy work: Stress, productivity, and the reconstruction of working life*. New York, NY: Basic Books.

Kasl, S. V. (1983) Pursuing the link between stressful life experiences and disease: A time for reappraisal. In C. L. Cooper (Ed.), *Stress research* (pp. 79–102). Chichester, England: Wiley.

Kasl, S. V. (1987). Methodologies in stress and health: Past difficulties, present dilemmas, future directions. In S. V. Kasl & C. L. Cooper (Eds.), *Stress and health: Issues in research methodology* (pp. 307–318). Chichester, England: Wiley.

Kawakami, N., Haratani, T., & Araki, S. (2002). Effects of perceived job stress on depressive symptoms in blue-collar workers of an electrical factory in Japan. *Scandinavian Journal of Work, Environment & Health, 18*(3), 195–200. doi: 10.5271/sjweh.1588

Kendler, K., Karkowski, L., & Prescott, C. (1999). Causal relationship between stressful life events and the onset of major depression. *The American Journal of Psychiatry, 156*(6), 837–841.

Kessler, R., Akiskal, H., Ames, M., Birnbaum, H., Greenberg, P., Hirschfeld, R., ... Wang, P. (2006). Prevalence and effects of mood disorders on work performance in a nationally representative sample of U. S. workers. *American Journal of Psychiatry*, *163*, 1561 – 1568. doi: 10. 1176/appi. ajp. 163. 9. 1561

Kessler, R. C., House, J. S., & Turner, J. B. (1987). Unemployment and health in a community sample. *Journal of Health and Social Behavior*, *28*(1), 51 – 59. doi: 10. 2307/2137140

Kivimäki, M., Elovainio, M., Vahtera, J., & Ferrie, J. (2003). Organisational justice and health of employees: Prospective cohort study. *Occupational and Environmental Medicine*, *60*(1), 27 – 33.

Kivimäki, M., Vahtera, J., Elovainio, M., Virtanen, M., & Siegrist, J. (2007). Effort-reward imbalance, procedural injustice and relational injustice as psychosocial predictors of health: Complementary or redundant models? *Occupational and Environmental Medicine*, *64* (10), 659 – 665.

Kristensen, T. S. (1995). The demand-control-support model: Methodological challenges for future research. *Stress Medicine*, *11*, 17 – 26. doi: 10. 1002/smi. 2460110104

Kristensen, T. S., Borritz, M., Villadsen, E., & Christensen, K. B. (2005). The Copenhagen Burnout Inventory: A new tool for the assessment of burnout. *Work & Stress*, *19*, 192 – 207. doi: 10. 1080/02678370500297720

Kuper, H., Singh-Manoux, A., Siegrist, J., & Marmot, M. (2002). When reciprocity fails: Effort-reward imbalance in relation to coronary heart disease and health functioning within the Whitehall II study. *Occupational and Environmental Medicine*, *59*(11), 777 – 784.

Laitinen-Krispijn, S., & Bijl, R. V. (2000). Mental disorders and employee sickness absence: The NEMESIS study. *Social Psychiatry and Psychiatric Epidemiology*, *35*, 71 – 77. doi: 10. 1007/s001270050010

Lang, J., Bliese, P. D., Lang, J. B., & Adler, A. B. (2011). Work gets unfair for the depressed: Cross-lagged relations between organizational justice perceptions and depressive symptoms. *Journal of Applied Psychology*, *96*, 602 – 618. doi: 10. 1037/a0022463

Lazarus, R. S., & Folkman, S. (1984). *Stress, appraisal, and coping*. New York, NY: Springer Publishing.

Lazarus, R. S., & Folkman, S. (1987). Transactional theory and research on emotions and coping [Special Issue]. *European Journal of Personality*, *1*(3), 141 – 169. doi: 10. 1002/per. 2410010304

Leino, P., & Hänninen, V. (1995). Psychosocial factors at work in relation to back and limb disorders. *Scandinavian Journal of Work, Environment & Health*, *21*(2), 134 – 142.

Luchman, J. N., & González-Morales, M. (2013). Demands, control, and support: A meta-analytic review of work characteristics interrelationships. *Journal of Occupational Health Psychology*, *18*, 37 – 52. doi: 10. 1037/a0030541

Lundin, A., Lundberg, I., Allebeck, P., & Hemmingsson, T. (2012). Unemployment and suicide in the Stockholm population: A register-based study on 771,068 men and women. *Public Health*, *126*, 371 – 377. doi: 10. 1016/j. puhe. 2012. 01. 020

Lundin, A., Lundberg, I., Hallsten, L., Ottosson, J., & Hemmingsson, T. (2010). Unemployment and mortality: A longitudinal prospective study on selection and causation in 49321 Swedish middle-aged men. *Journal of Epidemiology and Community Health*, *64*, 22 – 28. doi: 10. 1136/jech. 2008. 079269

Mäki, N., & Martikainen, P. (2012). A register-based study on excess suicide mortality among unemployed men and women during different levels of unemployment in Finland. *Journal of Epidemiology and Community Health*, 66, 302–307. doi: 10. 1136/jech. 2009. 105908

Malach-Pines, A. (2005). The Burnout Measure, Short Version. *International Journal of Stress Management*, 12, 78–88. doi: 10. 1037/1072–5245. 12. 1. 78

Marchand, A., & Blanc, M. -E. (2011). Occupation, work organization conditions, and alcohol misuse in Canada: An 8-year longitudinal study. *Substance Use & Misuse*, 46, 1003–1014. doi: 10. 3109/10826084. 2010. 543249

Marchand, A., Demers, A., & Durand, P. (2005). Do occupation and work conditions really matter? A longitudinal analysis of psychological distress experiences among Canadian workers. *Sociology of Health & Illness*, 27, 602–627. doi: 10. 1111/j. 1467–9566. 2005. 00458. x

Marmot, M., & Wilkinson, R. (2001). Psychosocial and material pathways in the relation between income and health: A response to Lynch et al. *BMJ (Clinical Research Ed.)*, 322 (7296), 1233–1236.

Maslach, C., & Jackson, S. E. (1986). *Maslach Burnout Inventory: Second edition*. Palo Alto, CA: Consulting Psychologists Press.

Mausner-Dorsch, H., & Eaton, W. W. (2000). Psychosocial work environment and depression: Epidemiologic assessment of the demand-control model. *American Journal of Public Health*, 90, 1765–1770. doi: 10. 2105/AJPH. 90. 11. 1765

McEwen, B. S. (2004). Protection and damage from acute and chronic stress: Allostasis and allostatic overload and relevance to the pathophysiology of psychiatric disorders. *Annals of the New York Academy of Sciences*, 1032, 1–7.

McKee-Ryan, F., Song, Z., Wanberg, C. R., & Kinicki, A. J. (2005). Psychological and physical well-being during unemployment: A meta-analytic study. *Journal of Applied Psychology*, 90(1), 53–76. doi: 10. 1037/0021–9010. 90. 1. 53

McTernan, W. P., Dollard, M. F., & LaMontagne, A. D. (2013). Depression in the workplace: An economic cost analysis of depression-related productivity loss attributable to job strain and bullying. *Work & Stress*, 27, 321–378. doi: 10. 1080/02678373. 2013. 846948

Mead, G. H. (1934). *Mind, self, and society*. Chicago, IL: University of Chicago Press.

Meier, S. T. (1984). The construct validity of burnout. *Journal of Occupational Psychology*, 57, 211–219. doi: 10. 1111/j. 2044–8325. 1984. tb00163. x

Menaghan, E. G., & Merves, E. S. (1984). Coping with occupational problems: The limits of individual efforts. *Journal of Health and Social Behavior*, 25, 406–423. doi: 10. 2307/2136379

Meurs, J. A., Gallagher, V. C., & Perrewé, P. L. (2010). The role of political skill in the stressor-outcome relationship: Differential predictions for self-and other-reports of political skill. *Journal of Vocational Behavior*, 76, 520–533. doi: 10. 1016/j. jvb. 2010. 01. 005

Michélsen, H., & Bildt, C. (2003). Psychosocial conditions on and off the job and psychological ill health: Depressive symptoms, impaired psychological wellbeing, heavy consumption of alcohol. *Occupational and Environmental Medicine*, 60(7), 489–496.

Mills, C. W. (1959). *The sociological imagination*. London, UK: Oxford University Press.

Milner, A., Page, A., & LaMontagne, A. (2013). Long-term unemployment and suicide: A systematic review and meta-analysis. *PLOS ONE*, 8 (1), e51333. doi: 10. 1371/journal.

pone. 0051333

Mino, Y., Shigemi, J., Tsuda, T., Yasuda, N., & Bebbington, P. (1999). Perceived job stress and mental health in precision machine workers of Japan: A 2 year cohort study. *Occupational and Environmental Medicine*, 56(1), 41-45.

Miret, M., Ayuso-Mateos, J., Sanchez-Moreno, J., & Vieta, E. (2013). Depressive disorders and suicide: Epidemiology, risk factors, and burden. *Neuroscience and Biobehavioral Reviews* 37(10, Pt. 1), 2372-2374. doi: 10.1016/j.neubiorev.2013.01.008

Moos, R. H., & Holahan, C. J. (2003). Dispositional and contextual perspectives on coping: Toward an integrative framework. *Journal of Clinical Psychology*, 59, 1387-1403. doi: 10.1002/jclp.10229

Mortensen, P., Agerbo, E., Erikson, T., Qin, P., & Westergaard-Nielsen, N. (2000). Psychiatric illness and risk factors for suicide in Denmark. *The Lancet*, 355(9197), 9-12.

Muntaner, C., Tien, A. Y., Eaton, W. W., & Garrison, R. (1991). Occupational characteristics and the occurrence of psychotic disorders. *Social Psychiatry and Psychiatric Epidemiology*, 26, 273-280. doi: 10.1007/BF00789219

Nicholson, A., Kuper, H., & Hemingway, H. (2006). Depression as an aetiologic and prognostic factor in coronary heart disease: A meta-analysis of 6362 events among 146 538 participants in 54 observational studies. *European Heart Journal*, 27(23), 2763-2774.

Niedhammer, I., Goldberg, M., Leclerc, A., Bugel, I., & David, S. (1998). Psychosocial factors at work and subsequent depressive symptoms in the Gazel cohort. *Scandinavian Journal of Work, Environment & Health*, 24(3), 197-205.

Niedhammer, I., Malard, L., & Chastang, J. (2015). Occupational factors and subsequent major depressive and generalized anxiety disorders in the prospective French national SIP study. *BMC Public Health*, 15, 200. doi: 10.1186/s12889-015-1559-y

Nishiyama, K., & Johnson, J. (1997). Karoshi — death from overwork: occupational health consequences of Japanese production management. *International Journal of Health Service*, 27(4), 625-641.

North, F., Syme, S., Feeney, A., Shipley, M., & Marmot, M. (1996). Psychosocial work environment and sickness absence among British civil servants: the Whitehall II study. *American Journal of Public Health*, 86(3), 332-340.

Olstad, R., Sexton, H., & Søgaard, A. (2001). The Finnmark Study: A prospective population study of the social support buffer hypothesis, specific stressors and mental distress. *Social Psychiatry and Psychiatric Epidemiology*, 36(12), 582-589.

Parkes, K. R., Mendham, C. A., & von Rabenau, C. (1994). Social support and the demand-discretion model of job stress: Tests of additive and interactive effects in two samples. *Journal of Vocational Behavior*, 44, 91-113. doi: 10.1006/jvbe.1994.1006

Paterniti, S., Niedhammer, I., Lang, T., & Consoli, S. M. (2002). Psychosocial factors at work, personality traits and depressive symptoms: Longitudinal results from the GAZEL study. *British Journal of Psychiatry*, 181(2), 111-117.

Paul, K. I., & Moser, K. (2009). Unemployment impairs mental health: Meta-analyses. *Journal of Vocational Behavior*, 74, 264-282. doi: 10.1016/j.jvb.2009.01.001

Pearlin, L. I., & Schooler, C. (1978). The structure of coping. *Journal of Health and Social Behavior*, 19, 2-21. doi: 10.2307/2136319

Perrewé, P. L., Zellars, K. L., Rossi, A. M., Ferris, G. R., Kacmar, C. J., Liu, Y., ... Hochwarter, W. A. (2005). Political skill: An antidote in the role overload-strain relationship. *Journal of Occupational Health Psychology*, 10, 239–250. doi: 10.1037/1076–8998.10.3.239

Plaisier, I., de Bruijn, J., de Graaf, R., ten Have, M., Beekman, A., & Penninx, B. (2007). The contribution of working conditions and social support to the onset of depressive and anxiety disorders among male and female employees. *Social Science & Medicine*, 64, 401–410. doi: 10.1016/j.socscimed.2006.09.008

Podsakoff, N. P., LePine, J. A., & LePine, M. A. (2007). Differential challenge stressor-hindrance stressor relationships with job attitudes, turnover intentions, turnover, and withdrawal behavior: A meta-analysis. *Journal of Applied Psychology*, 92, 438–454. doi: 10.1037/0021–9010.92.2.438

Pratt, L., Ford, D., Crum, R., Armenian, H., Gallo, J., & Eaton, W. (1996). Depression, psychotropic medication, and risk of myocardial infarction: Prospective data from the Baltimore ECA follow-up. *Circulation*, 94(12), 3123–3129.

Qin, P., Agerbo, E., & Mortensen, P. (2003). Suicide risk in relation to socioeconomic, demographic, psychiatric, and familial factors: A national register-based study of all suicides in Denmark, 1981–1997. *American Journal of Psychiatry*, 160, 765–772. doi: 10.1176/appi.ajp.160.4.765

Quinn, R. P., & Staines, G. L. (1979). *The 1977 Quality of Employment Survey: Descriptive statistics with comparison data from the 1960–70 and the 1972–73 surveys*. Ann Arbor: University of Michigan.

Radloff, L. S. (1977). The CES-D Scale: A self-report depression scale for research in the general population. *Applied Psychological Measurement*, 1, 385–401. doi: 10.1177/014662167700100306

Rihmer, Z. (2001). Can better recognition and treatment of depression reduce suicide rates? A brief review. *European Psychiatry*, 16(7), 406–409.

Robins, L., Wing, J., Wittchen, H., Helzer, J., Babor, T., Burke, J., ... Regier, D. (1988). The Composite International Diagnostic Interview: An epidemiologic instrument suitable for use in conjunction with different diagnostic systems and in different cultures. *Archives of General Psychiatry*, 45, 1069–1077. doi: 10.1001/archpsyc.1988.01800360017003

Robinson, W. S. (1950). Ecological correlations and the behavior of individuals. *American Sociological Review*, 15, 352–357. doi: 10.2307/2087176

Romelsjö, A., Hasin, D., Hilton, M., Boström, G., Diderichsen, F., Haglund, B., ... Svanström, L. (1992). The relationship between stressful working conditions and high alcohol consumption and severe alcohol problems in an urban general population. *British Journal of Addiction*, 87(8), 1173–1183.

Rugulies, R., Bültmann, U., Aust, B., & Burr, H. (2006). Psychosocial work environment and incidence of severe depressive symptoms: Prospective findings from a 5-year follow-up of the Danish work environment cohort study. *American Journal of Epidemiology*, 163, 877–887. doi: 10.103/aje/kwj119

Rugulies, R., Thielen, K., Nygaard, E., & Diderichsen, F. (2010). Job insecurity and the use of antidepressant medication among Danish employees with and without a history of prolonged unemployment: A 3.5-year follow-up study. *Journal of Epidemiology and Community Health*, 64, 75–81. doi: 10.1136/jech.2008.078493

Sauter, S. L. , & Murphy, L. R. (1995). Introduction. In S. L. Sauter & L. R. Murphy (Eds.), *Organizational risk factors for job stress* (pp. 321 – 322). Washington, DC: American Psychological Association.

Schaufeli, W. B. , Bakker, A. B. , & Van Rhenen, W. (2009). How changes in job demands and resources predict burnout, work engagement and sickness absenteeism. *Journal of Organizational Behavior*, 30, 893 – 917. doi: 10.1002/job.595

Schaufeli, W. B. , Leiter, M. P. , Maslach, C. , & Jackson, S. E. (1996). Maslach burnout inventory — General survey. In C. Maslach, S. E. Jackson, & M. P. Leiter (Eds.), *Maslach burnout inventory* (3rd ed.). Palo Alto, CA: Consulting Psychologists Press.

Schaufeli, W. B. , & Taris, T. W. (2014). A critical review of the job demands-resources model: Implications for improving work and health. In G. F. Bauer & O. Hämmig (Eds.), *Bridging occupational, organizational and public health: A transdisciplinary approach* (pp. 43 – 68). Dordrecht, The Netherlands: Springer. doi: 10.1007/978 – 94 – 007 – 5640 – 3_4

Schonfeld, I. S. (1990). Distress in a sample of teachers. *Journal of Psychology*, 123, 321 – 338. doi: 10.1080/00223980.1990.10543227

Schonfeld, I. S. (1992). Assessing stress in teachers: Depressive symptoms scales and neutral self-reports of the work environment. In J. C. Quick, L. R. Murphy, & J. J. Hurrell, Jr. (Eds.), *Work and well-being: Assessments and instruments for occupational mental health* (pp. 270 – 285). Washington, DC: American Psychological Association.

Schonfeld, I. S. (1996). Relation of negative affectivity to self-reports of job stressors and psychological outcomes. *Journal of Occupational Health Psychology*, 1, 397 – 412. doi: 10.1037/1076 – 8998.1.4.397

Schonfeld, I. S. (2000). An updated look at depressive symptoms and job satisfaction in first-year women teachers. *Journal of Occupational and Organizational Psychology*, 73, 363 – 371. doi: 10.1348/096317900167074

Schonfeld, I. S. (2001). Stress in 1st-year women teachers: The context of social support and coping. *Genetic, Social, and General Psychology Monographs*, 127, 133 – 168.

Schonfeld, I. S. (2006). School violence. In E. K. Kelloway, J. Barling, & J. J. Hurrell, Jr. (Eds.), *Handbook of workplace violence* (pp. 169 – 229). Thousand Oaks, CA: Sage.

Schonfeld, I. S. , & Bianchi, R. (2016a). Burnout and depression: Two entities or one. *Journal of Clinical Psychology*, 72, 22 – 37. doi: 10.1002/jclp.22229

Schonfeld, I. S. , & Bianchi, R. (2016b). Burnout in firefighters: A word on methodology. *Occupational Medicine*, 66, 79. doi: 10.1093/occmed/kqv184

Schonfeld, I. S. , Rhee, J. & Xia, F. (1995). Methodological issues in occupational-stress research: Research in one occupational group and its wider applications. In S. L. Sauter & L. R. Murphy (Eds.), *Organizational risk factors for job stress* (pp. 323 – 339). Washington, DC: American Psychological Association.

Schreuder, J. H. , Plat, N. , Magerøy, N. , Moen, B. E. , van der Klink, J. L. , Groothoff, J. W. , & Roelen, C. M. (2011). Self-rated coping styles and registered sickness absence among nurses working in hospital care: A prospective 1-year cohort study. *International Journal of Nursing Studies*, 48, 838 – 846. doi: 10.1016/j.ijnurstu.2010.12.008

Scott, A. , Monk, T. , & Brink, L. (1997). Shiftwork as a risk factor for depression: A pilot study. *International Journal of Occupational and Environmental Health*, *3*(Suppl. 2), S2 – S9.

Selvin, H. C. (1958). Durkheim's *Suicide* and problems of empirical research. *American Journal of Sociology*, *63*, 607 – 619. doi: 10. 1086/222356

Semmer, N., Zapf, D., & Greif, S. (1996). 'Shared job strain': A new approach for assessing the validity of job stress measurements. *Journal of Occupational and Organizational Psychology*, *69*, 293 – 310. doi: 10. 1111/j. 2044 – 8325. 1996. tb00616. x

Shields, M. (1999). Long working hours and health. *Health Reports/Statistics Canada*, *Canadian Centre for Health Information*, *11*(2),33 – 48.

Shields, M. (2006). Stress and depression in the employed population. *Health Reports*, *17*(4), 11 – 29.

Shimazu, A., & Schaufeli, W. B. (2007). Does distraction facilitate problem-focused coping with job stress? A 1 year longitudinal study. *Journal of Behavioral Medicine*, *30*, 423 – 434. doi: 10. 1007/s10865 – 007 – 9109 – 4

Shirom, A. (1989). Burnout in work organizations. In C. L. Cooper & I. Robertson (Eds.), *International review of industrial and organizational psychology* (pp. 25 – 48). Chichester, UK: Wiley.

Shirom, A., & Melamed, S. (2006). A comparison of the construct validity of two burnout measures in two groups of professionals. *International Journal of Stress Management*, *13*, 176 – 200. doi: 10. 1037/1072 – 5245. 13. 2. 176

Siegrist, J. (1996). Adverse health effects of high-effort/low-reward conditions. *Journal of Occupational Health Psychology*, *1*, 27 – 41. doi: 10. 1037/1076 – 8998. 1. 1. 27

Siegrist, J., Starke, D., Chandola, T., Godin, I., Marmot, M., Niedhammer, I., & Peter, R. (2004). The measurement of effort-reward imbalance at work: European comparisons. *Social Science & Medicine*, *58*, 1483 – 1499. doi: 10. 1016/S0277 – 9536(03)00351 – 4

Sinclair, R. R., Probst, T., Hammer, L. B., & Schaffer, M. M. (2013). Low income families and occupational health: Implications of economic stress for work-family conflict research and practice. In A. G. Antoniou & C. L. Cooper (Eds.), *The psychology of the recession on the workplace* (pp. 308 – 323). Northampton, MA: Edward Elgar Publishing. doi: 10. 4337/9780857933843. 00030

Skinner, E. A., Edge, K., Altman, J., & Sherwood, H. (2003). Searching for the structure of coping: A review and critique of category systems for classifying ways of coping. *Psychological Bulletin*, *129*, 216 – 269. doi: 10. 1037/0033 – 2909. 129. 2. 216

Skipper, J. K., Jr., Jung, F. D., & Coffey, L. (1990). Nurses and shiftwork: Effects on physical health and mental depression. *Journal of Advanced Nursing*, *15*(7),835 – 842.

Spector, P. E. (1987). Method variance as an artifact in self-reported affect and perceptions at work: Myth or significant problem? *Journal of Applied Psychology*, *72*, 438 – 443. doi: 10. 1037/0021 – 9010. 72. 3. 438

Spector, P. E. (1992). A consideration of the validity and meaning of self-report measures of job conditions. In C. L. Cooper & I. T. Robertson (Eds.), *International review of industrial and organizational psychology* (Vol. 7, pp. 123 – 151). New York, NY: Wiley.

Spector, P. E. (2006). Method variance in organizational research: Truth or urban legend? *Organizational Research Methods*, *9*, 221 – 232. doi: 10. 1177/1094428105284955

Stansfeld, S., Fuhrer, R., Shipley, M., & Marmot, M. (1999). Work characteristics predict psychiatric disorder: prospective results from the Whitehall II Study. *Occupational and Environmental Medicine*, 56(5), 302–307.

Stansfeld, S. A., Shipley, M. J., Head, J., & Fuhrer, R. (2012). Repeated job strain and the risk of depression: longitudinal analyses from the Whitehall II study. *American Journal of Public Health*, 102, 2360–2366. doi: 10.2105/AJPH.2011.300589

Steptoe, A., Wardle, J., Lipsey, Z., Mills, R., Oliver, G., Jarvis, M., & Kirschbaum, C. (1998). A longitudinal study of work load and variations in psychological well-being, cortisol, smoking, and alcohol consumption. *Annals of Behavioral Medicine*, 20(2), 84–91.

Tausig, M., & Fenwick, R. (2011). *Work and mental health in social context*. New York, NY: Springer. doi: 10.1007/978-1-4614-0625-9

Theorell, T., Hammarström, A., Aronsson, G., Träskman Bendz, L., Grape, T., Hogstedt, C., ... Hall, C. (2015). A systematic review including meta-analysis of work environment and depressive symptoms. *BMC Public Health*, 15(738). doi: 10.1186/s12889-015-1954-4

Tversky, A., & Kahneman, D. (1974). Judgment under uncertainty: Heuristics and biases. *Science*, 185(4157), 1124–1131. doi: 10.1126/science.185.4157.1124

Virtanen, M., Honkonen, T., Kivimäki, M., Ahola, K., Vahtera, J., Aromaa, A., & Lönnqvist, J. (2007). Work stress, mental health and antidepressant medication findings from the Health 2000 Study. *Journal of Affective Disorders*, 98, 189–197. doi: 10.1186/1471-2458-12-236

Wang, J. L. (2004). Perceived work stress and major depressive episodes in a population of employed Canadians over 18 years old. *Journal of Nervous and Mental Disease*, 192(2), 160–163.

Wang, J., Schmitz, N., Dewa, C., & Stansfeld, S. (2009). Changes in perceived job strain and the risk of major depression: Results from a population-based longitudinal study. *American Journal of Epidemiology*, 169, 1085–1091. doi: 10.1093/aje/kwp037

Warr, P. (1987). *Work, unemployment, and mental health*. New York, NY: Oxford University Press.

Warr, P. (1994). A conceptual framework for the study of work and mental health. *Work & Stress*, 8, 84–97. doi: 10.1080/02678379408259982

West, S. H., Ahern, M., Byrnes, M., & Kwanten, L. (2007). New graduate nurses adaptation to shift work: Can we help? *Collegian (Royal College of Nursing, Australia)*, 14(1), 23–30.

World Health Organization. (2013). *Suicide rates per 100,000 by country, year and sex*. Retrieved from www.who.int/mental_health/prevention/suicide_rates/en

Ylipaavalniemi, J., Kivimäki, M., Elovainio, M., Virtanen, M., Keltikangas-Järvinen, L., & Vahtera, J. (2005). Psychosocial work characteristics and incidence of newly diagnosed depression: A prospective cohort study of three different models. *Social Science & Medicine*, 61, 111–122. doi: 10.1016/j.socscimed.2004.11.038

Zapf, D., Dormann, C., & Frese, M. (1996). Longitudinal studies in organizational stress research: A review of the literature with reference to methodological issues. *Journal of Occupational Health Psychology*, 1, 145–169. doi: 10.1037/1076-8998.1.2.145

Zung, W. W. K. (1965). A self-rating depression scale. *Archives of General Psychiatry*, 12, 63–70. doi: 10.1001/archpsyc.1965.01720310065008

# 第四章

# 流行病学、医学疾病和 OHP

**第四章的关键概念和研究结果**
心血管疾病
 一个未解之谜
 社会心理工作条件能够通过健康行为影响 CVD
  吸烟
  肥胖和体重增加
  业余时间的体育活动
  总结
 社会心理工作条件与 CVD 的生物学联系
  工作场所压力源和人类生物学
  皮质醇和肾上腺素
  应变稳态和应变稳态负荷
  HPA 轴的失调和其他有害影响
  总结
  抑郁症和 CVD
  倦怠和 CVD
 "工作压力"和要求—控制变量与 CVD 的相关研究
  采用替代策略将 DC 因素和 CVD 相连接的研究
  包含员工自我报告的 DC 因素的研究
  关注女性的 DC 因素
  两阶段元分析
  DC 模型和 ERI 模型的比较
  DC 因素的"大规模研究"
  有关 DC 因素和 ERI 因素的研究总结
失业与 CVD 死亡率的关系
工作不安全感和 CVD
长时间工作和 CVD
欺凌
工作时间安排和 CVD
社会经济地位与健康
 社会心理工作场所因素和 CVD 的关系研究总结

119

肌肉骨骼问题
　　社会心理工作条件与肌肉骨骼问题
　　社会心理工作条件影响肌肉骨骼问题的证据
　　　　两项元分析和一项系统性综述
　　总结
其他与健康有关的结果变量

麦克马洪和皮尤(MacMahon & Pugh, 1970)曾在他们的具有划时代意义的教科书中写道,"流行病学是对人类疾病频率分布及决定因素的研究"(p.1)。他们在研究中不恰当地用"人类(man)"这个单词更具体地代指人口。了解有关疾病分布的知识可能有助于揭示疾病的产生机制。而卡斯尔(Kasl, 1978)指出流行病学的方法也适用于理解工作压力的过程,他强调流行病学与社会科学在研究方法上有很多相通之处。流行病学中对人口健康的关注有助于工作压力的研究。

第三章中的一些研究主要针对一些特定人群(例如不是由于自身过错而失业的员工以及工作非常稳定的员工)并且涉及一种与流行病学相关的研究(前瞻性队列研究)。前瞻性队列研究是流行病学研究的基础,其结构在第2章中进行了描述。本章探讨社会心理工作条件对医疗相关结果的影响,并主要关注心血管疾病(cardiovascular disease, CVD)。鉴于CVD是全球最主要的死亡病因(WHO, 2013),因此对其进行研究具有重要意义。除此之外,CVD还会产生失业、残障抚恤金和医疗开销等巨大经济成本(Nichols, Bell, Pedula, & O'Keeffe-Rosetti, 2010)。

在本章的后面,我们将探讨社会心理工作条件与肌肉骨骼问题的关系。搬举重物和包含大量重复动作(例如用键盘打字)的工作条件是肌肉骨骼问题的风险因素,尽管这一观点被广泛接受,但社会心理因素在这些问题的产生中也会发挥作用。最后,本章简要探讨了三个其他与健康相关的结果变量:因病缺勤、自评健康状况和疲劳感。

## 心血管疾病

在本章中,"CVD"指动脉硬化、局部缺血性心脏病、心肌梗塞、心绞痛和高血压等一系列疾病。

动脉硬化是指动脉壁上的斑块积聚使动脉变窄,从而减少或阻断血流。低密度脂蛋白(low-density lipoprotein, LDL 或"坏"胆固醇)颗粒吸附在内皮层,即动脉壁的内侧。颗粒会被氧化,引发涉及白细胞的炎症免疫反应。然而,白细胞不具备处理氧化的LDL颗粒的能力,所以这些颗粒会破裂,造成进一步的损害。动脉硬化是导致局部缺血进一步发展的重要因素,局部缺血是指组织的血流量不足,但本章仅涉及心脏的局部缺血。

心肌梗塞(myocardial infarction, MI)是心脏病发作的医学术语。血液会向全身组织提供氧气。有MI发生时,心脏细胞因缺氧而死亡,通常是由一个或多个冠状动脉狭窄或阻塞所致。心绞痛通常是MI的先兆,它是指当冠状动脉缺血阻止充足的氧气和营养物进入心肌细胞时所产生的胸痛。心脏必须更用力地泵血,以将氧气和营养物质输送到全身及心脏。但这种额外的工作会导致乳酸积聚（与跑步者在高强度锻炼时在腿部积聚的物质相同）。而心肌中的乳酸又是疼痛的根源。原发性高血压（即，血压高）是 MI 的另一风险因素。当存在高血压时，心脏的工作强度也会变大。

## 一个未解之谜

有一个关于 CVD 的未解之谜。尽管近几年 CVD 的死亡率已经下降，但是患病率依然保持稳定。美国心脏协会和疾病控制与预防中心的研究表明，近年来，在美国，由 CVD 导致的死亡率有所下降（Go 等，2013）。例如，2009 年按年龄校正后的 CVD 死亡率为每 100,000 人中有 236 人，比 1999 年下降 33%。然而，在同一 10 年间，美国 CVD 的患病率仍保持相对稳定（Go 等，2013，表 2 至 8）。兰茨贝吉斯等（Landsbergis 等，2011）报告说，美国在 40 年内经历了 CVD 相关的死亡率下降，而发病率并未随之下降。CVD 治疗技术的改进是死亡率和发病率无法保持一致下降的可能解释。虽然戈等人（Go 等，2013）和兰茨贝吉斯等人（Landsbergis 等，2011）观察到吸烟率（CVD 的风险因素）下降，但可能是由于其他因素，如社会心理压力源，包括工作相关的压力源，导致 CVD 的发病率相对稳定。

## 社会心理工作条件能够通过健康行为影响 CVD

社会心理工作条件主要可以通过两条路径影响 CVD 的发生：(a) 间接路径，工作环境通过影响个体健康行为从而对 CV 健康产生不利影响，和 (b) 工作环境缓慢、累积式地影响个体生物学功能。在第一个一般路径中，不利的工作场所特征可能通过致使个体陷入心理困扰，来导致酒精使用（见第三章）、吸烟频率增加，或暴食。工作压力可能会引发个体尝试自我治疗（通过暴食，吸烟）来应对内稳态的挑战，或削弱个体为定期运动和管理其他健康行为所需的自我控制能力（Ayyagari & Sindelar，2010）。随着时间推移，这些行为变化会损害员工的身体健康。吸烟会导致 CVD、癌症和肺气肿。肥胖则会导致 CVD 和糖尿病。业余时间体育锻炼的减少会导致不良的 CV 健康状况和体重增加。

### 吸烟

关于社会心理工作条件与吸烟关系的研究结果混杂（见表 4.1）。因为很少有人是在 22 岁以后才开始吸烟（Ayyagari & Sindelar，2010），这方面的研究主要关注工作条件与员工持续吸烟的关系。虽然社会心理工作条件与吸烟的关系还不清楚，即一些研究结果发现了二者之间的关系，而另一些研究结果则没有，但总的来说，有证据表明，如果工作压力较小，戒烟可

## 表 4.1 关于社会心理工作场所因素与健康行为关系的纵向研究

| 研究团队 | 国家 | 样本 | 时滞 | 控制变量 | 主要发现 | 评论 |
|---|---|---|---|---|---|---|
| **吸烟** | | | | | | |
| 艾亚加里和辛德拉拉（Ayyagari & Sindelar, 2010） | 美国 | 3,825名前吸烟者和现在在吸烟的人（50%♀）；健康与退休调查 | 共八年，测量四波，至少每两年测量一次 | Sociodemo., 职业，时间，健康 | 高工作压力→戒烟↓ | T1：国家代表性样本，年龄在50—64岁之间。控制时间，b/c吸烟者随着时间的增加倾向于戒烟。工作压力被粗略地二元测量。 |
| 埃里克森（Eriksen, 2005） | 挪威 | 2,452名护理人员助手，吸烟者（96%♀） | 15个月 | Sociodemo.；基线期日吸烟量 | 长时间工作→戒烟↓ | 较长的工作时间指每周大于36小时。对DCS变量没有影响 |
| 埃里克森（Eriksen, 2006） | 挪威 | 1,203名护理人员助手，前吸烟者（97%♀） | 15个月 | Sociodemo. | 较差的社会氛围→复发<br>暴露于威胁与暴力→复发 | 社会氛围反映了一个"支持、信任、放松"的工作单位。除了Sociodemo. 没有其他协变量。对DCS变量没有影响 |
| 法尔巴等人（Falba等, 2005） | 美国 | 时间点1, 3,025（<50%♀）名吸烟者和前吸烟者50—60岁 | 2年 | Sociodemo., 酒精使用，癌症，配偶吸烟 | 非自愿失业→前吸烟者复发<br>非自愿失业→时间1的吸烟者吸烟↑ | 横断研究中，具有全国代表性的职业样本。过去有关吸烟的研究大多限于单一工作地点。 |
| 海基勒等（Heikkila等, 2012b） | 来自5个欧洲国家的6批样本 | >52,000（50%♀），一阶段元分析 | 1—9年 | Sociodemo. | 高压力工作→支持→吸烟。<br>高压力工作→支持→戒烟。 | 对连续IV进行分类处理。 |
| 库沃宁等（Kouvonen等, 2009） | 芬兰 | >4,900名吸烟者（77%♀）；医院研究+10-城市研究 | 3.6年 | Sociodemo., 其他健康行为（例如酒精使用），焦虑 | 低压力工作→戒烟；控制→戒烟。 | 对压力和控制进行了四分处理。 |
| 兰茨贝吉斯等（Landsbergis等, 1998） | 美国 | 189名白领和蓝领♂ | 3年 | Sociodemo. | DL增加→吸烟↓<br>对ΨWL和压力无影响 | 变化—变化研究：无法确定DL的变化是否早于吸烟的变化，或者相反的情况。对连续IV进行分类处理。 |

| 研究 | 国家 | 样本 | 时长 | 控制变量 | 结果 | 备注 |
|---|---|---|---|---|---|---|
| 大田等（Ota 等, 2010） | 日本 | 571名♂吸烟者 | 2年 | 基线期 Sociodemo., 接受 CVD 治疗, 酒精摄入, 吸烟强度 | 高压力工作, 支持↛戒烟 | 对连续 IV 进行分类处理。吸烟作为二分变量。 |
| 里德等（Reed 等, 1989） | 美国 | >4,700日裔♂ | 18年 | 年龄 | ΨWL, DA, 和压力↛吸烟 | 大部分男性仍然从事相同的工作, 但工作性质可能会在18年内发生变化。IV 被作为四分变量。 |
| 桑德森等（Sanderson 等, 2005） | 丹麦 | 4,700名♀吸烟的护理人员 | 6年 | 无 | 白天轮班→戒烟工作控制感→戒烟 | 控制分类处理。 |
| 斯洛彭等（Slopen 等, 2013） | 美国 | 4,938(≈50%♀) | 10年 | Sociodemo. | 时间1和2的高工作压力和 T2 吸烟试图在 T1 和 T2 之间戒烟的员工：高工作压力→难以成功 | 工作压力是 DA、SkD、ΨWL、同事和主管支持以及工作不安全感的综合体现。无法确定同时优先顺序, 尤其是当数据收集波之间相隔10年时。 |
| P·史密斯等人（P. Smith 等, 2008） | 加拿大 | >3,400在各个部门（69%♂）NPHS | 2年 | Sociodemo., 个人压力, 基线期 BMI | 低控制感→吸烟↑ | 对连续 IV 进行二分处理。在社会经济地位和受教育程度较低的员工中, 对吸烟的影响更加明显。 |

**肥胖和体重增加**

| 研究 | 国家 | 样本 | 时长 | 控制变量 | 结果 | 备注 |
|---|---|---|---|---|---|---|
| 波塞特等（Berset 等, 2011） | 瑞士 | 76名服务人员（72%♂） | 2年 | Sociodemo., 身体健康状况 | 控制→BMI↓ 与工作相关的社会压力→BMI↑ ΨWL & ERI↛BMI | IV 是连续变量。 |
| 布洛克等（Block 等, 2009） | 美国 | 1,300(53%♀)居民代表性样本 | 9年 | 年龄, 性别和前一波被评估的 DV | SkD 减少（仅♂）, DA 减少, ΨWL 增多以及更多的财务压力与基线体重发生交互作用, 从而加快了最初较重的居民的体重增加 | 偏向于零结果, b/c 尚不清楚在研究的9年中, 基线时的工作压力是否是工作场所的特征。IV 作为连续变量。 |
| 布伦纳等（Brunner 等, 2007） | 英国 | >10,000名公务员（²⁄₃♂）Whitehall II | 超过19年的多次评估 | Sociodemo., 职级, 基线期体重, 健康行为 | 经历孤立工作压力的个体评估次数→BMI 肥胖↑。 | 孤立工作压力（高 ΨWL, 低 DL。对连续 IV 进行分类处理。 |

| 作者 | 国家 | 样本 | 时长 | 变量 | 发现 | 备注 |
|---|---|---|---|---|---|---|
| 德布等 (Deb 等, 2012) | 美国 | >20,000 (50% ♀); 健康与退休调查 | 18 年内 9 波 | Sociodemo., 基线期 BMI, 工作压力, 风险规避 | 企业破产→BMI↑ | 结果表明, 失业对 BMI 的影响主要限于 BMI 已经不健康的人。 |
| 格拉姆·奎斯特等 (Gram Quist 等, 2013) | 丹麦 | 3,647 名♀卫生保健工作者 | 3 年 | Sociodemo., 体力劳动, 资历 | 角色冲突→BMI (至少 2 kg/m²) ↑<br>角色澄清→BMI↑ 和 BMI↓ | 男性样本量小。<br>有组织的分析表明, 角色澄清可以→在某些个体中 BMI 增加, 而在另一些个体中 BMI 下降。 |
| 汉纳兹等 (Hannerz 等, 2004) | 丹麦 | 1980 ♀ DWECS 研究 | 5 年 | Sociodemo., 职级, 基线期体重, 健康行为 | 工作不安全→BMI↑<br>ΨWL & DA→BMI, 但每个 IV 都与初始 BMI 产生交互作用, 即, 初始体重较高的人受到的影响更大 | 对连续 IV 进行分类处理。 |

表 4.1 关于社会心理工作场所因素与健康行为关系的纵向研究（续）

| 研究团队 | 国家 | 样本 | 时间 | 控制变量 | 主要发现 | 评论 |
|---|---|---|---|---|---|---|
| 艾弗森等（Iversen 等，2012） | 丹麦 | 4,700(58%♀) | 10 年 | Sociodemo.，体育活动，酒精使用，吸烟，非工作压力，童年逆境 | ♀经历三件以上重大工作生活事件→体重↑对于♂，工作生活事件→体重逆 | 重大工作生活事件的例子包括失业 & 与同事的严重冲突。在追踪期间回溯性地确定了工作生活事件。无法确定 IV 和 DV 的时间顺序。 |
| 基维马奇等（Kivimäki 等，2002） | 芬兰 | 800 名初始状态健康的工厂员工(⅔♂) | 10 年 | Sociodemo.，基线期 BMI | ERI→BMI↑控制感→BMI↓对压力没有影响 | 长期追踪可能会减弱影响（尽管对工作变动进行了统计控制）。对连续 IV 进行分类处理。 |
| 兰兹贝吉斯等（Landsbergis 等，1998） | 美国 | 189 名白领和蓝领♂ | 3 年 | Sociodemo. | DL，ΨWL 和压力的变化→超重状态或 BMI 的变化 | 请参阅前面提到的兰兹贝吉斯等（Landsbergis 等，1998）的条目。 |
| 尼伯格等（Nyberg 等，2012） | 比利时，芬兰，英国 | >42,000（≈50%♀） | 平均 4 年 | Sociodemo.，基线期 BMI，吸烟 | 基线期压力→随后在追踪期的体重增加请参见评论 | 一阶段元分析。从无压力到有压力与从非肥胖到肥胖的变化同时发生。变化—变化分析。 |
| 欧沃加德等（Overgaard 等，2006） | 丹麦 | 15,000 名♀护理人员 | 6 年 | 家族性肥胖，吸烟，控制 | ΨWL & 控制→体重增加 | 对连续 IV 进行分类处理。对于基线肥胖的护理人员，ΨWL 或控制对体重增加的预测有边缘 sig. 趋势。 |
| 里德等（Reed 等，1989） | 美国 | >4,700 名日裔♂ | 18 年 | 年龄 | ΨWL，DA，控制 & 压力→BMI | 参见前面提到的里德等（Reed 等，1989）的条目。 |
| 鲁斯等（Roos 等，2013） | 芬兰 | 7,000 名（>80%♀）市政员工，>40 岁 | 5—7 年 | Sociodemo.，基线期体重，健康行为 | 身体威胁→♀体重增加↑有害暴露（例如灰尘，溶剂等，夜班）→♂体重↑ | 对 IV 进行四分处理。长期追踪可能会减弱影响。 |
| 业余时间体育活动 | | | | | | |
| 弗兰森等（Fransson 等，2012） | 5 个欧洲国家的 6 批样本 | >56,000(50%♀)一阶段元分析 | 2—9 年 | 基线期 PA 基线期 DC 象限 | 高压力或消极工作→PA↓低控制→PA↓PA↓→高压力或消极工作 | 反向因果效应不如假定的因果效应强。对连续 IV 和 DV 进行了分类处理。 |

| 波普汉和米切尔(Popham & Mitchell, 2006) | 英国 | 9,400 (>50% ♀) | 每2年施测一次,共8年 | 家中儿童的数量,健康 | 工作时长→PA↓ | 工作时长与PA的变化是同时发生的。 |
| --- | --- | --- | --- | --- | --- | --- |
| 里德等(Reed等,1989) | 美国 | >4,700名日裔♂ | 18年 | 年龄 | ΨWL, DA, 控制 & 压力→PA↓ | 参见前面提到的里德等(Reed等,1989)的条目。 |
| P·史密斯等(P. Smith等, 2008) | 加拿大 | >3,400 (79% ♂) NPHS | 每2年施测一次,共8年 | Sociodemo., BMI, 健康, 基线期PA, 个人压力 | 低控制→PA↓ | 对IV进行四分处理。 |

♂,男性;♀,女性;ΨWL,心理工作负荷或心理要求;基准DV,因变量的基线水平;b/c,因为;BMI,身体质量指数;DA,决策权;DCS,要求—控制—支持;DL,决策自由度;IV,自变量;MH,心理健康;NPHS,全国人口健康调查;PA,体育活动;sig.,显著的;SkD,技能裁量权;Sociodemo.,社会人口学变量。

第四章 流行病学、医学疾病和OHP  143

能更容易。

### 肥胖和体重增加

肥胖是由于能量摄入和能量消耗之间的不平衡造成的多余脂肪堆积。它是CVD、中风和其他严重健康问题的风险因素。尽管造成肥胖的原因是多方面的（例如遗传、文化），但在过去的几十年里，肥胖患病率的增长速度太快，以至于我们无法用基因和文化的进程来解释（Solovieva, Lallukka, Virtanen, & Viikari-Juntura, 2013），这表明患病率的增加还有其他的原因，包括人们工作生活的变化。至少有两个原因支持我们推测：社会心理工作场所压力源可以导致肥胖。第一个是工作压力，稍后在本章中将进行讨论，它会影响皮质醇水平，而过量的皮质醇分泌与腹部脂肪堆积和代谢异常有关（Björntorp, 2001）。第二，个体有时会通过暴食或者吃不健康食物的方式来应对压力，这会让他们感觉更好（Greeno & Wing, 1994; Sproesser, Schupp, & Renner, 2014）。

正如表4.1所示，研究通常依赖于身体质量指数（BMI）即体重（千克）除以身高（米的平方）。BMI测量的是相对体重，消除了"体重对身高的依赖"，从而代表相对肥胖（Keys, Fidanza, Karvonen, Kimura, & Taylor, 1972）。表4.1中也包括社会心理压力源对体重增加没有影响的结果（Landsbergis等，1998；Reed等，1989）。研究结果表明社会心理压力源对体重增加（正相关）的影响较小，这与一项对前瞻性研究的元分析结果（Solovieva等，2013）和一篇综述的结论相一致（Wardle, Chida, Gibson, Whitaker, & Steptoe, 2011）。沃德尔等人（Wardle等，2011）倾向于在更高质量的研究中发现正相关。研究结果的差异可归因于统计检验力不足、单一题目测量、工作条件和SES的混淆作用，以及对协变量（如中介变量）的过度控制（Solovieva等，2013；Wardle等，2011）等因素。

个体对工作压力反应的异质性可能也有助于解释工作压力对体重增加无更加显著影响的现象。格拉姆·奎斯特等人（Gram Quist等，2013）提出假设，研究结果的某些差异源于不利的社会心理工作条件与体重的双向关系，也就是说，在某些员工身上，不利的工作条件导致体重增加，而在其他员工身上，则可能是体重降低，研究人员的发现已经证实了这一假设。其他研究者也证实了压力源的异质效应（Block, He, Zaslavsky, Ding, & Ayanian, 2009; Deb, Gallo, Ayyagari, Fletcher, & Sindelar, 2011; Nyberg等，2011）。布洛克（Block）等人发现，与体重正常的同事相比，最初体重较重的员工更容易受到工作压力源的影响，从而导致体重增加。德布（Deb）等人发现，超出个人控制范围的失业更可能导致已经表现出问题性健康行为的员工的体重增加。尼伯格（Nyberg）等人发现在平均四年的时间里，从无压力的工作到有压力的工作的变化伴随着最初不肥胖的个体体重增加以及最初肥胖的个体体重减轻。

**业余时间的体育活动**

高压力的工作(高工作负荷和低控制相结合的工作)可能会导致员工疲劳,这要求他们投入更多的时间来恢复,从而减少了人们在业余时间进行体育活动的渴望。虽然有关不利的社会心理工作条件与业余时间体育活动减少的关系的研究结果错综复杂,但总的来说,研究结果更支持两者存在一定的关系(Fransson 等,2012;P. Smith 等,2008;Popham & Mitchell,2006),而非反对(Reed 等,1989)。基于大样本的研究(Fransson 等,2012)发现不利的社会心理工作条件与业余时间体育活动的减少有关。弗兰森等人(Fransson 等,2012)还发现,基线期缺乏身体锻炼与后来转变为高压力或消极工作之间存在虽小但显著的反向因果关系。

**总结**①

关于吸烟的研究结果还不足以令人信服地肯定如下观点,即社会心理工作条件对吸烟频率或戒烟有影响。但与体重增加和业余时间体育活动相关的研究结果在一定程度上更具有说服力。有证据表明,最初处在风险中的员工,当暴露于社会心理工作压力源时,更容易增加体重。弗兰森等人(Fransson 等,2012)通过大量研究表明,社会心理工作条件会影响个体在业余时间进行体育活动的程度。

## 社会心理工作条件与 CVD 的生物学联系

社会心理工作条件影响 CVD 的第一条一般路径可能是通过之前描述的健康行为来介导的。第二条一般路径是从社会心理压力源到 CVD 的一连串的生物联系。关于灵长类动物的实验结果揭示了在控制食物中的胆固醇、血压等之后,社会压力源的促动脉硬化作用(Manuck, Kaplan, Adams, & Clarkson, 1988)。对人类而言,持续不利的社会心理工作环境会诱发身体变化,并最终损害健康(Terrill & Garofalo, 2012)。发源于主动脉的颈动脉为颈部和头部提供含氧的血液。内膜和中膜是动脉的内两层,它们的厚度是动脉硬化程度的指标,对无动脉硬化症状的个体而言也是这样。尽管并非所有研究结果都是一致的(Rosvall 等,2002),但在控制混淆因素后(例如,SES 和早期生活风险因素),至少在横断研究中工作压力与颈动脉内中膜厚度有关(Hintsanen 等,2005;Kivimäki 等,2007)。但从内中膜厚度到工作压力的反向因果关系是不成立的。

很难确定社会心理工作场所压力源影响 CVD 的确切途径,因为该领域的研究需要详细

---

① 由于本章所涵盖内容具有多样性,因此我们在每个小节之后进行总结,而不是在本章的结尾处进行总结。

的纵向研究以探讨压力源与随时间累积的、细微的临床生理变化之间的关系。科布(Cobb，1974)和昌多拉等人(Chandola 等，2008)的研究强调了其中的一些变化。科布发现，一个重要的社会心理压力源(非自愿失业)与生理变化(例如,血清胆固醇升高)有关,这种变化可以持续一段时间,但会受到另一个社会心理变量(社会支持)的积极影响。昌多拉等人(Chandola 等，2008)发现工作压力与 CVD 的关系受到压力对代谢综合征成分影响的部分中介作用,代谢综合征是指腰围增大、血清甘油三酯升高、血压升高、低心率变异性和在早晨时皮质醇升高的状态(稍后再谈皮质醇)。

## 工作场所压力源和人类生物学

工作场所压力源被嵌入到一个已经进化了亿万年的生物系统中。在应对威胁时,战斗或逃跑反应具有生存价值,其潜在激活下丘脑—垂体—肾上腺(hypothalamus-pituitary-adrenal，HPA)轴和自主神经系统(Selye，1976)。下丘脑向自主神经系统发出信号。HPA 介导的唤醒反应包括心率和呼吸加快,以及血压升高和肝脏中葡萄糖的释放(Cannon，1929；Walker 2007)。交感神经系统(sympathetic nervous system，SNS)是自主神经系统的组成部分,尽管它会持续活跃,但它会加快心率并升高血压以应对重要压力源。自主神经系统另一组成部分——副交感神经系统的激活通过抑制交感神经激活和维持内稳态起到相反的作用,但需要注意的是,自从赛里(Selye)的研究以来,我们对内稳态的认识已经发生了变化(Sterling，2012)。

虽然在少数紧急情况下有利,但在日常工作场所条件中重复引发 HPA—交感神经唤醒却是有害的。因为反复的急性唤醒已经被认为会导致血流动力学紊乱,随着时间的推移,其剪切力会导致内壁损伤(Barnett, Spence, Manuck, & Jennings, 1997)。尽管存在相反的证据(Mann, 2006),但大量的证据表明工作压力与动态血压升高有关(Landsbergis, Dobson, Koutsouras, & Schnall, 2013)。动态血压指的是全天的血压,可以用一个 24 小时都佩戴的仪器来测量,即使是在一个人睡着的情况下。

紧张状态的发生由中枢神经系统(central nervous system，CNS)处理,神经冲动刺激下丘脑,即位于脑干上方的珍珠大小的神经控制中心。下丘脑为应对威胁信号的冲动,将分泌促肾上腺皮质激素释放激素(corticotropin-releasing hormone，CRH)到垂体门脉血管中。CRH 刺激垂体释放促肾上腺皮质激素(adrenocorticotropic hormone，ACTH)进入血液中,垂体是一个豌豆大小的器官,位于大脑底部的丘脑的下方。ACTH 进而刺激位于肾脏顶部的肾上腺皮层或者外层,释放皮质醇(氢化可的松),这是一种通过血液扩散的类固醇激素。在较小程度上,ACTH 刺激肾上腺皮层释放醛固酮,这是一种促进钠潴留和血压升高的类固醇激素。过量的醛固酮和皮质醇与高血压的发生有关(Kidambi 等，2007)。过量的皮质醇会抑制

CRH 和 ACTH 的分泌。进一步而言，皮质醇水平会降低。

**皮质醇和肾上腺素**

皮质醇有助于机体对压力源的应对。HPA 激活的过程是非常重要的，因为它具有压力保护作用，皮质醇等类固醇可以抑制"组织损伤和炎症的生理病理反应"(Nijm & Jonasson, 2009)。皮质醇还刺激肝脏产生新的葡萄糖。肝脏将这些新的葡萄糖注入血液中，以至少两种方式帮助机体应对压力源。首先，因为新释放的葡萄糖进入随意肌，而这些肌肉对战斗或逃跑反应至关重要，所以葡萄糖不需要从大脑转移到随意肌。其次，皮质醇有助于将新释放的葡萄糖直接传递到随意肌上，也可将葡萄糖从其他在战斗或逃跑反应中不重要的器官系统（例如：消化系统、免疫系统、生殖系统）中转移出来。

除了释放 CRH 外，下丘脑还通过 SNS（交感肾上腺髓质 [sympathetic adrenal medullary]-SAM-轴）与肾上腺髓质（每个肾上腺的中心）相连接，从而对压力源做出反应。SAM 轴和 HPA 轴协同作用且紧密相连。应对压力源时，与 HPA 轴相比，SAM 轴被更快地激活，且其作用更快消退。SNS 信号刺激肾上腺髓质分泌肾上腺素（肾上腺激素）。肾上腺素的分泌会升高血压且刺激心脏更加努力工作，这些因素可能在战斗或逃跑反应中具备适应性，但不一定在工作场所中具备适应性。随着时间推移，长期的工作场所压力源有可能导致 SAM 功能失调。绍布罗克和甘斯特(Schaubroeck & Ganster, 1993)发现，长期暴露于高水平的工作要求与基于 SAM 的 CV 反应性减弱有关，例如，应对实验室挑战时个体血压小幅升高，但静息血压较高。而在更正常的个体（体验到低水平的长期要求的员工）中，可以预计的是人们对实验室挑战的反应性较强，且静息血压更低。

**应变稳态和应变稳态负荷**

应变稳态是指一个有机体通过改变以适应环境挑战和要求来维持其生理完整性的过程(McEwen, 1998)。虽然应变稳态不同于塞里的内稳态模型，但应变稳态系统的确通过适应环境来帮助维持身体控制。应变稳态模型比塞里的模型更具动态性。在应变稳态模型中，当有机体适应新环境时，会有一系列的调定点产生(Sterling, 2012)。例如，在稳态模型中，血压没有单一的调定点，偏离该调定点会导致机制激活来抵抗这种变化。斯特林(Sterling)指出，"[血液]压力低于最常见水平的时间与高于最常见水平的时间大致相同"，而这种状态"并不是由一个调定点[加上]唤醒诱发引起的增幅的模型来预测的"(p. 7)。适应不利条件的过程是有代价的，被称为"应变稳态负荷"(McEwen, 1998)。

应变稳态负荷包含初级介质、二级介质和被称作应变稳态过载的第三阶段(Ganster & Rosen, 2012)。初级介质包括应激激素（如皮质醇和肾上腺素）以及被称为"细胞因子"的促炎和抗炎蛋白，CNS 在导致它们释放的一系列过程中起到关键作用。这些物质可以使"有机体应对可能破坏内稳态系统的需求"(p. 109)。甘斯特、福克斯和德怀尔(Ganster, Fox, & Dwyer, 2001)发现，下班后皮质醇水平的升高在工作负荷和控制与后期医疗费用(代表了广泛的健康状况)之间具有中介作用。初级调节介质的长期激活影响二级介质，特别是代谢(如，过量的葡萄糖、胆固醇)、心血管(如，较高的血压)和免疫系统(如，过量纤维蛋白原)。如果这些二级介质长期偏离正常范围，可能会导致应变稳态过载。

长期的刺激会给身体造成负担或应变稳态负荷，并且会导致持续的问题(Terrill & Garofalo, 2012)。一项对灵长类动物的研究(Kaplan, Manuck, Adams, Weingand, & Clarkson, 1987)通过暴露于社会压力检验了长期唤醒的影响。卡普兰等人(Kaplan 等，1987)发现，通过持续的交感神经唤醒，社会压力源在动脉硬化的发展中发挥作用，这与心率、血脂浓度和血压无关。此外，即使长期刺激情境消退，其影响仍可能持续存在。斯特林和艾尔(Sterling & Eyer, 1981)指出，动物研究表明："当长时间保持唤醒状态时，即使引起唤醒的刺激被移除了，血压的升高也会持续下去"(p. 19)。

**HPA 轴的失调和其他有害影响**

持续的社会心理压力会导致 HPA 轴的失调，可能表现为 HPA 对新压力源的迟钝反应，这是一种与炎症性疾病相关的状态(Nijm & Jonasson, 2009)。其他研究报告了动脉硬化与总皮质醇暴露的关系(Dekker 等，2008)，皮质醇升高是对受控制的心理压力的一种反应(Hamer, O'Donnell, Lahiri, & Steptoe, 2010)，在正常一天中，皮质醇水平的预期下降趋于平稳(Matthews, Schwartz, Cohen, & Seeman, 2006)。虽然在局部上 HPA 产生的皮质醇具有抗炎作用，但作用于全身时，就会产生促炎作用(Walker, 2007)。总之，研究结果表明 HPA 失调在动脉硬化的发展中发挥作用。

其他与全身性皮质醇相关的有害影响包括血脂水平的升高(例如，胆固醇)、腹部肥胖、阻止血管再生(从旧血管中长出新血管)和心肌细胞瘢痕化(Walker, 2007)，这些都是 CVD 的风险因素。过量的皮质醇也可能在胰岛素阻抗中起作用(Henry Ginsberg, 2013 年 7 月 4 日)，这是 II 型糖尿病和 CVD 的风险因素。

**总结**

坎农和塞里(Cannon & Selye)奠定了社会心理压力源(包括工作场所压力源)与 CVD 关系研究的基础(见第一章)。一旦 CNS 发出受到威胁的信号，或者有时是预期受到威胁的信号，HPA 轴和 SAM 轴将对行为的调动起到重要作用。这种调动具有进化基础，特别是考虑到战斗或逃跑反应的生存价值。但当过度调动时，例如，由于在现代工作场所环境中长期体验到的社会心理压力源而进行的调动,其可能是有害的。动物研究已经将长期的社会压力与冠心病联系起来。激素信号和 SNS 使血压和心率升高,如果这些升高由于长期暴露于压力源而持续存在,其将会被认为是有害的。

应变稳态也起到一定的作用。应变稳态系统通过适应环境来帮助维持身体控制,但是当有机体适应新的环境时,一系列的调定点是允许的。然而,长期的唤醒会导致应变稳态负荷过载,并且会通过一系列介质(例如,过量皮质醇、血压升高),导致 CVD 的患病风险增加。

**抑郁症和 CVD**

第三章包含关于社会心理工作条件与抑郁症和心理困扰关系的研究。社会心理工作条件与抑郁症和心理困扰的关系并不总是被工作条件和 CVD 的研究所认可。尽管 HPA 失调与 CVD 的发生有关,但是 HPA 失调也与抑郁有关。有研究发现,抑郁症个体体内的皮质醇水平较高,特别是在有情绪唤醒症状的患者中(Sachar, Hellman, Fukushirna, & Gallagher, 1970)。戈尔德等人(Gold 等,1986)发现,尽管抑郁症患者体内的皮质醇水平高于控制组,但是从抑郁症中恢复过来的患者的皮质醇水平与对照组没有什么不同。与 HPA 功能紊乱和抑郁症相关的观点一致,戈尔德等人发现在抑郁症患者中,当用 ACTH 刺激时,垂体释放的 CRH 减少。

马塞尔曼等人(Musselman 等,1996)发现,抑郁症患者表现出过度的血小板反应性,这可能是 CVD 的一个潜在诱因。血小板是血液中循环的细胞碎片(血小板没有细胞核),在凝血过程中起重要作用。社会心理压力引起 HPA 和 SAM 的反应,其中包括肾上腺素释放、血流量增加和动脉剪切力,这些反应都与血小板的激活有关。马科维茨和马修斯(Markovits & Matthews, 1991)概述了肾上腺素和血流量增加使血小板反应性过度并最终导致动脉硬化的证据。与该证据一致,纳比等人(Nabi 等,2010)对 20,000 多名员工进行的 7 年纵向研究发现,在控制额外因素(如吸烟、BMI)后,与非抑郁症的同龄人患 CVD 的风险相比,抑郁症个体患 CVD 的风险高出大约 2/3。

在一个对 11 项发病率研究的两阶段元分析中(n>140,000;没有包括上述纳比等人的研究),尼科尔森、库珀和海米尔格韦(Nicholson, Kuper, & Hemingway, 2006)发现,在控制了混淆因素后,抑郁个体患心脏病的风险几乎增加了一倍。然而,研究人员认为,这种影响可能由于一些因素被高估,如协变量控制不完全或未能彻底排除临床前患病的被试。总的来说,抑郁症会增加患 CVD 风险的观点发人深省,在纳比等人的研究后开展更多对照研究是必要的。

**倦怠和 CVD**

至少有两项前瞻性研究(Toker, Melamed, Berliner, Zeltser, & Shapira, 2012;

Toppinen-Tanner, Ahola, Koskinen, & Väänänen, 2009)将倦怠与 CVD 联系起来。托皮宁-坦纳等人(Toppinen-Tanner 等, 2009)追踪了芬兰从事林产品行业的近 7,900 名体力劳动者和非体力劳动者,他们发现,在控制基线期混淆因素(如高血压和糖尿病)后,与未产生倦怠的控制组员工相比,基线时倦怠水平高的人在未来 10 年内更有可能因为 CVD 而住院。托克等人(Toker 等, 2012)对 8,800 多名以色列员工(主要是白领)进行了平均 3.5 年的追踪研究,在控制传统风险因素的基础上,他们发现倦怠预测了后来的 CVD。当抑郁和倦怠在同一预测方程中时,倦怠是更有效的预测因素。在上述研究使用的包含 14 个题目的倦怠量表中,有 3 个题目测量身体耗竭(例如,"我感到精疲力竭"),这可能也反映了亚临床疾病和 CVD 的早期阶段。这些研究结果与托皮宁-坦纳等人的研究结果十分重要,它们为今后的研究开拓了光明前景。

## "工作压力"和要求—控制变量与 CVD 的相关研究

作为本节的序言,应该注意的是,如第三章所述,研究社会心理工作条件与 CVD 之间关系的研究人员经常将连续量表(例如决策自由度等自变量)转换为分类变量,将大量信息分解成二分或三分变量,继而使效应量被低估。在这一章中连续变量到分类变量的这种转换(如,Kivimäki, Nyberg 等, 2012)往往局限于自变量(例如,决策自由度),因为许多因变量本身就是二分变量(例如,有无 CVD 或 CVD 死亡率)。这些转换是非常普遍的。

卡拉塞克(Karasek)和他的同事将要求—控制(demand - control, DC)模型扩展到了心理健康的应用之外,并将这个模型与 CVD 的发展联系在一起。卡拉塞克、贝克、马克瑟、奥尔伯姆,和托雷尔(Karasek, Baker, Marxer, Ahlbom, & Theorell, 1981)提出,高心理工作负荷(例如,快节奏,高任务复杂程度)和低水平的工作控制或者决策自由度(即对工作相关的决策有很少的自由)共同影响 CVD 风险。正如第三章所述,卡拉塞克写道,高水平的工作要求使员工处于"一种'压力'激活的状态",当失去了决策自由度时,这种压力便不能被释放。高工作负荷和低自由度的结合会产生不利的生理后果,而这会为 CVD 的发展提供诱因。约翰逊、霍尔和托雷尔(Johnson, Hall, & Theorell, 1989)认为,在工作中体验到高工作负荷,并受到低水平的决策自由度约束的员工,比其他员工更可能经历交感肾上腺的唤醒的增加,从长期来看,这会导致 CVD 的发展。在被唤醒的个体中,肾上腺素会加速心率,而其他激素则会导致血管收缩,当两者同时发生作用时,则导致血压升高。

有关工作压力和 CVD 的研究开始于一项病例对照研究,该研究涉及居住在 52 个国家的 24,000 多人(Interheart 研究)。罗森格伦等人(Rosengren, 2004)发现,在控制大量因素(如,胆固醇)之后,"工作中的持久压力"会使男性,而不是女性,心脏病发作的风险翻倍。研究人员还发现,严重的财务压力与男性和女性 MI 的风险增加有关。

**采用替代策略将 DC 因素和 CVD 相连接的研究**

替代法在评估工作条件时不考虑员工对其工作的描述。这样的方法可以消除回忆和其他可以影响访谈及问卷调查数据的偏差。替代法的一个例子是,使用从独立样本中的员工那获得的平均数,这些样本与研究样本中的员工具有相同的职称。这些平均数也可以被用来描述研究样本中员工的工作。有时,替代法还涉及使用专家对有不同职称的相关工作的评分,这些评分是独立于其将被应用的研究来完成的。替代法的一个局限是,由于没有直接描述研究中员工的实际工作,所以替代特征不完全适用于研究中员工的实际日常活动。每个人都有相应的职称(例如,中学教师),尽管有同一职称的个体之间的工作条件存在差异,但他们被视为有相同的暴露风险。

九项研究(见表 4.2)采用替代法评估社会心理工作条件,并且评估这些工作条件与 CVD 的联系。其中三项研究得到阴性的结果(Alterman, Shekelle, Vernon, & Burau, 1994; Hemmingsson & Lundberg, 2006; Reed 等, 1989),而其他六项研究得到阳性的结果(Andersen 等, 2004; Johnson, Stewart, Hall, Fredlund, & Theorell, 1996; Mantyniemi 等, 2012; Murphy, 1991; Steenland, Johnson, & Nowlin, 1997; Theorell 等, 1998)。

总的来说,使用替代法评价工作条件的研究结果是不一致的,大部分研究结果揭示了压力性工作条件与 CVD 的关系,而其他研究结果则没有。海明森和伦德伯格(Hemmingsson & Lundberg, 2006)的发现非常有趣,因为当他们统计控制了社会阶层出身和受教育程度,以及那些明显早于工作控制的因素后,工作控制对 CVD 的影响被降低到不显著。对这一发现的一种解释是,工作控制部分地中介了社会阶层与 CVD 之间的联系[①]。

**包含员工自我报告的 DC 因素的研究**

本书涵盖了许多前瞻性研究,其中的社会心理工作条件是由员工自我报告评估的,而不是采用替代法评估的(见表 4.3)。研究应该考虑以下四个常见的局限,这些局限使得结果偏向无效。首先,除了一些例外,(André-Petersson, Engström, Hedblad, Janzon, & Rosvall, 2007; Bosma 等, 1997 和 Kivimäki 等, 2006 的 Whitehall 研究)大部分研究是在基线期评估 DC 变量的,并且对研究被试的追踪没有考虑基线期因素是否会随着时间而改变,这可能会低

---

[①] 一个更合适的测试应该是,首先进行 CVD 发生率对社会阶层出身和受教育程度的回归,然后在控制工作控制这一变量后,检验这两个变量的回归系数的变化。作者做了相反的工作,进行 CVD 对工作控制的回归,然后将社会阶层变量添加到方程中。

### 表 4.2 使用替代法来调查社会心理工作场所因素与 CVD 关系的研究

| 研究团队 | 国家 | 样本 | 时滞 | 控制变量 | 主要发现 | 评论 |
|---|---|---|---|---|---|---|
| **阴性结果** | | | | | | |
| 阿尔特曼等人（Alterman 等，1994） | 美国 | 1,600 蓝领 ♂ | 10 年 & 25 年 | 年龄，BP，血清胆固醇，吸烟，酒精使用，& CVD 的 FH | DL, ΨWL, & 压力 ↗ 10 年间 CVD 的发生率；DL, ΨWL, & 压力 ↗ 25 年间 CVD 的死亡率 | 对连续 IV 进行分类处理。位于伊利诺伊州西塞罗的西方电厂，因霍桑研究而闻名。员工稳定就业。 |
| 海明森和伦德伯格（Hemmingson & Lundberg, 2006） | 瑞典 | >39,000 ♂ 初始年龄为 39—41 岁 SHEEP 研究 | 多达 13 年 | 初始状态没有 CVD；SC 出身，健康行为 | ΨWL, 压力 & 低工作支持 ↗ CVD 低控制 → 吸烟，大量酒精使用，BMI↑ | 对连续 IV 进行分类处理。控制了 SC 出身。压力源中介了 SC 出身的影响；吸烟，酒精使用中介了工压力源的影响。 |
| 里德等（Reed, 1989） | 美国 | >4,700 日裔 ♂ | 18 年 | 年龄；初始状态没有 CVD 的员工 | ΨWL, DA, 控制 & 压力 ↛ CVD & CVD 死亡率 | 对连续 IV 进行分类处理。在追踪期间，大部分员工仍留在相同的工作中。没有影响可能反映出夏威夷的工作中地域文化的差异和/或工业岗位的缺失。 |
| **阳性结果** | | | | | | |
| 安德森等（Andersen 等，2004） | 丹麦 | >16,000 (44% ♀) | 6—22 年 | Sociodemo., CV RF | 低 SkD→MI↑ 低 DL→MI↑ ΨWL 或支持→MI↑ | 前瞻性（发生率）研究。对连续 IV 进行分类处理。分析仅限于 5 年的追踪以最小化暴露变化的风险，仅 DL→MI。 |
| 约翰逊等（Johnson 等，1996） | 瑞典 | >2,900 ♂ | 14 年 | Sociodemo., 健康行为 | 长期低控制→CV 死亡率↑ 低控制+低支持→CV 死亡率↑ | 嵌套病例对照研究；类似于回顾性队列研究。IV 被四分处理。 |
| 曼蒂涅姆等（Mäntyniemi 等，2012） | 芬兰 | >69,000 (76% ♀) | 4.6 年 | Sociodemo., 基线期医疗条件 | 工作压力→CVD 致残↑ | 对连续 IV 进行分类处理。DV 是由于 CVD 致残而导致的退休 |

| 墨菲 (Murphy, 1991) | 美国 | 病例对照研究 | >9,800，所有的被试都低于65岁。所有性别的被试都认真作答了但的确切的人数尚不清楚 | 年龄 | 低控制→CVD致残 ↑<br>积极工作→CVD致残 ↓<br>有害工作→CVD致残 ↓ | IV 被四分处理。<br>使用社会保险数据库来识别严重的CVD致残 & 包含美国代表性样本的第二个数据集。 |
|---|---|---|---|---|---|---|
| 斯滕兰等 (Steenland 等, 1997) | 美国 | | >3,500 ♂<br>NHANES1 | 12—16 年 | Sociodemo., CV RF | 高控制→CVD ↓<br>压力→CVD<br>在 BC 子样本中，积极工作→CVD ↓ | 前瞻性（发生率）研究。<br>对连续 IV 进行分类处理。 |
| 托雷尔等 (Theorell 等, 1998) | 瑞典 | | >1,000 ♂ 45—64 岁 | 10 年 | Sociodemo., 健康行为，一些 CV RF | 低 DL→MI ↑<br>压力→MI ↑ | 嵌套病例对照研究；类似于回顾性队列研究。<br>对连续 IV 进行分类处理。 |

♂，男性；♀，女性；ΨWL，心理工作负荷或心理要求；BC，蓝领；BP，血压；CVD，心血管疾病；DA，决策权；DL，决策自由度；FH，家族史；MI，心肌梗塞；NHANES1，全国健康与营养调查 1；RF，风险因素；SC，社会阶层；SkD，技能裁量权；Sociodemo，社会人口学变量；IV，自变量。

估对 CVD 的影响。(Ganster & Rosen, 2012; Kivimäki, Singh-Manoux 等, 2012)。第二, 在很多研究中, 统计检验力是有局限的, 虽然校正后的优势比(详见第二章)往往大于1, 但鉴于冠状动脉相关问题的罕见性, 这样的结果并不显著(Kivimäki, Singh-Manoux 等, 2012)。在德伯克等人(De Bacquer 等, 2005)的研究中, 尽管对风险因素校正后, 孤立工作压力和冠心病事件的关系是显著的, 但是孤立工作压力组只经历了14个这样的事件。第三, 许多研究中都包含即将退休的老年人, 这降低了暴露的连续性(详见 Kivimäki, Theorell, Westerlund, Vahtera, & Alfredsson, 2008)。第四, 所有的研究将连续测量的 DC 因素转变为二分或三分变量, 这降低了统计检验力(Landsbergis & Schall, 2013)。

接下来, 我们仔细研究了 Whitehall Ⅱ 研究, 研究人员评估的是累积暴露的影响而不是单一时间点暴露。博斯马等人(Bosma 等, 1997)发现, 与阶段1和阶段2都体验到高控制的公务员相比, 在这两个阶段(相隔大约3年)都体验到低控制的公务员, 在接下来的4年中患 CVD 的风险几乎有两倍。有中等控制的公务员的患病风险也处于中等水平。其他 Whitehall Ⅱ 研究(Hintsa 等, 2010)表明, 社会心理因素对男性冠心病的影响不能被就业前的因素(如, 疾病的家族史、社会阶层出身和兄弟姐妹的数量)完全解释(追踪期间, 很少有女性患 CVD, 因此无法对其进行统计分析)。尽管与表4.3中的研究不是完全一致, 但考虑到研究的局限性, 综合考虑结果可以表明社会心理工作条件对 CVD 起着中等程度的影响。工作场所支持方面并没有得到充分的研究。

### 关注女性的 DC 因素

本节专门研究女性样本。一些研究人员认为, DC 因素与 CVD 风险之间的关系"对于男性和女性是大致相似的"(Kivimäki 等, 2012, p.1494)。然而, 对所有女性样本进行的研究发现事实不是如此简单。一项前瞻性的研究对35,000多名美国女性护理人员进行了为期4年的追踪, 结果发现, 一方面要求、控制和压力之间没有显著关系, 另一方面与 CVD 之间也没有显著联系(Lee, Colditz, Berkman, & Kawachi, 2002)。样本中只有护理人员可能不会使结果偏向无效, 因为护理人员的职业特点是, 在工作负荷要求和控制方面有高水平的自然发生的变化(Ganster 等, 2001, p.956)。然而, 这个研究中有两个需要强调的局限。第一, 研究样本中包括很多在基线期就处于或接近退休年龄的护理人员, 这其中许多人可能在追踪期间退休, 从而不再暴露于正在研究的工作条件。第二, 在这4年中, 大约一半的护理人员从高压力的工作转移到了没有压力的工作中, 这影响了暴露的累积效应。此外, 尚不清楚有多少在基线时没有高压力工作的护理人员在追踪期间转入高压力职位, 这一因素可能使研究结果模糊不清。

在一项对17,000多名女性卫生保健工作者开展的长达10年的研究中, 斯洛彭等人

(Slopen 等，2012)发现，控制社会人口学变量和冠心病风险因素之后，那些处于高压力工作中的个体患 MI 的风险增加，但对所有的 CVD 没有影响。出乎意料的是，从事积极工作（高控制和高要求；被认为有心肌保护作用）的女性患 CVD 的风险增加了。高压力的工作和积极工作有一个共同点，即高水平的要求。令人惊讶的是，当要求作为一个单一的因素时，它与 CVD 没有关系。当然，正如科尔迪茨等人（Colditz 等，2002）的研究一样，暴露的性质可能随着研究时间的推移而发生变化。一项对 18,000 多名初始状态健康的瑞典全职女性的前瞻性研究（Kuper, Adami, Theorell, & Weiderpass, 2006）发现，在控制了年龄和 CVD 风险因素之后，要求、控制和压力与 11 年间的 CVD 的发生率无关，考虑到追踪期的时长，有相当比例的女性可能换了工作或退休。对 14,000 多名兼职女性的研究得到了同样的结果。虽然女性更普遍地面临着工作和家务的双重负担（Frankenhaeuser 等，1989），除了极少数研究外（如，André-Petersson 等，2007），在引用的文献和研究中，家庭工作负荷尚未进行探究。

**两阶段元分析**

在一项包括 11 项前瞻性研究的两阶段元分析研究中，基维马奇等人（Kivimäki 等，2006）发现，在控制了血糖、胆固醇、血压等因素之后，代谢综合征的成分使工作压力曾显著的优势比变得不显著。与昌多拉等人（Chandola 等，2008）的研究结果一致，这表明代谢综合征有助于中介工作压力与 CVD 的关系。甘斯特和罗森（Ganster & Rosen, 2013）指出，基维马奇等人（Kivimäki 等，2006）的元分析控制了二级介质，"这些二级介质会导致 CVD 结果变量，对[二级介质]进行统计控制，实际上就是部分地检验了一个中介模型"（p. 1107），如同在本章前面所描述的应变稳态负荷的概念。

**DC 模型和 ERI 模型的比较**

付出—回报失衡（effort-reward imbalance, ERI）模型和 DC 模型被认为是社会心理工作条件影响 CVD 风险的竞争或互补模型。简言之，ERI 模型指的是与工作相关的努力和回报相对应的程度（详见第三章）。尽管关于 DC 模型与 CVD 关系的研究有很多，但很少有研究对 ERI 与 CVD 的关系进行探讨。在表 4.3 中的一个芬兰研究中，林奇、克劳斯、卡普兰、萨洛宁和萨洛宁（Lynch, Krause, Kaplan, Salonen, & Salonen, 1997）发现，高水平的工作要求和低经济回报的结合与影响动脉硬化斑块的增长有关。在一项对初始状态健康的芬兰工厂员工的研究中，基维马奇等人（Kivimäki 等，2002）发现，在控制了其他风险因素的基础上，在 25 年间工作压力预测了 CVD 的死亡率。对 ERI 模型的研究也得到了相同的结果。将分析仅限于留在同一份工作中至少 5 年的员工，这确保了相对稳定的暴露史，也使压力和 CVD 死亡率之间的联系得到加强。ERI 和 CVD 的关系依然保持一致。基维马奇等人（Kivimäki 等，2002）

表 4.3 所有混合性别和男性样本中关于自我报告的 DCS 因素与 CVD 关系的研究

| 研究团队 | 国家 | 样本 | 时滞 | 控制变量 | 主要发现 | 评论 |
|---|---|---|---|---|---|---|
| 安德鲁·彼得森等人（André-Petersson 等，2007） | 芬兰 | 7,770（61% ♀）Malmö 饮食 & 癌症研究 | 7.8 年 | Sociodemo., CVRF, 非工作支持 | 低工作支持→♀MI↑, 而不是♂ 压力 & 孤立工作压力→♀MI 消极工作 + 低支持→♀MI↑, 而不是♂ 家庭 ΨWL→MI | 前瞻性研究。对连续 IV 进行分类处理。员工在同一工作地点工作时长≥四年。很少有研究评估在家庭 ΨWL 对♂的影响大于♀。 |
| 博斯马等人（Bosma 等，1997） | 英国 | >7,300 名公务员（2/3♂）Whitehall II | 7 年 | Sociodemo., CVRF | 低控制（测量两次，间隔三年）→CVD↑ 三年间的中等控制→中等风险 高控制→最低风险 ΨWL & 支持→CVD | 前瞻性研究。对连续 IV 进行分类处理。阶段 1 和 2 的低控制→在随后的 4 年中，阶段 3 的 CVD↑。 |
| 德伯克等人（De Bacquer 等，2005） | 比利时 | >14,000 Belsoess 研究 | 3.2 年 | Sociodemo., CVRF, 职级 | ΨWL, DL, & 压力→冠心病事件↓ 孤立工作压力→冠心病事件 工作支持→冠心病事件↑ | 前瞻性研究。对连续 IV 进行分类处理。 |
| 卡拉塞克等人（Karasek 等，1981） | 瑞典 | >1,400♂ | 6 年 | 年龄，受教育程度，吸烟，BMI | ΨWL→CVD 指标↑ 低 DL→CVD 指标↑ | 前瞻性研究。对连续 IV 进行分类处理。尽管 CVD 指标基于自我报告，但该指标已根据客观数据进行了验证。结果在第二项研究中得到支持，这是一项病例对照的 CVD 死亡率研究。 |
| 基维马奇等人（Kivimäki 等，2008） | 瑞典 | 3,160♂；2,800, 排除了 56–65 岁♂ WOLF 研究 | 9.7 年 | Sociodemo., CVRF | 压力→CVD↑ | 前瞻性研究。对连续 IV 进行分类处理。结果是针对 19–55 岁子样本的，但在加入 56–65 岁被试后，显著性减少了 70% 至 nonsig. |

## 表 4.3 所有混合性别和男性样本中关于自我报告的 DCS 因素与 CVD 关系的研究（续）

| 研究团队 | 国家 | 样本 | 时滞 | 控制变量 | 主要发现 | 评论 |
|---|---|---|---|---|---|---|
| 库珀和马莫特（Kuper & Marmot, 2003） | 英国 | >10,000 名公务员（2/3 ♂）Whitehall II 研究 | 5 阶段数据收集，长达 11 年 | Sociodemo., CV RF | 基线期 ΨWL→CVD↑ 基线期低 DL→CVD↑ 基线期低支持→CVD | 前瞻性研究。对连续 IV 进行分类处理。分析逐次控制了职级的变化。 |
| 林奇等人（Lynch 等, 1997） | 芬兰 | ≈2,300 ♂ Kupio 研究 | MI 追踪了 6.1 年，死亡率追踪了 8.1 年 | Sociodemo., CV RF, depr., 绝望, 疾病 | 高 ΨWL+低资源+低收入→全因死亡率, CV 死亡率, MI 也与 ERI 模型有关 | 前瞻性研究。对连续 IV 进行分类处理。在控制许多协变量后, sig. 效应变得 nonsig. 作者认为这是"过度控制"的结果。 |
| 奈特斯强等人（Netterstrøm 等, 2006） | 丹麦 | >650 ♂ | 14 年 | Sociodemo., CV RF | ΨWL→IHD↑ DL→IHD 工作压力→IHD↑ | 前瞻性研究。对连续 IV 进行分类处理。IHD 由医院记录评估。在补充工作因素后, 除了消极工作的员工有很高的 IHD 风险外, 对 IHD 预测变量没有任何影响。 |
| 斯科莱尔等人（Schnall 等, 1998） | 美国 | >138 名稳定就业的 ♂ 员工 | 2—4 年 | Sociodemo., 职级 | 稳定的高压力工作→ABP↑ 从高压力转变为低压力或从低压力变为高压力→BP 的中等变化 稳定的无压力工作→最低 BP | 对连续 IV 进行分类处理。研究证据充其量是一种提示, b/c 将 IV&DV 的时间 1—时间 2 变化联系起来, 不能建立因果关系所需的时间顺序。 |
| 特鲁德等人（Trudel 等, 2016） | 加拿大 | >1,390 白领员工 (59% ♀) | 5 年; 在第 1 年, 第 3 年和第 5 年评估 | Sociodemo., CV RF | 5 年间的积极工作→♂ 高血压风险↑, 而不是 ♀ 基线期 ERI→♀ ABP↑, 而不是 ♂ | 前瞻性研究。对 ♀ 的发现可能与裁员 & 导致工作紧张的其他变化有关。 |

注: 有关全部为女性样本的结果在文中进行详细描述。
♂, 男性; ♀, 女性; ΨWL, 心理工作负荷或心理要求; ABP, 动态血压; BC, 蓝领; b/c, 因为; BP, 血压; CVD, 心血管疾病; DA, 决策权; DCS, 要求—控制—支持; DL, 决策自由度; DV, 因变量; FH, 家族史; IHD, 局部缺血性心脏病; IV, 自变量; MI, 心肌梗塞; nonsig., 不显著的; RF, 风险因素; SC, 社会阶层; Sig., 显著的; SkD, 技能裁量权; Sociodemo., 社会人口学变量。

也发现,在五年的追踪研究中,压力和控制(而不是 ERI)与胆固醇(一种二级介质)的升高有关。在一项对德国男性蓝领员工的研究中,西格里斯特、彼得、琼格、克里默和塞德尔(Siegrist, Peter, Junge, Cremer, & Seidel, 1990)发现,在控制了其他风险因素之后,ERI 可以预测未来 6 年半内局部缺血性心脏病的发生。在一项对英国公务员的 11 年追踪研究中(Whitehall II),ERI 模型可以预测男性和女性的 CVD(Kuper, Singh-Manoux, Siegrist, & Marmot, 2002)。

博斯马、彼得、西格里斯特和马莫特(Bosma, Peter, Siegrist, & Marmot, 1998)使用 Whitehall II 的数据开展了一项罕见的研究,他们将 ERI 与 DC 模型放在同一个预测方程中,直接比较了这两个模型。在 5 年的追踪期间,控制其他干扰因素之后,ERI 和工作压力都增加了男性 CVD 的风险;对于女性,只有 ERI 能预测 CVD,这一结果反映了两个模型中各有的付出和要求成分之间可能存在一定程度的重叠(请参见第三章)。当工作控制(压力的一个成分;忽略要求)代替压力被纳入方程中,ERI 和低控制在男性和女性中都能预测未来的 CVD。但工作中的社会支持并不能预测之后的 CVD。

**DC 因素的"大规模研究"**

许多有关社会心理工作条件与健康行为关系的纵向研究的样本量太小,以至于无法检测到中等程度的效应。第二章强调,当健康和死亡受到威胁时,即使是小的效果量也很重要。基维马奇和河内(Kivimäki & Kawachi, 2013)提出了这样的观点,即大规模研究具有从多项研究汇总的数据中获得的统计检验力,可以帮助回答有关风险因素的研究问题,这些风险因素的效果量很小,但在医学上很重要。而单个研究由于特定地点或特定研究结果的混淆,可能会掩盖较小的效应。这样的汇总有助于平衡局部研究效应,并提供评估研究关注的风险因素的影响所需的统计检验力。

在一项大样本(n>197,000),两阶段元分析研究("一个大规模研究")中,就像一阶段元分析一样,基维马奇和尼伯格等人(Kivimäki, & Nyberg 等, 2012)整合了来自 13 个独立研究的单个被试的数据,对基线期没有 CVD 的员工进行了平均 7.5 年的追踪。在控制传统的风险因素(如体重、胆固醇)后,研究团队发现仅工作压力就会使 CVD 的风险增加 20% 到 30%。工作压力的影响在男性和女性以及老年员工和年轻员工中都是相似的;工作压力的影响比其任一组成部分(工作要求和工作控制)的影响都更强。在进一步分析中,设计排除了反向因果解释(亚临床的 CVD 影响基线期自我报告的工作条件),作者排除了那些在追踪第一年中患有 CVD 的员工,这加强了工作压力与 CVD 之间的联系。交互作用分析表明,与工作压力有关的风险并没有因性别、SES、年龄或原始研究地区的差异而有所不同。值得注意的是,由于对工作条件的连续测量被转换为分类测量,效果量有可能被低估了。一个最近的两阶段元分析(n＞168,000)(Xu 等，2015)的结论在很大程度上与基维马奇和尼伯格(Kivimäki & Nyberg 等，2012)关于与工作压力相关的 CVD 风险的中等程度升高的研究结果相一致。徐等人(Xu 等，2015)也发现消极工作(低控制，低要求)的个体患 CVD 的风险有更为小幅(但仍有统计学意义)的提升。

**有关 DC 因素和 ERI 因素的研究总结**

考虑到替代法研究、纵向和前瞻性研究、检验 ERI 模型的纵向研究和大规模研究的结果，虽然其证据远非完美，但可以表明工作压力或它的成分有理由被认为小幅增加了 CVD 的风险。尽管预防工作压力所带来的心脏病风险的降低与预防吸烟的效果相比微不足道，但预防工作压力是否重要的问题与研究结果是分开的。基维马奇(Kivimäki 等，2015)提出了一个有价值的想法：不管压力对心脏病的影响如何，将员工暴露在工作压力和其他不利的工作条件下是不道德的。

## 失业与 CVD 死亡率的关系

第三章阐释了失业可能会对心理健康产生有害影响，那对于身体健康和寿命又有何影响呢？在探讨失业与死亡率关系的研究中，研究者一直关注选择效应在解释失业与过早死亡之间关系的可能性。一个基于选择效应的合理解释是，那些出现健康问题的人工作能力下降，直至失去或放弃工作。导致死亡的不是失业，而是先前存在的健康问题。鉴于选择—因果问题，表 4.4 总结的研究仅限于与非自愿失业相关的研究。研究表明非自愿失业是过早死亡的一个风险因素。尽管从失业到健康状况不佳的作用路径尚不清楚，但是失业产生了一系列威胁健康的负担，进而增加了死亡的风险：经济困难、抑郁、意志消沉导致的自我忽视等等。

一项包含多国家样本的两阶段元分析(n＞20,000,000)发现，在控制混淆因素后，非自愿失业增加了 60% 的全国死亡的风险(Roelfs, Shor, Davidson, & Schwartz, 2011)，非自愿失业对死亡率的影响不太可能是由于先前存在的健康问题导致。罗尔斯等人(Roelfs)发现，那些处于职业生涯早期或中期，而不是晚期的男性和员工更容易受到失业的影响。其因果关系是怎样的呢？例如，失业是否会通过 HPA 轴和自主神经系统的失调，来影响 CV 健康？研究强调了即便没有理清因果关系，我们也能知道失业会导致不健康。尽管如此，研究结果表明，政府政策已经在为实现充分就业的目标和为失业者提供安全网而努力，这保护了公众的健康。

## 表 4.4 非自愿失业和工作安全感与 CVD 关系的研究

| 研究团队 | 国家 | 样本 | 时间 | 控制变量 | 主要发现 | 评论 |
|---|---|---|---|---|---|---|
| **非自愿失业** | | | | | | |
| 德里瓦斯等 (Drivas 等, 2013) | 希腊 | >4,400 名公交公司的♂员工 | 13 个月 | 年龄 | 失业→全因死亡率↑，主要通过 IHD | 德里瓦斯等人未控制年龄以外的 RF；混淆因素→超额死亡，b/c 被试为较年轻群体（平均年龄=43）& 可能无法自主选择进入一个可能大地裁员的组织。 |
| 加洛等 (Gallo 等, 2006) | 美国 | 4,301，年龄 51—61 岁（50%♀） | 10 年 | Sociodemo., CV RF，身体疾病，抑郁 | 失业→MI，中风↑ ♀和♂结合分析 | 研究是关于职业生涯晚期失业。职业生涯晚期失业……"特别有压力。" |
| 加西和沃格洛 (Garcy & Vågerö, 2012) | 瑞典 | 34,000,000（≈50%♀） | 5 年 | Sociodemo., CV RF | 在大规模裁员的经济萧条期间，♂失业的时长作为时间间隔水平的变量。♂失业的时长→全因，CVD, & 脑血管死亡率↑ ♀失业的时长→仅全因死亡率↑ | 前瞻性研究。失业时长作为时间间隔水平的变量。为了排除选择性解释，剔除了经济萧条条件以外已经失业的个体。 |
| 伦丁等 (Lundin 等, 2010) | 瑞典 | >37,000♂ | 8 年 | Sociodemo.，包括童年 SES，健康期行为，精神病住院史 | 三年经济萧条期间失业时长>89 天→全因 & CVD 死亡率↑ | 前瞻性研究。第一个 4 年的效果量大于下一个 4 年的效果量。 |
| 莫里斯等 (Morris 等, 1994) | 英国 | 6,000♂ | 10 年 | Sociodemo.，基线期健康，健康行为 | 失业→全因，CV, & 癌症死亡率↑ | 与稳定就业的♂相比，失业者限于因疾病以外的原因而失业的♂（例如，企业破产）。癌症死亡的影响最小。 |
| 沙利文和冯·华特 (Sullivan & von Wachter, 2009) | 美国（宾夕法尼亚大学） | >21,000♂ | 26 年 | 稳定就业超过 5 年 | b/c 大规模裁员而导致的失业→全因死亡率↑；第一年效应显著尽管风险会随着时间而下降，但失业者仍然处于高风险中 | 保守估计，b/c 评阅人坚持认为作者不应该将失业同年发生的死亡包括在内。 |
| 瓦赫特拉等 (Vahtera 等, 2004) | 芬兰 | 20,000 名（≈¾♀）市政员工；10 个城市的研究 | 7.5 年 | Sociodemo.，就业类型 | 失业→CV 死亡率↑ | 尽管研究关注裁员对幸存者的影响（参见瓦赫特拉等[Vahtera 等, 2004]后面条目的 CV 死亡人数），失业者中的 CV 死亡人数更高。 |

| 工作不安全感 | | | | | | |
|---|---|---|---|---|---|---|
| 杜普雷等（Dupre等,2012) | 美国 | >13,000 (>50%♀) | 8年 | Sociodemo.,CV RF,健康行为 | 每增加一个失业→MI↑ | 风险是累积的。 |
| 费列等（Ferrie等,2001) | 英国 | >10,300(2/3♂) Whitehall II | 7年 | Sociodemo.,基线期健康状况 | 研究1<br>预期→↑自我报告的健康状况↓<br>预期→↑和↓的身体症状↑<br>研究2<br>长期不安全感→BP&BMI↑ | 自然实验<br>在研究1中，一些公务员单位预期私有化。<br>在研究2中，之后的私有化很明显将要发生了。<br>BP&BMI是CVD的中介变量。 |
| 瓦赫特拉（Vahtera等,2004) | 芬兰 | 20,000名(≈3/4♀)市政员工；10个城市研究中的4个城市 | 7.5年 | Sociodemo.,经济萧条前的缺勤率 | 经历最大规模裁员的单位→CV死亡人数↑<br>经历中等规模裁员的单位→中等程度死亡率<br>最小规模→最低死亡率 | 所有被试在经济萧条期间都保有工作。<br>自然实验，不同的政府单位经历了不同规模的裁员；自我选择的可能性很小。 |

♂，男性；♀，女性；b/c，因为；BP，血压；CVD,心血管疾病；IHD,局部缺血性心脏病；MI,心肌梗塞；RF,风险因素；Sociodemo.，社会人口学变量。

## 工作不安全感和 CVD

那些没有失去工作,但是经历着工作不安全感或受到失业威胁的员工又处于怎样的境况呢?也许继续留在工作岗位上的员工有更长的加班时间(因为现在他们的同事更少)以及睡眠不足,这都会使他们面临患心脏病的风险(Liu & Tanaka,2002)。第三章除了考察失业对心理健康的影响之外,还研究了工作不安全感的影响。表4.4包括的三项研究表明了工作不安全对身体健康的不利影响。

瓦赫特拉等人(Vahtera等,2004)的一项研究值得关注。该研究团队研究了四个城市中不同组织单位裁员(经济萧条的原因)的程度。鉴于表4.5所列举的原因,该研究有力地表明对那些仍留在工作岗位上的员工而言,与裁员有关的变化会将他们置于过早死亡的风险中。瓦赫特拉等人(Vahtera等,2004)指出,仍然留在裁员单位工作的员工至少经历了三个变化:(a)不安全感增加了,(b)工作要求增加了,和(c)控制降低了。后两种变化是立法的结果,即法律不允许各市因裁员而降低相应的服务水平。虽然目前我们尚不清楚裁员造成的哪种或哪些变化会导致过早死亡的风险增加,但只有裁员才具有这种效果。

**表4.5 瓦赫特拉等人(Vahtera等,2004)研究的优势**

| 优势 |
|---|
| 1. 这项研究是一个自然实验,在不同工作场所的个体无法自己选择未来将暴露在怎样强度的经济衰退中,裁员以及未来的CV健康。 |
| 2. 裁员对死亡率的影响反映了剂量反应趋势。剂量反应关系表明,暴露强度与效果量直接相关。 |
| 3. 在追踪的第一个半年中,裁员的影响最大。在许多情况下,对传统工作场所危害(如化学品)的暴露是稳定的,对健康的不利影响是稳定的。相比之下,裁员只是一个一次性事件,在追踪的第二个半年中的影响较小。 |
| 4. 裁员只对CV死亡率有影响,而与其他死亡原因无关(见Noel,2002)。据我们所知,社会心理工作因素与CVD有关,但与癌症等其他疾病无关。(尽管莫里斯等人[Morris等,1994]发现失业对CV死亡率和癌症死亡率都有预测作用)。一个两阶段元分析实际上合成了一个大规模前瞻性研究,研究涉及116,000多名男性和女性,海基勒等人(Heikkilä等,2013)发现另一种社会心理压力源,即工作压力,并不能预测肺癌、乳腺癌、前列腺癌或结肠癌。 |
| 5. 在裁员中失去工作或自愿离职的员工被有意排除在分析之外。这一发现只适用于还在工作的人,这与以下假设相矛盾,即选择解释了在工作场所中剩余的健康员工最有可能暴露于裁员。 |
| 6. 正如预期的那样,失业者的CV死亡率比仍保留工作的员工要高。 |
| 7. SES及其保障的物质生活条件之所以被作为控制变量,是因为本研究仅限于那些仍保留工作的员工。 |
| 8. 在整个研究期间,几乎没有什么工作变动,这表明裁员的效果对留下来的员工来说是一个信号事件。 |
| CV,心血管;CVD,心血管疾病;SES,社会经济地位。 |

在一项两阶段元分析中,瓦赫特拉等人(Vahtera等,2013)整合了17个独立的前瞻性队

列研究的数据(n>170,000男性和女性)发现,在10年追踪期间,在基线期体验到工作不安全感的初始状态健康的员工患CVD的风险小幅升高(比对照组高30%)。当对SES等协变量控制之后,超额风险降至20%。从事低SES工作的个体比其他人体验到更多的工作不安全感。CVD风险也可能被低估了,因为(a)工作不安全感只在基线评估(更有害的长期暴露没有被评估);(b)随着经济状况的改变或被试的工作改变,元分析并没有对不同程度的不安全感暴露进行统计控制。

尽管当前对工作不安全感和失业影响身体健康的机制尚不清楚,但总而言之,证据支持了以下假设,即工作不安全感和非自愿失业会对CV健康和死亡风险产生不利影响。

## 长时间工作和CVD

第三章提到了日语karoshi这一单词。这个单词的意思为"过劳死"(Nishiyama & Johnson, 1997)。虽然没有得到像DC因素一样的重视,但长时工作已经被认为对健康具有不利影响。日本是一个普遍长时间工作的国家,在日本进行的一项病例对照研究发现(Sokejima & Kagamimori, 1998),在控制协变量(例如,高血压史)后,对男性而言,一天工作11个或更多小时是MI的一个风险因素。另一项涉及日本男性的病例对照研究(Liu & Tanaka, 2002)发现,在控制协量之后,过度工作和睡眠减少会增加MI的风险。一项来自加拿大全国人口健康调查(Shields, 1999)的追踪数据表明,从标准的工作时长(35—40小时)变成长时间工作(>41小时每周),两年以后会产生以下不利健康的影响:男性的体重增加、男性和女性吸烟增加以及女性酒精使用增加。

墨菲(Murphy, 1991)发现,公共汽车驾驶涉及社会心理危害,这些危害能够预测与CVD相关的致残。城市司机,如下一个研究中描述的司机,不仅必须面对工作安排带来的时间压力,还要同时确保骑行者的安全。对将要成为公交车司机的斯德哥尔摩学员(88%为男性)进行的一项纵向研究(Johansson等, 2012)发现,在控制了获得工作之前的血压之后,在工作的第五年,每周平均工作小时数与舒张压升高有关。这项研究具有特殊意义,因为它开始于健康的学员(有健康问题的申请人被从候选库中挑选出来)。

最后,在一项两阶段元分析(n>600,000)中,包括了25个大多数没有发表的前瞻性研究(Kivimäki等, 2015),结果表明控制干扰因素后,在平均8.5年的时间里,长时工作确实小幅但可靠地增加了CVD的风险。另一项结果表明,长时工作对中风的风险有更大的影响。现有证据表明,高强度地暴露于长时工作下对健康有不利影响。

## 欺凌

第五章涉及工作场所攻击(包括欺凌)的心理影响。在这里,我们简单地看一下工作欺凌与 CVD 的关系。工作场所欺凌指的是施暴者(a)比受害者有权力优势,(b)在很长一段时间内对受害者进行攻击。在一项针对主要是女性的芬兰医院员工的研究中,基维马奇和弗塔嫩等人(Kivimäki, Virtanen 等,2003)发现,在基线期没有 CVD 的员工中,长期受到工作场所欺凌与患 CVD 有关。该研究排除了反向因果关系,即排除了基线期 CVD 预测追踪期间欺凌的可能性。

## 工作时间安排和 CVD

工作时间安排的轮班可以是变化的。在发达国家,常规的轮班是早上八点或九点到下午五点。交替轮班是从下午四点开始,一直持续到半夜(晚班),与大多数人的晚餐时间重叠。另一种交替轮班时间是大约半夜开始,持续到第二天早上八点(所谓的大夜班)。还有些轮班是循环的,比如有几个周是从一个时间点开始的,比如说上午八点,在另外几个周,又是非常不同的时间(下午四点或者半夜)。轮班工作可以从很多方面影响心血管的健康。交替工作安排会扰乱昼夜节律,导致睡眠问题(Karlsson, Alfredsson, Knutsson, Andersson, & Torén, 2005)和代谢综合征(Frost, Kolstad, & Bonde, 2009)。交替时间安排会产生社会压力,即与按照标准时间安排工作的朋友和家人相隔离。而社会关系通常有益于个人健康(Horse, Landis, & Umberson, 1988)。奥斯-高莫(Orth-Gomer, 1983)指出,"大多数的生理功能,如心率、血压和儿茶酚胺分泌率,以及很多行为模式,例如睡眠和清醒状态,存在 24 小时的节律,这些功能部分依靠于工作时间安排、钟表、社交和自然环境(日光)等"(p. 407)。

有一些证据表明交替轮班工作会对 CVD 风险产生不利影响(Fujino 等,2006;Kawachi 等,1995;Karlsson 等,2005;Knutsson, Akerstedt, Jonsson, & Orth-Gomer, 1986;Taylor & Pocock, 1972;van Amelsvoort, Schouten, Maan, Swenne, & Kok, 2001)。然而,多数研究证据指向了另一个方向。在一项包含 14 项前瞻性研究(7 项包括死亡相关的结果)的综述中,弗罗斯特等人(Frost 等,2009)将轮班和局部缺血性心脏病联系起来,并发现相对风险的估计值徘徊在 1 左右(无效应)。研究中的方法学问题(例如,对混淆因素的控制不定)也是产生确切因果结论的一个障碍。在芬兰一项历时 22 年的、涉及超过 20,000 个同性双胞胎的前瞻性研究(Hublin 等,2010)中,在控制了社会人口学、社会心理、行为和生物医学的协变量以后,结果仍没有建立轮班工作和 CVD 之间的联系。此外,在对有不一致的患 CVD 情况的双生子进行的分析中,未发现对轮班工作的影响。

## 社会经济地位与健康

第三章指出,社会经济地位(socioeconomic status,SES)与心理健康有关。但众所周知,SES与身体健康(包括CVD风险)相关(Antonovsky,1968)。在最初的Whitehall(n>17,000男性)或Whitehall Ⅰ中,罗斯和马莫特(Rose & Marmot,1981)发现,在7.5年的追踪研究中,控制已知的风险因素(例如,吸烟、BMI)后,与最高级别的男性公务员相比,那些最低级别的公务员即使在基线期没有疾病也更有可能死于CVD。研究人员指出,"一个人的就业状况比任何一种更常见的风险因素更能预测他死于冠心病的风险"(p.17)。林克和费伦(Link & Phelan,1995)指出,低SES意味着更少的钱、更少的资源、更少的社会关系等等,这些因素对个人和家庭健康而言意义重大。

关于DC因素、ERI因素和经济不安全感与CVD的关系的结果至少部分解释了为什么SES与CV发病率和死亡率呈负相关。马莫特和托雷尔(Marmot & Theorell,1988)研究发现,工作压力在地位较低的工作中更为常见。经济水平较低的工作会给员工提供更少的技能裁量权、更少的自主性和不平等的支持。安德森等人(Andersen等,2004)发现技能裁量权部分地中介了社会地位对MI的影响。在控制无法测量的家庭背景特征(通过兄弟姐妹进行控制)和健康行为后,身体和社会心理工作因素有助于解释SES和CVD之间的关系(Brand, Warren, Carayon, & Hoonakker, 2007)。

### 社会心理工作场所因素和CVD的关系研究总结

社会心理工作条件可以通过两条途径影响CVD的风险。其中一条涉及工作条件对健康行为的影响,这些行为最终影响CVD的产生。证据表明,目前关于DC变量影响健康风险行为(如,吸烟、体重增加和业余时间体育活动减少)的研究结论尚未统一。体重增加的证据表明,工作压力源在更大程度上影响初始状态更重的个体。有证据表明,社会心理压力源,包括长时工作,增加了业余时间体育活动缺乏的风险。

第二条途径涉及社会心理工作条件累积地、更直接地发挥生物学效应。这种更直接的途径涉及,工作条件通过首先影响HPA轴和自主神经系统进而影响CVD风险,尽管研究工作条件的累积效应影响人类生物学的途径具有挑战性。

DC变量影响CV健康的证据有很多来源,例如病例对照研究和前瞻性研究,包括采用替代法测量工作条件的研究等。然而,并非所有的研究都是支持性的,尤其是对女性的研究。然而,一项包括近200,000名被试的大规模研究表明,DC变量对男女的CV健康均有影响。

包括 ERI 模型和 DC 模型的前瞻性研究也支持 DC 变量和失衡会影响 CV 健康这一结论。

其他可能影响 CVD 的社会心理因素包括失业、工作不安全感、长时工作和欺凌。失业和工作不安全感给 CV 健康带来不利影响的证据是可靠的。有证据表明长时工作也会损害健康。目前有关欺凌研究的较少。总之，有关失业和 DC 模型的研究证据有助于解释，至少是部分解释，SES 和健康之间的关系。地位较低的工作为工作活动提供较少的控制。总的来说，证据表明，工作场所社会心理压力源影响 CVD 的风险，特别是对男性而言（Backé, Seidler, Latza, Rossnagel, & Schumann, 2012）。

## 肌肉骨骼问题

根据欧洲工作安全和卫生局（European Agency for Safety and Health at Work, 2013），肌肉骨骼疾病（musculoskeletal disorders，MSDs）"会影响身体的肌肉、关节、肌腱、韧带、骨头和神经。"与工作相关的 MSD 通常由"工作本身或员工的工作环境"造成且发展缓慢。当然，事故导致骨折等问题，这也是 MSD 产生的一个原因；职业安全与事故将在第八章中详细讨论。欧洲工作安全和卫生局报告，MSD 主要发生在背部、颈部、肩部和上肢。除对员工个体造成伤害外，MSD 也会对一国的经济造成损害。沃伦、狄龙、莫尔斯、霍尔和沃伦（Warren, Dillon, Morse, Hall, & Warren, 2000）在康涅狄格 3,200 名居民的代表性样本中发现，大约有 9% 的居民遭受与工作相关的肌肉骨骼疼痛。在 2011 年，大约 250 万美国员工由于 MSD 领取伤残抚恤金，每人每年平均花费政府 13,000 美元（社会保障局，2012）。此外，沃伦等人指出，很多与工作相关的 MSD 尚未被发现。肌肉骨骼残疾占所有残疾抚恤的 26%，几乎是下一个最常见类别——情绪障碍的两倍。仅在 2011 年，就有 330,000 多名员工申请残疾津贴，位居当年申请此类福利津贴员工总数的三分之一。

### 社会心理工作条件与肌肉骨骼问题

许多与肌肉骨骼问题相关的研究都致力于研究这些问题与体力工作（例如，举水泥袋、在键盘上打字）的关系。姿势因素、重复运动和举起重物均会导致 MSD 的产生。体力工作与 MSD 关系不是本节的主题，虽然人们普遍认为，工作的体力要求在很大程度上会导致 MSD 的产生（Andersen, Haahr, & Frost, 2007; Lipscomb, Kucera, Epling, & Dement, 2008）。本节主要探讨社会心理工作场所压力源对肌肉骨骼问题的影响。

比戈斯等人（Bigos 等，1991）指出，肌肉骨骼问题，如背部受伤，是"一个可能受到一系列复杂因素影响的事件，这些因素不能仅仅从生物力学或人体工程学方面来理解"（p.5）。心理压力如何与肌肉骨骼疼痛相联系？有些答案来自韦斯特加德(Westgaard，1999)、伦德伯格(Lundberg，2002)和托雷尔(Theorell，2008)。

韦斯特加德指出，斜方肌(从头部后下方的枕骨延伸到背部的下胸椎和肩膀的一块大肌肉)已经被证明在实验情境下对认知压力敏感。他进一步指出繁重的心理要求会使斜方肌紧张，并减少短暂的肌肉微休息(使肌肉得到短暂的休息)，最终导致疲劳和疼痛。这种影响是合理的，因为控制着自主神经系统的大脑边缘系统的组成部分(HPA轴中的下丘脑是边缘系统的一部分)也影响了脊柱运动系统。伦德伯格认为，缺乏控制等社会心理压力源会造成紧张并妨碍员工在下班后和休息期间的放松，使员工无法体验较低的生理激活水平。这些周期性的放松对身体健康状态至关重要，因为它们相当于"合成代谢"或组织再生时期(Theorell，2008)。过度工作会削弱骨骼肌的能量；然而，社会心理压力(例如，由专横的上司和高心理负荷引起的担忧)可能会阻碍个体的恢复性睡眠和合成代谢，从而增加肌肉的易损性(Theorell，Hasselhorn，Vingård，& Andersson，2000)。虽然本节强调社会心理工作条件对肌肉骨骼问题的影响，但工作场所社会心理因素与组织设计、体力和脑力任务、工具和技术、物理环境和员工的人格特征都是相互联系的(Carayon，2009；Carayon，Smith，& Harris，1999；M. J. Smith & Carayon-Sainfort，1989)。

### 社会心理工作条件影响肌肉骨骼问题的证据

在综述一些证据之前，值得注意的是，社会心理工作场所因素对MSD和CVD影响的研究有一个共同特征，这一特征会导致对效果量的低估。社会心理因素往往会被转换为二分变量(偶尔是三分变量)，从而造成这种低估(Lang，Ochsmann，Kraus，& Lang，2012)。表4.6中总结的结果表明，社会心理工作条件会影响肌肉骨骼问题的产生，包括导致员工因残退休的问题。

伦德伯格(Lundberg，2002)强调了这样一个事实，即女性更容易出现肌肉骨骼问题，这与她们平均而言对工作有更低的控制和在家中更大的无报酬工作负荷相一致。他指出，与男性同事相比，白领阶层的女性患颈部和肩部问题的几率是男性的两倍。这些问题在很大程度上不是体力差异所致，因为白领工作较少涉及到体力。伦德伯格认为，女性肌肉骨骼问题发生率更高是因为她们更多地暴露于社会心理压力源，而这些压力源对激活水平有叠加影响。伦德伯格写道："心理压力可能会增加肌肉紧张，虽然这具有相当大的个体差异性"(p.387)。

#### 两项元分析和一项系统性综述

两个两阶段元分析(Hauke，Flintrop，Brun，& Rugulies，2011；Lang等，2012)总结了

表 4.6 社会心理工作场所因素与肌肉骨骼问题、MSD 相关的因残退休之间关系的研究

| 研究团队 | 国家 | 样本 | 时距 | 控制变量 | 主要发现 | 评论 |
|---|---|---|---|---|---|---|
| **肌肉骨骼问题** | | | | | | |
| 安德森等（Andersen 等，2007） | 丹麦 | >1,500（60%♀） | 2 年 | Sociodemo.，基线期的 RF（例如重复运动、长时间站立） | 低控制→严重的下背部疼痛↑ 低同事支持→下半身疼痛↑ 低工作满意度→颈部/肩膀 & 下肢疼痛、下半身疼痛↑ | 在各次测量之间更换工作的员工继续留在研究中。 |
| 阿里恩斯等（Ariëns 等，2001） | 荷兰 | >970（75%♂）SMASH 研究 | 3 年 | 年龄、性别、初始状态的颈部疼痛、ΦWL | ΨWL→颈部疼痛↑ 低同事支持→颈部疼痛↑ 低 DA→颈部疼痛↑ | 初始状态的颈部疼痛被进行了控制。 |
| 伯格奎斯特（Bergqvist，1995） | 瑞典 | 350，主要为视觉显示用户（≈¾♀） | 6 年 | 第 1 波测量时没有手/腕问题 | 在视觉显示终端增加单调工作→手/腕问题↑ | 前瞻性研究。变化→变化分析。单调 & 固定的混清。 |
| 贝格斯特伦等（Bergström 等，2007） | 瑞典 | >1,500，主要是来自四个厂的♂ | 18 个月和 3 年 | Sociodemo.，基线期的颈部/背部疼痛、健康行为、举起重物 | 控制→因颈部/背部疼痛而请假↓ | 控制是通过积极挑战来评估的。主要是蓝领员工样本。 |
| 比戈斯等（Bigos 等，1991） | 美国 | 3,000 名飞机上的工作人员（75%♂） | 4 年 | Sociodemo.，过去的背部受伤情况 | 享受工作→背痛↓ MMPI 疑病症得分→背部受伤↑ | 控制过去背部受伤的情况。 |
| 卡苏等（Cassou 等，2002） | 法国 | >18,000（≈40%♀） | 5 年 | Sociodemo.，ΦWL，工作重复性 | ΨWL→颈 & 肩疼痛↑ 低 ΨWL→初始状态有疼痛的员工疼痛消失 | 前瞻性研究。员工在第 1 波测量时没有颈部 & 肩部疼痛 对在第 1 波测量时有疼痛的员工进行单独分析。 |
| 乔纳森等（Johansson 等，2012） | 瑞典 | 88 名公交司机学员（88%♂） | 5 年 | 基线期 musc. 问题 | 驾驶时长→musc. 问题↑ | 从学员追踪到司机。学员在基线时处于健康状态。 |
| 基维马奇等（Kivimäki 等，2001） | 芬兰 | 604 名市政员工（¾♀） | 5 年 | 研究的前瞻性部分 Sociodemo.，ΦWL | 工作不安全感→因疼痛请假在↑、而不是工作中的 musc. 疼痛↑ | 604 名被试指第 1 波测量时没有 musc. 问题的员工。不安全感是指那些裁员后仍留下工作的员工。 |

| 作者/年份 | 国家 | 样本 | 时长 | 控制变量 | 结果 | 评论 |
|---|---|---|---|---|---|---|
| 莱诺和麦格尼 (Leino & Magni, 1993) | 芬兰 | n>600 金属工厂员工 (65% ♂) | 15 年 3 次 | 年龄, SC, ΦWL, 以前的 sympt. 水平 | 抑郁 sympts.→MSD↑ MSD→抑郁 sympts. ΨΦsympts.→MSD↑ MSD→ΨΦsympts.↑ | 评估了反向因果模型, ΨΦ指的是头痛, 恶心等, MSD 包括颈部/肩膀, 下背部等 |
| 莱诺和汉尼宁 (Leino & Hänninen, 1995) | 芬兰 | 金属工厂 n > 400 名员工 (65% ♂) | 见莱诺和麦格尼 (Leino & Magni, 1993) | 年龄, SC, 性别, ΦWL | 单调, 控制和工作社会关系不良→MSD↑ | 结果与 ΦWL 无夫。没有像莱诺和麦格尼 (Leino & Magni, 1993) 那样建立反向因果模型。受伤情况由医生诊断。 |
| 鲁古利斯和克劳斯 (Rugulies & Krause, 2005) | 美国·旧金山 >1,200 交通运营商 (86%♂) | | 7.5 年 | Sociodemo., 运营年数, 每周工作时长, 基线期 musc. 问题 & ΦWL | 低同事/主管支持, 压力, & 孤立工作压力→非创伤性颈部问题↑ | 受伤情况由医生诊断。 |
| 鲁古利斯和克劳斯 (Rugulies & Krause, 2008) | 美国·旧金山 >1,200 交通运营商 (86%♂) | | 7.5 年 | 见鲁古利斯和克劳斯 (Rugulies & Krause, 2005) | ERI→下背部疼痛, 颈部受伤↑ | 参见鲁古利斯和克劳斯 (Rugulies & Krause, 2005)。 |
| 香农等 (Shannon 等, 2001) | 加拿大 | >700 医院员工 (87%♀) | 3 年, 3 波 | Sociodemo., 初始状态颈部和背部疼痛 | ΨWL, 工作影响, 工作对家庭的干扰→颈部和背部疼痛↑ | 基线期 ΦWL (如, 举起重物) 没有进行控制。 |
| 斯坦斯费尔德等 (Stansfeld 等, 1998) | 英国 | ≈9,300 名公务员 (♂ & ♀ 中) Whitehall II | 5 年 | Sociodemo., 身体 & 心理特征 | 在♀中, ΨWL, ERI→限制↑ 在♂ & ♀中, ERI→限制↑ 在♂中, 低情绪支持→限制↑ | 限制包括举起重物, 爬楼梯, 弯腰等问题。低情绪支持是一个非工作因素。 |
| 特林科夫等 (Trinkoff 等, 2006) | 美国 | 500 名护理人员 (95%♀) | 15 个月; 3 波 | 年龄, ΦWL | 休息时间工作→颈部/肩膀问题↑ | ΨWL 边缘显著。工作变动没有影响。 |
| 范登霍伊维尔等 (Van den Heuvel 等, 2005) | 荷兰 | 787 (75% ♂?) SMASH 研究 | 3 年 | 年龄, 性别, ΦRF, 情绪枯竭, NA | ΨWL→腕部/肘部/手部 sympts.↑ ΨWL & 压力→脖子/肩膀 sympts.↑ 低同事支持→所有上述 sympts.↑ | 与阿里恩斯等人 (Ariens 等, 2001) 不同, b/c 这项研究是前瞻性的, 排除了在基线期受影响的员工, 问题的累积发生率 |

**MSD 导致的因残退休**

| 研究 | 国家 | 样本 | 时间 | 变量 | 结果 | 评论 |
|---|---|---|---|---|---|---|
| 拉海尔马等（Lahelma等, 2012） | 芬兰 | <9,000（80%♀） | 7年 | Sociodemo., ΦWL | 低工作控制→与MSD相关的退休↑ | 严重ΦWL是因残退休的有力预测因子。 |
| 曼蒂涅姆等（Mäntyniemi等, 2012） | 芬兰 | >69,000（¾♀）10个城市的研究 | 4.6年 | Sociodemo., 基线期身体健康 & 心理健康 | 压力→与MSD相关的退休↑ | 压力对与MSD相关的退休的影响大于对与CVD相关的退休的影响。 |
| 罗波宁等（Ropponen等, 2013） | 瑞典 | >24,000同性双胞胎；50%♀ | 12年 | Sociodemo., 基因组成 | 高ΨWL, 消极工作, 孤立工作压力→与MSD相关的退休↑ | 较少有研究控制基因组替代IV。 |

♂, 男性；♀, 女性；ΦWL, 体力劳动负荷；ΨΦsympts., 心理生理症状；ΨWL, 心理工作负荷或心理要求；BC, 蓝领；b/c, 因为；BP, 血压；DA, 决策权；depr., 抑郁；DL, 决策自由度；DV, 因变量；FH, 家族史；IV, 自变量；musc., 肌肉骨骼的；NA, 消极情绪；RF, 风险因素；SC, 社会阶层；SkD, 技能裁量权；Sociodemo., 社会人口学变量；sympt., 症状；sympts., 症状群。

大量的社会心理压力源和 MSD 关系的纵向研究。在两阶段元分析中,朗等人(Lang 等,2012)提供了基线社会心理压力源对随后肌肉骨骼相关的结果变量的"稳定控制滞后效应"的估计值(通过对基线问题的统计控制或将样本限制在基线期无问题的个体中)。很多关键的结果出现了。较低的工作场所支持和高度单调的工作与下背部问题的风险增加有关。工作压力和单调的工作增加了个体面临颈部、肩部疼痛的风险。单调的工作与上肢问题(如手臂、手腕)的风险增加也有关。该研究没有对体力劳动负荷进行控制(J. Lang,个人交流,2014 年 4 月),但是由于研究人员对基线期肌肉骨骼问题进行了统计控制,或将样本限制于那些在初始状态没有这些问题的个体中,所以这个遗漏至少被部分地弥补了。

在豪克等人(Hauke 等,2011)进行的元分析中,其包含的大部分研究都对体力负荷进行了统计控制。低工作场所支持与未来颈部/肩部、上肢和下背部等几个身体部位的疼痛以及所有部位的综合测量有关。低工作控制、低决策自由度、高工作压力和低工作满意度都分别与三个区域中的两个以及综合测量的疼痛有关。

最后,克拉茨、朗、克劳斯、明斯特和奥克斯曼(Kraatz, Lang, Kraus, Münster, & Ochsmann, 2013)发表的系统性综述包含 18 个高质量的前瞻性/纵向研究,这些研究均探究了颈、肩部疾病。克拉茨等人发现,工作场所社会心理因素,包括高工作负荷、低控制、低同事支持和高工作压力,会逐步预测颈部和肩部的受伤情况,并且这些因素的预测作用高于体力工作因素的预测作用。

**总结**

从社会心理工作场所压力源到 MSD 的路径包括边缘系统的兴奋、不能利用短暂的休息时间、工作之外对休息的干扰以及紧张和担忧对恢复性睡眠的干扰的积累。研究结果表明,除了工作场所的体力要求外,社会心理因素在肌肉骨骼问题的产生中也起一定的作用。大部分社会心理因素对肌肉骨骼问题影响的研究中的一个局限是很少检验反向的因果过程(Lang 等,2012)。

## 其他与健康有关的结果变量

为使本章的叙述更加完整,并考虑到篇幅的限制,本节简要介绍了其他三种与健康相关的结果变量:因病缺勤,自评健康状况和疲劳。在第三章描述的关于芬兰医院员工的研究中,基维马奇、埃洛瓦伊尼奥、瓦赫特拉和费列(Kivimäki, Elovainio, Vahtera, & Ferrie, 2003)发现,低技能裁量权、高心理工作负荷和低水平的组织公平(指一个员工被公平对待与受尊重的程度)可以预测2年间的因病缺勤。

自评健康状况反映了"健康的不同方面的组合,已被证明是衡量一个人整体健康状况的稳固且可靠的指标,同时也是死亡率的有力预测因素"(Ahnquist, Wamala, & Lindstrom, 2012, p. 931;还可参考 Idler & Benyamini, 1997)。低水平的程序公平、低技能裁量权和高工作负荷可以预测自评的不良健康状况(Kivimäki, Elovainio 等, 2003)。一项在加拿大进行的纵向研究(P. Smith 等, 2008)表明,低工作控制对自评健康状况有直接的不利影响,而且会通过减少体育活动产生间接影响。

疲劳通常不是前瞻性研究的主题。一个例外是马亚斯特里希(Maastrich)的队列研究(Bültmann 等, 2002)。在这项研究中,男性在工作中有高水平的心理和情感要求、低水平的决策自由度、低水平的主管和同事支持,以及高水平的体力要求,能预测1年后新出现的严重疲劳问题。对女性而言,高水平的心理要求、低决策自由度、低水平的同事支持以及与主管的高冲突,能预测新出现的严重疲劳问题。

尽管还需要更多的研究,根据上述发现,DC因素对健康的影响可能超过其对抑郁、心脏病和肌肉骨骼问题的影响。

## 参考文献

Ahnquist, J., Wamala, S. P., & Lindstrom, M. (2012). Social determinants of health — A question of social or economic capital? Interaction effects of socioeconomic factors on health outcomes. *Social Science & Medicine*, 74, 930–939. doi: 10.1016/j.socscimed.2011.11.026

Alterman, T., Shekelle, R., Vernon, S., & Burau, K. (1994). Decision latitude, psychologic demand, job strain, and coronary heart disease in the Western Electric Study. *American Journal of Epidemiology*, 139(6), 620–627.

Andersen, I., Burr, H., Kristensen, T., Gamborg, M., Osler, M., Prescott, E., & Diderichsen, F. (2004). Do factors in the psychosocial work environment mediate the effect of socioeconomic position on the risk of myocardial infarction? Study from the Copenhagen Centre for Prospective Population Studies. *Occupational and Environmental Medicine*, 61(11), 886–892.

Andersen, J., Haahr, J., & Frost, P. (2007). Risk factors for more severe regional musculoskeletal symptoms: A two-year prospective study of a general working population. *Arthritis and Rheumatism*, 56(4), 1355–1364.

André-Petersson, L., Engström, G., Hedblad, B., Janzon, L., & Rosvall, M. (2007). Social support at work and the risk of myocardial infarction and stroke in women and men. *Social Science & Medicine*, 64(4), 830–841.

Antonovsky, A. (1968). Social class and the major cardiovascular diseases. *Journal of Chronic Diseases*, 21(2), 65–106.

Ariëns, G., Bongers, P., Hoogendoorn, W., Houtman, I., van der Wal, G., & van Mechelen,

W. (2001). High quantitative job demands and low coworker support as risk factors for neck pain: Results of a prospective cohort study. *Spine*, *26*(17), 1896–1901.

Ariëns, G., Bongers, P., Hoogendoorn, W., van der Wal, G., & van Mechelen, W. (2002). High physical and psychosocial load at work and sickness absence due to neck pain. *Scandinavian Journal of Work, Environment & Health*, *28*, 222–231. doi: 10.5271/sjweh.669

Ayyagari, P., & Sindelar, J. L. (2010). The impact of job stress on smoking and quitting: Evidence from the HRS. *B. E. Journal of Economic Analysis and Policy: Contributions to Economic Analysis and Policy*, *10*. doi: 10.2202/1935-1682.2259

Backé, E., Seidler, A., Latza, U., Rossnagel, K., & Schumann, B. (2012). The role of psychosocial stress at work for the development of cardiovascular diseases: A systematic review. *International Archives of Occupational and Environmental Health*, *85*, 67–79. doi: 10.1007/s00420-011-0643-6

Ball, K., & Crawford, D. (2005). Socioeconomic status and weight change in adults: A review. *Social Science & Medicine*, *60*, 1987–2010. doi: 10.1016/j.socscimed.2004.08.056

Barnett, P., Spence, J., Manuck, S., & Jennings, J. (1997). Psychological stress and the progression of carotid artery disease. *Journal of Hypertension*, *15*(1), 49–55.

Bergqvist, U. (1995). Visual display terminal work: A perspective on long-term changes and discomforts. *International Journal of Industrial Ergonomics*, *16*(3), 201–209.

Bergström, G., Bodin, L., Bertilsson, H., & Jensen, I. B. (2007). Risk factors for new episodes of sick leave due to neck or back pain in a working population: A prospective study with an 18-month and a three-year follow-up. *Occupational and Environmental Medicine*, *64*(4), 279–287.

Berset, M., Semmer, N., Elfering, A., Jacobshagen, N., & Meier, L. (2011). Does stress at work make you gain weight? A two-year longitudinal study. *Scandinavian Journal of Work, Environment & Health*, *37*, 45–53. doi: 10.5271/sjweh.3089

Bigos, S., Battié, M., Spengler, D., Fisher, L., Fordyce, W., Hansson, T., ... Wortley, M. (1991). A prospective study of work perceptions and psychosocial factors affecting the report of back injury. *Spine*, *16*(1), 1–6.

Björntorp, P. (2001). Do stress reactions cause abdominal obesity and comorbidities? *Obesity Reviews*, *2*(2), 73–86.

Block, J., He, Y., Zaslavsky, A., Ding, L., & Ayanian, J. (2009). Psychosocial stress and change in weight among US adults. *American Journal of Epidemiology*, *170*, 181–192. doi: 10.1093/aje/kwp104

Bosma, H., Marmot, M., Hemingway, H., Nicholson, A., Brunner, E., & Stansfeld, S. (1997). Low job control and risk of coronary heart disease in Whitehall II (prospective cohort) study. *BMJ (Clinical Research Ed.)*, *314*(7080), 558–565.

Bosma, H., Peter, R., Siegrist, J., & Marmot, M. (1998). Two alternative job stress models and the risk of coronary heart disease. *American Journal of Public Health*, *88*, 68–74. doi: 10.2105/AJPH.88.1.68

Brand, J. E., Warren, J. R., Carayon, P., & Hoonakker, P. (2007). Do job characteristics mediate the relationship between SES and health? Evidence from sibling models. *Social Science Research*, *36*, 222–253. doi: 10.1016/j.ssresearch.2005.11.004

Brunner, E., Chandola, T., & Marmot, M. (2007). Prospective effect of job strain on general and central obesity in the Whitehall II Study. *American Journal of Epidemiology*, *165*, 828 – 837. doi: 10. 1093/aje/kwk058

Bültmann, U. , Kant, I. , Van den Brandt, P. , & Kasl, S. (2002). Psychosocial work characteristics as risk factors for the onset of fatigue and psychological distress: Prospective results from the Maastricht Cohort Study. *Psychological Medicine*, *32*(2),333 – 345.

Cannon, W. B. (1929). Organization for physiological homeostasis. *Physiological Review*, *9*, 399 – 431.

Carayon, P. (2009). The balance theory and the work system model ... twenty years later. *International Journal of Human-Computer Interaction*, *25*, 313 – 327. doi: 10. 1080/ 10447310902864928

Carayon, P. , Smith, M. J. , & Haims, M. C. (1999). Work organization, job stress, and work-related musculoskeletal disorders. *Human Factors*, *41*, 644 – 663. doi: 10. 1518/001872099779656743

Cassou, B. , Derriennic, F. , Monfort, C. , Norton, J. , & Touranchet, A. (2002). Chronic neck and shoulder pain, age, and working conditions: Longitudinal results from a large random sample in France. *Occupational and Environmental Medicine*, *59*(8),537 – 544.

Chandola, T. , Britton, A. , Brunner, E. , Hemingway, H. , Malik, M. , Kumari, M. , ... Marmot, M. (2008). Work stress and coronary heart disease: What are the mechanisms? *European Heart Journal*, *29*, 640 – 648. doi: 10. 1093/eurheartj/ehm58

Chida, Y. , & Hamer, M. (2008). Chronic psychosocial factors and acute physiological responses to laboratory-induced stress in healthy populations: A quantitative review of 30 years of investigations. *Psychological Bulletin*, *134*, 829 – 885. doi: 10. 1037/a0013342

Cobb, S. (1974). Physiologic changes in men whose jobs were abolished. *Journal of Psychosomatic Research*, *18*(4),245 – 258.

De Bacquer, D. , Pelfrene, E. , Clays, E. , Mak, R. , Moreau, M. , de Smet, P. , ... De Backer, G. (2005). Perceived job stress and incidence of coronary events: 3-year follow-up of the Belgian Job Stress Project cohort. *American Journal of Epidemiology*, *161*, 434 – 441. doi: 10. 1093/aje/kwi040

Deb, P. , Gallo, W. T. , Ayyagari, P. , Fletcher, J. M. , & Sindelar, J. L. (2011). The effect of job loss on overweight and drinking. *Journal of Health Economics*, *30*, 317 – 327. doi: 10. 1016/j. jhealeco. 2010. 12. 009

Dekker, M. , Koper, J. , van Aken, M. , Pols, H. , Hofman, A. , de Jong, F. , ... Tiemeier, H. (2008). Salivary cortisol is related to atherosclerosis of carotid arteries. *Journal of Clinical Endocrinology and Metabolism*, *93*, 3741 – 3747. doi: 10. 1210/jc. 2008 – 0496

Drivas, S. , Rachiotis, G. , Stamatopoulos, G. , Hadjichristodoulou, C. , & Chatzis, C. (2013). Company closure and mortality in a Greek bus company. *Occupational Medicine*, *63*, 231 – 233. doi: 10. 1093/occmed/kqs235

Dupre, M. , George, L. , Liu, G. , & Peterson, E. (2012). The cumulative effect of unemployment on risks for acute myocardial infarction. *Archives of Internal Medicine*, *172*(22),1731 – 1737.

Eriksen, W. (2005). Work factors and smoking cessation in nurses' aides: A prospective cohort study. *BMC Public Health*, *5*,142.

Eriksen, W. (2006). Work factors as predictors of smoking relapse in nurses' aides. *International Archives of Occupational and Environmental Health*, *79*(3),244 – 250.

European Agency for Safety and Health at Work. (2013). *Musculoskeletal disorders*. Retrieved from https://osha.europa.eu/en/topics/msds

Falba, T., Teng, H., Sindelar, J. L., & Gallo, W. T. (2005). The effect of involuntary job loss on smoking intensity and relapse. *Addiction*, *100*(9), 1330-1339.

Ferrie, J., Shipley, M., Marmot, M., Martikainen, P., Stansfeld, S., & Smith, G. (2001). Job insecurity in white-collar workers: Toward an explanation of associations with health. *Journal of Occupational Health Psychology*, *6*, 26-42. doi: 10.1037//1076-8998.6.1.26

Frankenhaeuser, M., Lundberg, U., Fredrikson, M., Melin, B., Tuomisto, M., Myrsten, A., ... Wallin, L. (1989). Stress on and off the job as related to sex and occupational status in white-collar workers. *Journal of Organizational Behavior*, *10*, 321-346. doi: 10.1002/job.4030100404

Fransson, E., Heikkilä, K., Nyberg, S., Zins, M., Westerlund, H., Westerholm, P., ... Kivimäki, M. (2012). Job strain as a risk factor for leisure-time physical inactivity: An individual-participant meta-analysis of up to 170,000 men and women: the IPD-Work Consortium. *American Journal of Epidemiology*, *176*, 1078-1089. doi: 10.1093/aje/kws336

Frost, P., Kolstad, H. A., & Bonde, J. P. (2009). Shift work and the risk of ischemic heart disease: A systematic review of the epidemiologic evidence. *Scandinavian Journal of Work, Environment & Health*, *35*, 163-179.

Fujino, Y., Iso, H., Tamakoshi, A., Inaba, Y., Koizumi, A., Kubo, T., & Yoshimura, T. (2006). A prospective cohort study of shift work and risk of ischemic heart disease in Japanese male workers. *American Journal of Epidemiology*, *164*, 128-135. doi: 10.1093/aje/kwj185

Gallo, W. T., Teng, H. M., Falba, T. A., Kasl, S. V., Krumholz, H. M., & Bradley, E. H. (2006). The impact of late career job loss on myocardial infarction and stroke: A 10 year follow up using the Health and Retirement Survey. *Occupational and Environmental Medicine*, *63*, 683-687. doi: 10.1136/oem.2006.026823

Ganster, D. C., Fox, M. L., & Dwyer, D. J. (2001). Explaining employees' health care costs: A prospective examination of stressful job demands, personal control, and physiological reactivity. *Journal of Applied Psychology*, *86*, 954-964. doi: 10.1037/0021-9010.86.5.954

Ganster, D. C., & Rosen, C. C. (2013). Work stress and employee health: A multidisciplinary review. *Journal of Management*, *39*, 1085-1122. doi: 10.1177/0149206313475815

Garcy, A., & Vågerö, D. (2012). The length of unemployment predicts mortality, differently in men and women, and by cause of death: A six year mortality follow-up of the Swedish 1992-1996 recession. *Social Science & Medicine*, *74*, 1911-1920. doi: 10.1016/j.socscimed.2012.01.034

Go, A., Mozaffarian, D., Roger, V., Benjamin, E., Berry, J., Borden, W., ... Turner, M. (2013). Heart disease and stroke statistics — 2013 update: A report from the American Heart Association. *Circulation*, *127*, e6-e245. doi: 10.1161/CIR.0b013e31828124ad

Gold, P., Loriaux, D., Roy, A., Kling, M., Calabrese, J., Kellner, C., ... Gallucci, W. (1986). Responses to corticotropin-releasing hormone in the hypercortisolism of depression and Cushing's disease: Pathophysiologic and diagnostic implications. *New England Journal of Medicine*, *314*(21), 1329-1335.

Gram Quist, H., Christensen, U., Christensen, K. B., Aust, B., Borg, V., & Bjorner, J. B. (2013). Psychosocial work environment factors and weight change: A prospective study among Danish health care workers. *BMC Public Health*, *1*, 343. doi: 10.1186/1471-2458-13-43

Greeno, C. G., & Wing, R. R. (1994). Stress-induced eating. *Psychological Bulletin*, *115*, 444-

464. doi: 10. 1037/0033 - 2909. 115. 3. 444

Hamer, M. , O'Donnell, K. , Lahiri, A. , & Steptoe, A. (2010). Salivary cortisol responses to mental stress are associated with coronary artery calcification in healthy men and women. *European Heart Journal*, *31*, 424 - 429. doi: 10. 1093/eurheartj/ehp386

Hannerz, H. , Albertsen, K. , Nielsen, M. , Tuchsen, F. , & Burr, H. (2004). Occupational factors and 5-year weight change among men in a Danish national cohort. *Health Psychology*, *23*, 283 - 288. doi: 10. 1037/0278 - 6133. 23. 3. 283

Hauke, A. , Flintrop, J. , Brun, E. , & Rugulies, R. (2011). The impact of work-related psychosocial stressors on the onset of musculoskeletal disorders in specific body regions: A review and meta-analysis of 54 longitudinal studies. *Work & Stress*, *25*, 243 - 256. doi: 10. 1080/02678373. 2011. 614069

Heikkilä, K. , Nyberg, S. T. , Fransson, E. I. , Alfredsson, L. , De Bacquer, D. , Bjorner, J. B. , ... Kivimäki, M. (2012). Job strain and tobacco smoking: An individual-participant data metaanalysis of 166,130 adults in 15 European studies. *PLOS ONE*, *7*(7), e35463. doi: 10. 1371/journal. pone. 0035463

Heikkilä, K. , Nyberg, S. , Theorell, T. , Fransson, E. , Alfredsson, L. , Bjorner, J. , ... Kivimäki, M. (2013). Work stress and risk of cancer: Meta-analysis of 5700 incident cancer events in 116,000 European men and women. *BMJ (Clinical Research Ed.)*, *346*, f165. doi: 10. 1136/bmj. f165

Hemmingsson, T. , & Lundberg, I. (2006). Is the association between low job control and coronary heart disease confounded by risk factors measured in childhood and adolescence among Swedish males 40 - 53 years of age? *International Journal of Epidemiology*, *35*, 616 - 622. doi: 10. 1093/ije/dyi308

Hintsa, T. , Shipley, M. , Gimeno, D. , Elovainio, M. , Chandola, T. , Jokela, M. , ... Kivimäki, M. (2010). Do pre-employment influences explain the association between psychosocial factors at work and coronary heart disease? The Whitehall II study. *Occupational and Environmental Medicine*, *67*, 330 - 334. doi: 10. 1136/oem. 2009. 048470

Hintsanen, M. , Kivimäki, M. , Elovainio, M. , Pulkki-Råback, L. , Keskivaara, P. , Juonala, M. , ... KeltikangasJärvinen, L. (2005). Job strain and early atherosclerosis: The Cardiovascular Risk in Young Finns study. *Psychosomatic Medicine*, *67*, 740 - 747. doi: 10. 1097/01. psy. 0000181271. 04169. 93

House, J. S. , Landis, K. R. , & Umberson, D. (1988). Social relationships and health. *Science*, *241*, 540 - 545. doi: 10. 1126/science. 3399889

Hublin, C. , Partinen, M. , Koskenvuo, K. , Silventoinen, K. , Koskenvuo, M. , & Kaprio, J. (2010). Shiftwork and cardiovascular disease: A population-based 22-year follow-up study. *European Journal of Epidemiology*, *25*, 315 - 323. doi: 10. 1007/s10654 - 010 - 9439 - 3

Idler, E. , & Benyamini, Y. (1997). Self-rated health and mortality: A review of twenty-seven community studies. *Journal of Health and Social Behavior*, *38*(1),21 - 37.

Iversen, L. , Strandberg-Larsen, K. , Prescott, E. , Schnohr, P. , & Rod, N. (2012). Psychosocial risk factors, weight changes and risk of obesity: The Copenhagen City Heart Study. *European Journal of Epidemiology*, *27*, 119 - 130. doi: 10. 1007/s10654 - 012 - 9659 - 9

Johansson, G. , Evans, G. , Cederström, C. , Rydstedt, L. , Fuller-Rowell, T. , & Ong, A. (2012). The effects of urban bus driving on blood pressure and musculoskeletal problems: A quasi-experimental study. *Psychosomatic Medicine*, *74*, 89 - 92. doi: 10. 1097/PSY. 0b013e31823ba88f

Johnson, J. V. , Hall, E. M. , & Theorell, T. (1989). Combined effects of job strain and social isolation on cardiovascular disease morbidity and mortality in a random sample of the Swedish male working population. *Scandinavian Journal of Work, Environment & Health, 15*, 271-279. doi: 10.5271/sjweh.1852

Johnson, J. V., Stewart, W., Hall, E. M., Fredlund, P. & Theorell, T. (1996). Long-term psychosocial work environment and cardiovascular mortality among Swedish men. *American Journal of Public Health, 86*(3), 324-331.

Kagan, A., Harris, B., Winkelstein, W., Johnson, K., Kato, H., Syme, S., ... Tillotson, J. (1974). Epidemiologic studies of coronary heart disease and stroke in Japanese men living in Japan, Hawaii and California: Demographic, physical, dietary and biochemical characteristics. *Journal of Chronic Diseases, 27*(7-8), 345-364.

Kaplan, J., Manuck, S., Adams, M., Weingand, K., & Clarkson, T. (1987). Inhibition of coronary atherosclerosis by propranolol in behaviorally predisposed monkeys fed an atherogenic diet. *Circulation, 76*(6), 1364-1372.

Karasek, R., Baker, D., Marxer, F., Ahlbom, A., & Theorell, T. (1981). Job decision latitude, job demands, and cardiovascular disease: A prospective study of Swedish men. *American Journal of Public Health, 71*(7), 694-705.

Karlsson, B., Alfredsson, L., Knutsson, A., Andersson, E., & Torén, K. (2005). Total mortality and causespecific mortality of Swedish shift-and dayworkers in the pulp and paper industry in 1952-2001. *Scandinavian Journal of Work, Environment & Health, 31*(1), 30-35.

Kasl, S. V. (1978). Epidemiological contributions to the study of work stress. In C. L. Cooper & R. L. Payne (Eds.), *Stress at work* (pp. 3-38). Chichester, UK: Wiley.

Kawachi, I., Colditz, G., Stampfer, M., Willett, W., Manson, J., Speizer, F., & Hennekens, C. (1995). Prospective study of shift work and risk of coronary heart disease in women. *Circulation, 92*(11), 3178-3182.

Keys, A., Fidanza, F., Karvonen, M., Kimura, N., & Taylor, H. (1972). Indices of relative weight and obesity. *Journal of Chronic Diseases, 25*(6), 329-343.

Kidambi, S., Kotchen, J., Grim, C., Raff, H., Mao, J., Singh, R., & Kotchen, T. (2007). Association of adrenal steroids with hypertension and the metabolic syndrome in Blacks. *Hypertension, 49*(3), 704-711.

Kivimäki, M., Elovainio, M., Vahtera, J., & Ferrie, J. (2003). Organisational justice and health of employees: Prospective cohort study. *Occupational and Environmental Medicine, 60*(1), 27-33.

Kivimäki, M., Head, J., Ferrie, J. E., Brunner, E., Marmot, M. G., Vahtera, J., & Shipley, M. J. (2006). Why is evidence on job strain and coronary heart disease mixed? An illustration of measurement challenges in the Whitehall II study. *Psychosomatic Medicine, 68*(3), 398-401.

Kivimäki, M., Hintsanen, M., Keltikangas-Järvinen, L., Elovainio, M., Pulkki-Råback, L., Vahtera, J., ... Raitakari, O. (2007). Early risk factors, job strain, and atherosclerosis among men in their 30s: The Cardiovascular Risk in Young Finns Study. *American Journal of Public Health, 97*, 450-452. doi: 10.2105/AJPH.2005.078873

Kivimäki, M., Jokela, M., Nyberg, S. T., Singh-Manoux, A., Fransson, E. I., Alfredsson, L., ... Virtanen, M. (2015). Long working hours and risk of coronary heart disease and stroke: A systematic review and meta-analysis of published and unpublished data for 603,838 individuals. *The Lancet, 386*(10005), 1739-1746. doi: 10.1016/S0140-6736(15)60295-1

Kivimäki, M., & Kawachi, I. (2013). Need for more individual-level meta-analyses in social epidemiology: Example of job strain and coronary heart disease. *American Journal of Epidemiology*, 177, 1 - 2. doi: 10. 1093/aje/kws407

Kivimäki, M., Leino-Arjas, P., Luukkonen, R., Riihimäki, H., Vahtera, J., & Kirjonen, J. (2002). Work stress and risk of cardiovascular mortality: Prospective cohort study of industrial employees. *British Medical Journal*, 325(7369), 857 - 860.

Kivimäki, M., Nyberg, S., Batty, G., Fransson, E., Heikkilä, K., Alfredsson, L., ... Theorell, T. (2012). Job strain as a risk factor for coronary heart disease: A collaborative meta-analysis of individual participant data. *The Lancet*, 380, 1491 - 1497. doi: 10. 1016/S0140 - 6736(12)60994 - 5

Kivimäki, M., Singh-Manoux, A., Batty, D., Vertanen, M., Ferrie, J. E., & Vahtera, J. (2012). Psychosocial factors at work: The epidemiological perspective. In P. Hjemdahl, A. Rosengren, & A. Steptoe (Eds.), *Stress and cardiovascular disease* (pp. 195 - 209). London, UK: Springer.

Kivimäki, M., Singh-Manoux, A., Virtanen, M., Ferrie, J. E., Batty, G. D., & Rugulies, R. (2015). IPD-Work consortium: Pre-defined meta-analyses of individual-participant data strengthen evidence base for a link between psychosocial factors and health. *Scandinavian Journal of Work, Environment & Health*, 41, 312 - 321. doi: 10. 5271/sjweh. 3485

Kivimäki, M., Theorell, T., Westerlund, H., Vahtera, J., & Alfredsson, L. (2008). Job strain and ischaemic disease: Does the inclusion of older employees in the cohort dilute the association? The WOLF Stockholm Study. *Journal of Epidemiology and Community Health*, 62, 372 - 374. doi: 10. 1136/jech. 2007. 063578

Kivimäki, M., Vahtera, J., Ferrie, J., Hemingway, H., & Pentti, J. (2001). Organisational downsizing and musculoskeletal problems in employees: A prospective study. *Occupational and Environmental Medicine*, 58(12), 811 - 817.

Kivimäki, M., Virtanen, M., Elovainio, M., Kouvonen, A., Väänänen, A., & Vahtera, J. (2006). Work stress in the etiology of coronary heart disease: A meta-analysis. *Scandinavian Journal of Work, Environment & Health*, 32(6), 431 - 442.

Kivimäki, M., Virtanen, M., Vartia, M., Elovainio, M., Vahtera, J., & Keltikangas-Järvinen, L. (2003). Workplace bullying and the risk of cardiovascular disease and depression. *Occupational and Environmental Medicine*, 60(10), 779 - 783.

Knutsson, A., Akerstedt, T., Jonsson, B., & Orth-Gomer, K. (1986). Increased risk of ischaemic heart disease in shift workers. *The Lancet*, 2(8498), 89 - 92.

Kouvonen, A., Vahtera, J., Väänänen, A., De Vogli, R., Heponiemi, T., Elovainio, M., ... Kivimäki, M. (2009). Relationship between job strain and smoking cessation: The Finnish Public Sector Study. *Tobacco Control*, 18, 108 - 114. doi: 10. 1136/tc. 2008. 025411

Kraatz, S., Lang, J., Kraus, T., Münster, E., & Ochsmann, E. (2013). The incremental effect of psychosocial workplace factors on the development of neck and shoulder disorders: A systematic review of longitudinal studies. *International Archives of Occupational and Environmental Health*, 86, 375 - 395. doi: 10. 1007/s00420 - 013 - 0848 - y

Kuper, H., Adami, H., Theorell, T., & Weiderpass, E. (2006). Psychosocial determinants of coronary heart disease in middle-aged women: A prospective study in Sweden. *American Journal of Epidemiology*, 164, 349 - 357. doi: 10. 1093/aje/kwj212

Kuper, H., & Marmot, M. (2003). Job strain, job demands, decision latitude, and risk of coronary heart disease within the Whitehall II study. *Journal of Epidemiology and Community Health*, 57, 147-153. doi: 10.1136/jech.57.2.147

Kuper, H., Singh-Manoux, A., Siegrist, J., & Marmot, M. (2002). When reciprocity fails: Effort-reward imbalance in relation to coronary heart disease and health functioning within the Whitehall II study. *Occupational and Environmental Medicine*, 59(11),777-784.

Lahelma, E., Laaksonen, M., Lallukka, T., Martikainen, P., Pietiläinen, O., Saastamoinen, P., ... Rahkonen, O. (2012). Working conditions as risk factors for disability retirement: A longitudinal register linkage study. *BMC Public Health*, 12,309. doi: 10.1186/1471-2458-12-309

Landsbergis, P., Dobson, M., Koutsouras, G., & Schnall, P. (2013). Job strain and ambulatory blood pressure: A meta-analysis and systematic review. *American Journal of Public Health*, 103, e61-e71. doi: 10.2105/AJPH.2012.301153

Landsbergis, P., & Schnall, P. (2013). Job strain and coronary heart disease. *The Lancet*, 381, 448. doi: 10.1016/S0140-6736(13)60242-1

Landsbergis, P., Schnall, P., Deitz, D., Warren, K., Pickering, T., & Schwartz, J. (1998). Job strain and health behaviors: Results of a prospective study. *American Journal of Health Promotion*, 12(4),237-245.

Landsbergis, P., Sinclair, R. R., Dobson, M., Hammer, L. B., Jauregui, M., LaMontagne, A. D., ... Warren, N. (2011). Occupational health psychology. In D. H. Anna (Ed.), *The occupational environment: Its evaluation, control, and management* (3rd ed., pp. 1087-1130). Fairfax, VA: American Industrial Hygiene Association.

Lang, J., Ochsmann, E., Kraus, T., & Lang, J. W. B. (2012). Psychosocial work stressors as antecedents of musculoskeletal problems: A systematic review and meta-analysis of stability-adjusted longitudinal studies. *Social Science & Medicine*, 75, 1163-1174. doi: 10.1016/j.socscimed.2012.04.015

Lee, S., Colditz, G., Berkman, L., & Kawachi, I. (2002). A prospective study of job strain and coronary heart disease in US women. *International Journal of Epidemiology*, 31(6),1147-1153.

Leino, P., & Hänninen, V. (1995). Psychosocial factors at work in relation to back and limb disorders. *Scandinavian Journal of Work, Environment & Health*, 21(2),134-142.

Leino, P., & Magni, G. (1993). Depressive and distress symptoms as predictors of low back pain, neckshoulder pain, and other musculoskeletal morbidity: A 10-year follow-up of metal industry employees. *Pain*, 53, 89-94. doi: 10.1016/0304-3959(93)90060-3

Link, B., & Phelan, J. (1995). Social conditions as fundamental causes of disease. *Journal of Health and Social Behavior*, Spec No., 80-94.

Lipscomb, H., Kucera, K., Epling, C., & Dement, J. (2008). Upper extremity musculoskeletal symptoms and disorders among a cohort of women employed in poultry processing. *American Journal of Industrial Medicine*, 51(1),24-36.

Liu, Y., & Tanaka, H. (2002). Overtime work, insufficient sleep, and risk of non-fatal acute myocardial infarction in Japanese men. *Occupational and Environmental Medicine*, 59(7), 447-451.

Lundberg, U. (2002). Psychophysiology of work: Stress, gender, endocrine response, and work-related upper extremity disorders. *American Journal of Industrial Medicine*, 41(5),383-392.

Lundin, A., Lundberg, I., Hallsten, L., Ottosson, J., & Hemmingsson, T. (2010). Unemployment and mortality: A longitudinal prospective study on selection and causation in 49321 Swedish middle-aged men. *Journal of Epidemiology and Community Health*, 64, 22–28. doi: 10.1136/jech.2008.079269

Lynch, J., Krause, N., Kaplan, G. A., Salonen, R., & Salonen, J. T. (1997). Workplace demands, economic reward, and progression of carotid atherosclerosis. *Circulation*, 96(1), 302–307.

Lynch, J., Krause, N., Kaplan, G. A., Tuomilehto, J., & Salonen, J. T. (1997). Workplace conditions, socioeconomic status, and the risk of mortality and acute myocardial infarction: The Kuopio Ischemic Heart Disease Risk Factor Study. *American Journal of Public Health*, 87, 617–622. doi: 10.2105/AJPH.87.4.617

MacMahon, B., & Pugh, T. F. (1970). *Epidemiology: Principles and methods*. Boston, MA: Little, Brown. Mann, S. J. (2006). Job stress and blood pressure: A critical appraisal of reported studies. *Current Hypertension Reviews*, 2(2), 127–138.

Mäntyniemi, A., Oksanen, T., Salo, P., Virtanen, M., Sjösten, N., Pentti, J., ... Vahtera, J. (2012). Job strain and the risk of disability pension due to musculoskeletal disorders, depression or coronary heart disease: A prospective cohort study of 69,842 employees. *Occupational and Environmental Medicine*, 69, 574–581. doi: 10.1136/oemed-2011-100411

Manuck, S., Kaplan, J., Adams, M., & Clarkson, T. (1988). Studies of psychosocial influences on coronary artery atherogenesis in cynomolgus monkeys. *Health Psychology*, 7, 113–124. doi: 10.1037/0278-6133.7.2.113

Markovitz, J., & Matthews, K. (1991). Platelets and coronary heart disease: Potential psychophysiologic mechanisms. *Psychosomatic Medicine*, 53(6), 643–668.

Marmot, M., & Theorell, T. (1988). Social class and cardiovascular disease: The contribution of work. *International Journal of Health Services*, 18(4), 659–674.

Matthews, K., Schwartz, J., Cohen, S., & Seeman, T. (2006). Diurnal cortisol decline is related to coronary calcification: CARDIA study. *Psychosomatic Medicine*, 68(5), 657–661.

McEwen, B. (1998). Stress, adaptation, and disease. Allostasis and allostatic load. *Annals of the New York Academy of Sciences*, 840, 33–44.

Morris, J., Cook, D., & Shaper, A. (1994). Loss of employment and mortality. *BMJ (Clinical Research Ed.)*, 308(6937), 1135–1139.

Murphy, L. R. (1991). Job dimensions associated with severe disability due to cardiovascular disease. *Journal of Clinical Epidemiology*, 44(2), 155–166.

Musselman, D., Tomer, A., Manatunga, A., Knight, B., Porter, M., Kasey, S., ... Nemeroff, C. (1996). Exag-gerated platelet reactivity in major depression. *American Journal of Psychiatry*, 153(10), 1313–1317.

Nabi, H., Kivimäki, M., Suominen, S., Koskenvuo, M., Singh-Manoux, A., & Vahtera, J. (2010). Does depression predict coronary heart disease and cerebrovascular disease equally well? The Health and Social Support Prospective Cohort Study. *International Journal of Epidemiology*, 39, 1016–1024. doi: 10.1093/ije/dyq050

Netterstrøm, B., Kristensen, T., & Sjøl, A. (2006). Psychological job demands increase the risk of ischaemic heart disease: A 14-year cohort study of employed Danish men. *European Journal of Cardiovascular Prevention and Rehabilitation*, 13(3), 414–420.

Nichols, G., Bell, T., Pedula, K., & O'Keeffe-Rosetti, M. (2010). Medical care costs among patients with established cardiovascular disease. *American Journal of Managed Care*, *16*(3), e86 – e93.

Nicholson, A., Kuper, H., & Hemingway, H. (2006). Depression as an aetiologic and prognostic factor in coronary heart disease: A meta-analysis of 6362 events among 146 538 participants in 54 observational studies. *European Heart Journal*, *27*, 2763 – 2774. doi: 10. 1093/eurheartj/ehl338

Nijm, J., & Jonasson, L. (2009). Inflammation and cortisol response in coronary artery disease. *Annals of Medicine*, *41*, 224 – 233. doi: 10. 1080/07853890802508934

Nishiyama, K., & Johnson, J. (1997). Karoshi — death from overwork: Occupational health consequences of Japanese production management. *International Journal of Health Services: Planning, Administration, Evaluation*, *27*(4), 625 – 641.

Nyberg, S. T., Heikkilä, K., Fransson, E. I., Alfredsson, L., De Bacquer, D., Bjorner, J. B., ... Kivimäki, M. (2012). Job strain in relation to body mass index: Pooled analysis of 160 000 adults from 13 cohort studies. *Journal of Internal Medicine*, *272*, 65 – 73. doi: 10. 1111/j. 1365 – 2796. 2011. 02482. x

Orth-Gomér, K. (1983). Intervention on coronary risk factors by adapting a shift work schedule to biologic rhythmicity. *Psychosomatic Medicine*, *45*(5), 407 – 415.

Ota, A., Masue, T., Yasuda, N., Tsutsumi, A., Mino, Y., Ohara, H., & Ono, Y. (2010). Psychosocial job characteristics and smoking cessation: A prospective cohort study using the demand-control-support and effortreward imbalance job stress models. *Nicotine & Tobacco Research*, *12*, 287 – 293. doi: 10. 1093/ntr/ntp212

Overgaard, D. B. (2004). Psychological workload is associated with weight gain between 1993 and 1999: Analyses based on the Danish Nurse Cohort Study. *International Journal of Obesity and Related Metabolic Disorder*, *28*, 1072 – 1081. doi: 10. 1093/occmed/kqg135

*Oxford English Dictionary*. (n. d.). *Allostasis*. Retrieved from www. oed. com/view/Entry/326643?redirect edFrom = allostasis♯eid

Popham, F., & Mitchell, R. (2006). Leisure time exercise and personal circumstances in the working age population: Longitudinal analysis of the British household panel survey. *Journal of Epidemiology and Community Health*, *60*, 270 – 274. doi: 10. 1136/jech. 2005. 041194

Reed, D., LaCroix, A., Karasek, R., Miller, D., & MacLean, C. (1989). Occupational strain and the incidence of coronary heart disease. *American Journal of Epidemiology*, *129*(3), 495 – 502.

Roelfs, D., Shor, E., Davidson, K., & Schwartz, J. (2011). Losing life and livelihood: A systematic review and meta-analysis of unemployment and all-cause mortality. *Social Science & Medicine*, *72*, 840 – 854. doi: 10. 1016/j. socscimed. 2011. 01. 005

Roos, E., Lallukka, T., Rahkonen, O., Lahelma, E., & Laaksonen, M. (2013). Working conditions and major weight gain: A prospective cohort study. *Archives of Environmental & Occupational Health*, *68*, 166 – 172. doi: 10. 1080/19338244. 2012. 686931

Ropponen, A., Samuelsson, Å., Alexanderson, K., & Svedberg, P. (2013). Register-based data of psychosocial working conditions and occupational groups as predictors of disability pension due to musculoskeletal diagnoses: A prospective cohort study of 24,543 Swedish twins. *BMC Musculoskeletal Disorders*, *14*, 268. doi: 10. 1186/1471 – 2474 – 14 – 268

Rose, G., & Marmot, M. (1981). Social class and coronary heart disease. *British Heart Journal*, *45*(1), 13 – 19. Rosengren, A., Hawken, S., Ounpuu, S., Sliwa, K., Zubaid, M., Almahmeed,

W. , ... Yusuf, S. (2004). Association of psychosocial risk factors with risk of acute myocardial infarction in 11119 cases and 13648 controls from 52 countries (the INTERHEART study): Case-control study. *The Lancet*, *364* (9438), 953 - 962. Rosvall, M. , Ostergren, P. , Hedblad, B. , Isacsson, S. , Janzon, L. , & Berglund, G. (2002). Work-related psychosocial factors and carotid atherosclerosis. *International Journal of Epidemiology*, *31* (6), 1169 - 1178. Rugulies, R. , & Krause, N. (2005). Job strain, iso-strain, and the incidence of low back and neck injuries: A 7. 5-year prospective study of San Francisco transit operators. *Social Science & Medicine*, *61*, 27 - 39. doi: 10. 1016/j. socscimed. 2004. 11. 042

Rugulies, R. , & Krause, N. (2008). Effort-reward imbalance and incidence of low back and neck injuries in San Francisco transit operators. *Occupational and Environmental Medicine*, *65*, 525 - 533. doi: 10. 1136/oem. 2007. 035188

Sachar, E. , Hellman, L. , Fukushima, D. , & Gallagher, T. (1970). Cortisol production in depressive illness: A clinical and biochemical clarification. *Archives of General Psychiatry*, *23*(4), 289 - 298.

Sanderson, D. , Ekholm, O. , Hundrup, Y. , & Rasmussen, N. (2005). Influence of lifestyle, health, and work environment on smoking cessation among Danish nurses followed over 6 years. *Preventive Medicine*, *41*(3 - 4), 757 - 760.

Schaubroeck, J. , & Ganster, D. C. (1993). Chronic demands and responsivity to challenge. *Journal of Applied Psychology*, *78*, 73 - 85. doi: 10. 1037/0021 - 9010. 78. 1. 73

Schnall, P. , Schwartz, J. , Landsbergis, P. , Warren, K. , & Pickering, T. (1998). A longitudinal study of job strain and ambulatory blood pressure: Results from a three-year follow-up. *Psychosomatic Medicine*, *60*(6), 697 - 706.

Selye, H. (1976). *The stress of life* (Rev. ed. ). New York, NY: McGraw-Hill.

Shannon, H. S. , Woodward, C. A. , Cunningham, C. E. , McIntosh, J. , Lendrum, B. , Brown, J. , & Rosenbloom, D. (2001). Changes in general health and musculoskeletal outcomes in the workforce of a hospital undergoing rapid change: A longitudinal study. *Journal of Occupational Health Psychology*, *6*, 3 - 14. doi: 10. 1037//1076 - 8998. 6. 1. 3

Shields, M. (1999). Long working hours and health. *Health Reports*, *11*(2), 33 - 48.

Siegrist, J. , Peter, R. , Junge, A. , Cremer, P. , & Seidel, D. (1990). Low status control, high effort at work and ischemic heart disease: Prospective evidence from blue-collar men. *Social Science & Medicine*, *31*, 1127 - 1134. doi: 10. 1016/0277 - 9536(90)90234 - J

Slopen, N. , Glynn, R. J. , Buring, J. E. , Lewis, T. T. , Williams, D. R. , & Albert, M. A. (2012). Job strain, job insecurity, and incident cardiovascular disease in the Women's Health Study: Results from a 10-year prospective study. *PLOS ONE*, *7*, e40512. doi: 10. 1371/journal. pone. 0040512

Slopen, N. , Kontos, E. Z. , Ryff, C. D. , Ayanian, J. Z. , Albert, M. A. , & Williams, D. R. (2013). Psychosocial stress and cigarette smoking persistence, cessation, and relapse over 9 - 10 years: A prospective study of middle-aged adults in the United States. *Cancer Causes & Control*, *24*, 1849 - 1863. doi: 10. 1007/s10552 - 013 - 0262 - 5

Smith, M. J. , & Carayon-Sainfort, P. (1989). A balance theory of job design for stress reduction. *International Journal of Industrial Ergonomics*, *4*(1), 67 - 79.

Smith, P. , Frank, J. , Mustard, C. , & Bondy, S. (2008). Examining the relationships between job control and health status: A path analysis approach. *Journal of Epidemiology and Community*

*Health*, *62*, 54–61. doi: 10. 1136/jech. 2006. 057539

Social Security Administration. (2012). *Annual statistical report on the Social Security Disability Insurance Program*, *2011*. Washington, DC: Author. Retrieved from www. ssa. gov/policy/docs/statcomps/di_asr/2011/di_asr11. pdf

Sokejima, S. , & Kagamimori, S. (1998). Working hours as a risk factor for acute myocardial infarction in Japan: Case-control study. *BMJ (Clinical Research Ed. )*, *317*(7161), 775–780.

Solovieva, S. , Lallukka, T. , Virtanen, M. , & Viikari-Juntura, E. (2013). Psychosocial factors at work, long work hours, and obesity: A systematic review. *Scandinavian Journal of Work, Environment & Health*, *39*, 241–258. doi: 10. 5271/sjweh. 3364

Sproesser, G. , Schupp, H. T. , & Renner, B. (2014). The bright side of stress-induced eating: Eating more when stressed but less when pleased. *Psychological Science*, *25*, 58–65. doi: 10. 1177/0956797613494849

Stansfeld, S. , Bosma, H. , Hemingway, H. , & Marmot, M. (1998). Psychosocial work characteristics and social support as predictors of SF-36 health functioning: The Whitehall II study. *Psychosomatic Medicine*, *60*(3), 247–255.

Steenland, K. , Johnson, J. , & Nowlin, S. (1997). A follow-up study of job strain and heart disease among males in the NHANES1 population. *American Journal of Industrial Medicine*, *31*(2), 256–260.

Sterling, P. (2012). Allostasis: A model of predictive regulation. *Physiology & Behavior*, *106*, 5–15. doi: 10. 1016/j. physbeh. 2011. 06. 004

Sterling, P. , & Eyer, J. (1981). Biological basis of stress-related mortality. *Social Science & Medicine. Part E, Medical Psychology*, *15*(1), 3–42.

Sullivan, D. , & von Wachter, T. (2009). Job displacement and mortality: An analysis using administrative data. *Quarterly Journal of Economics*, *124*(3), 1265–1306.

Taylor, P. , & Pocock, S. (1972). Mortality of shift and day workers 1956–68. *British Journal of Industrial Medicine*, *29*(2), 201–207.

Terrill, A. L. , & Garofalo, J. P. (2012). Cardiovascular disease and the workplace. In R. J. Gatchel & I. Z. Schultz (Eds. ), *Handbook of occupational health and wellness* (pp. 87–103). New York, NY: Springer. doi: 10. 1007/978–1–4614–4839–6_5

Theorell, T. (2008). Anabolism and catabolism: Antagonistic partners in stress and strain. *Scandinavian Journal of Work, Environment & Health*, *34*(6, Suppl. ), 136–143.

Theorell, T. , Hasselhorn, H. , Vingård, E. , & Andersson, B. (2000). Interleukin 6 and cortisol in acute musculoskeletal disorders: Results from a case-referent study in Sweden. *Stress Medicine*, *16*, 27–35. doi: 10. 1002/(SICI)1099–1700(200001)16: 1

Theorell, T. , Tsutsumi, A. , Hallquist, J. , Reuterwall, C. , Hogstedt, C. , Fredlund, P. , … Johnson, J. (1998). Decision latitude, job strain, and myocardial infarction: A study of working men in Stockholm. *American Journal of Public Health*, *88*, 382–388. doi: 10. 2105/AJPH. 88. 3. 382

Toker, S. , Melamed, S. , Berliner, S. , Zeltser, D. , & Shapira, I. (2012). Burnout and risk of coronary heart disease: A prospective study of 8838 employees. *Psychosomatic Medicine*, *74*, 840–847. doi: 10. 1097/PSY. 0b013e31826c3174

Toppinen-Tanner, S. , Ahola, K. , Koskinen, A. , & Väänänen, A. (2009). Burnout predicts hospitalization for mental and cardiovascular disorders: 10-year prospective results from industrial sector. *Stress and Health*, *25*, 287–296. doi: 10.1002/smi.1282

Trinkoff, A., Le, R., Geiger-Brown, J., Lipscomb, J., & Lang, G. (2006). Longitudinal relationship of work hours, mandatory overtime, and on-call to musculoskeletal problems in nurses. *American Journal of Industrial Medicine*, *49*(11), 964–971.

Trudel, X., Brisson, C., Milot, A., Masse, B., & Vézina, M. (2016). Adverse psychosocial work factors, blood pressure and hypertension incidence: Repeated exposure in a 5-year prospective cohort study. *Journal of Epidemiology & Community Health*. doi: 10.1136/jech-2014-204914

Vahtera, J., Kivimäki, M., Pentti, J., Linna, A., Virtanen, M., Virtanen, P., & Ferrie, J. (2004). Organisa-tional downsizing, sickness absence, and mortality: 10-town prospective cohort study. *BMJ (Clinical Research Ed.)*, *328*(7439), 555.

van Amelsvoort, L., Schouten, E., Maan, A., Swenne, C., & Kok, F. (2001). Changes in frequency of premature complexes and heart rate variability related to shift work. *Occupational and Environmental Medicine*, *58*(10), 678–681.

van den Heuvel, S. G., van der Bcek, A. J., Blatter, B. M., Hoogendoorn, W. E., & Bongers, P. M. (2005). Psychosocial work characteristics in relation to neck and upper limb symptoms. *Pain*, *114*(1–2), 47–53.

Virtanen, M., Nyberg, S., Batty, G., Jokela, M., Heikkilä, K., Fransson, E., ... Kivimäki, M. (2013). Perceived job insecurity as a risk factor for incident coronary heart disease: Systematic review and meta-analysis. *BMJ (Clinical Research Ed.)* *347*, f4746. doi: 10.1136/bmj.f4746

Walker, B. (2007). Glucocorticoids and cardiovascular disease. *European Journal of Endocrinology*, *157*(5), 545–559.

Wardle, J., Chida, Y., Gibson, E. L., Whitaker, K. L., & Steptoe, A. (2011). Stress and adiposity: A metaanalysis of longitudinal studies. *Obesity*, *19*, 771–778. doi: 10.1038/oby.2010.241

Warren, N., Dillon, C., Morse, T., Hall, C., & Warren, A. (2000). Biomechanical, psychosocial, and organizational risk factors for WRMSD: Population-based estimates from the Connecticut Upper-extremity Surveillance Project (CUSP). *Journal of Occupational Health Psychology*, *5*, 164–181. doi: 10.1037/1076-8998.5.1.164

Weiss, N. (2002). Can the "specificity" of an association be rehabilitated as a basis for supporting a causal hypothesis? *Epidemiology*, *13*(1), 6–8.

Westgaard, R. (1999). Effects of physical and mental stressors on muscle pain. *Scandinavian Journal of Work, Environment & Health*, *25*(Suppl. 4), 19–24.

World Health Organization. (2013, March). *Cardiovascular diseases (CVDs)* (Fact sheet no. 317). Retrieved from www.who.int/mediacentre/factsheets/fs317/en/index.html

Xu, S., Huang, Y., Xiao, J., Zhu, W., Wang, L., Tang, H., ... Liu, T. (2015). The association between job strain and coronary heart disease: A meta-analysis of prospective cohort studies. *Annals of Medicine*, *47*, 512–518. doi: 10.3109/07853890.2015.1075658

# 第五章

# 工作场所暴力与心理攻击

**第五章的关键概念和研究结果**
工作场所暴力和心理攻击的程度
    工作场所中凶杀的发生率
    工作场所暴力（不包含凶杀）的发生率
    工作场所中心理攻击的发生率
    工作场所暴力和心理攻击的高普遍性
工作场所暴力的风险因素和员工间的心理攻击
    导致员工间心理攻击的风险因素
关注三个职业群体
    护理人员
        医院氛围
        实施攻击行为的少数病人和攻击的背景
        护理人员研究结果总结
    教师
        定性研究的重要性
        关于攻击的官方数据
        来自教师自身的数据
        教师的研究结果总结
    公交车司机
在工作场所中遭受暴力的后果
    关于遭受工作场所暴力的后果的横断研究
    关于遭受工作场所暴力的后果的病例对照研究
    关于遭受工作场所暴力的后果的纵向研究
        长期的纵向研究
        短期的纵向研究
    遭受暴力的后果总结
工作场所心理攻击的后果
    关于遭受工作场所心理攻击后果的纵向研究
    关于抑郁和困扰的长时滞后纵向研究
    关于抑郁和困扰的短时滞后纵向研究
    双向效应
    除了困扰和抑郁以外的其他后果
    应对
总结

工作场所暴力及其威胁会给人们带来身体和心理上的双重伤害。1978年，布洛赫（Bloch）对253名进行过精神病鉴定的洛杉矶教师做了一份报告。这些教师们遭受了各种各样的攻击行为，包括强奸、谋杀威胁和无端的身体攻击等。施暴的学生们有时会被送到行政办公室，但通常不会受到什么处分，用不了多久就返回课堂上课了。尽管在学生的储物柜里搜查到枪、刀、炸药等，但行政人员仍不支持教师报告这些事，并把责任归咎于教师，使问题变得越来越糟糕。教师经常遭受攻击行为，这些行为造成了教师的"撕裂伤，瘀伤，头部伤害和耳聋"。然而，布洛赫发现这些暴力行为对教师造成的威胁往往比实际的暴力行为结果危害更大。教师们出现了很高程度的焦虑、抑郁和类似PTSD的症状。

格林伯格和巴林（Greenberg & Barling, 1999）将工作场所暴力定义为一个连续概念，包含从"最轻的危害行为"（如对同事的大声喊叫），到"最严重的危害行为"（如谋杀）。虽然本章关注躯体暴力及其威胁，但同时也考察了工作场所中的心理攻击。心理攻击不包括身体伤害或威胁。心理攻击的形式之一是"结伙欺凌"（Leymann, 1990, 1996）。结伙欺凌①指一个或多个相比受害者更具有权力优势的施暴者，在持续的一段时间内，连续地对受害者施加敌对行为。与之相比，不文明行为这一概念反映了对他人的不尊重，它尚未达到心理攻击的标准，二者几乎没有重叠。例如，不文明行为的形式之一是贬低性的评价，而人们很难确定这些评价中是否有伤害意图，因为这种贬低性的评价还可以归咎于行为实施者的无知（Cortina, Magley, Williams, & Langhout, 2001）。

工作场所身体虐待有不同的形式，这些形式虽然在概念上存在差异，但研究人员对其进行评定时的测量内容往往有所重叠（Aquino & Thau, 2009; Hershcovis, 2011）。攻击可以分为反应性攻击（例如，由感知到侮辱而引起的愤怒所引发）和主动性攻击（例如，计划通过伤害作为竞争对手的同事来实现自己的目标）。然而，因为"攻击可以有多种动机"，所以反应性与主动性攻击行为之间的区别很不明确（Spector, 2011）。

本章包含五个专门介绍工作场所暴力和心理攻击的部分②。第一部分报告了大量的横断研究，这些研究评估了工作场所攻击问题的程度，识别了在职员工面临更大风险的工作类型。第二部分将介绍导致受害者可能遭受暴力事件的因素，其中专用一个小节阐述了关于攻击行

---

① "结伙欺凌"是参考动物行为学家康德·洛伦兹（Konrad Lorenz, 1967）的工作成果而得来的，他用这个词来描述作为猎物的社会性动物在遭受捕食者的捕食时所表现出来的反攻性。作为一个群体，社会性动物会转而攻击捕食者，试图将其伤害、杀死或"把它赶走，这样它就会在其他地方捕猎"（p.23）。但是生态学中的术语并不能完全代表人类的行为，因为在人类中，参与结伙欺凌的个体通常比受害者更有权力优势。
② 由于篇幅的原因，本章的内容不包括其他重要类型的工作场所越轨行为，如故意破坏财产、盗窃或侵犯组织合法权益的个人行为。

为的风险因素的理论与研究。第三部分关注受到暴力威胁的三个职业群体：护理人员,教师和公交车司机。虽然还有其他职业也处于较高的风险之中,但由于实际工作的局限性,我们将关注点缩小至这三个职业。第四部分考察了暴力行为造成的后果。第五部分考察了心理攻击造成的后果。第二至第五部分侧重于纵向研究提供的证据,但由于纵向研究相对稀缺,因此也纳入了一些病例对照和横断研究。

从方法学的角度来说,如果关于暴力的纵向研究是从工作场所暴力发生之前的一个时间点开始的话,将会更有说服力。然而,这种纵向研究很罕见。关于工作场所暴力的纵向研究的另一个局限性是没有对暴力行为的性质(例如,推,打,踢,使用钝器)和危险性进行评估(Høgh & Viitasara, 2005)。而缺乏对暴力事件的准确定义是病例对照研究的一个问题(即什么样的案例应该包括在内,Høgh & Viitasara, 2005)。本章第五部分包括一些关于欺凌影响的高质量纵向研究。在此类研究中,控制基线心理健康水平之后,基线欺凌是随后心理健康结果的预测因子(Nielsen & Einarsen, 2012)。

## 工作场所暴力和心理攻击的程度

本节探讨了三种类型攻击行为的发生率：凶杀(最罕见的),更常见的攻击类型(例如殴打)和心理攻击。

### 工作场所中凶杀的发生率

凶杀在工作场所中相对较少。在美国,从 2006 年到 2010 年,平均每年有 551 名员工被谋杀(劳工统计局,2013b)。2010 年,78% 的凶杀案是枪击造成的。80% 以上的凶杀案发生在私营企业的工作场所。尽管在未致命的工作伤害中,工作场所枪击事件只占一小部分。2010年,80% 的凶杀案受害者是男性。2011 年,在美国的各种工作场所共发生了 458 次凶杀(和 242 次自杀)(劳工统计局,2012)。根据美国劳工统计局(2013a)的评估,2011 年美国有 139,869,000 人就业,而每年每一百万员工中就有 3.27 人遭到凶杀。

### 工作场所暴力(不包含凶杀)的发生率

本部分根据有代表性的员工样本调查结果,探讨了工作场所暴力的普遍性。一项全国调查(n≈600, 43% 女性;Budd, Arvey, & Lawless, 1996)发现,每年美国有 2.5% 的员工会遭到袭击,7.4% 的员工遭到身体伤害的威胁。工作时间不在上午八点到下午五点的服务人员和个人遭受暴力的风险更高。以下员工遭受威胁的风险更大：工作内容涉及与现金打交道的员工、与公众打交道的员工和年龄在 19 至 24 岁之间的员工。性别与种族不是暴力或其威胁的风险因素。

斯考特、弗罗内和凯洛韦(Schat, Frone, & Kelloway, 2006)对来自美国员工的大型代表性样本(n=2,508)研究后发现，有 6% 的受访者在上一年的工作中经历过某种形式的身体暴力。调查人员根据美国人口推断，估计每年有 700 万美国员工遭受暴力，1.3% 的人每周都会遭受暴力。暴力事件包括(a)推，抓，拍打；(b)踢，咬，捶；(c)被人用物体击中或被人用物体投掷但是没有打中；(d)被刀、枪或其他武器攻击。据英国犯罪调查(British Crime Survey)报告，2010 年到 2011 年，约有 1.5% 的英国劳动人口，即 331,000 人至少经历过一次工作场所暴力事件，这一结果与上一个数据收集周期的调查结果相比增加了 4%(Cookson & Buckley, 2012)。一个芬兰员工的大型代表性样本(n>13,700)的研究结果表示(Salminen, 1997)，每年每 1,000 名员工中约有 41 人会遭受工作场所暴力行为，程度较轻的人会遭受他人的威胁，程度较重的人甚至会遭受足以造成淤伤或刺伤的重创。虽然男性和女性同样可能成为受害者，但男性更有可能成为施暴者。被统计的工作场所暴力行为中大约有一半是威胁行为。

斯考特等人(Schat 等，2006)对遭受工作场所暴力中的职业差异进行对比，其中管理人员、商业和金融从业人员遭受的工作场所暴力最少，而专业人员(包括教师)、服务人员和参与安装、维护、生产的工人遭受的工作场所暴力最多。调查人员还发现，这在行业部门之间也存在差异，其中制造业和金融业的风险较低，服务行业(其中包括护理人员和教师)和公众行政(包括警务人员和消防员)部门风险较高[①]。萨尔米宁(Salminen, 1997)发现，在芬兰，监狱看守、警务人员和心理健康护理人员面临的风险最高。

医护人员面临的风险尤其高。来自 8 个欧洲国家(n>34,000；主要是女性)的护理人员中有超过 20% 的人每月或更频繁地遭受来自患者或患者亲属的身体暴力(Camerino, Estryn-Behar, Conway, van Der Heijden, & Hasselhorn, 2008)。在加拿大，根据官方报告，每年每 100 名卫生保健工作者(主要是护理人员)中大约会发生 4.4 起暴力事件(Yassi, Gilbert, & Cvitkovich, 2005)。当然，该研究不包括没有报告的事件。相比之下，卡梅里诺等人(Camerino 等，2008)针对护理人员暴力事件的发生情况(但不询问事件的严重性)开展了专门调查。

皮克-阿萨、霍华德、瓦格斯和克劳斯(Peek-Asa, Howard, Vargas, & Kraus, 1997)根据加利福尼亚州 4 个月的官方报告发现，遭受攻击风险最高的职业包括警务人员(每年>6,000/100,000)和狱警(>1,700/100,000)。医疗工作人员(≈465/100,000)和学校工作人

---

① 感谢迈克尔·弗罗内(Michael Frone)帮助我们将特定职业置于较大的群体中。

员(≈270/100,000)也处于高风险之中。校车司机遭受攻击的风险(≈518/100,000)是教师的两倍,但肇事的学生可能会有所重叠。公交司机也存在遭受攻击的风险(≈445/100,000)。虽然没有涵盖所有的职业类别,但是哈什米和韦伯斯特(Hashemi & Webster, 1998)根据来自51个司法管辖区的美国员工暴力相关的赔偿要求发现,与攻击有关的索赔数量最多的来自教育、银行和医护行业。施暴者主要是患者、来访者、顾客和学生。在明尼苏达州的一项关于员工索赔的研究中,拉马尔、格贝里希、洛曼和扎伊德曼(LaMar, Gerberich Lohman, & Zaidman, 1998)发现,已获赔的殴打致伤事件发生率最高的是公共管理(包括警务人员、狱警、消防员和一般政府官员)、社会服务、健康服务、城际交通和教育服务行业,令人惊讶的是像博物馆这样的文化机构也有这样的事件发生。相比于男性,女性更容易受到攻击。

一项对丹麦普通人口样本(n=4,961)的研究发现,8%的员工最近遭受过工作场所暴力或其威胁(Høgh, Borg, & Mikkelsen, 2003)。五年后仍然在职的近4,000名员工中,也有同样比例的人遭受过暴力或其威胁。另一项基于相同丹麦样本的研究发现,教学和医护工作者面临的风险最高(Wieclaw等, 2006),这与霍(Høgh)等人的分析结果一致,他们发现与大量客户接触的在职人员处于遭受暴力的高风险状态。在英国受攻击率最高的是保护性服务行业(≈7%)、医疗服务和社会福利工作者(≈2%)、教师(1.4%)和运输工人(1.4%; Fitzpatrick & Grant, 2012)。阿尼特和阿尼特(Arnetz & Arnetz, 2000)在斯德哥尔摩做了一项研究,涉及1,500名员工和47个与健康相关的工作场所,发现样本中有63%的人在过去12个月中至少经历过一次暴力事件,22%的人经历了数次暴力事件。而47个与健康相关的工作场所中大部分是精神疾病治疗机构,还有一些是急诊部门和老年护理机构。

一般来说,护理人员、教师、公交车司机和零售人员面临较高的遭受暴力的风险。警务人员和消防员等保护性服务工作者的风险也非常高。

### 工作场所中心理攻击的发生率

心理攻击比身体攻击更为常见。莱曼(Leymann, 1996)发现,3.5%的瑞典员工(n≈2,400)是结伙欺凌的受害者,其中40%的受害者受到多个施暴者欺凌。斯考特等人(Schat等, 2006)估计,一年当中心理攻击(本研究范围包括从当众被侮辱到遭受暴力威胁)的发生率超过美国劳动人口的40%。拉尔玛、拉卢卡、拉克索宁、萨斯塔莫伊宁和莱科宁(Lahelma, Lallukka, Laaksonen, Saastamoinen, & Rahkonen, 2012)发现,在他们的大型样本中(n>8,900,大多是赫尔辛基市市政女性工作人员),基线期的欺凌发生率[1]是5%。在日本的样本

---

[1] 这里的发生率是指在数据收集时正在经历欺凌的员工的百分比。

(n≈600)中,女性被欺凌的概率几乎是男性的两倍(9% vs. 5%; Giorgi, Ando, Arenas, Shoss, & Leon-Perez, 2013)。

旨在估计心理攻击新发案例发生率的研究较少。在一项针对大量挪威员工的纵向研究中(n=1,775),尼尔森、赫特兰、马蒂森和埃纳森(Nielsen, Hetland, Matthiesen, & Einarsen, 2012)发现,在2年的追踪中,在基线时未被欺凌的样本中有5%成为新的欺凌目标。换句话说,2年内的欺凌发生率是5%。

与瑞典员工有关的流行病学调查显示,和其他组织相比,学校和医院的员工更容易受到欺凌(Leymann, 1996)。女性和年轻员工更有可能成为受害者。柯蒂娜等人(Cortina等,2001)发现涉及不文明行为的事件很常见:在美国联邦法庭,70%以上的代表性员工样本(n>1,100)在过去5年中遭受过不文明行为,身居要职的人往往是施暴者。女性比男性更容易受到侵害。

## 工作场所暴力和心理攻击的高普遍性

研究表明,工作场所的暴力行为十分普遍,尽管也有一些例外,但每年遭受暴力的员工多达10%。一些行业(例如,警察、护理和教育)中的暴力行为比其他行业(例如,金融)更为普遍。此外,与男性相比,女性更有可能成为受害者。工作场所的心理攻击比外显的暴力更为常见,据估计,在某些职业中,每年心理攻击的发生率高达40%。

# 工作场所暴力的风险因素和员工间的心理攻击

许多大型研究(Høgh等,2003;Schat等,2006;Ta等,2009)揭示了一些关于工作场所攻击的风险因素。斯考特等人(Schat等,2006)发现,在美国,种族和教育程度都不是引发工作场所暴力的风险因素。相反,年龄与遭受暴力事件呈曲线相关,最年轻(18至25岁)和最年长(41至50岁和51至65岁)的年龄组遭受的暴力最少,中间年龄组遭受的暴力最多。值白班的员工遭受的暴力行为比晚上工作和值夜班的员工要少。霍等人(Høgh等,2003)发现早期遭受暴力及其威胁的员工,其五年后遭受暴力或威胁的风险要高出12倍。造成这种现象的可能原因之一,是"员工倾向于在[服务行业]中从事相同类型的工作"(Høgh等,2003, p.191)。生态因素也是工作场所暴力的一个重要风险因素。北卡罗来纳州的一项研究指出在人口普查中,在贫穷和不稳定地区工作的员工遭受暴力的风险高于在其他地区工作的员工(Ta等,2009)。

这组调查结果突出表明了一些暴力事件的风险因素。这些因素包括年龄在26至40岁之间、夜班和傍晚工作、工作单位位于不稳定地区、过去遭受过暴力行为的经历。过去遭受过暴力行为一定程度上反映了一直从事同样的工作（或同一类型的工作）所遭受暴力的持续水平。

**导致员工间心理攻击的风险因素**

本部分重点研究员工之间的心理攻击（Hershcovis 等，2007），而不是外部攻击（例如，客户和学生）。元分析发现角色冲突、角色模糊、角色超载和工作限制[①]都与受害者报告的骚扰/攻击相关（Bowling & Beehr, 2006），但是该研究没有按施暴者的类型（例如，同事，主管，客户）对调查结果进行分类。卢克赛特、斯皮特米勒和梅纳德（Luksyte, Spitzmueller & Maynard, 2011）发现，对于一个人来说，在工作上被大材小用[②]会导致工作场所中的反生产工作行为[③]。这种关系符合个人—环境（P-E）匹配理论（见第一章），该理论认为当个人的技能与他或她的工作要求不匹配时会导致压力。在 P-E 匹配概念的基础上产生的一个观点是，个人将相对高级的技能带到几乎不需要该技能的工作中代表着一种不平等的社会交换（见第三章），这种交换会增加员工产生沮丧和愤怒反应的可能性。

然而，试图解释员工攻击的理论可以围绕这种观点建立起来，即消极情绪（例如，愤怒和沮丧）在不良工作情境和工作场所攻击之间起中介作用（Spector, Fox, & Domagalski, 2006）。引发愤怒的情境因素包括受到不公平待遇、遭受侮辱或剥夺完成任务所需的资源。愤怒是一种会随时间的推移而消散的状态，与之不同，特质愤怒是一个人格维度，代表稳定的愤怒倾向，它本身就是一个风险因素。相比于低愤怒特质的员工，之前提到的压力源更有可能影响一个高愤怒特质的员工。

另一个人格特质，消极情感（negative affectivity, NA），其特点是长期体验到烦躁的情绪。NA、低自尊和低宜人性的员工在工作场所中将会面临成为攻击目标的风险（Aquino & Thau, 2009; Milam, Spitzmueller, & Penney, 2009; Spector, 2011）。高 NA 的个体可能会引起心理攻击，因为他们往往易怒，进而引起消极反应。另一方面，即使有时候什么事也没发生，他们也会更敏感地察觉到不文明行为或观察到轻微的异样。低宜人性的个体可能会与他人产

---

[①] 角色模糊是指工作环境中的信息缺陷导致员工对履行工作所需的职责不明确（Beehr, 1995）。角色冲突是指对员工提出的相互冲突的要求。角色超载是指对员工的过度要求，它类似于心理工作负荷，这在第三章中讨论过。工作限制是指工作场所的某些因素（例如缺乏物资）成为了员工完成工作的障碍。
[②] 这种情况在经济衰退期间更有可能发生。
[③] 接下来会介绍更多关于 CWB 的内容。在卢克赛特等人（Luksyte 等，2011）的研究中，针对同事的攻击行为和针对组织的攻击行为被组合在一起，因为它们往往高度相关。

生不文明的互动（Milam 等，2009）。为什么低自尊是一个风险因素呢？因为低自尊反映了(a)长时间受到伤害的影响(b)无法保护自己，进而导致自己成为其他员工攻击的目标（Aquino & Thau, 2009）。

绝大多数关于工作场所攻击的风险因素的研究是横断研究（Spector，2011）。横断研究的性质会阻碍人们确定激发行为的情境因素和攻击行为的时间优先顺序。横断研究设计是有问题的，即便是对于确定稳定特质（例如，受害者的 NA）的时间优先级，它们可能早于攻击行为。虽然理论上说，一个稳定的特质先于近期出现的攻击行为，但最近的攻击行为可能会影响一个员工如何看待自己，从而影响员工在特质量表（与攻击量表同时发放）上的反应。请记住这些注意事项，下面将介绍一些横断研究。

关于工作场所攻击的大量研究都依赖于受害者而不是施暴者的报告（Bowling & Beehr, 2006），但也有一些例外（例如，Douglas & Martinko, 2001; Greenberg & Barling, 1999）。在一项对 151 名美国教育和运输工作者的研究中，道格拉斯和马丁科（Douglas & Martinko, 2001）发现特质愤怒、对报复的认同态度和长期恶习（如酒精滥用史）与工作场所的心理攻击有关（例如，"在工作中，故意说一些不友好的事情伤害其他同事"）。赫什科维等人（Hershcovis 等，2007）指出，情境因素与个性因素的结合也许是交互作用的，更有可能在愤怒中达到最大化，从而助长攻击行为。格林伯格和巴林（Greenberg & Barling, 1999）在一项横断研究中，以加拿大大学的男性非教职员工为样本（n=136），发现有攻击史和酒精使用史的员工更有可能对同事实施心理攻击行为（例如，恶意的八卦、粗鲁的手势），特别是当员工认为组织中的程序公平较差时更会如此。在工作不安全感的条件下，攻击史和酒精使用史能预测上级对下属的攻击行为。程序不公平和工作场所的监视（如定时午餐）与下级对上级的攻击行为有关。因此，与攻击同事、下属和主管相关的因素是各不相同（也见 Hershcovis 等，2007；Inness, LeBlanc, & Barling, 2008）。

饮酒行为也与性骚扰有关。对女性员工的性骚扰更可能发生在以下单位：(a)男性酗酒比例很高的单位（对女性报告的骚扰进行独立评估）和(b)有着宽松的饮酒规定的单位（Bacharach, Bamberger, & McKinney, 2007）。

一系列关于反生产工作行为（counterproductive workplace behavior，CWB）的研究进一步阐明了员工攻击的风险因素。CWB 指"由员工发起的故意伤害组织或其利益相关方的行为"（Spector 等，2006，p. 30）。CWB 涵盖的行为范围十分广泛，从针对同事的暴力行为、欺凌、破坏雇主的财产到窃取物资等都属于 CWB 的范围，因而与已经讨论过的一些行为重叠。此外，有时难以区分针对财产和个人的攻击行为（Spector，2011）。绝大多数 CWB 研究一直依赖横断设计，得出关于时间优先级和效果持续时间的结论也受到限制（Meier & Spector, 2013）。迈耶（Meier）和斯佩克特（Spector）的纵向研究是一个例外。他们追踪了一个主要是瑞士员工的样本(n>660),每2个月调查一次,持续了10个月。调查人员发现,工作场所的限制(例如,获得不正确的指示、缺乏设备或物资)会使员工之后做出心理攻击行为(例如,骂人或对某人说伤人的话)的风险增加。迈耶和斯佩克特(Meier & Spector, 2013)还发现,参与心理攻击会增加之后的组织约束和经历工作场所不文明行为的风险。因此,这项研究强调"这种恶性循环对各方都有负性后果"(p.535)。

导致员工攻击行为的工作场所因素包括角色冲突、角色模糊、不公平待遇、工作场所对酒精使用的宽容氛围以及阻碍完成工作目标的工作场所限制。施暴者个人因素包括攻击史、对报复的认同态度、特质愤怒和过度酒精使用。受害者个人因素包括NA和自尊。

## 关注三个职业群体

尽管暴力和心理攻击行为在任何工作中都会成为一个问题,但我们主要对以下三个职业进行调查:护理人员,教师和公交车司机。研究表明这三个职业特别容易受到伤害。这些群体遭受伤害的风险高于平均水平(Wieclaw等,2006)。与警察职业和军队不同,暴力事件不属于护理人员、教师或公交车司机工作描述的一部分;但研究表明,与大多数其他职业群体的成员相比,这些职业群体的成员更容易遭受暴力。而相比于护理人员和教师,针对公交车司机的研究相对较少。

### 护理人员

在对工作场所暴力的研究中,想要了解导致护理人员遭受攻击的风险因素,获得有关护理人员遭受攻击情况的准确数据是至关重要的,研究其他职业也是一样。莱昂、斯奈德和梅里尔(Lion, Snyder, & Merrill, 1981)发现,在马里兰州的一家大型精神病院,有五分之四的员工遭受过攻击,但却没有被正式报道。为获得关于护理人员遭受暴力和心理攻击的准确资料,不能仅靠官方的报道。在一项随机抽样的流行病学调查中,格贝里希等人(Gerberich等,2005)对近5,000名明尼苏达州的护理人员进行了调查,发现超过13%的护理人员在12个月内遭到过殴打。美国东南部进行的一项研究发现,7%的新入职护理人员在工作的前六个月中受到过殴打(施暴者主要是病人),16%的新入职护理人员在接下来的6个月中受到过殴打(Zhou, Yang & Spector, 2015)。言语攻击行为比较常见,28%—40%的护理人员都经历过,具体情况视入职时间而定。格贝里希等人(Gerberich等,2005)在病例对照研究中开展了流行病学调查,他们发现急诊室(emergency room, ER)和精神科护理人员遭受暴力行为的风险明显高于研究对照组——外科护理人员。在精神科或长期护理中心工作的护理人员遭受心理攻击的风险较高(如,不受欢迎的与性相关的言论和其他言语谩骂;Nachreiner 等,2007)。精神病房中病人的攻击率特别高(Chen,Sun,Lan,& Chiu,2009;Harrell,2011)。研究者(Flannery,Stone,Rego,& Walker,2001)就针对马萨诸塞州州立中心精神卫生工作者的殴打行为开展了调查,其十年的研究数据发现,医院和社区机构中每年的攻击率均约为8%。

来自欧洲(Camerino 等,2008)、日本(Fujita 等,2012)和中国台湾(Chen 等,2009)的数据表明患者或其亲属发起的暴力行为是一种职业危害。尽管有关暴力行为的数据可能会漏报,但是美国2005年至2009年间每1,000名护理人员中依然有大约8.1名会遭受工作场所攻击,这与全国所有工作场所5.1‰的攻击率相比,情况更加严峻(Harrell,2011);OSHA①的数据支持了这些发现(劳工统计局,2013b)。

克里利、查波尔和科里蒂(Crilly,Chaboyer,& Creedy,2004)发现,澳大利亚的急诊科护理人员处于遭受身体和言语攻击的风险中,在5个月的时间内,70%的人遭受过身体或言语或两者都有的攻击事件。言语攻击可能被认为是一个预测性事件,因为在急诊情境中,每个病人对护理人员来说都是陌生人,言语攻击应该被认为是发生身体暴力的潜在前提。最常见的言语攻击行为是谩骂,最常见的身体暴力行为是推搡。遭受身体暴力行为的风险因素包括护理人员上晚班、施暴者酒精使用或吸毒、施暴者患有精神疾病以及漫长的等待。特别值得注意的是,在这项研究中,护理人员准确地估计了发生攻击行为的时间。

研究者(Spector,Zhou,& Che,2014)综合来自许多不同国家和地区的具有代表性和便利性的样本的数据($n>50,000$),并对其进行元分析发现,在过去一年,超过30%的护理人员是身体攻击的受害者,并且几乎三分之二的人遭受了非身体性的攻击。身体攻击是由病人(有时是他们的家属)施加的,而非身体性攻击是由各种各样的人(病人、家属、医生、其他工作人员)施加的。斯佩克特等人(Spector 等,2014)发现在急救科、老年人护理中心和精神科工作的护理人员受害率最高。

**医院氛围**

尽管已经有很多关于护理人员遭受暴力事件的研究,但目前对基线状态进行控制的纵向研究还比较少。杨、斯佩克特、常、加兰特·罗曼和鲍威尔(Yang,Spector,Chang,Gallant-Roman,& Powell,2012)的研究是一个例外。在他们的一项以佛罗里达州176名护理人员为样本的两阶段研究中,杨(Yang)等发现管理层缺乏预防暴力的压力(例如,管理者觉察到护理人员为快速完成工作而忽视暴力预防程序的压力),预测了那些在时间点1时未遭受暴力的护理人员六个月后遭受暴力的情况。斯佩克特、杨和周(Spector,Yang,& Zhou,2015)在

---

① OSHA 是职业安全卫生管理局。

一项针对美国护理人员(n=126)职业生涯初期的研究中发现,在护理人员最初几个月的工作中所测量到的暴力预防氛围与6个月后遭受暴力事件和言语谩骂程度的降低有关。对暴力预防的压力让人联想到安全氛围(见第六章),安全氛围是与事故风险有关的工作场所因素。

**实施攻击行为的少数病人和攻击的背景**

在精神病院或在为精神病罪犯服务的机构工作增加了护理人员遭受暴力行为的风险。来自加拿大(Cooper & Mendonca, 1991; Harris & Varney, 1986; Quinsey & Varney, 1977)、挪威(Bjørkly, 1999)和英国(Aiken, 1984)的证据指出,少数的精神病人实施了大多数的攻击。病人实施攻击行为的风险因素包括犯罪时精神错乱(Bjørkly, 1999; Harris & Varney, 1986)、药物滥用史(Flannery等, 2001)、入院前社会功能不良(Harris & Varney, 1986)、暴力史(Aiken, 1984; Flannery, Stevens, Juliano, & Walker, 2000)、被其他人侵犯(Flannery等, 2000)和较小的年龄(Harris & Varney, 1986; Quinsey & Varney, 1977)。相比于直接的攻击行为,攻击行为更有可能发生在受到遏制或约束的时间(Carmel & Hunter, 1989, 1993; Cooper & Mendonca, 1991; Flannery等, 2001)。其他调查结果表明,病人做出攻击行为的地点很可能在病人密集的区域(例如,卧室、餐厅、走廊)(Chou, Lu, & Chang, 2001)。有证据表明,在观察患者的愤怒或其他线索的基础上,受害人员可以预见到这些攻击行为的出现(Aiken, 1984)。

某种程度上,精神科护理与美国职业橄榄球有一些共同之处。美国职业橄榄球的一个赛季会持续17周,除去高受伤率的赛季前五周(Feeley等, 2008)之外,国家橄榄球联盟的受伤率约为每周10%(Halchin, 2008),这意味着每年的受伤率接近100%。有证据表明,精神科护理人员的受伤率可能同样高。在伦敦,一项为期14周的研究发现,在一家精神病医院中,有32%的护理人员受到攻击行为的侵扰(Whittington & Wykes, 1994)。据此可以粗略地推断,一年时间内预期有接近100%的护理人员成为暴力行为的受害者。男性和女性遭受暴力行为的几率是相等的。研究者排除了受害者倾向的假设,发现护理人员的个性因素(如,冲动和冒险、冒险的维度)与受害无关。与其他研究一样,攻击往往是由少数攻击性强的病人发起的。

**护理人员研究结果总结**

研究表明,某些类型的护理人员(例如,精神病中心、ER)比其他类型(例如外科护理)更容易受到伤害。大部分的攻击行为是由少数病人发起的,而导致这些病人做出攻击行为的风险因素包括暴力史和药物滥用史。有证据表明,在护理人员不得不对患者进行强制措施的情况下(例如,强制服药、施加约束),更有可能发生攻击事件。某些情况下,受害护理人员回想起之前他们所遭受的暴力事件时，认为他们本可以观察到一些线索来帮助自己，预测患者的暴力行为。医院管理层"对暴力零容忍"的承诺似乎与暴力事件的减少有关。

## 教师

这篇研究的第一作者曾经是一名数学老师，就职于纽约市一所条件艰苦、成绩很差的公立学校。在他工作第一年的一天下午，当他午饭后走进学校时，有学生用石头砸他的背部导致他受伤。他因此获得了一个短暂的病假，虽然他没有马上辞职，但最终还是离开了这个危险的学校。应该强调的是，对于在同一所学校工作的教师来说，无论他们是否是受害者，暴力问题都是他们共同关注的问题，并且这些共同关注的暴力问题往往与士气低下和学生成绩差有关（Wittmer, Sinclair, Martin, Tucker, & Lang, 2013）。10年内，这所学校的绝大多数员工都已经辞职离开了。

### 定性研究的重要性

虽然我们关注的重点是系统的定量研究，但有时定性研究（例如，Bloch, 1978）确定了尚未进行定量研究的问题，为之后的研究工作打开了大门（Schonfeld & Mazzola, 2012）。定性研究记录了教学的某些方面，而这些方面在其他类型的研究中可能会被遗漏。金斯伯格、施瓦茨、奥尔森和贝内特（Ginsberg, Schwartz, Olson, & Bennett, 1987）发现，在美国城市的学校中，教师和学生会面临暴力行为及其威胁，其中包括帮派斗争和破坏行为。教师和学生经常遇到的问题包括外来人员未经允许进入学校和频繁的虚假火灾警报。舍恩菲尔德和圣地亚哥（Schonfeld & Santiago, 1994）发现，当纽约市教师对自己的工作进行描述时，暴力和安全总是一个主要议题（例如，一名女教师被一个16岁的男孩攻击；一名女教师被一个更高更壮的助手攻击；武装入侵者进入学校；男高中生性骚扰女教师）。在许多情况下，管理者几乎没有对此作出回应。特里（Terry, 1998）发现在英格兰中部地区的城市中学，有学生对老师做出无礼和粗鲁的行为，超过10%的老师受到过身体伤害的威胁。

史密斯等人（Smith等，2006）研究了在美国城市的学校中影响教师的暴力事件（导致教师不久后辞掉了工作）。例如，一名怀孕的教师被一个五年级的学生压制在黑板上；好斗的学生会使用他们可以找到的任何武器（例如，支撑新种植树木的木桩、苏打水瓶）进行帮派斗争。扬哈斯本（Younghusband, 2008）在纽芬兰的一项研究中发现，教师往往面临着来自学生和他们父母的暴力行为及其威胁，而且还不得不担心他们会打电话威胁自己的家人。除此之外，她还发现了一些证据，这些证据表明管理者对教师的遭遇麻木不仁和漠不关心。而定性研究也表明，教师受到暴力行为的侵扰是一个很严重的问题。

**关于攻击的官方数据**

确定导致教师遭受攻击的风险因素时遇到的一个阻碍是,针对教师的暴力事件往往缺乏正式报告。这也同样是研究者之前对护理人员遭受的暴力行为进行研究时所面临的困难。考虑到官方记录倾向于低估攻击的发生率(Schonfeld,2006),卡斯特尔、皮克-阿萨和林波斯(Casteel,Peek-Asa,& Limbos,2007)在针对洛杉矶受攻击教师的研究中发现,1 年内,在全区的 460 所学校和 23,000 名教师中共发生了 153 次攻击行为。初中教师风险最高,其次是高中教师。卡斯特尔(Casteel)等发现学校周围地区的犯罪率与校内攻击的风险有关,这与学校暴力的生态/情境模型一致(Schonfeld,2006)。

**来自教师自身的数据**

为了解教师遭受暴力侵害问题的维度,必须要获得准确的信息。而获取准确的信息不能仅靠官方报告,还要对教师进行独立调查。来自不同国家和地区的许多调查研究特别询问了教师关于自己遭受暴力侵害的相关情况,从而更清晰地揭示了教师遭受侵害行为的现状。例如,明尼苏达州的一项研究(Gerberich 等,2011)发现 8%的教师报告说他们在一年的时间里遭受过侵害行为;38%的教师表示他们是性骚扰等心理攻击的受害者。荷兰中学的教师样本中有 3%的人表示他们在 6 个月的时间里遭受过推搡和踢打等暴力行为,1%的人受到殴打等严重暴力行为的侵扰(Mooij,2011)。在整个美国,城市学校中 10%的教师报告在一年内遭受过人身攻击或威胁行为,而郊区(6%)与农村学校(5%)伤害率略低(Robers,Zhang,& Truman,2012;Tourkin 等,2007)。在对斯洛伐克中学的研究中,大约一半的样本在最近一个月经历了"来自学生的伤害行为",例如破坏个人财产、身体伤害威胁或殴打,职业学校教师面临的风险更大(Dzuka & Dalbert,2007)。在不列颠哥伦比亚省的教师样本中,有 10%的人报告在过去的 12 个月遭受过暴力威胁或遭受暴力未遂;5%的人受到暴力行为的侵害;29%遭受了言语和手势侮辱(Wilson,Douglas,& Lyon,2011)。在芬兰,抽样的教师样本中有 2%的人表示,他们几乎每周都受到身体暴力和威胁的侵扰;5%的人表示受到辱骂;9%的人表示受到淫秽评论的侵扰(Kauppi & Pörhölä,2012)。

实时收集数据有助于将遗忘的风险降到最低,并在事件发生时就识别它们,正如下面这项研究。舍恩菲尔德和费因曼(Schonfeld & Feinman,2012)的研究就是以这种方式进行的,他们对 250 多名纽约公立学校教师进行了为期两周的每日调查。这段时间内,25%的教师观察到至少一名学生对另一名学生造成伤害,如果考虑到这项研究的持续时间只是学年的一小部分,那么这会是一个令人不安的统计数字。这一发现与莫约吉(Mooij,2011)在荷兰的研究结果一致,莫约吉的研究记录了学生间斗殴的高爆发率。两周内,6%的纽约市教师受到了来自学生的身体伤害威胁。这与罗伯斯(Robers 等,2012)的全国性研究结果一致,在中学

(包括初中)任教的纽约市教师遭受暴力侵害行为的风险最高。在成绩过差的学校任职也是教师遭受暴力侵害的一个风险因素。

**教师的研究结果总结**

教师通常会遭受不同方式的身体和心理上的攻击行为。他们是直接的受害者,也是学生间互相伤害的目击者。教师面临的暴力行为类型具有连续性,范围从被打,到学生间打架,到投掷石子,到性骚扰,再到暴力威胁。虽然初、高中学校教师受到暴力侵害的风险最高,但小学教师也有可能受到暴力行为的侵扰。就职学校学生的成绩过差也是教师遭受暴力侵害的风险因素之一。学校如果坐落于存在暴力行为的街区会为学校内攻击行为的滋生提供温床。学校行政部门的漠不关心也是与教师遭受暴力侵害相关的一个因素。

## 公交车司机

公交车司机每天都会暴露在公众面前,而这种暴露会带来风险。对英国某城市370多名公交车司机的一项横断研究发现(Duffy & McGoldrick, 1990),虽然时间框架不明确,但30%的公交车司机在工作中会受到身体伤害。在针对22名曾遭受过侵害的伦敦公交车司机的一项小调查中,研究人员发现,侵害事件最常发生在晚上,并且一周中每天发生侵害事件的概率是均匀分布的(Fisher & Jacoby, 1992),且大多数攻击者是男性。在七起(22%)案件中,有两名及以上的攻击者涉案,大约一半的袭击事件涉及公交车票价纠纷,一半以上的攻击者是成年人,其余则为青少年。虽然有警方介入的事件超过八成,但只有五宗案件的袭击者被捕。

## 在工作场所中遭受暴力的后果

虽然本章关注的焦点是遭受暴力行为造成的心理影响,但工作场所暴力的一个主要影响是身体上的伤害。例如,瑞恩和博斯特(Ryan & Poster, 1989)对61名在加利福尼亚州的精神病医院工作的护理人员进行了为期一年的追踪调查,这些护理人员都曾遭受过身体侵害行为。其中三个人曾因暴力事件导致背部严重受伤而休病假94天。弗兰纳里等人(Flannery等,2001)的研究发现在精神卫生工作者中,遭受暴力行为最常见的后果包括瘀伤、头部受伤和软组织损伤。在卡梅尔和亨特(Carmel & Hunter, 1989, 1993)的一项针对加州一家大型法医医院的研究中,患者的暴力造成的头部受伤比其他任何的身体损伤更为常见。

可以从压力反应模型(Zapf, Dormann, & Frese, 1996)的角度探讨员工遭受暴力行为所造成的心理后果。在压力反应模型中,压力源对心理功能的影响(例如心理困扰)与暴露在压力源事件中的时间大致成比例关系。另一个与之相关的模型认为,直接或间接地经历工作场所暴力事件的严重性和不可预测性与心理、生理后果的严重性直接相关(Barling,1996)。恐惧、消极情绪和分心是可能的潜在变量,这些变量中介了暴力事件与潜在结果之间的关系(如,抑郁症、心身症状和工作脱离)(Barling,1996)。然而,因为很难确定在假定发生的一系列精神事件中每个精神事件的发生时间,所以目前很难对这些中介变量进行检验。

为便于介绍,本节的其余部分根据研究类型分成不同的小节,后面的章节主要讨论在工作场所遭受心理攻击的后果。

### 关于遭受工作场所暴力的后果的横断研究

工作场所暴力不仅会导致身体上的伤害,也可能导致心理上的伤害。与巴林(Barling,1996)的中介模型一致,一项针对加拿大一线(例如,顾客服务)金融机构员工的横断研究(Rogers & Kelloway,1997)表明,恐惧在遭受暴力事件(作为受害者或旁观者)对心理健康(和离职意向)产生的不利影响中起到中介作用。还有证据表明暴力攻击可能引起持续的生理唤醒(Eriksen, Bjorvatn, Bruusgaard & Knardahl, 2008)和心身症状(Yang 等,2012)。虽然加拿大医护人员受到的暴力伤害大部分都是"表面创伤"(例如,淤伤),但来自安大略省的数据显示,58%的与压力相关的(即心理上的)索赔与暴力事件相关联(Yassi 等,2005)。

在一项涉及到三所加拿大城市医院的 ER 医务人员的研究中,奥尔登、里格布和拉普(Alden, Regambal, & Laposa, 2008)发现,与目击到病人受到直接威胁相比,工作人员直接受到威胁会有更高水平的恐惧、警觉和工作不满意度。达菲和麦戈德里克(Duffy & McGoldrick, 1990)发现,与没受到攻击的公交车司机相比,在工作中受到攻击的公交车司机表现出更多的抑郁、焦虑等症状。巴德等人(Budd 等,1996)发现在过去的 12 个月中,曾遭受工作场所暴力行为或受到暴力威胁的个人表现出更高水平的心理困扰、工作不满意度和对未来会遭受攻击的担忧。最近受到伤害或威胁的员工更倾向于带着武器去上班,由此形成了一个潜在的暴力循环。来自加拿大卫生保健工作者的研究数据表明,曾经遭受过身体暴力的人有更强的恐惧,这进一步又中介了暴力与 GHQ 之间的关系(暴力与 GHQ 评分正相关)(Schat & Kelloway,GHQ 在第三章中有所讨论),这与巴林(Barling,1996)、罗杰斯与凯洛韦(Rogers & Kelloway, 1997)的发现一致。研究者还发现组织支持有助于缓解遭受暴力事件对情绪幸福感的影响,但不影响对未来暴力的恐惧和对工作职责的忽视(Schat & Kelloway,2003)。

一些横断研究将遭受攻击行为与教师的一些消极表现联系起来，发现遭受攻击行为与恐惧有关，恐惧又与工作不满意度有关，而工作不满意度又会影响教师辞职的意愿(Sinclair, Martin, & Croll, 2002)。一项对美国中学教师的研究(Ting, Sanders, & Smith, 2002)发现，与在低暴力事件发生率的学校工作的教师相比，那些在高暴力事件发生率的学校工作的教师的PTSD症状更明显(如，侵入性想法和回避行为)，这一结果与布洛赫(Bloch, 1978)的研究结果一致。加兰、勒科克与菲利普特(Galand, Lecoq, & Philippot, 2007)在一项针对比利时教师的研究中发现，校园暴力(他们对校园暴力的定义范围较广，其中包括心理攻击)与抑郁、焦虑和躯体化症状有关。同事和管理者支持与幸福感的提升有关。症状的加重和较低的支持与职业参与度的降低有关(例如，计划离开教学岗位)。杜祖卡和达尔伯特(Dzuka & Dalbert, 2007)对斯洛伐克教师进行研究发现，遭受伤害与其消极情感的增加和生活满意度的降低有关。威尔森等人(Wilson等，2011)发现，在不列颠哥伦比亚省的教师中，遭受暴力行为或威胁与恐惧感增加、士气降低和心身症状增加有关。

**关于遭受工作场所暴力的后果的病例对照研究**

维克劳等人(Wieclaw等，2006)做了一项研究，涉及超过14,000名丹麦医院的住院病人和门诊病人，这些病人均患有情感(例如，抑郁症)或焦虑障碍，研究中有超过58,000人被匹配为控制组。他们发现这些病例中大部分人都就职于遭受暴力风险高的工作岗位。仅就男性而言，从事与高水平威胁相关工作的人出现焦虑症状的风险更高。但该研究有两个局限性：首先，不能排除以选择为基础的假设，如我们无法确定员工从事遭受暴力风险较高的工作是自我选择还是由工作场所"把门人"选择。其次，因为遭受暴力是一个代理变量，所以不能确定病例组与控制组实际遭受暴力事件或威胁时的情况是否不同。

虽然运输工人也有遭受暴力事件的风险(Fitzpatrick & Grant, 2012)，但相关研究还比较少。在一项涉及伦敦公交车机组人员的小型病例对照研究中，费舍尔和雅各比(Fisher & Jacoby, 1992)对22名遭受袭击的受害者和控制组(22名匹配的非袭击受害者)进行比较。研究者发现，擦伤是最常见的身体伤害，甚至有的公交车司机会遭受骨折或刺伤等严重的身体伤害。暴力袭击的受害者因伤请假的平均时长超过90天，请假天数与损伤的严重程度有关。与控制组相比，受害者的GHQ得分显著提高，无论是否被诊断为PTSD，他们都出现了更多的回避和思想侵入①的症状，症状的强度与袭击的严重程度有关，这与巴林(Barling, 1996)和

---

① 思想侵入是指在脑中非自愿出现某些图像或思想，在这里描述的是攻击行为的受害者出现的某种症状，对于受害者来说这种体验是不愉快和不受欢迎的。

扎普夫等人(Zapf 等,1996)的理论相一致。

**关于遭受工作场所暴力的后果的纵向研究**

一些纵向研究探讨了影响员工心理健康的心理社会工作压力源(如决策自由度),与这些研究相比,关于工作场所暴力影响的纵向研究更难进行。研究人员必须在工作场所暴力发生之前评估员工的心理健康状况,并等待看似不可预测的暴力事件出现,与此同时还要出于人道主义希望暴力事件不会发生。之后,在控制先前的心理健康状况的情况下,研究者再次评估员工的心理健康状况。重要的是,研究人员的样本中还应包括曾经受过攻击和没有受过攻击的员工群体作为对照。虽然这样研究更有助于确定暴力行为对员工的影响,但按照这种方式进行研究很难实现,这样的研究也因而变得十分罕见。

以下两项研究(Wykes & Whittington,1998;Yang 等,2012)说明了这些方法上的困难。虽然调查人员在伦敦一家精神病医院发现 97 名连续遭受攻击的护理人员,但威克斯(Wykes)和惠廷顿(Whittington)只能对其中 10 名护理人员在遭受攻击前和遭受攻击后的状况展开研究。杨(Yang)等人对佛罗里达州的护理人员进行了长达 6 个月的两时间点纵向研究,确定了可以进行比较的四个组别:(1)这段时间内,收集数据的两个时间点之前均没有发生暴力事件;(2)时间点 1 之前没有暴力事件,时间点 2 之前有暴力事件;(3)时间点 1 之前有暴力事件,而时间点 2 的前 6 个月内没有暴力事件;(4)每个时间点之前都有暴力事件。然而,组 2 和组 3 的样本量很小($\leqslant 18$)。

**长期的纵向研究**

有两项研究(Bjørkly,1999;Høgh 等,2003)调查了长期遭受工作场所暴力所带来的后果。霍等人(Høgh 等,2003)在对丹麦员工的代表性样本的研究中发现,在控制一些协变量(包括基线疲劳)的情况下,基线处的暴力事件或其威胁预测了 5 年后的倦怠。调查人员还发现,缺乏来自同事的支持和缺乏来自管理者的支持这两个协变量也可以预测之后的倦怠。在比约克里(Bjørkly,1999)对挪威精神病院护理人员进行的为期 10 年的研究中,2,000 起事件中只有约 0.5% 对护理人员造成了严重伤害。虽然没有关于心理创伤的数据,但是大多数暴力行为都导致护理人员离职休假。

**短期的纵向研究**

还有一些其他研究一直关注着遭受暴力事件对员工造成的短期影响。在杨等人(Yang 等,2012)为期 6 个月的研究中,与两个时间点均未遭受过暴力事件的护理人员相比,在时间点 1 没有遭受暴力事件而时间点 2 遭受暴力事件的护理人员出现了更多的身体症状；而与两个时间点都遭受暴力的护理人员相比，在时间点 1 遭受了暴力而时间点 2 没有遭受暴力的护理人员的身体症状显著减少了。霍、莎拉波娃与博格（Høgh, Sharipova, & Borg, 2008）在为期一年的两时间点研究中，以 2,800 多个新入职的丹麦卫生保健助理为被试，发现控制基线时的心理健康状况后，先前工作中的暴力事件及其威胁对之后的心理健康状况（焦虑症状，抑郁等）和活力（疲劳）有不利的影响。另一个短期的两时间点研究得到了令人惊讶的结果。卡梅里诺等人（Camerino 等，2008）对八个欧洲国家的 13,800 多名护理人员展开了研究，发现基线时遭受身体暴力与一年以后的健康情况无显著相关。然而，在控制基线承诺的情况下，基线时遭受暴力对后来的组织承诺产生了不利影响。尽管该研究的样本量较大，统计检验力较高，但结果显示暴力没有对健康产生影响，部分原因可能是在基线时统计的 20,000 多名护理人员随着后续的追踪调查而流失，尤其是在基线处最容易遭受暴力的护理人员。

威克斯和惠廷顿（Wykes & Whittington, 1998）在一项针对 39 名遭受过攻击的护理人员的追踪研究中发现，与控制组相比，遭受过攻击的护理人员的心理困扰水平较高。尽管愤怒始终保持较高水平，但在攻击之后随即观察到的高症状水平会随时间降低。控制组中有 10 名护理人员随后遭到暴力攻击，针对他们的研究结果显示，他们控制愤怒的能力在遭受攻击前后明显下降。在先前提到的瑞恩和博斯特（Ryam & Poster, 1989）对遭受攻击护理人员的追踪研究中，他们发现在暴力事件发生后的几周内，员工对攻击的反应（例如，害怕返回工作岗位）减弱。愤怒是最常见的反应，大约 20% 的护理人员遭受攻击之后的六个月到一年的时间里持续体验着强烈的愤怒反应。与扎普夫等人（Zapf 等，1996）和巴林（Barling, 1996）的模型一致，使身体受到伤害的攻击会导致更高水平的创伤应激心理症状。与这两个模型相一致，同样遭受攻击行为之后，与被安置在较安全病房的受害护理人员相比，被安置在更危险病房环境中的受害护理人员表现出了更高水平的创伤性应激症状。在先前提到的费舍和雅各比（Fisher & Jacoby, 1992）的病例对照研究中加入纵向成分表明，22 个遭受过攻击的运输工人中，有 15 人的许多心理症状在为期 18 个月的追踪中减轻了。与之相反，侵入思维的症状往往依然存在。

一项关于英国酒吧暴力的研究（Beale, Clarke, Cox, Leather, & Lawrence, 1999）提出了"系统记忆"的概念，调查人员用这个概念解释过去对未来的影响，人们生活的每一天都与过去有关。酒吧一旦发生暴力事件，接下来的 6 个月内这种暴力事件极有可能重复出现，特别是在最初事件发生后的 7 天内。英国犯罪调查报告结果显示，43% 的工作场所暴力受害者都经历过不止一次的暴力事件（Cookson & Buckley, 2012）。

### 遭受暴力的后果总结

工作场所暴力的后果包括身体上的伤害,例如瘀伤、头部和背部受伤、骨折和软组织损伤,也会造成心理上的伤害,包括抑郁症和焦虑症以及类似PTSD症状等,同样也会引起受害者的恐惧或愤怒,并可能导致其工作脱离。另外,现在发生的暴力事件往往预测着未来发生的暴力事件。有证据表明,暴力事件的严重程度与症状反应的严重程度有关。证据还表明,组织支持对受害者有益。攻击之后出现的一些问题(如心理困扰)比其他问题(如恐惧、愤怒)更可能随着时间的推移而减少。

## 工作场所心理攻击的后果

心理攻击虽然没有明显的暴力行为,但也会对受害者产生不利影响,如抑郁症、焦虑和倦怠;工作满意度下降;自尊水平降低(Aquino & Thau, 2009; Bowling & Beehr, 2006)。已知的理论框架"压力即自我冒犯"(stress-as-offense-to-self, SOS)(Semmer, Jacobshagen, Meier, & Elfering, 2007)可以帮助我们理解心理攻击的影响。根据SOS框架,个人自尊是一种重要的个人资源。自尊反映了个人对自身价值的感受,有些人认为自尊也反映了个人对自己能力的信心,尤其是他或她认为对自己来说最重要的那些领域的能力(Andrews, 1998)。

根据资源保存理论,自尊是一系列相互关联的个人资源的一部分,如乐观和环境控制感,这些资源有助于抵抗压力,其中一种资源的低水平与其他资源的低水平相关(Hobfoll, 2001)。心理攻击,如欺凌,是对受害者自尊的攻击。鲍林和贝尔(Bowling & Beehr, 2006)认为,与工作有关的欺凌或骚扰可通过让受害者清楚地意识到自己的无能为力和地位低下,进而破坏受害者的自我形象。

SOS理论框架认为人类有一个归属的需要,每个人都需要被一个群体接受,如被一起工作的群体所接纳。SOS理论指出,具有心理攻击性的同事和管理者(如工作场所的欺凌者)对个体的不尊重会让其觉得丢脸,并使其逐渐远离群体。归属感与自尊是紧密相连的。

因此,心理攻击对自尊的影响是SOS理论框架的一个重要内容。自尊的降低与抑郁症有关,一位心理学家简洁地解释说:"低自尊已被概念化为抑郁症的一种原因、结果和症状"(M. C. Spett,个人交流,2013年4月)。有些人提出,低自尊可以中介工作压力源与抑郁的关系(Lee, Joo, & Choi, 2013)。另一个被称为"疤痕假说"的备择假设表明,低自尊可能是抑郁的结果(Sowislo & Orth, 2013)。最后,"对自己的价值进行不切实际的负面评价"是抑郁症的症状(美国精神病学协会,2013)。不管低自尊和抑郁症之间的关系如何,SOS理论认为,心理攻击对个体自尊的损害很严重,并且会增加抑郁的风险。

虽然本章的大部分内容都在介绍相关的纵向研究,但我们不得不介绍两项开创性的横断研究(Cortina 等,2001;Leymann & Gustafsson,1996),它们是攻击相关研究中的里程碑。其中一项对 64 位遭受过攻击并正在接受治疗的瑞典员工进行了深入的研究,发现超过 90% 的受害者症状符合 PTSD 的标准(Leymann & Gustafsson,1996)。工作场所欺凌的后果可能会很严重。在前面提到的关于美国法院工作者的研究中,柯蒂娜等人(Cortina 等,2001)发现,不文明行为虽然不像欺凌行为那样强烈,但也与受害者的低工作满意度、坚守岗位的意愿降低及心理困扰有关。

### 关于遭受工作场所心理攻击后果的纵向研究

虽然涉及 66 个不同样本的一系列横断研究已经把工作场所欺凌与各种心理健康结果联系在了一起,其中包括焦虑、抑郁、心身疾病和 PTSD 症状(Nielsen & Einarsen,2012),但想要确定欺凌对这些结果的时间优先级,必须严格参考纵向研究设计的结果。以下小节主要对评估心理攻击造成的心理健康后果的纵向研究进行讨论,心理攻击主要是欺凌。这些研究在控制基线心理健康的情况下,评估基线阶段的心理攻击。

### 关于抑郁和困扰的长时滞后纵向研究

许多研究(Høgh, Henriksson, & Burr, 2005;Lahelma 等,2011;Stoetzer 等,2009)采用为期 3 年或更长时间的时间间隔。在斯托策尔(Stoetzer 等,2009)的一项涉及 4,000 多名斯德哥尔摩居民的代表性样本研究中,他发现欺凌有两种形式:被上级排挤和被同事排挤,在控制基线时的抑郁症和其他混杂因素的情况下,遭受欺凌与 3 年后患抑郁症风险的增加有关。拉赫尔马等人(Lahelma 等,2012)在一项对 6,000 多名赫尔辛基市政雇员的研究中发现,在控制基线时的 GHQ 和其他混杂因素(例如,儿童期遭受的欺凌)的情况下,工作场所欺凌(如孤立、贬低他人的工作)与 5 至 7 年后 GHQ 评分的升高有关。在对 4,600 多个丹麦样本的追踪调查中,霍、亨里克森和博尔(Høgh, Henriksson, & Burr, 2005)发现,在对基线心理健康状况进行控制的情况下,无论男性还是女性,在工作场所遭受恶劣戏弄的经历能预测其 5 年后的心理困扰、焦虑水平;然而,当调查人员控制主管、同事的支持和工作冲突后,其对女性的影响却变得不显著了。

### 关于抑郁和困扰的短时滞后纵向研究

其他一些纵向研究采用了 2 年或更少时间的滞后。其中一项研究对超过 2,000 名瑞典员工进行了为期 18 个月的调查(Emdad, Alipour, Hagberg, & Jensen, 2013),它聚焦于攻击的次要受害者(Barling, 1996),即暴力事件的旁观者,而非主要或直接受害者。艾姆达德等人(Emdad 等,2013)发现基线时工作场所欺凌的旁观者在未来的抑郁水平会更高。埃里克森、坦布斯与科纳尔达尔(Eriksen, Tambs, & Knardahl, 2006)在 15 个月的时间内,追踪了 4,000 多名挪威护理人员助理,发现在对基线时的协变量(如时间点 1 时的心理困扰水平)进行统计控制的情况下,基线时的欺凌没有对后续追踪时的心理困扰水平产生影响。在一项对 5,600 多名丹麦老年护理人员(均为女性)的研究中,鲁古利斯等人(Rugulies 等,2012)发现,在控制混杂因素的情况下,基线时遭受暴力欺凌能够预测 2 年后患重度抑郁症的概率。

### 双向效应

一些研究评估了遭受侵害与心理困扰之间的相互关系。尼尔森等人(Nielse 等,2012)对 1,775 名挪威员工组成的代表性样本进行了 2 年的追踪调查,发现在控制基线症状的基础上,基线时遭受伤害能预测之后的心理困扰。另外,基线时的心理困扰和遭受欺凌预测了 2 年后再次遭受伤害的可能,这强调了欺凌行为的持续性以及欺凌者伤害已经产生心理困扰的个体这一事实。有研究者在另一项研究中却发现了相反的因果关系,芬恩、科纳尔达尔与劳(Finne, Knardahl & Lau, 2011)对在挪威的 20 个公共和私营组织工作的近 2,000 名员工进行追踪调查,研究小组发现:(a)在控制基线时的困扰和其他混杂因素(例如,工作要求)的条件下,工作场所欺凌预测了员工 2 年后的心理困扰,(b)控制基线欺凌和其他混杂因素后,心理困扰预测了 2 年后遭受的欺凌。在前面提到的对医院工作者的研究中,基维马奇等人(Kivimäki 等,2003)发现,在基线及两年追踪过程中均为工作场所欺凌受害者的个体患抑郁症的风险增加了 5 倍(尚不清楚时间点 2 的抑郁先于还是晚于时间点 2 的欺凌)。然而,时间点 1 时测量到的抑郁情况可以预测时间点 2 时遭受新的欺凌事件。但是证据并没有那么准确。在前面提到的鲁古利斯等人(Rugulies 等,2012)的研究中,在统计控制基线欺凌和重度抑郁症的情况下,只有基线时的欺凌才能预测 2 年后的欺凌行为。然而,他们的证据有一个不足之处,即研究人员没有将他们对抑郁的测量作为维度量表,而这本会提供更多的统计、检验力来检测效应。

有证据表明,工作场所欺凌会导致心理困扰和抑郁症。一项科学性较高的两阶段元分析

(Theorell 等，2015)研究表明，有"中等强度证据"表明工作场所欺凌对抑郁症状有显著影响，但也有一些研究得出了相反的因果关系(鲁古利斯等人[Rugulies 等，2012]是例外情况)，有研究表明已经感到困扰的员工面临成为受欺凌目标的风险。与上述发现一致，尼尔森和埃纳森(Nielsen & Einarsen，2012)在包含 13 个大样本(主要是来自斯堪的纳维亚，总计 n>60,000)的两阶段元分析中发现，遭受欺凌与心理健康的关系是双向的，遭受欺凌对心理健康有害，而心理健康状况欠佳则会引起别人的心理攻击。

## 除了困扰和抑郁以外的其他后果

关于工作场所欺凌的纵向研究也考察了心理困扰和抑郁症以外的其他后果，包括疲劳、离职意愿、实际离职、疾病缺勤、纤维肌痛(一种功能性疾病，症状有肌肉骨骼疼痛、疲劳和睡眠障碍，不能由潜在的医学病理学来解释)和心血管疾病(cardiovascular disease，CVD)。霍等人(Høgh 等，2005)在针对丹麦样本的研究中发现，控制协变量(如基线时的疲劳)之后，仅对女性而言遭受恶劣戏弄可以预测其 5 年后的疲劳。埃里克森等人(Eriksen 等，2008)在为期 3 个月的研究中，对超过 4,700 名挪威护理人员助理进行调查发现，遭受威胁和暴力[①]可以预测较差的睡眠质量。贝塞尔森、斯库斯塔德、劳和埃纳森(Berthelsen, Skogstad, Lau, & Einarsen，2011)在一项针对挪威样本(2,000 名员工)的研究中发现，控制基线时的离职意图后，基线时遭受侵害的员工在两年后的离职意图和追踪过程中的实际离职率都显著升高，芬恩等人(Finne 等，2011)也对该样本进行了追踪。在一项对超过 5,400 人的芬兰医院雇员样本的研究中，基维马奇基等人(Kivimäki 等，2003)发现控制其他风险因素后，在时间点 1(基线)和 2 年追踪期间均受到欺凌的受害者，其患 CVD 的风险增加了两倍。然而，尚不确定在时间点 2 时测量到的 CVD 与时间点 2 测量到的受欺凌情况之间的时间先后关系。

此外，研究者发现，基线时遭受欺凌可以预测追踪过程中疾病缺勤率。克劳森、霍与博格(Clausen, Høgh, & Borg，2011)进行了一项时间序列研究，被试是 9,500 多名在丹麦老年护理机构工作的女性，控制几个混杂因素(如，年龄、吸烟、体重)后，在随后 1 年的追踪中，基线时遭受欺凌与持续 8 周或更长时间的较高疾病缺勤率有关。但这项研究没有对过去的长期疾病缺勤进行控制。在一项针对芬兰医院样本(n=5,655)的研究中，该样本与其他研究中使用的样本重叠(Kivimäki 等，2003)，基维马奇等人(Kivimäki 等，2000)发现，控制基线疾病缺

---

① 研究所使用的问题是："在过去两年中，你是否在工作中受到威胁或暴力？"(Lindström 等，2000)。如果调查包括一个单独的项目，明确询问员工遭受"暴力的威胁"的情况，而不是将威胁和暴力放在一起询问，那就更好了。将关于暴力的威胁和其他类型威胁(例如降级威胁)以及是否成为工作场所暴力受害者单独提问比较可取。我感谢维奥莱塔·孔特雷拉斯(Violeta Contreras)指出了研究中使用的项目的模糊性。

勤率和其他混杂因素后,在两年的追踪过程中,工作场所欺凌与疾病缺勤率升高有关。在一项涉及相同样本的研究中,基维马奇等人(Kivimäki 等,2004)发现,控制基线时的混杂因素后,基线时遭受欺凌有效预测了两年后的纤维肌痛的产生。

## 应对

关于应对工作场所攻击的纵向研究很少,且大部分是横断研究,只有一项罕见的纵向研究(Tepper, Duffy, & Shaw, 2001)涉及工作场所应对行为,研究了应对行为的预测因素,但没有评估应对行为在减轻主管实施攻击行为方面的有效性。针对施暴者的应对措施有可能导致报复和恶性循环(Aquino & Thau, 2009)。横断研究表明,最有效的应对措施是换一个工作单位或者换另一份工作(Aquino & Thau, 2009; Zapf & Gross, 2001),但这个应对措施在劳动力市场紧张时很难实现。有时受害者可以保持警惕以回避或避开施暴者。一项涉及新人护理人员样本的研究(Zhou 等,2015)给我们提供了一些思路。研究小组在入职前对员工的政治技能进行了评估,发现四个政治技能维度中的两个——人际影响(如,让人们喜欢一个人)和明显的诚意(如,试图对另一个人表现出真正的兴趣)与后来在工作时遭受身体攻击的减少有关,而缺乏政治技能的员工往往会遭受更多的心理攻击。尽管在这些分析中,攻击和结果变量是同时被评估的,但人们发现行政技能可以减轻身体、心理攻击带来的对愤怒、工作满意度、职业承诺和肌肉骨骼损伤的影响。

## 总结

大量有关工作场所暴力和心理攻击产生的影响的研究都揭示了一种模式,即一些职业群体的成员(如,公交车司机、护理人员和教师)比其他成员(如,金融部门的工作人员)遭受的身体伤害更多。显然,暴力行为增加了员工受到身体伤害的风险。虽然心理伤害与遭受身体伤害有明显联系,但暴力事件的不可预测性使研究人员很难设计评估工作场所暴力影响的研究,并使这些研究符合科学实践的最高标准(如,有明确的前测和后测,并在暴力发生前控制基线水平心理特征的纵向研究)。一个合理的结论是,遭受暴力不会对心理健康有益,负性结果通常是遭受暴力的唯一结果。应激反应(Zapf 等,1996)和严重性模型(Barling, 1996)表明,遭受暴力对心理的影响与遭受暴力的时间和暴力的严重程度成正比。有一些证据表明,反暴力的组织氛围有助于预防工作场所暴力。

不幸的是,工作场所的心理攻击非常普遍。研究表明,工作场所的心理攻击对受害者甚至旁观者的心理健康都有明显的负面影响。SOS的理论框架表明,心理攻击对心理健康的影响是由攻击对自尊的影响介导的,而自尊已经被概念化为抑郁症的前因、结果和症状。研究成果——特别是最高质量的纵向研究一致表明,心理攻击(如欺凌)与沮丧、抑郁等消极情绪水平的升高相关。研究还表明,高水平的心理困扰对欺凌行为来说犹如一块磁铁。关于应对工作场所暴力的研究一直不太丰富,但有一些证据表明,改变工作和提高政治技能可能有助于减少身体和/或心理上的攻击。

## 参考文献

Aiken, G. (1984). Assaults on staff in a locked ward: Prediction and consequences. *Medicine, Science, and the Law*, 24(3), 199–207.

Alden, L. E., Regambal, M. J., & Laposa, J. M. (2008). The effects of direct versus witnessed threat on emergency department healthcare workers: Implications for PTSD Criterion A. *Journal of Anxiety Disorders*, 22, 1337–1346. doi: 10.1016/j.janxdis.2008.01.013

Andrews, B. (1998). Self-esteem. *The Psychologist*, 11(7), 339–342.

American Psychiatric Association. (2013). *Diagnostic and statistical manual of mental disorders* (5th ed.). Arlington, VA: American Psychiatric Publishing.

Aquino, K., & Thau, S. (2009). Workplace victimization: Aggression from the target's perspective. *Annual Review of Psychology*, 60, 717–741. doi: 10.1146/annurev.psych.60.110707.163703

Arnetz, J., & Arnetz, B. (2000). Implementation and evaluation of a practical intervention programme for dealing with violence towards health care workers. *Journal of Advanced Nursing*, 31(3), 668–680.

Bacharach, S. B., Bamberger, P. A., & McKinney, V. M. (2007). Harassing under the influence: The prevalence of male heavy drinking, the embeddedness of permissive workplace drinking norms, and the gender harassment of female coworkers. *Journal of Occupational Health Psychology*, 12, 232–250. doi: 10.1037/1076-8998.12.3.232

Barling, J. (1996). The prediction, experience, and consequences of workplace violence. In G. R. VandenBos & E. Q. Bulatao (Eds.), *Violence on the job: Identifying risks and developing solutions* (pp. 29–49). Washington, DC: American Psychological Association. doi: 10.1037/10215-001

Beale, D., Clarke, D., Cox, T., Leather, P., & Lawrence, C. (1999). System memory in violent incidents: Evidence from patterns of reoccurrence. *Journal of Occupational Health Psychology*, 4, 233–244. doi: 10.1037/1076-8998.4.3.233

Beehr, T. A. (1995). *Psychological stress in the workplace*. New York, NY: Routledge.

Berthelsen, M., Skogstad, A., Lau, B., & Einarsen, S. (2011). Do they stay or do they go? A longitudinal study of intentions to leave and exclusion from working life among targets of workplace bullying. *International Journal of Manpower*, 32, 178–193. doi: 10.1108/01437721111130198

Bjørkly, S. (1999). A ten-year prospective study of aggression in a special secure unit for dangerous patients. *Scandinavian Journal of Psychology*, 40(1), 57–63.

Bloch, A. M. (1978). Combat neurosis in inner-city schools. *American Journal of Psychiatry*, 135

(10),1189-1192.

Bowling, N. A., & Beehr, T. A. (2006). Workplace harassment from the victim's perspective: A theoretical model and meta-analysis. *Journal of Applied Psychology*, 91(5), 998-1012. doi: 10.1037/0021-9010.91.5.998

Budd, J. W., Arvey, R. D., & Lawless, P. (1996). Correlates and consequences of workplace violence. *Journal of Occupational Health Psychology*, 1, 197-210. doi: 10.1037/1076-8998.1.2.197

Bureau of Labor Statistics. (2012, September). *Census of fatal occupational injuries summary, 2011*. Retrieved from www.bls.gov/news.release/cfoi.nr0.htm

Bureau of Labor Statistics. (2013a). *Labor force statistics from the Current Population Survey*. Retrieved from www.bls.gov/webapps/legacy/cpsatab9.htm

Bureau of Labor Statistics. (2013b, January). *Workplace homicides from shootings*. Washington, DC: Author. Retrieved from www.bls.gov/iif/oshwc/cfoi/osar0016.htm

Camerino, D., Estryn-Behar, M., Conway, P., van Der Heijden, B., & Hasselhorn, H. (2008). Work-related factors and violence among nursing staff in the European NEXT study: A longitudinal cohort study. *International Journal of Nursing Studies*, 45(1), 35-50.

Carmel, H., & Hunter, M. (1989). Staff injuries from inpatient violence. *Hospital & Community Psychiatry*, 40(1), 41-46.

Carmel, H., & Hunter, M. (1993). Staff injuries from patient attack: Five years' data. *Bulletin of the American Academy of Psychiatry and the Law*, 21(4), 485-493.

Casteel, C., Peek-Asa, C., & Limbos, M. (2007). Predictors of nonfatal assault injury to public school teachers in Los Angeles City. *American Journal of Industrial Medicine*, 50(12), 932-939.

Chen, W.-C., Sun, Y.-H., Lan, T.-H., & Chiu, H.-J. (2009). Incidence and risk factors of workplace violence on nursing: Staffs caring for chronic psychiatric patients in Taiwan. *International Journal of Environmental Research and Public Health*, 6, 2812-2821. doi: 10.3390/ijerph6112812

Chou, K., Lu, R., & Chang, M. (2001). Assaultive behavior by psychiatric in-patients and its related factors. *The Journal of Nursing Research*, 9(5), 139-151.

Clausen, T., Høgh, A., & Borg, V. (2011). Acts of offensive behaviour and risk of long-term sickness absence in the Danish elder-care services: A prospective analysis of register-based outcomes. *International Archives of Occupational and Environmental Health*, 85, 381-387. doi: 10.1007/s00420-011-0680-1

Cookson, H., & Buckley, P. (2012). *Violence at work: Findings from the 2010/11 British Crime Survey*. London, England: Health and Safety Executive.

Cooper, A., & Mendonca, J. (1991). A prospective study of patient assaults on nurses in a provincial psychiatric hospital in Canada. *Acta Psychiatrica Scandinavica*, 84(2), 163-166.

Cortina, L. M., Magley, V. J., Williams, J., & Langhout, R. (2001). Incivility in the workplace: Incidence and impact. *Journal of Occupational Health Psychology*, 6, 64-80. doi: 10.1037/1076-8998.6.1.64

Crilly, J., Chaboyer, W., & Creedy, D. (2004). Violence towards emergency department nurses by patients. *Accident and Emergency Nursing*, 12(2), 67-73.

Douglas, S. C., & Martinko, M. J. (2001). Exploring the role of individual differences in the prediction of workplace aggression. *Journal of Applied Psychology*, 86, 547-559. doi: 10.1037/

0021 - 9010. 86. 4. 547

Duffy, C. A., & McGoldrick, A. E. (1990). Stress and the bus driver in the UK transport industry. *Work & Stress*, 4, 17 - 27. doi: 10. 1080/02678379008256961

Dzuka, J., & Dalbert, C. (2007). Student violence against teachers: Teachers' well-being and the belief in a just world. *European Psychologist*, 12, 253 - 260. doi: 10. 1027/1016 - 9040. 12. 4. 253

Emdad, R., Alipour, A., Hagberg, J., & Jensen, I. B. (2013). The impact of bystanding to workplace bullying on symptoms of depression among women and men in industry in Sweden: An empirical and theoretical longitudinal study. *International Archives of Occupational and Environmental Health*, 86, 709 - 716. doi: 10. 1007/s00420 - 012 - 0813 - 1

Eriksen, W., Bjorvatn, B., Bruusgaard, D., & Knardahl, S. (2008). Work factors as predictors of poor sleep in nurses' aides. *International Archives of Occupational and Environmental Health*, 81 (3), 301 - 310.

Eriksen, W., Tambs, K., & Knardahl, S. (2006). Work factors and psychological distress in nurses' aides: A prospective cohort study. *BMC Public Health*, 6, 290.

Feeley, B. T., Kennelly, S., Barnes, R. P., Muller, M. S., Kelly, B. T., Rodeo, S. A., & Warren, R. F. (2008). Epidemiology of National Football League training camp injuries from 1998 to 2007. *American Journal of Sports Medicine*, 36, 1597 - 1603. doi: 10. 1177/0363546508316021

Finne, L. B., Knardahl, S., & Lau, B. (2011). Workplace bullying and mental distress: A prospective study of Norwegian employees. *Scandinavian Journal of Work, Environment & Health*, 37 (4), 276 - 286.

Fisher, N., & Jacoby, R. (1992). Psychiatric morbidity in bus crews following violent assault: A follow-up study. *Psychological Medicine*, 22 (3), 685 - 693.

Fitzpatrick, A., & Grant, C. (2012). *The 2010/11 British Crime Survey (England and Wales)* (Vol. 1, 2nd ed.). London, England: Home Office.

Flannery, R. B., Stevens, V., Juliano, J., & Walker, A. (2000). Past violence and substance use disorder and subsequent violence towards others: Six year analysis of the Assaulted Staff Action Program (ASAP). *International Journal of Emergency Mental Health*, 2 (4), 241 - 247.

Flannery, R. B., Jr., Stone, P., Rego, S., & Walker, A. P. (2001). Characteristics of the staff victims of patient assault: Ten year analysis of the Assaulted Staff Action Program (ASAP). *Psychiatric Quarterly*, 72 (3), 237 - 248.

Fujita, S., Ito, S., Seto, K., Kitazawa, T., Matsumoto, K., & Hasegawa, T. (2012). Risk factors of workplace violence at hospitals in Japan. *Journal of Hospital Medicine*, 7, 79 - 84. doi: 10. 1002/jhm. 976

Galand, B., Lecoq, C., & Philippot, P. (2007). School violence and teacher professional disengagement. *British Journal of Educational Psychology*, 77, 465 - 477. doi: 10. 1348/000709906X114571

Gerberich, S., Church, T., McGovern, P., Hansen, H., Nachreiner, N., Geisser, M., ... Jurek, A. (2005). Risk factors for work-related assaults on nurses. *Epidemiology*, 16 (5), 704 - 709.

Gerberich, S., Nachreiner, N., Ryan, A., Church, T., McGovern, P., Geisser, M., ... Pinder, E. (2011). Violence against educators: A population-based study. *Journal of Occupational and Environmental Medicine*, 53, 294 - 302. doi: 10. 1097/JOM. 0b013e31820c3fa1

Ginsberg, R., Schwartz, H., Olson, G., & Bennett, A. (1987). Working conditions in urban schools. *The Urban Review*, 19, 3-23. doi: 10.1007/BF01108421

Giorgi, G., Ando, M., Arenas, A., Shoss, M. K., & Leon-Perez, J. M. (2013). Exploring personal and organizational determinants of workplace bullying and its prevalence in a Japanese sample. *Psychology of Violence*, 3, 185-197. doi: 10.1037/a0028049

Greenberg, L., & Barling, J. (1999). Predicting employee aggression against coworkers, subordinates and supervisors: The roles of person behaviors and perceived workplace factors. *Journal of Organizational Behavior*, 20, 897-913. doi: 10.1002/(SICI)1099-1379(199911)20:6<897:AID-JOB975>3.0.CO;2-Z

Halchin, L. E. (2008). *Former NFL players: Disabilities, benefits, and related issues* (Report No. RL34439). Washington, DC: Congressional Research Service, Government and Finance Division.

Harrell, E. (2011). *Workplace violence, 1993-2009*. Report No. NCJ233231. Washington, DC: U. S. Department of Justice, Bureau of Justice Statistics.

Harris, G. T., & Varney, G. W. (1986). A ten-year study of assaults and assaulters on a maximum security psychiatric unit. *Journal of Interpersonal Violence*, 1, 173-191. doi: 10.1177/088626086001002003

Hashemi, L., & Webster, B. S. (1998). Non-fatal workplace violence workers' compensation claims (1993-1996). *Journal of Occupational and Environmental Medicine*, 40(12), 561-567.

Hershcovis, M. (2011). "Incivility, social undermining, bullying ... Oh my!": A call to reconcile constructs within workplace aggression research. *Journal of Organizational Behavior*, 32, 499-519. doi: 10.1002/job.689

Hershcovis, M., Turner, N., Barling, J., Arnold, K. A., Dupré, K. E., Inness, M., ... Sivanathan, N. (2007). Predicting workplace aggression: A meta-analysis. *Journal of Applied Psychology*, 92, 228-238. doi: 10.1037/0021-9010.92.1.228

Hobfoll, S. E. (2001). The influence of culture, community, and the nested-self in the stress process: Advancing Conservation of Resources Theory. *Applied Psychology: An International Review*, 50(3), 337-421.

Høgh, A., Borg, V., & Mikkelsen, K. L. (2003). Work-related violence as a predictor of fatigue: A 5-year follow-up of the Danish Work Environment Cohort Study. *Work & Stress*, 17, 182-194. doi: 10.1080/0267837031000156876

Høgh, A., Henriksson, M. E., & Burr, H. (2005). A 5-year follow-up study of aggression at work and psychological health. *International Journal of Behavioral Medicine*, 12(4), 256-265.

Høgh, A., Sharipova, M., & Borg, V. (2008). Incidence and recurrent work-related violence towards healthcare workers and subsequent health effects: A one-year follow-up study. *Scandinavian Journal of Public Health*, 36(7), 706-712.

Høgh, A., & Viitasara, E. (2005). A systematic review of longitudinal studies of nonfatal workplace violence. *European Journal of Work and Organizational Psychology*, 14, 291-313. doi: 10.1080/13594320500162059

Inness, M., LeBlanc, M., & Barling, J. (2008). Psychosocial predictors of supervisor-, peer-, subordinate-, and service-provider-targeted aggression. *Journal of Applied Psychology*, 93, 1401-1411. doi: 10.1037/a0012810

Kauppi, T., & Pörhölä, M. (2012). Teachers bullied by students: Forms of bullying and perpetrator characteristics. *Violence and Victims*, 27, 396 – 413. doi: 10. 1891/0886 – 6708. 27. 3. 396

Kivimäki, M. , Elovainio, M. , & Vathera, J. (2000). Workplace bullying and sickness absence in hospital staff. *Occupational and Environmental Medicine*, 57(10), 656 – 660.

Kivimäki, M. , Leino-Arjas, P. , Virtanen, M. , Elovainio, M. , Keltikangas-Järvinen, L. , Puttonen, S. , ... Vahtera, J. (2004). Work stress and incidence of newly diagnosed fibromyalgia: Prospective cohort study. *Journal Of Psychosomatic Research*, 57, 417 – 422. doi: 10. 1016/j. jpsychores. 2003. 10. 013

Kivimäki, M. , Virtanen, M. , Vartia, M. , Elovainio, M. , Vahtera, J. , & Keltikangas-Järvinen, L. (2003). Workplace bullying and the risk of cardiovascular disease and depression. *Occupational and Environmental Medicine*, 60(10), 779 – 783.

Lahelma, E. , Lallukka, T. , Laaksonen, M. , Saastamoinen, P. , & Rahkonen, O. (2012). Workplace bullying and common mental disorders: A follow-up study. *Journal of Epidemiology and Community Health*, 66, e3, 1 – 5. doi: 10. 1136/jech. 2010. 115212

LaMar, W. J. , Gerberich, S. G. , Lohman, W. H. , & Zaidman, B. (1998). Work-related physical assault. *Journal of Occupational and Environmental Medicine*, 40(4), 317 – 324.

Lee, J. , Joo, E. , & Choi, K. (2013). Perceived stress and self-esteem mediate the effects of work-related stress on depression. *Stress and Health*, 29, 75 – 81. doi: 10. 1002/smi. 2428

Leymann, H. (1990). Mobbing and psychological terror at workplaces. *Violence and Victims*, 5(2), 119 – 126.

Leymann, H. (1996). The content and development of mobbing at work. *European Journal of Work and Organizational Psychology*, 5, 165 – 184. doi: 10. 1080/13594329608414853

Leymann, H. , & Gustafsson, A. (1996). Mobbing at work and the development of post-traumatic stress disorders. *European Journal of Work and Organizational Psychology*, 5, 251 – 275. doi: 10. 1080/13594329608414858

Lindström, K. , Elo, A. -L. , Skogstad, A. , Dallner, M. , Gamberale, F. , Hottenen, V. , ... , Ørhede, E. (2000). *User's guide for the QPS NORDIC*. Copenhagen, Denmark: Nordic Council of Ministers.

Lion, J. , Snyder, W. , & Merrill, G. (1981). Underreporting of assaults on staff in a state hospital. *Hospital & Community Psychiatry*, 32(7), 497 – 498.

Lorenz, K. (1967). *On aggression* (M. K. Wilson, Trans. ). New York, NY: Bantam.

Luksyte, A. , Spitzmueller, C. , & Maynard, D. C. (2011). Why do overqualified incumbents deviate? Examining multiple mediators. *Journal of Occupational Health Psychology*, 16, 279 – 296. doi: 10. 1037/a0022709

Meier, L. L. , & Spector, P. E. (2013). Reciprocal effects of work stressors and counterproductive work behavior: A five-wave longitudinal study. *Journal of Applied Psychology*, 98, 529 – 539. doi: 10. 1037/a0031732

Milam, A. C. , Spitzmueller, C. , & Penney, L. M. (2009). Investigating individual differences among targets of workplace incivility. *Journal of Occupational Health Psychology*, 14, 58 – 69. doi: 10. 1037/a0012683

Mooij, T. (2011). Secondary school teachers' personal and school characteristics, experience of violence and perceived violence motives. *Teachers and Teaching: Theory and Practice*, 17, 227 – 253. doi: 10. 1080/13540602. 2011. 539803

Nachreiner, N., Hansen, H., Okano, A., Gerberich, S., Ryan, A., McGovern, P., ... Watt, G. (2007). Difference in work-related violence by nurse license type. *Journal of Professional Nursing*, 23(5), 290–300. Nielsen, M. B., & Einarsen, S. (2012). Outcomes of exposure to workplace bullying: A meta-analyticreview. *Work & Stress*, 26, 309–332. doi: 10.1080/02678373.2012.734709

Nielsen, M. B., Hetland, J., Matthiesen, S. B., & Einarsen, S. (2012). Longitudinal relationships between workplace bullying and psychological distress. *Scandinavian Journal of Work, Environment, & Health*, 38, 38–46. doi: 10.5271/sjweh.3178

Peek-Asa, C., Howard, J., Vargas, L., & Kraus, J. F. (1997). Incidence of non-fatal workplace assault injuries determined from employer's reports in California. *Journal of Occupational and Environmental Medicine*, 39(1), 44–50.

Quinsey, V. L., & Varney, G. W. (1977). Characteristics of assaults and assaulters in a maximum security psychiatric unit. *Crime & Justice*, 5(3), 212–220.

Robers, S., Zhang, J., & Truman, J. (2012). *Indicators of school crime and safety: 2011* (NCES 2012–002/NCJ 236021). Washington, DC: National Center for Education Statistics, U.S. Department of Education, and Bureau of Justice Statistics, Office of Justice Programs, U.S. Department of Justice.

Rogers, K., & Kelloway, E. (1997). Violence at work: Personal and organizational outcomes. *Journal of Occupational Health Psychology*, 2, 63–71. doi: 10.1037/1076–8998.2.1.63

Rugulies, R., Madsen, I. H., Hjarsbech, P. U., Høgh, A., Borg, V., Carneiro, I. G., & Aust, B. (2012). Bullying at work and onset of a major depressive episode among Danish female eldercare workers. *Scandinavian Journal of Work, Environment & Health*, 38, 218–227. doi: 10.5271/sjweh.3278

Ryan, J. A., & Poster, E. C. (1989). The assaulted nurse: Short-term and long-term responses. *Archives of Psychiatric Nursing*, 3(6), 323–331.

Salminen, S. (1997). Violence in the workplaces in Finland. *Journal of Safety Research*, 28, 123–131. doi: 10.1016/S0022-4375(97)00003-0

Schat, A. H., Frone, M. R., & Kelloway, E. (2006). Prevalence of workplace aggression in the U.S. workforce: Findings from a national study. In E. K. Kelloway, J. Barling, & J. J. Hurrell, Jr. (Eds.), *Handbook of workplace violence* (pp. 47–89). Thousand Oaks, CA: Sage.

Schat, A. H., & Kelloway, E. (2003). Reducing the adverse consequences of workplace aggression and violence: The buffering effects of organizational support. *Journal of Occupational Health Psychology*, 8, 110–122. doi: 10.1037/1076–8998.8.2.110

Schonfeld, I. S. (2006). School violence. In E. K. Kelloway, J. Barling, & J. J. Hurrell, Jr. (Eds.), *Handbook of workplace violence* (pp. 169–229). Thousand Oaks, CA: Sage.

Schonfeld, I. S., & Feinman, S. J. (2012). Difficulties of alternatively certified teachers. *Education and Urban Society*, 44, 215–246. doi: 10.1177/0013124510392570

Schonfeld, I., & Mazzola, J. J. (2012). Strengths and limitations of qualitative approaches to research in occupational health psychology. In R. R. Sinclair, M. Wang, & L. E. Tetrick (Eds.), *Research methods in occupational health psychology: Measurement, design, and data analysis* (pp. 268–289). New York, NY: Routledge/Taylor & Francis Group.

Schonfeld, I. S., & Santiago, E. A. (1994). Working conditions and psychological distress in first-year women teachers: Qualitative findings. In L. C. Blackman (Ed.), *What works? Synthesizing effective biomedical and psychosocial strategies for healthy families in the 21st century* (pp. 114-121). Indianapolis: University of Indiana Press.

Semmer, , N. K. , Jacobshagen, N. , Meier, L. L. , & Elfering, A. (2007). Occupational stress research: The "stress-as-offense-to-self" perspective. In J. Houmont & S. McIntyre (Eds.), *Occupational health psychology: European perspectives on research, education and practice* (pp. 43-60). Maia, Portugal: ISMAI Publishers.

Sinclair, R. R. , Martin, J. E. , & Croll, L. W. (2002). A threat-appraisal perspective on employees' fears about antisocial workplace behavior. *Journal of Occupational Health Psychology*, 7, 37-56. doi: 10. 1037/1076-8998. 7. 1. 37

Smith, D. L. , & Smith, B. J. (2006). Perceptions of violence: The views of teachers who left urban schools. *The High School Journal*, 89, 34-42. doi: 10. 1353/hsj. 2006. 0004

Sowislo, J. , & Orth, U. (2013). Does low self-esteem predict depression and anxiety? A meta-analysis of longitudinal studies. *Psychological Bulletin*, 139, 213-240. doi: 10. 1037/a0028931

Spector, P. E. (2011). The relationship of personality to counterproductive work behavior (CWB): An integration of perspectives. *Human Resource Management Review*, 21, 342-352. doi: 10. 1016/j. hrmr. 2010. 10. 002

Spector, P. E. , Fox, S. , & Domagalski, T. (2006). Emotions, violence, and counterproductive work behavior. In E. K. Kelloway, J. Barling, & J. J. Hurrell, Jr. (Eds.), *Handbook of workplace violence* (pp. 29-46). Thousand Oaks, CA: Sage.

Spector, P. E. , Yang, L. -Q. , & Zhou, Z. E. (2015). A longitudinal investigation of the role of violence prevention climate in exposure to workplace physical violence and verbal abuse. *Work & Stress*, 29, 325-340. doi: 10. 1080/02678373. 2015. 1076537

Spector, P. E. , Zhou, Z. E. , & Che, X. X. (2014). Nurse exposure to physical and nonphysical violence, bullying, and sexual harassment: A quantitative review. *International Journal of Nursing Studies*, 51, 72-84. doi: 10. 1016/j. ijnurstu. 2013. 01. 010

Stoetzer, U. , Ahlberg, G. , Johansson, G. , Bergman, P. , Hallsten, L. , Forsell, Y. , & Lundberg, I. (2009). Problematic interpersonal relationships at work and depression: A Swedish prospective cohort study. *Journal of Occupational Health*, 51(2), 144-151.

Ta, M. , Marshall, S. , Kaufman, J. , Loomis, D. , Casteel, C. , & Land, K. (2009). Area-based socioeconomic characteristics of industries at high risk for violence in the workplace. *American Journal of Community Psychology*, 44, 249-260. doi: 10. 1007/s10464-009-9263-7

Tepper, B. J. , Duffy, M. K. , & Shaw, J. D. (2001). Personality moderators of the relationship between abusive supervision and subordinates' resistance. *Journal of Applied Psychology*, 86, 974-983. doi: 10. 1037/0021-9010. 86. 5. 974

Terry, A. A. (1998). Teachers as targets of bullying by their pupils: A study to investigate incidence. *British Journal of Educational Psychology*, 68, 255-268. doi: 10. 1111/j. 2044-8279. 1998. tb01288. x

Theorell, T. , Hammarström, A. , Aronsson, G. , Träskman Bendz, L. , Grape, T. , Hogstedt, C. , ... Hall, C. (2015). A systematic review including meta-analysis of work environment and depressive symptoms. *BMC Public Health*, 15(738). doi: 10. 1186/s12889-015-1954-4

Ting, L. , Sanders, S. , & Smith, P. L. (2002). The teachers' reactions to School Violence Scale:

Psychometric properties and scale development. *Educational and Psychological Measurement*, *62*, 1006-1019. doi: 10.1177/0013164402238087

Tourkin, S. C., Warner, T., Parmer, R., Cole, C., Jackson, B., Zukerberg, A., ... Soderborg, A. (2007). *Documentation for the 2003-04 Schools and Staffing Survey (NCES 2007-337)*. Washington, DC: U. S. Department of Education, National Center for Education Statistics.

Whittington, R., & Wykes, T. (1994). Violence in psychiatric hospitals: Are certain staff prone to being assaulted? *Journal of Advanced Nursing*, *19*, 219-225. doi: 10.1111/1365-2648. ep8534655

Wieclaw, J., Agerbo, E., Mortensen, P., Burr, H., Tüchsen, F., & Bonde, J. (2006). Work related violence and threats and the risk of depression and stress disorders. *Journal of Epidemiology and Community Health*, *60*(9), 771-775.

Wilson, C. M., Douglas, K. S., & Lyon, D. R. (2011). Violence against teachers: Prevalence and consequences. *Journal of Interpersonal Violence*, *26*, 2353-2371. doi: 10.1177/0886260510383027

Wittmer, J. S., Sinclair, R. R., Martin, J. E., Tucker, J. S., & Lang, J. (2013). Shared aggression concerns and organizational outcomes: The moderating role of resource constraints. *Journal of Organizational Behavior*, *34*, 370-388. doi: 10.1002/job. 1807

Wykes, T., & Whittington, R. (1998). Prevalence and predictors of early traumatic stress reactions in assaulted psychiatric nurses. *Journal of Forensic Psychiatry*, *9*(3), 643.

Yang, L., Spector, P., Chang, C., Gallant-Roman, M., & Powell, J. (2012). Psychosocial precursors and physical consequences of workplace violence towards nurses: A longitudinal examination with naturally occurring groups in hospital settings. *International Journal of Nursing Studies*, *49*, 1091-1102. doi: 10.1016/j. ijnurstu. 2012. 03. 006

Yassi, A., Gilbert, M., & Cvitkovich, Y. (2005). Trends in injuries, illnesses, and policies in Canadian healthcare workplaces. *Canadian Journal of Public Health*, *96*(5), 333-339.

Younghusband, L. J. (2008, March). *Violence in the classroom: The reality of a teacher's workplace*. Paper presented at the Work, Stress, and Health 2008 Conference, Washington, DC.

Zapf, D., Dormann, C., & Frese, M. (1996). Longitudinal studies in organizational stress research: A review of the literature with reference to methodological issues. *Journal of Occupational Health Psychology*, *1*, 145-169. doi: 10.1037/1076-8998. 1. 2. 145

Zapf, D., & Gross, C. (2001). Conflict escalation and coping with workplace bullying: A replication and extension. *European Journal of Work and Organizational Psychology*, *10*, 497-522. doi: 10.1080/13594320143000834

Zhou, Z. E., Yang, L., & Spector, P. E. (2015). Political skill: A proactive inhibitor of workplace aggression exposure and an active buffer of the aggression-strain relationship. *Journal of Occupational Health Psychology*, *20*(4), 405-419. doi: 10.1037/a0039004

# 第六章

# 组织氛围和领导

**第六章的关键概念和研究结果**
组织氛围：简史
    分析层次
    组织氛围的维度
安全氛围
    安全氛围的前因变量
    安全氛围的与安全相关的结果变量
    安全氛围的其他影响
虐待氛围
社会心理安全氛围
与职业健康心理学有关的其他氛围
组织领导：简史
当代领导理论与职业健康
    变革型领导
    领导—成员交换
    不当督导
总结

组织可以被视为一个社会系统,在这个系统中,很多个体组成的集体为了一个共同的目的而工作。同任何其他社会系统一样,组织的运行依靠组织结构和规则。本章重点讨论帮助决定组织运行的两个因素:氛围和领导。这两个因素对员工的健康、安全和幸福感会产生影响,所以与这些特征有关的内容都包括在一本与职业健康心理学有关的书中。

## 组织氛围:简史

对组织氛围的研究最早可以追溯到勒温、利皮特和怀特(Lewin, Lippitt, & White, 1939)的研究,他们研究了在不同领导风格教师指导下工作的男生们。勒温和他的同事发现,如果领导者(教师)采取一种更加民主或参与式的领导风格,男生与领导者和同学们的合作会更积极,感受到的压力会更小,并产生更积极的情绪。相反,如果教师采取专制的领导风格,男生则更倾向于以个人主义的方式行事,相对来说会感受到更多的压力和消极情绪。勒温和他的同事强调了这一事实,不同的领导者没有直接告诉男生们如何行为或感受。相反,男生们意识到了应该用怎样的行为和感受回应领导者与同伴们的行为。勒温等人(Lewin等,1939)采用"社会氛围"这一概念来描述在不同领导风格的背景下出现的不同行为和态度模式。虽然勒温等人没有直接测量社会氛围这一构念,但他们引入了这一术语来描述如何在不同社会群体中形成不同行为和态度模式。

直到20世纪50年代末和60年代,社会氛围这一概念才开始被应用到职业环境中(Schneider, Ehrhart, & Macey, 2011)。阿吉里斯(Argyris, 1957)、麦格雷戈(McGregor, 1960)和利克特(Likert, 1967)的研究讨论了工作设计和管理者对员工的行为是如何影响员工的工作体验的,并进而塑造其在工作场所中的行为。组织氛围的早期研究倾向于关注两个重要的主题:对分析层次的区分以及与员工社会幸福感相关的工作场所维度的识别(Hellriegel & Slocum, 1974)。接下来,我们将阐述这些主题,以及对当今有关"氛围"的研究方法的启示。

### 分析层次

就分析层次而言,对组织氛围的早期研究集中在个体对客观组织特征(例如,组织结构;Payne & Pugh, 1976)或个人经验的氛围感知(例如,领导支持;Forehand & Gilmer, 1964)上,并对这些感知和个体层面的结果变量(例如,销售数量;Schneider & Barlett, 1968)之间的关系进行检验。然而,詹姆斯和琼斯(James & Jones, 1974)明确区分了心理和组织(或部门层次)氛围。心理氛围是在个体层面上评估的,它代表了单个员工对他或她的工作环境(包括员工所在的组织或组织部门的规章和实践)的感知。詹姆斯和琼斯(James & Jones,1974)认为,心理氛围是通过"感知到的组织属性和个体特征"的相互作用而产生的(p. 110)。而组织氛围是通过将许多个体反应聚合到一个单独的"单位"来评估的。

其他学者(如,Ashforth,1985;Glick,1985)强调,有关氛围的研究应该集中于同一部门成员的共享感知及其相关的含义上,而不是集中于心理氛围和个体层面的分析。尽管研究者从个体层面对组织氛围进行测量,但是组织氛围这一构念的水平是在组织层面(Schneider等,2011)。因此,个体对组织特征的感知应该被聚合到组织层面进行分析,并且组织氛围预期会与组织层面的结果变量相关(Glick,1985)。由于对氛围测量的目的是评估组织的运行(Ostroff,1993),因此测量结果预计会在组织内部存在高水平的一致,而在组织之间存在高水平的差异(Bliese,2000)。

目前,有关氛围的研究方法继续将基于个体的心理氛围视为一种与单位水平或组织氛围不同的构念(James等,2008;Schneider等,2011)。这种区分很重要,因为几乎所有组织氛围的不同定义都视组织氛围为组织内成员对于组织关键特征的共享感知的组合(Verbeke,Volgering, & Hessels,1998;Zohar & Hofmann,2012)。这一章中,我们使用"心理氛围"来描述单个员工对其工作场所特征的感知,使用"单位水平"或"组织氛围"来描述同一单位或组织成员之间聚合的、共享的感知。

除了区分心理氛围和组织氛围的构念之外,当前研究还从多层次理论的角度对组织氛围进行探讨(Kozlowski & Klein,2000),并确定了聚合个体感知的重要思路。首先,测量组织氛围的目的是获得单位水平的属性,因此通过清楚地描述题目将被聚合到的单位(如工作团队;部门;整个组织;Schneider等,2011)来为被试建立题目框架是很重要的。例如,安德森和韦斯特(Anderson & West,1998)对创新氛围的测量旨在评估团队水平的氛围,题目的措辞一致地指向团队内的人(如团队成员)和行为(如员工之间保持联系)。

其次,同一单位内成员之间的共识是对组织氛围的聚合测量获得有意义解释的核心(Schneider等,2011;Zohar & Hofmann,2012)。研究人员需要对成员之间评分的共识程度进行评估,这样才能确保单个成员氛围感知的平均数能反映单位氛围。共识通常是通过评分者一致性和评分者信度建立起来的(Kozlowski & Hattrup,1992)。评分者一致性反映了来自同一单位的评分者对氛围的独立评分的近似程度,例如,一个组内5名成员给一道题的评分都是3,而另一组的5名成员给这道题的评分范围较广(例如,1,2,3,4,5),但前者有更高的评分者一致性。对组内评分者一致性最常见的测量指标是$r_{WG(J)}$(James, Demaree, & Wolf,1993)。虽然一些学者采用0.70的$r_{WG(J)}$临界值,但是另一些学者认为这个临界值主观性较强,并建议对评分者一致性在连续变量上而不是二分变量上进行评估(例如,LeBreton &

Senter，2008）。

评分者信度可以评估单位内各成员之间评分排序的一致性程度（Bliese，2000）。传统的评分者信度也可以提供评分者一致性信息（LeBreton & Senter，2008）。衡量评分者信度最常见的方法是求组内相关系数，即 $ICC_{(1)}$，它代表组间变异与总变异的比值，可以被理解为由单位成员所解释的变异百分比（Bliese，2000）。高 $ICC_{(1)}$ 表明组内变异较低（即高评分者一致性），而组间变异较高。但是较低的 $ICC_{(1)}$ 可能是由于高组内变异和/或低组间变异引起的。表 6.1 表明了组内和组间变异的变化如何对 $ICC_{(1)}$ 产生影响。特别是，从情况 A 到情况 B，组间变异保持不变，因为这四个组成员的评分在变化前后有相同的组均值。然而，在情况 B 中，组 2 和组 3 的组内变异增加，导致整体 $ICC_{(1)}$ 较小。同样，从情况 A 到情况 C，组 3 成员的评分变化不仅降低了组间变异（因为现在组 3 和组 1、4 有相同的均值），也导致了组 3 更高的组内变异，结果使得 $ICC_{(1)}$ 也变小了。勒布雷顿和森特尔（LeBreton & Senter，2008）的综述指出，0.10 可以被视为 $ICC_{(1)}$ 效果量的中值。除 $ICC_{(1)}$ 外，$ICC_{(2)}$ 或者 $ICC_{(K)}$ 是另外一种被普遍报告的评分者信度的统计指标（LeBreton & Senter，2008）。$ICC_{(2)}$ 反映了组内均值的信度，并且与 $ICC_{(1)}$ 以群体规模的函数相关联，即较高的 $ICC_{(1)}$ 和/或较大的单位，都会导致更高的 $ICC_{(2)}$（Bliese，2000）。$ICC_{(2)}$ 的值通常与其他信度指标的解释标准一致，0.70 被认为是较为合适的评分者信度的临界值（LeBreton & Senter，2008）。

**表 6.1　$ICC_{(1)}$ 变化作为组间和组内变异的函数的例子**

| | | 评分 | | | | | |
|---|---|---|---|---|---|---|---|
| | 组别 | 成员 1 | 成员 2 | 成员 3 | 成员 4 | 组均值 | 组标准差 |
| 情况 A：$ICC_{(1)} = 0.53$ | 1 | 4 | 5 | 4 | 5 | 4.50 | 0.58 |
| | 2 | 4 | 4 | 3 | 3 | 3.50 | 0.58 |
| | 3 | 3 | 3 | 3 | 4 | 3.25 | 0.50 |
| | 4 | 4 | 5 | 5 | 4 | 4.50 | 0.58 |
| 情况 B：$ICC_{(1)} = 0.04$ | 1 | 4 | 5 | 4 | 5 | 4.50 | 0.58 |
| | 2 | 5* | 5* | 2* | 2* | 3.50 | 1.73* |
| | 3 | 2* | 4* | 2* | 5* | 3.25 | 1.50* |
| | 4 | 4 | 5 | 5 | 4 | 4.50 | 0.58 |
| 情况 C：$ICC_{(1)} = 0.33$ | 1 | 4 | 5 | 4 | 5 | 4.50 | 0.58 |
| | 2 | 4 | 4 | 3 | 3 | 3.50 | 0.58 |
| | 3 | 4* | 5* | 4* | 5* | 4.50* | 0.58 |
| | 4 | 4 | 5 | 5 | 4 | 4.50 | 0.58 |

\* 表示距情况 A 的数值所发生的变化。

## 组织氛围的维度

早期关于组织氛围研究中出现的第二个主题是,确定描述员工工作经历的具体氛围维度(Schneider 等,2011)。例如,坎贝尔、邓尼特、劳勒和维克(Campbell, Dunnette, Lawler, & Weick, 1970)在一项对组织氛围研究的综述中,确定了四个氛围维度:个人自主性;赋予职位的结构程度;奖励导向;体谅、温暖和支持。同样,洛克(Locke, 1976)在对氛围研究的综述中,确定了员工评价或感知组织的四个维度(James & McIntyre, 1996):清晰、和谐、公平;挑战、独立和责任;工作促进、支持和认可;温暖友好的社会关系。后来,詹姆斯和詹姆斯(James & James, 1989)在此基础上继续强调了氛围的四维结构,包括角色压力和缺乏和谐、工作挑战和自主性、领导支持和促进以及与团队合作和友好,其中每个维度又分为三到六个子维度。再近些年,奥斯特罗夫(Ostroff, 1993)确定了总体氛围的三个维度——情感的、认知的和工具性的,每个维度又由四个具体方面组成。例如,情感氛围维度反映了员工在工作场所的参与度和社会交往质量,包括参与和合作等方面。

对组织氛围的不同分类方法之间存在明显重叠。其中多数分类包括员工对其组织的人际或社会方面的感知,如坎贝尔等人(Campbell 等, 1970)划分的体谅、温暖和支持维度,以及奥斯特罗夫(Ostroff, 1993)的情感维度。大部分分类还包括如何组织工作以及如何对员工考核、奖励的维度。但研究者对氛围维度的分类也存在差异,这继而导致一些问题,如难以理解这些维度的真正含义,维度是否充分反映了员工的工作经历,以及如何整合或协调基于不同维度分类的研究结果(Burke, Borucki, & Kaufman, 2002)。

有趣的是,在组织氛围的维度分类不断发展的同时,施奈德(Schneider, 1975)提出了一种不同的方法。他认为研究者与其找到一个包含所有可能维度的分类,不如将重点放在一个或多个与组织战略结果变量相关的组织氛围上。一个内容全面但没有重点的组织氛围维度的划分在某种程度上是无用的。相反,确定一个重要的组织结果变量(如,创新,服务质量或安全),然后将重点放在与之密切相关的组织规章和实践上,这不仅能促进理论的发展,而且也能使组织氛围的心理测量领域更加准确。

与基于特定战略结果变量的氛围研究的想法一致,施奈德和他的同事们的研究(例如,Schneider, White, & Paul, 1998)表明,银行支行的服务氛围越好,客户感知到的服务质量越高,对服务的满意度也越高。同样,在创新氛围浓厚的团队中,员工会产生更多创新行为,整个团队在创新任务方面也表现得更好(如,发明更多的专利;Bain, Mann, & Pirola-Merlo, 2001)。

在以下各节中,我们将采用战略的氛围研究方法,综述与员工职业健康和安全有关的组织氛围。我们将同时考虑个人层面的心理氛围和组织层面的心理氛围,并概述这些氛围变量的前因变量和结果变量。

## 安全氛围

在施奈德(Schneider, 1975)提出有关氛围的战略性方法的观点后,佐哈尔(Zohar, 1980)首次提出与员工安全有关的氛围。"安全氛围"是指相对于其他组织目标(如,达到生产目标;提供优质服务;Zohar, 2011)来说,员工感知到的关于安全的优先顺序,它体现在员工对有关安全的政策、规章和实践的认识上(Griffin & Neal, 2000)。尼尔和格里芬(Neal & Griffin, 2004)提出了一种包含八个维度的安全氛围分类方法,具体如下:管理承诺是指员工在多大程度上感知到组织内高层管理者是重视安全的;通过人力资源管理实践,可以了解员工感知到的其他实践(如,选拔、培训和薪酬体系等)对安全的支持程度。安全系统感知是指员工感知到的为改善组织安全结果而实行的政策、规章和实践的质量;主管支持反映了员工们认为他们的直属主管(相对于高层管理者)重视安全的程度;内部团队过程指员工对其同事或工作团队成员在多大程度上鼓励或支持安全的感知;边界管理指的是工作团队与其他外部利益相关者(如,其他工作团队,组织内的安全专业人员)针对安全问题进行有效沟通的程度;风险是指员工对工作本身是否危险的看法;最后,工作压力指员工是否经历了高水平的工作负荷,使他们不能安全地执行工作。

### 安全氛围的前因变量

与工作、角色、工作团队、领导和组织有关的各种情境特征都已被证实是安全氛围的前因变量。积极的工作特征(如,自主性)也已被证明与员工氛围感知呈正相关(如,Geller, Roberts, & Gilmore, 1996)。一项元分析研究计算得到工作特征(如,挑战性任务,自主性)和个体安全氛围感知之间的校正后(由于测量误差)相关为 0.42(Clarke, 2010)。然而,研究者还发现角色压力源,如角色模糊、角色冲突和角色超载可以负向预测员工的心理安全氛围感知(Clarke, 2010)。克拉克(Clarke, 2010)认为,员工如果没有感知到明确的角色定义,收到来自各方面相互冲突的工作要求,或者工作负荷过大,就可能会认为在组织中生产比安全重要。如果是这样,员工的安全氛围感知就会受到影响。

元分析研究已经证明了工作团队特征,如凝聚力和同事支持,与员工的心理安全氛围呈正相关(Clarke, 2010)。工作团队内的冲突和来自同事的不文明对待与员工的个体安全氛围感知呈负相关(Haines, Stringer, & Duku, 2007)。领导者的安全变革行为(比如,表达自己关于安全重要性的价值观和信念,示范安全行为,在员工中通过奖励或认可来鼓励安全行为)与员工的心理安全氛围感知呈正相关(Clarke,2010)。另一方面,消极的领导行为(如,避免做出与员工安全相关的决策或直到出现问题后才采取安全相关的行动)与安全氛围呈负相关(Kelloway,Mullen,& Francis,2006)。最后,已有研究证明组织特征,如开放的沟通、员工参与安全决策和活动以及感知组织支持,与安全氛围呈正相关(Clarke,2010;Wallace,Popp,& Mondore,2006)。

除情境特征外,个人因素也被证明可以预测员工的心理安全氛围。消极的情绪,如抑郁和沮丧,与安全氛围感知呈负相关(Golubovich,Chang,& Eatough,2014)。一项元分析研究表明,宜人性、责任心的人格特质与安全氛围感知呈正相关,而神经质和安全氛围呈负相关(Beus,Dhanani,& McCord,2015)。最后,研究已经发现,影响员工个人资源的个体差异与安全氛围也存在正相关。例如,内控的员工相信自己能够控制自身行为后果,其报告的安全氛围水平也更高(例如,Cigularov,Chen,& Stallones,2009;Geller 等,1996)。一个人的积极自我评价或自尊水平也与个体安全氛围感知的增强有关(Geller 等,1996)。最后,心理韧性作为一种复合的人格因素,能够增强个体应对压力环境的能力,这一因素已被证明与心理安全氛围呈正相关(Golubovich 等,2014;Hystad & Bye,2013)。

### 安全氛围的与安全相关的结果变量

研究人员已经探究了心理层面和单位层面安全氛围的近端和远端结果变量。尼尔和格里芬(Neal & Griffin,2004)提出了一个将安全氛围与安全结果变量联系起来的模型。他们认为,安全氛围应该与员工个人的安全动机和安全知识等近端结果变量直接相关,并进而与安全绩效行为有关。这些安全行为与事故、伤害等客观的安全结果变量有关。实证研究发现,员工的心理安全氛围与其安全知识呈正相关(如,Neal,Griffin,& Hart,2000;Probst,2004)。这表明,在个体层面上,积极的安全氛围感知与安全知识(例如,如何处理危险物品或必要时使用个人防护设备)的增加呈正相关。此外,心理和单位层面的安全氛围都已被证明可以预测员工的安全动机,或者员工感知到的工作场所安全的重要性,以及员工愿意付出努力以确保安全地工作的程度(例如,Neal & Griffin,2006;Neal 等,2000;Probst,2004)。元分析结果显示,安全氛围与安全知识、安全动机之间均存在显著的正相关关系(Christian,Bradley,Wallace,& Burke,2009),这表明,当员工感知到他们的组织重视安全时,他们可能会对工作场所安全有更多了解,并更有动力安全地工作。

安全知识和安全动机进而又对员工的实际安全绩效产生积极的影响(Neal & Griffin,2004)。研究人员通常把安全绩效划分为两个维度:安全遵守和安全参与。安全遵守是指维持工作场所安全所需的基本行为,如遵守安全导向的工作规章和穿戴所需要的个人防护装备(Neal & Griffin, 2006)。另一方面,安全参与指的并不是组织所要求的行为,而是指员工通过建立一种支持安全的社会心理环境来间接地促进工作场所安全的行为。安全参与行为包括安全委员会的志愿者活动和帮助同事处理与安全相关的问题(Neal & Griffin, 2006)。安全遵守类似于任务绩效,因为安全遵守行为是由组织规定的,并且与具体的工作有关。而安全参与类似于组织公民行为(一种自愿的、有助于组织的行为),它不是出于组织的规定,并且更普遍地存在于不同的工作中(Borman & Motowidlo, 1993)。

个人和组织层面的安全氛围感知都与更高水平的安全遵守和安全参与有关(Neal & Griffin, 2006;Neal 等,2000)。多重元分析结果显示,安全氛围和安全绩效之间呈正相关(如,Christian 等,2009;Clarke, 2006, 2010)。研究一致认为,安全知识和安全动机在安全氛围与安全绩效的关系中起中介作用。例如,尼尔、格里芬和哈特(Neal, Griffin, & Hart, 2000)的研究表明,在澳大利亚的 525 名医院员工中,个体安全氛围感知提高了员工的安全知识和安全动机,这进一步与更多的安全遵守和安全参与行为有关。同样,尼尔和格里芬(Neal & Griffin, 2006)在一项罕见的纵向研究中表明,控制基线期的事故后,组织层面的安全氛围可以预测员工 5 年内的安全动机和安全参与程度。此外,个体安全动机在组织安全氛围和安全参与的正向关系中起部分中介作用。

最后,研究表明安全氛围与客观安全结果(如,事故和伤害)有关,它们之间的关系是通过上述的中介变量实现的。例如,元分析研究(如,Beus, Payne, Bergman, & Arthur, 2010;Christian 等,2009)表明,个体和组织层面的安全氛围均与事故和伤害呈负相关,也就是说,积极的安全氛围与较低的事故发生率和受伤率有关。与被试的自我报告相比,当从客观记录(如,医疗记录,报告给职业安全卫生管理局[Occupational Safety and Health Administration]的记录)中提取事故和伤害的数据并对此进行分析时,这些变量之间的关系更强(Christian 等,2009)。此外,与个体层面相比,从单位层面(如,工作团队或组织)对氛围进行评估时,变量之间的关系更强(Christian 等,2009)。最后,已有证据支持,安全动机、安全知识和安全绩效在安全氛围与事故和伤害的关系中起中介作用(Christian 等,2009)。在这种情况下,感知到安全氛围更好的员工更有可能安全地工作,从而减少事故和伤害的可能性。

然而,其他研究表明,安全氛围与伤害之间存在反向关系(Beus 等,2010)。具体来说,先前的安全氛围感知能够负向预测随后受到的伤害,而先前受到的伤害也预测了员工未来更低的安全氛围感知。伤害为员工提供了关于工作场所安全的强有力的线索,并且可能会促使员工对与安全相关的政策和实践做出负面反应(Zohar, 2011)。在这种情况下,受伤的员工可能有较低的安全氛围感知,因为他们会把自己的受伤归咎于工作场所的安全氛围较差。很多探讨安全氛围与伤害之间关系的研究都有一个局限,即在研究中依赖横断研究设计(Leitão & Greiner, 2016)。尽管如此, 利陶和格雷纳(Leitão & Greiner, 2016)仍然认为我们不应该忽视安全氛围与安全指标(如, 事故和伤害)之间一些值得赞同、鼓舞人心的联系(p. 87)。

**安全氛围的其他影响**

除事故和伤害等安全结果变量外, 安全氛围也与员工健康和幸福感等其他指标有关。例如, 单个员工的心理安全氛围与工作满意度、对组织的情感承诺和幸福感有关(Clarke, 2010)。例如, 在建筑业和海洋石油等安全至上的行业中, 员工的心理安全氛围感知和工作满意度之间呈正相关(Nielsen, Mearns, Matthiesen, & Eid, 2011; Siu, Phillips, & Leung, 2004)。同样, 积极的安全氛围感知与更强的组织承诺相关(Mearns, Hope, Ford, & Tetrick, 2010)。一项针对社区医院护卫生保健工作者的研究发现, 心理安全氛围在伤害和离职意向之间起中介作用。特别是对那些遭受伤害的卫生保健工作者来说, 他们有可能感知到较差的安全氛围, 进而导致高离职意向(McCaughey, DelliFraine, McGhan, & Bruning, 2013)。最后, 研究人员认为心理安全氛围与倦怠(Nahrgang, Morgeson, & Hofmann, 2011)和心理压力(Fogarty, 2005)均呈负相关。有趣的是, 一项针对医护人员的研究表明, 虽然组织层面的安全氛围与护理人员个人层面的职业压力之间没有直接关系, 但它会削弱工作要求和压力之间的正相关关系(Chowdhury & Endres, 2010)。总之, 除与安全相关的结果变量之外, 心理和组织层面的安全氛围对其他结果变量也有重要的影响。

# 虐待氛围

广义而言, "虐待氛围"指员工对防止人际虐待的政策、规章和实践的感知(Yang, Caughlin, Gazica, Truxillo, & Spector, 2014)。这些消极的人际交往可能包括由不同的施暴者(如, 组织的客户;同事)发起的针对员工的不文明行为、心理攻击和欺凌, 以及身体暴力行为(详见本书第五章)。不论其性质、严重程度如何以及施暴者是谁, 员工对虐待氛围的感知通常涉及至少两个方面。首先, 虐待氛围指员工对为预防和减少虐待行为而设置的明文规定和程序的充分性的感知。暴力预防氛围(如, Kessler, Spector, Chang, & Parr, 2008)指员工在多大程度上认为组织制定的暴力预防政策是被经过充分、广泛沟通后的。虐待氛围的第二个方面是, 员工感知到的工作场所的规范对不良交往行为的容忍程度。具体而言, 同事和主管对虐待事件的反应通常被作为指标, 它表示这种行为在工作场所中被接受和许可的程度(例如 Inness, LeBlanc, & Barling, 2008)。同样, 对施暴者的反应(超出虐待事件本身)(如,

Hutchinson, Jackson, Wilkes, & Vickers, 2008))也被认为能够反映工作场所对虐待的容忍程度。

几乎所有关于虐待氛围的实证研究都集中在它对虐待相关结果变量的预测作用上。一项元分析研究将结果变量分为以下三类：虐待暴露、使虐待减少的努力、员工一般健康和幸福感（Yang等，2014）。总体而言，心理虐待氛围与员工暴露于虐待的程度呈负相关，这表明一个更积极的虐待氛围（即，反对员工虐待的氛围）与更少的虐待事件有关（Yang等，2014）。此外，虐待氛围与员工减少虐待的努力呈正相关（Yang等，2014）。例如，常、伊托、斯佩克特和凯斯勒（Chang, Eatough, Spector, & Kessler, 2012）发现，心理暴力预防氛围和员工的暴力预防行为呈正相关，这一关系可以通过减少情绪压力与增加预防动机来实现。同样，组织层面的暴力预防的氛围可以正向预测员工个体的暴力预防行为（Chang & Golubovich, 2012）。

最后，虐待氛围与员工的一般健康和幸福感呈正相关（Yang等，2014）。具体来说，积极的心理虐待氛围与较高的工作满意度和组织承诺、较低的情绪和身体压力水平，以及离职意向的减少有关。有趣的是，杨等人（Yang等，2014）发现，与攻击—抑制氛围相比，文明氛围与态度结果变量（如，工作满意度和承诺）有更强的关系。这一发现表明，尽管作用强度较低，但工作场所的不文明行为确实可能会对员工的幸福感产生重要影响。

除刚才描述的主效应之外，虐待氛围可能对三个主要结果变量起到调节作用。例如，一个以便利店员工为被试样本的研究发现，组织层面的虐待氛围缓冲了情绪压力和认知失败对员工个体的暴力预防行为的影响（Chang & Golubovich, 2012）。员工个体的压力和认知失败与他们的预防行为呈负相关。然而，与那些具有高预防氛围的部门相比，对于在预防氛围较低的部门中工作的那些员工，上述负相关关系更强。这些结果表明，积极的虐待氛围可以减轻员工压力对结果变量的负面影响。

## 社会心理安全氛围

"社会心理安全氛围"（psychosocial safety climate，PSC）是最近提出的概念，指员工对旨在保护他们心理健康和安全的政策、实践以及规章的感知（Dollard, 2007）。与之前提到的侧重于防止工作场所事故的发生和避免员工在工作中受伤的安全氛围不同，心理安全氛围的重点是在员工中预防心理和社会的风险或伤害（Dollard & Bakker, 2010）。工作场所的 PSC 主要受高层管理者的优先顺序的影响（Dollard & Bakker, 2010）。积极的 PSC 被认为是一种上游组织资源，能够影响其他组织实践、工作设计和人际互动，进而促进员工的社会心理幸福感（Hall等，2010）。

通常讨论的PSC有四个维度（Dollard & Bakker, 2010; Hall, Dollard, & Coward, 2010）。第一个维度是高层管理者对预防和减少员工压力的承诺与支持。第二个维度是管理者对员工的心理健康和幸福感而非生产目标的优先考虑。第三个维度是组织沟通，包括从管理层到员工之间就社会心理健康相关问题沟通的开放程度。最后，组织参与维度反映的是员工和其他利益相关者（例如，工会）在有关员工的社会心理健康和幸福感的决策上被咨询的程度。

因为PSC被认为是一种起源于高层管理者优先顺序的组织资源（Hall等，2010; Dollard & Bakker, 2010），所以在大多数涉及PSC的实证研究中，有些研究认为PSC是其他组织情境特征的前因变量，这些组织情境特征能够对员工的社会心理幸福感起促进或阻碍作用；还有些研究认为PSC是一个调节变量，能够减弱工作场所负荷对员工幸福感的负面影响。伊德瑞斯和多拉德（Idris & Dollard, 2011）的研究表明，管理水平的PSC与工作资源（如，主管和同事的支持）呈正相关，与工作要求（如，情感要求，角色冲突）呈负相关。要求的减少进一步在PSC和较低水平的愤怒和抑郁之间起中介作用，而资源在PSC和更高水平的投入之间起中介作用。同样，贝利、多拉德和理查德（Bailey, Dollard, & Richard, 2015）的研究表明，PSC与员工1年后的工作控制直接相关，与随后的心理工作要求呈负相关。那些报告更低PSC的员工患抑郁症的风险更高。

多拉德和巴克（Dollard & Bakker, 2010）的研究表明，学校水平的PSC与教师和管理人员的心理困扰、倦怠呈负相关，此外还通过工作要求（如，心理压力和情感要求）的降低和资源的增加（如，技能自由裁量权）与其投入度呈正相关。伊德瑞斯、多拉德和尤利塔（Idris, Dollard, & Yulita, 2014）重复了这个研究，他们以私营部门的员工为样本，发现了相似的中介作用，部门水平的PSC导致员工与工作有关的情感要求减少，并进一步降低了倦怠症状的水平。部门水平的PSC与护理人员后续的工作负荷呈负相关，与其后续的工作控制和主管支持呈正相关（Dollard等，2012）。PSC导致的工作负荷的减少进一步在部门水平的PSC与护理人员（较低水平的）倦怠的增益关系中起中介作用。由PSC引起的控制的增加在PSC和护理人员的心理困扰之间的负向关系中起中介作用（Dollard等，2012）。最后，学校水平的PSC减弱了教师的情感要求和倦怠症状之间的正相关关系，即在高PSC的组织部门中，要求与倦怠之间的相关关系更弱（Dollard & Bakker, 2010）。总之，这些结果支持了这样一种观点，即PSC通过对工作要求和资源产生影响进而影响员工的幸福感。

## 与职业健康心理学有关的其他氛围

除了上述讨论的氛围变量外，研究人员还研究了其他可能影响员工健康、安全和一般幸福感的普遍或具体的组织氛围因素。如,"工作场所氛围的多样性"被定义为"员工所感知到的个体多样性被重视的程度,融入组织生活的程度,通过公平就业实践得到支持的程度"(Kaplan,Wiley,& Maertz,2011,p.272)。已有研究证明工作场所氛围的多样性会影响员工幸福感。研究表明,积极的多样性氛围有助于提高员工的工作满意度(例如,Brimhall,Lizano,& Mor Barak,2014)和组织依恋(例如,Brimhall 等,2014;Kaplan 等,2011)。其他与员工的公平待遇相关的组织氛围变量(例如,"公平氛围":Whitman,Caleo,Carpenter,Horner,& Bernerth,2012)也被证明与较低的员工压力和更高的幸福感相关(例如,Whitman 等,2012)。最后,"工作和家庭氛围"是指员工感知到的组织能够在多大程度上促进他们平衡工作和家庭之间的责任(参见 Thompson,Beauvais,& Lyness,1999),这一概念是从关于员工感知到的组织对家庭友好度的文献中延伸出来的(Allen,2001)。工作—家庭氛围已经被证明与重要的员工结果变量有关(如,组织承诺:O'Neill 等,2009;工作—家庭冲突:Paustian-Underdahl & Halbesleben,2014)。我们将在第九章讨论工作—家庭交互时再次探讨这个氛围构念。

## 组织领导: 简史

"领导"是领导者对其下属的心理过程和行为反应施加影响的社会过程(Levy,2013)。历史上,研究人员已经采取了多种方法来理解领导。20 世纪 30 年代,研究者们首次尝试去系统地理解领导这一概念,重点在于确定那些优秀领导者身上体现出的个人特征。领导特质研究已经探讨了领导者的生理特征(如,性别和外貌)和心理特征(如,智力,支配权和权力需求)(Levy,2013)。斯托格蒂尔(Stogdill,1948)总结了早期的实证研究并得出结论,总的来说,结果表明不存在任何能够预测领导力或领导有效性的普遍特质。

在斯托格蒂尔(Stogdill,1948)的开创性综述后,研究者开始选择从不同的方向去研究那些能产生有效结果的领导行为。从这种领导的行为方法中产生的主导范式,倾向于关注两种不同类别的领导行为。第一,定规,指任务导向的行为,领导者通过这种行为来定义角色,并明确对自己和下属的期望。第二,体谅,指关系导向的行为,即领导表现出对下属的关心、支持(Fleishman & Harris,1962)。根据行为方法,最有效的领导者是那些同时表现出高水平的定规和体谅的个体。然而,没有一致的实证结果证明这些行为对领导有效性有积极影响。研究者把这种不一致部分地归因于领导者的管理情境(Levy,2013)。因此,这就导致了研究领导的第三种方法——权变方法的产生。

权变理论不再去识别能够定义有效领导的普遍特质或行为,而是关注领导者行为和情境特征之间的匹配,认为两者之间的"匹配"是有效领导的关键(Levy,2013)。不同的权变理论采用不同的方法来描述情境,这些理论关注情境的可控性(如,菲德勒[Fiedler,1967]的权变理论)、下属的价值观(如,路径—目标理论;House,1971)以及下属与工作相关的能力和自我效能感(如,情境理论;Hersey & Blanchard,1977)。总之,领导的权变方法的基本前提是,情境特征能够调节领导者行为与下属满意度及绩效之间的关系,一些研究已经为该基本前提提供了支持(如,Sarin & O'Connor,2009)。

对领导的更现代的研究方法侧重于下属在领导过程中所扮演的角色。例如,变革型领导理论(Bass,1985)描述了领导是如何激励他(或她)的下属舍弃自身利益以实现更高水平绩效的。领导—成员交换理论(Graen & Scandura,1987)认为领导和他或她的下属之间的高质量的、双向的互动是领导有效性的关键。有趣的是,学者们也开始更多地关注领导者可能是如何滥用权力、虐待下属的。不当督导反映了下属对自己遭受领导者持续的、怀有敌意的对待的感知(Tepper,2000)。尽管这可以被视为一种施暴者身份特殊的工作场所虐待(见第五章),但是由于领导者和下属之间的权力差异,不当督导往往比其他类型的心理攻击更有害。

## 当代领导理论与职业健康

在下面的小节中,我们将讨论三种当代领导理论——变革型领导、领导—成员交换和不当督导,并探讨它们和OHP相关主题之间的联系。

### 变革型领导

"变革型领导"描述了一种领导风格,在这种领导风格下,与员工能够独立达到的相比,领导能够激发下属产生更强的工作动机和更多的道德目标承诺(Bass,1985)。巴斯(Bass,1985,1997)认为,变革型领导可以用四个策略来影响下属。理想化影响是指领导者展示魅力来吸引下属认同自己。当领导者明确表达出一种吸引人的团队愿景并用高标准的要求去激励下属时,鼓舞性激励就产生了。变革型领导利用智力激发来鼓励下属对问题进行批判性思考,并产生创造性的解决方案。最后,个性化关怀与领导的行为方法中的体谅维度相似,即变革型领导可以为下属提供支持和指导。

传统上,关于变革型领导的研究主要关注变革型领导对下属绩效的影响。事实上,元分析的证据表明,变革型领导与员工的个人任务绩效、助人行为和主动行为呈正相关(如,Chiaburu,Smith,Wang,& Zimmerman,2014;Wang,Oh,Courtright,& Colbert,2011)。此外,变革型领导与更高水平的团队和组织绩效有关(Wang等,2011)。除了有效性指标外,研究还发现变革型领导对下属的幸福感有益。例如,一项元分析研究结果表明,变革型领导与下属的工作满意度呈正相关(Piccolo 等,2012)。

近来研究明确地将变革型领导与下属的职业压力、幸福感和安全联系起来。具体来说,有研究表明,变革型领导对下属的压力、幸福感均存在主效应和调节效应。博诺、福尔德斯、文森和穆勒斯(Bono, Foldes, Vinson, & Muros, 2007)采用经验取样法(持续两周、每天多次收集信息的日记法,见第二章)进行的研究表明,主管的变革型领导行为与工作日结束时下属的积极情感体验有关。同样,刘,萧和时(Liu, Siu, & Shi, 2010)在一项横断研究中发现,变革型领导与下属的工作满意度呈正相关,与感知压力和身心症状呈负相关。此外,下属对领导者的信任和自我效能感是这些关系间的中介变量。

其他采用了不同设计的研究(如,多水平数据;纵向研究)也支持这样的观点:对领导者的信任和下属的自我效能感是变革型领导与下属更高幸福感和更低压力之间的关键机制(如,Kelloway, Turner, Barling, & Loughlin, 2012; Nielsen & Munir, 2009)。最后,有研究指出,其他中介变量(如,创新氛围:Tafvelin, Armelius, & Westerberg, 2011;工作意义感:Arnold, Turner, Barling, Kelloway, & McKee, 2007)可能有助于解释变革型领导对员工压力和幸福感的影响。

就调节作用而言,研究普遍表明,变革型领导可以减轻工作压力源或员工个人特质对员工幸福感的影响。例如,斯普瑞克、艾泊斯特和安托尼(Syrek, Apostel, & Antoni, 2013)的研究表明,变革型领导可以减弱时间压力对员工的枯竭与工作—生活不平衡之间的关系。当变革型领导水平高时,时间压力对员工的枯竭和工作—生活不平衡的影响就会变弱。同样,博诺等人(Bono 等,2007)发现变革型领导减弱了情绪调节(即,在工作中隐藏消极情绪和假装积极情绪)对员工日常工作满意度的负面影响。当变革型领导处于低水平时,情绪调节与工作满意度的降低有关;相反,当变革型领导处于高水平时,情绪调节与工作满意度之间的关系基本消失。最后,德·霍格和丹·哈腾(De Hoogh & Den Hartog, 2009)发现,变革型领导减弱了外控型人格和员工倦怠之间的关系。因此,对于那些认为自己对环境控制能力较低的员工,如果领导表现出更多的变革型领导行为,他们就不太可能体验到倦怠。

除压力和幸福感外,研究人员还将变革型领导与安全结果变量联系起来。巴林、拉夫林和凯洛韦(Barling, Loughlin, & Kelloway, 2002)首次提出安全变革型领导的构念,它是指特别注重提高职业安全的变革型领导。他们认为,领导者可能会产生理想化的影响,将下属的注意力从短期生产目标转移到道德正确的工作上,即追求长期的、与安全相关的目标。领导者也可以使用鼓舞性激励来设定具有挑战性的、基于团队的、与安全相关的目标来激励下属。智力激发可用于鼓励下属参与创新性的问题解决,以处理与安全有关的问题。最后,领导者可以对员工的人身安全进行个性化关怀。巴林等人(Barling 等人,2002)的研究发现,安全变革型领导与员工的感知安全氛围呈正相关,而安全氛围又进一步与事故和员工遭受的伤害呈负相关。其他的研究结果（例如，Kelloway 等，2006；Mullen & Kelloway，2009）也一致表明，安全变革型领导对事故和员工伤害的影响是受安全氛围感知所中介的。事实上，最近的一项元分析研究的结果（Clarke，2013）支持这样一种观点，即安全变革型领导有助于促进安全氛围和员工对"健康与安全活动的参与"（安全参与）。安全氛围在领导和安全参与之间起部分中介作用。

实证研究也探讨了安全变革型领导对员工安全绩效的影响。例如，研究已证明安全变革型领导是员工安全遵守和安全参与的积极预测因素（例如，Inness，Turner，Barling，& Stride，2010；Mullen & Kelloway，2009）。此外，和变革型领导与员工压力及幸福感的研究结果类似，对领导的信任是安全变革型领导和安全绩效的中介变量（如，Conchie，Taylor，& Donald，2012）。总之，变革型领导不仅能促进员工和组织的有效性，而且也可以促进员工的健康、幸福感和安全。

## 领导—成员交换

"领导—成员交换"（Leader-member exchange，LMX）理论是一种双向的领导研究方法，该理论强调有效的领导是与单个下属建立高质量关系的领导（Graen & Scandura，1987；Uhl-Bien，2006）。LMX 理论描述了领导与下属建立良好关系的过程。最初，领导者和下属可能会由于个人特征而相互吸引，如人口学特征、个人价值观和态度上的相似性（Vecchio & Brazil，2007）。领导者和下属根据这些特征建立交换期望。这些期望可能会在交换对象那里得到满足和强化，从而建立更高质量的交换关系。这种关系的特点是领导和下属相互信任、尊重和支持（Maslyn & Uhl-Bien，2001；Uhl-Bien，Graen，& Scandura，2000）。此外，未满足的期望可能导致对交换对象的较低评价，从而导致领导者和下属之间的低质量关系。

类似于变革型领导，高质量的 LMX 与下属的效能呈正相关。例如，格斯特纳和戴（Gerstner & Day，1997）通过元分析研究发现，LMX 与员工主观和客观的绩效均呈正相关。LMX 也与员工的组织公民行为和自由裁量行为相关，如帮助同事或提高组织的声誉（Ilies，Nahrgang，& Morgeson，2007）。研究人员认为，至少有两个机制可以解释 LMX 对绩效的积极影响。首先，与下属有高质量关系的领导者更可能向下属授权和信任下属，将重要责任委托给下属，并允许下属有更多的自主权和控制权（Brower，Schoorman，& Tan，2000）。其次，高质量的 LMX 也意味着，领导者更有可能与下属进行开放式沟通，向下属提供建设性的反馈意见，并更开放地接受下属的反馈，从而促使领导相应地改变行为（Chang & Johnson，2010；Uhl-Bien，2003）。高质量的领导行为能够给下属提供角色澄清和支持，进而有效地提高下属的绩效(Chen, Kirkman, Kanfer, Allen, & Rosen, 2007)。

与变革型领导类似,LMX 与员工的压力、幸福感和安全有关。元分析研究结果一致表明,LMX 与员工幸福感指标呈正相关,如整体工作满意度、对主管的满意度和对组织的情感承诺(Gerstner & Day, 1997; Dulebohn, Bommer, Liden, Brouer, & Ferris, 2012)。高质量 LMX 与较低水平的倦怠和较高水平的工作满意度有关,因为它向下属授权(Laschinger, Finegan, & Wilk, 2011)。此外,由于有高质量交换关系的员工更有可能接受来自领导的任务指导和反馈,因此这类员工往往体验到较少的角色相关的压力源(如,角色模糊和角色冲突; Gerstner & Day, 1997; Dulebohn 等, 2012),最终减少员工压力。最后,有研究表明 LMX 对员工的工作—生活平衡是很重要的。例如,卡伯特森、哈夫曼和爱尔登-安德森(Culbertson, Huffman, & Alden-Anderson, 2010)发现,高质量的 LMX 与下属的工作—家庭冲突的降低有关,低水平的阻断性压力在这一关系中起中介作用。

有趣的是,还有一些研究表明,高质量的 LMX 与员工压力之间的关系更为复杂。例如,哈里斯和卡克马尔(Harris & Kacmar, 2006)认为,与领导有高质量交换关系的下属可能会觉得有义务回应领导的任务要求。这些任务要求可能非常具有挑战性,因此高质量的 LMX 的益处(即,授权和支持)可能无法抵消这些要求引发的压力。事实上,哈里斯和卡克马尔发现,LMX 与员工压力呈曲线关系,也就是说,在低水平和高水平的 LMX 下,员工会体验到更大的压力,但在中等水平的 LMX 下员工体验到的压力较小。基尼齐和维吉奥(Kinicki & Vecchio, 1994)也发现,团队内的 LMX 与员工感知到的时间压力呈正相关。与此相关的是,奥泽尔、常和绍布洛克(Ozer, Chang, & Schaubroeck, 2014)发现,LMX 与挑战性压力呈正相关,而与阻断性压力呈负相关。他们的研究结果表明,一方面,与领导建立高质量关系可能会使员工获得更多来自领导的支持,并减少与压力相关的要求,这会阻碍对工作目标的追求。另一方面,高质量的 LMX 也可能增加员工的压力,因为员工可能感到更多的责任要求,但这也有利于员工的职业发展。总之,虽然与领导保持高质量关系有益于提升员工幸福感,但是这种交换可能会带来意想不到的后果。

除了压力和幸福感,LMX 也与员工安全相关的结果变量有关。例如,研究发现,LMX 与员工的安全氛围感知呈正相关(如, Hofmann, Morgeson, & Gerras, 2003)。此外,LMX 与就安全相关问题进行的更频繁沟通有关(Hofmann & Morgeson, 1999)。领导和下属之间的高质量交换可能会使下属产生努力保护自己的义务感,继而提高下属的安全绩效(Hofmann 等, 2003)。最后,LMX 与事故(如, Hofmann & Morgeson, 1999)和伤害(如, Michael, Guo, Wiedenbeck, & Ray, 2006)呈负相关。综上所述,LMX 可以通过其对安全氛围和员工安全绩效的作用来减少工作场所的事故和伤害。

## 不当督导

"不当督导"指下属感知自己受到主管的持续的攻击性言语或非言语行为(不包括身体接触)的程度(Tepper, 2000, p.178)。不当督导可以被看作 LMX 的对立面,它没有相互信任和尊重的特点,那些感知自己受到高水平不当督导的下属会认为这种交换是恐惧和不公平的(Tepper, 2000)。与刚才讨论的其他两个当代领导理论不同,不当督导关注领导行为的破坏性方面,并被认为是一种特定类型的工作场所虐待(Tepper, 2007)。因此,对不当督导的早期研究更多地关注其对下属的负面影响(如,压力、不健康和反生产工作行为)。

事实上,不当督导与员工低水平的工作满意度、情感承诺的降低和离职意向有关(Tepper, 2007)。感知到的不公平似乎在这些关系中起中介作用(Mackey, Frieder, Brees, & Martinko,出版中;Tepper, 2000)。不当督导也与倦怠(例如,Aryee, Chen, Sun, & Debrah, 2007)和心理困扰(例如,Restubog, Scott, & Zagenczyk, 2011)的增加有关。特帕(Tepper, 2000)发现不当督导与工作—家庭冲突呈正相关。此外,胡布勒和布拉斯(Hoobler & Brass, 2006)发现,针对下属的不当督导与下属对家庭成员采取消极或攻击行为有关。在这种情况下,感知到自己受到上司虐待的员工会将他们的愤怒和沮丧转移到家庭成员身上,产生工作—家庭溢出效应。除了工作—家庭问题,班伯格和巴卡拉克(Bamberger & Bacharach, 2006)还指出,不当督导与员工的问题性酒精使用有关。最后,一项元分析研究(Mackey 等,出版中)表明,不当督导对员工的幸福感指标(如,抑郁、情绪枯竭、工作压力和低工作满意度)有一致的负面影响。总之,不当督导可以被看作是一种会对下属的健康和幸福感产生消极影响的领导行为。

对安全相关的结果变量而言,有限的研究已经验证了不当督导对员工安全的影响。在一个对家禽厂员工的研究中,格日瓦奇等人(Grzywacz 等,2007)发现不当督导与员工的安全氛围感知呈负相关。此外,不当督导与员工的肌肉骨骼损伤和呼吸道症状呈正相关。有限的证据表明,不当督导对下属的身体安全有负面影响。

## 总结

本章介绍了与员工职业健康和安全有关的关键氛围及领导变量。具体来说,个体和组织层面的安全氛围虽然是影响员工身体安全的一个重要因素,但是虐待和社会心理安全氛围对他们的心理健康和幸福感来说更为重要。当代领导理论(包括变革型领导与 LMX)证明除了影响员工有效性,它们也可能影响员工的安全、健康和幸福感。有趣的是,有证据表明安全氛围可能是这些领导类型变量与员工安全结果变量之间的关键中介变量。最后,关于不当督导,尽管它对员工幸福感的影响得到了一致的验证和支持,但其与安全相关的结果变量的关系尚不明确,还需要进一步调查。

## 参考文献

Allen, T. D. (2001). Family-supportive work environments: The role of organizational perceptions. *Journal of Vocational Behavior*, 58, 414 – 435. doi: 10. 1006/jvbe. 2000. 1774

Anderson, N. R., & West, M. A. (1998). Measuring climate for work group innovation: Development and validation of the team climate inventory. *Journal of Organizational Behavior*, 19, 235 – 258. doi: 10. 1002/(SICI)1099 – 1379(199805)19: 3<235: AID-JOB837>3. 0. CO; 2 – C

Argyris, C. (1957). *Personality and organization*. New York, NY: Harper.

Arnold, K. A., Turner, N., Barling, J., Kelloway, E. K., & McKee, M. C. (2007). Transformational leadership and psychological well-being: The mediating role of meaningful work. *Journal of Occupational Health Psychology*, 12, 193 – 203. doi: 10. 1037/1076 – 8998. 12. 3. 193

Aryee, S., Chen, Z. X., Sun, L. -Y., & Debrah, Y. A. (2007). Antecedents and outcomes of abusive supervision: Test of a trickle-down model. *Journal of Applied Psychology*, 92, 191 – 201. doi: 10. 1037/0021 – 9010. 92. 1. 191

Ashforth, B. (1985). Climate formation: Issues and extensions. *Academy of Management Review*, 10, 837 – 847. doi: 10. 2307/258051

Bailey, T. S., Dollard, M. F., & Richards, P. A. M. (2015). A national standard for psychosocial safety climate (PSC): PSC 41 as the benchmark for low risk of job strain and depressive symptoms. *Journal of Occupational Health Psychology*, 20, 15 – 26. doi: 10. 1037/a0038166

Bain, P. G., Mann, L., & Pirola-Merlo, A. (2001). The innovation imperative: The relationships between team climate, innovation, and performance in research and development teams. *Small Group Research*, 32, 55 – 73. doi: 10. 1177/104649640103200103

Bamberger, P. A., & Bacharach, S. B. (2006). Abusive supervision and subordinate problem drinking: Taking resistance, stress, and subordinate personality into account. *Human Relations*, 59, 723 – 752. doi: 10. 1177/0018726706066852

Barling, J., Loughlin, C., & Kelloway, E. K. (2002). Development and test of a model linking safety-specific transformational leadership and occupational safety. *Journal of Applied Psychology*, 87, 488 – 496. doi: 10. 1037/0021 – 9010. 87. 3. 488

Bass, B. M. (1985). *Leadership and performance beyond expectations*. New York, NY: Free Press.

Bass, B. M. (1997). Does the transactional-transformational leadership paradigm transcend organizational and national boundaries? *American Psychologist*, 52, 130 – 139. doi: 10. 1037/0003 – 066X. 52. 2. 130

Beus, J. M., Dhanani, L. Y., & McCord, M. A. (2015). A meta-analysis of personality and workplace safety: Addressing unanswered questions. *Journal of Applied Psychology*, 100, 481 – 498. doi: 10. 1037/a0037916

Beus, J. M., Payne, S. C., Bergman, M. E., & Arthur, W., Jr. (2010). Safety climate and injuries:

An examination of theoretical and empirical relationships. *Journal of Applied Psychology*, 95, 713 – 727. doi: 10.1037/a0019164

Bliese, P. D. (2000). Within-group agreement, non-independence, and reliability: Implications for data aggregation and analyses. In K. J. Klein & S. W. J. Kozlowski (Eds.), *Multilevel theory, research, and methods in organizations: Foundations, extensions, and new directions* (pp. 349 – 381). San Francisco, CA: Jossey-Bass.

Bono, J. E., Foldes, H. J., Vinson, G., & Muros, J. P. (2007). Workplace emotions: The role of supervision and leadership. *Journal of Applied Psychology*, 92, 1357 – 1367. doi: 10.1037/0021 – 9010. 92. 5. 1357

Borman, W. C., & Motowidlo, S. J. (1993). Expanding the criterion domain to include elements of contextual performance. In N. Schmitt & W. C. Borman (Eds.), *Personnel selection in organizations* (pp. 71 – 98). San Francisco, CA: Jossey-Bass.

Brimhall, K. C., Lizano, E. L., & Mor Barak, M. E. (2014). The mediating role of inclusion: A longitudinal study of the effects of leader-member exchange and diversity climate on job satisfaction and intention to leave among child welfare workers. *Children and Youth Services Review*, 40, 79 – 88. doi: 10. 1016/j. childyouth. 2014. 03. 003

Brower, H. H., Schoorman, D. F., & Tan, H. H. (2000). A model of relational leadership: The integration of trust and leader-member exchange. *The Leadership Quarterly*, 11, 227 – 250. doi: 10. 1016/S1048 – 9843(00)00040 – 0

Burke, M. J., Borucki, C. C., & Kaufman, J. D. (2002). Contemporary perspective on the study of psychological climate: A commentary. *European Journal of Work and Organizational Psychology*, 11, 325 – 340. doi: 10. 1080/13594320244000210

Campbell, J. P., Dunnette, M. D., Lawler, E. E., III, & Weick, K. E. (1970). *Managerial behavior, performance, and effectiveness*. New York, NY: McGraw-Hill.

Chang, C. -H., Eatough, E. M., Spector, P. E., & Kessler, S. R. (2012). Violence-prevention climate, exposure to violence and aggression, and prevention behavior: A mediation model. *Journal of Organizational Behavior*, 33, 657 – 677. doi: 10. 1002/job. 776

Chang, C. -H., & Golubovich, J. (2012, August). Strain, cognitive failure, and prevention behaviors: Violence prevention climate as a moderator. In D. E. Caughlin, L. Q. Yang, & C. H. Chang (Chairs), *Employee and organizational consequences of aggression prevention climate*. Symposium conducted at the meeting of Academy of Management, Boston, MA.

Chang, C. -H., & Johnson, R. E. (2010). Not all leader-member exchanges are created equal: Importance of leader relational identity. *The Leadership Quarterly*, 21, 797 – 808. doi: 10. 1016/j. leaqua. 2010. 07. 008

Chen, G., Kirkman, B. L., Kanfer, R., Allen, D., & Rosen, B. (2007). A multilevel study of leadership, empowerment, and performance in teams. *Journal of Applied Psychology*, 92, 331 – 346. doi: 10. 1037/0021 – 9010. 92. 2. 331

Chiaburu, D. S., Smith, T. A., Wang, J., & Zimmerman, R. D. (2014). Relative importance of leader influences for subordinates' proactive behaviors, prosocial behaviors, and task performance: A meta-analysis. *Journal of Personnel Psychology*, 13, 70 – 86. doi: 10. 1027/1866 – 5888/a000105

Chowdhury, S. K., & Endres, M. L. (2010). The impact of client variability on nurses' occupational strain and injury: Cross-level moderation by safety climate. *Academy of Management Journal*, 53,

182 - 198. doi: 10. 5465/AMJ. 2010. 48037720

Christian, M. S., Bradley, J. C., Wallace, J. C., & Burke, M. J. (2009). Workplace safety: A meta-analysis of the roles of person and situation factors. *Journal of Applied Psychology*, 94, 1103 - 1127. doi: 10. 1037/a0016172

Cigularov, K. P., Chen, P. Y., & Stallones, L. (2009). Error communication in young farm workers: Its relationship to safety climate and safety locus of control. *Work & Stress*, 23, 297 - 312. doi: 10. 1080/02678370903416679

Clarke, S. (2006). The relationship between safety climate and safety performance: A meta-analytic review. *Journal of Occupational Health Psychology*, 11, 315 - 327. doi: 10. 1037/ 1076 - 8998. 11. 4. 315

Clarke, S. (2010). An integrative model of safety climate: Linking psychological climate and work attitudes to individual safety outcomes using meta-analysis. *Journal of Occupational and Organizational Psychology*, 83, 553 - 578. doi: 10. 1348/096317909X452122

Clarke, S. (2013). Safety leadership: A meta-analytic review of transformational and transactional leadership styles as antecedents of safety behaviours. *Journal of Occupational and Organizational Psychology*, 86, 22 - 49. doi: 10. 1111/j. 2044 - 8325. 2012. 02064. x

Conchie, S. M., Taylor, P. J., & Donald, I. J. (2012). Promoting safety voice with safety-specific transformational leadership: The mediating role of two dimensions of trust. *Journal of Occupational Health Psychology*, 17, 105 - 115. doi: 10. 1037/a0025101

Culbertson, S. S., Huffman, A. H., & Alden-Anderson, R. (2010). Leader-member exchange and work-family interactions: The mediating role of self-reported challenge-and hindrance-related stress. *Journal of Psychology*, 144, 15 - 36. doi: 10. 1080/00223980903356040

De Hoogh, A. H. B., & Den Hartog, D. N. (2009). Neuroticism and locus of control as moderators of the relationships of charismatic and autocratic leadership with burnout. *Journal of Applied Psychology*, 94, 1058 - 1067. doi: 10. 1037/a0016253

Dollard, M. F. (2007). *Psychosocial safety culture and climate: Definition of a new construct*. Adelaide, Australia: Work and Stress Research Group, University of South Australia.

Dollard, M. F., & Bakker, A. B. (2010). Psychosocial safety climate as a precursor to conducive work environments, psychological health problems, and employee engagement. *Journal of Occupational and Organizational Psychology*, 83, 579 - 599. doi: 10. 1348/096317909X470690

Dollard, M. F., Opie, T., Lenthall, S., Wakerman, J., Knight, S., Dunn, S., ... MacLeod, M. (2012). Psychosocial safety climate as an antecedent of work characteristics and psychological strain: A multilevel model. *Work & Stress*, 26, 385 - 404. doi: 10. 1080/02678373. 2012. 734154

Dulebohn, J. H., Bommer, W. H., Liden, R. C., Brouer, R. L., & Ferris, G. R. (2012). A meta-analysis of antecedents and consequences of leader-member exchange: Integrating the past with an eye toward the future. *Journal of Management*, 38, 1715 - 1759. doi: 10. 1177/0149206311415280

Fiedler, F. E. (1967). *A theory of leadership effectiveness*. New York, NY: McGraw-Hill.

Fleishman, E. A., & Harris, E. F. (1962). Patterns of leadership behavior related to employee grievances and turnover. *Personnel Psychology*, 15, 43 - 56. doi: 10. 1111/j. 1744 - 6570. 1962. tb01845. x

Forehand, G. A., & Gilmer, B. H. (1964). Environmental variation in studies of organizational behavior. *Psychological Bulletin*, 62, 361 - 382. doi: 10. 1037/h0045960

Fogarty, G. (2005). Psychological strain mediates the impact of safety climate on maintenance errors. *International Journal of Applied Aviation Studies*, 5(1), 53–64.

Geller, E. S., Roberts, D. S., & Gilmore, M. R. (1996). Predicting propensity to actively care for occupational safety. *Journal of Safety Research*, 27, 1–8. doi: 10.1016/0022-4375(95)00024-0

Gerstner, C. R., & Day, D. V. (1997). Meta-analytic review of leader-member exchange theory: Correlates and construct issues. *Journal of Applied Psychology*, 82, 827–844. doi: 10.1037/0021-9010.82.6.827

Glick, W. H. (1985). Conceptualizing and measuring organizational and psychological climate: Pitfalls in multilevel research. *Academy of Management Review*, 10, 601–616. doi: 10.2307/258140

Golubovich, J., Chang, C.-H., & Eatough, E. M. (2014). Safety climate, hardiness, and musculoskeletal complaints: A mediated moderation model. *Applied Ergonomics*, 45, 757–766. doi: 10.1016/j.apergo.2013.10.008

Graen, G. B., & Scandura, T. (1987). Toward a psychology of dyadic organizing. In B. Staw & L. L. Cummings (Eds.), *Research in organizational behavior* (Vol. 9, pp. 175–208). Greenwich, CT: JAI Press.

Griffin, M. A., & Neal, A. (2000). Perceptions of safety at work: A framework for linking safety climate to safety performance, knowledge, and motivation. *Journal of Occupational Health Psychology*, 5, 347–358. doi: 10.1037/1076-8998.5.3.347

Grzywacz, J. G., Arcury, T. A., Marin, A., Carrillo, L., Coates, M. L., Burke, B., & Quandt, S. A. (2007). The organization of work: Implications for injury and illness among immigrant Latino poultry-processing workers. *Archives of Environmental & Occupational Health*, 62, 19–26. doi: 10.3200/AEOH.62.1.19-26

Haines, T., Stringer, B., & Duku, E. (2007). Workplace safety climate and incivility among British Columbia and Ontario operating room nurses: A preliminary investigation. *Canadian Journal of Community Mental Health*, 26(2), 141–152.

Hall, G. B., Dollard, M. F., & Coward, J. (2010). Psychosocial safety climate: Development of the PSC-12. *International Journal of Stress Management*, 17, 353–383. doi: 10.1037/a0021320

Harris, K. J., & Kacmar, K. M. (2006). Too much of a good thing: The curvilinear effect of leader-member exchange on stress. *Journal of Social Psychology*, 146, 65–84. doi: 10.3200/SOCP.146.1.65-84

Hellriegel, D., & Slocum, S. W., Jr. (1974). Organizational climate: Measures, research, and contingencies. *Academy of Management Journal*, 17, 255–280. doi: 10.2307/254979

Hersey, P., & Blanchard, K. H. (1977). *The management of organizational behavior* (3rd ed.). Englewood Cliffs, NJ: Prentice Hall.

Hofmann, D. A., & Morgeson, F. P. (1999). Safety-related behavior as a social exchange: The role of perceived organizational support and leader-member exchange. *Journal of Applied Psychology*, 84, 286–296. doi: 10.1037/0021-9010.84.2.286

Hofmann, D. A., Morgeson, F. P., & Gerras, S. J. (2003). Climate as a moderator of the relationship between leader-member exchange and content specific citizenship: Safety climate as an exemplar. *Journal of Applied Psychology*, 88, 170–178. doi: 10.1037/0021-9010.88.1.170

Hoobler, J. M., & Brass, D. J. (2006). Abusive supervision and family undermining as displaced aggression. *Journal of Applied Psychology*. 91, 1125–1133. doi: 10.1037/0021-9010.91.5.1125

House, R. J. (1971). A path-goal theory of leader effectiveness. *Administrative Science Quarterly*, *16*, 321 – 338. doi: 10.2307/2391905

Hutchinson, M., Jackson, D., Wilkes, L., & Vickers, M. H. (2008). A new model of bullying in the nursing workplace: Organizational characteristics as critical antecedents. *Advances in Nursing Science*, *31*, E60 – E71. doi: 10.1097/01.ANS.0000319572.37373.0c

Hystad, S. W., & Bye, H. H. (2013). Safety behaviours at sea: The role of personal values and personality hardiness. *Safety Science*, *57*, 19 – 26. doi: 10.1016/j.ssci.2013.01.018

Idris, M. A., & Dollard, M. F. (2011). Psychosocial safety climate, work conditions, and emotions in the workplace: A Malaysian population-based work stress study. *International Journal of Stress Management*, *18*, 324 – 347. doi: 10.1037/a0024849

Idris, M. A., Dollard, M. F., & Yulita (2014). Psychosocial safety climate, emotional demands, burnout, and depression: A longitudinal multilevel study in the Malaysian private sector. *Journal of Occupational Health Psychology*, *19*(3), 291 – 302.

Ilies, R., Nahrgang, J. D., & Morgeson, F. P. (2007). Leader-member exchange and citizenship behaviors: A meta-analysis. *Journal of Applied Psychology*, *92*, 269 – 277. doi: 10.1037/0021 – 9010.92.1.269

Inness, M., LeBlanc, M. M., & Barling, J. (2008). Psychosocial predictors of supervisor-, peer-, subordinate-, and service-provider-targeted aggression. *Journal of Applied Psychology*, *93*, 1401 – 1411. doi: 10.1037/a0012810

Inness, M., Turner, N., Barling, J., & Stride, C. B. (2010). Transformational leadership and employee safety performance: A within-person, between jobs design. *Journal of Occupational Health Psychology*, *15*, 279 – 290. doi: 10.1037/a0019380

James, L. A., & James, L. R. (1989). Integrating work environment perceptions: Explorations in the measurement of meaning. *Journal of Applied Psychology*, *69*, 85 – 98. doi: 10.1037/0021 – 9010.74.5.739

James, L. R., Choi, C. C., Ko, C. H. E., McNeil, P. K., Minton, M. K., Wright, M. A., & Kim, K. (2008). Organizational and psychological climate: A review of theory and research. *European Journal of Work and Organizational Psychology*, *17*, 5 – 32. doi: 10.1080/13594320701662550

James, L. R., Demaree, R. G., & Wolf, G. (1993). rWG: An assessment of within-group interrater agreement. *Journal of Applied Psychology*, *78*, 306 – 309. doi: 10.1037/0021 – 9010.78.2.306

James, L. R., & Jones, A. P. (1974). Organizational climate: A review of theory and research. *Psychological Bulletin*, *81*, 1096 – 1112. doi: 10.1037/h0037511

James, L. R., & McIntyre, M. D. (1996). Perceptions of organizational climate. In K. R. Murphy (Ed.), *Individual differences and behavior in organizations* (pp. 416 – 450). San Francisco, CA: Jossey-Bass.

Kaplan, D. M., Wiley, J. W., & Maertz, C. P., Jr. (2011). The role of calculative attachment in the relationship between diversity climate and retention. *Human Resource Management*, *50*, 271 – 287. doi: 10.1002/hrm.20413

Kelloway, E. K., Mullen, J., & Francis, L. (2006). Divergent effects of transformational and passive leadership on employee safety. *Journal of Occupational Health Psychology*, *11*, 76 – 86. doi: 10.1037/1076 – 8998.11.1.76

Kelloway, E. K., Turner, N., Barling, J., & Loughlin, C. (2012). Transformational leadership and employee psychological well-being: The mediating role of employee trust in leadership. *Work & Stress*, 26, 39–55. doi: 10. 1080/02678373. 2012. 660774

Kessler, S. R., Spector, P. E., Chang, C. H., & Parr, A. D. (2008). Organizational violence and aggression: Development of the three-factor Violence Climate Survey. *Work & Stress*, 22, 108–124. doi: 10. 1080/02678370802187926

Kinicki, A. J., & Vecchio, R. P. (1994). Influences on the quality of supervisor-subordinate relations: The role of time-pressure, organizational commitment, and locus of control. *Journal of Organizational Behavior*, 15, 75–82. doi: 10. 1002/job. 4030150108

Kozlowski, S. W. J., & Hattrup, K. (1992). A disagreement about within-group agreement: Disentangling issues of consistency versus consensus. *Journal of Applied Psychology*, 77, 161–167. doi: 10. 1037/0021–9010. 77. 2. 161

Kozlowski, S. W. J., & Klein, K. J. (2000). A multilevel approach to theory and research in organizations: Contextual, temporal, and emergent processes. In K. J. Klein & S. W. J. Kozlowski (Eds.), *Multilevel theory, research, and methods in organizations: Foundations, extensions, and new directions* (pp. 3–90). San Francisco, CA: Jossey-Bass.

Laschinger, H. K. S., Finegan, J., & Wilk, P. (2011). Situational and dispositional influences on nurses' workplace well-being. *Nursing Research*, 60, 124–131. doi: 10. 1097/NNR. 0b013e318209782e

LeBreton, J. M., & Senter, J. L. (2008). Answers to twenty questions about interrater reliability and interrater agreement. *Organizational Research Methods*, 11, 815–852. doi: 10. 1177/1094428106296642

Leitão, S., & Greiner, B. A. (2016). Organisational safety climate and occupational accidents and injuries: An epidemiology-based systematic review. *Work & Stress*, 30, 71–90. doi: 10. 1080/02678373. 2015. 1102176

Levy, P. E. (2013). *Industrial/organizational psychology: Understanding the workplace* (4th ed.). New York, NY: Palgrave Macmillan.

Lewin, K., Lippitt, R., & White, R. K. (1939). Patterns of aggressive behavior in experimentally created "social climates." *Journal of Social Psychology*, 10, 271–299. doi: 10. 1037/10319–008

Likert, R. (1967). *The human organization*. New York, NY: McGraw-Hill.

Liu, J., Siu, O. -L., & Shi, K. (2010). Transformational leadership and employee well-being: The mediating role of trust in the leader and self-efficacy. *Applied Psychology: An International Review*, 59, 454–479. doi: 10. 1111/j. 1464–0597. 2009. 00407. x

Locke, E. A. (1976). The nature and causes of job satisfaction. In M. D. Dunnette (Ed.), *Handbook of industrial and organizational psychology* (pp. 1297–1343). Chicago, IL: Rand McNally.

Mackey, J. D., Frieder, R. E., Brees, J. R., & Martinko, M. J. (in press). Abusive supervision: A meta-analysis and empirical review. *Journal of Management*. doi: 10. 1177/0149206315573997

Maslyn, J. M., & Uhl-Bien, M. (2001). Leader-member exchange and its dimensions: Effects of self-effort and other's effort on relationship quality. *Journal of Applied Psychology*, 86, 697–708. doi: 10. 1037/0021–9010. 86. 4. 69

McCaughey, D., DelliFraine, J. L., McGhan, G., & Bruning, N. S. (2013). The negative effects of workplace injury and illness on workplace safety climate perceptions and health care worker outcomes. *Safety Science*, 51, 138–147. doi: 10. 1016/j. ssci. 2012. 06. 004

McGregor, D. M. (1960). *The human side of enterprise*. New York, NY: McGraw-Hill.

Mearns, K., Hope, L., Ford, M. T., & Tetrick, L. E. (2010). Investment in workforce health: Exploring the implications for workforce safety climate and commitment. *Accident Analysis and Prevention*, 42, 1445–1454. doi: 10.1016/j. aap. 2009. 08. 009

Michael, J. H., Guo, Z. G., Wiedenbeck, J. K., & Ray, C. D. (2006). Production supervisor impacts on subordinates' safety outcomes: An investigation of leader-member exchange and safety communication. *Journal of Safety Research*, 37, 469–477. doi: 10. 1016/j. jsr. 2006. 06. 004

Mullen, J. E., & Kelloway, E. K. (2009). Safety leadership: A longitudinal study of the effects of transformational leadership on safety outcomes. *Journal of Occupational and Organizational Psychology*, 82, 253–272. doi: 10. 1348/096317908X325313

Nahrgang, J. D., Morgeson, F. P., & Hofmann, D. A. (2011). Safety at work: A meta-analytic investigation of the link between job demands, job resources, burnout, engagement, and safety outcomes. *Journal of Applied Psychology*, 96, 71–94. doi: 10. 1037/a0021484

Neal, A., & Griffin, M. A. (2004). Safety climate and safety at work. In M. R. Frone & J. Barling (Eds.), *The psychology of workplace safety* (pp. 15–34). Washington, DC: American Psychological Association. doi: 10. 1037/10662–002

Neal, A., & Griffin, M. A. (2006). A study of the lagged relationships among safety climate, safety motivation, safety behavior, and accidents at the individual and group levels. *Journal of Applied Psychology*, 91, 946–953. doi: 10. 1037/0021–9010. 91. 4. 946

Neal, A., Griffin, M. A., & Hart, P. M. (2000). The impact of organizational climate on safety climate and individual behavior. *Safety Science*, 34, 99–109. doi: 10. 1016/S0925–7535(00)00008–4

Nielsen, K., & Munir, F. (2009). How do transformational leaders influence followers' affective well-being? Exploring the mediating role of self-efficacy. *Work & Stress*, 23, 313–329. doi: 10. 1080/02678370903385106

Nielsen, M. B., Mearns, K., Matthiesen, S. B., & Eid, J. (2011). Using the job demands-resources model to investigate risk perception, safety climate and job satisfaction in safety critical organizations. *Scandinavian Journal of Psychology*, 52, 465–475. doi: 10. 1111/j. 1467–9450. 2011. 00885. x

O'Neill, J. W., Harrison, M. M., Cleveland, J., Almeida, D., Stawski, R., & Crouter, A. C. (2009). Work-family climate, organizational commitment, and turnover: Multilevel contagion effects of leaders. *Journal of Vocational Behavior*, 74, 18–29. doi: 10. 1016/j. jvb. 2008. 10. 004

Ostroff, C. (1993). The effects of climate and personal influences on individual behavior and attitudes in organizations. *Organizational Behavior and Human Decision Processes*, 56, 56–90. doi: 10. 1006/obhd. 1993. 1045

Ozer, M., Chang, C.-H., & Schaubroeck, J. M. (2014). Contextual moderators of the relationship between organizational citizenship behaviours and challenge and hindrance stress. *Journal of Occupational and Organizational Psychology*, 87, 557–578. doi: 10. 1111/joop. 12063

Paustian-Underdahl, S. C., & Halbesleben, J. R. B. (2014). Examining the influence of climate, supervisor guidance, and behavioral integrity on work-family conflict: A demands and resources approach. *Journal of Organizational Behavior*, 35, 447–463. doi: 10. 1002/job. 1883

Payne, R. L., & Pugh, D. S. (1976). Organizational structure and climate. In M. D. Dunnette (Ed.),

*Handbook of industrial and organizational psychology* (pp. 1125 – 1173). Chicago, IL: Rand McNally.

Piccolo, R. F., Bono, J. E., Heinitz, K., Rowold, J., Duehr, E., & Judge, T. A. (2012). The relative impact of complementary leader behaviors: Which matter most? *The Leadership Quarterly*, 23, 567 – 581. doi: 10. 1016/j. leaqua. 2011. 12. 008

Probst, T. M. (2004). Safety and insecurity: Exploring the moderating effect of organizational safety climate. *Journal of Occupational Health Psychology*, 9, 3 – 10. doi: 10. 1037/1076 – 8998. 9. 1. 3

Restubog, S. L. D., Scott, K. L., & Zagenczyk, T. J. (2011). When distress hits home: The role of contextual factors and psychological distress in predicting employees' responses to abusive supervision. *Journal of Applied Psychology*, 96, 713 – 729. doi: 10. 1037/a0021593

Sarin, S., & O'Connor, G. C. (2009). First among equals: The effect of team leader characteristics on the internal dynamics of cross-functional produce development teams. *Journal of Product Innovation Management*, 26, 188 – 205. doi: 10. 1111/j. 1540 – 5885. 2009. 00345. x

Schneider, B. (1975). Organizational climates: An essay. *Personnel Psychology*, 28, 447 – 479. doi: 10. 1111/j. 1744 – 6570. 1975. tb01386. x

Schneider, B., & Barlett, C. J. (1968). Individual differences and organizational climate: I. The research plan and questionnaire development. *Personnel Psychology*, 21, 323 – 333. doi: 10. 1111/j. 1744 – 6570. 1968. tb02033. x

Schneider, B., Ehrhart, M. G., & Macey, W. H. (2011). Perspectives on organizational climate and culture. In S. Zedeck (Ed.), *APA handbook of industrial and organizational psychology* (Vol. 1: Building and developing the organization, pp. 373 – 414). Washington, DC: American Psychological Association. doi: 10. 1037/12169 – 012

Schneider, B., White, S. S., & Paul, M. (1998). Linking service climate and customer perceptions of service quality: Test of a causal model. *Journal of Applied Psychology*, 83, 150 – 163. doi: 10. 1037/0021 – 9010. 83. 2. 150

Siu, O. -L., Phillips, D. R., & Leung, T. -W. (2004). Safety climate and safety performance among construction workers in Hong Kong: The role of psychological strains as mediators. *Accident Analysis and Prevention*, 36, 359 – 366. doi: 10. 1016/S0001 – 4575(03)00016 – 2

Stogdill, R. M. (1948). Personal factors associated with leadership: A survey of the literature. *Journal of Psychology*, 25, 35 – 71. doi: 10. 1080/00223980. 1948. 9917362

Syrek, C. J., Apostel, E., & Antoni, C. H. (2013). Stress in highly demanding IT jobs: Transformational leadership moderates the impact of time pressure on exhaustion and work-life balance. *Journal of Occupational Health Psychology*, 18, 252 – 261. doi: 10. 1037/a0033085

Tafvelin, S., Armelius, K., & Westerberg, K. (2011). Toward understanding the direct and indirect effects of transformational leadership on well-being: A longitudinal study. *Journal of Leadership & Organizational Studies*, 18, 480 – 492. doi: 10. 1177/1548051811418342

Tepper, B. J. (2000). Consequences of abusive supervision. *Academy of Management Journal*, 43, 178 – 190. doi: 10. 2307/1556375

Tepper, B. J. (2007). Abusive supervision in work organizations: Review synthesis, and research agenda. *Journal of Management*, 33, 261 – 289. doi: 10. 1177/0149206307300812

Thompson, C. A., Beauvais, L. L., & Lyness, K. S. (1999). When work-family benefits are not enough: The influence of work-family culture on benefit utilization, organizational attachment, and work-family conflict. *Journal of Vocational Behavior*, *54*,392 - 415. doi: 10. 1006/jvbe. 1998. 1681

Uhl-Bien, M. (2003). Relationship development as a key ingredient for leadership development. In S. Murphy & R. Riggio (Eds.), *The future of leadership development* (pp. 129 - 147). Mahwah, NJ: Erlbaum.

Uhl-Bien, M. (2006). Relational leadership theory: Exploring the social processes of leadership and organizing. *The Leadership Quarterly*, *17*,654 - 676. doi: 10. 1016/j. leaqua. 2006. 10. 007

Uhl-Bien, M., Graen, G., & Scandura, T. (2000). Implications of leader-member exchange (LMX) for strategic human resource management systems: Relationships as social capital for competitive advantage. In G. R. Ferris (Ed.), *Research in personnel and human resources management* (Vol. 18, pp. 137 - 185). Greenwich, CT: JAI Press.

Vecchio, R. P., & Brazil, D. M. (2007). Leadership and sex-similarity: A comparison in a military setting. *Personnel Psychology*, *60*,303 - 335. doi: 10. 1111/j. 1744 - 6570. 2007. 00075. x

Verbeke, W., Volgering, M., & Hessels, M. (1998). Exploring the conceptual expansion within the field of organizational behavior: Organizational climate and organizational culture. *Journal of Management Studies*, *35*,303 - 329.

Wallace, J. C., Popp, E., & Mondore, S. (2006). Safety climate as a mediator between foundation climates and occupational accidents: A group-level investigation. *Journal of Applied Psychology*, *91*, 681 - 688. doi: 10. 1037/0021 - 9010. 91. 3. 681

Wang, G., Oh, I. -S., Courtright, S. H., & Colbert, A. E. (2011). Transformational leadership and performance across criteria and levels: A meta-analytic review of 25 years of research. *Group & Organization Management*, *36*,223 - 270. doi: 10. 1177/1059601111401017

Whitman, D. S., Caleo, S., Carpenter, N. C., Horner, M. T., & Bernerth, J. B. (2012). Fairness at the collective level: A meta-analytic examination of the consequences and boundary conditions of organizational justice climate. *Journal of Applied Psychology*, *97*, 776 - 791. doi: 10. 1037/a0028021

Yang, L. -Q., Caughlin, D. E., Gazica, M. W., Truxillo, D. M., & Spector, P. E. (2014). Workplace mistreatment climate and potential employee and organizational outcomes: A meta-analytic review from the target's perspective. *Journal of Occupational Health Psychology*, *19*, 315 - 335. doi: 10. 1037/a0036905

Zohar, D. (1980). Safety climate in industrial organizations: Theoretical and applied implications. *Journal of Applied Psychology*, *65*,96 - 102. doi: 10. 1037/0021 - 9010. 65. 1. 96

Zohar, D. (2011). Safety climate: Conceptual and measurement issues. In J. C. Quick & L. E. Tetrick (Eds.), *Handbook of occupational health psychology* (2nd ed., pp. 141 - 164). Washington, DC: American Psychological Association. doi: 10. 1037/10474 - 006

Zohar, D., & Hofmann, D. A. (2012). Organizational culture and climate. In S. W. J. Kozlowski (Ed.), The *Oxford handbook of industrial and organizational psychology* (Vol. 1, pp. 643 - 666). New York, NY: Oxford University Press.

# 第七章

# 特定职业的 OHP 研究

第七章的关键概念和研究结果　　　　　　　　　　　　　　　　　　　215
教师
  心理障碍、自杀和躯体疾病
  职业内研究
  总结
护理人员
  心理障碍与自杀
  职业内研究
  总结
作战士兵
  创伤后应激障碍
  心理障碍与脑损伤
  领导
  性骚扰
  自杀
  总结
  后记
现场急救人员
  警务人员
    总结
  消防员
    总结
911 事件
  911 事件现场急救人员：警务人员
  911 事件现场急救人员：消防员
  911 事件现场急救人员的子女
    总结
建筑工人
  职业压力与安全
  建筑工人特有的职业健康问题
  总结

农业工人
　　职业压力
　　职业安全
　　农业工人特有的职业健康问题
　　总结

在之前的章节中,我们主要讨论了跨职业的研究。相比之下,本章的目的是向读者介绍那些雇佣大量人员的特定职业。本章涉及的研究对象有教师、护理人员、作战士兵、现场急救人员、建筑工人和农业工人。尽管许多职业都具有相同的职业挑战,但每一类职业又有其特定的挑战,这些挑战能够潜在地影响健康。在涵盖多种工作的研究中,特定职业的挑战可能会被忽略,因为此类研究必须依赖跨职业的研究方法。例如,跨职业的研究很难得知相比于普通警察的工作,便衣警察的工作有何影响。跨职业的研究不能解答学生发起的暴力对教师产生的影响。并且,研究者是根据学术或个人兴趣来选择所要研究的职业。

尽管该领域内也有很多横断研究,但在可能的情况下,本章将关注于纵向研究。涵盖的内容并不详尽。由于相关研究较多,本章只对较少的研究进行探讨。

在讨论职业研究时,应该考虑一些其他因素。首先,与压力相关的障碍(如创伤后应激障碍[posttraumatic stress disorders,PTSD])的诊断标准从 DSM-Ⅲ 到 DSM-5 有所改变,这使得跨时代对比更为复杂。其次,对抑郁、PTSD、酒精过度使用等问题的诊断应由临床医生(如,临床心理学家,精神病学家)使用有效的诊断标准来进行。许多研究团队没有足够的资源来承担临床面谈的费用,因此他们的研究依赖于自我报告的问卷和检查表(如,Chiu 等,2011),如果无法严格按照诊断来区分,那么一种可能的划分是"疑似抑郁"或"疑似 PTSD"。第三,一些研究(如,Eaton,Anthony,Mandel,& Garrison,1990)雇佣受过专业训练的外行人来执行高度结构化的面谈,并基于算法推导出诊断结果。第四,其他研究并没有试图诊断在职者的心理障碍;相反,这些研究将心理功能视为一个连续的变量(参见第三章对测量工具的讨论),以反映经历心理困扰的程度。第五,一些研究使用疾病,或生物学终点(如,心脏病发作),或对功能的连续测量(如,血压)来作为结果变量。

# 教师

本书的第一作者是一位数学老师,他在布鲁克林街区的一所环境危险的公立学校任职六年,该地区犯罪率很高。在工作的第一年,他要给一个非常棘手的班级上第八节课(一天中的最后一节课)。班上的大多数学生都很不礼貌,有时脾气暴躁。一个名叫德里克(Derrick)的学生有时会把鼓槌带到课堂上,当这位老师正要上课时,他会在桌面上敲鼓。另一个学生,名叫理查德(Richard),是一个肌肉发达的小伙子,他很容易对想象中的怠慢生气——这些怠慢大多是想象出来的,因为大多数学生(和一些老师)都很怕他。从九月初开始,这位老师(第一作者)喜欢提早到第八节课所在的教室,甚至早在第七节课结束之前。在前往第八节课所在教室的路上,他透过教室门上的窗户看到了谢帕德(Shepherd)先生的科学课的教室。谢帕德先生第七节课教的学生正是第一作者将要接手的第八节课的学生。尽管谢帕德先生经验丰富，但课堂纪律仍一片混乱。学生在教室里四处乱跑，无视他的存在。到了十一月，本书的第一作者注意到谢帕德先生已经不在这里了。几天后，在教师休息室做书面工作时，第一作者放下笔，向另一位同事询问谢帕德先生的情况。这位同事低声说，谢帕德先生"精神崩溃了"。

教师是一个庞大的职业群体。在美国，教师占文职雇员劳动力的 3%（劳工统计局[Bureau of Labor Statistics, BLS], 2015c）。英格索尔（Ingersoll, 2001）指出，教师人数是注册护理人员人数的两倍，教师人数与律师或教授人数的比例为 5∶1。教师受过良好教育，他们通常都已经获得了学士学位，并往往持有高级学位。教育与良好的健康状况息息相关。由于师生互动能激发年轻人的智力和情感成长，而且教书有内在的回报。总的来说，教师应该是一个令人满意的职业。

教师。（摄影：道格·利文[Doug Leany]。来自 Flickr，知识共享。公共领域。）

在大学毕业的在职人员的职业中，教师是离职率最高的职业之一（高于护理人员，但低于狱警；Ingersoll, 2013）。离职率可以被看作是一个代表工作条件压力的变量。英格索尔（Ingersoll, 2001）和英格索尔与梅（Ingersoll & May, 2012）的研究表明，不满意的工作条件（如，学生纪律问题、缺乏自主性）是导致教师离职（而不是退休）的重要因素。一项实时追踪研究调查了 250 多名纽约市（New York City, NYC）教师，结果表明，他们经常要应对学生之间的冲突、课堂秩序的混乱、学生之间的暴力以及被错误指控有渎职行为的情况（Schonfeld & Feinman, 2012）。客观和自我报告的数据表明，与其他职业群体成员相比，教师更有可能成为工作场所暴力的受害者(Schonfeld,2006)。教师,尤其是城市学校的教师,往往面临着难以应对的工作条件。

## 心理障碍、自杀和躯体疾病

一些研究已经估计了心理障碍在各种职业中出现的比率。伊顿等人(Eaton等,1990)利用流行病学流域(Epidemiologic Catchment Area,ECA)研究在美国收集到的横断数据发现,在控制社会人口学因素后,被称为"其他教师"(学前教育和特殊教育)和辅导员的个体有着较高的抑郁率。然而,小学教师的抑郁率与平均水平差异不大。抑郁在中学教师中非常罕见。ECA的数据还表明,女教师的酒精过度使用情况很少见,但在男性教师中这种情况却更为普遍,尽管抽样中的男性教师数量很少(Mandell,Eaton,Anthony,& Garrison,1992)。最近的研究与这一发现一致(Wulsin,Alterman,Bushnell,Li,& Shen,2014)。

来自英国(Travers & Cooper,1993)和澳大利亚(Finlay-Jones,1986)的研究表明,与其他职业群体成员相比,教师经历了更高水平的心理困扰。克洛普利、斯特普托和乔伊科可(Cropley,Steptoe,& Joekes,1999)发现,尽管从事高压力工作的伦敦教师比从事低压力工作的伦敦教师更多地患有精神疾病,但是在控制受教育程度和职业水平之后,从事高压力和低压力工作的教师均比一个英国参照组的教师更多地患有精神疾病。赫尔洛夫和杰夫霍姆(Herloff & Jarvholm,1989)提出,如果教书是一个充满压力的职业,那么这份工作的压力会增加心血管(cardiovascular,CV)死亡率。他们发现,与一般人群相比,瑞典教师(特别是女教师)的CV死亡率更低。他们还发现,女教师的自杀率和事故发生率与一般人群没有显著差异,而男教师的自杀率和事故发生率显著低于平均水平。阿杰伯、贡内利、邦德、莫滕森和诺登托夫(Agerbo,Gunnell,Bonde,Mortensen,& Nordentoft,2007)在丹麦进行的一项研究发现,教书并不是自杀的一个风险因素。

因此,将教师的患病率与其他职业的患病率进行比较的研究结果之间不一致,因为一些研究表明教师心理困扰的风险更高,但自杀和患心血管疾病(cardiovascular disease,CVD)的风险并没有高于其他职业。

## 职业内研究

虽然对教师的职业内研究不能揭示教师是否比其他职业群体的成员面临更多或更少的风险,但这样的研究至少可以揭示出这个职业内存在的风险和保护因素。一项两阶段的元分析研究(Montgomery & Rupp,2005)对纵向和横断的研究结果进行了分组,结果表明不利的工作条件与倦怠和其他压力(如,抑郁症状)的相关系数均值在 r = 0.25 到 0.27 之间。

控制良好的纵向研究更好地证明了工作条件对教师幸福感的某些影响。在对以色列教师进行为期 7 个月的研究中,施若姆、奥利弗和施泰因(Shirom, Oliver, & Stein, 2009)发现,控制了最初的躯体主诉后,压力源(如,必须对学生进行约束)预测了教师后来的躯体主诉,且没有证据支持相反的因果解释。在西班牙进行的一项研究发现,控制因变量的基线水平后,学生在基线期的消极态度和缺乏纪律预测了 8 个月后教师的高水平倦怠(枯竭和愤世嫉俗的组合)和愤世嫉俗(单独地)(Llorens-Gumbau & Salanova-Soria, 2014)。另一项西班牙研究也揭示了教师压力源与压力之间的关系(González-Morales, Rodríguez, & Peiró, 2010)。由于报告中的压力源-压力分析并不是直接进行的,为进行回归分析,我们中的一个人从出版物中提取了数据进行分析①。研究发现,在控制时间 1 的枯竭和社会人口学因素后,时间 1 的压力源(例如,学生的不良行为)预测了 6 到 9 个月后教师的枯竭。

舍恩菲尔德(Schonfeld, 2001)进行了一项三波研究,每波相隔一年,研究涉及 180 多名第一年任职的纽约女性教师。因为他从教师们刚大学毕业后,进入职场前,就开始了这项研究,所以他能够测量和统计控制被雇佣前压力变量的基线水平,如抑郁症状。研究发现,工作压力源(学生打斗、辱骂等)的出现频率能够预测抑郁症状(CES-D)的增加、自尊的降低和工作满意度的降低,以及继续从事这一职业的动机的降低,研究结果的反向因果解释被排除了。舍恩菲尔德(Schonfeld, 2000)发现,虽然那些后来暴露于工作压力源最多和最少的教师在被雇佣前并没有在抑郁症状水平上表现出差异,但到了春季学期,那些暴露于工作压力源最多的教师表现出的症状水平高到足以将他们纳入 CES-D 的"临床范围"内。相比之下,那些暴露于压力源最少的教师的症状水平明显下降,并且低于被雇佣前的水平,这说明找到一份好的工作对个人的情感生活有益。同事和主管支持能够预测教师工作满意度的提高、来自朋友与家人支持的增多和症状的减少。

**总结**

关于教师的强有力的职业内纵向研究之间存在着一种共识,即面对不守规矩的、具有攻击性的学生和破坏公物等工作条件会损害教师的幸福感。舍恩菲尔德和法雷尔(Schonfeld & Farrell, 2010)提出了这样的观点:这些有破坏性和危险的事件对教师来说是常见的压力。有证据表明,保护因素有来自主管、同事和工作外的支持。

---

① 这些数据提取报告的表 1 中的相关矩阵,并用于构建多重线性回归分析。

## 护理人员

护理与教书一样,也是一种"助人行业",从业人员受过良好的教育。一方面,与护理相关的内在满足感包括帮助个体在疾病或事故后恢复健康(Heim,1991)。另一方面,护理人员面对大量与工作相关的压力源,包括患者死亡和高水平的、不可预测的工作负荷(Schonfeld & Farrell,2010;Zangaro & Soeken,2007)。其他与工作相关的压力源包括人员不足和缺乏资源(Mazzola,Schonfeld,& Spector,2011),缺乏自主性(Landsbergis,1988),高强度的情绪劳动(Büssing & Glaser,1999)以及医护合作的问题(Zangaro & Soeken,2007)。如第五章所示,护理人员面临着成为患者及其家属攻击的受害者的风险(Camerino,Estryn-Beharc,Conway,van Der Heijdend,& Hasselhorng,2008;Chen,Sun,Lan,& Chiu,2009;Fujita 等,2012)。

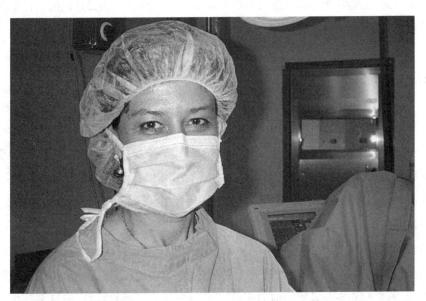

护理人员。(摄影:R.杜兰[R. Duran.]。来自 Flickr,知识共享。公开领域。)

### 心理障碍与自杀

曼德尔等人(Mandell 等,1992)的研究和特林科夫、伊顿和安东尼(Trinkoff,Eaton,& Anthony,1991)的研究发现,在 ECA 样本中,注册护理人员(registered nurses,RNs)中酒精和物质滥用的患病率与一般人群差异不大。伊顿及其同事(Eaton,1990;Trinkoff 等,1991)发现 RN 患重度抑郁的风险也与一般人群差异不大。

在一项关于护理人员自杀的文献综述中,霍顿和维斯利塞尔(Hawton & Vislisel, 1999)发现女性护理人员自杀的风险高于一般人群。而对于男性护理人员,还没有足够的数据得出相关结论。与霍顿和维斯利塞尔的研究结果一致,安格博等人(Agerbo 等,2007)发现,在控制收入、婚姻状况以及精神疾病住院史后,丹麦护理人员的自杀率是研究中参照组的两倍。当安格博等人(Agerbo 等,2007)将比较局限于那些从没有过精神疾病住院史的个体中时,护理人员的自杀风险是参照组的 3.5 倍。凯利、查尔顿和詹金斯(Kelly, Charlton, & Jenkins, 1995)也发现英格兰和威尔士的女性护理人员自杀率升高。斯达克(Stack, 2001)发现,在对性别、年龄和婚姻状况进行控制后,美国护理人员死于自杀的可能性明显高于一般人群。凯利等人(Kelly 等,1995)发现,女性护理人员中服用过量药物自杀的比例(56%)略高于一般女性(47%)。护理人员的高自杀率至少部分地与他们更容易获取自杀用的药剂(例如,强效药)有关,这一发现与医师自杀风险较高相一致。此外,职业群体的成员也可以接触到其他一些致命的自杀方式,比如警务人员和农民会持有枪支(Tiesman 等,2015),他们在自杀时往往使用这些武器。

### 职业内研究

需要澄清的是,并非所有的护理岗位都同样有压力。令人惊讶的是,佩恩(Payne, 2001)在英国的一项研究中发现,相比于其他岗位的护理人员,在临终关怀中心工作的护理人员的情绪枯竭水平更低。也许这一发现是成功应对死亡和濒临死亡的结果。又也许反映了自我选择。纵向研究也许能更清楚地揭示影响护理人员健康状况和心理幸福感的因素。

一些研究人员对护理人员的工作条件与 CVD 或其风险因素的关系进行了研究。里泽、范·朵恩、霍特曼和迪·金厄斯(Riese, Van Doornen, Houtman, & De Geus, 2004)在对荷兰护理人员进行的为期 1 年的追踪研究中发现,决策自由度、心理工作负荷和支持都未能预测动态血压、心率和心率变异性。他们还发现了一个出乎意料的结果,即只有当决策自由度处于高水平时,高水平的心理要求才预示着更高的血压(而非像预期那样,当决策自由度很低的时候才会出现这种情况)。李、柯尔迪茨、伯克曼和河内(Lee, Colditz, Berkman, & Kawachi, 2002)在第四章所描述的前瞻性研究中,没有发现决策自由度、心理工作负荷和社会支持与致命性心脏病、非致命性冠状动脉疾病之间的关系。这些研究者(Lee, Colditz, Berkman & Kawachi, 2004)在其他的分析中发现,在控制了其他风险因素(如,吸烟,体重)后,工作不安全感与追踪期间最初 2 年的非致命心脏病发作有关,而与整个 4 年的非致命心脏病发作无关。这一研究结果表明,工作不安全感与短期风险激增有关。

上述研究采用了工作场所压力源的一般测量方法（工作内容问卷；Karasek, Pieper, Schwartz, Fry, & Schier, 1985），这一量表可被用于许多职业。虽然这些研究并没有找到很多证据表明这些压力源对 CV 健康的影响，但护理行业有一个与许多其他职业不同的特点，即轮班工作。因为护理人员经常上白班和夜班，所以库伯等人（Kubo 等，2011）比较了 36 个日本护理人员在白班期间和夜班结束后的冠状动脉血流储备（通过冠状动脉的最大血流量可以到增加到超过休息时的血流量）。研究者参考了心脏内小血管（小动脉、毛细血管和小静脉）的血液流动，发现"夜班工作后，冠状动脉微循环受到损害"（Kubo 等，2011，p. 1667），这一结果强调了轮班工作对健康的不利影响（也见第四章）。

一些纵向研究将特定的压力源与护理人员的心理结果变量联系起来。一项为期 18 个月的研究（Bourbonnais, Comeau, & Vezina, 1999）发现，在魁北克（Québec）的女性护理人员中，时间 1 和时间 2 均存在的高工作负荷和低决策自由度的组合与持续存在的高水平心理困扰有关。同时，工作场所支持与较低的困扰有关。一项针对荷兰护理人员的为期 3 年的面板研究发现，从时间 1 到时间 2 的决策权的增量与工作满意度的增量和心理困扰的减少量平行相关（Gelsema 等，2006）。主管支持的增量与满意度的增量相关。波旁奈等人（Bourbonnais 等人，1999）和葛塞曼等人（Gelsema 等，2006）的研究的局限性在于，尽管研究方法是纵向的，但它们是变化—变化研究，而且没有提供关于工作条件和假定结果变量的时间优先性的明确信息。虽然在控制年龄和性别后，美国护理人员的自杀率与全国人群的自杀率大致相同，但另一项长达 14 年、包括 90,000 多名女性护理人员的纵向研究发现，严重的工作压力和家庭压力（它们是通过单一项目测量的）的组合与他们未来的自杀行为有关（Feskanich 等，2002）。

一些控制良好的研究将护理人员的工作条件与心理和身体健康联系起来。在第一章中，我们提到，帕克斯（Parkes, 1982）发现压力性工作条件（情感要求）会对实习护理人员的抑郁症状和工作满意度产生不利影响。斯宾塞·莱申格和法恩根（Spence Laschinger & Finegan, 2008）在安大略（Ontario）进行的一项为期 1 年的护理人员研究中发现，在控制时间 1 的情绪枯竭后，时间 1 的"付出—回报失衡"（effort-reward imbalance, ERI）可以预测时间 2 的情绪枯竭。在一项针对丹麦女性护理人员的队列研究中，奥利索伊、安德森·汉德瑞普、弗劳伦德·汤姆森和奥斯勒（Allesøe, Andersen Hundrup, Frødund Thomsen, & Osler, 2010）发现，在控制时间 1 的健康状况后，在研究开始时的过度的工作压力可以预测未来 15 年里心脏病的发生。这一结果尤其适用于在研究开始时处于 51 岁以下的护理人员。然而，对工作的影响无法预测。由于每一种社会心理工作条件都是由单一项目测量的（这意味着测量的不可靠性），因此得出的任何显著结果都令人惊讶。

## 总结

护理人员面临着一系列压力性工作条件,包括情感要求和意外的暴力伤害(见第五章)。有证据表明,轮班工作会对身体健康产生不利影响,而过度的工作压力会对 CV 健康产生不利影响。此外,高情感要求、低自由度、高工作负荷和 ERI 等社会心理条件也会对心理健康产生不利影响。

# 作战士兵

他不愿意讲出来。最后他说:"我告诉了我的妻子,因为她想要知道我为什么在睡梦中哭泣。"(Rader,1993,p. 5)

查尔斯·杜宁(Charles Durning)是一名 17 岁的现役士兵,他是一支 70 人的部队中的一员,这支部队在盟军登陆诺曼底海滩后的第一波战役中幸存下来。不久之后,他们被机枪伏击,他成为他的部队中唯一的幸存者。他杀死了七名敌人,但也遭受到机枪和弹片伤害(Brennan,1994;Rader,1993)。迅速恢复后,他很快就出院了。在盟军途径法国时,他被一颗地雷炸伤,并重新住院。从军事医院出院后,他加入了阿登(Ardennes)战役(Berkvist,2012)。一名德国士兵(实际上是一个十四、五岁的男孩)拿着刺刀向他刺去。查尔斯对一位记者说:"我没有看到士兵,我看到的是一个男孩。即使他向我逼近,我也不能开枪"(Rader,1993,p. 5)。在随后赤手空拳的搏斗中,查尔斯多次被刺伤。最后,他用一块石头砸死了那

美国陆军侦查兵,阿富汗。(摄影:安博·克雷[Amber Clay]Flickr 知识共享。公共领域。)

个男孩(Berkvist，2012；Rader，1993)。之后他住院，并及时出院参加凸出部战役。德国人俘虏了他们的连队，并穿过马尔梅迪(Malmédy)的比利时森林进行游行。查尔斯有幸在游行中逃脱了。然而，一个 SS 部队命令俘虏们进入空地，然后用机关枪开火，杀死了大部分俘虏。有一小部分人从空地跑出来，躲进了咖啡馆；然而德国人就放火烧了咖啡馆(Gilbert，1989)。查尔斯接到命令返回马尔梅迪，并确认尸体的身份(Rader，1993)。在战争结束时，查尔斯因在战场上的英勇表现而被授予银星勋章，并获得了三枚紫心勋章。战争结束后，他因心理和身体创伤而继继续续地住院 4 年。

古德温等人(Goodwin 等，2015)写道，"在其他职业中，压力事件的风险可能每天都是相似的，然而这与军队中的个体在执行任务时体验到的压力事件的频率与强度是无可比拟的"(p.1881)。第一章引用的证据，特别是关于第二次世界大战的证据(Stouffer 等，1949；Swank，1949)表明，暴露于战斗会引发正常士兵的精神疾病。斯旺克(Swank)发现，对于那些在部队中服役的士兵，如果其部队的伤亡率维持在 65% 甚至更高，那么这些士兵就会处于"战斗衰竭"的高风险中，这一术语在第二次世界大战中被使用，大致等同于当代术语"PTSD"。斯托弗等人(Stouffer 等，1949)指出，正规军的士兵，即在美国加入战争之前就已经入伍的士兵，可能会出现高比例的精神神经症症状，"相比于在战争期间使用过的任何选拔标准，这一士兵群体在选拔时采用的身体和心理标准都更高"(p.438)。这些基于史实的发现具有当代意义。2003 年至 2008 年(伊拉克和阿富汗战争期间)在英国收集的数据表明，控制社会人口学因素后，军方士兵的 GHQ(见第三章)得分升高的比率(19%)大约是一般人群的两倍(Goodwin 等，2015)。

**创伤后应激障碍**

在关于士兵的章节中讨论 PTSD[①] 是比较恰当的。PTSD 是由于个体暴露于使身体或者情感受到创伤的事件而引起的障碍。这种障碍的症状包括对事件的再体验、避免与事件相关的事情、思维或情绪的不利变化以及唤醒水平的提高，这种障碍往往与共病抑郁症、焦虑障碍、物质滥用和自杀的风险增加有关。PTSD 是一种特别难以承受的疾病，它破坏了个人作为家庭成员和员工的功能(Kessler，2000)。埃勒斯和克拉克(Ehlers & Clark，2000)指出，当 PTSD 被归类为焦虑障碍时，它会带来一个难题。焦虑的认知模型将情绪视为对即将到来的威胁的评估，然而在 PTSD 中，对已发生事件的记忆才是这一障碍的关键。PTSD 的一种认知

---

[①] PTSD 以前被归类为一种焦虑障碍，但在 DSM-5 中则不是。DSM-5 将 PTSD 划分为创伤和应激相关障碍的一部分。随着时间的推移，对这种障碍的定义逐渐发生变化。

理论(Brewin, Dalgleish & Joseph, 1996)(双重表征理论)提出了一个模型,该模型涉及创伤经历产生的两类记忆,即可回忆的言语记忆(verbally accessible memories,VAMs)和可回忆的情景记忆(situationally accessible memories,SAMs)。VAM 包含一些对创伤特征的感知和对创伤的情感生理反应。VAM 是自传性质的记忆,个体可以对它们进行心理操纵。SAM 不一定与言语上可以修复的意义有关(Brewin 等,1996,p. 676)。SAM 包括侵入性闪回,当个体遇到的一些刺激与之前的创伤有某种"相似的"联系,就有可能引发这种闪回。研究者认为,SAM 的爆发反映了创伤引起的激素变化的影响,这种变化会进一步影响神经活动性,削弱那些负责意识控制的神经结构,加强那些负责无意识感知与记忆过程的神经结构。

脑功能的生物学变化与 PTSD 有关(Kolb, 1987)。在一个模型中,创伤性事件被认为是一种无条件刺激,它能够引起强烈的应激激素的释放,从而使个体对创伤有着牢固的、持久的记忆(Alberini, 2011, p. 6)。刺激(条件刺激)使得对事件的回忆又引起了新一轮应激激素的释放,这进一步巩固了创伤性记忆(Alberini, 2011)。然而,困难在于如何找到那些在 PTSD 形成中发挥作用的神经性因素。通常无法确定的是,患有精神障碍(如 PTSD)的个体与未患精神障碍的对照组之间的差异是否能反映出所研究的障碍的病因或影响。此外,正如那些探讨暴露于暴力行为影响的研究一样(见第五章),关于创伤影响的前瞻性研究较少。理想情况下,前瞻性研究必须在发生创伤之前评估个体,并包括未暴露于创伤事件的个体,然后在创伤组暴露于创伤后多次对两组进行评估。此外,区分哪些神经性因素是 PTSD 的易感因素,哪些是创伤造成的影响,对理解这种障碍的产生非常重要(Admon, Milad, & Hendler, 2013b)。

虽然这一章只能综述一小部分研究,但值得注意的是,借助采用多种研究设计(双生子和基因学研究,环境影响研究,甚至罕见的前瞻性研究)的影像学研究,研究人员在绘制 PTSD 的神经基础模型方面取得了进展。这项研究涉及边缘系统的一个组成部分——杏仁核,它是位于左右颞叶的一组细胞核,在情绪加工中发挥着作用。杏仁核的异常增强了个体对情绪性刺激的反应性,并使个体在对创伤的反应中容易形成 PTSD(Admon 等,2013b)。扣带回也是边缘系统的一部分,它在情绪和记忆的形成中起重要作用。前扣带回背侧区域活动性增加是另一个诱发 PTSD 的因素(Admon 等,2013b)。

下面的两个前瞻性研究介绍了与战斗有关的创伤造成的神经性影响。首先,埃德蒙等人(Admon 等,2009)追踪了一批样本,该样本包括 10 名平民组成的控制组和 37 名年轻士兵(大约一半是女性)组成的暴露组,他们在以色列国防军(Israel Defense Forces,IDF)中担任战地医护人员。在医护人员组接受培训之前(也即暴露于严重创伤之前),以及 18 个月后,也就是战地医护人员暴露于"一种或多种伴有强烈消极情绪的高压经历"之后,两个组均接受了测量(Admon 等,2013a)。研究结果表明,暴露于创伤导致联接杏仁核和前额叶皮层腹内侧部分的纤维减少。虽然前额叶皮层与计划、社交行为和人格有关,但腹内侧部分与对不良刺激的情绪抑制有关。第二项前瞻性研究中包括24名IDF战地医护人员(一半是男性;且没有对照组),研究结果表明暴露于创伤压力导致伏隔核对奖赏的反应降低,杏仁核对风险的反应增加(Admon等,2013a)。伏隔核位于基底前脑,在快乐体验中起重要作用[①]。

**心理障碍与脑损伤**

批评者质疑了对美国越战退伍军人的PTSD诊断结果的高估计值,因为估计值(a)是基于诊断性访谈,而其中可能受到回忆偏差的影响,并且(b)超过了作战部队士兵的百分比(约15%),估计值必然包括支援部队(Dohrenwend等,2006)。然而多伦温德等人(Dohrenwend等,2006)指出,退伍军人对暴露于创伤事件的自我报告是可靠的,并与军事历史和当时的报纸报道相匹配。此外,研究团队发现,支援部队,像作战部队一样,也在这场"没有战线的战争"中暴露于战争相关的创伤性事件的影响。美国越战退伍军人的PTSD终生患病率约为22%。

方塔娜和罗森海克(Fontana & Rosenheck,1994)对二战、朝鲜战争和越南战争的美国退伍军人的临床样本进行研究发现,暴露于创伤事件的程度与PTSD症状以及一般精神症状有关。霍格等人(Hoge等,2004)通过对6,000多名美国陆军士兵和海军陆战队员的研究发现,在控制社会人口学因素后,从伊拉克归国的士兵疑似PTSD的患病率(按照严格的判断标准,12%—13%)显著高于派遣前的陆军对照组(5%),霍格等人(Hoge等,2004)对派遣到伊拉克和阿富汗的士兵和海军陆战队员的研究发现,士兵或海军陆战队员患PTSD的风险与参与交火的次数有线性关系。研究者还指出,对谴责的不安是他们寻求帮助时的障碍,从预备役部队召集的士兵尤其处于这种风险之中。在伊拉克战争后归国的美国陆军士兵(n>80,000)中,从国民警卫队和陆军预备役部队召集的士兵患PTSD、抑郁、酒精和物理滥用的阳性(≈42%)是现役士兵的两倍(≈20%;Milliken, Auchterlonie, & Hoge,2007)。

在一项研究中(Tanielian & Jaycox,2008),涉及以前被派遣到伊拉克和阿富汗的所有军队分支的1,900多名人员(12%为女性),14%的样本达到了疑似PTSD的标准,14%的人疑似重度抑郁症(major depressive disorder,MDD),还有19.5%的人疑似创伤性脑损伤(traumatic brain injury,TBI);31%的样本符合一项或多项诊断的标准。PTSD与共病障碍的风险增加有关,特别是酒精和物质使用障碍。万斯特灵等人(Vasterling等,2010)获得了2003年—2006年期间来自美国陆军和被启用的国民警卫队的1,000多名男性和女性成员被

---

[①] 本书将在第11章中介绍其他的有关军队士兵PTSD生物学基础的研究。

派遣前后的数据,其中约有70%的部队被派遣到伊拉克(在这项研究后,大部分没有被派遣的军队也被派遣去了伊拉克)。与未被派遣的士兵相比,被派遣的士兵PTSD症状的严重程度在被派遣后显著增加。在控制被派遣前的症状之后,诸如暴露于战斗的强度和被派遣后的后方压力源(例如,家庭担忧)等因素与PTSD症状的增加有关。

### 领导

工作压力研究的一个方面是识别减少压力源数量、强度、或缓解压力源影响的因素。在军队中,领导起核心作用。回想一下第一章,斯皮格尔(Spiegel,1944)指出,在突尼斯战役期间,领导人为鼓舞美国陆军部队士气做出了很大贡献。布里特、戴维森、布利斯和卡斯特罗(Britt, Davison, Bliese, & Castro, 2004)综述了一系列领导对美国军队压力过程影响的研究,得到了两个重要发现:(a)军事领导的支持能减少影响士兵的压力源的数量;(b)领导对目标和有助于实现目标的指导方针的阐释可以缓解压力源对压力的影响。布利斯和哈文森(Bliese & Halverson, 2002)的研究揭示了领导如何影响压力过程,研究发现领导的支持性(例如,"关心士兵的个人福利")与部队士兵压力源(如,部队内部的敌意)数量的减少有关。相比之下,当领导不具有支持性时,部队中会表现出更多的敌意。

### 性骚扰

在美国武装部队中,对女性的性骚扰问题一直很严重。美国军方调查了超过28,000名服役人员,其中79%是女性(Hay & Elig, 1999)。大约37%的女性表示,在调查之前的12个月里,她们经常面对敌意和"不愿接受的性暗示"(Fitzgerald, Magley, Drasgow, & Waldo, 1999)。她们受到性骚扰的频率与心理健康感的降低,情绪问题的增加,对主管、同事和工作本身的满意度降低有关(Magley, Waldo, Drasgow, & Fitzgerald, 1999)。而这一样本中的男性"很少受到不愿意接受的性关注"(Magley 等,1999, p.298)。

### 自杀

自克里米亚战争(Smith, Masuhara, & Frueh, 2014)和美国内战(Frueh & Smith, 2012)以来,已有很多关于军事人员自杀的记录。在伊拉克和阿富汗冲突期间,美军自杀率日益增长的趋势显现出来(Bachynski 等,2012)。美国军人的自杀死亡率不断攀升。然而,这个问题早在那些战争之前就存在了。美国劳工部发现,从1992年到2001年,现役军人未校正的自杀率是美国平均工作场所自杀率的五倍多(Pegula，2004)。卡普兰、霍格特、麦克弗兰和纽斯蒙(Kaplan，Huguet，McFarland，& Newsom，2007)在一项为期 12 年的研究中，对超过 300,000 在 20 世纪 80 年代和 90 年代服役的退伍军人进行了代表性抽样调查发现，在控制社会人口学因素后，退伍军人自杀死亡的可能性是非退伍军人的两倍多。坦尼利安与雅克斯(Tanielian & Jaycox，2008)的研究中涉及的三种精神障碍(PTSD，MDD 和 TBI)中的每一种都是自杀的风险因素。同样，艾伦、克罗斯和思旺纳(Allen，Cross，& Swanner，2005)发现精神疾病问题，如酒精过度使用，是军队(和非军队)中人员自杀的一个危险因素。

2004 年，美国陆军有 64 人自杀；4 年后，这个数字上升到 128 人(Kuehn，2009)。库恩(Kuehn)发现，在 2008 年，现役陆军人员的自杀率为每 100,000 人中有 20.2 人，超过了按人口统计学匹配的平民人口的自杀率，即每 100,000 人中有 19.5 人。自杀手段的可得性是自杀的一个因素；而在军队里，枪支随处可得(Mahon，Tobin，Cusack，Kelleher，& Malone，2005)。艾伦等人(Allen 等，2005)发现，在 2002 年，72% 的美国陆军的自杀案件涉及枪支，这超过了 CDC 在对 16 个州的平民的追踪调查中发现的 52% 的枪支自杀比率(Karch，Logan，& Patel，2011)。在一项为期 12 年的研究中，卡普兰等人(Kaplan 等，2007)发现，与非退伍军人自杀手段相比，退休军人实施自杀更有可能涉及枪支。当然，如果有过自杀念头的士兵能够寻求治疗，那将会很有帮助。寻求帮助的一个障碍是对遣责的不安(Genderson，Schonfeld，Kaplan，& Lyons，2009)。

先前的自杀未遂本身就是自杀死亡的重要预测因素，因此也必须确定自杀未遂的风险因素。乌萨诺等人(Ursano 等，2015)在一项回顾性队列研究(见第二章)中对近 200,000 美国士兵进行了调查，确定了一些自杀未遂的风险因素。这些风险因素包括：成为一名应征入伍的士兵，第一次服役(特别是在服役初期)，在入伍前就已经达到了心理障碍的诊断标准，以及入伍前的自杀念头。

## 总结

武装部队中的男性、女性经常面对有害的、致残和威胁生命的事件。虽然大多数士兵最后能从战场回来，但是那些追溯到第一次和第二次世界大战的研究告诉我们，战场会对士兵的身体和心理产生不利影响。暴露的时长和强度会增加风险。第二次世界大战期间进行的研究表明，伤亡率非常高的部队的幸存士兵处于风险之中。战场效应包括 PTSD 以及神经功能的改变、MDD、TBI 和自杀。高素质领导对缓解压力过程非常重要。对遣责的不安是士兵寻求帮助的障碍。军队中的女性一直受到性骚扰的影响。

## 后记

本节以查尔斯·杜宁(Charles Durning)的简短的小传开始,他在第二次世界大战期间遭受了非常多的痛苦,战后因心理和生理创伤接受了 4 年的治疗。然而,他的人生故事并没有结束于战后的住院治疗。我们应当向读者强调的一点是,尽管士兵们一直并将继续暴露于恶劣的环境,但仍有恢复的希望。尽管查尔斯·杜宁遭受了心理创伤和身体创伤,但仍然结婚生子,并有了一个漫长的职业生涯,这是一种韧性的表现。此外,他还成为了百老汇和好莱坞的成功演员。

## 现场急救人员

当本书的第一作者还是个孩子的时候,他曾和一些亲戚一起度过了一个下午。在他第一次见到的人中,有一位是他堂兄弟的叔叔阿蒂·拉斯基(Artie Lasky)。阿蒂是一名警探,他讲了很多关于他工作的故事。第一作者记得的最生动的故事是开始于一个侦探从他的警用无线电中得知了一起可怕的交通事故。因为阿蒂就在附近,他想要帮忙。他驱车前往现场。等他到时,穿制服的警务人员和救护车已经到达。一名穿制服的警务人员捡起了路上的一条断臂并用毯子把它裹了起来。这名警务人员站在街上,伸出双手托住那一条胳膊。他前后摇晃时双脚仍然稳稳地站着。每当他向前摇晃时,"他就吐在排水沟里"。这名警务人员就是一名现场急救人员,只是当时这个术语还不为人所知。

美国政府(白宫,2003)将现场急救人员定义为:

在事故发生的早期阶段负责保护和维护生命、财产、证据和环境的个体,包括 2002 年《国土安全法》第 2 条(6 U.S.C. 101)中定义的应急响应提供者,以及在预防、应对和恢复操作期间提供即时支持服务的应急管理、公共卫生、临床护理、公共建设和其他熟练的技术支持人员(如设备操作员)。

"现场急救人员"一词包括警务人员、消防员、公共卫生工作者、医院员工、急救医务人员、环卫员工、建筑和钢铁员工、心理健康专家、运输工作者、志愿者等。

### 警务人员

警务人员的工作可能是危险的。美国联邦调查局数据库显示,1996 年至 2010 年间,美国有782起杀害执法人员的凶杀案,其中92%与枪支有关(Swedler, Simmons, Dominici, & Hemenway, 2015)。2014年,51名美国执法人员"在执行任务时被残忍杀害"(联邦调查局[Federal Bureau of Investigation, FBI], 2015)。从1980年到2014年,平均每年有64名执法人员被残忍杀害。表7.1显示了这些死亡发生时的情境。在FBI报告的51起死亡事件中,有46起案件的罪犯使用了枪支。

| 表7.1　2014年被残忍杀害的执法人员 | | | |
|---|---|---|---|
| 情境 | 被残忍杀害的执法人员数量 | 情境 | 被残忍杀害的执法人员数量 |
| 应答骚扰电话 | 11 | 与枪支有关的死亡 | 46 |
| 交通追逐/拦截 | 9 | 手枪 | 33 |
| 伏击 | 7 | 步枪 | 10 |
| 调查可疑人员/活动 | 7 | 霰弹枪 | 3 |
| 执行调查任务 | 5 | 手、拳头作为武器 | 1 |
| 参与战略情境 | 4 | 车辆作为武器 | 4 |
| 应对精神病人 | 3 | 总计 | 51 |
| 无缘无故的袭击 | 1 | | |
| 试图实施逮捕 | 4 | | |
| 总计 | 51 | | |

来源:FBI(2015)。

相比之下,英国严格控制对枪支的供应,2014年没有警务人员在执行任务时被杀害(警察荣誉信托名册,2015)。在美国,持枪量大的州的凶杀率是持枪量小的州的三倍(Swedler等,2015)。这一枪支数据表明,在美国,个人很容易获得枪支,这是造成警务人员死亡的一个风险因素。在撰写本章时,尚不清楚美国执法人员的死亡率是否会促使美国国会和州立法机构采取措施限制枪支的供应。

表7.2显示,2014年有44名警务人员在执行任务时被意外杀害。2008年美国城市、州和县执法人员大约有110万(Reaves, 2011)。不幸的是,在本书撰写时,还不能从美国司法统计局执法人员普查中获取更多的最新数据(B. A. Reaves,个人交流,2015年9月)。然而,如果暂时假设2014年美国的警务人员与2008年大致相同,那么执法人员的年凶杀率为每100,000人中有4.64人,年事故死亡率为每100,000人中有4.00人。在英国,没有警务人员在执行任务时被意外杀害,但有3起与执行任务不相关的死亡(2人死于交通事故,1人死于骑车上班时发生的心脏病;警察荣誉信托名册,2015)。在苏格兰,1994年(有警员被刺伤)到2015年12月(Baker, 2015),没有警务人员在执行任务时被杀害。

表 7.2　2014 年被意外杀害的美国执法人员

| 情境 | 被意外杀害的执法人员数量 |
|---|---|
| 汽车事故 | 28 |
| 摩托车事故 | 6 |
| 被车辆撞击 | 5 |
| 意外枪击事件 | 2 |
| 溺水 | 1 |
| 外伤 | 1 |
| 烟尘吸入 | 1 |
| 总计 | 44 |

来源：FBI(2015)。

虽然警务人员必须确保公众安全，但他们也有心理负担。例如，罗伯茨和李(Roberts & Lee，1993)利用 ECA 的数据发现，在从事"保护性服务"工作的人中，酒精过度使用或酒精依赖的终生患病率超过全国平均水平。在 ECA 中，保护部门指的是警务人员、消防员和他们的管理者。然而，与全国相比，这些个体患抑郁症和药物滥用或依赖的比率很低。因为在许多地方，警察和消防员都面临强制性的药物检测，所以他们承受着抵抗非法药物的压力。他们更可能依靠一种合法的药物，比如酒精，作为一种表达或释放心理困扰的方式。

维奥兰蒂、维纳和帕崔拉(Violanti, Vena, & Petralla，1998)认为警察工作带来的长期压力和创伤性事件会导致一系列障碍的发生。一项针对克利夫兰郊区男性警务人员的研究(Robinson, Sigman & Wilson，1997)表明，与工作相关的死亡(如，自杀)暴露与 PTSD 症状存在同时相关。维奥兰蒂等人(Violanti 等，1998)对一个几乎全是男性的布法罗警务人员大队的死亡率进行调查发现，警务人员有高于平均水平的全因死亡率。服役 10—19 年的布法罗警务人员动脉硬化的死亡率高于平均水平。相比之下，尽管，平均而言，布法罗警务人员比爱荷华州警务人员的工作压力更大，但一项对爱荷华州男性执法人员进行的长达 10 年的研究结果却未能证明冠状动脉疾病的患病风险与参照组不同(Franke, Cox, Schultz & Anderson，1997)。对布法罗警务人员的研究发现，由于各种原因，包括恶性肿瘤、肝硬化和自杀，警务人员的死亡率有所上升。

由于警务人员经常暴露于创伤性事件，因此，多年警务工作积累的创伤性压力与自杀的关系可能是通过 PTSD 介导的(O'Hara，2011)。一项为期一年的研究对 250 多名荷兰男性和女性警务人员进行了调查，他们都在基线时经历过创伤性事件，证据表明，很多因素可以预测在事件发生的 3 个月和 12 个月后的 PTSD 症状(Carlier, Lamberts, & Gersons，1997)。这些因素包括事件发生时的情绪枯竭、内向、工作不安全感以及雇主没有提供足够的事件后

2012年,伯明翰公交车上的交通安全警察。(摄影师未知。由英国西米德兰兹郡警察局提供。)

时间来让他们接受创伤性事件。证据还表明创伤严重程度在 PTSD 风险中起到重要作用。麦格温等人(Maguen 等,2009)对 180 名美国警察学院的学员(13%为女性)进行了追踪调查,这些学员未来会在不同的部门当警务人员。研究团队发现,在一年的警务工作结束后,警务人员个人生活中的消极事件、执行任务时遇到的个人威胁事件以及压力性工作环境(如,与同事发生冲突)能够预测 PTSD 症状水平的升高。

维奥兰蒂(Violanti,2011)使用 NIOSH 从 28 个州收集的死亡证明数据分析发现,1984 年至 1998 年间警务人员的自杀率上升。相比之下,马杜克、诺克、里昂、珀特拉和塔迪福(Marzuk, Nock, Leon, Portera, & Tardiff, 2002)发现,尽管女性警务人员比一般人群中的女性面临更大的自杀风险,但在控制人口学因素后,1977 年至 1996 年间 NYC 警务人员的自杀率与 NYC 一般人群的自杀率相当。美国劳工部的一项关于工作场所自杀的研究(Pegula,2004)发现,1992 年至 2001 年间,警务人员未经校正的自杀率是全国平均水平的五倍以上。关于警务人员自杀风险的研究尚无定论,因为人口比较的研究往往没有控制年龄、性别和婚姻状况(Stack, 2001; Stuart, 2008)。一项综述(Hem, Berg, & Ekeberg, 2001)和元分析(Loo, 2003)研究表明,警务人员的自杀风险并不比人口统计学上相似的参照群体的自杀风险更大,尤其是联邦和市政部门。地方警察部队可能是个例外(Loo, 2003)。维奥兰蒂、罗宾逊和申(Violanti, Robinson, & Shen, 2013)使用一个替代指标①来表示死亡率,发现在美国 23 个州工作的执法人员比其他职业群体的成员有更高的自杀风险。警务人员自杀的风险很

---

① 维奥兰蒂(Violanti)等人使用了比例死亡率,这是一个统计指标,表示任何一个职业类别中由于某种特定原因(比如自杀)造成的死亡所占的比例。因为分母无法准确估计,所以无法直接计算死亡率(Violanti,个人交流,2015 年 5 月)。

可能由于枪支的可得性而增加；枪支是绝大多数警务人员自杀时使用的工具（Marzuk 等，2002；Stuart, 2008）。

应该强调的是，并不是所有的警察任务都有同等压力。在一项关于警务人员压力的定性研究中，阿特（Arter, 2008）对美国南部大城市的男性警务人员进行了调查，他比较了三组警务人员，即从事卧底工作（压力最大的任务）的警务人员、以前曾从事卧底工作的警务人员和从未从事过卧底工作的警务人员。卧底警务人员做出的越轨行为最多（如，过度酒精使用，未能遵守法律）；从未从事过卧底工作的警务人员做出的越轨行为最少。在后文专门讨论 9/11 事件现场急救人员的小节中，我们将继续讨论警务人员。

**总结**

警务人员的工作使他们暴露于创伤性压力源中，比如凶杀、强奸、自杀和交通事故以及自身危险和同事死亡。奥哈拉（O'Hara, 2011）提出，随着时间推移，这些暴露会累积起来，给警务人员带来沉重的心理负担，并使其面临过度酒精使用和 PTSD 的风险。有证据表明，警务人员的自杀风险过高。

## 消防员

消防员可以是地方的雇员，为国家政府工作（如美国林务局），也可以是志愿者。2013 年，美国有 1,140,750 名消防员，其中包括 354,600 名职业消防员和 786,150 名志愿消防员（美国消防局，2015）。

消防本身就是一项危险的职业。2013 年，106 名美国消防员在执行任务时死亡（美国消防局，2015）即，每 100,000 人中有 9.29 人死亡。表 7.3 列举了这些死亡时发生的情况。大约

**表 7.3　美国消防员死亡人数，2013**

| 消防员死亡情境 | 数量 |
|---|---|
| 与紧急事故有关的活动造成的死亡 | 77 |
| 在火灾现场的活动造成的死亡 | 55 |
| 心脏病发作 | 36 |
| 处理紧急事故或从紧急事故现场返回 | 14 |
| 交通事故 | 9 |
| 总计 | 106 |

注：一名消防员的死亡可以被划分为一种以上的类别。
来源：美国消防管理局（2015）。

一半的死亡是由于消防员在火灾现场的活动造成的。大约三分之一的人死于心脏病发作。如果消防员经历的致命的心脏病发作或其他致命伤害(a)是在家中但正准备处理紧急情境时或(b)是在处理完紧急情况返回家中后,则被视为在执行任务时死亡(美国消防管理局,2014)。其中十四人在赶往紧急事故现场或从紧急事故现场返回的途中死亡。

在英格兰,2010—2011年间(本书撰写时的最新数据),共有41,202名消防员(社区和地方政府部门,2011)。在此期间有两起致命伤害事故。因此,这段时间内,英格兰与工作有关的死亡率为每100,000人中有4.85人,约为美国的一半。两者之间的差异不是一年的偏差。在过去的几年里,英格兰与工作有关的死亡率普遍低于美国。为什么会有这种差异尚不清楚,但这值得进一步探究。

与消防员工作有关的危险会对他们产生心理影响。在一系列毁灭性的灌木丛火灾席卷南澳大利亚之后(路透社,1983),麦克法兰(McFarlane,1988)发现迟发性精神疾病很常见。他发现患有复发性障碍的消防员往往是暴露于灌木丛火灾最严重的人。患有长期障碍的人也可能会因为电视中提到的火灾而受到影响。诺思等人(North等,2002)追踪调查了1995年俄克拉荷马城爆炸案后担任救援人员的男性消防员和男性主要受害者。该研究团队发现,消防员被诊断为PTSD的比率(13%)低于平民中的主要受害者(23%)。任何障碍的发生率在两组中都大致相同(38% vs. 34%)。与平民受害者相比,消防员更有可能被诊断为患有酒精使用障碍(24% vs. 10%),而平民受害者比消防员更有可能被诊断为患有抑郁症(8% vs. 13%)。

1986年,在三级警报的建筑火灾中的两名消防队员,位于德克萨斯州休斯顿69区的沃斯和伯戈管辖地。(转载自休斯顿大学数字图书馆和维基共享。公共领域。摄影:乔·L·基纳[Jo L. Keener])

墨菲、贝通、匹克和约翰逊(Murphy, Beaton, Pike, & Johnson, 1999)指出,"消防工作的一个相对独特的方面是24小时轮班制,这使消防员的睡眠经常被中断,他们的工作具有不确定性和潜在的危险,但有时又是平静和无聊的"(p.180)。1998年,贝通、墨菲、约翰逊、匹克和柯奈尔(Beaton, Murphy, Johnson, Pike, & Corneil)调查了美国西北部两个城市的消防员在6个月内经历严重压力事件的比率。至少有10%的消防员目睹了婴儿的突然死亡,8%的消防员暴露于有害化学物质,26%的消防员向重伤儿童提供了援助,27%的消防员出现在有一个或多个人死亡的多车事故现场。在6个月的回顾中,2%的消防员经历了同事死亡,这是压力最大的工作相关事件之一。墨菲等人(Murphy等,1999)指出,消防员对创伤性事件的暴露是这项工作的一个固有特征。

柯奈尔、贝通、墨菲、约翰逊和匹克(Corneil, Beaton, Murphy, Johnson, & Pike, 1999)发现,上述研究中22%的消防员符合(疑似)PTSD的标准;相比之下,在加拿大城市工作的消防员(100%为男性)中17%的人符合(疑似)PTSD的标准,这与越战中受伤的美国退伍军人(疑似)PTSD的比例相当。暴露于消防部门前一年记录的创伤性事件(如,自杀、枪伤、与火灾有关的死亡)与PTSD的风险增加有关。在加拿大和美国的消防员样本中,与PTSD风险增加相关的其他因素包括工作场所要求和之前的求助行为(这可能与需要帮助有关)。在这两个样本中,与降低PTSD风险相关的因素包括工作和家庭支持。瓦格纳、海因里希斯和艾勒特(Wagner, Heinrichs, & Ehlert, 1998)发现,在控制社会赞许偏差后,德国男性消防员样本中患有疑似PTSD的概率大约为18%,尽管任何一种疑似心理障碍(如,抑郁症)的患病率都大于25%,正如症状筛查量表的高分所反映出来的那样。在患有PTSD的消防员中,有相当一部分消防员的PTSD与其他障碍(如,疑似抑郁症,药物滥用)并发。另一项规模较小(n=43)的德国研究有所创新,与大多数关于消防员的研究不同,该研究的数据收集始于"暴露于创伤之前的时期"(p.2277),并持续了2年(Heinrichs等,2005)。研究团队发现,尽管我们不知道两年期间的暴露情况以及暴露是如何与人格因素相互作用的,但是两个基线期的人格因素(敌对水平和低自我效能感)几乎解释了追踪期间PTSD症状一半的变异。在后文专门讨论911事件现场急救人员的小节中,我们将继续讨论消防员。

**总结**

消防员通常需要暴露在创伤性事件中,包括自身危险和消防员同事的死亡。暴露于创伤性事件的影响会在事件后持续数月,甚至数年。和警务人员一样,这些暴露与PTSD和共病障碍的风险增加有关。有初步证据表明,人格因素增加了PTSD症状的易感性。

# 911 事件

这一特别小节专门介绍那些在 2001 年 9 月 11 日响应号召履行职责的个体,以表彰当天所有参加救援与恢复的工作者所做出的杰出贡献。然而,由于对世界贸易中心(World Trade Center,WTC)袭击事件后果的研究,尤其是纵向研究,远远多于对五角大楼袭击或宾夕法尼亚州尚克斯维尔飞机坠毁悲剧后果的研究,因此本节的中心焦点是 NYC 的现场急救人员。

在为期 5 至 6 年的追踪调查中,一共有 21,000 多名 WTC 的救援和恢复工作者(消防员、警务人员、紧急医疗服务人员、建筑工人、工程师、环卫工人、FEMA 工作人员和志愿者)和 24,000 多名其他人(居民、办公室员工和路人)暴露于这一事件,布瑞克比尔和他的同事(2009;Farfel 等,2008)获得了关于个体在 911 事件之前是否患过 PTSD 或抑郁症的回顾性数据,并在分析中排除了先前就患有障碍的个体。布瑞克比尔等人(Brackbill 等,2009)发现,与其他人员(如,居民)相比,救援和恢复工作者更有可能经历疑似 PTSD 的延迟发作;也就是说,在第一波数据收集时没有达到 PTSD 标准的人中,救援者比该地区的其他人员更有可能在第二波测量中达到 PTSD 的标准。在对事件发生前的抑郁症诊断结果进行控制之后(排除了之前患有 PTSD 的个体),研究人员发现,救援和恢复工作者在世贸大厦遗址停留的天数(包括暴露于尘雾中的天数)和提前到达的时间预测了第二波测量时个体的 PTSD。作者还发现 PTSD 和哮喘通常同时发生。急性暴露和长期暴露都会导致创伤后应激症状和哮喘。事件发生后的失业增加了患病风险,而其他人的支持则能够降低这种风险。

虽然现场急救人员的 PTSD 的发病率通常低于一般人群,但是高力、南迪和弗拉霍夫(Galea,Nandi & Vlahov,2005)发现,袭击之后的情况并非如此。任何 PTSD 的发生率在现场急救人员(23%)、居民(21%)、办公室员工(25%)和路人(29%;也见 Brackbill 等,2009,表7)中都是相似的。

## 911 事件现场急救人员:警务人员

研究者在不符合疑似 PTSD 标准的救援和恢复工作者中观察到了广泛的症状(Stellman 等,2008)。皮特尔扎克等人(Pietrzak 等,2012)在一项针对参与 911 事件救援行动的男性警务人员(n = 8,400)的研究中发现,在袭击后的 4 年内(范围:2—7 年),大约 5% 的警务人员经历了完全型 PTSD,另有 15% 的警务人员经历了"亚综合征型 PTSD",即警务人员达到了某些但不是全部的诊断标准。识别亚综合征型 PTSD 的重要性有两方面。首先,许多完全障碍的风险因素与亚综合征型 PTSD 的风险因素相同。其次,和完全障碍一样,亚综合征型 PTSD

会出现一系列共病问题（如，抑郁、过度酒精使用、自杀念头）。

在接下来的9年里，有超过9,600名警务人员暴露于WTC发生的袭击事件，其中疑似PTSD的累积发病率是9%，疑似抑郁症的比率是7%，疑似惊恐障碍的比率是8%（Wisnivesky等，2011）。这些比率低于其他救援和恢复工作者（建筑工人，电工）的比率：PTSD患病率32%，抑郁症患病率27.5%，惊恐障碍患病率21%。目前尚不清楚为什么警务人员处于较低的风险中，但可能的原因包括训练、自我选择和有创伤性压力的经历。尽管如此，皮特尔扎克等人（Pietrzak等，2012）发现，与完全障碍相比，更多的警务人员也面临患有亚综合征型PTSD的风险。对2,940名警方应急人员（86%为男性）的进一步研究表明，在911事件后的2至3年和911事件后的5至6年间，疑似PTSD的患病率增加了一倍，从8%增至16%以上（Bowler等，2012）。警务人员患PTSD风险因素包括目睹的创伤事件数量、911事件后失业、性别为女性、911事件时处于高龄、警官社交网络的规模和密度较小。同样值得注意的是，PTSD与包括呼吸道损伤、哮喘和反流病在内的躯体疾病有相当多的共病性（Wisnivesky等，2011）。

### 911事件现场急救人员：消防员

贝尔宁格等人（Berninger等，2010）专门研究了5,600多名有WTC经历的男性消防员。在基线期，也即911事件后1到6个月之间，大约50%的消防员经历了过度唤醒，这是PTSD的标准之一；38%的消防员报告了对事件的再次体验，这是PTSD的另一个诊断标准；大约15%的消防员报告体验到了麻木，这是负面情绪的标准之一。几乎9%的消防员在基线时就符合疑似PTSD的所有标准；大约3年后，有11%的消防员符合疑似PTSD的标准。追踪期间，近一半（44.5%）的病例为延迟发作病例。迟发型PTSD的风险因素包括在911事件发生后的早晨到达、在该地区工作的时长以及基线期的阈下PTSD水平。消防员的PTSD伴随着诸如酒精使用增加和工作或家庭功能障碍等困难。

苏等人（Soo等，2011）扩展了贝尔宁格等人（Berninger等，2010）的研究，对11,000多名NYC消防员进行了系列横断面分析，研究者每18个月收集一次数据，一直追踪到2010年，即在911事件之后对这些被试进行了持续9年的纵向研究。在患有PTSD的消防员中，最早到达事故现场的消防员恢复的可能性最小。自911事件以来，共病性的呼吸消化道症状（如，胃食管反流病）和酒精使用的增加也与恢复的可能性降低有关。邱等人（Chiu等，2011）对1,900多名暴露于911事件但直到2002年7月25日才退休的消防员进行研究，发现78%的人报告说世贸中心的倒塌是"他们经历过的最可怕的事件"（p. 204）。2005年，疑似PTSD和疑似抑郁症的发病率分别为22%和23%；在16%的退休人员中，这些障碍是并发的。邱

在世界贸易中心发生911袭击后,站在废墟中的纽约市消防员。
(摄影:大卫·马克[David Mark]。公共领域。)

(Chiu)等人发现,提早到达WTC事故现场是PTSD的一个风险因素,并且PTSD在提早到达事故现场和抑郁症之间起到中介作用(反之则不然)。

## 911事件现场急救人员的子女

911事件现场急救人员的子女也受到了袭击的影响。霍芬等人(Hoven等,2009)发现,疑似PTSD和其他形式的精神障碍可能会传播给现场急救人员的子女。司代曼等人(Stellman等,2008)的研究表明,与911事件之前几个月的表现(回顾性数据)相比,911事件发生之后的几个月内现场急救人员的子女表现出更多的退缩和攻击性行为。杜阿尔特等人(Duarte等,2006)发现,急救医务人员(emergency medical technicians,EMTS)的子女患精神障碍的风险比警务人员和消防员的子女更高。研究人员认为,EMT子女的高易感性可能与他们处于更大的社会劣势有关,也有可能是因为与其他救援工作者相比,救护人员有更高风险患PTSD(Berger等,2012),所以痛苦传递到救护人员家属的可能性也更大。

### 总结

暴露于911事件给救援和恢复工作者带来了巨大负担。研究者一致认为暴露强度和暴露时长与PTSD的风险和亚综合征型障碍的风险有关。此外,还可能会与其他心理障碍(如,抑郁症)和躯体疾病(如,哮喘)有相当多的共病。在对南澳大利亚州(McFarlane,1988)和俄克拉荷马城（North 等，2002）消防员的研究中发现，暴露于创伤事件的影响可能持续数年。布瑞克比尔等人（2009；Berninger 等，2010）和维斯尼维斯基等人（Wisnivesky 等，2011）的研究表明，随着时间的推移，消防员、警察和其他救援和恢复工作者中 PTSD 的患病率往往会增加。相比之下，库克等人（Cukor 等，2011）发现，在 2,960 名灾后恢复工作者样本中，疑似 PTSD 患病率在 2002 年至 2008 年之间有所下降。考虑到现场急救人员暴露在烟堆的事实，PTSD 与呼吸消化道问题共病。911 事件中现场急救人员的子女身上也出现了心理健康问题。

## 建筑工人

建筑工人（Construction Workers，CWs）的工作是建造、修理、翻新和维护基础设施，如，道路和建筑物（美国国家职业安全卫生研究所［National Institute for Occupational Safety and Health，NIOSH］，2015a）。建筑业是最危险的行业之一。例如，2013 年，美国建筑行业有 828 人在工作中死亡，这比其他任何行业都多。这些死亡人数占当年美国所有与工作有关死亡人数的 18%（BLS，2015a）。2012 年欧盟有 869 名 CW 死亡（欧盟统计局，2015 年）。美国的死亡率约为每 100,000 名全职工作者中有 9.7 例死亡个案（BLS，2015a），欧盟的死亡率约为每 100,000 名全职工作者中有 6.4 例死亡个案（欧盟统计局，2015）。美国建筑工人的死亡率略高于美国警务人员（见警务人员一节）的综合死亡率（被残忍杀害和意外杀害），后者以其固有的危险性而闻名。

建筑工地上的水泥作业。（摄影师未知。公开领域。）

除死亡外，由于与工作有关的暴露，CW 受伤和患病的比率也很高。2013 年，建筑行业报告的工伤和职业病有 203,000 例，几乎占美国工伤和职业病总数的 7%（BLS，2015a）。在美国，全职工作者受伤和患病率约为每 100 人中有 3.8 例（BLS，2015a）。2012 年，在欧盟的 CW 中有 418,414 起非致命事故；发生率（每 100 名全职工作者有 3.1 例；欧盟统计局，2015 年）与美国相当。这些病例中有一半以上导致了损失工时、工作调动或常规工作职责受到限制，这表明这些疾病和伤害是严重的，它们损害了员工履行其常规职责的能力（BLS，2015a）。

## 职业压力与安全

由于 CW 往往面对更高的职业死亡率、疾病和伤害，因此这方面的研究重点是确定相关的心理机制，这可能有助于解释建筑工地特征对员工安全相关的结果变量的影响。阿贝、哈维、艾库曼和阿加扎德（Abbe, Harvey, Ikuma, & Aghazadeh, 2011）发现，工作场所因素与压力的增加和投入的降低有关，这进一步又与美国 CW 中更多的事故和伤害有关。特别是，结果表明，CW 的技能利用不足和高水平的工作需求与其心理压力（如，愤怒、焦虑和悲伤）有关。另一方面，充足的训练和支持与身心症状（如，胃病、头痛）呈负相关。充足的训练也与较低的自我报告受伤率、较严重的 OSHA 记录的伤害和由于伤害而误工的天数（伤害严重性的另一个指标）有关。重要的是，研究发现工作中的焦虑是 OSHA 记录的伤害的预测因素，这表明工作压力引起的负面情绪可能会对工作场所事故和损伤产生影响。

与阿贝等人（Abbe 等，2011）的研究结果不同，戈登哈尔、威廉姆斯和斯旺森（Goldenhar, Williams, & Swanson, 2003）发现技能利用，而不是利用不足，与心理困扰呈正相关。然而，高水平支持和工作确定性与较低水平的困扰及身心症状相关。最后，与阿贝等人（Abbe 等，2011）的研究结果相一致，心理困扰和身心症状都与安全相关的结果变量有关，包括未遂事故和自我报告的受伤害情况。

其他研究强调了心理困扰和不确定性与受伤风险的关系。在香港进行的一项研究中，梁、陈和于（Leung, Chan, & Yu, 2012）发现，缺乏目标设定与受伤风险有关，这表明当 CW 不知道与工作相关的优先顺序时，他们更有可能经历受伤。此外，缺乏适当的安全设备与情绪困扰和身心症状的增加有关。虽然情绪困扰和身心症状均与伤害没有直接关系，但这些压力症状与员工更频繁地从事不安全的工作行为有关。梅利娅和波塞利尔（Meliá & Bercerril, 2009）的研究表明，在西班牙员工中，感知安全氛围（见第六章）与微小事故（如，撞伤和瘀伤）的发生呈负相关；积极氛围的影响是通过工作压力的减少来介导的。同样，萧、菲利普斯和梁（Siu, Phillips, & Leung, 2004）发现，在香港，CW 的安全氛围感知与较低的事故发生率有关；这种关系是由较低水平的心理困扰所中介的。最后，阿贝等人（Abbe 等，2011）发现，不良的安全氛围与工作中焦虑的增加有关,这进一步又与美国 CW 更多的伤害有关。

在工作场所特征的影响与员工的安全相关的结果变量之间,与压力有关的心理过程似乎发挥了中介作用,鉴于此,一些研究人员已经开展了专门针对 CW 压力相关过程的研究。詹森、巴克和德容(Janssen, Bakker, & de Jong, 2001)探索了建筑工作中职业压力的经典要求—控制—支持模型(见第三章)。他们发现,与预期相反,当 CW 控制感和支持都很高时,身体要求与倦怠症状的关系并不是最弱的。相反,高控制或高支持削弱了要求和倦怠之间的积极关系,这两种缓冲因素似乎是补偿性的。同样,林加德和弗朗西斯(Lingard & Francis, 2006)发现,不同来源(包括同事、主管和整个组织)的支持,缓冲了工作—家庭冲突(见第九章)对于 CW 倦怠的影响,因此,当员工感知到一个更具支持性的工作环境时,工作—家庭冲突和倦怠之间的关系变弱了。

其他研究人员探索了压力源可能影响倦怠或其他压力症状的中介因素,还探索了心理困扰和受伤之间的关系。工作时间不规律的 CW 体验到更多工作对养育子女、个人休闲和家庭管理方面的干扰,这进一步导致了更高水平的倦怠症状(Lingard & Francis, 2005)。那些经历了如下压力源的员工,即接受不同来源的竞争性或冲突性的工作要求或曾经是工作场所攻击的受害者,其报告工作压力水平更高,这进一步又与倦怠症状有关(Meliá & Bercerril, 2007)。雅各布森等人(Jacobsen 等, 2013)发现,心理困扰与工伤和肌肉骨骼疼痛有关。

最后,虽然上述大多数研究都基于自我报告的定量调查数据,但应该指出的是,研究人员已经使用了其他方法来检验职业压力和工作场所安全之间的相互作用。例如,乔杜里和方(Choudhry & Fang, 2008)对 CW 和主管进行了深入访谈发现,一般的安全政策和管理实践,以及具体的现场安全规章,都会促进员工的安全行为。此外,当员工感知到上司关心他们的安全时,他们会感到更加舒适和更少的困扰,这种心理上的舒适增加了他们安全完成任务的意愿。另一方面,业绩压力或紧迫的截止期限等竞争性的目标往往会使 CW 忽视安全规章。

**建筑工人特有的职业健康问题**

在将工作场所特征和 CW 的安全相关的结果变量联系起来的心理过程中,压力是关键。除此之外,还有两个针对 CW 的 OHP 相关的主题。第一个主题涉及 PTSD 的风险。由于重大建筑事故往往导致严重伤亡,那些幸存或目睹这些事故的人可能会患有 PTSD。派克(Peck, 1984)报告说,大约 30% 的工作场所事故幸存者患有 PTSD。胡、梁、胡、龙和葛(Hu, Liang, Hu, Long, & Ge, 2000)发现,在目睹了三名工人从距离地面 10 米的脚手架上摔下去的事故的 41 名中国 CW 样本中,11 名工人(27%)在事故发生一个月后达到了 PTSD 诊断标准。在这 11 名工人中,2 人离开了工作岗位,5 人留在了岗位但体验到了持续的 PTSD 症状,在 4 个月的追踪中，4 人得以康复并不再符合诊断标准。此外，与没有目睹这一事故的对照组员工相比，目睹事故的员工报告了更多的抑郁、焦虑、身心问题和失眠症状。

相比之下，博希马、范德莫雷、斯勒伊特和弗林·德雷森（Boschman, van der Molen, Sluiter, & Fring-Dresen, 2013）在荷兰进行的一项大规模横断研究发现，暴露于建筑事故并不能预测 PTSD 或抑郁症。有两个原因可以解释这一不同发现。首先，可能是博希马等人（Boschman 等，2013）采用的研究方法不够敏感，无法检测出 CW 暴露于事故对 PTSD 的影响。例如，暴露的特征（如，接近死亡的程度，创伤的严重程度，暴露和 PTSD 症状评估之间的时滞，Bryant & Harvey, 1995）在博希马等人的研究中并没有被评估。也有可能是因为不同的背景因素会导致不一致的结果。这两项研究的背景在许多方面是不同的，包括被试的文化价值观、有关工作场所安全的国家政策以及当地工作场所的特征。因此有必要进行更多研究来探讨事故暴露对 CW 心理健康和幸福感的影响。

第二个主题与 CW 中绝大多数为男性这一事实有关。在美国，男性、白人和西班牙裔在一般员工群体中所占比例过高（BLS, 2015b）。鉴于 CW 中的性别不平衡以及对种族多样性的担忧，女性和少数族裔 CW 可能更容易受工作场所骚扰。令人惊讶的是，很少有研究能够估计女性或少数族裔的 CW 在多大程度上是工作场所骚扰的受害者，以及这种负面对待对受害者的健康和幸福感的影响。戈登哈尔（Goldenhar）和同事的研究（例如，Goldenhar, Swanson, Hurrell, Ruder, & Deddens, 1998；Goldenhar 等，2003）是一个例外。戈登哈尔和他的同事们（Goldenhar, 1998）发现，在美国女性 CW 中，大约 51% 报告说过去一年里经历过某种形式的来自同事或主管的性骚扰或歧视。在另一项针对男性和女性 CW 的研究中，戈登哈尔等人（Goldenhar 等，2003）发现，大约 23% 的被试报告说过去一年受到某种形式的骚扰或歧视。骚扰和歧视是女性工作满意度较低的强有力的预测因素（Goldenhar 等，1998），它也是女性和男性更严重的心理困扰和身心症状的预测因素（Goldenhar 等，1998；Goldenhar 等，2003）。最后，在一项关于 CW 亲密伴侣之间暴力行为的研究中，康拉蒂、埃姆斯和摩尔（Cunradi, Ames, & Moore, 2008）评估了工人们报告的在工作中受到的种族和民族歧视。调查人员发现，经历过工作场所歧视的工人不仅更有可能进行危险性饮酒，而且更有可能对他们的亲密伴侣实施身体暴力。综合来看，已有研究表明，感知到的骚扰与歧视对 CW 的健康和幸福感有负面影响。

## 总结

许多研究表明，压力性的工作条件会导致 CW 的心理压力。诸如困扰、身心症状和倦怠等压力都会危及员工安全和造成伤害。然而，值得注意的是，上述结果不一定是准确的，因为大部分结果是基于横断研究设计得出的。而为了更好地模拟 CW 的压力的产生过程,需要进行纵向研究。类似地,在瑞典进行的一项大规模(n>75,000,男性 CW)的前瞻性研究发现,尽管工作控制和压力并不相关,但工作要求产生的社会心理压力与冠心病有中等程度的显著相关(Schiöler, Söderberg, Rosengren, Järvholm, & Torén, 2015)。

# 农业工人

农业工人是指那些涉及农作物生产或畜牧生产的个体,农业是最危险的行业之一(NIOSH, 2015b)。2013 年,在美国农业部门中,有 360 人在工作中死亡,占当年美国所有工作相关死亡人数的 8%(BLS, 2015a)。2012 年,组成欧盟的 28 个国家中,共有 395 名农业工人(agricultural workers, AWs)死亡,占工作相关死亡总数的 10.1%(欧盟统计局,2015)。在美国,农作物生产工人的死亡率为每 100,000 名全职工人中有 22.9 例,畜牧生产工人的死亡率为每 100,000 名全职工人中有 15.6 例(BLS, 2015a)。美国的 AW 死亡率超过美国警务人员和(被残忍杀害或意外杀害的加和)消防员(见现场急救人员一节)死亡率的两倍,这进一步突出了这种工作在美国的危险性。拖拉机倾覆是美国 AW 死亡的主要原因。在欧盟 AW 的死亡率为每 100,000 名全职工人中有 3.8 例,是美国的四分之一到五分之一(欧盟统计局,2015)。

与 CW 类似,AW 因工作相关的暴露而受伤和患病的比率也很高。2013 年,美国约有 52,000 例工伤和职业病(BLS, 2015a)。在美国,农作物生产工人的受伤和患病率为每 100 名

1936 年,在俄克拉荷马州西马伦县的一场沙尘暴中,一位农民和他的两个儿子。
(摄影:美国农业安全管理局的亚瑟·罗斯亚[Arthur Rothstein]。公共领域。)

全职工人中有 5.5 例,畜牧生产工人的受伤和患病率为每 100 名全职工人中有 6.2 例。根据 2012 年的数据,欧盟 AW 非致命事故的发生率为每 100 名全职工人中有 1.2 例(欧盟统计局,2015),这远远低于美国的发生率。在美国,一半以上的事故导致员工履行常规职责的能力严重受损(BLS, 2015a)。

## 职业压力

农业领域下的职业压力研究主要集中于确定 AW 所面临的特有压力源。在关于 AW 特有压力源的早期综述中,研究者往往关注经济问题和与农业工作相关的不可预测性(如,天气问题;Olson & Schellenberg, 1986; Schulman & Armstrong, 1990)。在 AW 中,经济限制(如,低收入、贫困和高债务),已经与较差的心理健康状况联系在一起,包括抑郁症状和心理困扰的增加(Rathge, Ekstrom, & Leistritz, 1988; Simmons, Braun, Charnigo, Havens, & Wright, 2008)。西蒙斯等人(Simmons 等,2008)在利用 2 年间的三波面板数据分析发现,对农村女性来说,在控制时间 1 的症状后,时间 1 的经济状况能预测之后的抑郁症状。研究结果支持了一个社会因果关系模型,该模型认为经济状况不佳产生的压力是农村女性患抑郁症的一个原因。研究团队发现,研究结果与社会选择模型(该模型认为天生的心理障碍倾向导致工作绩效不佳和向下流动性)不相符。

农场工人。(摄影:鲍勃·尼科尔斯[Bob Nichols],2013 年 8 月 27 日,为美国农业部拍摄。公共领域。)

在其他研究中，经济问题仍然是 AW 的主要压力源。卡尼、拉弗蒂、亨德里克斯、艾伦和图特尔·马尔科姆（Kearney, Rafferty, Hendricks, Allen, & Tutor-Marcom, 2014）指出，北卡罗来纳州的农民最关心的是天气，其次是农作物/牲畜的市场价格、税收和医疗保健费用。拉布瑞士等人（LaBrash 等，2008）发现，那些报告自己担心每日现金流的加拿大 AW，有较高的失眠率和睡眠剥夺情况，特别是在旺季（即，4 月至 11 月）和非旺季（即，12 月至 3 月）。类似地，里玛、罗斯尼和雷茂（Lima, Rossini, & Reimão, 2010）也发现，在巴西从事咖啡收割工作的农村劳动者与那些有固定工作的人相比，更容易有较差的睡眠质量和焦虑症状。里玛（Lima）等人将压力症状的组间差异归因于工作不安全感和收获季节间的长期失业，这是咖啡收割工作所特有的情况。综上所述，研究已经指出，对经济问题的担忧是 AW 的一个重要压力源。

除了确定 AW 独有的压力源，研究还将重点放在探索有助于保护 AW 的缓冲因素上。具体来说，社会支持和关系网络似乎是 AW 的一个持久的压力缓冲因素。舒尔曼和阿姆斯特朗（Schulman & Armstrong, 1990）发现，足够的社会支持与 AW 较低的压力症状相关。同样，霍伊特、格日瓦奇、戴维斯、昆特和阿库里（Hiott, Grzywacz, Davis, Quandt, & Arcury, 2008）发现，和家人朋友分离与美国拉丁裔 AW 的焦虑和抑郁症状呈正相关。波克维兹和珀金斯（Berkowitz & Perkins, 1984）发现，在纽约北部地区的奶牛场女工中，丈夫支持有有益的影响，而农场和家庭要求之间的冲突对压力症状有负面影响（如，睡眠问题、忧虑）。

一个更细粒度的分析表明，对男性和女性 AW 来说，社会支持的益处可能并不等同。麦克卢尔及其同事（McClure, 2015）发现，对于在俄勒冈州工作的墨西哥女性移民 AW 来说，来自家庭的社会支持与较低的生理压力症状（如，免疫功能、血压）有关，如果她们生活在一个以白人为主的社区，这种影响会更加明显。另一方面，不管社区情况如何，家庭支持与男性 AW 的生理压力症状无关。这些研究结果表明，对那些与更大社区群体分离的女性移民 AW 来说，家庭支持可能特别重要。

## 职业安全

研究人员一直致力于确定压力是如何影响 AW 的安全相关的结果变量的。经济问题已经与 AW 的安全相关的结果变量联系在一起（如，安全氛围感知、安全行为、事故、伤害和职业病）。例如，阿库里和萨默斯（Arcury & Summers, 2015）发现，对于北卡罗来纳州合法的移民 AW 来说，工作不安全感和高水平的工作压力与较低的安全氛围感知有关。贝泽勒和斯塔洛尼斯（Beseler & Stallones, 2006）发现，经济问题与 AW 的抑郁症状呈正相关，这进一步又与科罗拉多农场工人较少的安全行为有关。格拉斯科克、拉斯穆森、卡斯滕森和汉森（Glasscock, Rasmussen, Carstensen, & Hansen, 2006）发现，在 12 个月期间，经济问题与丹麦 AW 的事故与伤害的增加有关。此外，AW 的心理困扰与其安全行为的交互作用能够预测事故和伤害。特别是，如果 AW 报告有较高水平的心理困扰，而且他们没有对其农场设备进行定期安全检查，那么他们更有可能遭遇事故和伤害。总体而言，作为一种职业压力源，AW 的经济问题不仅影响其心理幸福感，还会影响其的人身安全。

除了需要确定 AW 中压力和安全之间的联系，研究人员还探讨了工作场所的其他社会心理特征对 AW 的安全相关的结果变量的影响。与现有文献一致（也见第六章），AW 的安全氛围感知与安全绩效直接相关，与工伤（如，肌肉骨骼疾病[musculoskeletal disorders, MSDs]）和职业病（如，呼吸道症状；Arcury 等，2012，2013；Grzywacz 等，2007）呈负相关。遗憾的是，关于其他工作场所特征与 AW 受伤之间关系的研究结果更加模棱两可。例如，尽管一些研究（如，Grzywacz 等，2007）发现，高心理工作负荷和低控制感能正向预测 AW 的 MSD 症状，但其他研究（如，Rosenbaum, Mora, Arcury, Chen, & Quandt, 2014）发现，一方面，工作要求和控制之间没有关系；另一方面，工作要求和 MSD 症状也没有关系。一些研究甚至发现，控制一年前评估的症状后，与在其他部门工作的拉丁裔移民（如，食品准备和服务，建筑）相比，拉丁裔移民 AW 有 MSD 伤害的比率更低（例如，Mora 等，2016）。

最后，也有研究探讨了 AW 的伤后恢复与康复问题。例如，研究表明，积极的安全氛围与受伤或生病时工作的可能性较低有关（Arcury 等，2012）；受伤时停止工作有助于更好地恢复。在中国的一项研究中，王等人（Wang 等，2010）发现，在过去 12 个月中，受伤的 AW 更有可能饮酒，并在早餐或午餐时饮酒，这表明，一些受伤的 AW 可能会使用不良的应对策略来抑制其恢复健康。

**农业工人特有的职业健康问题**

最后，我们讨论了两个针对农业工作的与 OHP 相关的主题。首先，在美国，与其他行业相比，大部分 AW 是年轻人（即 20 岁以下的员工）。根据 NIOSH（2015b）的数据，2012 年大约有 100 万年轻人生活在农场，其中大约有 472,000 名年轻人从事农业劳动。2012 年，除本身生活在农场的年轻人外，还有 259,000 名年轻人受雇于美国农场。北卡罗来纳州的年轻 AW 的工作不安全感很高，接受的安全培训最少，并报告农场实践中的安全氛围很差（Arcury, Kearney, Rodriguez, Arcury, & Quandt, 2015）。然而，由于基础概率较低，阿库里、卡尼（Arcury, Kearney 等，2015）没有发现年轻不良的安全氛围和年轻 AW 受伤之间的显著关系。其他研究表明，与年轻的女性 AW 相比，年轻的男性 AW 更容易受安全风险的影响，如农药暴露，从事尘土飞扬的工作，或倾覆拖拉机（Arcury, Rodriguez, Kearney, Arcury, & Quandt, 2014; Reed, Browning, Westneat, & Kidd, 2006）。与年轻的女性 AW 相比，年轻的男性AW更不可能佩戴个人防护装备(如,手套,口罩;Arcury等,2014;Reed等,2006)。这些调查结果表明,美国年轻AW暴露于职业危害时没有得到足够的保护,我们需要更多地关注这一特定的AW群体。

第二个与美国AW有关的针对性主题反映了与文化适应相关的问题。在美国,很大一部分AW是身份不同的拉丁裔移民。这些人在融入美国主流社会过程中面临着各种挑战。例如,霍伊特等人(Hiott等,2008)的研究表明,拉丁裔AW在工作中经常面临种族、民族骚扰和歧视,这些负面经历与焦虑和抑郁的增加有关。霍维和马加尼亚(Hovey & Magaña,2002)发现,除了职业压力源,文化适应压力源(如,英语作为第二语言,以及与在原籍国的家人和朋友分离),都与焦虑和抑郁的增加有关。阿库里和特里乔等人(Arcury,Trejo等,2015)发现,与那些从事稳定农业工作的拉丁裔母亲相比,属于移民农场家庭(即,全家搬去务农)的拉丁裔母亲报告了更差的个人健康状况,更多的家庭冲突。

最后,与社会支持的影响相似,拉丁裔男性和女性AW对种族及民族歧视有不同的反应,并表现出不同的文化适应相关的反应模式(McClure等,2010)。感知到歧视的男性AW有较高的收缩压,而女性AW的血压与感知到的歧视无关。然而,在女性工人中,掌握英语的能力越强,在美国的年限越长,血压就越高。麦克卢尔等人(McClure等,2010)认为,虽然文化适应导致了女性AW较高的压力,但对男性AW压力的影响是相反的。

## 总结

与CW相似,AW遭受工伤和职业病的比率很高,而且许多关于AW的研究表明,经济压力可能导致AW的较低的心理幸福感,并损害人身安全。此外,由于AW独特的人口统计特征(即移民工人和20岁以下年轻工人的比例很高),旨在解决AW的暴露风险、工伤和职业病和干预措施可能会面临更多挑战。最后,大多数涉及AW的研究都是横断研究,这限制了我们得出因果关系结论的能力。

## 参考文献

Abbe, O. O., Harvey, C. M., Ikuma, L. H., & Aghazadeh, F. (2011). Modeling the relationship between occupational stressors, psychosocial/physical symptoms and injuries in the construction industry. *International Journal of Industrial Ergonomics*, 41, 106–117. doi: 10.1016/j.ergon.2010.12.002

Admon, R., Lubin, G., Rosenblatt, J. D., Stern, O., Kahn, I., Assaf, M., & Hendler, T. (2013a). Imbalanced neural responsivity to risk and reward indicates stress vulnerability in humans. *Cerebral Cortex*, *23*, 28 – 35. doi: 10. 1093/cercor/bhr369

Admon, R. , Lubin, G. , Stern, O. , Rosenberg, K. , Sela, L. , Ben-Ami, H. , & Hendler, T. (2009). Human vulnerability to stress depends on amygdala's predisposition and hippocampal plasticity. *Proceedings of the National Academy of Sciences of the United States of America*, *106*, 14120 – 14125. doi: 10. 1073/pnas. 0903183106

Admon, R. , Milad, M. , & Hendler, T. (2013b). A causal model of post-traumatic stress disorder: Disen-tangling predisposed from acquired neural abnormalities. *Trends in Cognitive Sciences*, *17*, 337 – 347. doi: 10. 1016/j. tics. 2013. 05. 005

Agerbo, E. , Gunnell, D. , Bonde, J. P. , Mortensen, P. B. , & Nordentoft, M. (2007). Suicide and occupation: The impact of socioeconomic, demographic and psychiatric differences. *Psychological Medicine*, *37*, 1131 – 1140. doi: 10. 1017/S0033291707000487

Alberini, C. M. (2011). The role of reconsolidation and the dynamic process of long-term memory formation and storage. *Frontiers in Behavioral Neuroscience*, *5*, 1 – 10. doi: 10. 3389/fnbeh. 2011. 00012

Allen, J. P. , Cross, G. , & Swanner, J. (2005). Suicide in the army: A review of current information. *Military Medicine*, *170*(7), 580.

Allesøe, K. , Andersen Hundrup, Y. , Frølund Thomsen, J. , & Osler, M. (2010). Psychosocial work environment and risk of ischaemic heart disease in women: The Danish Nurse Cohort Study. *Occupational and Environmental Medicine*, *67*, 318 – 322. doi: 10. 1136/oem. 2008. 043091

Arcury, T. A. , Grzywacz, J. G. , Anderson, A. M. , Mora, D. C. , Carrillo, L. , Chen, H. , & Quandt, S. A. (2013). Employer, use of personal protective equipment, and work safety climate: Latino poultry processing workers. *American Journal of Industrial Medicine*, *56*, 180 – 188. doi: 10. 1002/ajim. 22101

Arcury, T. A. , Kearney, G. D. , Rodriguez, G. , Arcury, J. , & Quandt, S. A. (2015). Work safety culture of youth farmworkers in North Carolina: A pilot study. *American Journal of Public Health*, *105*, 344 – 350. doi: 10. 2105/AJPH. 2014. 302254

Arcury, T. A. , O'Hara, H. , Grzywacz, J. G. , Isom, S. , Chen, H. , & Quandt, S. A. (2012). Work safety climate, musculoskeletal discomfort, working while injured, and depression among migrant farmworkers in North Carolina. *American Journal of Public Health*, *102*, S272 – S278. doi: 10. 2105/AJPH. 2011. 300597

Arcury, T. A. , Rodriguez, G. , Kearney, G. D. , Arcury, J. T. , & Quandt, S. A. (2014). Safety and injury characteristics of youth farmworkers in North Carolina: A pilot study. *Journal of Agromedicine*, *19*, 354 – 363. doi: 10. 1080/1059924X. 2014. 945712

Arcury, T. A. , Summers, P. , Talton, J. W. , Nguyen, H. T. , Chen, H. , & Quandt, S. A. (2015). Job characteristics and work safety climate among North Carolina farmworkers with H-2A visas. *Journal of Agromedicine*, *20*, 64 – 76. doi: 10. 1080/1059924X. 2014. 976732

Arcury, T. A. , Trejo, G. , Suerken, C. K. , Grzywacz, J. G. , Ip, E. H. , & Quandt, S. A. (2015). Work and health among Latina mothers in farmworker families. *Journal of Occupational and Environmental Medicine*, *57*, 292 – 299. doi: 10. 1097/JOM. 0000000000000351

Arter, M. L. (2008). Stress and deviance in policing. *Deviant Behavior*, *29*, 43 – 69. doi: 10. 1080/01639620701457774

Bachynski, K. E. , Canham-Chervak, M. , Black, S. A. , Dada, E. O. , Millikan, A. M. , & Jones,

B. H. (2012). Mental health risk factors for suicides in the US Army, 2007 – 8. *Injury Prevention*, *18*, 405 – 412. doi: 10.1136/injuryprev-2011 – 040112

Baker, A. (2015, December 12). A trip abroad to study policing without guns. *The New York Times*, pp. A1, A15.

Beaton, R., Murphy, S., Johnson, C., Pike, K., & Corneil, W. (1998). Exposure to duty-related incident stressors in urban firefighters and paramedics. *Journal of Traumatic Stress*, *11*, 821 – 828. doi: 0894 – 9867/98/1000-0821 $ 15. 00

Berger, W., Coutinho, E. F., Figueira, I., Marques-Portella, C., Luz, M. P., Neylan, T. C., ... Mendlowicz, M. V. (2012). Rescuers at risk: A systematic review and meta-regression analysis of the worldwide current prevalence and correlates of PTSD in rescue workers. *Social Psychiatry and Psychiatric Epidemiology*, *47*, 1001 – 1011. doi: 10.1007/s00127 – 011 – 0408 – 2

Berkowitz, A. D., & Perkins, H. W. (1984). Stress among farm women: Work and family as interacting systems. *Journal of Marriage and Family*, *46*, 161 – 166.

Berkvist, R. (2012, December 26). Charles Durning: Prolific character actor (from Nazi to priest), dies at 89. *The New York Times*, p. 23.

Berninger, A., Webber, M. P., Niles, J. K., Jackson, G., Lee, R., Cohen, H. W., ... Prezant, D. J. (2010). Longitudinal study of probable post-traumatic stress disorder in firefighters exposed to the World Trade Center Disaster. *American Journal of Industrial Medicine*, *53*, 1177 – 1185.

Beseler, C. L., & Stallones, L. (2006). Structural equation modeling of the relationships between pesticide poisoning, depressive symptoms and safety behaviors among Colorado farm residents. *Journal of Agromedicine*, *11*, 35 – 46. doi: 10.1300/J096v11n03_05

Bliese, P. D., & Halverson, R. R. (2002). Using Random Group Resampling in multilevel research: An example of the buffering effects of leadership climate. *The Leadership Quarterly*, *13*, 53 – 68.

Boschman, J. S., van der Molen, H. F., Sluiter, J. K., & Fring-Dresen, M. H. W. (2013). Psychosocial work environment and mental health among construction workers. *Applied Ergonomics*, *44*, 748 – 755. doi: 10.1016/j.apergo.2013.01.004

Bourbonnais, R., Comeau, M., & Vezina, M. (1999). Job strain and evolution of mental health among nurses. *Journal of Occupational Health Psychology*, *4*, 95 – 107. doi: 10.1037/1076 – 8998.4.2.95

Bowler, R. M., Harris, M., Li, J., Gocheva, V., Stellman, S. D., Wilson, K., ... Cone, J. E. (2012). Longitudinal mental health impact among police responders to the 9/11 terrorist attack. *American Journal of Industrial Medicine*, *55*, 297 – 312. doi: 10.1002/ajim.22000

Brackbill, R. M., Hadler, J. L., DiGrande, L., Ekenga, C. C., Farfel, M. R., Friedman, S., ... Thorpe, L. E. (2009). Asthma and posttraumatic stress symptoms 5 to 6 years following exposure to the World Trade Center terrorist attack. *Journal of the American Medical Association*, *302*, 502 – 516. doi: 10.1001/jama.2009.1121

Brennan, P. (1994, May 29). Charles Durning: Healing the wounds of Normandy. *The Washington Post*.

Brewin, C. R., Dalgleish, T., & Joseph, S. (1996). A dual representation theory of posttraumatic stress disorder. *Psychological Review*, *103*, 670 – 686. doi: 10.1037/0033 – 295X.103.4.670

Britt, T. W., Davison, J., Bliese, P. D., & Castro, C. A. (2004). How leaders can influence the impact that stressors have on soldiers. *Military Medicine*, *169*(7), 541 – 545.

Bryant, R. A., & Harvey, A. G. (1995). Posttraumatic stress in volunteer firefighters: Predictors of distress. *Journal of Nervous and Mental Disease*, 183(4), 267-271.

Bureau of Labor Statistics. (2015a). *Census of fatal occupational injuries (CFOI): Current and revised data*. Washington, DC: U. S. Department of Labor.

Bureau of Labor Statistics. (2015b). *Labor force statistics from the current population survey*. Washington, DC: U. S. Department of Labor.

Bureau of Labor Statistics. (2015c). *Occupational employment statistics. May 2014 national occupational employment and wage estimates*. Washington, DC: U. S. Department of Labor.

Büssing, A., & Glaser, J. (1999). Work stressors in nursing in the course of redesign: Implications for burnout and interactional stress. *European Journal of Work and Organizational Psychology*, 8, 401-426. doi: 10. 1080/135943299398249

Camerino, D., Estryn-Beharc, M., Conway, P. M., van Der Heijdend, B. I. J. M., & Hasselhorng, H. -M. (2008). Work-related factors and violence among nursing staff in the European NEXT study: A longitudinal cohort study. *International Journal of Nursing Studies*, 45, 35-50. doi: 10. 1016/j. ijnurstu. 2007. 01. 013

Carlier, I. E., Lamberts, R. D., & Gersons, B. R. (1997). Risk factors for posttraumatic stress symptomatology in police officers: A prospective analysis. *Journal of Nervous and Mental Disease*, 185, 498-506. doi: 10. 1097/00005053-199708000-00004

Chen, W. -C., Sun, Y. -H., Lan, T. -H., & Chiu, H. -J. (2009). Incidence and risk factors of workplace violence on nursing: Staffs caring for chronic psychiatric patients in Taiwan. *International Journal of Environmental Research and Public Health*, 6, 2812-2821; doi: 10. 3390/ijerph6112812

Chiu, S., Niles, J. K., Webber, M. P., Zeig-Owens, J., Gustave, J., Lee, R., ... Prezant, D. J. (2011). Evaluating risk factors and possible mediation effects in posttraumatic depression and posttraumatic stress disorder comorbidity. *Public Health Reports*, 126(2), 201-209.

Choudhry, R. M., & Fang, D. (2008). Why operatives engage in unsafe work behavior: Investigating factors on construction sites. *Safety Science*, 46, 566-584. doi: 10. 1016/j. ssci. 2007. 06. 027

Corneil, W., Beaton, R., Murphy, S., Johnson, C., & Pike, K. (1999). Exposure to traumatic incidents and prevalence of posttraumatic stress symptomatology in urban firefighters in two countries. *Journal of Occupational Health Psychology*, 4, 131-141. doi: 10. 1037/1076-8998. 4. 2. 131

Cropley, M., Steptoe, A., & Joekes, K. (1999). Job strain and psychiatric morbidity. *Psychological Medicine*, 29, 1411-1416. doi: 10. 1017/S003329179900121X

Cukor, J., Wyka, K., Mello, B., Olden, M., Jayasinghe, N., Roberts, J., ... Difede, J. (2011). The longitudinal course of PTSD among disaster workers deployed to the World Trade Center following the attacks of September 11th. *Journal of Traumatic Stress*, 24, 506-514. doi: 10. 1002/jts. 20672

Cunradi, C. B., Ames, G. M., & Moore, R. S. (2008). Prevalence and correlates of intimate partner violence among a sample of construction industry workers. *Journal of Family Violence*, 23, 101-112. doi: 10. 1007/s10896-007-9131-x

Department for Communities and Local Government. (2011). *Fire and rescue service operational statistics bulletin for England 2010-11*. London, UK: Author.

Dohrenwend, B. P., Turner, J. B., Turse, N. A., Adams, B. G., Koenen, K. C., & Marshall, R. (2006). The psychological risks of Vietnam for U. S. veterans: A revisit with new data and methods. *Science*, *313*(5789), 979–982. doi: 10.1002/jts.20296

Duarte, C. S., Hoven, C. W., Wu, P., Bin, F., Cotel, S., Mandell, D. J., et al. (2006). Posttraumatic stress in children with first responders in their families. *Journal of Traumatic Stress*, *19*, 301–306. doi: 10.1002/jtd.20120

Eaton, W. W., Anthony, J. C., Mandel, W., & Garrison, R. (1990). Occupations and the prevalence of major depressive disorder. *Journal of Occupational Medicine*, *32*(11), 1079–1087.

Ehlers, A., & Clark, D. (2000). A cognitive model of posttraumatic stress disorder. *Behaviour Research and Therapy*, *38*, 319–345. doi: 10.1016/S0005-7967(99)00123-0

Eurostat. (2015, June). *Accident at work statistics*. Retrieved from http://ec.europa.eu/eurostat/statistics-explained/index.php/Accidents_at_work_statistics

Farfel, M., DiGrande, L., Brackbill, R., Prann, A., Cone, J., Friedman, S., ... Thorpe, L. (2008). An overview of 9/11 experiences and respiratory and mental health conditions among World Trade Center Health Registry enrollees. *Journal of Urban Health: Bulletin of the New York Academy of Medicine*, *85*, 880–909. doi: 10.1007/s11524-008-9317-4

Federal Bureau of Investigation. (2015). *FBI releases 2014 statistics for law enforcement officers killed and assaulted*. Washington, DC: Author. Retrieved from https://www.fbi.gov/news/pressrel/press-releases/fbi-releases-2014-statistics-on-law-enforcement-officers-killed-and-assaulted

Feskanich, D., Hastrup, J., Marshall, J., Colditz, G., Stampfer, M., Willett, W., & Kawachi, I. (2002). Stress and suicide in the Nurses' Health Study. *Journal of Epidemiology and Community Health*, *56*, 95–98. doi: 10.1136/jech.56.2.95

Finlay-Jones, R. (1986). Factors in the teaching environment associated with severe psychological distress among school teachers. *Australia and New Zealand Journal of Psychiatry*, *20*, 304–313. doi: 10.3109/00048678609158878

Fitzgerald, L. F., Magley, V. J., Drasgow, F., & Waldo, C. R. (1999). Measuring sexual harassment in the military: The Sexual Experiences Questionnaire (SEQ-DoD). *Military Psychology*, *3*, 243–263. doi: 10.1207/s15327876mp1103_3

Fontana, A., & Rosenheck, R. (1994). Traumatic war stressors and psychiatric symptoms among World War II, Korean, and Vietnam War veterans. *Psychology and Aging*, *9*, 27–33. doi: 10.1037/0882-7974.9.1.27

Franke, W. D., Cox, D. F., Schultz, D. P., & Anderson, D. F. (1997). Coronary heart disease risk factors in employees of Iowa's Department of Public Safety compared to a cohort of the general population. *American Journal of Industrial Medicine*, *31*(6), 733–737.

Frueh, B. C., & Smith, J. A. (2012). Suicide, alcoholism, and psychiatric illness among union forces during the U.S. Civil War. *Journal of Anxiety Disorders*, *26*, 769–775. doi: 10.1016/j.janxdis.2012.06.006

Fujita, S., Ito, S., Seto, K., Kitazawa, T., Matsumoto, K., & Hasegawa, T. (2012). Risk factors of workplace violence at hospitals in Japan. *Journal of Hospital Medicine*, *7*, 79–84. doi: 10.1002/jhm.976

Galea, S., Nandi, A., & Vlahov, D. (2005). The epidemiology of post-traumatic stress disorder after disasters. *Epidemiologic Reviews*, *27*, 78–91. doi: 10.1093/epirev/mxi1003

Gelsema, T. I., Van Der Doef, M., Maes, S., Janssen, M., Akerboom, S., & Verhoeven, C. (2006). A longitudinal study of job stress in the nursing profession: Causes and consequences. *Journal* of Nursing Management, 14, 289-299. doi: 10.1111/j.1365-2934.2006.00635.x

Genderson, M. R., Schonfeld, I. S., Kaplan, M. S., & Lyons, M. J. (2009). Suicide associated with military service. *Newsletter of the Society for Occupational Health Psychology*, 6, 5-7. Retrieved from www.sohp-online.org/NewsletterDownloads/SOHPNewsletterV6May2009.pdf

Gilbert, M. (1989). *The Second World War: A complete history*. New York, NY: Holt.

Glasscock, D. J., Rasmussen, K., Carstensen, O., & Hansen, O. N. (2006). Psychosocial factors and safety behaviour as predictors of accidental work injuries in farming. *Work & Stress*, 20, 173-189. doi: 10.1080/02678370600879724

Goldenhar, L. M., Swanson, N. G., Hurrell, J. J., Jr., Ruder, A., & Deddens, J. (1998). Stressors and adverse outcomes for female construction workers. *Journal of Occupational Health Psychology*, 3, 19-32. doi: 10.1037/1076-8998.3.1.19

Goldenhar, L. M., Williams, L. J., & Swanson, N. G. (2003). Modelling relationships between job stressors and injury and near-miss outcomes for construction labourers. *Work & Stress*, 17, 218-240. doi: 10.1080/02678370310001616144

González-Morales, M. G., Rodríguez, I., & Peiró, J. M. (2010). A longitudinal study of coping and gender in a female-dominated occupation: Predicting teachers' burnout. *Journal of Occupational Health Psychology*, 15, 29-44. doi: 10.1037/a0018232

Goodwin, L., Wessely, S., Hotopf, M., Jones, M., Greenberg, N., Rona, R. J., ... Fear, N. T. (2015). Are common mental disorders more prevalent in the UK serving military compared to the general working population? *Psychological Medicine*, 45, 1881-1891. doi: 10.1017/S0033291714002980

Grzywacz, J. G., Arcury, T. A., Marin, A., Carrillo, L., Coates, M. L., Burke, B., & Quandt, S. A. (2007). The organization of work: Implications for injury and illness among immigrant Latino poultry-processing workers. *Archives of Environmental & Occupational Health*, 62, 19-26. doi: 10.3200/AEOH.62.1.19-26

Hawton, K., & Vislisel, L. (1999). Suicide in nurses. *Suicide and Life-Threatening Behavior*, 29(1), 86-95.

Hay, M. S., & Elig, T. W. (1999). The 1995 Department of Defense Sexual Harassment Survey: Overview and methodology. *Military Psychology*, 11, 233-242. doi: 10.1207/s15327876mp1103_2

Heim, E. (1991). Job stressors and coping in health professions. *Psychotherapy and Psychosomatics*, 55, 90-99. doi: 10.1159/000288414

Heinrichs, M., Wagner, D., Schoch, W., Soravia, L. M., Hellhammer, D. H., & Ehlert, U. (2005). Predicting posttraumatic stress symptoms from pretraumatic risk factors: A 2-year prospective follow-up study in firefighters. *American Journal of Psychiatry*, 162, 2276-2286. doi: 10.1176/appi.ajp.162.12.2276

Hem, E., Berg, A. M., & Ekeberg, Ø. (2001). Suicide in police: A critical review. *Suicide and Life-Threatening Behavior*, 31, 224-233. doi: 10.1521/suli.31.2.224.21513

Herloff, B., & Jarvholm, B. (1989). Teachers, stress and mortality. *The Lancet*, 1(8630), 159-160.

Hiott, A. E., Grzywacz, J. G., Davis, S. W., Quandt, S. A., & Arcury, T. A. (2008). Migrant farmworker stress: Mental health implications. *Journal of Rural Health*, 24, 32-39. doi: 10.1111/j.1748-0361.2008.00134.x

Hoge, C., Castro, C., Messer, S., McGurk, D., Cotting, D., & Koffman, R. (2004). Combat duty in Iraq and Afghanistan, mental health problems, and barriers to care. *New England Journal of Medicine*, 351, 13–22. doi: 10. 1056/NEJMoa040603

Hoven, C. W., Duarte, C. S., Wu, P., Doan, T., Singh, N., Mandell, D. J., ... Cohen, P. (2009). Parental exposure to mass violence and child mental health: The First Responder and WTC Evacuee Study. *Clinical Child and Family Psychology Review*, 12, 95–112. doi: 0. 1007/s10567-009-0047-2

Hovey, J. D., & Magaña, C. G. (2002). Exploring the mental health of Mexican migrant farm workers in the Midwest: Psychosocial predictors of psychological distress and suggestions for prevention and treatment. *Journal of Psychology: Interdisciplinary and Applied*, 136, 493–513. doi: 10. 1080/00223980209605546

Hu, B. S., Liang, Y. X., Hu, X. Y., Long, Y. F., & Ge, L. N. (2000). Posttraumatic stress disorder in co-workers following exposure to a fatal construction accident in China. *International Journal of Occupational and Environmental Health*, 6(3), 203–207.

Ingersoll, R. M. (2001). Teacher turnover and teacher shortages: An organizational analysis. *American Educational Research Journal*, 38, 499–534. doi: 10. 3102/00028312038003499

Ingersoll, R. M. (2013, May). *Why schools have difficulty staffing their classrooms with qualified teachers?* New York, NY: United Federation of Teachers Fact Finding Hearing.

Ingersoll, R. M., & May, H. (2012). The magnitude, destinations, and determinants of math-ematics and science teacher turnover. *Educational Evaluation and Policy Analysis*, 34, 435–464. doi: 10. 3102/0162373712454326

Jacobsen, H. B., Caban-Martinez, A., Onyebeke, L. C., Sorensen, G., Dennerlein, J. T., & Reme, S. E. (2013). Construction workers struggle with a high prevalence of mental distress, and this is associated with their pain and injuries. *Journal of Occupational and Environmental Medicine*, 55, 1197–1204. doi: 10. 1097/JOM. 0b013e31829c76b3

Janssen, P. P. M., Bakker, A. B., & de Jong, A. (2001). A test and refinement of the demand-control-support model in the construction industry. *International Journal of Stress Management*, 8(4), 315–332.

Kaplan, M. S., Huguet, N., McFarland, B. H., & Newsom, J. T. (2007). Suicide among male veterans: A prospective population-based study. *Journal of Epidemiology and Community Health*, 61, 619–624. doi: 10. 1136/jech. 2006. 054346

Karasek, R. A., Pieper, C., Schwartz, J., Fry, L., & Schier, D. (1985). *Job Content Instrument Questionnaire and user's guide*. New York, NY: Columbia University Job/Heart Project.

Karch, D. L., Logan, J., & Patel, N. (2011). Surveillance for violent deaths: National Violent Death Reporting System, 16 states, 2008. *Centers for Disease Control and Prevention (CDC), Morbidity and Mortality Weekly Report*, 60(10), 1–49.

Kearney, G. D., Rafferty, A. P., Hendricks, L. R., Allen, D. L., & Tutor-Marcom, R. (2014). A cross-sectional study of stressors among farmers in eastern North Carolina. *North Carolina Medical Journal*, 75(6), 384–392.

Kelly, S., Charlton, J., & Jenkins, R. (1995). Suicide deaths in England and Wales, 1982–92: The contribution of occupation and geography. *Population Trends*, 80, 16–25.

Kessler, R. C. (2000). Posttraumatic stress disorder: The burden to the individual and society. *Journal *of Clinical Psychiatry*, *61*(Suppl. 5), 4-12.

Kolb, L. (1987). A neuropsychological hypothesis explaining posttraumatic stress disorders. *American Journal of Psychiatry*, *144*(8), 989-995.

Kubo, T., Fukuda, S., Hirata, K., Shimada, K., Maeda, K., Komukai, K., ... Yoshikawa, J. (2011). Comparison of coronary microcirculation in female nurses after day-time versus night-time shifts. *American Journal of Cardiology*, *108*, 1665-1668. doi: 10.1016/j.amjcard.2011.07.028

Kuehn, B. M. (2009). Soldier suicide rates continue to rise. *Journal of the American Medical Association*, *301*, 1111-1113. doi: 10.1001/jama.2009.342

LaBrash, L. F., Pahwa, P., Pickett, W., Hagel, L. M., Snodgrass, P. R., & Dosman, J. A. (2008). Relationship between sleep loss and economic worry among farmers: A survey of 94 active Saskatchewan noncorporate farms. *Journal of Agromedicine*, *13*, 149-154. doi: 10.1080/10599240802371862

Landsbergis, P. A. (1988). Occupational stress among health care workers: A test of the job demands-control model. *Journal of Organizational Behavior*, *9*, 217-239. doi: 10.1002/job.4030090303

Lee, S., Colditz, G. A., Berkman, L. F., & Kawachi, I. (2002). A prospective study of job strain and coronary heart disease in US women. *International Journal of Epidemiology*, *31*(6), 1147-1153.

Lee, S., Colditz, G. A., Berkman, L. F., & Kawachi, I. (2004). Prospective study of job insecurity and coronary heart disease in US women. *Annals of Epidemiology*, *14*(1), 24-30.

Leung, M.-Y., Chan, I. Y. S., & Yu, J. (2012). Preventing construction worker injury incidents through the management of personal stress and organizational stressors. *Accident Analysis and Prevention*, *48*, 156-166. doi: 10.1016/j.aap.2011.03.017

Lima, J., Rossini, S., & Reimão, R. (2010). Sleep disorders and quality of life of harvesters rural labourers. *Arquivos de Neuro-Psiquiatria*, *68*, 372-376. doi: 10.1590/S0004-282X2010000300008

Lingard, H., & Francis, V. (2005). Does work-family conflict mediate the relationship between job schedule demands and burnout in male construction professionals and managers? *Construction Management and Economics*, *23*, 733-745. doi: 10.1080/01446190500040836

Lingard, H., & Francis, V. (2006). Does a supportive work environment moderate the relationship between work-family conflict and burnout among construction professionals? *Construction Management and Economics*, *24*, 185-196. doi: 10.1080/14697010500226913

Llorens-Gumbau, M., & Salanova-Soria, M. (2014). Loss and gain cycles? A longitudinal study about burnout, engagement and self-efficacy. *Burnout Research*, *1*, 3-11. doi: 10.1016/j.burn.2014.02.001

Loo, R. (2003). A meta-analysis of police suicide rates: Findings and issues. *Suicide and Life-Threatening Behavior*, *33*, 313-325. doi: 10.1521/suli.33.3.313.23209

Magley, V. J., Waldo, C. R., Drasgow, F., & Fitzgerald, L. F. (1999). The impact of sexual harassment on military personnel: Is it the same for men and women? *Military Psychology*, *3*, 283-302. doi: 10.1207/s15327876mp1103_5

Maguen, S., Metzler, T. J., McCaslin, S. E., Inslicht, S. S., Henn-Haase, C., Neylan, T. C., & Marmar, C. R. (2009). Routine work environment stress and PTSD symptoms in police officers. *Journal of Nervous and Mental Disease*, *197*, 754-760. doi: 10.1097/NMD.0b013e3181b975f8

Mahon, M., Tobin, J., Cusack, D., Kelleher, C., & Malone, K. (2005). Suicide among regular-duty military personnel: A retrospective case-control study of occupation-specific risk factors for workplace suicide. *The American Journal of Psychiatry*, *162*, 1688–1696. doi: 10.1176/appi. ajp. 162. 9. 1688

Mandell, W., Eaton, W. W., Anthony, J. C., & Garrison, R. (1992). Alcoholism and occupations: A review and analysis of 104 occupations. *Alcoholism: Clinical and Experimental Research*, *16*, 734–746. doi: 10.1111/j. 1530–0277. 1992. tb00670. x

Marzuk, P., Nock, M., Leon, A., Portera, L., & Tardiff, K. (2002). Suicide among New York City police officers, 1977–1996. *American Journal of Psychiatry*, *159*, 2069–2071. doi: 10.1176/appi. ajp. 159. 12. 2069

Mazzola, J. J., Schonfeld, I., & Spector, P. E. (2011). What qualitative research has taught us about occupational stress. *Stress and Health: Journal of the International Society for the Investigation of Stress*, *27*, 93–110. doi: 10.1002/smi. 1386

McClure, H. H., Martinez, C. R., Jr., Snodgrass, J. J., Eddy, J. M., Jiménez, R. A., Isiordia, L. E., & McDade, T. W. (2010). Discrimination-related stress, blood pressure and Epstein-Barr virus antibodies among Latin American immigrants in Oregon, US. *Journal of Biosocial Science*, *42*, 433–461. doi: 10.1017/S0021932010000039

McClure, H. H., Snodgrass, J. J., Martinez, C. R., Jr., Squires, E. C., Jiménez, R. A., Isiordia, L. E., … Small, J. (2015). Stress, place, and allostatic load among Mexican immigrant farmworkers in Oregon. *Journal of Immigrant Minority Health*, *17*(5), 1518–1525. doi: 10.1007/s10903–014–0066–z

McFarlane, A. C. (1988). The longitudinal course of posttraumatic morbidity: The range of outcomes and their predictors. *Journal of Nervous and Mental Disease*, *176*, 30–39. doi: 10.1097/00005053–198801000–00004

Meliá, J. L., & Bercerril, M. (2007). Psychosocial sources of stress and burnout in the construction sector: A structural equation model. *Psicothema*, *19*(4), 679–686.

Meliá, J. L., & Bercerril, M. (2009). Health behaviour and safety in the construction sector. *Psicothema*, *21*(3), 427–432.

Milliken, C. S., Auchterlonie, J. L., & Hoge, C. W. (2007). Longitudinal assessment of mental health problems among active and reserve component soldiers returning from the Iraq war. *Journal of the American Medical Association*, *298*, 2141–2148. doi: 10.1001/jama. 298. 18. 2141

Montgomery, C., & Rupp, A. (2005). A meta-analysis for exploring the diverse causes and effects of stress in teachers. *Canadian Education Journal*, *28*, 458–486. doi: 10.2307/4126479

Mora, D. C., Miles, C. M., Chen, H., Quandt, S. A., Summers, P., & Arcury, T. A. (2016). Prevalence of musculoskeletal disorders among immigrant Latino farmworkers and non-farmworkers in North Carolina. *Archives of Environmental & Occupational Health*, *71*, 136–143. doi: 10.1080/19338244. 2014. 988676

Murphy, S. A., Beaton, R. D., Pike, K. C., & Johnson, L. C. (1999). Occupational stressors, stress responses, and alcohol consumption among professional firefighters: A prospective, longitudinal analysis. *International Journal of Stress Management*, *6*, 179–196. doi: 10.1023/A: 1021934725246

National Institute for Occupational Safety and Health. (2015a, March). *Construction safety and health*. Retrieved from www.cdc.gov/niosh/construction

National Institute for Occupational Safety and Health. (2015b, March). *Agricultural safety*. Retrieved from www.cdc.gov/niosh/topics/aginjury/default.html

North, C. S., Tivis, L., McMillen, J., Pfefferbaum, B., Spitznagel, E. L., Cox, J., ... Smith, E. M. (2002). Psychiatric disorders in rescue workers after the Oklahoma City bombing. *American Journal of Psychiatry*, 159, 857–859. doi: 10.1176/appi.ajp.159.5.857

O'Hara, A. F. (2011). The reality of suicide: To the edge and back. In J. M. Violanti, A. F. O'Hara, & T. T. Tate, *On the edge: Recent perspectives on police suicide* (pp. 57–75). Springfield, IL: Charles C. Thomas.

Olson, K. R., & Schellenberg, R. P. (1986). Farm stressors. *American Journal of Community Psychology*, 14, 555–569. doi: 10.1007/BF00935358

Parkes, K. R. (1982). Occupational stress among student nurses: A natural experiment. *Journal of Applied Psychology*, 67, 784–796. doi: 10.1037/0021-9010.67.6.784

Payne, N. (2001). Occupational stressors and coping as determinants of burnout in female hospice nurses. *Journal of Advanced Nursing*, 33, 3, 396–405. doi: 10.1046/j.1365-2648.2001.01677.x

Peck, A. H. (1984). Psychiatric aspects of workmen's compensation problems. *Emotional First Aid*, 1(3), 23–29.

Pegula, S. M. (2004). *An analysis of workplace suicides, 1992–2001*. Washington, DC: Bureau of Labor Statistics.

Pietrzak, R. H., Schechter, C. B., Bromet, E. J., Katz, C. L., Reissman, D. B., Ozbay, F., ... Southwick, S. M. (2012). The burden of full and subsyndromal posttraumatic stress disorder among police involved in the World Trade Center rescue and recovery effort. *Journal of Psychiatric Research*, 46, 835–842. doi: 10.1016/j.jpsychires.2012.03.011

Police Roll of Honour Trust. (2015). Retrieved from www.policememorial.org.uk/index.php?page=roll-2014

Rader, D. (1993, October 10). An actor deals with his dark side. *Parade*, pp. 4–5.

Rathge, R. W., Ekstrom, B. L., & Leistritz, F. L. (1988). The effects of economic strain on stress in farm families. *Farm Research*, 45(4), 19–22.

Reaves, B. A. (2011). *Census of state and local law enforcement agencies, 2008*. Washington, DC: U.S. Department of Justice, Bureau of Justice Statistics.

Reed, D. B., Browning, S. R., Westneat, S. C., & Kidd, P. S. (2006). Personal protective equipment use and safety behaviors among farm adolescents: Gender differences and predictors of work practices. *Journal of Rural Health*, 22, 314–320. doi: 10.1111/j.1748-0361.2006.00052.x

Reuters. (1983, February 18). Brush fires in Australia rage on: 69 reported dead and 1,000 hurt. *New York Times*. Retrieved from www.nytimes.com/1983/02/18/world/brush-fires-in-australia-rage-on-69-reported-dead-and-1000-hurt.html

Riese, H., Van Doornen, L. J. P., Houtman, I. L. D., & De Geus, E. J. C. (2004). Job strain in relation to ambulatory blood pressure, heart rate, and heart rate variability among female nurses. *Scandinavian Journal of Work, Environment & Health*, 30, 477–485. doi: 10.103TO0278-6133.19.5.429

Roberts, R. E., & Lee, E. S. (1993). Occupation and the prevalence of major depression, alcohol, and drug abuse in the United States. *Environmental Research*, 61(2), 266–278.

Robinson, H. M., Sigman, M. R., & Wilson, J. P. (1997). Duty-related stressors and PTSD symptoms in suburban police officers. *Psychological Reports*, 81, 835–845. doi: 10.2466/pr0.1997.81.3.835

Rosenbaum, D. A. , Mora, D. C. , Arcury, T. A. , Chen, H. , & Quandt, S. A. (2014). Employer differences in upper-body musculoskeletal disorders and pain among immigrant Latino poultry processing workers. *Journal of Agromedicine*, *19*, 384–394. doi: 10. 1080/1059924X. 2014. 945710

Schiöler, L. , Söderberg, M. , Rosengren, A. , Järvholm, B. , & Torén, K. (2015). Psychosocial work environment and risk of ischemic stroke and coronary heart disease: A prospective longitudinal study of 75 236 construction workers. *Scandinavian Journal of Work, Environment & Health*, *41*(3), 280–287. doi: 10. 5271/sjweh. 3491

Schonfeld, I. S. (2000). An updated look at depressive symptoms and job satisfaction in first-year women teachers. *Journal of Occupational and Organizational Psychology*, *73*, 363–371. doi: 10. 1348/096317900167074

Schonfeld, I. S. (2001). Stress in 1st-year women teachers: The context of social support and coping. *Genetic, Social, and General Psychology Monographs*, *127*(2), 133–168.

Schonfeld, I. S. (2006). School violence. In E. K. Kelloway, J. Barling, & J. J. Hurrell, Jr. (Eds.), *Handbook of workplace violence* (pp. 169–229). Thousand Oaks, CA: Sage.

Schonfeld, I. S., & Farrell, E. (2010). Qualitative methods can enrich quantitative research on occupational stress: An example from one occupational group. In P. Perrewé & D. C. Ganster (Eds.), *Research in occupational stress and well-being* (pp. 137–197). Bingley, UK: Emerald.

Schonfeld, I. S., & Feinman, S. J. (2012). Difficulties of alternatively certified teachers. *Education and Urban Society*, *44*, 215–246. doi: 10. 1177/0013124510392570

Schulman, M. D., & Armstrong, P. S. (1990). Perceived stress, social support, and survival: North Carolina farm operators and the farm crisis. *Journal of Sociology and Social Welfare*, *17*(3), 3–22.

Shirom, A. , Oliver, A. , & Stein, E. (2009). Teachers' stressors and strains: A longitudinal study of their relationships. *International Journal of Stress Management*, *16*, 312–332. doi: 10. 1037/a0016842

Simmons, L. A. , Braun, B. , Charnigo, R. , Havens, J. R. , & Wright, D. W. (2008). Depression and poverty among rural women: A relationship of social causation or social selection? *Journal of Rural Health*, *24*, 292–298. doi: 10. 1111/j. 1748–0361. 2008. 00171. x

Siu, O. -L. , Phillips, D. R. , & Leung, T. -W. (2004). Safety climate and safety performance among construction workers in Hong Kong: The role of psychological strains as mediators. *Accident Analysis and Prevention*, *36*, 359–366. doi: 10. 1016/S0001–4575(03)00016–2

Smith, J. A. , Masuhara, K. L. , & Frueh, B. C. (2014). Documented suicides within the British Army during the Crimean War 1854–1856. *Military Medicine*, *179*, 721–723. doi: 10. 7205/MILMED-D-13–00547

Soo, J. , Webber, M. P. , Gustave, J. , Lee, R. , Hall, C. B. , Cohen, H. W. , ... Prezant, D. J. (2011). Trends in probable PTSD in firefighters exposed to the World Trade Center disaster, 2001–2010. *Disaster Medicine and Public Health Preparedness*, *5*, S197–S203. doi: 10. 1001/dmp. 2011. 48

Spence Laschinger, H. K. , & Finegan, J. (2008). Situational and dispositional predictors of nurse manager burnout: A time-lagged analysis. *Journal of Nursing Management*, *16*, 601–607. doi: 10. 1111/j. 1365–2834. 2008. 00904. x

Spiegel, H. X. (1944). Psychiatric observations in the Tunisian campaign. *American Journal of*

*Orthopsychiatry*, *14*, 381-385. doi: 10.1111/j.1939-0025.1944.tb04892.x

Stack, S. (2001). Occupation and suicide. *Social Science Quarterly*, *82*, 384-396. doi: 10.1111/0038-4941.00030

Stellman, J. M., Smith, R. P., Katz, C. L., Sharma, V., Charney, D. S., Herbert, R., ... Southwick, S. (2008). Enduring mental health morbidity and social function impairment in World Trade Center rescue, recovery, and cleanup workers: The psychological dimension of an environmental health disaster. *Environmental Health Perspectives*, *116*, 1248-1253. doi: 10.1289/ehp.11164

Stouffer, S. A., Lumsdaine, A. A., Lumsdaine, M. H., Williams, R. M., Jr., Smith, M. B., Janis, I. L., ... Cottrell, L. S., Jr. (1949). *The American soldier: Combat and its aftermath* (Vol. 2). Princeton, NJ: Princeton University Press.

Stuart, H. (2008). Suicidality among police. *Current Opinion in Psychiatry*, *21*, 505-509. doi: 10.1097/YCO.0b013e328305e4c1

Swank, R. L. (1949). Combat exhaustion: A descriptive and statistical analysis of causes, symptoms and signs. *Journal of Nervous and Mental Disease*, *109*, 475-508. doi: 10.1097/00005053-194910960-00001

Swedler, D. I., Simmons, M. M., Dominici, F., & Hemenway, D. (2015). Firearm prevalence and homicides of law enforcement officers in the United States. *American Journal of Public Health*, *105*, 2042-2048. doi: 10.2105/AJPH.2015.302749

Tanielian, T., & Jaycox, L. H. (2008). *A comprehensive study of the post-deployment health-related needs associated with post-traumatic stress disorder, major depression, and traumatic brain injury among service members returning from Operations Enduring Freedom and Iraqi Freedom*. Santa Monica, CA: Rand.

Tiesman, H. M., Konda, S., Hartley, D., Menéndez, C. C., Ridenour, M., & Hendricks, S. (2015). Suicide in U. S. workplaces, 2003-2010: A comparison with non-workplace suicides. *American Journal of Preventive Medicine*, *48*, 674-682. doi: 10.1016/j.amepre.2014.12.011

Travers, C. J., & Cooper, C. L. (1993). Mental health, job satisfaction and occupational stress among UK teachers. *Work & Stress*, *7*, 137-146. doi: 10.1080/02678379308257062

Trinkoff, A. M., Eaton, W. W., & Anthony, J. C. (1991). The prevalence of substance abuse among registered nurses. *Nursing Research*, *40*, 172-175. doi: 10.1097/00006199-199105000-00011

Ursano, R. J., Kessler, R. C., Stein, M. B., Naifeh, J. A., Aliaga, P. A., Fullerton, C. S., ... Heeringa, S. G. (2015). Suicide attempts in the US Army during the wars in Afghanistan and Iraq, 2004 to 2009. *Journal of the American Medical Association: Psychiatry*, *72*(9), 917-926. doi: 10.1001/jamapsychiatry.2015.0987

U. S. Fire Administration. (2014). *Firefighter fatalities in the United States in 2013*. Washington, DC: U. S. Department of Homeland Security, Federal Emergency Management Agency.

U. S. Fire Administration. (2015). *U. S. fire statistics*. Washington, DC: U. S. Department of Homeland Security, Federal Emergency Management Agency. Retrieved from www.usfa.fema.gov/data/statistics

Vasterling, J. J., Proctor, S. P., Friedman, M. J., Hoge, C. W., Heeren, T., King, L. A., & King, D. W. (2010). PTSD symptom increases in Iraq-deployed soldiers: Comparison with nondeployed soldiers and associations with baseline symptoms, deployment experiences, and postdeployment stress. *Journal of Traumatic Stress*, *23*, 41-51. doi: 10.1002/jts.20487

Violanti, J. M. (2011). Recent national studies on police suicide. In J. M. Violanti, A. F. O'Hara, & T. T. Tate (Eds.), *On the edge: Recent perspectives on police suicide* (pp. 17-31). Springfield, IL: Charles C. Thomas.

Violanti, J. M., Robinson, C. F., & Shen, R. (2013). Law enforcement suicide: A national analysis. *International Journal of Emergency Mental Health and Human Resilience*, 15(4), 289-297.

Violanti, J. M., Vena, J. E., & Petralla, S. (1998). Mortality of a police cohort: 1950 - 1990. *American Journal of Industrial Medicine*, 33(4), 366-373.

Wagner, D., Heinrichs, M., & Ehlert, U. (1998). Prevalence of symptoms of posttraumatic stress disorder in German professional firefighters. *American Journal of Psychiatry*, 155(12), 1727-1732.

Wang, L., Wheeler, K., Bai, L., Stallones, L., Dong, Y., Ge, J., & Xiang, H. (2010). Alcohol consumption and work-related injuries among farmers in Heilongjiang province, People's Republic of China. *American Journal of Industrial Medicine*, 53, 825-835. doi: 10.1002/ajim.20817

The White House. (2003). *Homeland Security Presidential Directive/HSPD-8*. Washington, DC: Author. Retrieved from www.fas.org/irp/offdocs/nspd/hspd-8.html

Wisnivesky, J. P., Teitelbaum, S. L., Todd, A. C., Boffetta, P., Crane, M., Crowley, L., ... Landrigan, P. J. (2011). Persistence of multiple illnesses in World Trade Center rescue and recovery workers: A cohort study. *The Lancet*, 378(9794), 888-897. doi: 10.1016/S0140-6736(11)61180-X

Wulsin, L., Alterman, T., Bushnell, P. T., Li, J., & Shen, R. (2014). Prevalence rates for depression by industry: A claims database analysis. *Social Psychiatry and Psychiatric Epidemiology*, 49, 1805-1821. doi: 10.1007/s00127-014-0891-3

Zangaro, G. A., & Soeken, K. L. (2007). A meta-analysis of studies of nurses' job satisfaction. *Research in Nursing & Health*, 30, 445-458. doi: 10.1002/nur.20202

# 第八章

## 职业安全

**第八章的关键概念和研究结果**    255
物理工作环境中的风险因素
职业健康心理学和职业安全
    安全绩效、工作场所事故和伤害的个体前因变量
        人口学因素
        人格特质
        能力因素
        动机相关差异
    安全绩效、工作场所事故和伤害的情境性前因变量
        工作特征
        轮班工作
    关注职业安全的个体与情境性前因变量的价值
**总结**

职业安全是职业健康心理学（occupational health psychology,OHP）中很重要的一个领域。事实上，无论如何判断，工作场所事故都是员工和雇主共同关注的主要问题，但工作场所事故的普遍发生及造成的伤亡令人沮丧。2000年到2013年，每年都有4,500—6,000名美国工人在工作中遭受致命伤害（Bureau of Labor Statistics［BLS］,2015a），数据显示平均每天有15名工人死亡。2000年到2012年，欧盟（E.U.）成员国平均每年有3,900—5,800名工人在工作中遭受致命伤害（欧盟统计局，2015），平均每天有13名工人死亡。虽然近年来死亡事故的数量和死亡率都已有所下降（见表8.1），但这个数字依然值得我们高度关注。

表8.1 欧盟和美国的工伤死亡统计

|  | 2000年 | | 2012或2013年 | |
| --- | --- | --- | --- | --- |
|  | 死亡人数 | 每100,000人中的年死亡率 | 死亡人数 | 每100,000人中的年死亡率 |
| 欧盟 | 5,327 | 2.8 | 3,918[a] | 1.9[a] |
| 美国 | 5,920 | 4.3 | 4,585[b] | 3.3[b] |

注：[a]适用于2012，[b]适用于2013。

除致命伤害以外，非致命事故数量与非致命职业伤病率也是我们主要关注的问题。根据最新统计，在2013年，美国私营雇主报告了约300万起非致命的工伤案例，相当于每100名全职员工中就有大概3.3起事故发生（BLS,2015b）。换句话说，每100个员工中就有3人因工作相关条件受伤或生病。在这300万伤病案例中，超过一半的人情况严重到需要休息几天、调动工作或因丧失工作能力而受到工作限制（BLS,2015b）。2012年欧盟报道了320万起与工作相关的受伤事件，相当于每100名全职员工就有大概1.6起工伤事故发生（欧盟统计局，2015）。综上，工作相关的死亡、伤害以及疾病对员工健康和安全构成了严重威胁。

尽管难以估量，但是工伤对员工个人和雇主带来的经济损失依然是一种很严峻的经济负担。自由互助安全研究所（The Liberty Mutual Research Institute for Safety,2014）估计了与2012年美国发生的10种最严重的致残工作场所伤病（如，起重用力过度；不同程度的高空坠落；被物体或设备撞击等）相关的直接的员工赔偿金。自由互助安全研究所发现直接的员工赔偿总费用将近600亿美元，也就是说，企业平均每周需要花费超过10亿美元来处理工伤事故。

此外，利（Leigh,2011）使用2007年的数据估计了与致命和非致命工伤相关的总花费。

他报告说,与致命和非致命工伤相关的总费用分别为60亿美元和1,860亿美元,远超过自由互助安全研究所公布的数字。此外,根据利(Leigh)的数据估计,致命和非致命工伤的花费分别达460亿美元和120亿美元,这里面包含了直接医疗费用(如,住院费,诊费和药费;这些费用加起来占总费用的27%)和间接费用,例如员工受伤期间损失的薪资和福利,企业对新员工的招聘与培训费用以及对员工的补偿管理费用。这些数字高得惊人,而且还不包括剩余员工及组织的其他隐性花费,如员工士气下降、压力增大,以及公司声誉受损所产生的花费(Kaplan & Tetrick, 2011)。

考虑到这些问题的严重性,包括OHP在内的多个学科的研究者和从业者一直致力于寻找提高员工安全以及减少伤亡风险的方法就不足为奇了。在下面的章节中,我们首先将简要回顾那些旨在识别和控制与物理工作环境相关风险的领域,然后讨论与OHP相关的理论和实践如何补充其他学科方法,以提升职业安全。

## 物理工作环境中的风险因素

关注职业安全的物理威胁的学科包括工业卫生学和人类工效学。根据美国劳工部的职业安全与卫生管理局(Occupational Safety and Health Administration, OSHA, 1998),工业卫生学是"预测、识别、评估和控制可能导致工伤或疾病的工作条件的科学"。这些工作场所条件包括可能造成职业伤害、疾病或不适的生物、化学和物理危害(Herrick & Dement, 2005)。生物危害是指"寄生虫、昆虫、霉菌、真菌、病毒和细菌污染"(Reese, 2008, p.174)。如卫生保健工作者(例如护理人员)经常暴露在像血液和病毒这类生物危害中,而农民更可能暴露在像昆虫叮咬和动物粪便这类危害中。化学危害来源于"空气中以粉尘或烟雾形式存在的雾、蒸汽、气体或固体的浓度"(Reese, 2008, p.175)。常见的化学危害有农药,清洁用品和颜料等液体,一氧化碳和丙烷等气体,以及汽油等易燃材料(American Federation of Teachers, 2010)。其他危害还有辐射、噪音、振动,以及极端的温度(Reese, 2008)。例如,在室外工作的建筑工人可能会暴露在极端天气下,制造业工人可能会暴露在工厂车间的巨大噪音中。

工业卫生员通过实施暴露评估对工作场所的危害进行识别。通过从工作场所采集样本(如,评估空气样本以检查化学危害),工业卫生员可以监控暴露于危害的程度(Reese, 2008)。工业卫生员也帮助建立各种化学危害的暴露准则。由于工业卫生学侧重于危害暴露的评估,所以他们的工作对制定主要干预计划至关重要,这些计划旨在通过消除这些危害来预防职业伤害和疾病(Herrick & Dement, 2005)。然而,当危害不能完全消除的时候,工业卫生员可能会建议他们使用个人防护装备(例如,面具或口罩、手套、防护耳罩等),以尽量减少暴露(Reese, 2008)。

安全第一。(摄影师未知。照片由 NIOSH 提供。公共领域。)

人类工效学关注的是人类与其工作环境之间的相互作用,并侧重于设计工作、工作活动和工作环境,以更好地与员工相匹配(Reese, 2008)。人类工效学试图预防的主要是肌肉骨骼疾病(musculoskeletal disorders, MSDs)。根据美国国家职业安全卫生研究所(National Institute for Occupational Safety and Health, n. d.)或 NIOSH, MSD 是指"肌肉、神经、肌腱、关节、软骨的损伤或紊乱,以及神经、肌腱、肌肉和支撑结构的紊乱",这些都是因突然用力或"长时间暴露于物理因素(如重复动作、重物、振动和不舒适的工作姿势)"造成的。

1941 年 5 月,乔治亚州赫德县,一个 19 岁的非裔美国锯木厂工人的葬礼。(摄影师是美国农场安全管理局的杰克·德拉诺[Jack Delano]。公共领域。)

与工作相关的 MSD 是员工缺勤和残疾的主要原因之一（Punnett & Wegman, 2004）。2013 年,MSD 在美国所有需要休假的伤病案例中占 33%（BLS, 2014）。那些报告有工作相关的 MSD 的员工在返回工作岗位前平均需要 11 天的恢复时间,而所有类型的伤害和疾病的恢复时间仅为 8 天（BLS, 2014）。常见的与工作相关的 MSD 有扭伤和劳损、背痛和腕管综合征（Reese, 2008）。

人类工效学家力图通过工效危害分析、重新设计工作任务或改善工作场所条件来消除危害或将危害最小化,以预防与工作相关的 MSD 的发生（Reese, 2008）。人类工效学的危害因素可能会导致员工的身体生物力学负荷过载,其中典型的因素包括力量（如,举起重物）、重复动作、不舒适的或静态的姿势,以及振动。一旦确定了危害因素,人类工效学家可能就会重新设计工作任务,以限制暴露在危害因素中的时间、频率和程度（Reese, 2008）。此外,人类工效学家也可能对工作场所条件重新设计,以更好地适应员工和减少暴露于人类工效学方面的危害。这两种方法都可以被认为是主要的干预措施,因为都涉及为员工消除暴露危害。

## 职业健康心理学和职业安全

OHP 超越传统的工业卫生学和人类工效学方法所作出的贡献,提升了职业安全和健康水平。首先,OHP 运用心理学理论和研究来提高员工的整体安全和幸福感（Tetrick & Peiró, 2012）。该学科将个体作为关注焦点,并考虑他们的心理过程如何影响与健康和安全相关的结果。职业健康心理学关注个体如何感知、理解和应对工作场所的物理与人际环境。对工作环境的心理解释可以说明员工健康与安全方面的差异,这超出了物理、生物和化学危害所能解释的范围。2011 年 NIOSH 发布的全职工健康™（Total Worker Health, TWH）策略反映了一种融合了 OHP 原则的观点①。TWH 将传统的职业安全与健康保护项目与注重提高身体健康和心理幸福感的工作场所实践相结合（NIOSH, 2015）。这一策略的核心思想是,影响员工心理幸福感的因素（如,压力和支持）也会影响身体健康和安全。已有研究表明,工作要求、角色冲突和工作家庭冲突等压力源与工伤和肌肉骨骼疼痛直接相关,这些发现支持了上述观点（Bodner, Kraner, Bradford, Hammer, & Truxillo, 2014; Eatough, Way, & Chang, 2012;也见第四章）。另一方面,工作特征（如,组织支持、自主性和团队凝聚力）与较低的受伤风险和肌肉骨骼症状风险相关（Bodner 等, 2014; Eatough 等, 2012; Sobeih, Salem, Daraiseh, Genaidy, & Shell, 2006）。基于 TWH 的干预措施已被证明会引起员工健康行为（如戒烟、运动; Sorensen 等, 2002）和安全相关结果的改变（如,避免接触有害物质:

---

① TWH 将在第 11 章中再次出现。

LaMontagne，Stoddard，Youngstrom，Lewiton，& Sorensen，2005）。

第二项贡献是，一系列 OHP 研究已经证明，将心理过程与传统职业安全的方法结合起来是有效的。例如，索特和斯旺森（Sauter & Swanson，1996）提出了一种生态模型来理解体力任务要求（以及由此产生的生物力学压力）与工作场所社会心理特征（以及由此产生的心理压力）的共同作用对员工肌肉骨骼损伤的影响。这个模型不但明确地指出心理压力可能加剧生物力学压力对肌肉骨骼损伤的影响，而且也涉及决策过程，以强调被赋予具有类似的生物力学负荷的相同任务时，个体如何根据不同的社会心理工作环境报告不同程度的症状。尽管一些早期的研究并不都支持工作场所的社会心理特征和工作压力对肌肉骨骼损伤有影响（例如，Swanson & Sauter，2006），但是最近的一些研究（例如，Chang，Bernard，Bloswick，& Johnson，2015；Eatough 等，2012；Golubovich，Chang，& Eatough，2014）强调了压力相关的机制在员工对肌肉骨骼损伤的报告和反应中的重要性。例如，戈卢博维奇等人（Golubovich 等，2014）的研究认为不良的安全氛围是一种压力源，它会造成员工较强烈的挫败感，而在控制体力工作需求后，员工的挫败感又与颈部、肩部、上背部和下背部肌肉骨骼疼痛的程度有关。但是当员工报告说他们有很强的心理承受力时，这种趋势就减弱了，这表明人们在面对压力和挫折时的抗逆力各不相同。

同样地，在控制体力的工作要求后，伊通等人（Eatough 等，2012）发现压力（如，角色冲突）对肌肉骨骼症状的影响是通过情绪紧张起到中介作用的。常等人（Chang 等，2015）发现感知到的主管支持减轻了肌肉骨骼损伤和员工旷工之间的联系，这表明员工可以根据工作场所的社会心理环境使用不同的应对策略处理不适。

OHP 对职业安全的第三大贡献是它聚焦于会影响安全结果的环境因素（Tetrick & Peiró，2012）。职业健康心理学研究人员认为职业安全嵌于社会心理和人际关系环境当中。工作场所的危害不能被孤立地解决。而且，社会心理环境的特征，如群体凝聚力、工作场所支持、领导力和工作场所氛围，都会对职业安全产生重要影响（Tetrick & Peiró，2012）。第六章更全面地介绍了氛围和领导力及其对职业健康与安全的影响。

OHP 的第四大贡献是它改进了评估工作场所安全的标准。在工业和组织心理学领域的绩效管理研究的基础上，OHP 强调了两种安全相关标准之间的区别：安全绩效与安全结果（Kaplan & Tetrick，2011）。前者指有助于员工维护和加强工作场所安全的行为，可进一步分成两个维度：安全遵守和安全参与。安全遵守反映了维持工作场所安全必需的、核心的行为，如遵守安全规章和穿戴防护装备（Neal & Griffin，2006）。安全参与是指通过营造促进安全意识的社会心理环境来提升工作场所的安全行为，尽管这不是管理层规定的。安全参与包括在安全委员会服务和协助同事解决安全问题等行为（Neal & Griffin，2006）。然而，安全结果反映的是事故、侥幸脱险和职业伤害（Kaplan & Tetrick，2011）。区分安全绩效和安全结果的关键是,安全绩效很大程度上受员工个体的控制,但外部因素如任务和行业的性质(以及安全绩效)却可能影响安全结果。研究人员和从业人员通过区分安全绩效和安全结果,可以在安全绩效或安全结果水平确定与安全相关的标准,然后针对与其中一个或两个水平相关的结果标准来设计干预措施。

最后,职业健康心理学不仅区分了安全行为和安全结果,也清晰地建立了安全绩效的维度。例如,尼尔和格里芬(Neal & Griffin, 2006)区分了安全遵守和安全参与,认为安全遵守更多强调角色内和强制性,而安全参与则更多强调角色外和自愿性。霍夫曼,摩滕森和格拉斯(Hofmann, Morgeson, & Gerras, 2003)同样把安全绩效区分为角色内安全绩效和角色外安全绩效,并侧重于角色外的安全绩效,还确定了六个角色外安全绩效维度,包括帮助、建言、管理、举报、公民道德和发起安全相关的变革。伯克、萨比、泰斯鲁克和史密斯-克罗(Burke, Sarpy, Tesluk, & Smith-Crowe, 2002)对危险废物行业的相关研究文献和安全培训材料进行回顾之后,提出安全绩效的四维结构,包括:使用个人防护设备、从事减少事故风险的实践活动、交流有关健康和安全的信息,以及行使员工的权利和责任。尼尔和格里芬(Neal & Griffin, 2006),霍夫曼等人(Hofman 等, 2003)及伯克等人(Burke 等, 2002)通过不懈努力,优化了安全绩效的结构,并制定了为更好理解导致各种安全相关结果的因素所需的标准。下一节我们将讨论安全绩效和工作场所事故和伤害的主要前因变量。

## 安全绩效、工作场所事故和伤害的个体前因变量

以往大多数关于安全相关结果的前因变量的 OHP 研究都会关注工作环境的个体差异和特征。本节我们将讨论个体特征作为安全相关结果的前因变量的主要发现。

### 人口学因素

有关职业健康差异的研究一直以来都认为,发生事故和伤害的风险在一些人口学变量上(包括性别、种族、民族、年龄群)存在差异。一般来说,男性员工更可能被高伤害/疾病的职业雇佣,且往往具有更高的职业死亡率(Steege, Baron, Marsh, Menédez, & Myers, 2014)。黑人和西班牙裔等少数种族与族裔,也倾向于从事高风险职业,他们受伤、患病和死亡的概率也很高(Stanbury & Rosenman, 2014; Steege 等, 2014)。例如,在黑人和外籍员工中,与工作相关的凶杀率偏高(Steege 等, 2014)。另外,与白人相比,黑人更容易患上与工作有关的疾病,比如硅肺和哮喘;此外,西班牙裔员工在与农药相关的受伤率和患病概率上也要高于非西班牙裔员工(Stanbury & Rosenman, 2014)。最后,与年轻员工相比,年长的员工更可能遭遇工作场所的死亡事故(Steege 等, 2014)。

尽管这些研究结果表明人口学因素可以预测安全结果，但是也有很多文献指出，一些观察到的性别、种族/族裔和年龄群体之间的差异来源可归因于其他因素。首先，男性、种族/族裔中的少数民族成员，以及年长的员工更有可能从事低收入且高风险的职业（例如，Krieger, 2009；Murray, 2003；Stanbury & Rosenman, 2014）。因此，他们可能暴露于更多的职业危害中，并导致更高的疾病、伤害和死亡发生率。

兰茨贝吉斯、格日瓦奇和拉蒙塔涅（Landsbergis, Grzywacz, & LaMontagne, 2014）发现，从特定的职业类型到人口统计学特征，少数民族和社会经济地位较低的人更易暴露在使人苦恼的组织环境中。这些条件包括工作不安全感、低自主性、低支持、较少的学习新技能的机会，以及雇主对员工安全的关注减少。这些环境与更高的职业伤害和疾病风险有关。奥克楚库、苏扎、戴维斯和德卡斯特罗（Okechukwu, Souza, Davis, & de Castro, 2014）总结了有关少数民族员工的工作场所经历的研究。奥克楚库等人（Okechukwu 等，2014）的研究显示，少数民族员工可能会遭受到更多的工作场所不公平，如歧视、骚扰、虐待和欺负。不公平待遇不仅可能直接造成不良的健康和安全结果，而且也会间接导致"危险职务的差别分配"（Okechukwu 等，2014）。同样地，迈耶（Meyer, 2014）发现黑人员工在招聘和晋升方面的种族歧视与低水平的工作控制感有关，而在控制基线的自评健康后，这种低水平的工作控制感又能进一步预测 10 年后较差的自评健康（见第四章）。对白人员工来说，工作控制感并不能中介歧视（白人很少报告歧视）和自评健康之间的关系。研究结果表明少数群体成员受到的不良待遇可能会导致职业疾病与伤害事故的发生。

**人格特质**

人格特质指个人在不同情况下以特定方式行事的倾向。广为接受的人格特质模型是大五人格模型（Levy, 2013）。大五人格模型从五个维度描述了个体的特征：经验开放性，责任心，外倾性，宜人性和神经质。开放性反映了个体对各种经历的普遍欣赏，以及尝试新鲜、不同事物的意愿。责任心是指追求成功的取向和自我约束的倾向。外倾的个体喜欢与他人交流，并从人际互动中获得能量。宜人性反映个体对社会和谐及与他人相处的普遍关注。最后，神经质维度得分高的人往往会经历更多的负面情绪，如愤怒、焦虑、抑郁，也更容易对挑战性或要求性情境做出反应（Costa & McCrae, 1992）。

与人格特质的其他维度相比，责任心一直是预测员工安全绩效的一个指标。许多元分析表明高度的责任心与工作中的安全行为增加有关（例如，Christian, Bradley, Wallace, & Burke, 2009；Beus, Dhanani, & McCord, 2015）。此外，实证研究表明，责任心能预测更高的自评和他评的安全遵守与安全参与，这超越了领导风格（例如，Inness, Turner, Barling, & Stride, 2010）和安全氛围（例如，Wallace & Chen, 2006）等情境变量对两者的预测。元分析结果还表明宜人性与工作中更高水平的安全行为有关,而外倾性则与较低水平的安全行为有关(Beus 等,2015)。有趣的是,神经质与安全行为的关系很复杂。尽管神经质的一些方面,如愤怒和冲动,与较低水平的安全行为有关,但是神经质的另一个方面,即焦虑,则与安全行为增加有关(Beus 等,2015)。这种结果表明,更细致地划分维度或许可以帮助理解人格特质与安全绩效之间的关系。

除安全绩效外,人格特质也与安全结果有关。责任心一直以来都被认为与工作场所事故和伤害呈负相关(例如,Beus 等,2015;Christian 等,2009;Clarke & Robertson,2008)。元分析结果也表明宜人性与工作场所事故的发生呈负相关(Beus 等,2015;Clarke & Robertson,2005,2008)。另一方面,神经质似乎也与事故(Clarke & Robertson,2005,2008)和伤害(Christian 等,2009)存在一致的正相关。最后,一些元分析研究发现,经验开放性和事故之间呈正相关(例如,Beus 等,2015;Clarke & Robertson,2005),而其他研究结果(例如,Christian 等,2009;Clarke & Robertson,2008)对这一关系提供的支持相对有限。

重要的是,研究人员倾向于认为人格特质通过影响个体的价值观和动机与来影响安全结果。例如,克里斯蒂安等人(Christian 等,2009)发现高度的责任心与增加的安全动机相关,而高安全动机又会导致更高的安全绩效。伯斯等人(Beus 等,2015)的研究表明,宜人性和责任心可以通过提高安全绩效来降低安全事故的发生概率。另一方面,研究人员发现外倾性和神经质与事故风险增加之间的关系是通过较低的安全绩效来中介的。综上所述,人格特质可能影响个体价值观和工作中的优先级,进而影响对安全相关行为的关注和实践。

除了大五人格特质外,研究人员也研究了其他稳定特质,以及这些特质与安全相关结果的关系。其中的一些特质与大五人格特质相似,并表现出与安全相关结果类似的关系模式。例如,消极情感(negative affectivity,NA)指个体可能会经历更多负面情绪,这与神经质有关。研究表明 NA 与较低的安全遵守和安全参与相关(Inness 等,2010)。同样安全遵守可被视为责任心的一个方面,它与安全绩效呈正相关(Hogan & Foster,2013)。其他研究人员关注自我评价与安全相关结果之间的关系。元分析结果表明,一个高度的内在控制点,或者说一个人相信自己能控制生活事件的信念,与安全遵守和安全参与呈正相关(Christian 等,2009)。另一方面,对自我有一个积极的综合评价既有益处,也有坏处。虽然一些研究(例如,Yuan,Li,& Lin,2014)表明高自我评价与高安全绩效相关,但另一项研究表明,对自己能力的高度自信与建筑工人的安全绩效呈负相关(Salanova,Lorente,& Martínez,2012)。因此,自我评价也有可能与安全相关结果呈曲线关系。尽管中等程度的积极自我评价有利于安全绩效,但极高的效能信念可能导致员工忽视安全规则,因为他们认为自己可以在不采取必要预防措施的情况下完成任务。

**能力因素**

关于能力因素和安全相关结果的研究主要集中在认知能力和注意调节方面。员工的认知能力或一般智力和安全相关结果的关系是模棱两可的。一些研究发现认知能力与安全绩效呈正相关(Postlethwaite，Robbins，Rickerson，& McKinniss，2009)。相反，其他研究发现，控制大五人格等特质因素后，认知能力与意外事故无关(Hansen，1989；Kotzé & Steyn，2013)。还有一些研究探究了认知能力和人格特质的交互作用。例如，波斯尔思韦特等人(Postlethwaite 等，2009)发现认知能力和责任心能共同预测员工安全行为。当责任心低时，认知能力与安全绩效呈正相关，责任心高时，认知能力与安全绩效无关。在这种情况下，认知能力似乎缓冲了低责任心对安全相关结果的负面影响。

除一般的认知能力外，研究也强调了认知和情感安全卷入的重要性。"认知安全卷入"指"注意并专心于工作任务的安全执行"(Wachter & Yorio，2014，p. 125)；"情感安全卷入"指对工作场所安全项目的热情和自豪。研究发现两者与工伤呈负相关(Wachter & Yorio)。此外，积极的安全管理实践与员工更高水平的认知和情感安全卷入有关(Wachter & Yorio)。

有趣的是，大量研究调查了员工对认知注意力与记忆的无效控制，或"认知失败"对安全相关结果的影响。根据华莱士和沃达诺维奇(Wallace & Vodanovich，2003)的研究，认知失败指"认知功能的崩溃，它导致一个人在执行通常能胜任的任务时产生认知上的错误"(p. 316)。随着时间的推移，它也显示出一些如特质般的稳定性。认知失败与自评和管理者评定的较低的安全绩效有关(Wallace & Chen，2005；Wallace & Vodanovich，2003)。此外，认知失败与自我报告的轻微事故、严重事故和伤害呈正相关(Wallace & Chen，2005；Wallace & Vodanovich，2003)。在一个对护理人员群体样本的研究中发现，认知失败也能中介工作中断对侥幸脱险事故的作用，例如，执行任务时被打断的护理人员可能会报告他们在注意力和记忆方面的失败，这进一步又与更高的侥幸脱险事故相关。戴、布拉舍与布里杰(Day，Brasher，& Bridger，2012)使用了一个病例对照设计，对发生事故的与未发生事故的皇家海军水手的认知失败进行比较。戴等人(Day 等，2012)发现控制性别、年龄和工作水平后，那些经历事故的水手会报告更高水平的认知失败。总的来说，在工作中，无法控制记忆和注意力似乎对职业安全有不利影响。

除了其主要影响外，工作中的认知失败还会对非工作环境下的员工安全产生溢出效应。艾尔菲林、格雷布纳和哈勒(Elfering，Grebner，& Haller，2012)发现，工作中的认知失败与员工上下班时危险驾驶行为呈正相关。工作上的认知失败也与上下班时的交通事故和侥幸脱险呈正相关(Elfering，Grebner，& de Tribolet-Hardy，2013)。最后，和工作相关的认知失败与家庭关系质量的下降也有关(Elfering，Grebner，& Boillat，2013)。

就像认知能力一样，认知失败与责任心能共同预测安全行为和事故。当员工有高责任心时，认知失败与不安全行为和事故之间的正相关关系较弱（Elfering 等，2013；Wallace & Vodanovich，2003）。这一发现表明，高认知失败会加强责任心与不安全行为和事故之间的负相关。综上所述，这些结果强调了有效的认知注意和记忆控制对员工安全的重要性。

**动机相关差异**

许多研究者认为与动机相关的个体差异是安全结果的前因。元分析（Christian 等，2009）结果显示，员工的安全动机与安全遵守呈正相关。安全动机与 OSHA 所记录的需要请假休息的伤病呈负相关（Wachter & Yorio，2014）。重要的是，安全动机似乎中介了其他远端的个人特质和情境特征对安全相关结果的影响。例如，安全动机中介了责任心与安全行为之间的正相关关系（Christian 等，2009）。安全管理实践对 OSHA 记录的需要请假休息伤病的影响由安全动机中介（Wachter & Yorio，2014）。

与此相关的是，研究调查了可能促进员工工作中的安全动机的组织实践。具体而言，为了促进安全，他们已经实施了设定目标的做法（如，连续 30 天"无事故"）和相关补偿或奖励（例如，如果 30 天没有意外事故的目标达成的话，给每个人 100 美元的奖金）。实验证据表明，工作场所缺乏目标设定会增加员工受伤的可能性（Leung, Chan, & Yu，2012）。此外，个案研究发现基于结果（即，无事故）和行为（即，安全绩效）的激励措施都可以减少事故的发生（Yeow & Goomas，2014）。最后，一个基于行为的安全计划，包括目标设定、反馈和对员工安全行为的表扬，被证明能够提高安全绩效（Choudhry，2014）。

除研究与一般安全动机相关的影响外，研究人员还应用了一种自我调节框架来更好地理解员工安全行为背后的机制。在众多与自我调节相关的理论中，"调节定向"理论（Higgins，1997，1998）受到了很大的关注。调节定向理论描述了个体如何通过两个共存的动机系统来调节他们的行为，这两个动机系统在与目标相关的追求中满足了不同的需求（Higgins & Spiegel，2004；Scholer & Higgins，2008）。"促进定向"是个体围绕着成长需要进行自我调节时激活的，它涉及到通过晋升和成就来追求理想。这种定向鼓励人们采取行动以接近理想的最终状态。另一方面，"预防定向"调节着对安全需要的追求，并涉及通过警惕的和负责任的行为来履行职责和义务。这种定向会引导个体避免那些使他们远离理想的最终状态的情境。

实证研究结果强调了促进定向和预防定向对员工安全相关结果的影响。因为预防定向是趋近安全，并强调警惕的行为，所以，高预防定向将对安全相关的结果有益。然而，促进定向却可能会对与安全有关的结果有害，因为个体可能会以牺牲安全为代价来追求晋升。事实上，拉纳杰、常和约翰逊（Lanaj, Chang, & Johnson，2012）总结了调节定向和安全绩效之间的关系，并发现虽然预防定向与安全绩效呈正相关，但促进定向与较低的安全绩效有关。华莱士和陈（Wallace & Chen，2006）的研究表明基于工作的调节定向在责任心对安全绩效的影响中起中介作用。具体而言，责任心通过抑制促进定向和增强预防定向对主管评定的安全遵守有积极作用。综上，这些研究结果强调了在职业安全背景下考虑与个人动机和自我调节相关特征的重要性。

## 安全绩效、工作场所事故和伤害的情境性前因变量

除刚才讨论过的个体特质外，OHP还确定了一些预测安全相关结果的情境性变量。我们关注两个与工作和工作设计相关的情境变量——工作特征和轮班工作。有关作为职业安全前因的其他社会心理特征（如，安全氛围、变革型领导）的更多讨论，请参阅第六章。

### 工作特征

哈克曼和奥尔德姆（Hackman & Oldham，1980）提出了五个核心工作维度来描述工作结构：技能多样性、任务同一性、任务重要性、自主性和反馈。"技能多样性"指工作需要员工发展并应用一系列技巧和能力的程度。"任务同一性"指工作要求员工完成一系列任务以形成可见结果的程度，例如生产产品的组件或为客户服务。"任务重要性"指这项工作对其他利益相关者（如同事，客户，甚至是普通大众）的重要性。总之，在这三个维度上拥有高水平的工作可以让员工在工作中体验到更大的意义。

"自主性"指一份工作在多大程度上为员工提供了独立与决策自由来决定如何执行与工作相关的任务。高度自主的工作能让员工对他们的工作结果有更高的责任感。最后，有关绩效的"反馈"为员工提供了对结果的了解。积极的结果，如更大的动力、更好的业绩和更高的满意度，与这5个工作特征都相关（例如，Humphrey, Nahrgang, & Morgeson, 2007）。

在安全相关的结果方面，工作特征与安全绩效、事故和伤害有关。就某个护理人员群体样本的安全绩效来说，基于知识的工作特征，包括技能多样性和工作复杂性，与安全遵守和安全参与呈正相关（Lievens & Vlerick，2014）。有趣的是，一项元分析（Nahrgang, Morgeson, & Hofmann, 2011）揭示了工作复杂性和安全行为之间的负相关关系。这些结果表明，过于复杂的工作可能不利于员工的安全。自主性一直被认为与更好的安全绩效有关（Nahrgang等，2011）。对安全相关绩效和事故的反馈（例如，Choudhry，2014；Lee, Shon, & Oah, 2014）与员工安全绩效的提高有关。此外，研究发现，在与员工的日常交流中，向主管反馈他们关于生产一体化和安全相关问题，可以改善安全氛围和员工的安全行为（Zohar & Polachek, 2014）。而且，在由独立观察员进行的安全审核中，向主管提供此类反馈还可提高员工的绩效。最后，从事高技能多样性工作的员工报告肌肉骨骼损伤的可能性较低

（Grzywacz 等，2007）。

### 轮班工作

"轮班工作"指"一种工作时间安排，这种时间安排并不按照标准工作时间（上午 8 点到下午 5 点）或标准工作周"（Grosswald，2004，p. 414）。研究者对相关研究文献回顾得出结论：轮班工作可能危及安全（Folkard & Tucker，2003）。具体来说，与白班或下午班相比，夜班发生事故和伤害的风险要更高，而且这种风险随着连续夜班（即连续几晚工作）和值班时间的增加而增加（Baker, Olson, & Morisseau, 1994；Folkard & Tucker, 2003）。这些风险的增加可能与员工的睡眠时间和昼夜节律被打乱有关（Folkard, Lombardi, & Tucker, 2005）。

事实上，多项研究已经证明睡眠质量和安全相关结果存在联系。就安全绩效而言，研究已经证明失眠症状与建筑工人的安全绩效呈负相关（Kao, Spitzmueller, Cigularov, & Wu, 2016）。此外，患有睡眠障碍（如，阻塞性睡眠呼吸暂停综合征）的员工发生职业事故的可能性更高（Ulfberg, Carter, & Edling, 2000）。研究发现睡眠障碍（如失眠、入睡困难和睡眠质量差）能在不同职业的员工（例如，建筑工人[Kao 等，出版中]、护理人员[Shao, Chou, Yeh, & Tzeng, 2010]和公共部门雇员[Salminen 等，2010]）中预测较高的工伤率。最后，巴恩斯和瓦格纳（Barnes & Wagner, 2009）证明由于夏令时改变（即春季提前）导致的睡眠不足与职业伤害的增加有关。综上，研究认为轮班工作和相关的睡眠中断对职业安全有负面影响，包括安全绩效的下降以及安全事故和伤害风险的增加。

### 关注职业安全的个体与情境性前因变量的价值

回顾有关职业安全个体和情境性前因变量的研究之前，需注意一点。除少数例外（如，Neal & Griffin, 2006），本章引用的多数研究都是横向设计。关于个体和情境性变量对安全影响的研究可以更多地关注纵向设计，因为纵向设计在评估因果模型方面有更好的前景。

我们通过强调所引用研究的价值来凸显安全的重要性。安全结果的前因变量有个体差异和情境特征，理解它们对组织内的人力资源职能有重要意义。首先，对提高安全绩效感兴趣的组织可能会将一些对个体差异因素（如，责任心和认知失败）的测量作为招聘过程中成套测试的一部分。根据这些特点选择候选人可能有助于确保企业招聘到自己想要的员工，即倾向于重视工作场所安全，并能遵循适当的程序和做法来保护自己的员工。

蒂特里克和佩罗（Tetrick & Peiró, 2012）认为职业健康心理学可以优化安全培训实践，这一培训通常被认为是改善工作场所安全、预防职业事故和伤害的最重要的方式之一（Huang, Leamon, Courtney, Chen, & DeArmond, 2007）。例如，学习原则的应用需要学员积极参与

(如,行为建模、实践活动),目的是进一步吸引学员,提升安全培训的质量(例如,Burke 等,2006)。此外,结合对话学习的观点,即结构化人际讨论和有引导的个人沉思有助于更好地理解安全培训期间的内容,从而实现安全目标(Burke, Holman, & Birdi, 2006)。此外,了解那些预测安全相关结果的个体差异因素可以得到潜在的能力与培训方式的交互作用,并确定哪些员工将受益于更频繁的安全进修培训课程,这是一种可供选择的培训方式,或者说是一种不同进度的培训计划。

第三,关于安全动机及其影响的研究指出组织将安全绩效纳入绩效管理体系的潜在可能性。这样做不仅能突出工作场所安全的重要性,同时也提升员工的安全动机。具体来说,组织应该定期考核安全绩效,并将其作为员工绩效档案的一部分。在绩效反馈会议期间,员工及其管理者可以讨论如何设定绩效目标,以促进工作场所安全,预防事故和伤害的发生。对那些表现出良好安全绩效的人,应该给予奖励和认可。

最后,考虑到工作特征对安全相关结果的积极影响,旨在扩大工作范围的干预措施可能有助于提高安全绩效、降低事故和伤害的风险。例如,可以让员工在需要不同能力的岗位上轮岗,这可以提高员工技能的多样性。参与式决策和员工参与有助于提高自主性。向员工提供及时和可行的反馈也有助于提高职业安全水平(Choudhry, 2014；Lee 等, 2014)。

## 总结

尽管经过了几十年的学术研究、行业努力和公共政策的改变,职业安全仍然是事关员工健康和幸福感的一个重要问题。欧盟和美国收集的数据表明,每年都有大量的员工在工作中死亡或严重受伤,并且这一趋势似乎趋于稳定,而非逐渐下降。这一章我们介绍了职业安全的 OHP 方法,并讨论了关键的研究结果。由于 OHP 强调心理过程,所以对职业安全的 OHP 研究补充了其他学科的成果(如,工业卫生学和人类工效学)。有关职业安全的 OHP 研究的重点是确定导致工作场所事故和伤害的个体特征的前因变量(如,人口学因素、人格特征)和情境性前因变量(如,工作特征和轮班工作)。人口学风险因素包括种族或少数民族成员以及男性。与高安全绩效相关的一个人格特质是责任心。其他证据表明,责任心和宜人性与安全动机有关,而安全动机又与低事故风险有关。认知失败的体验与较低的安全绩效、轻微事故以及下班回家路上的不安全驾驶有关。高预防调节定向的个体有遵守规则和履行义务的动机,往往表现出更好的安全绩效。相反,那些高促进定向的个体,其动机是追求理想的结果,倾向于表现出较低的安全绩效。一些组织的目标设定的实施通过影响员工安全动机来提高安全结果(如,30 天无事故则提供经济奖励)。

情境工作特征,如工作复杂性和技能多样性,与安全遵守和安全参与有关。然而,高水平的工作复杂性与安全行为的减少有关。与工作相关的自主性与更高的安全绩效有关。来自主管的安全相关的反馈与更好的安全氛围和更高的安全行为水平有关。夜班比白班更容易发生伤害和事故。睡眠质量差与安全绩效下降有关。这些研究结果对进行恰当的人力资源实践（如选拔和培训）和工作设计（如奖励系统和工作任务）以促进安全具有启示意义。

## 参考文献

American Federation of Teachers. (2010). *Health and safety for workers in schools and colleges*. Retrieved from https://www.osha.gov/dte/grant_materials/fy10/sh-20839-10/circle_chart.pdf

Baker, K., Olson, J., & Morisseau, D. (1994). Work practices, fatigue, and nuclear power plant safety performance. *Human Factors*, 36, 244–257. doi: 10.1177/001872089403600206

Barnes, C. M., & Wagner, D. T. (2009). Changing to daylight saving time cuts into sleep and increases workplace injuries. *Journal of Applied Psychology*, 94, 1305–1317. doi: 10.1037/a0015320

Beus, J. M., Dhanani, L. Y., & McCord, M. A. (2015). A meta-analysis of personality and workplace safety: Addressing unanswered questions. *Journal of Applied Psychology*, 100, 481–498. doi: 10.1037/a0037916

Bodner, T., Kraner, M., Bradford, B., Hammer, L., & Truxillo, D. (2014). Safety, health, and well-being of municipal utility and construction workers. *Journal of Occupational and Environmental Medicine*, 56, 771–778. doi: 10.1097/JOM.0000000000000178

Bureau of Labor Statistics. (2014, December). *Nonfatal occupational injuries and illnesses requiring days away from work, 2013*. Retrieved from www.bls.gov/news.release/pdf/osh2.pdf

Bureau of Labor Statistics. (2015a, June). *Census of fatal occupational injuries (CFOI): Current and revised data*. Retrieved from www.bls.gov/iif/oshcfoi1.htm

Bureau of Labor Statistics. (2015b, June). *Industry injury and illness data*. Retrieved from www.bls.gov/iif/oshsum.htm

Burke, M. J., Holman, D., & Birdi, K. (2006). A walk on the safe side: The implications of learning theory for developing effective safety and health training. In G. P. Hodgkinson & J. K. Ford (Eds.), *International review of industrial and organizational psychology* (pp. 1–44). London, UK: Wiley.

Burke, M. J., Sarpy, S. A., Smith-Crowe, K., Chan-Serafin, S., Islam, G., & Salvador, R. (2006). Relative effectiveness of worker safety and health training methods. *American Journal of Public Health*, 96, 315–324. doi: 10.2105/AJPH.2004.059840

Burke, M. J., Sarpy, S. A., Tesluk, P. E., & Smith-Crowe, K. (2002). General safety performance: A test of a grounded theoretical model. *Personnel Psychology*, 55, 429–457. doi: 10.1111/j.1744-6570.2002.tb00116.x

Chang, C.-H., Bernard, T. E., Bloswick, D. S., & Johnson, R. E. (2015, May). Employee behavioral reactions to musculoskeletal symptoms: Supervisor support as a moderator. In K. S. Jennings & T. W. Britt (Chairs), *Supporting employees in high stress jobs: Benefits of social support for physical and psychological health*. Symposium presented at the 11th International Conference on Occupational Stress and Health: Work, Stress, and Health 2015, Atlanta, GA.

Choudhry, R. M. (2014). Behavior-based safety on construction sites: A case study. *Accident Analysis and Prevention*, 70, 14 – 23. doi: 10. 1016/j. aap. 2014. 03. 007

Christian, M. S., Bradley, J. C., Wallace, J. C., & Burke, M. J. (2009). Workplace safety: A meta-analysis of the roles of person and situation factors. *Journal of Applied Psychology*, 94, 1103 – 1127. doi: 10. 1037/a0016172

Clarke, S., & Robertson, I. T. (2005). A meta-analytic review of the big five personality factors and accident involvement in occupational and non-occupational settings. *Journal of Occupational and Organizational Psychology*, 78, 355 – 376. doi: 10. 1348/096317905X26183

Clarke, S., & Robertson, I. (2008). An examination of the role of personality in work accidents using meta-analysis. *Applied Psychology: An International Review*, 57, 94 – 108. doi: 10. 1111/j. 1464 – 0597. 2007. 00267. x

Costa, P. T., Jr., & McCrae, R. R. (1992). *Revised NEO Personality Inventory (NEO-PI-R) and NEO Five-Factor Inventory (NEO-FFI) manual*. Odessa, FL: Psychological Assessment Resources.

Day, A. J., Brasher, K., & Bridger, R. S. (2012). Accident proneness revisited: The role of psychological stress and cognitive failure. *Accident Analysis and Prevention*, 49, 532 – 535. doi: 10. 1016/j. aap. 2012. 03. 028

Eatough, E. M., Way, J. D., & Chang, C. -H. (2012). Understanding the link between psychosocial work stressors and work-related musculoskeletal complaints. *Applied Ergonomics*, 43, 554 – 563. doi: 10. 1016/j. apergo. 2011. 08. 009

Elfering, A., Grebner, S., & Boillat, C. (2013). Busy at work and absent-minded at home: Mental workload, cognitive failure, and domestic falls. *Swiss Journal of Psychology*, 72, 219 – 228. doi: 10. 1024/1421 – 0185/a000114

Elfering, A., Grebner, S., & de Tribolet-Hardy, F. (2013). The long arm of time pressure at work: Cogni-tive failure and commuting near-accidents. *European Journal of Work and Organizational Psychology*, 22, 737 – 749. doi: 10. 1080/1359432X. 2012. 704155

Elfering, A., Grebner, S., & Haller, M. (2012). Railway-controller-perceived mental work load, cogni-tive failure and risky commuting. *Ergonomics*, 55, 1463 – 1475. doi: 10. 1080/00140139. 2012. 718802

Eurostat. (2015, June). *Accident at work statistics*. Retrieved from http://ec. europa. eu/eurostat/statistics-explained/index. php/Accidents_at_work_statistics

Folkard, S., Lombardi, D. A., & Tucker, P. T. (2005). Shiftwork: Safety, sleepiness, and sleep. *Industrial Health*, 43, 20 – 23. doi: 10. 2486/indhealth. 43. 20

Folkard, S., & Tucker, P. (2003). Shift work, safety and productivity. *Occupational Medicine*, 53, 95 – 101. doi: 10. 1093/occmed/kqg047

Golubovich, J., Chang, C. -H., & Eatough, E. M. (2014). Safety climate, hardiness, and musculoskel-etal complaints: A mediated moderation model. *Applied Ergonomics*, 45, 757 – 766. doi: 10. 1016/j. apergo. 2013. 10. 008

Grosswald, B. (2004). The effects of shift work on family satisfaction. *Families in Society: The Journal of Contemporary Social Services*, 85, 413 – 423. doi: 10. 1606/1044 – 3894. 1503

Grzywacz, J. G., Arcury, T. A., Marín, A., Carrillo, L., Coates, M. L., Burke, B., & Quandt, S. A. (2007). The organization of work: Implications for injury and illness among immigrant Latino poultry-processing workers. *Archives of Environmental & Occupational Health*, *62*, 19 – 26. doi:10. 3200/AEOH. 62. 1. 19 – 26

Hackman, J. R., & Oldham, G. R. (1980). *Work redesign*. Upper Saddle River, NJ: Pearson.

Hansen, C. P. (1989). A causal model of the relationship among accidents, biodata, personality, and cognitive factors. *Journal of Applied Psychology*, *74*, 81 – 90. doi:10. 1037//0021 – 9010. 74. 1. 81

Herrick, R., & Dement, J. (2005). Industrial hygiene. In L. Rosenstock, M. R. Cullen, C. A. Brodkin, & C. A. Redlich (Eds.), *Textbook of clinical occupational and environmental medicine* (2nd ed., pp. 45 – 75). Philadelphia, PA: Elsevier Saunders.

Higgins, E. T. (1997). Beyond pleasure and pain. *American Psychologist*, *52*, 1280 – 1300. doi:10. 1037/0003 – 066X. 52. 12. 1280

Higgins, E. T. (1998). Promotion and prevention: Regulatory focus as a motivational principle. *Advances in Experimental Social Psychology*, *30*, 1 – 46. doi:10. 1016/S0065 – 2601(08)60381 – 0

Higgins, E. T., & Spiegel, S. (2004). Promotion and prevention strategies for self-regulation: A motivated cognition perspective. In R. F. Baumeister & K. D. Vohs (Eds.), *Handbook of self-regulation: Research, theory, and applications* (pp. 171 – 187). New York, NY: Guilford Press.

Hofmann, D. A., Morgeson, F. P., & Gerras, S. J. (2003). Climate as a moderator of the relationship between leader-member exchange and content specific citizenship: Safety climate as an exemplar. *Journal of Applied Psychology*, *88*, 170 – 178. doi:10. 1037/0021 – 9010. 88. 1. 170

Hogan, J., & Foster, J. (2013). Multifaceted personality predictors of workplace safety performance: More than conscientiousness. *Human Performance*, *26*, 20 – 43. doi:10. 1080/08959285. 2012. 736899

Huang, Y. H., Leamon, T. G., Courtney, T. K., Chen, P. Y., & DeArmond, S. (2007). Corporate financial decision-makers' perceptions of workplace safety. *Accident Analysis and Prevention*, *39*, 767 – 775. doi:10. 1016/j. aap. 2006. 11. 007

Humphrey, S. E., Nahrgang, J. D., & Morgeson, F. P. (2007). Integrating motivational, social, and con-textual work design features: A meta-analytic summary and theoretical extension of the work design literature. *Journal of Applied Psychology*, *92*, 1332 – 1356. doi:10. 1037/0021 – 9010. 92. 5. 1332

Inness, M., Turner, N., Barling, J., & Stride, C. B. (2010). Transformational leadership and employee safety performance: A within-person, between jobs design. *Journal of Occupational Health Psychology*, *15*, 279 – 290. doi:10. 1037/a0019380

Kao, K. -Y., Spitzmueller, C., Cigularov, K., & Wu, H. (2016). Linking insomnia to workplace injuries: A moderated mediation model of supervisor safety priority and safety behavior. *Journal of Occupational Health Psychology*, *21*, 91 – 104. doi:10. 1037/a0039144

Kaplan, S., & Tetrick, L. E. (2011). Workplace safety and accidents: An industrial and organizational psychology perspective. In S. Zedeck (Ed.), *APA Handbook of industrial and organizational psychology* (Vol. 1, pp. 455 – 472). Washington, DC: American Psychological Association.

Kotzé, M., & Steyn, L. (2013). The role of psychological factors in workplace safety. *Ergonomics*, *56*, 1928 – 1939. doi:10. 1080/00140139. 2013. 851282

Krieger, N. (2009). Workers are people too: Societal aspects of occupational health disparities: An ecosocial perspective. *American Journal of Industrial Medicine*, *53*, 104 – 115. doi:10. 1002/ajim. 20759

LaMontagne, A. D., Stoddard, A. M., Youngstrom, R. A., Lewiton, M., & Sorensen, G. (2005). Improv-ing the prevention and control of hazardous substance exposures: A randomized controlled trial in manufacturing worksites. *American Journal of Industrial Medicine*, 48, 282 – 292. doi: 10. 1002/ajim. 20218

Lanaj, K., Chang, C. -H., & Johnson, R. E. (2012). Regulatory focus and work-related outcomes: A meta-analysis. *Psychological Bulletin*, 138, 998 – 1034. doi: 10. 1037/a0027723

Landsbergis, P. A., Grzywacz, J. G., & LaMontagne, A. D. (2014). Work organization, job insecurity, and oc-cupational health disparities. *American Journal of Industrial Medicine*, 57, 495 – 515. doi: 10. 1002/ajim. 22126

Lee, K., Shon, D., & Oah, S. (2014). The relative effects of global and specific feedback on safety behav-iors. *Journal of Organizational Behavior Management*, 34, 16 – 28. doi: 10. 1080/01608061. 2013. 878264

Leigh, J. P. (2011). Economic burden of occupational injury and illness in the United States. *The Milbank Quarterly*, 89, 728 – 772. doi: 10. 1111/j. 1468 – 0009. 2011. 00648. x

Leung, M. -Y., Chan, I. Y. S., & Yu, J. (2012). Preventing construction worker injury incidents through the management of personal stress and organizational stressors. *Accident Analysis and Prevention*, 48, 156 – 166. doi: 10. 1016/j. aap. 2011. 03. 017

Levy, P. E. (2013). *Industrial/organizational psychology: Understanding the workplace* (4th ed.). New York, NY: Palgrave Macmillan.

Liberty Mutual Research Institute for Safety. (2014). *2014 Liberty Mutual workplace safety index*. Retrieved from www. libertymutual. com/researchinstitute

Lievens, I., & Vlerick, P. (2014). Transformational leadership and safety performance among nurses: The mediating role of knowledge-related job characteristics. *Journal of Advanced Nursing*, 70, 651 – 661. doi: 10. 1111/jan. 12229

Meyer, J. D. (2014). Race-based job discrimination, disparities in job control, and their joint effects on health. *American Journal of Industrial Medicine*, 57, 587 – 595. doi: 10. 1002/ajim. 22255

Murray, L. R. (2003). Sick and tired of being sick and tired: Scientific evidence, methods, and research implications for racial and ethnic disparities in occupational health. *American Journal of Public Health*, 93, 221 – 226. doi: 10. 2105/AJPH. 93. 2. 221

Nahrgang, J. D., Morgeson, F. P., & Hofmann, D. A. (2011). Safety at work: A meta-analytic investigation of the link between job demands, job resources, burnout, engagement, and safety outcomes. *Journal of Applied Psychology*, 96, 71 – 94. doi: 10. 1037/a0021484

National Institute for Occupational Safety and Health. (n. d.). *Musculoskeletal disorders*. Retrieved from https://www. cdc. gov/niosh/programs/msd

National Institute for Occupational Safety and Health. (2015). *Total Worker Health*™. Retrieved from www. cdc. gov/niosh/twh/totalhealth. html

Neal, A., & Griffin, M. A. (2006). A study of the lagged relationships among safety climate, safety motiva-tion, safety behavior, and accidents at the individual and group levels. *Journal of Applied Psychology*, 91, 946 – 953. doi: 10. 1037/0021 – 9010. 91. 4. 946

Occupational Safety and Health Administration. (1998). *Industrial hygiene* (OSHA No. 3143). Retrieved from https://www. osha. gov/Publications/OSHA3143/OSHA3143. htm#Industrial

Okechukwu, C. A., Souza, K., Davis, K. D., & de Castro, A. B. (2014). Discrimination, harassment, abuse, and bulling in the workplace: Contribution of workplace injustice to occupational health disparities. *American Journal of Industrial Medicine*, 57, 573-586. doi: 10. 1002/ajim. 22221

Postlethwaite, B., Robbins, S., Rickerson, J., & McKinniss, T. (2009). The moderation of conscientiousness by cognitive ability when predicting workplace safety behavior. *Personality and Individual Differences*, 47, 711-716. doi: 10. 1016/j. paid. 2009. 06. 008

Punnett, L., & Wegman, D. H. (2004). Work-related musculoskeletal disorders: The epidemiologic evidence and the debate. *Journal of Electromyography Kinesiology*, 14, 13-23. doi: 10. 1016/j. jelekin. 2003. 09. 015

Reese, C. D. (2008). *Occupational health and safety management: A practical approach* (2nd ed.). Boca Raton, FL: CRC Press and Taylor & Francis Group.

Salanova, M., Lorente, L., & Martínez, I. M. (2012). The dark and bright sides of self-efficacy in predict-ing learning, innovative and risky performances. *The Spanish Journal of Psychology*, 15, 1123-1132. doi: 10. 5209/rev_SJOP. 2012. v15. n3. 39402

Salminen, S., Oksanen, T., Vahtera, J., Sallinen, M., Härmä, M., Salo, P., ... Kivimäki, M. (2010). Sleep disturbances as a predictor of occupational injuries among public sector workers. *Journal of Sleep Research*, 19, 207-213. doi: 10. 1111/j. 1365-2869. 2009. 00780. x

Sauter, S. L., & Swanson, N. G. (1996). An ecological model of musculoskeletal disorders in office work. In S. L. Sauter & S. D. Moon (Eds.), *Beyond biomechanics: Psychosocial aspects of musculoskeletal disorders in office work* (pp. 3-20). Bristol, PA: Taylor & Francis.

Scholer, A. A., & Higgins, E. T. (2008). Distinguishing levels of approach and avoidance: An analysis using regulatory focus theory. In A. J. Elliot (Ed.), *Handbook of approach and avoidance motivation* (pp. 489-504). New York, NY: Psychology Press.

Shao, M. F., Chou, Y. C., Yeh, M. Y., & Tzeng, W. C. (2010). Sleep quality and quality of life in female shift-working nurses. *Journal of Advanced Nursing*, 66, 1565-1572. doi: 10. 1111/j. 1365-2648. 2010. 05300. x Sobeih, T. M., Salem, O., Daraiseh, N., Genaidy, A., & Shell, R. (2006). Psychosocial factors and muscu-loskeletal disorders in the construction industry: A systematic review. *Theoretical Issues in Ergonomics Science*, 7, 329-344. doi: 10. 1080/14639220500090760

Sorensen, G., Stoddard, A. M., LaMontagne, A. D., Emmons, K., Hunt, M. K., Youngstrom, R., ... Christiani, D. C. (2002). A comprehensive worksite cancer prevention intervention: Behavior change results from a randomized controlled trial (United States). *Cancer Causes & Control*, 13, 493-502. doi: 10. 1023/A: 1016385001695

Stanbury, M., & Rosenman, K. D. (2014). Occupational health disparities: A state public health-based approach. *American Journal of Industrial Medicine*, 57, 596-604. doi: 10. 1002/ajim. 22292

Steege, A. L., Baron, S. L., Marsh, S. M., Menédez, C. C., & Myers, J. R. (2014). Examining occupational health and safety disparities using national data: A cause for continuing concern. *American Journal of Industrial Medicine*, 57, 527-538. doi: 10. 1002/ajim. 22297

Swanson, N. G., & Sauter, S. L. (2006). A multivariate evaluation of an office ergonomic intervention using longitudinal data. *Theoretical Issues in Ergonomics Science*, 7, 3-17. doi: 10. 1080/14639220512331335124

Tetrick, L. E., & Peiró, J. M. (2012). Occupational safety and health. In S. W. J. Kozlowski (Ed.), *The Oxford handbook of organizational psychology* (Vol. 2, pp. 1228-1244). New York, NY:

Oxford University Press.

Ulfberg, J., Carter, N., & Edling, C. (2000). Sleep-disordered breathing and occupational accidents. *Scandinavian Journal of Work, Environment, & Health*, 26, 237-242. doi: 10.5271/sjweh.537

Wachter, J. K., & Yorio, P. L. (2014). A system of safety management practices and worker engagement for reducing and preventing accidents: An empirical and theoretical investigation. *Accident Analysis and Prevention*, 68, 117-130. doi: 10.1016/j.aap.2013.07.029

Wallace, J. C., & Chen, G. (2005). Development and validation of work-specific measure of cognitive failure: Implications for occupational safety. *Journal of Occupational and Organizational Psychology*, 78, 615-632. doi: 10.1348-096317905X37442

Wallace, J. C., & Chen, G. (2006). A multilevel integration of personality, climate, self-regulation, and performance. *Personnel Psychology*, 59, 529-557. doi: 10.1111/j.1744-6570.2006.00046.x

Wallace, J. C., & Vodanovich, S. J. (2003). Workplace safety performance: Conscientiousness, cognitive failure, and their integration. *Journal of Occupational Health Psychology*, 8, 316-327. doi: 10.1037/1076-8998.8.4.316

Yeow, P. H. P., & Goomas, D. T. (2014). Outcome-and-behavior-based safety inventive program to reduce accidents: A case study of a fluid manufacturing plant. *Safety Science*, 70, 429-437. doi: 10.1016/j.ssci.2014.07.016

Yuan, Z., Li, Y., & Lin, J. (2014). Linking challenge and hindrance stress to safety performance: The moderating effect of core self-evaluation. *Personality and Individual Differences*, 68, 154-159. doi: 10.1016/j.paid.2014.04.025

Zohar, D., & Polachek, T. (2014). Discourse-based intervention for modifying supervisory communication as leverage for safety climate and performance improvement: A randomized field study. *Journal of Applied Psychology*, 99, 113-124. doi: 10.1037/a0034096

# 第九章

# 工作—家庭平衡

**第九章的关键概念和研究结果**
消极的工作—家庭交互：工作家庭冲突（WFC）
  WFC 的情境性前因变量
  WFC 的气质性前因变量
  WFC 的结果变量
  经验取样和纵向研究
  跨国研究
积极的工作—家庭交互：工作家庭增益（WFE）
  WFE 的情境性前因变量
  WFE 的气质性前因变量
  WFE 的结果变量
  经验取样和纵向研究
工作—家庭平衡
更广泛情境中的工作—家庭交互
总结

在过去的几十年里,工作和家庭结构在各方面都发生了剧变,包括女性有偿就业参与度的提高、双职工家庭和单亲家庭数量增多,以及成年工作者同时承担照顾孩子和年迈亲属的责任的趋势日益明显(Neal & Hammer, 2007)。这些变化挑战了传统的假设,即为了最大限度地提高员工的生产力,工作场所必须将员工的工作和家庭要求分开(Kanter, 1977)。事实上,随着工作场所的多样化以及家庭结构的复杂化,员工必须努力平衡互相竞争的工作和家庭角色期望。这种经历往往会带来压力,尤其是当个人面对一种驱使他们视工作为首要任务并牺牲个人生活来获得成功的竞争性文化时。

根据2012年一项针对美国成年人代表性样本的调查,研究者发现56%的在职母亲和50%的在职父亲认为,要平衡工作和家庭责任是件困难的事(Parker & Wang, 2013)。在职父亲平均每周花10个小时做家务,并且还要花费7个小时照顾孩子,这些数据均高于1965年调查中的4小时和2.5小时,尽管如此,在职母亲仍然是家庭中的主要照料者。此外,在职父亲倾向于认为拥有一份高薪工作比平衡工作和家庭责任更重要,而在职母亲普遍更关心灵活的工作安排(Parker & Wang, 2013)。不幸的是,就算工作者把平衡工作和个人生活置于更重要的位置,也很难得到雇主的支持。例如,在美国,在帮助平衡工作与个人领域的要求方面,只有大约三分之一(36%)的员工对雇主提供的支持表示满意(Clay, 2011)。美国人力资

妈妈正在工作,而她的孩子正坐在她腿上。
摄影:欧文·山姆·舍恩菲尔德(Irvin Sam Schonfeld)。

源管理协会(Society for Human Resource Management,2010)的一项调查发现,许多公司都在减少或取消对家庭有益的福利,比如灵活的工作安排和养老医疗安排。同样,雇主在员工产假期间提供的全职工资也呈下降趋势(Shellenbarger,2008)。

鉴于员工在满足工作和工作以外领域的要求时面临着日益严峻的挑战,工作—家庭研究——"对于工作和家庭角色的积极和消极过程、前因和结果变量"的研究(Kossek, Baltes, & Matthews, 2011, p. 352)——对指导组织实践和帮助员工承担他们的职责来说至关重要。在下文中,我们将讨论工作家庭之间的消极和积极交互及其对员工的整体健康和幸福(如,压力症状和对其经历的满意度)及员工在这两个领域的表现都有影响。我们将探讨这些影响,并介绍一些使用不同方法的相关研究,其中包括纵向研究和跨国研究设计。本章还将整合这些研究结果,介绍工作—家庭平衡的相关概念,并讨论其替代概念。最后,本章将对工作—家庭研究的更广泛的情境因素和政策意义进行介绍。

## 消极的工作—家庭交互:工作家庭冲突(WFC)

工作—家庭冲突(Work-family conflict,WFC)是工作与家庭交互领域研究最多的主题之一,这类研究聚焦于工作—家庭交互的消极方面(Greenhaus & Allen, 2011)。当一个人在工作和家庭中的角色要求互不相容时,即满足一个领域中的角色期望会使其难以满足另一个领域的角色期望,WFC就产生了(Greenhaus & Beutell, 1985)。WFC是一种双向现象;个体履行其中一个领域的责任就可能妨碍该个体履行另一领域的责任(Gutek, Searle, & Klepa, 1991)。具体来说,一个人参与工作角色阻碍了其参与家庭角色时,工作对家庭的干扰(work interference with family, WIF)就会发生(Mesmar-Magnus & Viswesvaran, 2005)。例如,一个员工可能会因为不得不加班完成工作任务而错过孩子的足球比赛。另一方面,家庭对工作的干扰(family interference with work, FIW)反映了履行家庭责任对个人承担与工作相关的责任的阻碍。例如,员工因为必须在家里照顾生病的孩子而错过了一个重要的工作会议。

除双向性之外,研究还发现了不同形式的WFC。根据格林豪斯和比尤特尔(Greenhaus & Beutell, 1985)的研究,WFC可能会有三种形式:基于时间的冲突、基于压力的冲突和基于行为的冲突。基于时间的WFC是在一个角色上花费了时间而干扰到对另一个角色的参与(Carlson, Kacmar, & Williams, 2000)。上一段中提到的WIF和FIW的两个例子就反映了基于时间的冲突。基于压力的WFC是当个人在一个角色中体验到的压力(如,负面情绪和疲劳)妨碍了对另一个角色的参与时产生的(Carlson等, 2000)。例如,员工可能会因工作安全感低而在工作时高度焦虑,这进一步又可能使他们在与家人交流时变得更加易怒;另外,担心家庭成员的病情会使员工分心,导致其无法在工作中全神贯注。最后,基于行为的WFC发生在一个领域中的必需行为与另一个领域的必需行为互不相容时(Carlson 等，2000)。例如，教养行为在家庭中是必须的，但是当员工在竞争激烈的环境中工作时这种行为就是无效的。同样地，发号施令在工作中被视为有效领导的表现，但当个体与配偶在家里互动时依然做出这种行为却可能导致问题。

## WFC 的情境性前因变量

由于 WFC 的概念根植于角色理论，所以对 WFC 前因变量的研究通常侧重于员工在工作或家庭领域中角色期望的影响因素。研究者认为有些因素会导致不同形式的 WIF 和 FIW。在检验 WFC 的前因变量时，研究人员或明确或隐含地倾向于从压力(见第三章)的要求—控制—支持框架出发(Johnson & Hall, 1988; Karasek, 1979)。尤其是工作家庭领域中反映了高要求、低控制或者低支持的一些变量，它们很可能是与 WFC 有关的候选因素。

研究者发现，高水平的心理及生理工作负荷、工作时长、轮班工作(包括周天加班)以及越来越多的受抚养家庭成员都与 WFC 有关(例如，Barnes-Farrell 等，2008)。高工作要求通常反映在工作的结构特征(如，工作时间)、员工对工作的投入度(如，工作投入)以及可能被员工感知为威胁或挑战的工作压力源(如，工作角色模糊或工作场所欺凌)上。另一方面，高家庭要求也会受到家庭结构特征(如，受抚养子女的数量)、家庭角色投入(如，家庭中心化)以及来自家庭的压力源(如，有一个生病或残疾的孩子而造成的家庭角色超载；Michel, Kotrba, Mitchelson, Clark, & Baltes, 2011)的影响。一直以来的研究均发现，沉重的工作要求与 FIW 和 WIF 之间存在关联。拜伦(Byron, 2005)的元分析研究显示，长时间工作、工作投入和工作角色超载都与 WIF 有关。此外，家庭方面的要求，如家庭任务的花费时间和育儿数量，都与 FIW 呈正相关。除拜伦(Byron, 2005)收集的证据之外，米歇尔和柯特巴等人(Michel, Kotrba 等，2011)最近的一项元分析研究还发现，工作压力源(如，工作角色模糊)和家庭压力源(如，家庭角色模糊)都导致了 FIW 和 WIF。

除元分析的证据外，还有一些实证研究评估了在工作和家庭中能够预测 WFC 的特定压力源。例如，德蒙斯、埃利斯和弗里茨(Demsky, Ellis, & Fritz, 2014)发现，根据调查的员工和他们的重要他人的评估，工作场所虐待与 WIF 有关。此外，兰伯特、米纳、威尔斯和霍根(Lambert, Minor, Wells, & Hogan, 2015)发现，在惩教场所工作的职员感知到的危险程度与 WIF 有关。同样，赫伯恩和巴林(Hepburn & Barling, 1996)发现，照顾老人的时间与 FIW 有关。综上所述，众多研究支持了这样一种观点：来自工作或家庭领域要求的广泛性与 WFC 的增加有关。

第二种情境性前因变量反映了工作或家庭领域中的控制感。例如，米歇尔和柯特巴等人

(Michel，Kotrba 等，2011)的元分析发现，工作自主性与较低水平的 WIF 有关，而且这种相关在男性中比在女性中体现得更为强烈。除了直接评估控制感或自主性对 WFC 的影响之外，对控制感的研究也集中在弹性工作安排的影响上，弹性工作安排指一系列组织政策和实践，它旨在提高员工的工作灵活性以及对如何、何时、何地完成工作的控制感(Lambert，Marler，& Gueutal，2008)。事实上，拜伦(Byron，2005)发现弹性工作安排与 WIF 和 FIW 的降低均有关。此外，米歇尔和柯特巴等人(Michel，Kotrba 等，2011)的定量研究还显示，弹性工作安排与 WIF 程度呈负相关，尤其是对已婚和需要抚养孩子的员工来说。

艾伦、约翰逊、基伯兹和肖克利(Allen，Johnson，Kiburz，& Shockley，2013)在定量研究的综述中，进一步比较了不同类型的工作弹性对 WFC 的影响。他们发现，在弹性工作地点(flexplace)方面，只有地点的使用量——而不是地点的可用性与 WIF 呈负相关。另一方面，弹性工作安排的可用性(弹性时间)与 WIF 呈负相关，而弹性工作安排的广泛使用与 WIF 无关。最后，无论可用性或实际使用情况如何，FIW 与弹性工作地点的可用性呈负相关，但与其他弹性工作安排无关。

最初，该领域的研究重点是在 WFC 中建立有效控制和灵活的工作安排的边界条件。在美国的一项针对全国代表性样本的研究中，狄伦佐、格林豪斯和威尔(DiRenzo，Greenhaus，& Weer，2011)发现，对于那些与伴侣同住并且育有至少一个子女的成年人来说，工作水平调节了工作自主性与 WIF 的关系。具体来说，当被试的工作水平处于较高而不是较低的组织级别时，工作自主性与 WIF 之间的反向关系会更强。这项研究进一步表明，当员工在组织等级中处于较低地位时，工作自主性可能无法保护他们免受 WIF 的影响。科塞克、劳奇和伊顿(Kossek，Lautsch，& Eaton，2006)发现，控制感与 FIW 呈负相关。然而，试图同时满足这两个领域中的角色期待以将工作和家庭领域整合到一起的员工往往会体验到更高水平的 FIW。肖克利和艾伦(Shockley & Allen，2007)发现，当家庭责任高时，弹性工作时间和弹性工作地点与 WIF 呈负相关，而当家庭责任较低时，均与 WIF 无关。就 FIW 来说，结论则略有不同。和 WIF 一样，当家庭责任感高时两种类型的弹性工作安排都与 FIW 呈负相关。然而，当家庭责任感低时，两者都和 FIW 呈正相关。换言之，就家庭对工作的干扰而言，当家庭责任感高时，弹性工作安排往往有利于减轻 FIW 程度，反之则不利于减轻 FIW。

最后，一些对远程办公效果的研究也可以帮助我们理解灵活性对 WFC 的影响。加延德兰和哈里森(Gajendran & Harrison，2007)的元分析研究发现，远程办公效果和 WFC 呈负相关。有趣的是，戈尔登、维加和辛塞科(Golden，Veiga，& Simsek，2006)发现，尤其是对那些报告高工作弹性的员工来说，远程办公与 WIF 呈负相关，而低工作弹性的员工恰恰相反。然而，特别是对于那些大家庭来说，远程办公与 FIW 呈正相关。总而言之，这些发现表明，尽管控制感和灵活性通常与较低的 WIF 相关，但它们对 FIW 的影响难以确定，这可能取决于情境因素。

在支持方面,元分析结果证实了在工作中来自主管和同事的支持以及来自配偶或其他家庭成员的支持都与 WIF 和 FIW 呈负相关(Byron, 2005；Michel, Kotrba 等, 2011)。在另一项元分析中,科塞克、皮克乐、博德纳和哈默(Kossek, Pichler, Bodner, & Hammer, 2011)进一步比较了一般支持和专门协助员工处理与家庭有关问题的支持(例如,对希望保持工作—家庭平衡的员工表达了共情)的效果。研究者还比较了不同来源(即,组织与主管)支持的效果。研究人员发现,来自主管的一般支持和家庭特定支持都与来自组织的家庭特定支持呈正相关,并进一步与较低的 WIF 有关。另一方面,来自组织的一般支持对员工的 WIF 影响有限。这些结果表明,感知到的支持,特别是协助员工处理工作—家庭事务的支持,与较低的 WFC 有关。

一些研究发现性别可能是支持效应的重要边界条件。范达伦、威廉森和桑达斯(van Daalen, Williemsen, & Sanders, 2006)在对荷兰样本的研究中发现,除主效应外,性别调节了不同来源的支持对基于时间和压力的 WIF 及 FIW 的影响。例如,主管支持与男性员工基于时间的 WIF 程度的降低有关,而与女性员工基于时间的 WIF 程度的升高有关。同样,同事支持与男性基于压力的 FIW 呈负相关,但与女性的无关。有趣的是,性别并没有调节来自配偶和同事的支持与基于时间的 FIW 之间的负相关。总的来说,这些研究表明,不论女性员工可能获得的支持水平如何,她们在面对 WFC 时都可能格外脆弱。

最后,学者们不仅仅研究了直接的组织和家庭因素,还证实了一些更广泛的可能会对 WFC 产生影响的情境因素。例如,扬和惠顿(Young & Wheaton, 2013)从社会经济地位、家庭组成和种族等角度研究了社区相似性对员工 WFC 的影响。他们发现社区相似性仅与女性居民的低 WFC 相关,并提出社区相似性不仅可以促进关于如何管理工作和家庭责任的共同规范的发展,而且还可以产生关于支持可用性的假设,从而解释产生这种效应的原因。迪尔多夫和艾灵顿(Dierdorff & Ellington, 2008)研究了在个人的工作和家庭特征(如,时间压力、角色超载、弹性工作制)之外,相互依赖的职业特征、对他人的责任和人际冲突是怎样预测 WIF 的。他们发现,在控制这些个体的特征之后,在职业水平的相互依赖和对他人的责任预测了更高水平的 WIF。这些研究表明,对影响 WFC 的更广泛的情境因素进行研究是很重要的。

综上所述,这些研究结果表明,工作和家庭领域一些反映了高要求(如,长时间工作；更多的受抚养子女)、低控制(如,不灵活的工作安排)和/或低支持(如,来自主管或组织的家庭特定支持；配偶支持)的情景特征往往与高 WFC 相关。此外,工作和家庭领域以外的特征,如社区特征,也可能对员工的 WFC 产生影响。

## WFC 的气质性前因变量

就气质性前因变量而言，多重元分析揭示了员工的人格特质与 WFC 之间的显著关系。米歇尔、克拉克和哈拉米约（Michel, Clark, & Jaramillo, 2011）发现，具有高外倾性、高宜人性和高责任心人格特质的员工，其 WFC 水平往往比较低，而高神经质则与较高水平的 WFC 有关。艾伦等人（Allen 等，2012）进行了细粒度分析，总结了不同的人格特质与不同类型 WIF 和 FIW 之间的关系。总体而言，在大五[①]人格特质方面，艾伦等人（Allen 等，2012）的结果与米歇尔和克拉克等人（Michel & Clark 等，2011）的结果一致。然而，艾伦等人（Allen 等，2012）其他的研究显示，积极情感（positive affectivity, PA）[②]和自我效能感与 WIF 和 FIW 呈负相关，而消极情感（negative affectivity, NA）与 WIF 和 FIW 呈正相关。此外，艾伦等人（Allen 等，2012）的细粒度分析表明，与其他类型的 WIF 和 FIW 相比，神经质往往与基于时间的冲突关系最弱。他们的发现还表明，比起稳定的个体差异，工作和家庭结构特征（如，工作时间）对基于时间的 WFC 影响更大。

除了元分析之外，实证研究还检验了不同类型的气质性和情境性前因变量对 WFC 的预测程度。卡尔森（Carlson, 1999）发现 NA 是基于时间和基于压力的 WFC 的独特预测因子，而 NA 和 A 型人格是基于行为的 WFC 预测因子。另一方面，哈吉斯、柯特巴、日丹诺娃和巴尔特斯（Hargis, Kotrba, Zhdanova, & Baltes, 2011）则比较了不同类型的 WIF 和 FIW 的情境性前因变量（工作和家庭压力，主管和家庭支持，工作和家庭投入，工作时间，儿童人数，最小的孩子的年龄）和气质性前因变量（控制点、PA 和 NA）。他们发现在不同类型的 WIF 中，工作压力一直是一个主要的预测指标。最小的孩子的年龄是基于时间和基于压力的 WIF 的主要预测因子，而 NA 是基于压力和基于行为的 WIF 的主要预测因子。最后，工作压力和 NA 是所有这三种类型的 FIW 的最主要的预测因子。

总之，这些发现支持了这样一种观点，即具有某些特征（如，高神经质或 NA、低宜人性、责任心，外倾性和 PA）的员工倾向于报告更高水平的 WFC。此外，研究结果表明，当综合考虑情境性特征和气质性特征时，它们都会成为 WFC 的重要前因。因此，某些个体可能会在不同的领域之间经历更多的冲突，并且这些冲突可能会因情境性因素而加剧。

## WFC 的结果变量

有两个理论观点可以帮助我们理解 WFC 与其结果变量之间的关系。首先，"跨领域假

---

[①] 大五人格特质是指责任心、外倾性（或其反面，内倾性）、宜人性、神经质（大致相当于消极情感）和开放性。
[②] PA 指的是能够体验到积极情绪的倾向。

设"(Frone, Russell, & Cooper, 1992)表明,WFC应该对受影响领域内的结果有更强的影响。例如,就WIF而言,因为工作责任使员工无法满足家庭角色的期望,所以研究者预测其对家庭领域的结果可能有更大的影响(如对家庭满意度的影响;家庭成员之间的互动)。另一方面,FIW应该对工作领域的结果有更强的影响,比如工作态度和工作行为。与此观点相一致的是,研究发现WIF与家庭领域结果之间存在显著相关,这些结果包括婚姻满意度和家庭相关的表现下降等(Amstad, Meier, Fasel, Elfering, & Semmer, 2011)。另一方面,FIW对于工作领域的结果具有显著影响,包括工作满意度和组织承诺的降低、离职意向的升高,以及工作绩效和助人行为的减少(Amstad等,2011)。

第二个理论观点是"匹配假设"或"来源归因框架"(Amstad等,2011;Shockley & Singla, 2011)。从这个角度来看,个人会评估并将负面溢出效应归因于冲突的来源,因此,冲突的来源领域中的结果应该受到更多负面影响。基于这种观点,经历WIF(FIW)的员工很可能将责任归咎于工作(家庭)领域,因此,他们在冲突的来源领域的幸福感与效能可能会受到更多影响。

尽管这两种观点都具有直观意义,并得到了实证研究的支持,但最近的元分析研究为匹配假设,而不是跨领域假设,提供了更强的支持。例如,科塞克和奥泽基(Kossek & Ozeki, 1998)的元分析研究表明,与FIW相比,WIF和工作满意度之间的负相关关系更强,这一结果符合匹配假设。在另一项元分析研究中,肖克利和辛格拉(Shockley & Singla, 2011)比较了FIW和WIF对工作和家庭满意度的预测程度。他们发现,当两者都包含在一个路径模型[①]中时,和WIF与家庭满意度之间的关系相比,WIF与工作满意度之间呈现更强的负相关。此外,和FIW与工作满意度的关系相比,FIW与家庭满意度之间的负相关关系更强。因此,肖克利和辛格拉的结果也支持了匹配假设。

除了满意度,安斯塔等人(Amstad等,2011)的元分析研究还将WIF和FIW与工作和家庭领域其他结果的关系进行比较。总的来说,他们的结果与匹配假设一致,只有少数的研究结果例外。例如,与FIW相比,WIF与工作领域结果(包括工作满意度、组织承诺和组织公民行为[②])之间的负相关关系更强。此外,WIF与离职意向、职业倦怠、工作压力之间的正相关关系也强于FIW与这些结果变量之间的关系。最后,与WIF相比,FIW与婚姻满意度和家庭满意度之间的负相关关系更强,这也与匹配假设相一致。但是,安斯塔等人(Amstad等,2011)的研究也发现了一些支持跨领域假设的证据。比如,FIW与员工的工作绩效有更强的

---

① 在不过于考虑技术性的情况下,可以将路径模型看作是各种统计模型。
② 组织公民行为是指员工做出的对组织有利的自愿行为(例如,参加非必需会议;帮助另一名员工学习或完成一项任务)。

负相关关系；与 FIW 相比，WIF 与员工的家庭相关表现（如何履行有关家庭的责任）有更强的负相关关系。

在可诊断的心理健康问题方面，格日瓦奇和巴斯（Grzywacz & Bass, 2003）发现，在美国的代表性全国样本中，工作对家庭的冲突和家庭对工作的冲突与抑郁症、焦虑症和酒精使用问题的风险升高有关。诺赫、迈耶、桑塔格和米歇尔（Nohe, Meier, Sonntag, & Michel, 2015）采用严格的元分析方法，将分析范围限制在 WFC 的纵向研究中。他们检验了涉及 WIF、FIW、一般压力（如，心理困扰，抑郁）和与工作相关的压力（如，倦怠）之间的关系。研究发现，WIF 和 FIW 都能预测压力，压力也能预测 WIF 和 FIW。与 FIW 相比，WIF 与工作相关的压力（倦怠；没有足够的数据来检验家庭相关的压力与工作对家庭的干扰间的关系，如来自父母的压力）之间有较强的相关，这与匹配假设一致。

总体而言，众多研究结果似乎为匹配假设提供了更强有力的支持，即个体将 WFC 归因于负面溢出效应的来源，与被影响的领域相比，员工在冲突来源领域的幸福感和效能往往受到更大的影响。具体来说，WIF 往往与工作领域的幸福感和效能等结果变量之间存在较强的负相关关系，而 FIW 往往与家庭领域的结果变量之间存在较强的负相关关系。

## 经验取样和纵向研究

为了更好地把握 WFC 随时间的自然波动，最近的一些研究采用了经验取样的方法（参见第二章中关于日记法的部分）或者更长、更标准化的纵向设计来研究关于 WFC 及其各种前因和结果变量的动态关系。在一项日记法研究中，来自美国的员工连续 14 天在每天结束时报告他们日常工作要求、日常控制感和 WIF 的情况（Butler, Grzywacz, Bass, & Linney, 2005）。结果显示这些变量的被试内变异显著，这表明被试每天经历不同水平的要求、控制和 WIF。此外，与常见的被试间研究类似，在日记研究中发现日常工作要求与日常 WIF 有关；然而，这种关系在被试处在高控制感状态的几天中会变弱。在另一项类似设计的研究中，新加坡的大学工作者连续 5 天报告了他们的日常工作负荷、日常主管支持以及日常 WIF 的情况（Goh, Ilies, & Wilson, 2015）。结果显示，日常工作负荷与日常 WIF 有关，而在主管支持低的几天里，这种关系更强。最后，在对美国服务业工作者进行的一项经验取样研究中，从事情绪劳动（即，调节工作中的情绪表现以符合组织要求）与员工下午的焦虑水平呈正相关，并进一步预测了员工晚间基于压力的 WIF（Wagner, Barnes, & Scott, 2014）。这些发现表明，WFC 可能不是一个稳定的结构，对其随着时间推移的变化进行研究是有必要的。

除研究前因变量与 WFC 之间的关系外，经验取样方法已经被应用于对 WFC 的各种结果变量的影响的研究。例如，在一项对美国工作者为期 14 天的追踪研究中，伊利斯等人（Ilies

等,2007)发现,根据员工配偶的评估,日常 WIF 与员工和其子女、配偶之间的社交互动呈负相关。在中国进行的一项日记法研究中,王等人(Wang, Liu, Zhan & Shi, 2010)发现,在为期5周的时间内,日常 WIF,而不是日常 FIW 可以预测员工每天下班后的酒精使用情况。此外,当被试感受到强烈的同辈饮酒规范和较低的家庭支持时,日常 WIF 和酒精使用之间的关系更强。最后,贾琦、伊利斯和斯科特(Judge, Ilies & Scott, 2006)分析了美国员工的日常 WFC 经历以及他们在工作和家庭中的情感反应。研究人员发现,在两周的时间里,日常 FIW 与被试在工作中的内疚和敌意呈正相关。另一方面,日常 WIF 与被试在家中的内疚和敌意呈正相关。而且,敌意部分中介了 WIF 给婚姻满意度带来的影响。总之,这些采用经验取样方法的研究为跨领域假设提供了支持(Frone 等, 1992)。当检验 WFC 的被试内效应时,证据更有可能支持跨领域假设,而在检验被试间效应时,证据更可能支持匹配假设。

除了特定于工作或家庭领域的结果之外,研究还检验了 WFC 对非领域特异性结果的影响。例如,在美国的一项研究中,肖克利和艾伦(Shockley & Allen, 2013)采用经验取样设计,研究了 WIF 和 FIW 对身体健康指标(包括心率、收缩压和舒张压)的影响。他们发现,在10天的研究期间,WIF 事件(而不是 FIW 事件)与被试的心率增加有关。另外,当被试报告主管对家庭的支持较低时,日常 FIW 与日常更高的收缩压和舒张压有关。在中国进行的一项研究中,刘等人(Liu 等, 2015)采用日记法研究设计,探讨了 WIF 和 FIW 对员工朝向不同目标的替代性攻击的影响。调查人员发现,情绪枯竭在日常 WIF 对于员工替代性攻击(往往会针对员工的主管、同事和家人)的间接影响中起中介作用。这种影响还受到工作场所人际冲突的调节。具体来说,只有在日常冲突高的情况下,日常 WIF 才会对替代性攻击产生显著的间接影响。日常 FIW 也通过情绪枯竭对员工的替代性攻击产生显著的间接影响,但是如果员工感知到主管提供了较高的家庭支持,这种趋势就会减弱。

最后,采用纵向设计的研究采用不同的时间滞后检验了 WFC 与其前因或结果变量之间的关系,各项研究结果也有所不同。例如,一些采用6个月的时间滞后的研究(例如,Kelloway, Gottlieb, & Barham, 1999)发现,WFC 是压力症状的结果变量,而其他相似或更长的时间滞后研究(例如,Frone, Russell, & Cooper, 1997; Grant-Vallone & Donaldson, 2001)发现 WFC 可以预测随后的不良心理后果(如,抑郁症状加重,过度酒精使用)和身体健康后果(如,血压升高)。还有一些研究(例如,Rantanen, Kinnunen, Feldt, & Pulkkinen, 2008)发现 WIF 在1年和6年的时间滞后研究中与心理幸福感(如情绪枯竭,GHQ[①])无关。虽然这些结果似乎难以得到统一的结论,但诺赫等人(Nohe 等, 2015)对纵向研究的元分析结果与 WFC 和压力相互关联的观点相一致。更具体地说,诺赫等人(Nohe 等, 2015)发现先前

---

① 见第三章中提到的关于心理症状测量的指标 GHQ。

的WFC能够预测随后的压力增加,而先前的压力也能够预测随后的WFC增加。

其他纵向研究确定了男、女WFC的不同关系模式。例如,在芬兰进行的一项研究中,金努南、格尔特和莫诺(Kinnunen, Geurts, & Mauno, 2004)发现,对于男性被试来说,时间点1的WIF与1年后评估的幸福感无关。然而,对于女性来说,时间点1的WIF与1年后的低工作满意度、高父母压力和高心理困扰有关。有趣的是,男性和女性被试的不同关系模式在各个研究中并不总是相同的。例如,哈默、卡伦、尼尔、辛克莱和沙飞罗(Hammer, Cullen, Neal, Sinclair, & Shafiro, 2005)在美国的一项研究中发现,WFC与1年后评估的抑郁症状之间的关系在男女性别方面没有差异。

总而言之,我们似乎需要更好地理解WFC及其前因和结果变量的时间动态关系,采用不同时间框架和多个测量点的研究将有助于捕捉这些随时间的变化。具体来说,采用经验取样设计的研究可以确定WFC中更短暂的被试内变异,以及这些变异在短期内与前因和结果变量之间的关系。而更标准的纵向研究,有更长的时间框架,这将有助于追踪WFC的长期影响。

## 跨国研究

尽管大部分有关WFC的研究都是在西方国家进行的,但在过去的十年中,WFC研究的范围更加国际化。有趣的是,在非西方国家和西方国家得到的研究结果并不总是相同。例如,尽管在西方国家的研究,工作要求已经被证明可以预测WFC,并且在印度(Aryee, Srinivas, & Tan, 2005)和香港(Aryee, Luk, Leung, & Lo, 1999)的研究中也发现工作要求可以预测WFC,但在日本则没有得到类似结果(Matsui, Ohsawa, & Onglatco, 1995)。同样,尽管一些研究发现弹性工作制与东方国家员工的WIF的降低有关(Hill, Erickson, Homes, & Ferris, 2010),但其他研究发现,与讲英语的国家的员工相比,在亚洲和拉丁美洲国家的员工,灵活的工作安排(如弹性工作时间和远程办公),对基于时间和基于压力的WIF的影响有限(Masuda等, 2012)。最后,尽管在印度(Aryee等, 2005)和新加坡(Aryee, 1992)的研究发现WFC与工作满意度之间呈负相关关系,但在亚洲其他国家进行的研究中未能发现这种关系(例如, Yang, 2005)。

在多个国家收集数据的跨国研究为以下观点提供了一些支持,即WFC及其与前因或结果变量的关系在个人主义文化的国家中可能会更强(Chang & Spector, 2011)。个人主义文化价值观强调个人成就和个人收益的最大化。另一方面,集体主义文化价值观强调社会群体的福利,并激励其成员履行被分配的群体角色和履行义务(Hofstede, 2001; Triandis, 2001)。杨等人(Yang, Chen, Choi & Zou, 2000)认为,这些文化价值观可能会影响个人对工作—家庭交互的评估。特别是，来自个人主义文化的员工可能把工作视为远离家庭的时间；而来自集体主义文化的员工则可能将工作视为履行家庭责任的时间。事实上，大规模的跨国研究表明，在讲英语的国家（如美国、加拿大、澳大利亚和英国），员工的工作要求与 WFC 呈正相关，而在亚洲（如，中国）和拉丁美洲国家，员工的工作要求与 WFC 无关（Spector, Sanchez, Siu, Salgado, & Ma, 2004; Spector 等，2007）。总体而言，在员工如何体验 WFC 方面，国与国之间存在着显著的差异。

## 积极的工作—家庭交互：工作家庭增益(WFE)

除负面干扰外，工作与家庭领域之间还会出现积极的交互。在过去的几十年里，研究者从不同角度探讨了工作与家庭之间的积极交互，并且开发了几个截然不同但又高度相关的构念来反映这种积极的体验（Greenhaus & Allen, 2011）。"积极溢出"指从一个领域向另一个领域转移积极效价体验（例如，情感反应、行为），并有望使接受领域受益（Hanson, Hammer, & Colton, 2006）。当一个领域的体验提高了个体在其他领域的表现的质量和效能时，"提升"（enrichment）就会发生（Greenhaus & Powell, 2006）。最后，"促进"（facilitation）指一个领域的体验在多大程度上提供了发展的、情感的和有效的益处，从而有助于改善员工在另一领域的表现（Wayne, Grzywacz, Carlson & Kacmar, 2007）。由于在另一个角色中的经验而改善该角色的功能，虽然这种角色增益的观点包含在"提升"和"促进"的概念中，但由于"促进"更强调系统层面的功能，所以它被认为是一个更广泛的概念（Grzywacz, Carlson, Kacmar, & Wayne, 2007）。在本章的其余部分，我们使用"增益"（enhancement）作为通用术语，旨在了解工作与家庭领域之间的积极交互。这个术语与角色增益过程的基本机制相一致，并且最近关于工作—家庭的文献综述也都采用这一术语（Allen, 2012）。

就像 WFC 一样，工作—家庭增益（work-family enhancement, WFE）也被认为是一种双向结构。工作对家庭的增益（work enhancement of family, WEF）发生在工作经历有利于员工家庭领域参与的情况下，而家庭对工作的增益（family enhancement of work, FEW）则反映了由家庭向工作的反向的积极溢出效应（Allen, 2012）。不同学者提出不同的方法来描述和操纵 WFE 的体验。例如，范斯滕贝根、埃勒默斯和摩加特（van Steenbergen, Ellemers, & Mooijaart, 2007）认为可以在四维度的框架内理解 WFE。"基于时间的增益"指在一个领域内花费的时间可以让个人在其他领域更好地发挥作用或者享受他们的角色。"基于能量的增益"指个人通过参与一个角色获得能量，然后利用获得的能量在其他领域的角色中发挥作用。"行为增益"指在一个领域学习的行为或技能促进其他领域的表现。最后，当一个领域的积极体验使个人能够在其他领域更集中精力和更好地表现时，就会产生"心理促进"。卡尔森、卡

2014年10月，在华盛顿特区的国家工作和家庭开放月和博览会期间，美国农业部（U.S. Department of Agriculture, USDA）战略家黛布拉·阿诺德（Debra Arnold）（在屏幕上）使用远程会议系统来演示远程工作的系统和能力。（摄影：张兰[Lance Cheung]。公共领域。）

克马尔、维恩和格日瓦奇（Carlson, Kacmar, Wayne, & Grzywacz, 2006）提出了另一种替代性概念。他们的分类主要集中在个人的发展转移到其他领域时获得的益处或资源类型上。具体来说，益处可以分为三种类型：技能的发展或获得；情感；资本或安全。最后，威斯、赛格、施米德和弗洛伊德（Wiese, Seiger, Schmid, & Freund, 2010）提出了另一种检验WFE的方法。具体来说，他们的概念侧重于能力和积极情绪的转移，以及跨领域补偿。其中，跨领域补偿指个人参与某一个领域所获得的经验有助于提高他们处理其他领域中失败的能力。

虽然不同的研究者使用了不同的方法对WFE进行描述，但这个领域的大部分研究都是关于WEF或FEW的前因和结果变量，而少有研究关注WFE的具体维度。此外，除少数例外，涉及WFE不同维度的结果往往是相似的。因此，除非特别说明，否则以下部分所介绍的研究结果都是基于WEF和FEW总体概念的研究。

## WFE的情境性前因变量

维恩等人（Wayne等，2007）提出了WFE的概念模型，强调了WFE的三类环境预测因子。第一类是能量资源。具体而言，以工作为基础的能量资源，如丰富的就业机会和发展机会，可能会正向预测WEF，而以家庭为基础的能量资源，如家庭发展机会（如，家庭帮助焦点个体获得成为良好员工的新知识）可能会正向预测FEW。与该观点相一致，卡尔森等人（Carlson等，2006）发现工作能量资源，包括工作自主性和工作中的发展经历，与WEF有关。家庭之间的相互关系，或者家庭成员合作和分担责任的程度，与FEW呈正相关。同样，斯金纳和艾奇（Skinner & Ichii, 2015）发现，在控制工作和家庭要求的影响后，从事高自主性和技能利用的澳大利亚员工报告了更高水平的 WFE[①]。斯金纳和艾奇还发现社区的凝聚力和来自邻居的社会支持与 WFE 呈正相关。

第二类情境因素包括支持资源。马修斯、米尔斯、特劳特和英格雷斯(Matthews, Mills, Trout, & English, 2014)的研究表明,主管的家庭支持行为可以区别于主管的一般支持行为。维恩等人(Wayne 等,2007)认为,同事和主管的支持可以预测 WEF,而家庭成员的支持预计能够预测 FEW。在美国的一项研究中,沃兹沃斯和欧文斯(Wadsworth & Owens, 2007)比较了不同来源的支持预测 WEF 和 FEW 的程度。他们发现来自主管、同事和组织的支持预测了 WEF,而来自家庭(如配偶)的支持并不是一个显著的预测指标。另一方面,配偶及子女的支持预测了 FEW,任何来源于工作的支持都不能预测 FEW。何等人(Ho, Chen, Cheung, Liu & Worthington, 2013)在中国进行的一项研究检验了丈夫和妻子的工作和家庭支持对 WEF 和 FEW 的溢出效应和交叉效应。他们发现对丈夫而言,家庭支持可以预测他们自己的 FEW,这反映了积极的溢出效应。来自合作伙伴的工作支持与他们自己的 WEF 和 FEW 呈正相关,这也与支持对 WFE 的交叉效应的研究结果一致。对妻子而言,家庭支持与 FEW 和 WEF 均有关,并且工作支持与 FEW 有关。然而,丈夫感知到的支持与妻子的 WFE 体验没有交叉效应。

最后,维恩等人(Wayne 等,2007)将条件资源确定为 WFE 的另一类情境性预测因子。诸如职业声望等条件资源可以为个人提供更多的社会、经济、情感和知识上的收益,从而带来积极的增益体验。不幸的是,已有研究并没有足够关注这一系列特定的情境性预测因子。因此,目前尚不清楚条件资源在多大程度上可能与 WFE 相关。

综合来看,个体在一个领域拥有丰富且提供能量的体验似乎会促使其在另一个领域表现出积极的溢出效应。此外,研究一致发现,工作和家庭领域的支持是积极的工作—家庭交互的重要预测因子。

## WFE 的气质性前因变量

维恩及其同事(Wayne, Randel, & Stevens, 2006; Wayne 等,2007)阐述了三个可能预测 WFE 的个人特征。具体来说,维恩等人(Wayne 等,2006,2007)提出,具有积极的情感状态和高自我效能感的人可能会报告高水平的 WFE。换句话说,经常体验到积极情感和情绪或对自己的能力有积极信念的个体更可能会在工作和家庭领域之间体验到积极的交互。此

---

[①] 在本研究中,WFE 既不反映 WEF 也不反映 FEW,但是评估了承担工作和家庭责任的价值。参见马歇尔和巴尼特(Marshall & Barnett, 1993)关于斯金纳和伊奇使用的 WFE 测量工具的介绍。

外，维恩及其同事提出了这样一种观点，那些高工作和高家庭认同（个人对工作或家庭在自我定义上的重要性）的个体应该会体验到更多的 WEF/FEW，这是因为强领域认同的个体会在这一领域更加投入，所以他们更可能在某一领域获得积极的体验，进而将这种积极体验转移到其他领域。

对 WFE 的人格预测因素的研究往往与维恩等人（Wayne 等，2007）关于 PA 与 WFE 之间关系的研究结果一致。例如，在一个具有全国代表性的美国样本中，维恩、缪斯卡和弗里森（Wayne, Musisca, & Fleeson, 2004）发现，与 PA 相似的人格特质——外倾性，与 WEF 和 FEW 有关。此外，反映个人体验到的消极情感倾向的人格特质——神经质，与 WEF 呈负相关。在印度的一项研究中，阿尔耶等人（Aryee 等，2005）发现，神经质与 FEW 之间呈负相关。最后，还有一项元分析研究（Michel, Clark 等，2011）表明，外倾性和 PA 与 WFE 直接相关，相反地，神经质和 NA 与 WFE 呈负相关。

效能感也是一个预测指标，维恩等人（Wayne 等，2007）认为，高自我效能感的人更有可能将角色期望视为挑战，并更有效地利用一个领域的资源来促进他们在其他领域的表现。然而，实证研究的结果与这一观点不完全一致。在伯维尔和莫斯利（Boyar & Mosley, 2007）的一项研究中，他们直接检验了被试的一般自我效能感对其 WFE 的影响，研究发现，自我效能感既不能预测 WEF，也不能预测 FEW。与此相反，特蒙特（Tement, 2014）发现，自我效能感中介了家庭支持对被试工作投入的影响。这一结果表明了家庭—工作促进过程的有效性。

与自我效能感的研究结果不同，针对领域认同与 WFE 之间关系的研究得出了较为一致的结论。例如，在美国的一项研究中，维恩等人（Wayne 等，2006）发现工作认同能够预测 WEF，但不能预测 FEW，家庭认同能够预测 FEW，但不能预测 WEF。同样，何等人（Ho 等，2013）在对中国样本的研究中发现，被试的家庭取向可以预测 FEW，但不能预测 WEF。综上所述，这些结果与维恩等人（Wayne 等，2006，2007）研究的结论是一致的，即领域认同使个体从该领域获得更多的积极资源，并且可以将这些积极资源转移到其他领域。

最后，WFE 中的人口统计学差异几乎一致。例如，女性似乎比男性体验到更多的 WFE（Aryee 等，2005；van Steenbergen 等，2007）。威斯等人（Wiese 等，2010）发现除了性别外，父母和非父母也体验到不同水平的 WFE。一般来说，女性被试和成为父母的被试都倾向于使用工作经历来弥补家庭领域的挫折感，而男性和非父母被试则更有可能使用家庭经历来弥补他们在工作领域的失败。

总而言之，研究结果表明，稳定的个性特征，如人口学因素和人格特质，也许能预测不同的 WFE 的相关经历。另外，对某个特定领域有强烈的认同感或导向也可能促进 WFE。

## WFE 的结果变量

针对 WFE 结果变量的研究通常集中在员工在工作和家庭中的健康状况、态度和行为方面。就健康状况而言，一项元分析（McNall，Nicklin & Masuda，2010）研究显示，WEF 和 FEW 与员工的身心健康有关。在以色列的一项研究中，底珊-博克科夫（Dishon-Berkovits，2014）发现 WFE 与较低水平的倦怠症状有关。最后，格日瓦奇和巴斯（Grzywacz & Bass，2003）在其对具有全国代表性的美国样本的研究中发现，WEF 和 FEW 与抑郁症、焦虑症和员工问题性饮酒行为之间存在不同的关系。具体而言，FEW 与更低的抑郁症和问题性饮酒的风险水平有关，但与焦虑症无关；而 WEF 与这些结果变量均无显著的关系。

关于 WFE 态度结果变量的研究往往更关注工作和家庭领域的满意度和承诺。例如，一项元分析研究结果显示，WEF 和 FEW 与工作满意度、家庭满意度和情感组织承诺有关（McNall 等，2010）。在印度进行的一项研究中，斯里瓦斯塔瓦等人（Srivastava 等，2014）发现 WEF 和 FEW 都预测了员工的婚姻满意度。维恩等人（Wayne 等，2006）对美国一家保险公司的员工进行研究，发现除了情感上的组织承诺（即，对工作的情感依恋）之外，WEF 还与一种被称为"持续性组织承诺"的构念有关，这是一种基于缺乏更好的选择和担心失去现有投资（如退休计划）的承诺。

肖克利和辛格拉（Shockley & Singla，2011）在他们的元分析中，一方面比较了 WEF 和 FEW 之间关系的跨领域假设和匹配假设，另一方面，也对工作和家庭满意度之间的关系进行了比较。他们发现，当 WEF 和 FEW 都被纳入路径模型时，与 WEF 和家庭满意度的关系相比，WEF 与工作满意度的关系更强。相反，与 FEW 和工作满意度的关系相比，FEW 和家庭满意度之间的关系更强。这种模式与匹配假设是一致的。

有趣的是，关于 WFE 对员工离职意向影响的研究结果有些不一致。一方面，一项元分析研究（McNall 等，2010）表明 WEF 和 FEW 均与离职意向之间几乎没有相关性，另一方面，也有一些研究表明，WFE 和离职意向之间存在显著的负相关关系（例如，Odle-Dusseau, Britt, & Greene-Shortridge, 2012）。然而，麦克纳尔等人（McNall 等，2010）的元分析显示，WFE 与离职意向关系中存在较大的研究间变异，这些研究间变异无法用抽样误差或测量不可靠性来解释。这些结果表明，可能存在改变 WFE 和员工离职意向之间的关系的调节变量。

最后，阿尔巴尼亚（Karatepe & Bektechi，2008）、印度（Srivastava & Srivastava，2014）、美国（Odle-Dusseau 等，2012）和荷兰（van Steenbergen 等，2007）的一些研究检验了 WFE 与工作绩效之间的关系。更具体地说，卡拉泰佩和贝克特奇（Karatepe & Bektechi，2008）以及和斯里瓦斯塔瓦（Srivastava & Srivastava，2014）发现 WFE 与员工的工作绩效直接相关。但是，

奥德尔·杜索等人(Odle-Dusseau 等，2012)发现，只有 WEF 可以预测工作绩效，FEW 与员工的工作绩效无关。其他研究(van Steenbergen 等，2007)表明，性别调节了 WEF 和 FEW 与工作绩效的关系。具体而言，基于能量的 FEW 和 WEF 的心理促进(如，有助于正确看待家庭相关问题的工作经验)与男性的工作绩效呈正相关，而与女性的工作绩效无关。然而，基于行为的 FEW 和 FEW 的心理促进与女性的工作绩效呈正相关，但与男性的工作绩效无关。

总之，众多研究结果一致表明，WFE 与反映员工健康和福祉(如，倦怠，工作满意度，婚姻满意度)的结果变量之间存在积极的关系。然而，WFE 与效能结果变量(如，离职意向，绩效)之间的关系可能取决于评估的效能结果变量的类型以及员工的个人特征。

### 经验取样和纵向研究

前文中我们介绍过，经验取样(见第二章日记法研究部分)在 WFE 研究中的应用不如在 WFC 研究中广泛，尽管我们强调了它在美国(Butler 等，2005；Lawson, Davis, McHale, Hammer, & Buxton, 2014)和西班牙(Sanz-Vergel, Demerouti, Moreno-Jiménez, & Mayo, 2010)研究中的应用。现有研究一致认为，随着时间的推移，WFE 的个体内差异变化显著，并且它与前因和结果变量的关系也可能随时间而改变。巴特勒等人(Butler 等，2005)发现，个体内变异占 WFE 变异的 69%。另外，他们还表明，日常工作要求与员工日常 WFE 呈负相关。相比之下，日常控制感和技能利用与日常 WFE 呈直接相关。桑兹-威格尔等人(Sanz-Vergel 等，2010)发现，员工在工作间歇后的恢复以及工作中积极情绪的表达能够预测夜间的 WFE。另外，工作间歇后的恢复和家庭中积极情绪的表达对于员工在家中的活力有积极的预测作用。

除了 WFE 的预测因素之外，日记法研究设计也被用于研究 WFE 与结果变量之间的个体内关系。劳森等人(Lawson 等，2014)研究了母亲的 WEF 对儿童健康指标的影响。具体而言，他们发现，母亲积极的工作经历与下班后较低的负面情绪有关，这进一步预测了孩子更低的负面情绪以及更少的身体症状。另一方面，母亲的消极工作经历与下班后较低的积极情绪有关，而较低的积极情绪又进一步与孩子的较低的积极情绪、较差的睡眠质量和较短的睡眠时间有关。这些研究结果表明，工作对家庭的溢出效应不仅会影响到员工，而且会影响员工的子女。

关于 WFE 的纵向研究比较少，美国的两项研究(Carlson 等，2011；Hammer 等，2005)得出的研究结果并不一致。一方面，哈默等人(Hammer 等，2005)发现 WFE 与一年后评估的员工抑郁症状之间没有显著的关系。另一方面，卡尔森等人(Carlson 等，2011)发现，WEF 与被试 4 个月后的身体健康状况呈正相关，并进一步与 8 个月后的实际离职率呈负相关。范斯滕贝根和埃勒默斯（Van Steenbergen & Ellemers, 2009）在他们对荷兰样本的研究中发现，在控制时间点1的结果变量后，基线时的WEF与1年后较低的胆固醇、身体质量指数和病假率，以及较高的绩效有关。为更好地检验WFE随时间的变化，未来还需要更多的纵向研究。

总之，与WFC研究相比，对WFE的研究很少采用经验取样方法或纵向设计。现有的使用日记法设计的研究似乎表明，WFE在微观水平上是有意义的，短时间内会出现个体内波动，并且其影响可以从员工传递到儿童。然而，涉及WFE的长时研究并没有得出较为一致的结果。

## 工作—家庭平衡

根据科塞克（Kossek, 2008）的研究，工作—家庭平衡是指个人认识到自己的工作和家庭角色相互兼容、平衡的程度。与工作和家庭之间的积极、消极交互的清晰的概念界定不同，工作—家庭平衡的定义和讨论结果多种多样，一些学者非常支持这一术语，而另一些学者却拒绝接受这一术语（参见Greenhaus & Allen, 2011）。接下来，我们将讨论三种常见的工作—家庭平衡的定义，并引入格林豪斯（Greenhaus）和艾伦（Allen）的框架，以整合这些不同的观点。

定义工作与家庭平衡的第一种常见方法是将平衡视为WFC的缺失和/或WFE的存在。达克斯伯里和希金斯（Duxbury & Higgins, 2001）认为员工无法平衡工作和家庭的责任，因此参与一个角色所需的时间和能量与参与另一个角色是不相容的。换句话说，参与一个角色会阻碍员工参与另一个角色。弗罗内（Frone, 2003）提出，工作—家庭平衡是低WFC和高WFE的结合。这种衡量工作—家庭平衡的方法往往与对工作与家庭领域的积极和消极交互作用的考察重叠。

理解工作—家庭平衡的第二种方法是将平衡视为对工作和家庭角色的高度参与。例如，基希迈尔（Kirchmeyer, 2000）考虑到员工的时间和能量等个人资源，将员工的工作—家庭平衡定义为员工在不同领域如何有效地分配有限的个人资源。同样，马克斯和麦克德米特（Marks & MacDermid, 1996）认为，当员工充分参与不同领域的所有角色和责任时，平衡才会实现。这种方法关注的是员工能够在多大程度上满足来自不同领域的角色期望，并且认为当员工充分参与到不同的角色和责任中时，平衡就实现了。

最后，第三种方法将工作—家庭平衡视为高绩效和对于不同角色的高满意度（如，Caligiuri & Lazarova, 2005；Grzywacz & Carlson, 2007）。基于这种方法，仅仅对跨领域的不同角色具有较高的参与度是不够的。相反，个人必须在各个领域的不同角色中都表示出色（如，在工作中取得成功、成为一个好的配偶和/或父母），并能够从不同领域的不同角色中获得乐趣（如，体验到满意感），这样就可以被认为是平衡的（Greenhaus & Allen, 2011）。

格林豪斯和艾伦(Greenhaus & Allen，2011)在他们的综述中提出，平衡不总是等同于低WFC，所以他们认为衡量工作—家庭平衡的第一种方法是"违背日常观念"的。例如，个人可以通过更充分地参与工作和家庭角色来制造 WFC。格林豪斯和艾伦提出，WFC 和 WFE 可能是个人实现工作与家庭平衡的机制。

结合这个论点和后两种定义工作—家庭平衡的方法，格林豪斯和艾伦(Greenhaus & Allen,2011)提出了一个更详细、更综合的模型，其中 WFC 和 WFE 被认为是工作—家庭平衡的前因变量。根据第三种平衡方法，WFC 和 WFE 对平衡的影响是被工作和家庭领域的效能①和满意度所中介的(见图 9.1)。最后，这个综合模型包括个体的人生观。在图中所示的节点上，一个特定的人生观——个体的"生活角色优先权"会发挥作用。一个人的生活角色优先权可以是家庭聚焦的，职业聚焦的，或职业和家庭聚焦的。格林豪斯和艾伦(2011)认为，在一个人的一生中，个人的生活角色优先权会调节每个领域内的效能和满意度(在每个领域情境内)与工作—家庭平衡之间的关系。

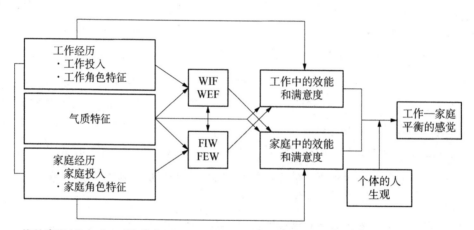

格林豪斯(Greenhaus)和艾伦(Allen)的工作—家庭平衡模型。FEW,家庭对工作的增益；FIW,家庭对工作的干扰；WEF,工作对家庭的增益；WIF,工作对家庭的干扰。
来自格林豪斯和艾伦(Greenhaus & Allen, 2011)。

特别是，对于那些把工作和家庭角色都放在首位的人来说，只有当他们认为自己在这两个领域内是表现良好的，并且都体验到满意感时，他们才能实现工作—家庭平衡。然而，对于那些优先考虑工作或家庭角色的人来说，不管他们在其他领域的表现和满意度如何，只要他们在优先考虑的领域中表现良好并体验到满意感，他们就会感到平衡。基于这种方法，对于不同的人来说，平衡的定义也不同，当个人在高度重视的领域(Greenhaus & Allen, 2011)中体验到高水平的效能和满意度时，平衡就会实现。

---

① 效能由个体内部的标准加以衡量。

## 更广泛情境中的工作—家庭交互

在本章中,我们讨论了工作—家庭交互的积极和消极方面,以及工作—家庭平衡的新视角。我们对 WFC 和 WFE 的情景性前因变量的讨论主要集中在组织边界内的因素上。然而,更广泛的情境因素,尤其是与促进个人承担工作和家庭责任有关的社会政策因素,也可能会对员工的经历产生重大影响(Heymann, Earle, & Hayes, 2007)。接下来,我们将讨论社会政策对工作—家庭问题的影响。

艾斯平-安德森(Esping-Anderson, 1990)的福利制度类型学经常被用来描述各国社会政策的差异。在这一类型学的基础上,根据国家、市场和家庭对工作—家庭交互产生的影响不同,可以将国家划分为自由、保守或社会民主政体三种类型。自由主义政权①的特点是市场主导,国家提供的福利标准最低(Eikemo & Bambra, 2008)。这种制度中的个体需要依靠自己的资源来满足工作和家庭领域的角色期望,组织如果希望对政策底线做出积极的贡献,就应该实施"家庭友好型政策"(den Dulk, 2005)。保守主义政权②的特点是国家主导,提供给员工的福利通常由雇主管理(Eikemo & Bambra, 2008)。在这种制度下,个体可以依靠国家和雇主之间的合作,为自己提供支持和服务,以帮助他们管理来自工作和家庭领域的要求。最后,社会民主制度也是国家主导的,提供给员工的福利是由以平等主义为目标的国家提供的(Eikemo & Bambra, 2008)。在这种情况下,员工可以依靠国家提供的服务和福利,例如儿童保育和育儿假,以帮助自己满足来自不同领域的角色期望。

作为一个施行自由主义制度的国家,美国在推行社会政策以帮助员工更好地管理工作和家庭责任方面做得不够好,往往被民众批评为落后于其他工业化国家(Allen, 2012)。例如,阿达提、锡基雷拉和吉尔克里斯特(Addati, Cassirer & Gilchrist, 2014)对全球 185 个国家和地区进行的综合研究发现,除两个国家外,所有国家都为女性提供带薪产假,而巴布亚新几内亚和美国就是这两个例外。在发达经济体中,95%的国家提供 14 周或更长的带薪产假;这些国家的休假福利也是最高的(员工的假期收入至少是之前收入的三分之二; Ghosheh, 2013),但在联邦政府的政策中,员工的产假只有 12 周,并且产假期间没有薪水收入,在这一方面美国比其他国家更为落后。值得注意的是,美国有几个州已经通过立法来保证员工的带薪产假,包括加利福尼亚州、新泽西州和华盛顿州(Ray, Gornick, & Schmitt, 2009)。此外,包括

---

① 这里所说的"自由主义政权"源自于 19 世纪的古典自由主义,而不是富兰克林·罗斯福新政中更熟悉的社会自由主义。
② 这里提到的保守主义制度与普鲁士政治家奥托·冯·俾斯麦(Otto van Bismarck)的思想是一致的。

谷歌、脸书和毕马威在内的几家大型美国公司也为员工提供带薪产假或育儿假。

遗憾的是，将国家层面的社会政策与诸如 WFC 或 WFE 等个体结果变量联系起来的研究比较少。然而，现有的研究往往支持这样一种观点，即在实行社会民主制度的国家，员工的一般健康状况往往更好（如，Chung & Muntaner, 2007）。此外，大多数针对各组织制定的家庭友好型政策（如，弹性工作安排政策）的研究表明，这些政策对消除员工的 WFC 是有效的。但是为了更好地建立国家政策与员工的工作—家庭交互之间的联系，还需要更多的研究。

## 总结

在本章中，我们介绍了与理解员工如何管理工作和家庭角色相关的关键概念和过程。WIF 和 FIW 反映了一般的工作—家庭消极交互（或 WFC）的两个可能方向，并探索了来自两个领域，并对员工的时间、能量和行为的不兼容要求。按照要求—控制—支持框架的理论方法可以理解 WFC 的情境性前因变量，相关研究一般认为：WFC 是由高工作或家庭要求（如高工作负荷或家中的受抚养儿童人数多）以及在工作或家庭中的低控制感或灵活性所预测的。而且，工作上的家庭支持似乎与 WFC 呈负相关。除情境因素外，负性情绪高、低责任心、低宜人性和低积极情感的员工往往会经历更高水平的 WFC。就 WFC 的结果变量而言，研究倾向于支持匹配假设或来源归因框架，即员工的 WFC 对其来源领域（即 WIF 中的工作领域和 FIW 中的家庭领域）的福祉和效能具有更强的负面影响。最后，研究已经检验了 WFC 的时间动态变化及其与前因和结果变量的关系。经验取样研究表明，个人的 WFC 体验可能每天都会出现波动。另一方面，一些针对 WFC 结果变量的具有较长时间框架的纵向研究并没有得出十分一致的结果。

积极的工作家庭交互，即 WFE 也可以双向发生。关于 WEF 和 FEW 的研究一般认为，来自一个领域的参与和积极经历往往会促进员工的积极溢出效应。而且，来自工作和家庭的支持与更高水平的 WFE 有关。高积极情感和低消极情感的员工往往体验到较高水平的 WFE。就结果变量而言，WFE 对员工的健康和福祉具有积极意义。最后，与 WFC 相比，关于 WFE 的时间动态变化的实证研究较少。然而，已有研究结果表明，WFE 中的重要变异会随着时间而改变。因此，为了解 WFE 的时间动力学特征，还需要更多的研究证据。

## 参考文献

Addati, L., Cassirer, N., & Gilchrist, K. (2014). *Maternity and paternity at work: Law and practice across the world*. Geneva, Switzerland: International Labour Organization.

Allen, T. D. (2012). The work and family interface. In S. W. J. Kozlowski (Ed.), *The Oxford handbook of organizational psychology* (Vol. 2, pp. 1163–1198). New York, NY: Oxford University Press.

Allen, T. D., Johnson, R. C., Kiburz, K. M., & Shockley, K. M. (2013). Work-family conflict and flexible work arrangements: Deconstructing flexibility. *Personnel Psychology*, 66, 345–376. doi: 10.1111/peps.12012

Allen, T. D., Johnson, R. C., Saboe, K. N., Cho, E., Dumani, S., & Evans, S. (2012). Dispositional variables and work-family conflict: A meta-analysis. *Journal of Vocational Behavior*, 80, 17–26. doi: 10.1016/j.jvb.2011.04.004

Amstad, F. T., Meier, L. L., Fasel, U., Elfering, A., & Semmer, N. K. (2011). A meta-analysis of work-family conflict and various outcomes with a special emphasis on cross-domain versus matching-domain relations. *Journal of Occupational Health Psychology*, 16, 151–169. doi: 10.1037/a0022170.

Aryee, S. (1992). Antecedents and outcomes of work-family conflict among married professional women: Evidence from Singapore. *Human Relations*, 45, 813–837. doi: 10.1177/001872679204500804

Aryee, S., Luk, V., Leung, A., & Lo, S. (1999). Role stressors, interrole conflict, and well-being: The moderating influence of spousal support and coping behaviors among employed parents in Hong Kong. *Journal of Vocational Behavior*, 54, 259–278. doi: 10.1006/jvbe.1998.1667

Aryee, S., Srinivas, E. S., & Tan, H. H. (2005). Rhythms of life: Antecedents and outcomes of work-family balance in employed parents. *Journal of Applied Psychology*, 90, 132–146. doi: 10.1037/0021-9010.90.1.132

Barnes-Farrell, J. L., Davies-Schrils, K., McGonagle, A., Walsh, B., Di Milia, L., Fischer, F. M., ... Tepas, D. (2008). What aspects of shiftwork influence off-shift well-being of healthcare workers? *Applied Ergonomics*, 39, 589–596. doi: 10.1016/j.apergo.2008.02.019

Boyar, S. L., & Mosley, D. C., Jr. (2007). The relationship between core self-evaluations and work and family satisfaction: The mediating role of work-family conflict and facilitation. *Journal of Vocational Behavior*, 71, 265–281. doi: 10.1016/j.jvb.2007.06.001

Butler, A. B., Grzywacz, J. G., Bass, B. L., & Linney, K. D. (2005). A daily diary study of job character-istics, work-family conflict and work-family facilitation. *Journal of Occupational and Organizational Psychology*, 78, 155–169. doi: 10.1348/096317905X40097

Byron, K. (2005). A meta-analytic review of work-family conflict and its antecedents. *Journal of Vocational Behavior*, 67, 169–198. doi: 10.1016/j.jvb.2004.08.009

Caligiuri, P., & Lazarova, M. (2005). Work-life balance and the effective management of global assignees. In S. A. Y. Poelmans (Ed.), *Work and family: An international research perspective* (pp. 121–145). Mahwah, NJ: Erlbaum.

Carlson, D. S. (1999). Personality and role variables as predictors of three forms of work-family conflict. *Journal of Vocational Behavior*, 55, 236–253. doi: 10.1006/jvbe.1999.1680

Carlson, D. S., Grzywacz, J. G., Ferguson, M., Hunter, E. M., Clinch, C. R., & Arcury, T. A. (2011). Health and turnover of working mothers after childbirth via the work-family interface: An analysis across time. *Journal of Applied Psychology*, 96, 1045–1054. doi: 10.1037/a0023964

Carlson, D. S., Kacmar, K. M., Wayne, J. H., & Grzywacz, J. G. (2006). Measuring the positive side of the work-family interface: Development and validation of work-family enrichment scale. *Journal of Vocational Behavior*, *68*, 131–164. doi: 10.1016/j.jvb.2005.02.002

Carlson, D. S., Kacmar, K. M., & Williams, L. L. (2000). Construction and initial validation of a multidi-mensional measure of work-family conflict. *Journal of Vocational Behavior*, *56*, 249–276. doi: 10.1006/jvbe.1999.1713

Chang, C.-H., & Spector, P. E. (2011). Cross-cultural occupational health psychology. In J. Quick & L. Tetrick (Eds.), *Handbook of occupational psychology* (2nd ed., pp. 119–137). Washington, DC: American Psychological Association.

Chung, H., & Muntaner, C. (2007). Welfare state matters: A typological multilevel analysis of wealthy countries. *Health Policy*, *80*, 328–339.

Clay, R. (2011). Is stress getting to you? *Monitor on Psychology*, *42*, 58. Washington, DC: American Psychological Association.

Demsky, C. A., Ellis, A. M., & Fritz, C. (2014). Shrugging it off: Does psychological detachment from work mediate the relationship between workplace aggression and work-family conflict? *Journal of Occupational Health Psychology*, *19*, 195–205. doi: 10.1037/a0035448

den Dulk, L. (2005). Workplace work-family arrangements: A study and explanatory framework of differences between organizational provisions in different welfare states. In S. A. Y. Poelmans (Ed.), *Work and family: An international research perspective* (pp. 211–238). Mahwah, NJ: Erlbaum.

Dierdorff, E., & Ellington, J. K. (2008). It's the nature of the work: Examining behavior-based sources of work-family conflict across occupations. *Journal of Applied Psychology*, *93*, 883–892. doi: 10.1037/0021-9010.93.4.883

DiRenzo, M. S., Greenhaus, J. H., & Weer, C. H. (2011). Job level, demands, and resources as antecedents of work-family conflict. *Journal of Vocational Behavior*, *78*, 305–314. doi: 10.1016/j.jvb.2010.10.002

Dishon-Berkovits, M. (2014). Burnout: Contributing and protecting factors within the work-family interface. *Journal of Career Development*, *41*, 467–486. doi: 10.1177/0894845313512181

Duxbury, L., & Higgins, C. (2001). *Work-life balance in the new millennium: Where are we? Where do we need to go?* (CPRN discussion paper No. W/12). Ottawa, Ontario, Canada: Canadian Policy Research Networks.

Eikemo, T. A., & Bambra, C. (2008). The welfare state: A glossary for public health. *Journal of Epidemiol-ogy and Community Health*, *62*, 3–6. doi: 10.1136/jech.2007.066787

Esping-Anderson, G. (1990). *The three worlds of welfare capitalism*. London, UK: Polity.

Frone, M. R. (2003). Work-family balance. In J. C. Quick & L. E. Tetrick (Eds.), *Handbook of occupational health psychology* (pp. 143–162). Washington, DC: American Psychological Association.

Frone, M. R., Russell, M., & Cooper, M. L. (1992). Antecedents and outcomes of work-family conflict: Testing a model of the work-family interface. *Journal of Applied Psychology*, *77*, 65–78. doi: 10.1037/0021-9010.77.1.65

Frone, M., R., Russell, M., & Cooper, M. L. (1997). Relation of work-family conflict to health outcomes: A four-year longitudinal study of employed parents. *Journal of Occupational and Organizational Psy-chology*, *70*, 325–335. doi: 10.1111/j.2044-8325.1997.tb00652.x

Gajendran, R. S., & Harrison, D. A. (2007). The good, the bad, and the unknown about telecommuting: Meta-analysis of psychological mediators and individual consequences. *Journal of Applied Psychology*, 92, 1524-1541. doi: 10.1037/0021-9010.92.6.1524

Ghosheh, N. (2013). *Working conditions laws report 2012: A global review*. Geneva, Switzerland: Inter-national Labour Organization.

Goh, Z., Ilies, R., & Wilson, K. S. (2015). Supportive supervisors improve employees' daily lives: The role supervisors play in the impact of daily workload on life satisfaction via work-family conflict. *Journal of Vocational Behavior*, 89, 65-73. doi: 10.1016/j.jvb.2015.04.009

Golden, T. D., Viega, J. F., & Simsek, Z. (2006). Telecommuting's differential impact on work-family conflict: Is there no place like home? *Journal of Applied Psychology*, 91, 1340-1350. doi: 10.1037/0021-9010.91.6.1340

Grant-Vallone, E. J., & Donaldson, S. I. (2001). Consequences of work-family conflict on employee well-being over time. *Work & Stress*, 15, 214-226. doi: 10.1080/02678370110066544

Greenhaus, J. H., & Allen, T. D. (2011). Work-family balance: A review and extension of the literature. In J. C. Quick & L. E. Tetrick (Eds.), *Handbook of occupational health psychology* (2nd ed., pp. 165-183). Washington, DC: American Psychological Association.

Greenhaus, J. H., & Beutell, J. N. (1985). Sources of conflict between work and family roles. *Academy of Management Review*, 10, 76-88. Retrieved from www.jstor.org/stable/258214

Greenhaus, J. H., & Powell, G. N. (2006). When work and family are allies: A theory of work-family enrichment. *Academy of Management Review*, 31, 72-92. doi: 10.5465/AMR.2006.19379625

Grzywacz, J. G., & Bass, B. L. (2003). Work, family, and mental health: Testing different models of work-family fit. *Journal of Marriage and Family*, 65, 248-262. doi: 10.1111/j.1741-3737.2003.00248.x Grzywacz, J. G., & Carlson, D. S. (2007). Conceptualizing work-family balance: Implications practice and research. *Advances in Development Human Resources*, 9, 455-471. doi: 10.1177/1523422307305487

Grzywacz, J. G., Carlson, D. S., Kacmar, K. M., & Wayne, J. H. (2007). A multi-level perspective on the synergies between work and family. *Journal of Occupational and Organizational Psychology*, 80, 559-574. doi: 10.1348/096317906X163081

Gutek, B. A., Searle, S., & Klepa, L. (1991). Rational versus gender role explanations for work-family conflict. *Journal of Applied Psychology*, 76, 560-568. doi: 10.1037/0021-9010.76.4.560

Hammer, L. B., Cullen, J. C., Neal, M. B., Sinclair, R., R., & Shafiro, M. V. (2005). The longitudinal effects of work-family conflict and positive spillover on depressive symptoms among dual-earner couples. *Journal of Occupational Health Psychology*, 10, 138-154. doi: 10.1037/1076-8998.10.2.138

Hanson, G. C., Hammer, L. B., & Colton, C. L. (2006). Development and validation of a multidimensional scale of perceived work-family positive spillover. *Journal of Occupational Health Psychology*, 11, 249-265. doi: 10.1037/1076-8998.11.3.249

Hargis, M. B., Kotrba, L. M., Zhdanova, L., & Baltes, B. B. (2011). What's really important? Examin-ing the relative importance of antecedents to work-family conflict. *Journal of Managerial Issues*, 23, 386-408. doi: 10.1037/t06070-000

Hepburn, C. G., & Barling, J. (1996). Eldercare responsibilities, interrole conflict and employee absence: A daily study. *Journal of Occupational Health Psychology*, 1, 311-318. doi: 10.1037/

1076-8998. 1. 3. 311

Heymann, J., Earle, A., & Hayes, J. (2007). *The work, family, and equity index: How does the United States measure up?* Boston, MA: Project on Global Working Families. Retrieved from http://www.hreonline.com/pdfs/08012009Extra_McGillSurvey.pdf

Hill, E. J., Erickson, J. J., Homes, E. K., & Ferris, M. (2010). Workplace flexibility, work hours, and work-life conflict: Finding an extra day or two. *Journal of Family Psychology, 24*, 349-358. doi: 10.1037/a0019282

Ho, M. Y., Chen, X., Cheung, F. M., Liu, H., & Worthington, E. L., Jr. (2013). A dyadic model of the work-family interface: A study of dual-earner couples in China. *Journal of Occupational Health Psy-chology, 18*, 53-63. doi: 10.1037/a0030885

Hofstede, G. (2001). *Cultural consequences: Comparing values, behaviors, institutions and organizations across nations* (2nd ed.). Thousand Oaks, CA: Sage.

Ilies, R., Schwind, K. M., Wagner, D. T., Johnson, M. D., DeRue, D. S., & Ilgen, D. R. (2007). When can employees have a family life? The effects of daily workload and affect on work-family conflict and social behaviors at home. *Journal of Applied Psychology, 92*, 1368-1379. doi: 10.1037/0021-9010. 92. 5. 1368

Johnson, J. V., & Hall, E. M. (1988). Job strain, work place social support, and cardiovascular disease: A cross-sectional study of a random sample of the Swedish working population. *American Journal of Public Health, 78*, 1336-1342. doi: 10.2105/AJPH. 78. 10. 1336

Judge, T. A., Ilies, R., & Scott, B. A. (2006). Work-family conflict and emotions: Effects at work and at home. *Personnel Psychology, 59*, 779-814. doi: 10.1111/j. 1744-6570. 2006. 00054. x

Kanter, R. M. (1977). *Work and family in the United States: A critical review for research and policy.* New York, NY: Russell Sage Foundation.

Karasek, R. A. (1979). Job demands, job decision latitude and mental strain: Implications for job redesign. *Administrative Science Quarterly, 24*, 285-308.

Karatepe, O. M., & Bektechi, L. (2008). Antecedents and outcomes of work-family facilitation and family-work facilitation among frontline hotel employees. *International Journal of Hospitality Manage-ment, 27*, 517-528. doi: 10.1016/j. ijhm. 2007. 09. 004

Kelloway, E. K., Gottlieb, B. H., & Barham, L. (1999). The source, nature, and direction of work and family conflict: A longitudinal investigation. *Journal of Occupational Health Psychology, 4*, 337-346. doi: 10.1037/1076-8998. 4. 4. 337

Kinnunen, U., Geurts, S., & Mauno, S. (2004). Work-to-family conflict and its relationship with satisfac-tion and well-being: A one-year longitudinal study on gender differences. *Work & Stress, 18*, 1-22. doi: 10.1080/02678370410001682005

Kirchmeyer, C. (2000). Work-life initiatives: Greed or benevolence regarding workers' time? In C. L. Cooper & D. M. Rousseau (Eds.), *Trends in organizational behavior* (Vol. 7, pp. 79-93). West Sussex, UK: Wiley. Kossek, E. E. (2008). Work-family balance. In S. J. Clegg & J. R. Bailey (Eds.), *International encyclopedia of organization studies* (pp. 1630-1635). Thousand Oaks, CA: Sage.

Kossek, E. E., Baltes, B. B., & Matthews, R. A. (2011). How work-family research can finally have an impact in organizations. *Industrial and Organizational Psychology, 4*, 352-369.

Kossek, E. E., Lautsch, B. A., & Eaton, S. C. (2006). Telecommuting, control, and boundary manage-ment: Correlates of policy use and practice, job control, and work-family effectiveness. *Journal of Vocational Behavior*, *68*, 347-367. doi: 10. 1016/j. jvb. 2005. 07. 002

Kossek, E. E., & Ozeki, C. (1998). Work-family conflict, policies, and the job-life satisfaction relationship: A review and directions for organizational behavior-human resources research. *Journal of Applied Psychology*, *83*, 139-149. doi: 10. 1037/0021-9010. 83. 2. 139

Kossek, E. E., Pichler, S., Bodner, T., & Hammer, L. B. (2011). Workplace social support and work-family conflict: A meta-analysis clarifying the influence of general and work-family-specific supervisor and organizational support. *Personnel Psychology*, *64*, 289-313. doi: 10. 1111/j. 1744-6570. 2011. 01211. x Lambert, A. D., Marler, J. H., & Gueutal, H. G. (2008). Individual differences: Factors affecting employee utilization of flexible work arrangements. *Journal of Vocational Behavior*, *73*, 107-117. doi: 10. 1016/j. jvb. 2008. 02. 004

Lambert, E. G., Minor, K. I., Wells, J. B., & Hogan, N. L. (2015). Leave your job at work: The possi-ble antecedents of work-family conflict among correctional staff. *The Prison Journal*, *95*, 114-134. doi: 10. 1177/0032885514563284

Lawson, K. M., Davis, K. D., McHale, S. M., Hammer, L. B., & Buxton, O. M. (2014). Daily positive spillover and crossover from mothers' work to youth health. *Journal of Family Psychology*, *28*, 807-907. doi: 10. 1037/fam0000028

Liu, Y., Wang, M., Chang, C. -H., Shi, J., Zhou, L., & Shao, R. (2015). Work-family conflict, emotional exhaustion, and displaced aggression toward others: The moderating roles of workplace interper-sonal conflict and perceived managerial family support. *Journal of Applied Psychology*, *100*, 793-808. doi: 10. 1037/a0038387

Marks, S. R., & MacDermid, S. M. (1996). Multiple roles and the self: A theory of role balance. *Journal of Marriage and the Family*, *58*, 417-432. doi: 10. 2307/353506

Marshall, N. L., & Barnett, R. C. (1993). Work-family strains and gains among two-earner couples. *Journal of Community Psychology*, *21*, 64-78. doi: 10. 1002/1520-6629(199301)21: 13. 0. CO; 2-P

Masuda, A. D., Poelmans, S. A. Y., Allen, T. D., Spector, P. E., Lapierre, L. M., Cooper, C. L., ...

Moreno-Velazquez, I. (2012). Flexible work arrangements availability and their relationship with work-to-family conflict, job satisfaction, and turnover intentions: A comparison of three country clusters. *Applied Psychology: An International Review*, *61*, 1-29. doi: 10. 1111/j. 1464-0597. 2011. 00453. x

Matsui, T., Ohsawa, T., & Onglatco, M. -L. (1995). Work-family conflict and the stress-buffering effects of husband support and coping behavior among Japanese married working women. *Journal of Vocational Behavior*, *47*, 178-192. doi: 10. 1006/jvbe. 1995. 1034

Matthews, R. A., Mills, M. J., Trout, R. C., & English, L. (2014). Family-supportive supervisor behaviors, work engagement, and subjective well-being: A contextually dependent mediated process. *Journal of Occupational Health Psychology*, *19*, 168-181. doi: 10. 1037/a0036012

McNall, L. A., Nicklin, J. M., & Masuda, A. D. (2010). A meta-analytic review of the consequences as-sociated with work-family enrichment. *Journal of Business & Psychology*, *25*, 381-396. doi: 10. 1007/s10869-009-9141-1

Mesmar-Magnus, J., & Viswesvaran, C. (2005). Convergence between measures of work-to-family and family-to-work conflict: A meta-analytic examination. *Journal of Vocational Behavior*, 67, 215 – 232. doi: 10. 1016/j. jvb. 2004. 05. 004

Michel, J. S. , Clark, M. A. , & Jaramillo, D. (2011). The role of the five factor model of personality in the perceptions of negative and positive forms of work-nonwork spillover: A meta-analytic review. *Journal of Vocational Behavior*, 79, 191 – 203. doi: 10. 1016/j. jvb. 2010. 12. 010

Michel, J. S. , Kotrba, L. M. , Mitchelson, J. K. , Clark, M. A. , & Baltes, B. B. (2011). Antecedents of work-family conflict: A meta-analytic review. *Journal of Organizational Behavior*, 32, 689 – 725. doi: 10. 1002/job. 695

Neal, M. B. , & Hammer, L. B. (2007). *Working couples caring for children and aging parents: Effects on work and well-being.* Mahwah, NJ: Lawrence Erlbaum.

Nohe, C. , Meier, L. , Sonntag, K. , & Michel, A. (2015). The chicken or the egg? A meta-analysis of panel studies of the relationship between work-family conflict and strain. *Journal of Applied Psychology*, 100, 522 – 536. doi: 10. 1037/a0038012

Odle-Dusseau, H. N. , Britt, T. W. , & Greene-Shortridge, T. M. (2012). Organizational work-family resources as predictors of job performance and attitudes: The process of work-family conflict and enrichment. *Journal of Occupational Health Psychology*, 17, 28 – 40. doi: 10. 1037/a0026428

Parker, K. , & Wang, W. (2013). *Modern parenthood: Roles of moms and dads converge as they balance work and family.* Washington, DC: Pew Research Center. Retrieved from www. pewsocialtrends. org/2013/03/14/modern-parenthood-roles-of-moms-and-dads-converge-as-they-balance-work-and-family

Rantanen, J. , Kinnunen, U. , Feldt, T. , & Pulkkinen, L. (2008). Work-family conflict and psychologi-cal well-being: Stability and cross-lagged relations within one-and six-year follow-ups. *Journal of Vocational Behavior*, 73, 37 – 51. doi: 10. 1016/j. jvb. 2008. 01. 001

Ray, R. , Gornick, J. C. , & Schmitt, J. (2009). *Parental leave policies in 21 countries: Assessing generosity and gender equality.* Washington, DC: Center for Economic and Policy Research.

Sanz-Vergel, A. I. , Demerouti, E. , Moreno-Jiménez, B. , & Mayo, M. (2010). Work-family balance and energy: A day-level study on recovery conditions. *Journal of Vocational Behavior*, 76, 118 – 130. doi: 10. 1016/j. jvb. 2009. 07. 001

Shellenbarger, S. (2008, June 11). Downsizing maternity leave: Employers cut pay, time off. *The Wall Street Journal*, p. D1.

Shockley, K. M. , & Allen, T. D. (2007). When flexibility helps: Another look at the availability of flexible work arrangements and work-family conflict. *Journal of Vocational Behavior*, 71, 479 – 493. doi: 10. 1016/j. jvb. 2007. 08. 006

Shockley, K. M. , & Allen, T. D. (2013). Episodic work-family conflict, cardiovascular indicators, and social support: An experience-sampling approach. *Journal of Occupational Health Psychology*, 18, 262 – 275. doi: 10. 1037/a0033137

Shockley, K. M. , & Singla, N. (2011). Reconsidering work-family interactions and satisfaction: A meta-analysis. *Journal of Management*, 37, 861 – 886. doi: 10. 1177/0149206310394864

Skinner, N. , & Ichii, R. (2015). Exploring a family, work, and community model of work-family gains and strains. *Community, Work, & Family*, 18, 79 – 99. doi: 10. 1080/13668803. 2014. 981507

Society for Human Resource Management. (2010). *2010 employee benefits: Examining employee benefits in the midst of a recovering economy.* Alexandria, VA: Society for Human Resource

Management.

Spector, P. E., Allen, T. D., Poelmans, S. A. Y., Lapierre, L. M., Cooper, C. L., O'Driscoll, M., ... Widerszal-Bazyl, M. (2007). Cross-national differences in relationships of work demands, job satisfaction, and turnover intentions with work-family conflict. *Personnel Psychology*, 60, 805 – 835. doi: 10. 1111/j. 1744 – 6570. 2007. 00092. x

Spector, P. E., Sanchez, J. I., Siu, O. L., Salgado, J., & Ma, J. (2004). Eastern versus Western con-trol beliefs at work: An investigation of secondary control, socioinstrumental control, and work locus of control in China and the US. *Applied Psychology: An International Review*, 53, 38 – 60. doi: 10. 1111/j. 1464 – 0597. 2004. 00160. x

Srivastava, S., & Srivastava, U. R. (2014). Work and non-work related outcomes of work-family facilita-tion. *Social Science International*, 30, 353 – 372.

Tement, S. (2014). The role of personal and key resources in the family-to-work enrichment process. *Scandinavian Journal of Psychology*, 55, 489 – 496. doi: 10. 1111/sjop. 12146

Triandis, H. C. (2001). Individualism-collectivism and personality. *Journal of Personality*, 69, 907 – 924. doi: 10. 1111/1467 – 6494. 696169

van Daalen, G., Williemsen, T. M., & Sanders, K. (2006). Reducing work-family conflict through different sources of social support. *Journal of Vocational Behavior*, 69, 462 – 476. doi: 10. 1016/j. jvb. 2006. 07. 005

van Steenbergen, E. F. & Ellemers, N. (2009). Is managing the work-family interface worthwhile? Benefits for employee health and performance. *Journal of Organizational Behavior*, 30, 617 – 642. doi: 10. 1002/job. 5

van Steenbergen, F., Ellemers, N., & Mooijaart, A. (2007). How work and family can facilitate each other: Distinct types of work-family facilitation and outcomes for women and men. *Journal of Occupational Health Psychology*, 12, 279 – 300. doi: 10. 1037/1076 – 8998. 12. 3. 279

Wadsworth, L. L., & Owens, B. P. (2007). The effects of social support on work-family enhance-ment and work-family conflict in the public sector. *Public Administration Review*, 67, 75 – 86. doi: 10. 1111/j. 1540 – 6210. 2006. 00698. x

Wagner, D. T., Barnes, C. M., & Scott, B. A. (2014). Driving it home: How workplace emotional labor harms employee home life. *Personnel Psychology*, 67, 487 – 516. doi: 10. 1111/peps. 12044

Wang, M., Liu, S., Zhan, Y., & Shi, J. (2010). Daily work-family conflict and alcohol use: Testing the cross-level moderation effects of peer drinking norms and social support. *Journal of Applied Psychol-ogy*, 95, 377 – 386. doi: 10. 1037/a0018138

Wayne, J. H., Grzywacz, J. G., Carlson, D. S., & Kacmar, K. M. (2007). Work-family facilitation: A theo-retical explanation and model of primary antecedents and consequences. *Human Resource Management Review*, 17, 63 – 76. doi: 10. 1016/j. hrmr. 2007. 01. 002

Wayne, J. H., Musisca, N., & Fleeson, W. (2004). Considering the role of personality in the work-family experience: Relationships of the Big Five to work-family conflict and facilitation. *Journal of Vocational Behavior*, 64, 108 – 130. doi: 10. 1016/S0001 – 8791(03)00035 – 6

Wayne, J. H., Randel, A. E., & Stevens, J. (2006). The role of identity and work-family support in work-family enrichment and its work-related consequences. *Journal of Vocational Behavior*, 69, 445 – 461. doi: 10. 1016/j. jvb. 2006. 07. 002

Wiese, B. S., Seiger, C. P., Schmid, C. M., & Freund, A. M. (2010). Beyond conflict: Functional facets of the work-family interplay. *Journal of Vocational Behavior*, 77, 104 – 117. doi: 10. 1016/ j. jvb. 2010. 02. 011

Yang, N. (2005). *Individualism-collectivism and work-family interfaces: A Sino-U. S. comparison*. Mahwah, NJ: Erlbaum.

Yang, N., Chen, C. C., Choi, J., & Zou, Y. (2000). Sources of work-family conflict: A Sino-U. S. com-parison of the effects of work and family demands. *Academy of Management Journal*, 43, 113 – 123. doi: 10. 2307/1556390

Young, M., & Wheaton, B. (2013). The impact of neighborhood composition on work-family conflict and distress. *Journal of Health and Social Behavior*, 54, 481 – 497. doi: 10. 1177/ 0022146513504761

# 第十章

# 职业健康心理学的干预

**第十章的关键概念和研究结果**
OHP 干预的综合模型
  改善工作—生活平衡的初级干预措施
  改善工作—生活平衡的二级干预措施
  改善工作—生活平衡的三级干预措施
  改善身体健康和安全的初级干预措施
  改善身体健康和安全的二级干预措施
  改善身体健康和安全的三级干预措施
  改善心理健康和幸福感的初级干预措施
  改善心理健康和幸福感的二级和三级干预措施
总结

职业健康心理学(occupational health psychology,OHP)涉及心理学理论和原则的应用,目的是更好地理解和提高员工的安全、健康和幸福感。为了达成这些目标,OHP 的主要目的是防止身体疾病、心理健康问题和伤害,并通过创造有利于员工健康、安全和幸福感的工作环境来促进员工的健康和幸福感(Sauter,Hurrell,Fox,Tetrick,& Barling,1999;Tetrick & Quick,2011)。在本章中,我们综述了促进员工健康、安全和幸福感的 OHP 相关干预措施。具体来说,首先讨论一个理解 OHP 中不同干预方法的一般框架。接下来,将介绍旨在促进员工安全、健康和幸福感的常见干预措施,并检验它们的效能与有效性,使用"效能"一词表示在实验和准实验研究中,所实施的干预对实验组被试的有益程度;使用"有效性"一词表示在一般工作条件下实施的干预措施对员工有利的程度。

## OHP 干预的综合模型

在讨论具体的干预措施以及它们的效能和有效性之前,为工作场所中的干预引入综合模型是很有帮助的。蒂特里克和奎克(Tetrick & Quick,2011)提出的模型是两种方法的结合,即实现全面健康的实践(Practices for Achieving Total Health,PATH)模型(Grawitch,Gottschalk,& Munz,2006)和公共卫生预防模型(Schmidt,1994)。

PATH 模型(Grawitch 等,2006)明确了可以在工作场所中进行促进职业健康干预实践的五个领域,包括:工作—生活平衡,员工的成长与发展,健康与安全,认可,以及员工投入。当组织投入资源来推进这五个领域时,不仅利于提高员工的幸福感,还可以全面改善组织。格劳维奇等人(Grawitch 等,2006)认为员工幸福感包括生理和心理健康两个方面。幸福感可以反映在身体健康、心理健康、压力和韧性以及工作士气等指标上。组织改善指的是在组织层面上具有优势的个人绩效结果(Grawitch 等,2006),例如减少缺勤和离职,减少事故和受伤率(这也反映了员工身体健康),提高生产力和客户服务水平。所有这些都可以转化为组织的整体改善。

第二种方法是公共卫生预防模型(Schmidt,1994)。在该模型中,干预措施可以分为三类:初级干预(初级预防),二级干预(二级预防)和三级干预(三级预防)。初级干预的目标人群是不存在风险的个体。

初级干预的目标是预防。初级干预通常是基于人群的,适用于组织内的所有员工(或者组织内某个特定部门的所有员工)。初级干预措施的例子包括健康教育或宣传活动,包括向组织内的所有成员传播有关定期进行运动的好处或吸烟有害的信息(Tetrick & Quick,2003,2011)。另一种初级干预是改变任务结构,假设自由度的增加会对员工健康和士气产生有利影响，那么员工在做与任务相关的决策时将会有更多的自由。

二级干预针对的是那些有疾病、受伤或不健康风险的员工。二级干预不是针对组织或组织某部门内的全体员工，而是针对暴露于各种风险因素的特定群体或个人。例如，二级干预会给那些可能在工作过程中暴露于物理、生物或化学危害的员工提供安全提示和个人防护设备(Tetrick & Quick, 2011)。

最后，三级干预是针对经历过健康衰退的个人，旨在恢复其健康和幸福感。三级干预通常基于个体，但旨在缓解有类似疾病或损伤的个人症状的、基于群体的三级干预也是有可能的。例如，利用个体咨询或团体治疗来应对与工作相关的倦怠症状可以被归为三级干预(Tetrick & Quick, 2011)。

蒂特里克和奎克(Tetrick & Quick, 2011)将PATH模型与公共卫生模型结合在一起，提出了一种旨在保护和促进员工健康、安全和幸福感的干预的分类。具体而言，一个组织可以实施初级、二级和三级干预，以改善PATH模型所强调的五个领域。例如，在员工成长和工作投入的领域，组织可能会为全体员工提供培训，包括工作上的相关技能和一般的人际交往技能。这种培训可以被视为初级干预，因为它可以促进员工之间的交流，减少人际冲突的可能，这是一个主要的压力源。干预也可能提高工作绩效。作为二级干预，组织可以设计专门的培训来满足一部分员工的需求。例如，对年长员工进行技术培训可能会对他们有所帮助(Levy, 2013)。最后，三级干预可能包括对有过职业病或受过工伤的员工进行康复训练。例如，组织可能为因工伤而需要特殊照顾的员工提供培训(如，使用额外设备，可供选择的工作安排)。

在接下来的章节内容中，我们将介绍旨在解决本书其他部分讨论的OHP主题领域问题的初级、二级和三级干预措施，并尽可能总结这些干预措施的"效能"和"有效性"的证据。在此过程中，我们将重点讨论PATH模型五个领域当中的两个，即工作—生活平衡和健康与安全(包括心理健康和幸福感)，因为这些领域是本书关注的焦点。

## 改善工作—生活平衡的初级干预措施

旨在改善工作与生活平衡的初级干预措施通常会为员工提供诸如弹性工作安排或个人休假的福利(Tetrick & Quick, 2011)。这些福利适用于所有员工，旨在防止工作职责干扰家庭责任，反之亦然。弹性工作安排包括弹性工作时间、压缩工作周、兼职选择、工作共享和远程办公(Levy, 2013)。弹性工作时间是指工作安排上的灵活性，组织可以指定一个"核心时间"，在这期间所有员工必须在岗(如上午11点到下午3点)，除此之外，个别员工可以灵活安排他们的工作日(如何时开始和结束工作)或工作周，前提是他们能在预定的工作时长内完成工作(Baltes, Briggs, Huff, Wright, & Neuman, 1999)。压缩工作周也能使工作时间更有弹性，比如通过增加员工每天的工作时间，将每周的工作时间压缩到少于 5 天。在美国，最常见的压缩工作周是 4 天—40 小时工作周，即员工每周工作 4 天，每天工作 10 小时(Latack & Foster, 1985)。也有组织采用了压缩工作周的其他配置，比如每周工作 3 天，每周 36 小时的工作时间，或者每周工作 3 天，每周工作 40 小时。

兼职和工作共享都是为了减少员工的工作负荷而设计的，目的是让他们的工作更加灵活(Kelly 等，2008)。最后，远程办公为个人提供了关于工作地点的灵活性(Levy, 2013)。加勒特和丹泽格(Garrett & Danziger, 2007)根据组织员工的主要工作地点确定了三种远程办公形式。第一种是固定地点的远程工作人员，这些员工在家里或固定的办公区域完成工作任务。第二种类型是移动远程工作人员，他们主要在实地工作。最后一个类别是弹性工作者，他们将办公室工作与家庭和实地结合在一起。在一项横断调查中，加勒特和丹泽格比较了美国的三种远程工作人员。研究人员发现，尽管三种远程工作人员报告了同样高水平的工作满意度，但(a)弹性工作者倾向于报告对其工作有更高的影响，(b)移动远程工作人员似乎更能承受工作负荷。

对弹性工作安排有效性的研究，往往将此类政策在工作场所中的可行性和这些政策的实际应用情况区分开来(Kelly 等，2008)。就可行性而言，美国一个具有全国代表性的中型和大型雇主(即，那些有 50 名或更多员工的雇主)样本表明，各种灵活的工作安排方式已经被广泛采用。例如，68%的公司进行了弹性工作时间，46%的公司提供压缩工作周，35%的公司提供远程办公安排(Bond, Galinsky, Kim, & Brownfield, 2005)。然而，仅靠弹性工作安排还不足以实现工作—生活的平衡，也不足以防止工作对家庭责任的干扰和家庭对工作的干扰。凯利等人(Kelly 等，2008)从他们的定性研究中得出结论，弹性工作安排的可行性研究可能会产生不同的结果。与凯利等人的结论一致，艾伦、约翰逊、基伯兹和肖克利(Allen, Johnson, Kiburz, & Shockley, 2013)对相关的横断研究的元分析表明，弹性工作时间的可行性与较低的工作对家庭的干扰有关；然而，弹性工作地点(例如，远程办公)的可行性与工作对家庭的干扰无关。元分析还发现，弹性工作地点的可行性与较低的家庭对工作的干扰有关，而弹性工作时间的可行性与家庭对工作的干扰无关。综上所述，艾伦等人的研究结果表明，不同类型的弹性工作安排的可行性可能对工作—生活平衡的不同方面产生不同影响。

除可行性之外，研究结果还表明，弹性工作安排的实际应用可以帮助个人实现工作—生活的平衡。例如，在一项对实验—控制组、预实验和实验组的元分析研究中，巴尔特斯、布里格斯、霍夫、怀特和诺伊曼(Baltes, Briggs, Huff, Wright, & Neuman, 1999)发现，与在传统安排下工作的员工相比，采用弹性工作时间安排的员工报告了更高的工作满意度和对工作时间安排的满意度。同样，与在传统工作安排下的员工相比，在压缩工作周工作的员工报告了更高的工作满意度与对工作安排的满意度。加延德兰和哈里森（Gajendran & Harrison, 2007）对主要的横断研究的元分析揭示了远程办公与工作—家庭冲突之间的负相关关系，从而将弹性工作地点安排和更好的工作—生活平衡联系起来。与加延德兰和哈里森（Gajendran & Harrison, 2007）的研究一致，艾伦等人（Allen 等, 2013）的元分析也表明，弹性工作地点安排与工作对家庭的干扰呈负相关。然而，他们的研究结果显示，弹性工作时间使用与工作对家庭的干扰不存在显著相关。有趣的是，巴尔特斯等人发现，弹性工作时间安排的使用所带来的积极影响会随着在此安排下工作时间的延长而被削弱。这表明，随着个体对弹性工作时间越来越适应，这种干预的长期效果可能会逐渐消失。

对初级干预的严格审查是必要的。虽然我们不太可能观察到用实验和准实验的方法来评估关于弹性时间安排对工作—生活平衡影响的初级干预措施，但研究人员可以利用自然实验和时间序列设计（见第二章）来更好地记录这些时间安排的效果。总的来说，现有研究证据支持了如下观点：弹性工作安排作为提高员工工作—生活的平衡的一种方式，已经被组织广泛采用。然而，使这些政策可行可能不足以避免工作和非工作领域之间的冲突。对这些弹性工作安排的实际使用似乎对改善工作—生活平衡具有更重要的意义。

## 改善工作—生活平衡的二级干预措施

旨在改善工作—生活平衡的二级干预措施往往关注于提供家庭友好型福利，适用于那些需要承担家庭责任的员工（Tetrick & Quick, 2011）。这些福利并不适用于所有员工，但能够帮助那些面临工作—家庭冲突风险的人，并帮助他们更好地履行工作和家庭责任。例如，提供托儿服务和老年护理服务，并提供带薪休假以帮助员工在工作之外履行职责，这属于改善工作与生活平衡的二级干预措施（Levy, 2013）。在与托儿服务/老年护理服务有关的福利方面，最常见的做法是为员工提供有关亲属护理的税前支出；将近一半（45%）的美国大中型公司报告，他们的员工已经获得了这样的福利（Bond 等, 2005）。提供信息和转介服务以帮助员工获得高质量的亲属护理也是一种常见的做法。三分之一的美国大中型公司报告称，他们提供了这样的信息（Bond 等, 2005）。在美国公司中，提供现场托儿服务的比例则小得多（7%）（Bond 等, 2005）。在欧洲大部分地区，托儿服务的提供被认为是公共责任（即由政府支持），而不是与某一特定职业相关的福利（欧盟, 2016）。因此，由于托儿服务的提供是由国家政策管理和支持的，所以，组织提供托儿服务这一措施很少被视为二级干预。

组织还可以提供带薪休假，以帮助员工实现工作—生活平衡。尽管美国是没有带薪产假政策的两个国家之一（Addati, Cassirer, & Gilchrist, 2014），但几乎一半（46%）的美国大中型企业都为员工提供了至少部分带薪的探亲休假（Bond 等, 2005）。其他公司提供全额或部分带薪休假,让员工参与有助于个人成长和发展的活动。例如,在《财富》(Fortune)发布的"100家最佳公司"排行榜上,位居第一的谷歌公司每年为员工提供20天的带薪休假,让他们参与志愿工作。同样在《财富》杂志榜单上排名靠前的金普顿(Kimpton)酒店和餐厅,工作7年以上的员工可以获得为期4周的带薪休假。这有助于员工获得更好的工作—家庭平衡。

除了针对家庭福利的组织政策,研究人员还致力于开发其他类型的二级干预措施,以改善处于高风险的员工的工作—家庭平衡。其中一个例子就是旨在增强组织对员工的支持以更好地处理工作—家庭冲突的干预措施。具体来说,哈默、科塞克、安格、博德纳和齐默曼(Hammer, Kossek, Anger, Bodner, & Zimmerman, 2011)描述了一项旨在评估主管培训和自我监督干预效能的研究,这种干预建立在一项早期横断研究观点的基础上。在那项早期研究中,哈默、科塞克、拉吉、博德纳和汉森(Hammer, Kossek, Yragui, Bodner, & Hanson, 2009)确定了主管的家庭支持型行为,包括提供情感支持(如,关心员工的工作—家庭要求)和工具支持(如,改变员工的轮班以便使其能履行家庭责任),角色示范行为(如,示范如何平衡工作—家庭要求),以及创造性的工作—家庭管理(如,进行工作重组以提高员工在工作和家庭中的效率)。哈默等人(Hammer 等,2009)发现,这些家庭支持型行为与员工的工作对家庭的干扰呈负相关,与家庭对工作的增益呈正相关。如果领导有家庭支持型行为,其员工更倾向于报告较高的工作满意度和较低的离职意向。

基于主管的家庭支持型行为对员工有益这一观点,哈默等人(Hammer 等,2011)开发了一种包含两方面特征的干预方案,其中一个方面是培训计划,旨在指导主管的家庭支持型行为;另一个方面是行为的自我监督,以确保主管将他们在培训中所学到的知识应用到工作场所实践中。

在这项研究中,哈默等人(Hammer 等,2011)将美国中西部的6所连锁杂货店随机分配去接受干预,而另外6所则作为控制组。研究人员在接受干预的杂货店中培训中高层管理人员,并要求实验组和控制组的员工在干预前后报告工作—家庭冲突、工作满意度和身体健康状况。结果显示,与控制组的员工相比,干预组的员工在控制基线健康状况后,报告了更佳的身体健康状况。这些干预与基线期员工家庭对工作的干扰相互作用,以预测他们干预后的身体健康状况和工作满意度。具体来说,家庭对工作的干扰只对那些没有接受干预的主管所管辖的员工的身体健康有负面影响;而对那些接受了干预的主管所管辖的员工来说,二者之间是无关的。令人惊讶的是,家庭对工作的干扰与员工的工作满意度之间的较弱的关系,只出现在那些主管没有接受干预的情况下;对那些主管在干预组的员工来说,干预与工作满意度呈正相关。最后,员工对主管的家庭支持型行为的感知中介了主效应和交互效应。

哈默等人(Hammer 等,2011)的研究是另一项研究的铺垫,即工作、家庭和健康研究(Work, Family, and Health Study, WFHS),这是一个由跨学科团队设计的大型干预研究。

这一项更新更大的干预被称为"STAR"（支持—转换—实现—结果，Support Transform Achieve Results；Hammer 等，2016），其目的是通过加强主管的家庭支持型行为来帮助员工实现工作与生活的平衡。另一方面适用于所有员工，无论他们的家庭状况如何，其目的是使员工可以更好地控制他们的工作时间和地点。这个为期多年、跨越多个地点的研究是在不同行业的两家公司进行的一项随机分组的现场实验：一家是位列《财富》500 强的大型信息技术公司，另一家是有多个工作地点的长期护理/疗养公司。这两家公司的不同工作地点被随机分配到干预条件和平常条件（即，控制条件）。在基线期和干预后的 6 个月、12 个月、18 个月时对员工及其管理者进行评估。关于整个研究的更多信息可以参考：www.WorkFamilyHealthNetwork.org。

到目前为止，研究已经证明了 STAR 干预的效能。凯利等人（Kelly 等，2014）发现，在 6 个月的追踪中，与控制组的 IT 员工相比，干预条件下的 IT 员工感知到了更高水平的主管的家庭支持型行为，以及工作—家庭冲突的降低。戴维斯等人（Davis 等，2015）指出，STAR 干预组的 IT 员工在干预后 12 个月的追踪访谈中报告说陪伴孩子的时间更多了。考虑到对家庭生活的滞后影响，与控制组的儿童相比，STAR 组员工的孩子在夜晚花更少的时间入睡（McHale 等，2015）。奥尔森等人（Olson 等，2015）的研究发现，在 12 个月的追踪中，STAR 干预提高了员工的睡眠质量和睡眠时间。最后，哈默等人（Hammer 等，2016）的研究发现，在 6 个月和 12 个月的追踪中，STAR 干预可以阻止低薪卫生保健工作者安全遵守行为的下降和组织公民行为的下降。综上所述，这些研究结果表明，这种干预不仅可以使专业员工受益，而且也能帮助那些从事低薪职业的人。后一种群体特别容易受到伤害，因为其他工作场所的一些组织福利（如，为了实现工作—生活平衡的带薪休假）可能不太容易提供给他们。STAR 干预代表着一个可以让组织改善低薪员工的工作—生活平衡的潜在途径。

## 改善工作—生活平衡的三级干预措施

对于旨在支持因工作—生活不平衡而导致健康水平下降的员工的三级干预措施，蒂特里克和奎克（Tetrick & Quick，2011）强调了员工援助计划（employee assistance programs，EAPs）的重要性，以及对那些难以承担工作之外责任的员工起到的作用。贝里奇、库珀和海莉（Berridge, Cooper, & Highley, 1997）指出，EAP 提供了一系列服务，如咨询、建议和援助。EAP 是由组织资助的，目的是帮助员工解决个人困难和绩效问题。在一些情况下，EAP 提供个人和家庭咨询等服务，以帮助员工(a)应对工作—家庭冲突引起的负面影响（如，高水平的倦怠），以及(b)制定策略以帮助员工更好地兼顾工作和家庭责任。因为 EAP 通常涉及一系列广泛的服务，旨在帮助员工应对一系列工作—家庭冲突之外的问题所导致的症状（Arthur，

2000；Berridge & Cooper，1994），所以没有明确的证据直接说明 EAP 作为改善工作—生活平衡的三级干预措施的有效性。然而，评估结果往往显示用户对 EAP 的满意度较高，EAP 的参与度与员工生活质量的整体改善有关（例如，Macdonald，Lothian，& Wells，1997；Macdonald，Wells，Lothian，& Shain，2000）。基于客观标准的 EAP 参与度和改善的证据更加混杂。例如，只有大约一半的员工在使用 EAP 后报告了生产效率的提高及旷工率的降低（例如，Attridge，2003；Harlow，2006）。

遗憾的是，以 EAP 作为三级干预的研究多采用薄弱的研究设计，这限制了我们直接讨论 EAP 参与的效果。鉴于 EAP 提供的服务范围比较广泛，因此需要更多的研究进一步确定哪种类型的 EAP 服务在减少工作—生活冲突中是最有益的。

**改善身体健康和安全的初级干预措施**

旨在改善员工身体健康和安全的初级干预措施包括适用于整个组织的、一般的健康和安全促进计划以及培训工作（Tetrick & Quick，2011）。例如，已经开始执行的初级干预措施旨在减少静坐或久坐不动的工作，久坐会给心血管疾病、肥胖和整体死亡率带来风险（Shrestha 等，2016）。这些干预措施包括对物理工作空间的改变（如，使用坐—立式办公桌，跑步机办公桌，自行车工作台）、政策变化（如，步行会议）、提供工具和反馈（如，使用计步器）以及教育和咨询，以增加工作中更多的身体活动。什雷斯塔等人（Shrestha 等，2016）在最近的一项对有控制的前后测实验研究的综述中指出，在 3 个月和 6 个月的追踪调查中，采用坐—立式办公桌有助于减少被试在工作中的静坐时间。然而，随着时间的推移，办公桌的积极作用减弱了。其他使用实验或准实验设计的研究也揭示了类似于坐—立式办公桌的积极作用；然而，活动工作台（如，跑步机和自行车办公桌）的效果却不那么一致。步行会议的政策并没有改变员工的静坐时间。为员工提供计步器以鼓励他们在白天进行更多体育锻炼，这种干预措施的效果也不一致（Freak-Poli，Cumpston，Peeters，& Clemes，2013）。最后，什雷斯塔等人（Shrestha 等，2016）发现，尽管咨询减少了被试在工作中的静坐时间，但其他类型的培训或计算机提示走动并没有产生一致的效果。

其他的初级干预措施旨在改善组织的一般社会心理环境，以提升员工的身体健康及安全水平。在一项随机对照研究中，佐哈尔和波拉切克（Zohar & Polachek，2014）设计了一种基于话语的干预措施，通过提高制造业公司的安全氛围来改善工作场所的安全。正如在第六章和第八章中所讨论的，安全氛围指员工感知到的组织机构对安全的重视程度。安全氛围与重要的安全相关的结果有关，如安全绩效、职业事故和工伤（Beus，Payne，Bergman，& Arthur，2010；Christian，Bradley，Wallace，& Burke，2009）。佐哈尔和波拉切克（Zohar & Polachek，

2014)的干预使用了反馈来培训主管们,使其以一种将安全与生产率相关的主题结合起来的方式将信息传达给下属。对照组的主管没有收到任何反馈。他们在干预前 8 周收集了关于安全氛围感知、安全行为和安全审计的数据,并在 12 周的干预结束后再次收集这些数据。结果表明,实验组的下属在安全氛围感知以及安全行为上有显著的前后改善;相比之下,对照组的氛围感知和安全绩效保持不变。除了自我报告的数据外,在干预前和干预后,两个独立的外部安全方面的专家还进行了安全审计,以评估在公司的巡视过程中员工是否有足够的风险保护。佐哈尔和波拉切克(Zohar & Polachek, 2014)发现,实验组的安全审计结果有明显改善,但对照组却没有。

在一项研究中,11 个企业的 51 个组织部门被随机分配到实验和控制条件下,纳维和卡茨-纳文(Naveh & Katz-Navon, 2015)在该研究中检验了旨在开发和维护道路安全管理系统的干预措施的影响。该系统由以下几个部分构成:(a)训练部分,教授被试安全驾驶行为;(b)参与性决策部分,使管理者和下属都参与到监测道路安全行为策略的规划和执行中;(c)奖励部分,激励和维持安全驾驶行为。被试在干预前 3 个月以及干预开始后的 1 年报告了道路安全氛围。在干预开始前一年以及干预开始后一年记录了员工收到的交通违章罚单数量。纳维和卡茨-纳文(Naveh & Katz-Navon, 2015)的研究发现,实验组的驾驶员在干预后报告的安全氛围水平更高,而对照组的驾驶员则表现出较小的变化。干预组的交通违章罚单数量减少,而对照组的违章罚单数量保持不变。道路安全改善的影响也溢出到了家庭生活中。

综上所述,这些结果表明,旨在提高员工身体健康和安全的初级干预措施是有益的。然而,干预的效能和有效性可能取决于干预的具体设计。我们需要更多更有力的研究设计,以便更好地确定具体干预措施和员工身体健康与安全的改善之间的关系。

**改善身体健康和安全的二级干预措施**

旨在改善员工身体健康和安全的二级干预措施针对的是特定的高风险人群(Tetrick & Quick, 2011)。这些干预措施并非面向全体员工,而是针对那些从事特殊职业或行业的员工,他们暴露于物理、化学和生物职业危害之下,或针对会做出可能损害健康的行为(如,吸烟)的员工。如前所述,组织进行安全培训以确保员工了解安全政策法规以及如何使用防护设备,这是常见的。培训和教育项目也常常被用来促进健康的行为。组织会为各种安全与健康设定目标(如,不发生事故),并在达到目标时分配给个别员工奖励,这也是常见的。最后,保险公司可以通过采用经验评定程序,为公司提供额外的激励,以提高安全水平。这样的程序增加了那些有不良安全记录的组织的保险费,并为那些没有发生事故的公司提供折扣。

在安全培训的效能方面,罗蒂亚宁等人(Rautiainen 等, 2008)在对随机对照研究的综述中发现,安全培训对农业工人的工伤风险没有影响。贝纳、贝基亚拉、柯法诺、德贝纳尔迪和艾卡迪(Bena, Berchialla, Coffano, Debernardi, & Icardi, 2009)采用间断时间序列设计评估建筑工人伤害预防培训的有效性。他们发现,虽然培训提高了工人的安全知识,但遗憾的是,干预并没有导致工人实际受伤率的变化。研究还关注了促进个人防护装备的使用的干预措施。在一项元分析的综述中,维贝克、凯特曼、莫拉塔、德雷施勒和米施克(Verbeek, Kateman, Morata, Dreschler, & Mischke, 2012)指出,"长期评估研究的证据质量很低……他们的研究结果表明,[听力损失预防计划]被较好执行了,其中,听力保护装置的使用与较少的听力损失有关"(p. S93)。一项关于准实验研究的元分析指出,当培训方法更有吸引力和参与性时,安全和健康培训与员工的知识获取及事故和伤害减少有关(Burke 等, 2006)。这些结果表明,当培训被用作促进员工健康和安全的二级干预措施时,培训的设计、实施方式与内容是需要被考虑的因素。

关于为员工安全和健康提供激励措施的有效性,罗蒂亚宁等人(Rautiainen 等, 2008)综述了间断时间序列设计的研究,发现引入干预措施后,提供财政激励降低了农业工人的受伤频率。然而,这种效应随着时间的推移逐渐消失,这一趋势表明(a)引入干预措施后定期进行追踪调查的重要性,以及(b)在最初的干预结束后,需要分配足够的财政资源来支持伤害预防工作。汤帕、特雷维希克和麦克劳德(Tompa, Trevithick, & McLeod, 2007)的定性研究表明,在使用前后测设计的研究中,保险实践中经验评级的引入与受伤频率的降低有关。总的来说,为达到健康和安全目标而提供财政激励似乎是促进员工身体健康和减少伤害的可行途径。

## 改善身体健康和安全的三级干预措施

对于那些因受伤或疾病而导致健康受损的员工,三级干预中有这样一些做法,要么减缓损害的发展(如戒烟或体重管理计划),要么促使受损伤的员工复工(Tetrick & Quick, 2011)。在一项对随机对照实验研究的综述中,卡希尔、哈特曼·博伊斯和佩雷拉(Cahill, Hartmann-Boyce, & Perera, 2015)发现,使用财务激励的工作场所戒烟计划有助于减少吸烟。特别是那些因节制而获得经济奖励或退还押金的人更有可能戒烟。然而,卡希尔等人警告说,工作场所戒烟计划的长期成功将在很大程度上取决于充足的激励资金。因此,如果组织缺乏支持激励措施的资源,这些计划可能是不可行的。

在促进那些因伤残而缺勤的员工复工方面,德波尔等人(de Boer 等, 2015)在对随机对照研究的综述中发现,一种多学科的方法似乎产生了最好的结果。特别是涉及职业咨询、患者教育和咨询,以及生物反馈辅助培训的干预措施,使癌症患者的复工率与正常照顾的对照组相比有所提高。在另一篇关于促进员工早日复工的工作场所干预措施的综述中,弗兰彻等人(Franche 等,2005)发现了一系列似乎可以支持受损伤员工的干预特征和组织特征。干预措施的特征,如与受损伤的员工的早期接触、提供工作住宿,以及员工参与复工协调工作,都与较短的受伤持续时间有关。组织的特征,如支持性管理和安全培训,也与更快地返回工作岗位呈正相关。有趣的是,弗兰彻等人(Franche 等,2005)指出,尽管员工们复工后的生活质量对理解干预的有效性至关重要,但有关复工的研究证据却不同,而且难以整合。综上所述,这些结果表明,我们需要更多采用更强有力设计的研究来评估复工的干预措施的效能。

### 改善心理健康和幸福感的初级干预措施

改善员工心理健康和幸福感的初级干预措施可能包括改变组织实践以减少社会心理压力源,以及培训个别员工以提高他们应对不同压力源的一般能力。就减少社会心理压力源的干预措施而言,研究结果一直不一致。赛杜卡、埃曼、谢德和库宾卡内(Cydulka, Emerman, Shade & Kubincane,1994)在一项前后测准实验研究中发现,愿意按照新设计的日程安排(在较少的日子里轮班工作 12 小时)工作的紧急医疗人员,其压力并没有比对照组中按照常规时间表工作的同事(在更多的日子里轮班工作 8 小时)更少。罗米格、拉蒂夫、吉尔、普洛诺沃斯特和萨皮尔斯泰因(Romig, Latif, Gill, Pronovost & Sapirstein,2012)发现,一项旨在减少卫生保健工作者工作负荷的干预措施对员工的倦怠症状几乎没有影响。理查森和罗斯坦(Richardson & Rothstein,2008)对实验研究的元分析表明,鼓励员工参与或改善同事支持的初级干预措施对员工的心理压力症状没有显著影响。

另一方面,鲁萨莱宁、维贝克、马里内和赛拉(Ruotsalainen, Verbeek, Mariné & Serra,2015)在他们的综述中确定了两项随机对照试验,这些研究表明缩短工作时间可以降低卫生保健工作者的倦怠。一项多波纵向研究(De Raeve, Vasse, Jansen, ven den Brandt, & Kant,2007)表明,在控制基线期决策自由度后,在 12 个月的时间里,员工决策自由度的增加预示着在 16 个月时员工的下班后疲劳水平的降低。一项对随机对照研究的元分析检验了初级干预措施的效能,蒙塔诺、霍芬和西格里斯特(Montano, Hoven & Siegrist, 2014)发现,初级干预措施可以降低被试的感知压力,这种影响对不同社会经济地位的个体都是一致的,尽管该研究可能从更多对低社会经济地位员工的干预研究中获益。

哈森等人(Hasson 等,2014)认为,员工对处于干预状态下的感知与干预本身促进有益改变的性质一样重要。具体来说,尽管研究中的所有员工都暴露于旨在减少社会心理压力源的干预中,但只有当员工感知到自己受到工作场所干预时,才更有可能报告更低的工作负荷、更高的决策自由度和感知支持。这些研究结果表明,利用员工对社会心理压力源的感知来评估干预的影响可能会产生失真的效果。

虽然我们主要关注的是改善工作条件，但研究也强调了提高员工应对挑战性的工作条件时的韧性。韧性指抵抗或从困难条件的影响中恢复的能力。研究人员已经开发出一些干预措施（如，关于自我调节、问题解决的小组计划；一对一的指导）以提高员工的韧性。一项对韧性训练的定性综述发现，它总体上对单个员工应对压力的能力有积极影响（Robertson, Cooper, Sarkar, & Curran, 2015）。一项元分析还评估了韧性训练对员工幸福感的影响（Vanhove, Herian, Perez, Harms, & Lester, 2016）。正如罗伯逊等人（Robertson等，2015）的定性综述所指出的，在维霍夫等人（Vanhove等，2016）的元分析中涉及的大多数研究都是实验设计、准实验设计、非控制的前后测设计。元分析结果显示，韧性训练对被试的幸福感有中度的总体正向作用。维霍夫等人（Vanhove等，2016）的研究进一步表明，虽然积极影响随时间的推移而减弱，但在一个月或者更久的追踪中发现，训练仍对被试的幸福感产生很小但积极的影响。与罗伯逊等人（Robertson等，2015）的一项研究结果相呼应的是，维霍夫等人（Vanhove等，2016）的研究发现，相较于其他类型的培训形式（如，基于团队），以指导形式进行的一对一的韧性训练会产生更显著、也更多的益处。就像改善身体安全的培训一样，能够改善心理幸福感的初级干预措施的效果也取决于培训的设计和实施方式。

## 改善心理健康和幸福感的二级和三级干预措施

旨在改善心理健康和幸福感的二级干预措施主要针对在特定职业中承受高压力风险的员工（Tetrick & Quick, 2011）。另一方面，三级干预措施旨在帮助那些有严重压力症状的人，并减轻职业暴露带来的有害心理影响（Tetrick & Quick, 2011）。这两种类型的干预措施都倾向于提供给那些可能因不良的社会心理工作条件而有倦怠或其他压力症状的员工。要区分这两种类型的干预并不总是可能的，因为现有症状的严重程度决定了同一干预措施是否仅仅是预防（二级[①]），还是以治疗为导向的（三级[②]）。因此，这两种干预类别将会被一起讨论。与旨在减少在一般压力源下的暴露（如，减少工作负荷或增加决策自由度）或增强个体的一般韧性的初级干预措施不同，二、三级干预通常涉及更具有针对性的策略，以消除独特的职业压力源或培训员工去使用被认为可以降低现有症状和现有问题进一步恶化的可能性的应对策略。

在消除特定的职业压力源方面，里德施泰特、乔纳森和埃文斯（Rydstedt, Johannsson &

---

[①] 有症状但不严重。
[②] 症状很严重。

Evans，1998）评估了一项旨在消除影响公共汽车司机的压力源的干预措施的效果。干预通过重新设计道路、公交线路和交通信号灯规划改变公交线路，以减少司机对交通拥堵的暴露，并重新规划交通信号灯，使公交车优先通过十字路口。里德施泰特等人（Rydstedt 等，1998）采用前后测的准实验研究设计发现，与对照组司机相比，在实施干预后，实验组的司机报告的工作负荷较低，感知控制更高，平均心率也更低。

其他研究着重于培训员工获得更好的应对技巧，以更好地应对压力源或压力症状。在一项随机对照研究中，邦德和邦斯（Bond & Bunce, 2000）对一家媒体组织的两项干预措施进行了评估。一种干预措施旨在通过训练员工接受不满意的想法来提高以情绪为中心的应对技巧。另一种干预措施旨在通过训练员工提出解决压力源的创新方法来提高以问题为中心的应对技巧。与未接受培训的对照组相比，两组干预组的员工都报告在干预后其身心症状和抑郁症状的水平比基线水平低。范·迪伦顿克、萧费利和邦克（Van Dierendonck, Schaufeli & Buunk, 1998）在一项准实验中，对一项为智障人员提供直接护理的员工的培训干预措施的效能进行评估。这项干预的目的是增加他们以情绪为中心的应对技巧。研究小组发现，与对照组相比，接受培训的员工在6个月的追踪调查中报告了较低水平的倦怠症状。在一项更早的随机对照实验研究中，甘斯特、梅耶、森和萨普（Ganster, Mayes, Sime & Tharp, 1982）发现，包括训练以情绪为中心的应对技巧和放松技术的干预措施减少了社会服务人员的抑郁症状和肾上腺素水平。但甘斯特等人后来无法在对照组被试中复制这种效应。在一项对实验研究的元分析中，理查森和罗斯坦（Richardson & Rothstein, 2008）发现，认知—行为技能训练干预在减少被试的心理压力症状方面产生了最大的效果量。

研究已经证明，为应对压力症状而设计的干预措施具有"立竿见影"的益处。例如，在随机对照实验中，沃尔夫等人（Wolever 等，2012）研究发现，被分配到瑜伽或正念冥想条件下的保险员工在12周的干预期结束时，感知压力得到了改善，入睡困难程度也降低了。在一项涉及大学员工的随机对照实验中，哈特菲尔德、哈文汉德、哈尔萨、克拉克和克莱尔（Hartfiel, Havenhand, Khalsa, Clarke, & Krayer, 2011）也发现了练习瑜伽的益处。与等候对照组相比，接受瑜伽干预的被试报告了更高的积极情绪。在一项对实验研究的元分析中，研究发现放松干预对减少被试的心理压力症状有益处（Richardson & Rothstein, 2008）。

尽管上述研究侧重于帮助员工应对慢性压力源的干预措施，但它有助于检验旨在评估干预措施影响的干预研究，以帮助那些暴露于急性压力源（例如，创伤事件）的个体。特别是在心理疏泄中，会引导暴露于创伤的人对他们的经历进行讨论。讨论的目的是促进事件的情绪处理，以减轻急性压力症状，并提供一种创伤后的闭合感（Rose, Brewin, Andrews, & Kirk, 1999）。然而，一项随机对照研究的综述显示，经历创伤后，一次单独的疏泄并没有减少创伤后应激障碍（post traumatic stress disorder, PTSD）发作的可能性，也没有减轻PTSD症状的严重程度(Rose, Bisson, Churchill, & Wessely, 2002)。疏泄也没有显著地减少暴露后的心理困扰、焦虑或抑郁。综上所述,罗斯(Rose)等人告诫说,在暴露后不要进行单次疏泄,并建议使用"筛查和治疗"模式。换句话说,就是筛查暴露于创伤的个体以发现障碍(如,PTSD,抑郁症)发展的早期迹象,并提供给筛查出阳性的患者更广泛的、以证据为基础的治疗。

总的来说,研究表明,在干预之后,二级和三级干预会使员工立即受益。然而,长期追踪调查并不总是能够确定干预效果是否持久。更多研究和更长的追踪时间将提供关于效果持续时间的证据。

## 总结

本章总结了旨在支持工作—家庭平衡、提高员工的身体安全和健康以及促进员工心理健康和幸福感的干预措施。在工作—家庭平衡方面,需要高质量的研究来证明初级干预(如,弹性时间)和三级干预(如,EAP)的效能。然而,有证据表明,弹性工作安排有助于工作—生活平衡。也有证据表明,一些二级干预措施(如,培训主管更多地支持家庭)在工作—生活平衡方面是有帮助的。在促进员工身体安全和健康方面,研究表明,初级干预措施(如,利用反馈来培训主管以一种将安全和生产结合起来的方式与下属进行沟通)和二级干预措施(如,保险公司采用经验评定程序)会对员工有益处。然而,我们需要更多的研究来评估促进员工受伤或生病后复工的三级干预措施。最后,对于旨在促进员工心理健康和幸福感的初级干预措施(如,韧性训练),也存在不同的证据。二级和三级干预措施(如,认知行为干预)在短期追踪调查中似乎也缓解了压力症状。未来对干预措施的研究应侧重于提高研究方法的严谨性,并根据工作类型考虑干预对员工的不同影响的潜在可能。

## 参考文献

Addati, L., Cassirer, N., & Gilchrist, K. (2014). *Maternity and paternity at work: Law and practice across the world*. Geneva, Switzerland: International Labour Organization.

Allen, T. D., Johnson, R. C., Kiburz, K. M., & Shockley, K. M. (2013). Work-family conflict and flex-ible work arrangements: Deconstructing flexibility. *Personnel Psychology*, 66, 345–376. doi: 10.1111/peps.12012

Arthur, A. R. (2000). Employee assistance programmes: The emperor's new clothes of stress management? *British Journal of Guidance & Counselling*, 28, 549–559. doi: 10.1080/03069880020004749

Attridge, M. (2003). *EAP impact on work, stress and health: National data 1999–2002*. Presented at the bian-nual conference of the Work, Stress and Health Conference — APA/NIOSH, Toronto, Ontario, Canada.

Baltes, B. B., Briggs, T. E., Huff, J. W., Wright, J. A., & Neuman, G. A. (1999). Flexible and compressed workweek schedules: A meta-analysis of their effects on work-related criteria. *Journal of Applied Psychology*, 84, 496–513. doi: 10.1037/0021–9010.84.4.496

Bena, A., Berchialla, P., Coffano, M. E., Debernardi, M. L. & Icardi, L. G. (2009). Effectiveness of the training program for workers at construction sites of the high-speed railway line between Torino and Novara: Impact on injury rates. *American Journal of Industrial Medicine*, 52, 965–972. doi: 10.1002/ajim.20770

Berridge, J., & Cooper, C. (1994). The employee assistance programme: Its role in organizational coping and excellence. *Personnel Review*, 23, 4–20. doi: 10.1108/00483489410072190

Berridge, J., Cooper, C., & Highley, C. (1997). *Employee assistance programmes and workplace counsel-ling*. Chichester, UK: Wiley.

Beus, J. M., Payne, S. C., Bergman, M. E., & Arthur, W., Jr. (2010). Safety climate and injuries: An examination of theoretical and empirical relationships. *Journal of Applied Psychology*, 95, 713–727. doi: 10.1037/a0019164

Bond, F. W., & Bunce, D. (2000). Mediators of change in emotion-focused and problem-focused worksite stress management interventions. *Journal of Occupational Health Psychology*, 5, 151–163. doi: 10.1037/1076–8998.5.1.156

Bond, J. T., Galinsky, E., Kim, S. S., & Brownfield, E. (2005). *National study of employers*. New York, NY: Families and Work Institute.

Burke, M. J., Sarpy, S. A., Smith-Crowe, K., Chan-Serafin, S., Salvador, R. O., & Islam, G. (2006). Rela-tive effectiveness of worker safety and health training methods. *American Journal of Public Health*, 96, 315–324. doi: 10.2105/AJPH.2004.059840

Cahill, K., Hartmann-Boyce, J., & Perera, R. (2015). Incentives for smoking cessation. *Cochrane Database of Systematic Reviews*, 2015(5), 1–114. doi: 10.1002/14651858.CD004307.pub5

Christian, M. S., Bradley, J. C., Wallace, J. C., & Burke, M. J. (2009). Workplace safety: A meta-analysis of the roles of person and situation factors. *Journal of Applied Psychology*, 94, 1103–1127. doi: 10.1037/a0016172

Cydulka, R. K., Emerman, C. L., Shade, B., & Kubincane, J. (1994). Stress levels in EMS personnel: A longitudinal study with work-schedule modification. *Academic Emergency Medicine*, 1, 240–246. doi: 10.1111/j.1553–2712.1994.tb02439.x

Davis, K. D., Lawson, K. M., Almeida, D. M., Kelly, E. L., King, R. B., Hammer, L., ... McHale, S. M. (2015). Parents' daily time with their children: A workplace intervention. *Pediatrics*, 135, 875–882. doi: 10.1542/peds.2014–2057

de Boer, A. G. E. M., Taskila, T. K., Tamminga, S. J., Feuerstein, M., Frings-Dresen, M. H. W., & Verbeek, J. H. (2015). Interventions to enhance return-to-work for cancer patients. *Cochrane Database of Systematic Reviews*, 2013(9), 1–79. doi: 10.1002/14651858.CD007569.pub3

De Raeve, L., Vasse, W. M., Jansen, N. W. H., ven den Brandt, P. A., & Kant, I. (2007). Mental health effects of changes in psychosocial work characteristics: A prospective cohort study. *Journal of Occupational and Environmental Medicine*, 49, 890–899. doi: 10.1097/JOM.0b013e31811eadd3

European Union. (2016, August). *European platform for investing in children*. Retrieved from http://europa.eu/epic/index_en.htm

Franche, R., Cullen, K., Clarke, J., Irvin, E., Sinclair, S., & Frank, J. (2005). Workplace-based return-to-work interventions: A systematic review of the quantitative literature. *Journal of Occupational Rehabilitation*, 15, 607–631. doi: 10.1007/s10926-005-8038-8

Freak-Poli, R. L., Cumpston, M., Peeters, A., & Clemes, S. A. (2013). Workplace pedometer interventions for increasing physical activity. *Cochrane Database of Systematic Reviews*, 2013 (4), 1–80. doi: 10.1002/14651858.CD009209.pub2

Gajendran, R. S., & Harrison, D. A. (2007). The good, the bad, and the unknown about telecommuting: Meta-analysis of psychological mediators and individual consequences. *Journal of Applied Psychology*, 92, 1524–1541. doi: 10.1037/0021-9010.92.6.1524

Ganster, D. C., Mayes, B. T., Sime, W. E., & Tharp, G. D. (1982). Managing organizational stress: A field experiment. *Journal of Applied Psychology*, 67, 533–542.

Garrett, R. K., & Danziger, J. N. (2007). Which telework? Defining and testing a taxonomy of technology-mediated work at a distance. *Social Science Computer Review*, 25, 27–47. doi: 10.1177/0894439306293819

Grawitch, M. J., Gottschalk, M., & Munz, D. C. (2006). The path to a healthy workplace: A critical review linking healthy workplace practices, employee well-being, and organizational improvements. *Consulting Psychology Journal: Practice and Research*, 58, 129–147. doi: 10.1037/1065-9293.58.3.129

Hammer, L. B., Johnson, R. C., Crain, T. L., Bodner, T., Kossek, E. E., Davis, K. D., ... Berkman, L. (2016). Intervention effects on safety compliance and citizenship behaviors: Evidence from work, family, and health study. *Journal of Applied Psychology*, 101, 190–208. doi: 10.1037/apl0000047

Hammer, L. B., Kossek, E. E., Anger, W. K., Bodner, T., & Zimmerman, K. L. (2011). Clarifying work-family intervention processes: The roles of work-family conflict and family supportive supervisor behaviors. *Journal of Applied Psychology*, 96, 134–153. doi: 10.1037/a0020927

Hammer, L. B., Kossek, E. E., Yragui, N. L., Bodner, T. E., & Hanson, G. C. (2009). Development and validation of a multidimensional measure of family supportive supervisor behaviors (FSSB). *Journal of Management*, 35, 837–856.

Harlow, K. C. (2006). The effectiveness of a problem resolution and brief counseling EAP intervention. *Journal of Workplace Behavioral Health*, 22, 1–12. doi: 10.1300/J490v22n01_01

Hartfiel, N., Havenhand, J., Khalsa, S. B., Clarke, G., & Krayer, A. (2011). The effectivenss of yoga for the improvement of well-being and resilience of stress in the workplace. *Scandinavian Journal of Work, Environment, & Health*, 37, 70–76. doi: 10.5271/sjweh.2916

Hasson, H., Brisson, C., Guérin, S., Gilbert-Ouimet, M., Baril-Gingras, G., Vézina, M., & Bourbonnais, R. (2014). An organizational-level occupational health intervention: Employee perception of exposure to changes, and psychosocial outcomes. *Work & Stress*, 28, 179–197. doi: 10.1080/20678373.2014.907370

Kelly, E. L., Kossek, E. E., Hammer, L. B., Durham, M., Bray, J., Chermack, K., ... Kaskubar, D. (2008). Getting there from here: Research on the effects of work-family initiatives on work-family conflict and business outcomes. *The Academy of Management Annals*, 2, 305–349. doi: 10.1080/19416520802211610

Kelly, E. L., Moen, P., Oakes, J. M., Fan, W., Okechukwu, C., Davis, K. D., ... Casper, L. (2014). Chang-ing work and work-family conflict: Evidence from the Work, Family, and Health

Network. *American Sociological Review*, 79, 485 - 516. doi: 10. 1177/0003122414531435

Latack, J. C. , & Foster, L. W. (1985). Implementation of compressed work schedules: Participation and job redesign as critical factors for employee acceptance. *Personnel Psychology*, 38, 75 - 92. doi: 10. 1111/j. 1744 - 6570. 1985. tb00542. x

Levy, P. E. (2013). *Industrial/organizational psychology: Understanding the workplace* (4th ed. ). New York, NY: Palgrave Macmillan.

Macdonald, S. , Lothian, S. , & Wells, S. (1997). Evaluation of an employee assistance program at a transportation company. *Evaluation and Program Planning*, 20, 495 - 505. doi: 10. 1016/S0149 - 7189(97)00028 - 1

Macdonald, S. , Wells, S. , Lothian, S. , & Shain, M. (2000). Absenteeism and other workplace indicators of employee assistance program clients and matched controls. *Employee Assistance Quarterly*, 15, 41 - 57. doi: 10. 1300/J022v15n03_04

McHale, S. M. , Lawson, K. M. , Davis, K. D. , Casper, L. , Kelly, E. L. , & Buxton, O. (2015). Effects of a workplace intervention on sleep in employees' children. *Journal of Adolescent Health*, 56, 672 - 677. doi: 10. 1016/j. jadohealth. 2015. 02. 014

Montano, D. Hoven, H. , & Siegrist, J. (2014). A meta-analysis of health effects of randomized controlled worksite interventions: Does social stratification matter? *Scandinavian Journal of Work, Environment, & Health*, 40, 230 - 234. doi: 10. 5271/sjweh. 3412

Naveh, E. , & Katz-Navon, T. (2015). A longitudinal study of an intervention to improve road safety climate: Climate as an organizational boundary spanner. *Journal of Applied Psychology*, 100, 216 - 226. doi: 10. 1037/a0037613

Olson, R. , Crain, T. L. , Bodner, T. , King, R. B. , Hammer, L. B. , Klein, L. C. , ... Buxton, O. M. (2015). A workplace intervention improves sleep: Results from the randomized controlled Work, Family & Health Study. *Sleep Health*, 1, 55 - 65. doi: 10. 1016/j. sleh. 2014. 11. 003

Rautiainen, R. , Lehtola, M. M. , Day, L. M. , Schonstein, E. , Suutarinen, J. , Salminen, S. , & Verbeek, J. H. (2008). Interventions for preventing injuries in the agricultural industry. *Cochrane Database of Systematic Reviews*, 2008(1), 1 - 38. doi: 10. 1002/14651858. CD006398. pub2

Richardson, K. M. , & Rothstein, H. R. (2008). Effects of occupational stress management intervention programs: A meta-analysis. *Journal of Occupational Health Psychology*, 13, 69 - 93. doi: 10. 1037/1076 - 8998. 13. 1. 69

Robertson, I. T. , Cooper, C. L. , Sarkar, M. , & Curran, T. (2015). Resilience training in the workplace from 2003 to 2014: A systematic review. *Journal of Occupational and Organizational Psychology*, 88, 533 - 562. doi: 10. 1111/joop. 12120

Romig, M. C. , Latif, A. , Gill, R. S. , Pronovost, P. J. , & Sapirstein, A. (2012). Perceived benefit of a telemedicine consultative service in a highly staffed intensive care unit. *Journal of Critical Care*, 27 (4), 426. e9 - e16. doi: 10. 1016/j. jcrc. 2011. 12. 007

Rose, S. , Bisson, J. , Churchill, R. , & Wessely, S. (2002). Psychological debriefing for preventing posttraumatic stress disorder (PTSD). *Cochrane Database of Systematic Reviews*, 2002(2), 1 - 51. doi: 10. 1002/14651858. CD000560

Rose, S. , Brewin, C. , Andrews, A. , & Kirk, M. (1999). A randomized controlled trial of psychological debriefing in victims of violent crime. *Psychological Medicine*, 29, 793 - 799.

Ruotsalainen, J. H. , Verbeek, J. H. , Mariné, A. , & Serra, C. (2015). Preventing occupational stress in healthcare workers. *Cochrane Database of Systematic Reviews*, 2015(4), 1-155. doi: 10.1002/14651858. CD002892. pub5

Rydstedt, L. W., Johannsson, G., & Evans, G. W. (1998). The human side of the road: Improving the working conditions of urban bus drivers. *Journal of Occupational Health Psychology*, 3, 161-171. doi: 10.1037/1076-8998.3.2.161

Sauter, S. L., Hurrell, J. J., Fox, H. R., Tetrick, L. E., & Barling, J. (1999). Occupational health psychology: An emerging discipline. *Industrial Health*, 37, 199-211. doi: 10.2486/indhealth.37.199

Schmidt, L. R. (1994). A psychological look at public health: Contents and methodology. In
S. Maes, H. Leventhal, & M. Johnston (Eds.), *International review of health psychology* (Vol. 3, pp. 3-36). Chichester, UK: Wiley.

Shrestha, N., Kukkonen-Harjula, K. T., Verbeek, J. H., Ijaz, S., Hermans, V., & Bhaumik, S. (2016). Workplace interventions for reducing sitting at work. *Cochrane Database of Systematic Reviews*, 2016(3), 1-135. doi: 10.1002/14651858. CD010912. pub3

Tetrick, L. E., & Quick, J. C. (2003). Prevention at work: Public health in occupational settings. In J. C. Quick & L. E. Tetrick (Eds.), *Handbook of occupational health psychology* (pp. 3-17). Washington, DC: American Psychological Association.

Tetrick, L. E., & Quick, J. C. (2011). Overview of occupational health psychology: Public health in occupational settings. In J. C. Quick & L. E. Tetrick (Eds.), *Handbook of occupational health psychology* (2nd ed., pp. 3-20). Washington, DC: American Psychological Association.

Tompa, E., Trevithick, S., & McLeod, C. (2007). Systematic review of the prevention incentives of insur-ance and regulatory mechanisms for occupational health and safety. *Scandinavian Journal of Work, Environment, & Health*, 33, 85-95. doi: 10.5271/sjweh.1111

Van Dierendonck, D., Schaufeli, W., & Buunk, B. (1998). The evaluation of an individual burnout inter-vention program: The role of inequity and social support. *Journal of Applied Psychology*, 83, 392-407. doi: 10.1037/0021-9010.83.3.392

Vanhove, A. J., Herian, M. N., Perez, A. L. U., Harms, P. D., & Lester, P. B. (2016). Can resilience be developed at work? *Journal of Occupational and Organizational Psychology*, 89, 278-307. doi: 10.1111/joop.12123

Verbeek, J. H., Kateman, E., Morata, T. C., Dreschler, W., & Mischke, C. (2012). Interventions to prevent occupational noise-induced hearing loss. *Cochrane Database of Systematic Reviews*, 2012(10), 1-112. doi: 10.1002/14651858. CD006396. pub3

Wolever, R., Bobinet, K., McCabe, K., MacKenzie, E., Fekete, E., Kusnick, C., & Baime, M. (2012). Effective and viable mind-body stress reduction in the workplace: A randomized controlled trial. *Journal of Occupational Health Psychology*, 17, 246-258. doi: 0.1037/a0027278

Zohar, D., & Polachek, T. (2014). Discourse-based intervention for modifying supervisory communication as leverage for safety climate and performance improvement: A randomized field study. *Journal of Applied Psychology*, 99, 113-124. doi: 10.1037/a0034096

# 第十一章

## 职业健康心理学的未来研究取向

**逐章概述：职业健康心理学的未来研究取向**
  心理健康
    金钱
    个性和社会性因素
    工作重塑
  身体健康
    CVD 的中介路径
    中风
    非代表性群体
    即将退休的员工
  工作场所中的攻击
    通过互联网进行的工作相关的虐待
  组织氛围与领导
    特定行业的研究
    领导
  特定职业的研究
    作战士兵
    警务人员和消防员
    狱警
    个体经营者
    与员工合作来开发研究思路
  安全
    员工授权和安全
  工作—家庭平衡
    需要照顾的其他各种类型的家庭
    个体经营者
    医生
  工作场所的干预措施
    从失败的干预中汲取经验
  全职工健康™
**结语**

我是职业健康心理学会(Society for Occupational Health Psychology，SOHP)时事通讯的创刊编辑。2007年，我为时事通讯的创刊号征集了一些稿件。我为时事通讯的创刊号发行募集了捐款。我请当时SOHP的主席彼得·陈(Peter Chen)为期刊作序，并希望他以自己的方式为我们期刊的读者们强调一下职业健康心理学(Occupational Health Psychology，OHP)的重要性，我得到的是一篇关于个人的简讯，彼得的自传写的简练而动情，那是我整个编辑生涯中最赞赏的文章。对我来说，彼得的文章很具有权威性。

他提到了关于他之前曾就职的一家企业，当时这家公司即将和别的公司合并。在一个秋日的下午，彼得和同事脚踏落叶漫步走过公司停车场，这时同事变得心烦意乱。同事抱怨他刚刚在公司新一轮的裁员中被解雇——他失业了。彼得在停车场对他的朋友进行劝慰。30分钟后，这位同事感受到一阵胃痛。

彼得写道，尽管他"已经从事相当一段时间的工作压力研究"，但这却是他"第一次直面现实生活中的工作压力事件"。他承认自己感到羞愧和内疚，因为尽管他热爱自己一直在进行的研究，并且对在该研究领域发表的成果感到很满意，但直到停车场的这个小插曲之前，他一直没有意识到自己研究的真正意义。这使得他下定决心更好地将OHP研究所获知识推广运用到实际，让劳动者们生活得更好。

彼得所写与OHP的未来息息相关。我和我在OHP领域的同事们永远都不想失去我们在努力进行工作、压力和健康的相关研究时所感到的满足感。我相信这本书的许多读者都是学者，他们都能体会到开展研究并收到期刊主编发来的录用邮件时的满足感。而攻读研究生学位的读者也很快就会体验到这种满足感。但是，像彼得一样，我们必须记住，我们的最终目标是使劳动者的生活变得更好，也就是说，使劳动者生活更健康。没有压力的生活不可能存在，但是我们仍希望人们的工作不要有过度的压力，不要因工作导致不利于健康的问题出现，例如抑郁症或心血管疾病等。

OHP是一个前景光明并令人幸福的领域。其光明前景，一部分在于满腔热血地进行旨在揭示发现有关工作和健康之间相互作用的知识的研究，另一部分在于将这些知识应用到使劳动者生活更健康的过程中。

## 逐章概述：职业健康心理学的未来研究取向

本章的结构松散，沿着书中章节的顺序进行了广泛的补充。对未来的研究方法(第二章)的讨论将会贯穿整个章节。第一个主题，从第一章中OHP的历史出发，探讨关于OHP的未来研究取向，我会在本节中提到这个主题。在剩下的章节，我将会介绍一个未来需要研究的主要主题和一个或者多个补充主题。例如,在生理健康一节中,主要主题是研究如何从工作日中恢复,补充主题包括脑血管疾病发展的研究、对值得深入研究的特定样本的靶向研究。其他章节(例如,第七章,特定职业)的结构略有不同,但仍然强调了未来所要研究的重要主题。

第一章强调了OHP的历史发展轨迹,了解OHP的历史怎样帮助我们在未来取得进步? 其历史进程又是怎样的呢? OHP学科历史进程中出现的一系列OHP相关组织将会给我们答案,如欧洲职业健康心理学学会(European Academy of Occupational Health Psychology, EA-OHP)、职业健康心理学学会(Society for Occupational Health Psychology, SOHP)和国际职业健康委员会—工业组织和社会心理因素科学委员会(International Commission on Occupational Health's Scientific Committee on Work Organisation and Psychosocial Factors, ICOH-WOPS)。许多OHP的研究者和实践者都是这些组织的成员。这些组织通过会议、讨论小组、时事通讯、杂志期刊等方式促进了其成员之间的沟通。

本书的读者可以注册并参加这些组织举办的大型会议。与会人员介绍了OHP研究与实践的最新进展。EA-OHP每两年举办一次系列会议;另外一系列两年一次的会议由美国心理学会(APA)与美国国家职业安全卫生研究所(National Institute for Occupational Safety and Health, NIOSH)以及SOHP联合举办。而EA-OHP、APA、NIOSH和SOHP联合举办的会议隔年举行一次,这样你就可以在2年内参加任一个会议;ICOH-WOPS的会议周期有所不同且更长。这些会议都非常值得参加。参加会议,将不仅使本书的读者了解OHP研究和实践的最新发展状况,而且还给读者提供与OHP研究者和从业人员见面和互动的机会(这一想法将在本章的后面进行介绍)。也许有些读者自己也将会成为研究者和从业人员,并为这些会议做出贡献。对OHP感兴趣的读者应该考虑加入这三个与OHP相关的组织之一,这将有助于支持该机构的发展,同时也有助于OHP的持续研究。

EA-OHP和SOHP都和非常重要的、与OHP领域相关的期刊有关。EA-OHP出版了《工作与压力》(Work & Stress);尽管APA是《职业健康心理学杂志》(Journal of Occupational Health Psychology, JOHP)的出版方,但SOHP在JOHP中起着重要的编辑作用。SOHP在2017年发行一本新的杂志——《职业健康科学》(Occupational Health Science)。为了了解这一领域的最新发展状况,你应该考虑订阅一种或多种期刊,或者至少通过诸如PsycINFO和PubMed等数据库随时浏览这些杂志的内容。

## 心理健康

我们知道,许多工作场所压力源,如过度的心理要求、付出回报失衡、缺乏自主权、组织不公平等都会导致抑郁、心理困扰、倦怠等状况(见第三章)。值得注意的是,工作要求—资源模型(JD-R; Bakker & Demerouti, 2014; Demerouti, Bakker, Nachreiner, & Schaufeli, 2001)将在未来OHP研究领域中占据一席之地,尤其在社会心理工作条件对心理健康的影响方面。该模型作用之重要,在于其有可能将一系列因素整合起来,包括心理、体力和组织要求;工作控制;信息、情感和物质支持;付出—回报失衡;组织不公平;工作不安全感等。这些概念相关的问题必须得到解决,包括像缺乏自主权这样的因素是否代表拥有资源太少?或是否存在长期压力源?抑或是两者都有?可以预见,概念相关的困难得到解决以后,JD-R模型必将有一个光明的研究前景。

无论研究是涉及JD-R模型还是要求—控制—支持模型(DCS),大多数工作压力研究都依赖于一般的工作条件测量。然而,我们应该要更精确地评估工作(或情境)的具体情况。贝尔(Beehr, 1995)强调开发具体工作测量方法的重要性,并就为什么采取具体工作方法提出了两个原因:首先,这种方法可以发现在此之前一直被忽视的压力源;其次,一般压力源在不同的组织中可能有非常特殊的形式。贝尔指出,研究采用针对每个特定工作而量身定制的压力测量方法,虽然可能会使其变得繁琐,但此类研究的结果可能会更准确地反映出这些工作中正在发生的事情。未来的研究工作,特别是采用计算机调研的研究工作,可能会将一般和具体工作问题结合起来,这样就不会给参与研究的员工带来太多额外的负担。

**金钱**

音乐剧词人弗雷德艾博(Fred Ebb)写道:"有钱能使鬼推磨。"如果你经济拮据,情况就有所不同了。经济压力是OHP中尚未被充分研究的一个主题(Sinclair & Cheung, 2016)。众所周知,社会经济地位(SES)与健康呈负相关。第三章和第四章研究了失业和工作不安全感的不利影响。然而,财务或经济压力则会影响到那些有工作的人,甚至那些有稳定工作的人。经济富裕可以买到有利于健康的资源(如,高档小区的房子)。第三章指出工作条件与社会经济地位有关。例如,为员工提供更大自主权的工作,其平均工资更高。辛克莱和张(Sinclair & Cheung, 2016)指出,弄清(不混淆)工作条件和收入(以及收入购买到的系列资源)之间的关系,以及这些因素与健康结果变量之间的联系,将有助于更好地说明工作条件和收入差异对健康的影响。

**个性和社会性因素**

未来,OHP可能会在更好地将心理健康状况和工作条件与个体差异评估相结合的研究上取得进展。研究也强调了这一需要。如人们普遍认为非常困难的工作条件(如一个老师每天面对无礼和挑衅的学生)会产生倦怠。然而,倦怠并不仅仅是由工作条件引起的。人格维度中的神经质因素、非典型抑郁症的症状①(例如对社会反应的过度敏感性)、以及情绪障碍和焦虑障碍的病史都与倦怠有关(Bianchi, Schonfeld, & Laurent, 2015; Ronen & Baldwin, 2010; Rössler, Hengartner, Ajdacic-Gross, & Angst, 2015)。因此,像职业倦怠这样的状况,可能是外部条件、个人性格和成长史共同作用的结果。这种观点也适用于其他心理健康结果变量的研究(例如抑郁、焦虑、酒精使用问题)。

工作之外的社会资源,如朋友和亲属的社会支持(Schonfeld, 2011),以及人格特质的个体差异,如责任感、神经质(Lee, Sudom, & Zamorski, 2013),都可能影响心理韧性或易感性,连同工作压力潜移默化地影响心理健康相关的结果变量。例如,横向研究表明一个具有主动性人格的人,即倾向于认为自己有能力且不受情境限制,往往会减少家庭对工作(而不是工作对家庭)压力源的影响(Cunningham & De La Rosa, 2008)。②

**工作重塑**

第三章研究了职业应对对心理健康的影响,研究结果充其量是模棱两可的。基于沙因(Schein, 1971)的角色创新概念③,"工作重塑"与应对相关,但却是一个更广泛的概念。工作重塑比应对有更广阔的研究前景。工作重塑指"个体在工作或者人际关系中,做出的生理或认知方面的改变"(Wrzesniewski & Dutton, 2001, p. 179)。

工作重塑的吸引力在于它与心理学中的一个基本思想相联系。生物学家和发展心理学之父,让·皮亚杰(Jean Piaget, 1947/1976),将适应视为智力的基础。他认为适应包含了顺应和同化的双重特征。顺应是指一个有机体(这里指人类)为适应环境必须进行改变。工作场所中的员工必须遵守规章制度和程序、按时报告、服从主管的指示等等。另一方面,同化关注人如何改变环境以及他或她如何认识环境。工作中发生的许多事情反映了顺应原理;然而,工作重塑反映了适应的同化方面。

许多对于工作重塑的研究涉及它与任务绩效和工作投入的关系,这本身是重要的课题,但很大程度上不属于本书的主题。然而,目前也已经有关于工作重塑和倦怠的研究。在一项涉及不同职业荷兰员工的日记研究中,德梅鲁迪、巴克和哈尔贝斯勒本(Demerouti, Bakker,

---

① 尽管名字叫非典型抑郁症,但这种抑郁症并不少见。区别于其特征,忧郁型抑郁症包括上述过度敏感性、情绪反应(沮丧的情绪会随着愉快的生活事件而变化)以及行动迟缓。
② 坎宁安(Cunningham)与德拉罗萨(De La Rosa)的研究结果和珀林与斯古勒(Pearlin & Schooler, 1978)的想法一致,与配偶的角色相比,工作角色不太适合于成功的应对(假定主动的个体更可能从事积极应对),因为工作角色需要更客观的组织(见第三章)。
③ 角色创新包括角色持有者拒绝角色规范和改变角色实践。沙因(Schein)认为角色创新是比较罕见的,而且很大程度上局限于自由职业(如医学、法律)。相比之下,工作重塑可能适用于广泛的职业领域。

& Halbesleben, 2015)发现,至少在横向研究中,寻求挑战的工作重塑与倦怠的减少有关(滞后效应不显著)。佩特鲁、德梅鲁迪和萧费利(Petrou, Demerouti, & Schaufeli, 2015)在一项对正在经历组织变革的荷兰警官的纵向研究中有了相反的发现,即减少要求的工作重塑行为预测了一年后更多的职业倦怠。此外,基线水平的职业倦怠预测后期要求的减少,而相比之下,寻求挑战的工作重塑行为则预测工作倦怠的减少。像后一种结果这样的发现昭示了关于工作重塑的研究具有广阔的前景。然而,工作重塑至少在一定程度上取决于组织为员工提供多大的决策自由度,以及员工之前存在的心理健康和人格因素。我们需要做更多有关工作重塑对员工幸福感的影响的研究,同时整合员工决策自由度和先前存在的心理变量的作用。

## 身体健康

近年来,人们对从工作日的压力源中恢复的研究越来越感兴趣,并且这种兴趣日益见长。康皮尔、塔里斯和范·韦德霍芬(Kompier, Taris, & van Veldhoven, 2012)指出,目前关于"日常工作压力对睡眠质量和疲劳的影响"(p. 239)的研究相对较少。但这方面的研究非常重要,因为睡眠问题与工作表现差、致死性心肌梗塞、因病缺勤、抑郁以及倦怠有关(Akerstedt, Nilsson, & Kecklund, 2009)。失眠和嗜睡也与不安全行为和非致命的工作场所事故有关(DeArmond & Chen, 2009; Kao, Spitzmueller, Cigularov, & Wu, 2016)。

有证据表明,与工作有关的压力源,比如高工作负荷和高工作压力,会溢出到家庭生活。压力源的持续影响不但阻碍了人们下班后与工作心理脱离,扰乱了人们从工作日恢复过来,还导致人们第二天工作困难(Sonnentag & Fritz, 2015)。例如,与处在较低水平工作压力下的教师相比,处在高水平工作压力下的教师更可能不断进行工作反刍,尤其是在快要睡觉时,而且睡眠质量也更差(Cropley, Dijk, & Stanley, 2006)。对各行业工作人员的研究取得了相似的发现(Kompier 等, 2012)。关于休假的好处的研究表明,当人们回到有压力的工作岗位后,其减少倦怠症状的能力也会很快消失(Westman & Eden, 1997)。

工作日暴露于压力源,会增加员工下班后的唤醒风险(Sonnentag & Fritz, 2015)。尽管第四章研究了交感神经系统活动与唤醒的联系,但也有证据表明,工作压力源的暴露与自主神经系统的另一部分——副交感神经系统①的活动减少有关(Clays 等, 2011)。副交感神经活动的减少,使得从一天的紧张工作中休息和恢复过来变得困难。下班后的恢复,以及通过

---

① 当一个人在休息时,副交感神经系统的激活非常重要。

休息进行恢复,将会是未来富有前景的研究领域。

**CVD 的中介路径**

第四章着重介绍了不利的社会心理工作条件与心血管疾病(CVD)的关系,尽管这些工作条件并不是 CVD 的唯一病因。CVD 可能需要数年时间才会发作。然而,研究人员可以检验从工作条件到 CVD 路径上的中介变量,例如血压或胆固醇的小幅升高。旨在提升员工心理健康的干预措施可以添加上员工们关于上述生物学指标的评估。向员工提供更大决策自由度的干预措施能够有益于其心理健康,同时也有可能降低其几毫升汞的血压,这种想法并不牵强。

OHP 对于社会心理工作条件与中介变量(如,血压相对小幅提升)之间的关系的研究,并不否认对诸如心脏病发作和中风等生理健康结果进行研究的必要性。大样本、长期、多波纵向研究可以帮助研究人员更充分地研究中介变量和更长期结果变量。

然而,就研究方法来说(第二章),横断研究仍然是连接工作压力源和结果变量常用的方法。但横断研究并不会有助于增加我们对社会心理工作条件如何导致上述中介变量的理解,这些条件是导致心脏病发作等结果变量的链条上的一个环节。然而,研究者对纵向研究的热情已经增长。目前已经有许多包括两次数据收集的纵向研究。纵向研究的进一步发展方向将是开展包括三波或更多波数据收集的研究(Kelloway & Francis, 2013;Ployhart & Vandenberg, 2010)。至少有三个原因可以解释为什么未来的 OHP 研究应该包括多波数据收集。首先,两波研究仅限于显示线性研究。相反,多波研究可以确定变化是线性的还是非线性的。与两波研究相比,多波研究对与健康相关的因变量的增长率或变化的估计的可靠性更大(Willett, 1989)。第三,当多波研究结合分层线性模型时(HLM;又名多层次建模),研究人员有机会去探索员工个人的变化(Raudenbush & Bryk, 2002)。研究人员可以详细研究在面对特定工作压力源的员工中,血压、抑郁症或其他与健康相关的因变量的变化轨迹,并应用 HLM 评估特定变化轨迹的影响因素。因此,在未来的 OHP 研究中,多波纵向研究具有广阔的前景。

多波研究或两波研究存在一个棘手的问题:在一组面对可识别的工作条件的员工中,确定压力源对结果产生影响的因果时滞的"真正"长度(Taris & Kompier, 2014)。然而,在确定波间时滞长度的方法上面正在取得进展,这种长度是评估特定压力源对健康结果的"最大影响"的最佳方法(Dormann & Griffin, 2015),从而进一步完善纵向 OHP 研究设计。古瑟(Guthier, 2016)运用多尔曼和格里芬(Dormann & Griffin, 2015)的方法对工作要求对倦怠的影响进行多元分析。这样的研究同样可以扩展到诸如血压等生物学结果中。

**中风**

中风,也称为"脑血管意外",是指脑区的细胞死亡。细胞死亡是由缺氧造成的,是血液流动不良的后果。血流量的减少可能由失血(出血)或缺血(动脉粥样硬化或血块阻塞供应脑部区域血液的血管的结果)等状况导致的。这是导致死亡的主要因素,考虑到第四章的主题是心血管病,这是一种经常被提及的与中风相关的疾病,因此,考查中风相关的研究是非常自然的。然而,对工作场所社会心理压力源与中风之间关系的研究却很少。一项包括六个符合质量标准的前瞻性研究(n>130,000)(六个研究中的五个研究排除了基线期有 CVD 的个体)的元分析(Huang 等人,2015)结果表明,在追踪期间(未加权的平均追踪年数为 10.5 年),高工作压力的人比积极工作的人(高工作负荷、高控制)患中风的校正后的风险高 22%。两项大型纵向研究(Toivanen, 2008; Virtanen & Notkola, 2002)发现,低水平的工作控制可以预测中风。加洛等人(Gallo 等, 2006)发现,在职业生涯晚期,员工发生非自愿失业会增加随后的中风风险。预计未来我们将看到更多关于社会心理工作场所因素与中风关系的研究。

**非代表性群体**

另一种方法上的局限与抽样有关,是目前研究需要解决的一个问题。大多数关于社会心理工作条件影响的纵向研究来自欧洲和北美,因此需要增加在世界其他地区进行的纵向研究。此外,我们需要确保来自欧洲和北美洲的样本包括非代表性群体(如,在美国应包括非洲裔美国人和西班牙裔美国人)。此外,对跨国样本的研究将有助于理解压力源如何在一种文化或国家背景下比另一种环境中产生或多或少的影响(Liu, Nauta, Li, & Fan, 2010)。然而,许多阻碍会破坏这种研究的效度,但依靠相关工具却有助于确保跨文化和国家群体研究程序的等效性(见 Spector, Liu, & Sanchez, 2015)。

**即将退休的员工**

人们对由年龄较大的员工,特别是即将退休的老年员工组成的样本很感兴趣(Barnes-Farrell, 2003; Beehr, 1986; Beehr & Bennett, 2015; McGonagle, Fisher, Barnes-Farrell & Grosch, 2015; Wang & Shultz, 2010)。上述研究表明,健康在决定退休或从主要工作中退休后从事过渡性工作方面[①]起着重要作用。

较高的 SES 与长寿有关(Brønnum-Hansen & Baadsgaard, 2008; Chetty 等, 2016;

---

① 过渡性工作是一些人从主要工作退休后,在完全退出劳动力市场之前,从事的有报酬的工作。

Perenboom，van Herten，Boshuizen，& van den Bos，2005；Tarkiainen，Martikainen，& Laaksonen，2013)，并因此与享受相当健康的退休生活的机会有关。工作对体力要求的程度，与退休后的健康状况较差有关(Wang & Shi，2014)。有些工作明显与寿命缩短有关(Parker，2011)①，退休前的失业经历以及退休前这份工作的工作压力都会对退休后的心理幸福感产生不利影响(Wang & Shi，2014)。

工作也可以在其他方面影响退休后的身体机能。有更高心理要求的工作，与退休前更高的认知功能水平以及退休后更强的抗认知衰退能力相关(Fisher等，2014)。未来的一系列纵向和实证研究将是非常宝贵的，如果他们能确定有助于他们向身体上和认知上健康的退休状态过渡的退休前工作条件，特别是影响蓝领和服务业员工的工作条件。

## 工作场所中的攻击

职业健康心理学所涉及的另一领域是工作场所攻击的起源，第五章描述了工作场所攻击的风险因素。关于个人以粗鲁的、不文明的方式行事的影响因素的证据逐步开始累积。与粗鲁和不文明行为相关的因素包括：曾经是这种行为的攻击对象，容忍不文明行为的组织政策(Gallus，Bunk，Matthews，Barnes-Farrell，& Magley，2014)。也有证据表明，有些人出于报复和彰显权力等原因，做出粗鲁以及敌对的工作场所行为，但有些人根本没有任何理由(Bunk，Karabin & Lear，2011)。

然而，为了了解最终导致不文明行为和更直接的攻击行为时所发生的事件，我们需要知道更多的知识，包括员工对同事以及对客户、病人、学生和顾客的行为。为了在这个棘手的领域站稳脚跟，未来的定性研究(见第二章)将会很有帮助，尤其是从犯罪者(一个未被研究的群体)的角度审查攻击性行为的研究。为了解欺凌者的社会现实，布洛赫(Bloch，2012)进行了一项定性研究，她访谈了一些欺负同事的人。这项研究并不能为欺凌行为正名，相反，这给我们提供了线索。她调查了很多方面，包括是什么导致施暴者对他们的目标产生不好的看法、施暴者如何对他们的目标进行道德分类、施暴者采取的行动以及他们经历的情绪等。定性研究(包括访谈研究与密切观察研究)可能有助于初步了解最终导致工作场所攻击的事件与情境因素。它将有助于指导今后定量组织的纵向研究和以预防为导向的干预措施。

---

① 见之后有关狱警的讨论。

**通过互联网进行的工作相关的虐待**

我们需要对一种新的与工作相关的攻击方式进行探索。尽管通过互联网虐待他人多年以来一直与初中生或高中生有关,但网络虐待也开始作为一种与工作相关的环境出现。一种被称为"网络不文明"的现象已经引起了人们的关注,在这种现象中,主管和同事有意或无意向其他员工传达粗鲁的信息(Giumetti, McKibben, Hatfield, Schroeder, & Kowalski, 2012)。吉梅蒂(Giumetti)等人发现,由上级主管发起的网络不文明行为的强度与员工的倦怠水平升高同时有关,包括那些低神经质的员工[①]。

## 组织氛围与领导

安全氛围(第六章)是指,相对于其他组织目标,员工优先考虑安全的程度。利陶和格雷纳(Leitão & Greiner, 2016),对17项涉及工业组织的流行病学的研究进行综述表明,安全氛围,尤其是在群体层面上测量的安全氛围,与受伤和事故的数量减少有关。因为这些研究大多是横向研究,而且只有很少的研究对干扰因素进行充分控制,所以这些结果并没有提供安全氛围与事故风险之间因果联系的明确证据。尽管结果基本上支持了安全氛围影响受伤风险的观点,但雷涛和格瑞纳提出了对未来研究的建议:(a)使用纵向观察研究,并对干扰因素进行严格控制;(b)进行旨在通过提升安全氛围来降低受伤风险的干预研究。

关于安全氛围作用的另一个问题是,当面临繁重的要求时,高层管理人员在安全方面所奉行的原则和愿景,与基层经理对其员工的要求可能一致,也可能不一致。相比高层管理人员的原则,基层经理的要求更能影响员工对自己工作环境的理解。佐哈尔(Zohar, 2010)指出,在获得普遍认为的安全氛围感知方面,关于共享员工意义建构的研究将是一个很有研究前景的领域。

**特定行业的研究**

佐哈尔(Zohar, 2010)也认为我们将受益于更多特定行业的安全氛围测量工具。特定行业的测量工具,可以补充更普遍使用的通用测量方法,类似于这一主张的是,在之前章节提出的关于使用工作场所特定压力源测量方法的观点(Beehr, 1995)。用于特定行业的安全量表的一个例子是,对卡车运输业的安全氛围的测量。对卡车司机进行测量的量表,可能包括非

---

[①] 吉梅蒂(Giumetti)等人还发现,与低神经质的员工相比,高神经质或中等水平神经质的员工更容易受到网络不文明行为的影响。

常具体的项目,如"我的调度员坚持认为我在开车时没有使用车载通信设备",这些测量工具的使用将"为提出和检验有关氛围产生过程的假设提供机会"(p. 1521)。

安全氛围并不是唯一的工作场所共识,此外还有创新氛围、服务氛围等等。佐哈尔(2010)认为,从理论发展的角度来看,如果更多的研究致力于理解安全氛围与其他氛围维度的相互关系,将会大有帮助。

**领导**

组织领导与安全结果变量之间的关系是一个很有前途的研究领域。OHP 的一条研究路径可以从巴林、拉夫林和凯洛韦(Barling, Loughlin, & Kelloway, 2002)提出的安全变革型领导思想出发;而另一条很有前景的路径可以从多拉德和巴克(Dollard & Bakker, 2010)提出的关于心理安全氛围的思想出发,这一思想可以将领导和氛围联系起来。这种联系起源于组织的高层领导制定的保护组织员工的心理幸福感的优先顺序。问题是领导的优先顺序是如何在组织中变化的。此外,员工自由地、直接地与管理者讨论安全问题与降低事故风险有关,这一研究领域没有得到足够的重视(Kath, Marks, & Ranney, 2010)。这些领导领域的研究未来可能会获得更多关注。

**特定职业的研究**

本节重新阐述了第七章提及的一些职业,即作战士兵、警务人员和消防员,同时也研究其他职业类别,包括狱警和个体经营者。

**作战士兵**

第七章研究了一些职业群体,其中包括军人。本章指出,在美国军队中一个不乐观的趋势是在伊拉克与阿富汗战争期间,美国军人自杀率越来越高。与美国研究结果相反,控制性别和年龄变量后,1984 年到 2007 年间(有一年例外),英国军队的自杀率显著低于同时期英国总人口的自杀率(Fear 等,2009)。与美国军队的趋势相反,英国军队在伊拉克和阿富汗战争服役时期,没有证据表明其存在类似的自杀率增加的趋势。此外,与美国军队中获创伤后应激障碍的比例相比(如,Tanielian & Jaycox 报告,14%,2008),包括在伊拉克与阿富汗战场服役的作战部队在内的英国士兵回国后患创伤后应激障碍(PTSD;4%)的比例较低[①]。此

---

① 在菲尔等人(Fear 等,2001)的文章的表 5 中,对疑似 PTSD 发生率进行了比较,比较的样本是来自于各种回国后的英国和美国军人的研究。

外,在英国的研究中,已派遣和未派遣士兵的 PTSD 发病率没有差别。这并不是说英国军队不存在问题风险的增加。在已派遣的英国军队中,酒精过度使用的比例(16%)高于未派遣的英国军队(11%;Fear 等,2010),并且已派遣的英国军队的一般健康问卷(GHQ)得分①升高的比率比英国民众更高(Goodwin 等,2015)。因此,未来的 OHP 研究可以利用跨国家比较,从而确定具体的差异(如组织差异和领导的本质差异)。这样就可以为我们提供线索,更好地识别保护性因素,预防美国军人出现精神问题。而英国军队的一些潜在的保护性因素,包括更短的派遣时间、较低的部队对领导的比率、较低的伤亡率。

乌萨诺等人(Ursano 等,2015)在对美国自杀未遂的士兵研究中,确定了一些风险因素以预测未来的自杀情况。已识别的风险因素有首次派遣(特别是最初几个月)和入驻前心理障碍。乌萨诺等人(Ursano 等,2015)认为,这方面的知识有助于对处于风险中的士兵进行监控。这种监控是非常重要的,因为枪支是军事生活的一部分。大量证据表明,枪支的使用与平民生活中的自杀风险增加相关(如,Anestis & Anestis,2015)。此外,一个士兵从精神科出院后,自杀死亡与其他不良后果的风险都会增加,包括意外死亡、自杀未遂和再住院(Kessler 等,2015)。未来对军队心理健康的研究,将有助于实施早期预警系统,以便在士兵做出自杀行为之前就识别出需要帮助的士兵。凯斯勒(Kessler)等人建议,需要对住院前就有高自杀风险的士兵进行住院后干预。

虽然被诊断为轻度创伤性脑损伤(traumatic brain injury,TBI)的军人经历了诸如睡眠障碍、注意力不集中、记忆困难和抑郁等问题,但对 TBI 的成像研究往往无法显示大脑异常。然而,新的研究方向可以更好的理解暴露于战斗对轻度 TBI 和 PTSD 的影响。最近的一项尸检研究(Shively 等,2016)是基于莫特(Mott)对第一次世界大战的研究(见第一章),其考察了曾暴露于爆炸物的美国男性军人的大脑状况,一些人在爆炸后不久(4 天到 2 个月)死亡,其他人在之后(7 个月到 9 年)死亡,后一组研究对象也显示出 PTSD 的迹象。研究小组发现,在那些暴露于爆炸的男性大脑的星形胶质细胞上存在瘢痕。它的其他功能包括为神经元提供营养,帮助维持神经元内外环境之间的离子平衡。该研究小组发现了在暴露于爆炸后不久就死亡的男性大脑开始出现瘢痕,并且那些在爆炸后存活超过六个月的人的大脑中有更多瘢痕。

这些瘢痕出现在许多部位,包括灰质和白质之间的边界、海马体(与记忆和学习有关)、下丘脑(如第四章所述,与战斗-逃跑反应的调节有关)、颞叶皮层(认知中心)、杏仁核(决策、情绪调节、记忆)等等。对照组包括经历过钝挫创伤、阿片类药物滥用或死于其他原因(如心血管疾病)的平民,没有迹象表明对照组出现像暴露于爆炸的病例中所产生的

---

① 见第三章关于 GHQ 的描述。

瘢痕。

重要的是应该认识到,虽然军队为士兵提供了防护装备,但爆炸波仍然构成极大的危险。这种波可以影响身体未受保护的部分,然后将其冲击力传到大脑。爆炸还会使其产生的碎片以巨大的穿透速度飞起来。因此,这项研究更明确地将与爆炸有关的创伤和大脑的变化联系起来,也暗示与 PTSD 相联系。希夫利等人(Shively 等,2016)的研究将会加快对 TBI 和 PTSD 领域的脑研究。随着对 TBI 和 PTSD 神经基础的新的医学见解的发展,对患者的治疗方案就可以逐步开发出来。

### 警务人员和消防人员

本节对作战士兵的描述强调美国军队和英国军队的跨国比较。尽管跨国比较有方法论方面的挑战(如筛查疾病发生率的国家差异),但比较数据有助于确定健康水平差距及其来源(Banks,Marmot,Oldfield,& Smith,2006)。第七章比较了美国和英国警务人员的死亡率,两国间的一个明显区别是,枪支在美国使用更为广泛,这种差别反映在美国警务人员在执行任务时被杀害的比率高得多。OHP 研究人员可以推动的一个部分解决方案是在立法机构前作证,以促进美国立法者采取措施减少枪支的自由使用(如,禁止重罪犯和严重的心理障碍者获得枪支),OHP 研究者在该方案的推行中发挥重要作用。第七章还指出,美国消防员的死亡率高于英国。不同于警务人员的情况,消防员死亡率存在跨国差异的原因并不能从数据中立即体现出来。未来涉及跨国比较的 OHP 研究可能会为找到使消防更安全的方法提供线索。

### 狱警

虽然第七章中有一节专门介绍警务人员,但与警务人员有关的一个职业群体,即狱警(correctional officers,COs),在这一章中并没有涉及。如果在狱警研究上投入的努力和在警务人员研究上投入一样多,这将会对今后的研究很有帮助。无论男女,狱警们都在高压力条件下工作。法国的一项研究(Neveu,2007)发现,狱警在 CES-D[①] 上的平均得分接近 18 分,而 16 分就会被认为是临床抑郁症风险升高的标志(Schonfeld,1990)。

狱警们的健康状况处于风险之中,因为他们经常与犯下令人发指的罪行的囚犯打交道,所以他们的安全也受到威胁。1999 年至 2008 年间,美国有 113 名狱警死亡(凶杀、自杀、意外事故等),每年约死亡 11 例(Konda,Tiesman,Reichard,& Hartley,2013)。这种伤害率,包括非致命袭击造成的伤害,与其他职业群体相比也很高(Konda 等,2013)。在佛罗里达州进

---

① 见第三章对这种抑郁症状的描述。

行的一项研究发现,狱警的平均死亡年龄为62.4岁,通常比该州居民的平均寿命少12年(Parker,2011)。

最近新兴的OHP的相关研究(Cherniack, Dussetschleger, Henning, El Ghaziri, & Warren, 2015; El Ghaziri, 2015; Fritz, Guros, Hammer, Shepherd, & Meier, 2015; Violanti, 2015),可以帮助我们更好地理解狱警在工作生活中的压力过程,以及工作对家庭的影响。理解压力过程能够使狱警的生活更健康、更美好。期望在未来出现更多这样的研究。

我对上述关于狱警的研究有一个补充想法,这个想法强调了我在本章前面提到的一个思想。我从最近参加的APA、NIOSH和SOHP的会议了解到关于狱警的研究。尽管这不是我从事的研究领域,但我很高兴有机会学习相关研究,并且和从事这类研究的调查员约翰·维奥兰蒂(John Violanti)进行深入探讨。我认为,如果本书的读者们能参加诸如EA-OHP、APA、NIOSH、SOHP或者ICOH-WOPS的会议,将有同样的机会了解OHP研究的进展,并与相关研究人员进行互动。

**个体经营者**

我转而研究一个高度多样化但未被充分研究的群体,也即个体经营者。这个群体在第七章并没有被提及,但对他们进行研究可能有助于OHP的发展。个体经营者占加拿大(加拿大统计局,2014)、欧盟(Teichgraber, 2013)以及美国(Hipple, 2010)劳动力人口的10%以上。发展中国家的大部分工作者,尤其是女性,都是个体经营者(Gindling & Newhouse, 2014)。个体经营者的工作范围很广,包括软件和硬件专家、许多不同类型的艺术家和设计师、画家(艺术家和油漆工)、不同行业的顾问、发型师、作家、音乐家、水管工、电工、自动售货机操作员、私人教师和杂务员等等。尽管经济学家们对个体经营者进行过研究,但他们在很大程度上并不是OHP研究的对象(Schonfeld & Mazzola, 2015)。个体经营者,特别是个人企业的自营者,经常遭受相当大的经济不安全,并面临着不公平的声誉威胁,以及客户和承包商的违约(Schonfeld & Mazzola)。在发展中国家,个体经营者具有不稳定性(Mandelman & Montes Rojas, 2007)。

此外,个体经营者在其他方面也处于不利地位。当经济开始衰退时,个体经营者会受到双重影响。首先,他们会像其他人一样失去生意;其次,组织雇佣的个人失去工作或被调到兼职职位后,通常会加入个体经营者的行列,这进一步加剧对剩余业务的竞争(Cichocki, 2012; Hipple, 2010)。

那些有组织的雇员,一定程度上,通常有来自同事和主管以及人力资源部门的支持,与他们不同,个体经营者在个体经营中通常缺乏这样的支持(Schonfeld & Mazzola, 2015)。对

OHP来说,个体经营者领域是一个挑战。特别考虑到世界各地的经济越来越依赖自由职业者和合同工,OHP的研究人员和从业人员或许能够帮助开发出降低个体经营者生活压力的方案。

**与员工合作来开发研究思路**

第七章涵盖了教师、护理人员和农业工作者等职业。对于在特定工作中影响在职者的严重压力源,OHP的研究人员也许不可能单独就那些在职者所面临的问题找到可行的解决办法。一种较好的方法是让研究人员与员工合作,共同努力找出解决办法。第二章描述了邦德和邦斯(Bond & Bunce, 2001)进行的准实验研究,调查人员评估了工作重组对一个由英国政府行政雇员组成的工作单元的影响。干预本身是由员工参与设计的,他们协同调查与工作有关的问题,然后达成并实施双方认同的干预计划。这个计划涉及增加员工对工作的控制。调查人员发现,计划和执行组的员工比对照组的员工心理健康状况更好,缺勤率更低。因此,研究人员与一个职业群体的成员进行合作,通过改变社会心理工作条件的方式,制定旨在改善员工健康的干预措施,这是有希望的。

## 安全

第八章阐述了有关安全的研究。该章特别关注轮班工作和长时间工作与事故风险的关系。夜班工作以及长时间的工作与事故风险相关(Baker, Olson, & Morisseau, 1994; Folkard & Tucker, 2003)。这些结果与许多工作有关,但与医学最相关。许多医生,特别是年轻医生和医学生(也负责临床工作),一周工作80小时,甚至更多(Lamberg, 2002)。罗德里格斯·贾里尼奥等人(Rodriguez-Jareño等, 2014)的文献综述表明,医生、住院医师和医学生长时间的工作与被针刺伤的风险(Ayas等, 2006)以及交通事故有关。因此需要进行更多研究探讨死亡风险以及其他类型的事故,包括那些报告病人健康的事故。然而,有足够的证据表明缩短工作日是有必要的;未来的OHP研究可能对这个领域有所帮助。

**员工授权和安全**

独裁是最糟糕的政体。有些工作场所的经营很像独裁统治。员工几乎没有权力或自由来表达他们的意见。然而,当员工感到自己被授权和主管、管理者讨论安全问题时,工作场所的安全就会得到加强。凯思等人(Kath等, 2010)在一项涉及铁路维修车间员工(非管理层)的研究中发现,员工感知到的管理者对安全问题的重视程度与员工是否有信心向主管提出安全问题密切相关。第二个重要因素是主管—员工关系的质量。与员工向主管提出安全问题时感到自由的程度相关的是工作场所中的心理授权这一思想,其概念是指员工在工作中的效能感与自我决定感。福特和蒂特里克(Ford & Tetrick,2011)发现,在医院员工中,心理授权与安全设备的使用相关。研究人员还发现,工作中危害的广泛存在与心理授权呈负相关。未来的纵向研究和实证研究应密切关注在安全领域增加员工授权的影响因素。

## 工作—家庭平衡

第九章重点研究工作—家庭冲突(work-family conflict,WFC),以及它的对立面——工作—家庭增益(work-family enhancement,WFE)的研究。WFC 和 WFE 有助于工作—家庭平衡(Greenhaus & Allen, 2011)。格林豪斯(Greenhaus)和艾伦(Allen)提供了一个有用的模型(见第九章所述),这有助于指导未来工作—家庭平衡的研究。然而,对 WFC 的研究比 WFE 的研究更加丰富。随着研究者对"积极心理学"的兴趣日益剧增,未来将会有更多对 WFE 感兴趣的研究。工作中产生的压力源不仅影响员工,也潜在地影响配偶和子女(如,Stellman 等,2008)。尽管已经有一些研究着眼于 WFC 和 WFE 对配偶和子女的影响(如,Ferguson,2012;Ilies 等,2007),但仍需要进行更多的研究。

### 需要照顾的其他各种类型的家庭

工作—家庭(WF)研究调查了需要亲属照顾的家庭,这些家庭中有 18 岁以下的子女和生病的配偶。单亲父母的工作冲突也值得研究。随着寿命的增加,对有责任照顾年迈父母的工薪家庭进行更多研究是有益的(Matthews, Mills, Trout, & English, 2014)。此外,鉴于我们看待家庭视角的变化,该研究可以进一步扩展,包括同居的异性伴侣(Matthews, Del Priore, Acitelli, & Barnes-Farrell, 2006)、已婚夫妇和同居的同性伴侣。

### 个体经营者

在本结论性章节靠前的部分,提到了与工作—家庭平衡有关的职业类别。正如前面所述,个体经营并不是一个具体的职业,它包含了许多不同的工作。随着个体经营者数量不断上升,工作—家庭平衡成为一个重要的研究课题。对许多个人企业的个体经营者来说,他们有时弄不清楚什么时候结束工作,什么时候开始家庭生活(Schonfeld & Mazzola, 2015)。从不同类型的个体经营者角度出发,对工作和个人生活之间的边界条件进行研究非常重要(Bulger, Matthews, & Hoffman, 2007)。WFC 如何在个体经营者中发挥作用?它的前因变量和结果变量有什么? WFE 呢?它起什么作用呢?其前因变量和结果变量又是什么?既然个体经营者工作具有多样性,工作—家庭平衡会因为工作类型而不同吗?这些都是未来的

OHP 研究可以回答的问题。

### 医生

有些职业要求个人长时间工作。如前所述,在对减少事故的研究的简短讨论中,医生的工作时间相当长。理解有些耗时较长的工作怎样影响工作—家庭平衡是重要的。有人认为这样的工作缩短了家庭生活时间。OHP 研究能告诉我们这种影响的有害程度,以及医院、诊所和州监管机构能做什么,从而使那些经常长时间工作的人更好地维系工作—家庭平衡。初步证据表明,医生(尤其是外科医生和产科医生)对工作和生活休息之间的平衡并不满意(Shanafelt 等,2012)。

## 工作场所的干预措施

对工作场所健康相关的干预进行研究(第十章)是非常具有挑战性的。即使在旨在提高社会心理风险管理水平的国家和国际政策的层面上,对工作场所健康干预研究的实施和评估仍存在障碍(Leka, Jain, Zwetsloot, & Cox, 2010)。在研究者尝试启用干预方面,康皮尔等人(Kompier 等,1998)指出,高层管理者不太可能将"可靠的科学研究"视为他们公司的目标,甚至可能将其视为麻烦。研究者还将不得不考虑最人性化的、意图积极的干预措施的成本,并考虑和经济学家合作,以便向管理者证明,原定的健康相关的干预将有助于公司盈利(Kompier 等,1998)。

在生物医学研究中,要评估一个健康相关的干预的效果,理想的"黄金标准"的方法是进行随机对照实验(randomized controlled trial, RCT),即真实验。考克斯、卡拉尼卡、格里菲斯和霍德蒙特(Cox, Karanika, Griffiths, & Houdmont, 2007)提出这样的观点:根据 RCT 将被试随机分配到实验和对照组,然后判断工作场所干预研究的质量,这种方法是错误的。考克斯等人、格兰特和沃尔(Grant & Wall, 2009)表明,准实验设计更符合现代组织干预研究的现实情况。在现代组织中,研究者对研究的控制被诸如员工以及管理者的不同目标和动机等因素所限制。此外,许多工作场所的结构阻碍了将员工随机分配为实验组和控制组,这更加说明了准实验设计的重要性。考克斯等人提出"如果有大量的研究,且它们都不是理想的,尽管它们的不足之处各不相同,但都呈现出相同的结果,那么就可能存在这样的论点,即如果这些结果在理论上和实践上是可信的,就很可能被接受"(p.356)。

还应该强调的是,RCT 并非没有弱点。许多旨在减轻工作场所压力的 RCT 仅限于在干预后立即评估结果,或在干预结束的几周内评估结果(Richardson & Rothstein, 2008)。显然,需要更长期的追踪评估来评价干预效果的持久性。

在复杂的、不断发展的工作组织内进行干预研究的背景下,格里菲斯(Griffiths,1999)强调了研究人员在他们的研究工具中加入定性方法的重要性。她认为标准的自然科学(即实证)的方法,如果没有定性方法的帮助,就无法解释介导干预和假设结果之间关系的持续过程。未来研究者应该在干预研究中加入定性成分,这有助于其深入了解干预启动的进程。定性的方法,也有助于了解干预的情况,如管理者对干预的赞成和反对。

**从失败的干预中汲取经验**

在工作场所进行健康相关的干预易存在失败的风险,即使干预措施执行得很好,在工作中这种风险仍是固有的(Semmer,2006)。塞默(Semmer)的警告很重要,它强调了我们早年就形成的一个观念,即我们应该从失败和错误中吸取教训。然而,从失败的干预中汲取经验是困难的,因为关于失败的干预结果的研究报告很少得到发表。调查人员要么对这些失败感到难堪,要么(更有可能的是)人们对发表不满意的结果存在偏见。

卡拉尼卡·默里和比隆(Karanika-Murray & Biron,2015)近期出版的一本书指出,我们可以从学习过去失败的干预中获益。为了未来能制定成功的干预措施,研究干预措施失败的原因很重要。卡拉尼卡·默里和比隆强调了工作场所中与健康相关的干预措施可能偏离预期的几种情况。首先,有许多工作场所因素是调查人员无法控制的。例如,由于经济状况的变化,一个组织的领导对干预的承诺可能会随时间而减弱。第二,关于工作场所干预领域的研究是在"筒仓"中发展起来的;换句话说,研究人员所属领域之间存在着一定程度的分离,导致其关于什么构成了适当的研究设计和什么是成功的证据两方面存在一定程度的冲突。由于生物医学科学的声望,在这些科学学科中扎根的研究方法(如 RCT)使得在 OHP 干预研究中经常使用的准实验方法显得无力(虽然这样的评论有所夸张[Grant & Wall,2009])。即使 OH 心理学家开展了一项真实验,他或她也可能错误地假定工作环境,即干预和控制条件的情境,比实际情况更稳定。稳定的环境是 RCT 中非常重要的假设,然而工作环境很少是稳定的。

卡拉尼卡·默里和比隆(Karanika-Murray & Biron,2015)认为有很多其他原因也会导致干预失败。第一,干预的理论基础存在缺陷,以至于制定一种忠于该理论的干预措施无法对员工健康产生影响。第二,干预的内容可能没有按照应有的方式实施。第三,工作场所的情境可能会改变或破坏干预(如,关键利益相关者对干预不感兴趣)。第四,在开展干预的过程中会出现一些问题等等。卡拉尼卡·默里和比隆的书中不乏干预失败的例子。瑟伦森(Sørensen,2015)虽然是众多案例中的一个,但它提供了一个旨在提高知识型员工(如工程顾问)幸福感的关键例子,其干预失败是因为与干预无关的事件(例如,所有权的变化、管理变革)破坏了它。

尼尔森和阿比德加德(Nielsen & Abildgaard, 2013)强调了中层管理者(直线管理者)作为"变革驱动者"的重要性。研究人员制定干预计划必须得到中层管理者的合作。他们消极的(积极的)抵抗会破坏干预。尼尔森(Nielsen, 2013)同样强调，将作为干预目标的员工不仅仅视为被动接受者的重要性。研究人员在制定干预措施时应充分利用员工对组织的了解。员工更多地参与制定和实施干预的过程可以增加成功的机会(Kompier等，1998)。

**全职工健康™**

在许多公司，员工的安全和健康管理方式十分混乱，一个部门提供员工援助计划，而另一部门则使员工暴露于不利的工作条件(Schill & Chosewood, 2013)。工作环境在很大程度上是一种背景，在这一背景中，以健康为导向的研究人员和从业人员可以轻松地接触到员工，以实施个人导向的干预措施；工作环境本身在很大程度上并不是一个需要改变的干预目标(Semmer, 2006)。此外，当通过干预措施接触到员工时，这些措施的实施可能代表二级和三级预防活动，如健康促进和筛查项目(Cooper & Cartwright, 1994)。二级和三级预防措施比初级预防活动的实施更常见，因为初级预防措施需要在组织或工作环境的水平进行改变，对干预者来说这个目标更加困难。

研究人员已经开始尝试用更好地方法整合工作场所健康和安全措施。2004年，NIOSH及其合作者开始探索改善员工健康的方法，这可能比过去的做法更有益(NIOSH, 2012)。2004年，NIOSH主办的会议中与会人员提出许多想法，这些想法包括改善研究人员和从业者之间的沟通，共同目标是改善员工的健康。会议提到了职业安全和健康(occupational safety and health, OSH)以及工作地点健康促进(health promotion, HP)。OSH指组织或工作环境层面的措施，其目的是减少可能导致工伤、疾病和残疾的危害，这些措施包括减少对有毒化学品的接触，最大程度地减少人体工程学的危害，并让员工佩戴安全有关的设备。干预措施包括用更安全的化学品取代毒性较大的化学品和工作再设计。HP指旨在实施减少健康危害行为的干预措施(例如，让员工戒烟或控制体重)和增加健康促进行为的干预措施(例如，养成健康的饮食或进行体育活动)。换言之，初级预防措施被融入到二级和三级预防措施活动中。

由于OSH和HP的干预都是针对员工的健康，因此如下观点就产生了：多层面的方法可以带来协同效应，其效果会大于其组成部分效果的总和(Hammer & Sauter, 2013)。更具体地说，通过将组织和工作场所层面的方法与员工层面的方法相整合，这有助于提升员工的健康水平(Semmer, 2006)。组织层面的方法来自OSH干预，而HP的干预使用诸如员工援助计划等方法。

NOISH 提出了一项将 OSH 与 HP 的观点相结合的纲领性策略,这一策略被称为全职工健康™(Total Worker Health,TWH),该名称出现于 2011 年。该项目背后的理念是,基于证据的实践可以被整合和利用以提升员工的身心健康,这些实践与工作场所的物理和组织方面以及员工的健康行为有关。有很多理由可以证明将 OSH 和 HP 相结合的方法是行之有效的。首先,心理障碍的原因通常是多方面的,组织和个人风险因素叠加地或者交互地起作用(Schulte, Pandalai, Wulsin, & Chun, 2012),比如,在工作场所同时暴露于有毒气体和香烟使用;其次,蓝领员工可能会错误地认为,非自愿的工作现场的暴露比吸烟和过度酒精使用等健康相关行为更危险,因此,他们可能会更多的担忧工作场所暴露,而非改变健康相关的行为(Schulte 等, 2012;Sorensen 等, 2002)。将 OSH 相关的工作场所暴露的降低与 HP 相关的改变有害健康行为的努力联系起来,可以增加减少有害健康行为的努力的可信度,并增加员工改变的动机(Sorensen 等, 2002)。2013 年,由 APA、NIOSH 和 SOHP 共同举办的两年一度的工作、压力和健康会议致力于 TWH 的推广和实施。

索伦森等人(Sorensen 等, 2002)将 HP 条件(如,工作场所的烟草控制信息、管理香烟消费的自助活动)和 OSH 条件(如,在工作场所减少对有害物质的暴露)相结合,这是一个不常见的有关 TWH 型方法的早期例子。他们的研究涉及 15 个工业场所,结果发现 OSH/HP 相结合条件下的员工比 HP 条件下的员工更可能戒烟。一项综述(Anger 等, 2015)包含了现存的 17 项现有研究(其中 9 项是随机实验),这些研究对整合 OSH 和 HP 方法的 TWH 类型的干预效果进行评估,结果表明,这种干预可以改善员工的健康和安全。

OHP 的终极目标是保护和改善员工的健康,而这一目标理想范式就是干预。未来将会有更多的措施来推动 TWH 干预。

## 结语

> "现在,在俄罗斯,每个人都能互相帮助,这已成为一种原则……不管怎样,这只是理论。但我所知道的是德克萨斯,在这里……你只能靠自己。"
>
> ——科恩兄弟,《血迷宫》(1984)

在最后一章的最后一节,我想先描述一个人的经历[①]。他的经历强调了一个日益严重的问题,即工作不安全感与工作普遍不稳定性。他住在布鲁克林而不是德克萨斯,尽管这个故事在德克萨斯也会产生共鸣。他拥有化学学士学位,曾多年在工业涂料厂工作,并指导整个

---

① 当事人同意我讲述他的故事。

生产过程。这家工厂最大的客户之一也是一个制造商,但这家制造商生产各种钢柜(如,用来存放设备的钢架子,用来装保险丝和断路器的钢柜)。橱柜制造商最终停止了与涂料厂的生意往来。其原因是,鉴于国际贸易的发展,橱柜制造商开始从发展中国家的一个工厂获得钢材,并进行制造和预涂漆,其成本远远低于之前从美国公司购买钢材。当然,美国钢材也需要喷漆。橱柜制造商解雇了几个之前一直在为从美国公司购买钢材喷漆的蓝领员工。后来,这家涂料制造商持续失去业务,并因业务萎缩而裁员。最终,这个主管发现自己是在免费打工。几个月后,涂料厂倒闭了,主管也随之失业。

我特意选择描述一个受过良好教育的个体的经历。他是经济学家所称的初级劳动力市场的一员,这个劳动力市场包括很多训练有素的人。二级劳动市场的员工的经济状况更加困难(Kalleberg,2009),这种劳动力市场的员工可以在服务行业、低技能制造业(如给钢架喷漆的人)和零售业找到。

卡尔·波兰尼(Karl Polanyi,2001/1944)描述了一个在经济史上的"双重运动"。其中一项运动是将市场经济推广到地球上的每个角落,并实行最低限度的监管(古典经济自由主义)。另一项是"社会保护"运动,其目的是保障个人和社会不受市场扩张的"有害影响"。一段时间以来,特别是随着美国新政的出现,以及二战后欧洲福利国家的发展,第二项运动一直方兴未艾。在欧洲的部分地区、北美和其他地方,第一项运动在过去的几十年中再次开始流行,市场扩大,监管减少,今天许多员工在职场都是靠自己。该运动的强大力量使工作不稳定。鲍迪厄(Bourdieu,1998)描述了临时和过渡职位的增多。他写道,激烈的工作竞争反映了企业间的竞争,这种竞争与霍布斯(Hobbes)对自然状态的描述("所有人对所有人的战争")相呼应。卡莱伯格(Kalleberg,2009)描述了雇佣关系的转换,即在经济灵活性的名义下,员工可以很容易地加入或退出公司的劳动力队伍。

第三章和第四章描述了与OHP相关的大量研究,强调了失业和工作不安全感对身心健康的不利影响。对波兰尼(Polanyi,2001/1944)书中的内容稍加解读可以发现,这些工作条件"在不破坏人与社会的自然物质的情况下,不可能长时间存在"(p.3)。与OHP相关的研究已经做了大量的工作来证明失业与工作不安全感的有害影响,包括心理困扰、抑郁、自杀和心脏病。

虽然OHP已经积累了大量的经验,这些经验可以对工作场所进行干预,并使其更健康,但它并没有对失业和工作不安全感的减少有直接影响。然而,在证明失业和工作不安全感对健康的不利影响方面,OHP可以发挥重要的作用,包括基于这些健康影响向国家和地方立法机构和监管机构作证。

职业健康心理学家不仅可以作证,还可以与经济学家、社会学家、企业、劳动者和政治领导人合作来制定计划,以减轻和预防不稳定的经济状况给健康带来的不利影响。了解这些对健康不利的影响后,研究人员和企业、劳动者和政治领导人应该合作开发方案,以减少劳动人民面临的一般不安全感。合作最终会是什么样子(如罗斯福式的"智囊团"?)尚不清楚。无论这种措施的领导方式如何,职业健康心理学家都应该成为该措施的合作伙伴。

## 参考文献

Åkerstedt, T., Nilsson, P. M., & Kecklund, G. (2009). Sleep and recovery. In S. Sonnentag, P. L. Perrewé, D. C. Ganster, S. Sonnentag, P. L. Perrewé, & D. C. Ganster (Eds.), *Current perspectives on job-stress recovery* (pp. 205–247). Bingley, UK: JAI Press/Emerald.

Anestis, M. D., & Anestis, J. C. (2015). Suicide rates and state laws regulating access and exposure to handguns. *American Journal of Public Health*, 105, 2049–2058. doi: 10.2105/AJPH.2015.302753

Anger, W. K., Elliot, D. L., Bodner, T., Olson, R., Rohlman, D. S., Truxillo, D. M., ... Montgomery, D. (2015). Effectiveness of Total Worker Health interventions. *Journal of Occupational Health Psychology*, 20, 226–247. doi: 10.1037/a0038340

Ayas, N. T., Barger, L. K., Cade, B. E., Hashimoto, D. M., Rosner, B., Cronin, J. W., ... Czeisler, C. A. (2006). Extended work duration and the risk of self-reported percutaneous injuries in interns. *Journal of the American Medical Association*, 296, 1055–1062. doi: 10.1001/jama.296.9.1055

Baker, K., Olson, J., & Morisseau, D. (1994). Work practices, fatigue, and nuclear power plant safety performance. *Human Factors*, 36, 244–257. doi: 10.1177/001872089403600206

Bakker, A. B., & Demerouti, E. (2014). Job demands-resources theory. In P. Y. Chen & C. L. Cooper (Eds.), *Work and wellbeing: A complete reference guide* (Vol. 3, pp. 37–64). Chichester, UK: Wiley.

Banks, J., Marmot, M., Oldfield, Z., & Smith, J. P. (2006). Disease and disadvantage in the United States and in England. *Journal of the American Medical Association*, 295(17), 2037–2045. doi: 10.1001/jama.295.17.2037

Barling, J., Loughlin, C., & Kelloway, E. K. (2002). Development and test of a model linking safety-specific transformational leadership and occupational safety. *Journal of Applied Psychology*, 87, 488–496. doi: 10.1037/0021-9010.87.3.488

Barnes-Farrell, J. L. (2003). Beyond health and wealth: Attitudinal and other influences on retirement decision-making. In G. A. Adams & T. A. Beehr (Eds.), *Retirement: Reasons, processes, and results* (pp. 159–187). New York, NY: Springer Publishing Company.

Beehr, T. A. (1986). The process of retirement: A review and recommendations for future investigation. *Personnel Psychology*, 39, 31–55. doi: 10.1111/j.1744-6570.1986.tb00573.x

Beehr, T. A. (1995). *Psychological stress in the workplace*. London, UK: Routledge.

Beehr, T. A., & Bennett, M. M. (2015). Working after retirement: Features of bridge employment and research directions. *Work, Aging and Retirement*, 1, 112–128. doi: 10.1093/workar/wau007

Bianchi, R., Schonfeld, I. S., & Laurent, E. (2015). Interpersonal rejection sensitivity predicts burnout: A prospective study. *Personality and Individual Differences*, 75, 216–219. doi: 10.1016/

j. paid. 2014. 11. 043

Bloch, C. (2012). How do perpetrators experience bullying at the workplace? *International Journal of Work Organisation and Emotion*, 5(2),159 – 177.

Bond, F. W. , & Bunce, D. (2001). Job control mediates change in a work reorganization intervention for stress reduction. *Journal of Occupational Health Psychology*, 6,290 – 302. doi: 10. 1037/1076 – 8998. 6. 4. 290

Bourdieu, P. (1998). *Contre-feux*. Paris, France: Liber-Raison d'agir.

Brønnum-Hansen, H. , & Baadsgaard, M. (2008). Increase in social inequality in health expectancy in Denmark. *Scandinavian Journal of Public Health*, 36,44 – 51. doi: 10. 1177/1403494807085193

Bulger, C. A. , Matthews, R. A. , & Hoffman, M. E. (2007). Work and personal life boundary management: Boundary strength, work/personal life balance, and the segmentation-integration continuum. *Journal of Occupational Health Psychology*, 12, 365 – 375. doi: 10. 1037/1076 – 8998. 12. 4. 365

Bunk, J. A. , Karabin, J. , & Lear, T. (2011). Understanding why workers engage in rude behaviors: A social interactionist perspective. *Current Psychology*, 30, 74 – 80. doi: 10. 1007/s12144 – 011 – 9102 – 5

Chen, P. (2007). Personal reflection: The meaning of occupational health psychology. *Newsletter of the Society of Occupational Health Psychology*, 1,1.

Cherniack, M. , Dussetschleger, J. , Henning, R. , El Ghaziri, M. , & Warren, N. (2015, May). *Health Im-provement through Employee Control (HITEC2): Adapting the participatory action research to Corrections*. APA/NIOSH/SOHP Work, Stress, and Health Conference, Atlanta, GA.

Chetty, R. , Stepner, M. , Abraham, S. , Lin, S. , Scuderi, B. , Turner, N. , ... Cutler, D. (2016). The associa-tion between income and life expectancy in the United States, 2001 – 2014. *Journal of the American Medical Association*, 315(16),1750 – 1766. doi: 10. 1001/jama. 2016. 4226

Cichocki, S. (2012). Self-employment and the business cycle: Evidence from Poland. *Post-Communist Economies*, 24,219 – 239. doi: 10. 1080/14631377. 2012. 675157

Clays, E. , De Bacquer, D. , Crasset, V. , Kittel, F. , de Smet, P. , Kornitzer, M. , ... De Backer, G. (2011). The perception of work stressors is related to reduced parasympathetic activity. *International Archives of Occupational and Environmental Health*, 84, 185 – 191. doi: 10. 1007/s00420 – 010 – 0537 – z

Coen, J. , & Coen, E. (1984). *Blood simple* [Motion picture]. U. S. : River Road Productions Foxton Entertainment.

Cooper, C. L. , & Cartwright, S. (1994). Healthy mind; healthy organization: A proactive approach to occupational stress. *Human Relations*, 47,455 – 471. doi: 10. 1177/001872679404700405

Cox, T. , Karanika, M. , Griffiths, A. , & Houdmont, J. (2007). Evaluating organizational-level work stress interventions: Beyond traditional methods. *Work & Stress*, 21, 348 – 362. doi: 10. 1080/02678370701760757

Cropley, M. , Dijk, D. , & Stanley, N. (2006). Job strain, work rumination, and sleep in school teachers. *European Journal of Work and Organizational Psychology*, 15, 181 – 196. doi: 10. 1080/13594320500513913

Cunningham, C. L. , & De La Rosa, G. M. (2008). The interactive effects of proactive personality and work-family interference on well-being. *Journal of Occupational Health Psychology*, 13, 271 –

282. doi: 10. 1037/1076 - 8998. 13. 3. 271

DeArmond, S. , & Chen, P. Y. (2009). Occupational safety: The role of workplace sleepiness. *Accident Analysis and Prevention*, 41,976 - 984. doi: 10. 1016/j. aap. 2009. 06. 018

Demerouti, E. , Bakker, A. B. , & Halbesleben, J. B. (2015). Productive and counterproductive job crafting: A daily diary study. *Journal of Occupational Health Psychology*, 20, 457 - 469. doi: 10. 1037/a0039002

Demerouti, E. , Bakker, A. B. , Nachreiner, F. , & Schaufeli, W. B. (2001). The job demands-resources model of burnout. *Journal of Applied Psychology*, 86, 499 - 512. doi: 10. 1037/0021 - 9010. 86. 3. 499

Dollard, M. F. , & Bakker, A. B. (2010). Psychosocial safety climate as a precursor to conducive work environments, psychological health problems, and employee engagement. *Journal of Occupational and Organizational Psychology*, 83,579 - 599. doi: 10. 1348/096317909X470690

Dormann, C. , & Griffin, M. A. (2015). Optimal time lags in panel studies. *Psychological Methods*, 21. doi: 10. 1037/met0000041

El Ghaziri, M. (2015, May). *The organized workforce in corrections: An invisible key to officer health and well-being*. Paper presented at APA/NIOSH/SOHP Work, Stress, and Health Conference, Atlanta, GA.

Fear, N. T. , Jones, M. , Murphy, D. , Hull, L. , Iversen, A. C. , Coker, B. , ... Wessely, S. (2010). What are the consequences of deployment to Iraq and Afghanistan on the mental health of the UK armed forces? A cohort study. *The Lancet*, 375(9728),1783 - 1797. doi: 10. 1016/S0140 - 6736(10)60672 - 1

Fear, N. T. , Ward, V. R. , Harrison, K. , Davison, L. , Williamson, S. , & Blatchley, N. F. (2009). Suicide among male regular UK Armed Forces personnel, 1984 - 2007. *Occupational and Environmental Medicine*, 66,438 - 441. doi: 10. 1136/oem. 2008. 040816

Ferguson, M. (2012). You cannot leave it at the office: Spillover and crossover of coworker incivility. *Journal of Organizational Behavior*, 33,571 - 588. doi: 10. 1002/job. 774

Fisher, G. G. , Stachowski, A. , Infurna, F. J. , Faul, J. D. , Grosch, J. , & Tetrick, L. E. (2014). Mental work demands, retirement, and longitudinal trajectories of cognitive functioning. *Journal of Occupational Health Psychology*, 19,231 - 242. doi: 10. 1037/a0035724

Folkard, S. , & Tucker, P. (2003). Shift work, safety and productivity. *Occupational Medicine*, 53, 95 - 101. doi: 10. 1093/occmed/kqg047

Ford, M. T. , & Tetrick, L. E. (2011). Relations among occupational hazards, attitudes, and safety perfor-mance. *Journal of Occupational Health Psychology*, 16,48 - 66. doi: 10. 1037/a0021296

Fritz, C. , Guros, F. , Hammer, L. B. , Shepherd, B. , & Meier, D. (2015, May). *Always on alert: Work-related hypervigilance and employee outcomes in corrections*. Paper presented at APA/NIOSH/SOHP Work, Stress, and Health Conference, Atlanta, GA.

Gallo, W. T. , Teng, H. M. , Falba, T. A. , Kasl, S. V. , Krumholz, H. M. , & Bradley, E. H. (2006). The impact of late career job loss on myocardial infarction and stroke: A 10 year follow up using the Health and Retirement Survey. *Occupational and Environmental Medicine*, 63, 683 - 687. doi: 10. 1136/oem. 2006. 026823

Gallus, J. A. , Bunk, J. A. , Matthews, R. A. , Barnes-Farrell, J. L. , & Magley, V. J. (2014). An eye for an eye? Exploring the relationship between workplace incivility experiences and perpetration.

Journal of Occupational Health Psychology, 19, 143 – 154. doi: 10.1037/a0035931

Gindling, T., & Newhouse, D. (2014). Self-employment in the developing world. *World Development*, 56, 313 – 331. doi: 10.1016/j.worlddev.2013.03.003

Giumetti, G. W., McKibben, E. S., Hatfield, A. L., Schroeder, A. N., & Kowalski, R. M. (2012). Cyber incivility @ work: The new age of interpersonal deviance. *Cyberpsychology, Behavior, and Social Networking*, 15, 148 – 154. doi: 10.1089/cyber.2011.0336

Goodwin, L., Wessely, S., Hotopf, M., Jones, M., Greenberg, N., Rona, R. J., ... Fear, N. T. (2015). Are common mental disorders more prevalent in the UK serving military compared to the general working population? *Psychological Medicine*, 45, 1881 – 1891. doi: 10.1017/S0033291714002980

Grant, A. M., & Wall, T. D. (2009). The neglected science and art of quasi-experimentation: Why-to, when-to, and how-to advice for organizational researchers. *Organizational Research Methods*, 12, 653 – 686. doi: 10.1177/1094428108320737

Greenhaus, J. H., & Allen, T. D. (2011). Work-family balance: A review and extension of the literature. In J. C. Quick & L. E. Tetrick (Eds.), *Handbook of occupational health psychology* (2nd ed., pp. 165 – 183). Washington, DC: American Psychological Association.

Griffiths, A. (1999). Organizational interventions: Facing the limits of the natural science paradigm. *Scandinavian Journal of Work, Environment & Health*, 25, 589 – 596. doi: org/10.1037/a0034508

Guthier, G. (2016). *Things we can learn from longitudinal studies about the relationship between job demands and burnout*. Paper presented at the Psychology Department colloquium, The City College of the City University of New York, New York, NY.

Hammer, L. B., & Sauter, S. (2013). Total Worker Health and work-life stress. *Journal of Occupational and Environmental Medicine*, 55 (12, Suppl.), S25 – S29. doi: 10.1097/JOM.0000000000000043

Hipple, S. (2010). Self-employment in the United States. *Monthly Labor Review*, 133, 17 – 32.

Huang, Y., Xu, S., Hua, J., Zhu, D., Liu, C., Hu, Y., ... Xu, D. (2015). Association between job strain and risk of incident stroke: A meta-analysis. *Neurology*, 85, 1648 – 1654. doi: 10.1212/WNL.0000000000002098

Ilies, R., Schwind, K. M., Wagner, D. T., Johnson, M. D., DeRue, D. S., & Ilgen, D. R. (2007). When can employees have a family life? The effects of daily workload and affect on work-family conflict and social behaviors at home. *Journal of Applied Psychology*, 92, 1368 – 1379. doi: 10.1037/0021 – 9010.92.5.1368

Kalleberg, A. L. (2009). Precarious work, insecure workers: Employment relations in transition. *American Sociological Review*, 74, 1 – 22. doi: 10.1177/000312240907400101

Kao, K., Spitzmueller, C., Cigularov, K., & Wu, H. (2016). Linking insomnia to workplace injuries: A moderated mediation model of supervisor safety priority and safety behavior. *Journal of Occupational Health Psychology*, 21, 91 – 104. doi: 10.1037/a0039144

Karanika-Murray, M., & Biron, C. (2015). *Derailed organizational interventions for stress and well-being: Confessions of failure and solutions for success*. Dordrecht, The Netherlands: Springer.

Kath, L. M., Marks, K. M., & Ranney, J. (2010). Safety climate dimensions, leader-member exchange, and organizational support as predictors of upward safety communication in a sample of rail industry workers. *Safety Science*, 48, 643–650. doi: 10. 1016/j. ssci. 2010. 01. 016

Kelloway, E. K., & Francis, L. (2013). Longitudinal research and data analysis. In R. R. Sinclair, M. Wang, & L. E. Tetrick (Eds.), *Research methods in occupational health psychology: Measurement, design, and data analysis* (pp. 374–394). New York, NY: Routledge/Taylor & Francis Group.

Kessler, R. C., Warner, C. H., Ivany, C., Petukhova, M. V., Rose, S., Bromet, E. J., ... Ursano, R. J. (2015). Predicting suicides after psychiatric hospitalization in US Army soldiers: The Army Study to Assess Risk and Resilience in Service Members (Army STARRS). *JAMA Psychiatry*, 72, 49–57. doi: 10. 1001/jamapsychiatry. 2014. 1754

Kompier, M. J., Geurts, S. E., Gründemann, R. M., Vink, P., & Smulders, P. W. (1998). Cases in stress prevention: The success of a participative and stepwise approach. *Stress Medicine*, 14, 155–168. doi: 10. 1002/(SICI)1099–1700(199807)14: 33. 0. CO; 2–C

Kompier, M. J., Taris, T. W., & van Veldhoven, M. (2012). Tossing and turning: Insomnia in relation to occupational stress, rumination, fatigue, and well-being. *Scandinavian Journal of Work, Environment & Health*, 38, 238–246. doi: 10. 5271/sjweh. 3263

Konda, S., Tiesman, H., Reichard, A., & Hartley, D. (2013). U. S. correctional officers killed or injured on the job. *Corrections Today*, 75(5), 122–125.

Lamberg, L. (2002). Long hours, little sleep: Bad medicine for physicians-in-training? *Journal of the American Medical Association*, 287(3), 303–306.

Lee, J. C., Sudom, K. A., & Zamorski, M. A. (2013). Longitudinal analysis of psychological resilience and mental health in Canadian military personnel returning from overseas deployment. *Journal of Occupational Health Psychology*, 18, 327–337. doi: 10. 1037/a0033059

Leitão, S., & Greiner, B. A. (2016). Organisational safety climate and occupational accidents and injuries: An epidemiology-based systematic review. *Work & Stress*, 30, 71–90. doi: 10. 1080/02678373. 2015. 1102176

Leka, S., Jain, A., Zwetsloot, G., & Cox, T. (2010). Policy-level interventions and work-related psychosocial risk management in the European Union. *Work & Stress*, 24, 298–307. doi: 10. 1080/02678373. 2010. 519918

Liu, C., Nauta, M. M., Li, C., & Fan, J. (2010). Comparisons of organizational constraints and their relations to strains in China and the United States. *Journal of Occupational Health Psychology*, 15, 452–467. doi: 10. 1037/a0020721

Mandelman, F. S., & Montes Rojas, G. V. (2007). Microentrepreneurship and the business cycle: Is self-employment a desired outcome? *Working Paper Series (Federal Reserve Bank of Atlanta)*, 15, 1–39.

Matthews, R. A., Del Priore, R. E., Acitelli, L. K., & Barnes-Farrell, J. L. (2006). Work-to-relationship conflict: Crossover effects in dual-earner couples. *Journal of Occupational Health Psychology*, 11, 228–240. doi: 10. 1037/1076–8998. 11. 3. 228

Matthews, R. A., Mills, M. J., Trout, R. C., & English, L. (2014). Family-supportive supervisor behaviors, work engagement, and subjective well-being: A contextually dependent mediated process. *Journal of Occupational Health Psychology*, 19, 168–181. doi: 10. 1037/a0036012

McGonagle, A. K., Fisher, G. G., Barnes-Farrell, J. L., & Grosch, J. W. (2015). Individual and work fac-tors related to perceived work ability and labor force outcomes. *Journal of Applied Psychology*,

*100*,376 – 398. doi: 10. 1037/a0037974

Nielsen, K. (2013). Review article: How can we make organizational interventions work? Employees and line managers as actively crafting interventions. *Human Relations*, *66*, 1029 – 1050. doi: 10. 1177/0018726713477164

Nielsen, K. , & Abildgaard, J. S. (2013). Organizational interventions: A research-based framework for the evaluation of both process and effects. *Work & Stress*, *27*, 278 – 297. doi: 10. 1080/02678373. 2013. 812358

Neveu, J. (2007). Jailed resources: Conservation of resources theory as applied to burnout among prison guards. *Journal of Organizational Behavior*, *28*, 21 – 42. doi: 10. 1002/job. 393

NIOSH. (2012). *Research Compendium: The NIOSH Total Worker Health™ Program: Seminal Research Papers 2012*. (DHHS [NIOSH] Publication No. 2012 – 146). Washington, DC: U. S. Department of Health and Human Services, Public Health Service, Centers for Disease Control and Prevention. Retrieved from www. cdc. gov/niosh/docs/2012 – 146

Parker, J. R. (2011). *Florida mortality study: Florida law enforcement and correctional officers compared to Florida general population*. Retrieved from www. floridastatefop. org/pdf _ files/floridamortalitystudy. pdf Pearlin, L. I. , & Schooler, C. (1978). The structure of coping. *Journal of Health and Social Behavior*, *19*, 2 – 21. doi: 10. 2307/2136319

Pearlin. L. I, & Schooler, C. (1978). The strueture of coping. *Journal of Social Behavior*, *19*, 2 – 21. doi: 10. 2307/2136319

Perenboom, R. M. , van Herten, L. M. , Boshuizen, H. C. , & van den Bos, G. M. (2005). Life expectancy without chronic morbidity: Trends in gender and socioeconomic disparities. *Public Health Reports*, *120*(1), 46 – 54.

Petrou, P. , Demerouti, E. , & Schaufeli, W. B. (2015). Job crafting in changing organizations: Antecedents and implications for exhaustion and performance. *Journal of Occupational Health Psychology*, *20*, 470 – 480. doi: 10. 1037/a0039003

Piaget, J. (1976). *The psychology of intelligence* (M. Piercy & D. E. Berlyne, Trans. ). Totowa, NJ: Littlefield, Adams. (Original work published 1947)

Ployhart, R. E. , & Vandenberg, R. J. (2010). Longitudinal research: The theory, design, and analysis of change. *Journal of Management*, *36*, 94 – 120. doi: 10. 1177/0149206309352110

Polanyi, K. (2001). *The great transformation: The political and economic origins of our time*. Boston, MA: Beacon. (Original work published 1944)

Raudenbush, S. W. , & Bryk, A. S. (2002). *Hierarchical linear models: Applications and data analysis methods* (2nd ed. ). Thousand Oaks, CA: Sage.

Richardson, K. M. , & Rothstein, H. R. (2008). Effects of occupational stress management intervention programs: A meta-analysis. *Journal of Occupational Health Psychology*, *13*, 69 – 93. doi: 10. 1037/1076 – 8998. 13. 1. 69

Rodriguez-Jareño, M. C. , Demou, E. , Vargas-Prada, S. , Sanati, K. A. , Skerjanc, A. , Reis, P. G. , ... Serra, C. (2014). European Working Time Directive and doctors' health: A systematic review of the available epidemiological evidence. *BMJ Open*, *4*(7), e004916. doi: 10. 1136/bmjopen-2014 – 004916

Ronen, S. , & Baldwin, M. W. (2010). Hypersensitivity to social rejection and perceived stress as media-tors between attachment anxiety and future burnout: A prospective analysis. *Applied*

Psychology, 59, 380 – 403. doi: 10. 1111/j. 1464 – 0597. 2009. 00404. x

Rössler, W., Hengartner, M., Ajdacic-Gross, V., & Angst, J. (2015). Predictors of burnout: Results from a prospective community study. *European Archives of Psychiatry and Clinical Neuroscience*, 265, 19 – 25. doi: 10. 1007/s00406 – 014 – 0512 – x

Schein, E. H. (1971). Occupational socialization in the professions: The case of role innovation. *Journal of Psychiatric Research*, 8, 521 – 530. doi: 10. 1016/0022 – 3956(71)90041 – 0

Schill, A. L., & Chosewood, L. C. (2013). The NIOSH Total Worker Health™ program: An overview. *Journal of Occupational and Environmental Medicine*, 55 (12, Suppl.), S8 – S11. doi: 10. 1097/JOM. 0000000000000037

Schonfeld, I. S. (1990). Psychological distress in a sample of teachers. *Journal of Psychology*, 124, 321 – 338. doi: 10. 1080/00223980. 1990. 10543227

Schonfeld, I. S. (2001). Stress in 1st-year women teachers: The context of social support and coping. *Genetic, Social, and General Psychology Monographs*, 127(2), 133 – 168.

Schonfeld, I. S., & Mazzola, J. J. (2015). A qualitative study of stress in individuals self-employed in solo businesses. *Journal of Occupational Health Psychology*, 20, 501 – 513. doi: org/ 10. 1037/a0038804

Schulte, P. A., Pandalai, S., Wulsin, V., & Chun, H. (2012). Interaction of occupational and personal risk factors in workforce health and safety. *American Journal of Public Health*, 102, 434 – 448. doi: 10. 2105/AJPH. 2011. 300249

Semmer, N. (2006). Job stress interventions and the organization of work. *Scandinavian Journal of Work, Environment & Health*, 32, 515 – 527. doi: 10. 5271/sjweh. 1056

Shanafelt, T. D., Boone, S., Tan, L., Dyrbye, L. N., Sotile, W., Satele, D., ... Oreskovich, M. R. (2012). Burnout and satisfaction with work-life balance among US physicians relative to the general US population. *Archives of Internal Medicine*, 172, 1377 – 1385. doi: 10. 1001/ archinternmed. 2012. 3199

Shively, S. B., Horkayne-Szakaly, I., Jones, R. V., Kelly, J. P., Armstrong, R. C., & Perl, D. P. (2016). Characterisation of interface astroglial scarring in the human brain after blast exposure: A post-mortem case series. *The Lancet Neurology*, 5, 944 – 953. doi: 10. 1016/S1474 – 4422 (16) 30057 – 6

Sinclair, R. R., & Cheung, J. H. (2016). Money matters: Recommendations for financial stress research in occupational health psychology. *Stress and Health*, 32, 181 – 193. doi: 10. 1002/smi. 2688

Sonnentag, S., & Fritz, C. (2015). Recovery from job stress: The stressor-detachment model as an inte-grative framework. *Journal of Organizational Behavior*, 36 (Suppl. 1), S72 – S103. doi: 10. 1002/job. 1924

Sorensen, G., Stoddard, A. M., LaMontagne, A. D., Emmons, K., Hunt, M. K., Youngstrom, R., ... Christiani, D. C. (2002). A comprehensive worksite cancer prevention intervention: Behavior change results from a randomized controlled trial (United States). *Cancer Causes & Control*, 13(6), 493 – 502.

Sørensen, O. H. (2015). Organizational changes torpedoing the intervention. In M. Karanika-Murray & C. Biron (Eds.), *Derailed organizational interventions for stress and well-being: Confessions of failure and solutions for success* (pp. 79 – 86). Dordrecht, The Netherlands: Springer.

Spector, P. E., Liu, C., & Sanchez, J. I. (2015). Methodological and substantive issues in conducting multinational and cross-cultural research. *Annual Review of Organizational Psychology and Organiza-tional Behavior*, 2, 101 – 131. doi: 10. 1146/annurev-orgpsych-032414 – 111310

Statistics Canada. (2014). *Table 2: Employment by class of worker and industry, Canada, seasonally adjusted*. Retrieved from www. statcan. gc. ca/pub/71 – 001 – x/2013012/t002 – eng. htm

Stellman, J. M., Smith, R. P., Katz, C. L., Sharma, V., Charney, D. S., Herbert, R., ... Southwick, S. (2008). Enduring mental health morbidity and social function impairment in World Trade Center rescue, recovery, and cleanup workers: The psychological dimension of an environmental health disaster. *Environmental Health Perspectives*, 116, 1248 – 1253. doi: 10. 1289/ehp. 11164

Tanielian, T., & Jaycox, L. H. (2008). *A comprehensive study of the post-deployment health-related needs associated with post-traumatic stress disorder, major depression, and traumatic brain injury among service members returning from Operations Enduring Freedom and Iraqi Freedom*. Santa Monica, CA: Rand.

Taris, T. W., & Kompier, M. J. (2014). Cause and effect: Optimizing the designs of longitudinal studies in occupational health psychology. *Work & Stress*, 28, 1 – 8. doi: 10. 1080/02678373. 2014. 878494

Tarkiainen, L., Martikainen, P., & Laaksonen, M. (2013). The changing relationship between income and mortality in Finland, 1988 – 2007. *Journal of Epidemiology and Community Health*, 67, 21 – 27. doi: 10. 1136/jech – 2012 – 201097

Teichgraber, M. (2013). Statistics in focus: Labour market and labour force statistics. *European Union Labour Force Survey — Annual results 2012*. Retrieved from htttp://epp. eurostat. ec. europa. eu/statistics_explained/index. php/Labour_market_and_labour_force_statistics

Toivanen, S. (2008). Job control and the risk of incident stroke in the working population in Sweden. *Scandinavian Journal of Work, Environment & Health*, 34(1), 40 – 47.

Ursano, R. J., Kessler, R. C., Stein, M. B., Naifeh, J. A., Aliaga, P. A., Fullerton, C. S., ... Heeringa, S. G. (2015). Suicide attempts in the US Army during the wars in Afghanistan and Iraq, 2004 to 2009. *Journal of the American Medical Association: Psychiatry*, 72, 917 – 926. doi: 10. 1001/jamapsychiatry. 2015. 0987

Violanti, J. M. (2015, May). Correctional officer suicide: Recent national data. APA/NIOSH/SOHP Work, Stress, and Health Conference, Atlanta, GA.

Virtanen, S. V., & Notkola, V. (2002). Socioeconomic inequalities in cardiovascular mortality and the role of work: A register study of Finnish men. *International Journal of Epidemiology*, 31(3), 614 – 621.

Wang, M., & Shi, J. (2014). Psychological research on retirement. *Annual Review of Psychology*, 65, 209 – 233. doi: 10. 1146/annurev-psych – 010213 – 115131

Wang, M., & Shultz, K. S. (2010). Employee retirement: A review and recommendations for future investigation. *Journal of Management*, 36, 172 – 206. doi: 10. 1177/0149206309347957

Westman, M., & Eden, D. (1997). Effects of a respite from work on burnout: Vacation relief and fade-out. *Journal of Applied Psychology*, 82, 516 – 527. doi: 10. 1037/0021 – 9010. 82. 4. 516

Willett, J. B. (1989). Some results on reliability for the longitudinal measurement of change: Implications for the design of studies of individual growth. *Educational and Psychological Measurement*, 49, 587 – 602. doi: 10. 1177/001316448904900309

Wrzesniewski, A., & Dutton, J. E. (2001). Crafting a job: Revisioning employees as active crafters of their work. *Academy of Management Review*, *26*, 179-201. doi: 10.5465/AMR. 2001. 4378011

Zohar, D. (2010). Thirty years of safety climate research: Reflections and future directions. *Accident Analysis and Prevention*, *42*, 1517-1522. doi: 10.1016/j. aap. 2009. 12. 019

# 索引

ability factors,能力因素,263-264
abusive supervision,不当督导,203,206-207
accidents and injuries 事故和伤害
　agricultural workers,农业工人,244
　individual antecedents 个体前因变量
　ability factors,能力因素,263-264
　demographics,人口学因素,261-262
　motivation-related differences,动机相关差异,264-265
　personality,人格特质,262-263
　safety climate to,安全氛围对,197-198
　situational antecedents 情境性前因
　job characteristics,工作特征,266
　shift work,轮班工作,266-267
ACTH. 见 adrenocorticotrophic hormone active jobs,促肾上腺皮质激素,7
active jobs,积极工作,9-80,137
Adler, Alfred,阿尔弗雷德·阿德勒,100
adrenocorticotrophic hormone(ACTH),促肾上腺皮质激素,129,132
affective climate dimension,情感氛围维度,195
aggression in workplace,工作场所攻击,324-325. 也见 workplace psychological aggression,工作场所心理攻击
work-related mistreatment through Internet,通过互联网进行的工作相关的虐待,325
agreeableness,宜人性,169,196-197,262-263,278
agricultural workers(AWs),农业工人,241-242,330
　occupational health issues unique to,特有的职业健康问题,245-246
　occupational safety,职业健康,244-245
　occupational stress,职业压力,243-244
alcohol use,酒精使用,171

aggression and,攻击与,170
　disorders, in firefighters,消防员的…障碍,233,236
　excessive,过度,83
　job insecurity and,工作不安全感与,96-98
　police officers, among,警务人员,在…中,230
　sexual harassment and,性骚扰与,170
　and work interference with family,与工作家庭冲突,281
alienation 异化
　concept of,概念,4
　mental health and,心理健康与,27
allostasis,应变稳态 130-131
allostatic load,应变稳态负荷
　allostasis and,应变稳态与,130-131,137
　excessive,过度,79
alpha coefficient alpha,信度系数,57
alternate forms reliability,复本信度,57
American Heart Association,美国心脏协会,121
American Psychological Association（APA）,美国心理学会,29-30,31,319,329
　ethical standards,伦理标准,63-64
American Psychologist,《美国心理学家》,29
American Soldier, The,《美国士兵》,16
angina pectoris,心绞痛,120
anomie,社会失范,4
antecedents 前因变量
　of safety climate,安全氛围的,196-197
　of safety performance and workplace accidents and injuries,安全绩效、工作场所事故和伤害的
　individual,个体,261-265,267-268
　situational,情境性,266-268
anticipation, of job loss,对失业的预期,75,97
anxiety,焦虑,16,17,22,23,26
　in agricultural workers,在农业工人中,245

---

① 索引中的页码,为原版书页码,中文版请按边码检索。——编辑注

cognitive models of,认知模型,224
DCS variables with,DCS 变量与,83-87
appraisal,评价,23
asthma,哮喘
　PTSD and,创伤后应激障碍与,235
　silicosis and,硅肺与,261
atherosclerosis,动脉硬化,120,128,131,230
autonomy,自主性,40,52,58,90,95,106,147,196,261,266,267
　job-related,工作相关的,2,8,19,21,25,26,27,33,276-277
　relationship between job autonomy and WIF,工作自主性与 WIF 之间 277
　workplace,工作场所,52
AWs. 见 agricultural workers,农业工人
"bad" cholesterol. "坏的"胆固醇. 见 low-density lipoprotein,低密度脂蛋白
BDI. 见 Beck Depression Inventory,贝克抑郁量表
Beck Depression Inventory（BDI）,贝克抑郁量表,72
behavior-based work-family conflict,基于行为的 WFC,275
behavioral enhancement,行为增益,284
Bennett, Harry,哈里·贝内特,8
Big Five personality characteristics,大五人格特质,262,278
biological hazards,生物危害,257
biological links, between psychosocial stressors and CVD,生物学联系,社会心理压力源与 CVD 之间
　allostasis and allostatic load,应变稳态与应变稳态负荷,130-131
　burnout,倦怠,132
　cortisol and epinephrine,皮质醇和肾上腺素,129-130
　depression,抑郁症,131-132
　dysregulation of HPA axis and harmful effects,HPA 轴的失调和有害影响,131
　workplace stressors and human biology,工作场所压力源与人类生物学,128-129
Blake, William,威廉·布莱克,3
BMI. See body mass index,见身体质量指数
body mass index（BMI）,身体质量指数,122

boundary management,边界管理,196
brain injury,脑损伤,225-226. 也见 traumatic brain injury,创伤性颅脑损伤
brain research,脑研究,327
British Crime Survey,英国犯罪调查,166
British mining industry, changes in,英国矿业，在…中的变化,19
British Psychological Society,英国心理学会,63
broader contextual factor,更广泛的情境因素,277-278,291-292
bullying,欺凌. 见 workplace bullying,职场欺凌
burnout,倦怠,26,320
　and cardiovascular disease,与心血管病,132
　job stressors on,工作压力源对,72-73
bus drivers,公交车司机,166-167
　workplace violence in,在…中的工作场所暴力,175-176
capitalism, modern,资本主义，现代,5
cardiovascular disease（CVD）,心血管疾病
　biological links from psychosocial working conditions,社会心理工作条件与…的生物学联系
　　allostasis and allostatic load,应变稳态与应变稳态负荷,130-131
　　burnout,倦怠,132
　　cortisol and epinephrine,皮质醇和肾上腺素,129-130
　　depression,抑郁症,131-132
　　dysregulation of HPA axis and harmful effects,HPA 轴的失调和有害影响,131
　　workplace stressors and human biology,工作场所压力源与人类生物学,128-129
　bullying,欺凌 146
　　intermediate pathways to,…的中介路径,322-323
　job insecurity and,工作不安全感与,144-145
　long working hours and,长时间工作和,145-146
　mortality, relation of job loss to,死亡率、失业与…的关系,141-144
　psychosocial working conditions affecting through health behaviors,社会心理工作条件，通过健康行为影响
　　cigarette smoking,吸烟,121,123-124

leisure time physical activity,业余时间的体育活动,122,127－128
obesity and weight gain,肥胖和体重增加,122,125－127
research linking "stress at work" and demand － control variables,"工作压力"和要求—控制变量与…的相关研究
DC and ERI models,DC 和 ERI 模型,138,141
DC factors in women,女性的 DC 因素,137
imputation methods linking DC factors,连接 DC 因素和…的替代法,133－136
"mega-study" of DC factors,DC 因素的"大规模研究"138,141
self-reported DC factors,自我报告的 DC 因素,136,139－140
two-stage meta-analysis,两阶段元分析,137
riddle,谜,121
socioeconomic status and health,社会经济地位与健康,147－148
work schedules and,工作时间安排和,146
case-comparison study,病例比较研究.见 case-control study,病例对照研究
case-control study,病例对照研究,45－46
on consequences of exposure to workplace violence,关于遭受工作场所暴力的后果,177－178
CDC.见 Centers for Disease Control and Prevention CDC,美国疾病控制与预防中心
Center for Epidemiologic Studies Depression Scale (CES-D),流行病学研究中心抑郁量表,72,219,328
Centers for Disease Control and Prevention (CDC),美国疾病控制与预防中心,2,24,25,227
cardiovascular disease,心血管疾病,121
Centre for Organizational Health and Development (COHD),组织健康与发展中心,30
cerebrovascular accident,脑血管意外.见 stroke,中风
CES-D.见 Center for Epidemiologic Studies Depression Scale,流行病学研究中心抑郁量表
Chariots of Fire,《火之战车》,3
chemical hazards,化学危害,257

Chesterton, G. K.,G. K. 切斯特顿,11
childcare practice,托儿服务实践,303
Chinoy, Ely,伊利·奇诺伊,21
cigarette smoking,吸烟,121,123－124
classical test theory,经典测量理论,56,57
climate,氛围
contemporary approach to,目前,…的研究方法,192
mistreatment,虐待,199－200
organizational,组织的.见 organizational climate,组织氛围
psychological,心理的,192－193
safety,安全的.见 safety climate,安全氛围
social,社会的,192
cognitive ability,认知能力,263－264
cognitive appraisal approach,认知评价方法,81,93
cognitive climate dimension,认知氛围维度,194
cognitive failure,认知失败,264
cognitive safety engagement,认知安全卷入,264
cognitive theory of disorder,障碍的认知理论,224
Cohen's d,Cohen's d,50
cohesion,凝聚力,196
cohort studies,队列研究,47－48
combat exhaustion,战斗耗竭,17,223
combat soldiers,作战士兵,222－224
leadership,领导,226
mental disorder and brain injury,心理障碍与脑损伤,225－226
posttraumatic stress disorder,创伤后应激障碍,224－225
research on,研究,326－328
sexual harassment,性骚扰,226－227
suicide,自杀,227
compliance, safety,安全遵守,197－198,260,263
compressed workweek, for work-life balance,压缩工作周,为了工作家庭平衡,301－302
conceptual hypothesis,概念性假设,41,62
concurrent validity,同时效度,61
Condition of the Working Class in England, The,《英国员工阶级状况》,3
conscientiousness,责任心,262－263,265,266,267,278
conservation of resources (COR) theory,资源保存

理论,90,101
construction workers (CWs),建筑员工,237-238
　occupational health issues unique to,特有的职业健康问题,240-241
　occupational stress and safety,职业压力与安全,238-240
constructs,构念
　definition of,…的定义,40
　validity,效度,61-63
contemporary leadership theories, and occupational health,当代领导理论与职业健康
　abusive supervision,不当督导,206-207
　leader-member exchange,领导—成员交换,205-206
　transformational leadership,变革型领导,203-205
Contemporary Occupational Health Psychology: Global Perspective on Research and Practice,《当代职业健康心理学:研究与实践的全球视角》,31
content analysis,内容分析,55
content validity,内容效度,60-61
contextual characteristics, antecedents to safety climate,情境特征、安全氛围的前因变量,196
coping,应对,73,83,100-101
　with aggression in workplace,工作场所攻击,183-184
　cross-sectional study of,…的横断研究,45
　definition of,…的定义,23
　emotion-focused,以情绪为中心的,101
　COR theory. 见 conservation of resources theory,资源保存理论
correctional officers (COs),狱警,见 police officers,警务人员
corticotrophic hormone releasing factor (CRF),促肾上腺皮质激素释放因子,20,129
cortisol,皮质醇,129-130
counterproductive workplace behavior (CWB),反生产工作行为,169,170
coworker support,同事支持,80,81,82,83,84-88,196
　for work-family conflict,对于工作—家庭冲突,277

for work-family enhancement,对于工作—家庭增益,285
CRF. 见 corticotrophic hormone releasing factor,促肾上腺皮质激素释放因子
criterion-related validity,效标关联效度,61
Cronbach's alpha, Cronbach's a. 见 alpha coefficient α 系数
cross-domain hypothesis,跨领域假设,279-280
cross-national research,跨国研究,282-283,324,327
　on consequences of exposure to workplace violence,关于遭受工作场所暴力的后果,176-177
　on work-family conflict,关于工作家庭冲突,282-283
CVD. 见 cardiovascular disease,心血管疾病
CWB. 见 counterproductive workplace behavior,反生产工作行为
CWs. See construction workers,见建筑员工
Darwinian theory,达尔文理论,26
data collection, timing waves of,数据收集,多波时间段,104-105
DC model. 见 demand-control model,要求—控制模型
DCS model. 见 demand-control-support model debriefing,要求—控制—支持模型,311
decision authority,决策权,79
decision latitude,决策自由度,40,41,48,50,79,82,133,221
　and job demands,与工作要求,27,28
　on psychological distress,对心理困扰,61
　at work,工作中的,40
demand-control (DC) model,要求—控制模型,79-80,84-88
　assessment by worker self-report,员工自我报告评估,136,139-140
　versus effort-reward imbalance models,与付出—回报失衡模型对比,138,141
　imputation methods linking to CVD,与 CVD 相联系的替代法,133-136
　"mega-study" of,…的"大规模研究",138,141
　two-stage meta-analysis,两阶段元分析,137
　in women,女性的,137

demand-control-support（DCS）model,要求—控制—支持模型,79-80,84-88,319
factors,因素
  and alcohol consumption,与酒精使用,83
  impact of,……的影响,83,89
  workplace support,工作场所支持,83
  of occupational stress,职业压力的,239
demographic factors, for safety-related outcomes,人口学因素,安全相关结果,261
depression,抑郁症,71-72. 也见 mental health,心理健康
  in agricultural workers,在农业工人中,245
  and cardiovascular disease,和心血管疾病,131-132
  DCS variables with,与 DCS 变量,83-87
  demand-control model,要求—控制模型,82-83,84-88
  demand-control-support model,要求—控制—支持模型,82-83,84-88
  longitudinal research,纵向研究,181-182
  longitudinal study for,关于……纵向研究,46
  in police officers,在警务人员中,230
  in teachers,在教师中,218
Dictionary of Occupational Titles（DOT）,《职业头衔词典》,46
discrimination,歧视,262-263
  harassment and,骚扰与,241,245
  racial and ethnic,种族与族裔,246
dispositional antecedents,气质性前因变量
  of work-family conflict,工作家庭冲突的,278-279
  of work-family enhancement,工作家庭增益的,286-287
distress,困扰. 也见 anxiety,也见焦虑
  demand-control(-support) factor links to,与……联系的 DC(S)因素,82-83
  longitudinal research,纵向研究,181-182
  psychological,心理的. 见 psychological distress,心理困扰
diversity climate, of workplace,工作场所氛围的多样性,201
Division of Labor in Society, The,《社会分工》,4
doctoral programs, in occupational health psychology,博士项目,职业健康心理学,29-30
DOT. 见 Dictionary of Occupational Titles,《职业头衔词典》
dual representation theory,双重表征理论,224
Durkheim, Émile,埃米尔·杜尔凯姆,4-5,80
EA-OHP. 见 European Academy of Occupational Health Psychology,欧洲职业健康心理学学会
EAPs. 见 employee assistance programs,员工援助计划
ECA study. 见 Epidemiologic Catchment Area study,流行病学流域研究
ecological model,生态模型,259-260
ecological momentary assessment（EMA）,生态瞬时评估,53
economic recession, suicide and,经济衰退、自杀与,78
efficacy,效能,299
  of supervisor training,主管培训的……,303
effort-reward imbalance（ERI）model,付出—回报失衡模型,92-95
  versus demand-control model,与要求—控制模型对比,138
  and organizational justice,和组织公平,95
eldercare practice,老年护理实践,303
EMA. 见 ecological momentary assessment,生态瞬时评估
Embase,Embase 数据库,49
emergency medical technicians（EMTs）,急救医务人员,237
emotion-focused coping skills,以情绪为中心的应对技巧,101,310
emotional exhaustion,情绪枯竭,55,73,89,104,231
  longitudinal study for,……的纵向研究,46-47
  in nurses,在护理人员中,221
emotional safety engagement,情感安全卷入,264
employee assistance programs（EAPs）,员工援助计划,305,334
EMTs. 见 emergency medical technicians,急救医务人员
Epidemiologic Catchment Area（ECA）study,流行病学流域研究,218
epinephrine,肾上腺素,19,129-130,132

Episodic Stressor Scale (ESS),情境压力源量表,62-63

episodic stressors,情境压力源,55

ergonomists,人类工效学家,258

ERI model. 见 effort-reward imbalance model,付出—回报失衡模型

ESS. 见 Episodic Stressor Scale,情境压力源量表

European Academy of Occupational Health Psychology (EA-OHP),欧洲职业健康心理学学会,31,318,319,329

European Agency for Safety and Health at Work,欧洲工作安全和卫生局,148

European Theater of Operations,欧洲战区,16,17

experience sampling,经验取样
of work-family conflict,工作—家庭冲突的…,280-282
of work-family enhancement,工作—家庭增益的…,288-289

experiment,实验,42-43
internal validity of,内部效度,44-55
natural,自然,53

extraversion,外倾性,262-263,278,287

family demands,家庭需求,274
with work-family conflict,与工作—家庭冲突,276
work-family enhancement,工作—家庭增益,286

family interference with work (FIW),家庭工作冲突,275-276

family stressors, with work-family conflict,家庭压力源,与工作家庭冲突,276

family-supportive behaviors, for work-lifebalance,家庭支持型行为,为了工作—生活平衡,303-304

fatality, work-related,死亡,与工作有关的 232-233

fatigue,疲劳,11,17,26,152-153

feedback,反馈,266

finer-grained analysis,更细粒度的分析,244

firefighters,消防员,232-234
9/11,911 事件,236-237
research on,对…的研究,328
workplace violence in,在…中的工作场所暴力,167

first responders,现场急救人员
9/11,911 事件,234-235
children of,子女的…,237
firefighters,消防员,236-237
police officers,警务人员,235-236
definition of,…的定义,228
firefighters,消防员,232-234
police officers,警务人员,229-232

FIW. See family interference with work fixed-site teleworkers,固定地点的远程工作人员的家庭对工作的干扰,301-302

flexible work arrangements, for work-life balance,弹性工作安排,为了工作—生活平衡,301-302

flexiworkers,弹性工作者,301-302

flextime, for work-life balance,弹性工作时间为了工作—生活平衡,301-302

Ford, Henry,亨利·福特,8-9

Fordism,福特制,8,9

Fortune magazine,《财富》,303

Freud, Sigmund,西格蒙德·弗洛伊德,2,73,74

G. A. S. 见 general adaptation syndrome,一般适应综合征

general adaptation syndrome (G. A. S.),一般适应综合征,20

General Health Questionnaire (GHQ),一般健康问卷,72,327

generic stressors,一般压力源,319

GHQ. 见 General Health Questionnaire,一般健康问卷

Global Severity Index (GSI),总体严重度指数,72

gold standard approach,黄金标准方法,332

Great Depression,经济大萧条,13,15

Great Recession,经济大衰退,97

GSI. 见 Global Severity Index,总体严重度指数

Harassment,骚扰
sexual,性,170,226-227
in workplace,在工作场所,241

harmonization,协调,52

Hawthorne illumination,霍桑照明,13

hazards, in workplace,危害,在工作场所,257

health behaviors, psychosocial working conditions affecting 健康行为,社会心理工作条件影响
cigarette smoking,吸烟,121,123-124
leisure time physical activity,业余时间的体育活

动,122,127-128
obesity and weight gain,肥胖与体重增加,122,125-127
health care workers,卫生保健工作者. 也见 nurses,护理人员
workplace violence in,在…中的工作场所暴力,166-167
Health of Munition Workers Committee,军工工人健康委员会,10
health promotion (HP),健康促进,334,335
hearing loss prevention programs,听力损失预防计划,307
helping profession,助人行业的专业人员,219. 也见 teacher;nurses,教师、护理人员
heretofore overlooked stressors,在此之前一直被忽视的压力源,319
Homeland Security Act of 2002,2002年《国土安全法》,228
homeostasis,内稳态,19,121,129
homeostatic model,内稳态模型,130
Homicide,凶杀
in law enforcement officers,在执法人员中,230
in police officers,在警务人员中,229
prevalence of,预防,165
hospital climate, violence in,医院氛围,在…中的暴力,172-173
HP. 见 health promotion,健康促进
human biology,人类生物学,128-129
human relations,人际关系,13-15
Tavistock Clinic and,塔维斯托克诊所与,18-19
Human Relations,人际关系,18-19
human resource management,人力资源管理,196,274
hypertension,高血压,120,121,129,132
hypothalamus-pituitary-adrenal (HPA) axis,下丘脑—垂体—肾上腺(HPA)轴,129
dysregulation of,…的失调,131
hypothesis testing,假设检验,40-41. 也见 specific hypothesis,特定假设
ICC. 见 intraclass correlation coefficient,组内相关系数
ICOH. 见 International Commission on Occupational Health,国际职业健康委员会

imputation methods,替代法,133-136
industrial capitalism,工业资本主义,4
industrial hygienists, workplace hazards and,工业卫生员,工作场所的危害和,257
industrial psychology, developments in,工业心理学的发展,19,21-22
Industrial Revolution,工业革命,4
industrialization, impact on workers,工业化,对工人的影响,4
industry-specific safety climate,特定行业的安全氛围,326
injuries and illnesses,受伤和患病,238,242,255-256,258
inspirational motivation,鼓舞性激励,203
Institute for Social Research,社会研究所,17-18,21,24,25
institutional review board (IRB),机构审查委员会,63
instrumental climate dimension,工具性的氛围维度,194
integrated model, for intervention in OHP,综合模型,用于OHP干预,299-301
internal consistency,内部一致性,57
internal group processes,内部团队过程,196
internal validity,内部效度,44
International Commission on Occupational Health (ICOH),国际职业健康委员会,30
Scientific Committee on Work Organization and Psychosocial Factors,工作组织和社会心理因素科学委员会,318-319
Internet, work-related mistreatment through,互联网,通过……进行的工作相关的虐待,325
interrater agreement,评分者一致性,193
interrater reliability,评分者信度,193
categorical measurement,分类测量,59
continuous measures,连续测量,58
interrupted time-series study,间断时间序列研究,54
intimate partner violence,亲密伴侣之间暴力行为,241
intraclass correlation coefficient (ICC),组内相关系数,58,193-194
Introduction to Occupational Health Psychology,

An,《职业健康心理学导论》,28
iPod-based diary,基于iPod的日记,53
IRB. 见 institutional review board,机构审查委员会
iron cage,铁笼,5,32
ischemic heart disease,局部缺血性心脏病,120,138,142-143
  shiftwork and,轮班工作与,146
iso-strain,孤立工作压力,80,125,136,139,151
Jahoda, Marie,玛丽·雅霍达,15
JCQ. 见 Job Content Questionnaire,工作内容问卷
JD-R model. 见 job demands-resources model,工作要求—资源模型
job autonomy,工作自主性,276-277
job characteristics,工作特征
  cardiovascular disease disability and,心血管疾病与,58
  positive,积极的,196-197
  positive implications of,…的积极影响,268
  for safety-related outcomes,对安全相关结果的,266,267
Job Content Questionnaire（JCQ）,工作内容问卷,81
job crafting,工作重塑,321
job demands,工作要求,79,80,89,90,91,92,107,289
  on burnout,对倦怠,323
  decision latitude and,决策自由度和,27
job demands-resources (JD-R) model,工作要求—资源模型,89-90,319
  evidence bearing on,…的相关证据,90-91
  and matching,和匹配,91-92
  summing up of,…的总结,92
job insecurity,工作不安全感,96-98
  effect on physical health,对身体健康的影响,144-145
job loss,失业
  impact on mental health,对心理健康的影响,73-74,102
  impact on physical health,对身体健康的影响,141-144
  suicide and,自杀与,76-78
  unemployment and,失业与,74-76

job-related stressors,工作相关的压力源,220
job-sharing, for work-life balance,工作共享,为了工作—生活平衡,301-302
job strain,工作压力,79,80,83,122,123-128,129,134-135,138,139-141,144,147,149,150-151,152
  in women,在女性中,141
Job Strain Model,工作压力模型,79-80
job stress,工作压力,23-24,28
  obesity and weight gain,肥胖与体重增加,122
Journal of Occupational Health Psychology （JOHP）,《职业健康心理学杂志》,30,31,33,57,319
law enforcement officers,执法人员,229-230
Lazarus, Richard,理查德·拉扎勒斯,23
LDL. 见 low-density lipoprotein,低密度脂蛋白
leader-member exchange（LMX）theory,领导—成员交换(LMX)理论,203,205-206
leadership,领导
  definition of,…的定义,202
  organizational,组织的,202-203
  passive behaviors,消极的行为,196
  transformational,变革型,203-205
leisure time physical activity,业余时间的体育活动,122,127-128
LEs. 见 life events,生活事件
Liberty Mutual Research Institute for Safety,自由互助安全研究所,256
life events (LEs),生活事件,20-21
life role priority,生活角色优先权,290
Likert, Rensis,伦西斯·利克特,17-18
listservs,电子讨论小组,49-50
LMX theory. 见 leader-member exchange theory,领导-成员交换理论
long hours work,长时间工作,330
  effect on mental health,对心理健康的影响,98
  physical health and,与身体健康,145-146
longitudinal research,纵向研究,46-47
  on consequences of exposure to workplace violence,对于遭受工作场所暴力的后果,178-179
  on distress and depression,关于困扰和抑郁
    bidirectional effects,双向效应,182
    coping,应对,183-184

with longer time lags, 长时滞后, 181
outcomes other than, 除…之外的其他后果, 182–183
with shorter time lags, 短时滞后, 181–182
on work-family conflict, 对于工作—家庭冲突, 280–282
on work-family enhancement, 对于工作—家庭增益, 288–289
low-density lipoprotein (LDL), 低密度脂蛋白, 120
Maastrich Cohort Study, 马斯特里奇的队列研究, 97
major depressive disorder (MDD), 重度抑郁症, 226
management commitment, 管理承诺, 196
Marx, Karl, 卡尔·马克思, 4
Maslach Burnout Inventory (MBI), 马斯拉奇职业倦怠量表, 73
Maslach Burnout Inventory-General Survey (MBI-GS), 马斯拉奇职业倦怠调查通用量表, 73
matching hypothesis, 匹配假设, 90–91, 279–280
MBI. 见 Maslach Burnout Inventory, 马斯拉奇职业倦怠量表
MBI-GS. 见 Maslach Burnout Inventory-General Survey, 马斯拉奇职业倦怠调查通用量表
MDD. 见 major depressive disorder, 重度抑郁症
Medline, Medline 数据库, 49
mega-study, 大规模研究. 见 one-stage meta-analysis, 一阶段元分析
mental disorder, 心理障碍
combat soldiers, 作战士兵, 225–226
first responders, 现场急救人员, 230–231, 234, 235–237
nurses, 护理人员, 220–221
teachers, 教师, 218
mental health, 心理健康, 319–321. 也见 anxiety; depression; distress; mental disorder, 焦虑、困扰、抑郁、心理障碍
assessment, 评估
burnout, 倦怠 72–73
psychological distress and depression, 心理困扰与抑郁, 71–72
reasons for, …的原因, 70
data collection, timing waves of, 数据收集, 多波时间段, 104–105
decision about study populations, 关于研究人群的决策, 105
demand-control (-support) model, 要求—控制(—支持)模型, 79–80
evidence bearing on relation to depression and distress, 与抑郁和困扰有关的证据, 82–83
factors and excessive alcohol consumption, 因素与过度酒精使用, 83–89
measuring factors, 测量因素, 81–82
methodological concerns, 方法论问题, 82
social support, 社会支持, 80–81
effort-reward imbalance model, 付出—回报失衡模型, 92–95
impact on job loss, 对失业的影响, 73–74
research on 对…的研究, 74–77
and suicide, …与自杀, 77–78
job crafting, 工作重塑, 321
job demands-resources model, 工作要求—资源模型, 89–90
evidence bearing on, …的相关证据, 90–91
and matching, 与…匹配, 91–92
nonwork stressors, 非工作压力源, 103–104
personality and social factors, 个性与社会性的因素, 320–321
psychosocial factors, 社会心理因素
coping, 应对 100–101
job insecurity, 工作不安全感, 96–98
long working hours, 长时间工作, 98
night work and shift work, 夜班与轮班工作, 98–99
organizational justice, 组织公平, 95–96
stressful occupational events and work-related social stressors, 压力性职业事件与工作相关的社会压力源, 99
reverse causality, 反向因果, 102
self-report measures, reliance on, 自我报告的测量, 依赖, 106–107
socioeconomic status, controlling for, 社会经济地位, 控制, 102–103
in soldiers, 在士兵中, 10–11, 12, 16–17
meta-analysis, 元分析
final comment on, 对…的最终述评, 52

one-stage,一阶段,51–52,138,141
two-stage,两阶段,48–51,137,149,152
MI. 见 myocardial infarction,心肌梗塞
Mills, C. Wright,C·怀特·米尔斯,100
mistreatment climate,虐待氛围,199–200
MLR. 见 multiple linear regression,多元线性回归
mobbing,结伙欺凌,164
mobile teleworkers,移动远程工作人员,301–302
modern capitalism, development of,现代资本主义,…的发展,5
motivation,动机,263,264–265
inspirational,鼓舞性的,203
MSDs. 见 musculoskeletal disorders,肌肉骨骼疾病
multiple linear regression (MLR),多元线性回归,46,47
musculoskeletal disorders (MSDs),肌肉骨骼疾病
in agricultural workers,在农业工人中,244–245
evidence for psychosocial working conditions affecting,社会心理工作条件影响的证据,149–152
psychosocial working conditions and,社会心理工作条件与,148–149
work-related,工作相关的,258
myocardial infarction (MI),心肌梗塞,120
NA. 见 negative affectivity,消极情感
National Institute for Occupational Safety and Health (NIOSH),美国国家职业安全卫生研究所,24,29–30,31,231,245,257–258,259,319,329,334,335
National Institute for Psychosocial Factors and Health,国家社会心理因素与健康研究所,21
National Institutes of Health,美国国立卫生研究院,63
National Population Health Survey (NPHS),全国人口健康调查,97
natural experiment,自然实验,53,76,96
negative affectivity (NA),消极情感,169,263,278–279
neighborhood similarity,社区相似性,278
neuroticism,神经质,99,262–263,278
night work,夜班. 也见 shift work,轮班工作
effect on mental health,对心理健康的影响,98–99
9/11,911事件,234–235
children of,子女,237
firefighters,消防员,236–237
police officers,警务人员,235–236
NIOSH. 见 National Institute for Occupational Safety and Health,美国国家职业安全卫生研究所
noisome work characteristics,有害的工作条件,46
nonwork stressors,非工作压力源,103–104
nurses,护理人员,137,219–220
mental disorder and suicide,心理障碍与自杀,220–221
within-occupation research,职业内研究,221–222
workplace violence in,工作场所暴力,166–167,171–173
obesity,肥胖,125–127
weight gain,体重增加,122
objective measures, of working conditions,工作条件的客观测量,106–107
occupational events, stressful,职业事件,压力性,99
occupational health issues,职业健康问题
contemporary leadership theories and,当代领导理论与. 见 contemporary leadership theories, and occupational health,当代领导理论与职业健康
unique to agricultural workers,农业工人特有的,245–246
unique to construction workers,240–241,建筑工人特有的
occupational health psychology (OHP),职业健康心理学
agricultural workers,农业工人,241–242
occupational health issues unique to agricultural workers,农业工人特有的职业健康问题,245–246
occupational safety,职业安全,244–245
occupational stress,职业压力,243–244
cardiovascular disease,心血管疾病
biological links from psychosocial working conditions to,社会心理工作条件与…的生物学联系,128–132
bullying,欺凌,146

burnout and,倦怠和,132
depression and,抑郁症和,131-132
job insecurity and,工作不安全感和,144-145
long working hours and,长时工作和,145-146
mortality, relation of job loss to,死亡率,失业与……的关系,141-144
psychosocial working conditions, affecting through health behaviors,社会心理工作条件,通过健康行为影响,121-128
research linking "stress at work" and demand-control variables to,"工作压力"和要求—控制变量与…相关的研究,132-141
riddle,谜,121
socioeconomic status and health,社会经济地位与健康,147-148
work schedules and,工作时间安排和,146
climates relevant to,与…有关的氛围,201-202
combat soldiers,作战士兵,222-224,326-328
leadership,领导,226
mental disorder and brain injury,心理障碍与脑损伤,225-226
posttraumatic stress disorder,创伤后应激障碍,224-225
sexual harassment,性骚扰,226-227
suicide,自杀,227
construction workers,建筑工人,237-238
occupational health issues unique to construction workers,建筑工人特有的职业健康问题,240-241
occupational stress and safety,职业压力与安全,238-240
databases,数据库,48,49
definition of,……的定义,2
doctoral programs in,博士项目,29-30
early forerunners,先驱
Durkheim,Émile,埃米尔·杜尔凯姆,4-5
Engels, Friedrich,弗里德里希·恩格斯,3-4
Ford, Henry,亨利·福特,8-9
Marx, Karl,卡尔·马克思,4
Taylor, Frederick Winslow,弗雷德里克·温斯洛·泰勒,7-8
Weber, Max,马克斯·韦伯,5-7
epidemiology,流行病学,120

first appearance,首次提出,28-29
first responders,现场急救人员,228
children of 9/11,911事件……的子女,237
firefighters,消防员,232-234
9/11,911事件,234-235
9/11 firefighters,911事件中的消防员,236-237
9/11 police officers,911事件中的警务人员,235-236
police officers,警务人员,229-232
occupational health psychology (OHP)(continued),职业健康心理学
goal of researchers,研究者的目标,40
improving practice of safety training,优化安全培训的实践,260,267-268
integrated model for intervention in,……干预的综合模型,299-301
measurement,测量,55-56
reliability,信度. 见 reliability,信度
validity,效度. 见 validity,效度
mental health,心理健康. 见 mental health,心理健康
musculoskeletal problems,肌肉骨骼问题
evidence for psychosocial working conditions affecting,社会心理工作条件影响……的证据,149-152
psychosocial working conditions and,社会心理工作条件与,148-149
1980s to present,20世纪80年代至今
APA-NIOSH conference series,APA-NIOSH系列会议,29
European Academy of Occupational Health Psychology,欧洲职业健康心理学学会,31
groundbreaking studies,开创性研究,27-28
ICOH-WOPS,国际职业健康委员会—工业、组织与社会心理科学委员会,30
Journal of Occupational Health Psychology,《职业健康心理学杂志》,30
Society for Occupational Health Psychology,职业健康心理学学会,31-32
University of Nottingham,诺丁汉大学,30
work and stress,工作与压力,29
nurses,护理人员,219-220
mental disorder and suicide,心理障碍与自杀,

220-221
within-occupation research,职业内研究,221-22
and occupational safety,与职业安全,258-261
physical health and safety 身体健康和安全
　primary intervention to improve,改善……的初级干预措施,305-307
　secondary intervention to improve,改善……的二级干预措施,307-308
　tertiary intervention to improve,改善……的三级干预措施,308
psychological health and well-being 心理健康和幸福感
　primary interventions to improve,改善……的初级干预措施,308-309
　secondary and tertiary interventions to improve,改善……的二级和三级干预措施,310-311
research designs,研究设计
　case-control study,病例对照研究,45-46
　cohort studies,队列研究,47-48
　cross-sectional study,横断研究,45
　diary studies,日记研究,52-53
　experiment,实验,42-43
　interrupted time-series,间断时间序列,54
　longitudinal study,纵向研究,46-47
　meta-analysis,元分析. 见 meta-analysis,元分析
　natural experiment,自然实验,53
　qualitative research method,定性研究方法,54-55
　quasi-experiment,准实验,43-44
research ethics,研究伦理,63-64
scientific theory in,科学理论,40
teachers,教师,126-128
mental disorder, suicide, and physical disorder,心理障碍、自杀和躯体疾病,218
within-occupation research,职业内研究,218-219
work-life balance,工作—生活平衡
　primary interventions to improve,改善……的初级干预措施,301-302
　secondary interventions to improve,改善……的二级干预措施,303-305
　tertiary interventions to improve,改善……的三级干预措施,305
World War I,第一次世界大战

human relations,人际关系,13-15
Interwar years,战争年代,13
soldiers, impact on,对士兵的影响,10-13
unemployment,失业,15
from World War II era to 1970s,从第二次世界大战到20世纪70年代
British mining industry, changes in,英国矿业……,的变化,19
burnout,倦怠,26
decision latitude and job demands,决策自由度与工作要求,27
Institute for Social Research,社会研究所,17-18
job stress, methodological rigor in research on,工作压力,……研究中方法的严谨性,23-24
Lazarus, Richard,理查德·拉扎勒斯,23
OSHA and NIOSH,职业安全卫生管理局与美国国家职业安全卫生研究所,24-25
person-environment (P-E) fit stressor,个人—环境(P-E)匹配压力源,25-26
Selye, Hans,汉斯·塞里,19-21
sociology, social psychology, and industrial psychology, developments in,社会学、社会心理学和工业心理学,……的发展 21-22
stress research in Sweden,瑞典的压力研究,21
Tavistock and human relations,塔维斯托克与人际关系,18-19
World War II,第二次世界大战,16-17
Occupational Health — Psychology and Management, doctorate in,职业健康心理学与管理学,……博士学位,30
Occupational Health Science,《职业健康科学》,31,319
occupational safety,职业安全
　agricultural workers,农业员工,244-245
　construction workers,建筑员工,238-240
　individual antecedents of performance and workplace accidents and injuries,绩效、工作场所事故和伤害的个体前因变量,261-265
　implications of considering,关注…的价值,267-268
　occupational health psychology and,职业健康心理学与…,258-261
　risk factors in physical work environment,心理工

作环境的风险因素, 257-258
situational antecedents of performance and workplace accidents and injures, 绩效、工作场所事故和伤害的情境性前因变量, 265, 266-267
implications of considering, 关注…的价值, 267-268
occupational safety and health (OSH), 职业安全和健康, 334
Occupational Safety and Health Act of 1970, 1970年职业安全卫生法, 24
Occupational Safety and Health Administration (OSHA), 职业安全卫生管理局, 24, 257
occupational stress, 职业压力, 310
　agricultural workers, 农业工人, 243-244
　construction workers, 建筑工人, 238-240
OHP. 见 occupational health psychology, 职业健康心理学
OLBI. 见 Oldenburg Burnout Inventory, 奥尔登堡倦怠量表
Oldenburg Burnout Inventory (OLBI), 奥尔登堡倦怠量表, 73
one-stage meta-analysis, 一阶段元分析, 51-52, 138, 141
Ongoing Stressor Scale (OSS), 持续压力源量表, 62
openness to experience, 经验开放性, 262-263
operational hypothesis, 操作性假设, 41, 62
organizational characteristics, antecedents to safety climate, 组织特征, 安全氛围的前因变量, 196
organizational climate, 组织氛围, 191-192
　contemporary approach on, 当今有关……的方法, 193
　dimensions of, ……的维度, 194-195
　levels of analysis, 分析层次, 192-194
organizational justice, 组织公平, 95-96
organizational leadership, 组织领导, 202-203
organizational support, for work-family enhancement, 组织支持, 对于工作—家庭增益, 285
OSH. 见 occupational safety and health, 职业安全和健康
OSHA. 见 Occupational Safety and Health Administration, 职业安全卫生管理局
OSS. 见 Ongoing Stressor Scale, 持续压力源量表
overcommitment, work related, 过度投入, 与工作相关的, 93
overeating, obesity and, 暴食, 肥胖与, 122
PA. 见 positive affectivity, 积极情感
paid leaves, for work-life balance, 带薪休假, 为了工作—生活平衡, 303
panel study, 专门小组研究. 见 longitudinal research, 纵向研究
part-time options, for work-life balance, 兼职选择, 为了工作—生活平衡, 301-302
participant appraisal, 被试评估, 23
PATH model. 见 Practices for Achieving Total Health model, 实现全面健康的实践模型
Pearson correlation coefficient, 皮尔逊相关系数, 58
personality, 人格特质, 262-263, 320-321
person-environment (P-E) fit stressor, 个人—环境(P-E)匹配压力源, 25-26, 169
"phoney" longitudinal study, "虚假的"纵向研究, 46
physical aggression, 身体攻击, 167, 172, 183
physical health, 身体健康, 321-322
　cardiovascular disease, intermediate pathways to, 心血管疾病, ……的中介路径, 322-323
　interest in underrepresented groups, 对非代表性群体的兴趣, 323
　interest in workers transitioning into retirement, 对即将退休的员工的兴趣, 324
　and safety, 和安全
　primary intervention to improve, 改善……的初级干预措施, 305-307
　secondary intervention to improve, 改善……的二级干预措施, 307-308
　tertiary intervention to improve, 改善……的三级干预措施, 308
　stroke, 中风, 323
　teachers, 教师, 218
physical work environment, risk factors in, 物理工作环境, ……中的风险因素, 257-258
physicians, 医生, 332

Polanyi, Karl,卡尔·波兰尼,3,336
police officers,警务人员,229-232
  9/11,911事件,235-236
  research on,328,关于……的研究
  workplace violence in,……中的工作场所暴力,167
Position Analysis Questionnaire,职位分析问卷,58
positive affectivity (PA),积极情感,278,286
posttraumatic stress disorder (PTSD),创伤后应激障碍,240,327,328
  in firefighters,在消防员中,233-234
  in 9/11 first responders,在911事件的现场急救人员中,236-237
  children of,……的子女,237
  in 9/11 police officers,在911事件的警务人员中,235-236
  in police officers,在警务人员中,230-231
  in soldiers,在士兵中,224-225
Practices for Achieving Total Health (PATH) model,实现全面健康的实践(PATH)模型,300
predictive validity,预测效度,61
pregnant teacher, and workplace violence,怀孕的教师,…与工作场所暴力,174
prevention focus, for safety-related outcomes,预防定向,安全相关结果,265
primary appraisal,初评价,23
primary interventions,初级干预措施
  physical health and safety,身体健康和安全,305-307
  psychological health and well-being,心理健康和幸福感,308-309
  work-life balance,工作—生活平衡,301-302
problem-focused coping skills,以问题为中心的应对技巧,310
procedural justice,程序公平,95-96
promotion focus, for safety-related outcomes,促进定向,针对安全相关结果,265
prospective study,前瞻性研究.见cohort studies,队列研究
PSC.见psychosocial safety climate,社会心理安全氛围
psychiatric casualties, in military,军队中的精神病患者,12,16

psychiatric disorder, categorical measurement,精神障碍,分类测量,59
psychiatric nursing,精神科护理,171,173
psychoanalytic theory,精神分析理论,40-41
psychological climate,心理氛围,192-193
psychological debriefing,心理疏泄,311
psychological demands,心理要求,79,84-88,93
psychological distress,心理困扰,40-41,71-72
  coping and,应对方式与,45
  DCS variables with,DCS变量与,83-87
  effort-reward imbalance model,付出—回报失衡模型,94
  experiment,实验,43
  validity,效度,60,61,63
psychological facilitation,心理促进,283-284
psychological health and well-being,心理健康和幸福感
  primary interventions to improve,改善……的初级干预措施,308-309
  secondary and tertiary interventions to improve,改善……的二级和三级干预措施,310-311
psychological job demand,心理工作要求,40-41
psychological safety climate,心理安全氛围,196,197,198-199
psychological strains,心理压力,70
psychological theory,心理学理论,258-259
psychological well-being, in retirement,心理幸福感,退休后,324
psychological workload,心理工作负荷,40.也见psychological demands,心理要求
psychoneurotic tendencies, in soldiers,患有精神病的倾向,在士兵中,11
psychosocial factors,社会心理因素
  coping,应对,100-101
  job insecurity,工作不安全感,96-98
  long working hours,长时间工作,98
  night work and shift work,夜班与轮班工作,98-99
  organizational justice,组织公平,95-96
  stressful occupational events and work-related social stressors,压力性职业事件和与工作相关的社会压力源,99
psychosocial safety climate,社会心理安全氛围,

200-201
psychosocial stressors,社会心理压力源,79
psychosocial working conditions,社会心理工作条件
and cardiovascular disease,与心血管疾病
biological links,生物学联系,128-132
health behaviors,健康行为,121-128
research linking "stress at work" and demand-control variables,工作压力和要求—控制变量与……的相关研究,132-141
impact on mental health,对心理健康的影响.见mental health,心理健康
and musculoskeletal problems,与肌肉骨骼问题,148-149
evidence for,……的证据,149-152
PsycINFO,PsycINFO,48,49
PTSD.见posttraumatic stress disorder,创伤后应激障碍
public health prevention model,公共卫生预防模型,300
PubMed,PubMed,48,49

qualitative research method,定性研究方法,54-55
teachers,教师,174
Quality of Employment Surveys,就业质量调查,81
quasi-experiment,准实验,43-44
internal validity of,……的内部效度,44-55

random assignment, of participants to rival treatments,随机分配,……被试到竞争处理组,42
regulatory focus theory,调节定向理论,265
relational justice,关系公平,95-96
relaxation interventions,放松干预,311
Reliability,信度
alternate forms and test-retest,复本与重测,57
coefficient,系数,56-57
final word on,总结,59-60
internal consistency,内部一致性,57
interrater, categorical measurement,评分者,分类测量,59

interrater, continuous measures,评分者,连续测量,58
repression,压抑,10-11
Research Center for Group Dynamics,团体动力学研究中心,18
research designs,研究设计
case-control study,病例对照研究,45-46
cohort studies,队列研究,47-48
cross-sectional study,横断研究,45
diary studies,日记研究,52-53
experiment,实验,42-43
interrupted time-series,间断时间序列,54
longitudinal study,纵向研究,46-47
meta-analysis,元分析
final comment on,最终述评,52
one-stage,一阶段,51-52
two-stage,两阶段,48-51
natural experiment,自然实验,53
qualitative research method,定性研究方法,54-55
quasi-experiment,准实验,43-44
resilience training,韧性训练,309
retirement, health in,退休,……的健康,324
reverse causality,反向因果,102
road safety management system,道路安全管理系统,306
role ambiguity,角色模糊,169,171,196
role conflict,角色冲突,169,171,196
role innovation,角色创新,321
role overload,角色超载,169,196
rule-of-thumb methods,拇指规则,7

safety and health, of total workers,安全和健康,全职工的……,334-335
safety climate,安全氛围,306
antecedents of,……的前因变量,196-197
definition of,……的定义,195
industry-specific,特定行业的,326
other effects of,其他影响,198-199
perceptions, agricultural workers,感知,农业工人,244
psychological,心理的,196,197,198-199
psychosocial,社会心理的,200-201

safety-related outcomes of,与安全相关的结果变量,197-198
safety compliance,安全遵守,197-198,260,262,263,265,266,269
safety management practices,安全管理实践
effect on OSHA,对OSHA的影响,265
positive,积极的,264
safety motivation,安全动机,264-265,268
safety outcomes, safety performance versus,安全结果,安全绩效,260
safety participation,安全参与,197-198,260
safety performance,安全绩效
individual antecedents,个体前因变量
ability factors,能力因素,263-264
demographics,人口学因素,261-262
motivation-related differences,动机相关差异,264-265
personality,人格特质,262-263
versus safety outcomes,与安全结果比较,260
situational antecedents,情境性前因变量
job characteristics,工作特征,266
shift work,轮班工作,266-267
safety-specific transformational leadership,安全变革型领导,204-205
safety system perceptions,安全系统感知,196
safety, worker empowerment and,安全,员工授权和……,330
SAM system. SAM 系统见 sympathetic adrenal-medullary system,交感肾上腺髓质系统
SAMs. 见 situationally accessible memories,可回忆的情境记忆
scar hypothesis,疤痕假说
schedule flexibility, on work-family conflict,弹性工作安排,针对工作—家庭冲突,276
schizophrenia, case-control study for,精神分裂症,针对……的病例对照研究,45-46
school violence,校园暴力,177
Scientific Committee on Work Organization and Psychosocial Factors (WOPS),工业组织与社会心理科学委员会,30
scientific management,科学管理,7
scientific theory, in occupational health psychology,科学理论,职业健康心理学中的……,40,62
SCL-90. 见 Symptom Checklist-90,症状自评量表（SCL-90）
secondary intervention,二级干预措施
physical health and safety,身体健康和安全,307-308
psychological health and well-being,心理健康和幸福感,310-311
work-life balance,工作—生活平衡,303-305
Secretary of Health and Human Services,卫生与公众服务部部长,25
self-efficacy,自我效能感,278,286
self-employed,个体经营者
research on,关于……的研究,329-330
work-family balance,工作—家庭平衡,330
self-esteem, psychological aggression on,对……自尊,心理攻击,180
self-monitoring intervention,自我监督干预,303
self-rated health,自评健康状况,152
Self-Rating Depression Scale,抑郁自评量表,72
self-report measures, reliance on,自我报告的测量依赖,106-107
Selye, Hans,汉斯·塞里,19-21,129,130,131
SES. 见 socioeconomic status,社会经济地位
sexual harassment,性骚扰,170,175,226-227
shell-shock,炮弹休克,12
shift work,轮班工作,330
effect on mental health,对心理健康的影响,98-99
for safety-related outcomes,安全相关结果,266-267
Shirom-Melamed Burnout Inventory,施若姆-梅拉姆德倦怠量表,73
sickness absence, workplace bullying and,因病缺勤,职场欺凌与,182-183
situational antecedents,情境性前因变量
of work-family conflict,工作—家庭冲突的……,275-278
of work-family enhancement,工作—家庭增益的,285-286
situationally accessible memories (SAMs),可回忆的情境记忆,224
skill discretion,技能裁量权,79,81,84-88

skill variety,技能多样性,266
sleep disturbances, shift work and,睡眠障碍,轮班工作与,267
SLEs. See stressful life events,见压力性生活事件
SMASH study,肌肉骨骼疾病、旷工、压力和健康研究,102,104
smoking cessation programs,戒烟计划,308
social causation model,社会因果关系模型,243
social climate,社会氛围,192
social factors,社会因素,320-321
social facts,社会事实,40-41
social psychology, developments in,社会心理学,……的发展,21-22
Social Readjustment Rating Scale (SRRS),社会再适应评定量表,21
Social Science Research Council of Michigan,密歇根社会科学研究委员会,17
Social Security Administration,美国社会保障局,25
social stressors, social stressors,社会压力源,99
social support,社会支持,80-81
effects on agricultural workers,对农业工人的影响,246
social welfare workers,社会福利工作者
workplace violence, in,工作场所暴力,…中的,167
Society for Human Resource Management,人力资源管理协会,274
Society for Occupational Health Psychology (SOHP),职业健康心理学会,31-32,318,319,329
socioeconomic status (SES),社会经济地位,102-103
and physical health,……与身体健康,147-148
sociological theory,社会学理论,6
sociology, developments in,社会学,……的发展,21-22
SOHP. 见 Society for Occupational Health Psychology,职业健康心理学会
soldiering,磨洋工,7
soldiers, war and,士兵,战争与,10-13,16-17,222-228,326-328
Sorensen, Charles E.,查尔斯·E·索伦,8

SOS. 见 stress-as-offense-to-self theory,"压力即自我冒犯"理论
spouse support, for work-family conflict,配偶支持,对工作—家庭冲突,277
SRRS. 见 Social Readjustment Rating Scale,社会再适应评定量表
stability-controlled lagged effects,稳定控制滞后效应,149
STAR. 见 Support Transform Achieve Result,支持—转换—实现—结果
strain-based work-family conflict,基于压力的工作—家庭冲突,275
Stress,压力
description of,对压力的描述 20
job,工作压力,23-24
research in Sweden,瑞典的…研究,21
stressful life events,压力性生活事件,20-21
transformational leadership on,变革型领导对……,204
stress-as-offense-to-self (SOS) theory,"压力即自我冒犯"理论,180
stress management training experiment,压力管理培训实验,43
Stress of Life, The,《生活的压力》,19
stress reaction model,压力反应模型,176
Stress Research Laboratory,压力研究实验室,21
stressful life events (SLEs),压力性生活事件,20-21
stressful occupational events,压力性职业事件,99
stressor-strain analysis,压力源—压力分析,219
stressors,压力源. 也见 specific stressors,特定压力源
nonwork,非工作的,103-104
workplace,工作场所的,128-129
stroke,中风,323
suicide,自杀,40-41
business cycle and,经济周期与,4-5
combat soldiers,作战士兵,227,326-328
job loss and,失业与,76-78
nurses,护理人员,220-221
in police officers,在警务人员中,231-232
teachers,教师,218
supervisor support,主管支持,196

for work-family conflict,对于工作—家庭冲突,277

for work-family enhancement,对于工作—家庭增益,285

Support Transform Achieve Results (STAR),支持—转换—实现—结果,304-305

sympathetic adrenal-medullary (SAM) system,交感肾上腺髓质系统,19

Symptom Checklist-90 (SCL-90),症状自评量表(SCL-90),72

system memory,系统记忆,179

task identity,任务同一性,266

task significance,任务重要性,266

Tavistock Clinic, The,塔维斯托克诊所,18-19

Tavistock Institute of Human Relations,塔维斯托克人际关系研究所,18

Taylor, Frederick Winslow,弗雷德里克·温斯洛·泰勒,7-8

Taylorism,泰罗制,7-8,32

TBI. 见 traumatic brain injury,创伤性脑损伤

teachers,教师 82,126-128

mental disorder, suicide, and physical disorder,心理障碍,自杀和躯体疾病,218

within-occupation research,职业内研究,218-219

workplace violence in,工作场所暴力,166-167,173-175

telecommuting,远程办公,277

for work-life balance,对于工作—生活平衡,301-302

teleworkers,远程工作人员,301-302

tertiary interventions,三级干预措施

physical health and safety,身体健康和安全,308

psychological health and well-being,心理健康和幸福感,310-311

work-life balance,工作—生活平衡,305

test-retest reliability,重测信度,57

threat appraisal,威胁评价,23

time-based work-family conflict,基于时间的工作—家庭冲突,275

timing waves, of data collection,时间波段,数据收集,104-105

TMP. 见 triple match principle,三重匹配原则

Total Worker Health™ (TWH),全职工健康™,259,334

traffic violation tickets,交通违章罚单,306-307

transformational leadership,变革型领导,203-205

leader-member exchange model and,领导—成员交换模型与,205

traumatic brain injury (TBI),创伤性脑损伤,226,327,328

triple match principle (TMP),三重匹配原则,91,92

TWH. 见 Total Worker Health™,全职工健康™

two-stage meta-analysis,两阶段元分析,48-51,137,149,152

unemployment,失业,15,74-76

suicide and,自杀与,77-78

University of Nottingham,诺丁汉大学,30

U.S. Bureau of Justice Statistics,美国司法统计局,229

U.S. Workers Compensation,美国员工赔偿,166-167

Validity,效度

coefficient,系数,61

construct,结构效度,61-63

content,内容效度,60-61

criterion-related,校标关联效度,61

VAMs. See verbally accessible memories,可回忆的言语记忆

verbal aggression,言语攻击,171,172

verbally accessible memories (VAMs),可回忆的言语记忆,224

violence prevention climate,暴力预防氛围,199-200

vitamin model,维他命模型,92

Weber, Max,马克斯·韦伯,5-7

WEF. 见 work enhancement of family 工作对家庭的增益

weight gain,体重增加,122,125-127

well-being,幸福感

psychological health and,心理健康和

primary interventions to improve,改善……的初级干预措施,308-309

in retirement,在退休后,324

secondary and tertiary interventions to improve,改善……的二级及三级干预措施,310-311

transformational leadership on,变革型领导对,204

WFC. 见 work-family conflict,工作—家庭冲突

WFE. 见 work-family enhancement,工作—家庭增益

WFHS. 见 Work, Family, and Health Study,工作、家庭和健康研究

WHO. 见 World Health Organization,世界卫生组织

WIF. 见 work interference with family,工作对家庭干扰

within-occupation research,职业内研究

on nurses,护理人员,221-222

on teachers,教师,218-219

WOPS. 见 Scientific Committee on Work Organisation and Psychosocial Factors,工业组织与社会心理科学委员会

Work & Stress,《工作与压力》,29,30,31,57,319

work and family climate,工作和家庭氛围,202

work constraints,工作限制,169

work demands,工作要求,283

with work-family conflict,与工作—家庭冲突,276

work enhancement of family (WEF),工作对家庭的增益,284

Work, Family, and Health Study (WFHS),工作、家庭和健康研究,304

work-family balance,工作—家庭平衡,274,289-291

families responsible for other kinds of care,需要照顾的其他各种类型的家庭,331

self-employed,个体经营者,330

work-family conflict (WFC),工作—家庭冲突,275-278,331

cross-national research,跨国研究,282-283

dispositional antecedents of,气质性前因变量,278-279

experience sampling and longitudinal research,经验取样和纵向研究,280-282

outcomes of,……的结果变量,279-280

situational antecedents,……的情境性前因变量,275-278

work-family enhancement (WFE),工作—家庭增益,283-285,331

dispositional antecedents of,气质性前因变量,286-287

experience sampling and longitudinal research,经验取样和纵向研究,288-289

outcomes of,……的结果变量,287-288

situational antecedents of,……的情境性前因变量,285-286

work-family interface,工作—家庭交互

negative,消极的. 见 work-family conflict,工作—家庭冲突

positive,积极的. 见 work-family enhancement,工作—家庭增益

work-group characteristics,工作团队特征,196

work interference with family (WIF),工作对家庭干扰,275-276

alcohol consumption and,酒精使用与,281

work-life balance,工作—生活平衡

primary interventions to improve,改善……的初级干预措施,301-302

secondary interventions to improve,改善……的二级干预措施,303-305

tertiary interventions to improve,改善……的三级干预措施,305

work-life imbalance,工作—生活不平衡,204

work pressure,工作压力,196

work schedules, and physical health,工作时间安排,和身体健康,146

work stressors, with work-family conflict,工作压力源,工作—家庭冲突,276

worker empowerment, safety and,员工授权,安全与……,330

worker-on-worker psychological aggression,员工心理攻击,168

Workplace,工作场所

health-related interventions in,健康相关的干预,332

learning from failure,从失败中汲取经验,333

workplace accidents and injuries,工作场所事故和伤害. 见 accidents and injuries,事故和伤害

workplace aggression,工作场所攻击行为,163-189,324-325
  Psychological 心理的. 见 workplace psychological aggression,工作场所心理攻击
work-related mistreatment through Internet,通过互联网进行的工作相关的虐待,325
workplace bullying,工作场所欺凌,146,164,165,167,168,170,180,181
  longitudinal research on,……的纵向研究,182-183
workplace harassment,工作场所骚扰,241
workplace hazards,工作场所危害. 见 hazards,危害
workplace injuries,工伤. 见 injuries and illnesses,受伤和患病
workplace psychological aggression,工作场所心理攻击
  consequences of,……的后果,180-181
  longitudinal research on,……的纵向研究,181-184
    bidirectional effects,双向效应,182
    coping,应对,183-184
    on distress and depression,关于困扰和抑郁,181-182
    outcomes,后果,182-183
  prevalence in,……的发生率,167-168
  risk factors by workers against other workers,员工间……的风险因素,168-171
    worker-on-worker,员工间,168
    workplace violence and,工作场所暴力和,168
workplace stressors,工作场所压力源,128-129. 也见 specific stressors,特定压力源
  general measures of,……的一般测量方法,221
workplace support,工作场所支持,83
workplace tolerance, for mistreatment,工作场所容忍程度,对于虐待,199

workplace violence,工作场所暴力
  in bus drivers,在公交车司机中,175-176
  case-control research,病例对照研究,177-178
  cross-sectional research on,横断研究,176-177
  longitudinal research,纵向研究,178-179
    longer-term,长期的,178
    shorter-term,短期的,178-179
  in nurses,在护理人员中,171-173
    hospital climate,医院氛围,172
    small corps of patients and the context of assaults,实施攻击行为的少数病人和攻击的背景,172-173
  prevalence of, excluding homicide,发生率,不包含凶杀,165-167
  prevalence of homicide in,……中凶杀的发生率,165
  and psychological aggression,和心理攻击,168
  risk factors for,……的风险因素,168
  in teachers,在教师中,173-175
    data obtained from themselves,来自自身的数据,174-175
    official data on assault,关于攻击的官方数据,174
    qualitative research,定性研究,174
worksite smoking cessation programs,工作场所戒烟计划,308
World Health Organization (WHO),世界卫生组织
  depression,抑郁,70
  suicide,自杀,77
World Trade Center (WTC),世界贸易中心,235
World War I,第一次世界大战
  soldiers, impact on,士兵,对……的影响,10-13
World War II,第二次世界大战,16-17
WTC. See World Trade Center,见世界贸易中心
youth, as agricultural workers,年轻人,作为农业工人,245